Das südafrikanische Gesetz zur Förderung der Nationalen Einheit und Versöhnung im Spannungsfeld zwischen Konfliktentschärfung, Rechtsstaatlichkeit und Demokratisierung

Europäische Hochschulschriften
European University Studies
Publications Universitaires Européennes

Reihe II
Rechtswissenschaft

Series II Série II
Law
Droit

Vol./Band 4084

PETER LANG
Bern · Berlin · Bruxelles · Frankfurt am Main · New York · Oxford · Wien

Daniel Jaggi

Das südafrikanische Gesetz zur Förderung der Nationalen Einheit und Versöhnung im Spannungsfeld zwischen Konfliktentschärfung, Rechtsstaatlichkeit und Demokratisierung

PETER LANG
Bern · Berlin · Bruxelles · Frankfurt am Main · New York · Oxford · Wien

Die Deutsche Bibliothek – CIP-Einheitsaufnahme

Bibliografische Information Der Deutschen Bibliothek
Die Deutsche Bibliothek verzeichnet diese Publikation in der Deutschen Nationalbibliografie; detaillierte bibliografische Daten sind im Internet über ‹http://dnb.ddb.de› abrufbar.

Inauguraldissertation zur Erlangung der Würde eines Doctor iuris der Rechtswissenschaftlichen Fakultät der Universität Bern.

Die Fakultät hat diese Arbeit am 11. Dezember 2003 auf Antrag der beiden Gutachter, Prof. Dr. Walter Kälin (Erstgutachter) und Prof. Dr. Andreas Kley (Zweitgutachter), als Dissertation angenommen, ohne damit zu den darin ausgesprochenen Auffassungen Stellung nehmen zu wollen.

ISBN 3-03910-483-7
ISSN 0531-7312

Hochfeldstrasse 32, Postfach 746, CH-3000 Bern 9
info@peterlang.com, www.peterlang.com, www.peterlang.net

Meinen Eltern

Inhaltsübersicht

ZWEITER TEIL:
ENTSTEHUNG, ENTWICKLUNG UND ÜBERWINDUNG VON RASSENTRENNUNG UND RASSENDISKRIMINIERUNG IN SÜDAFRIKA

DRITTER TEIL:
ZIELE, FUNKTIONEN UND AUFGABEN DER WAHRHEITS- UND VERSÖHNUNGSKOMMISSION

Vierter Teil:
Bewertung des Gesetzes zur Förderung der Nationalen Einheit und Versöhnung aus staatsrechtlicher Sicht

Inhaltsverzeichnis

DRITTER TEIL:
ZIELE, FUNKTIONEN UND AUFGABEN DER
WAHRHEITS- UND VERSÖHNUNGSKOMMISSION

Verzeichnis der abgekürzt zitierten Literatur

Die in der vorliegenden Arbeit mehrmals verwendete Literatur wird aus Praktikabilitätserwägungen abgekürzt zitiert. Weitere Literaturhinweise finden sich in den Anmerkungen zu den jeweiligen Textstellen.

ANSPRENGER, Franz: Südafrika. Eine Geschichte von Freiheitskämpfen, Mannheim/Leipzig/Wien/Zürich 1994 (zit.: Südafrika).

BEHRENS, Michael/*VON RIMSCHA*, Robert: Gute Hoffnung am Kap? Das neue Südafrika, Zürich/Osnabrück 1994 (zit.: Hoffnung).

BLOCH, Werner: Über Frustration und Glaubwürdigkeit in Den Haag - Der Chefankläger des Uno-Kriegsverbrechertribunals zieht Bilanz, in: Neue Zürcher Zeitung (NZZ) vom 20.7.1996, S. 6 (zit.: Goldstone-Gespräch I).

CALIGUIRE, Daria/*JAMES*, Wilmot: The New South Africa: Renewing Civil Society, in: Journal of Democracy, Volume 7, No. 1, January 1996, S. 56-66 (zit.: Civil Society).

DE KLERK, Frederik Willem: The Last Trek - A New Beginning, London 1998 (zit.: Last Trek).

DOERFLER, Kordula: Schwierige Suche nach Wahrheit. Eine Zwischenbilanz der Wahrheitskommission, in: afrika süd (Publikation des Instituts für das südliche Afrika in Bonn), Ausgabe 5'96, S. 8-10 (zit.: Zwischenbilanz).

DUGARD, John: International Law and the South African Constitution, in: European Journal of International Law, Volume 8 (1997), No. 1, S. 77-92 (zit.: International Law).

EGLI, Martina: Wiedererlangung der Geschichte. Die Arbeit der „Wahrheits- und Versöhnungskommission“ in Südafrika, in: Afrika Bulletin, Ausgabe Mai/Juni 1997, S. 10 f. (zit.: Wiedererlangung).

GOBODO-MADIKIZELA, Pumla: Apartheid left a heritage among some whites, deep wounds among others, in: Truth Talk, The official newsletter of the Truth and Reconciliation Commission, Volume 2, No. 1, March 1997, S. 6 (zit.: Apartheid).

- Reenactment of old identities and implications for reconciliation, Read at the 40th annual convention of the Institute of Personnel Management, 21-23 October 1996, Sun. Quelle: *http://www.truth.org.za/reading/speech02.htm* (zit.: Reenactment).

HAVEL, Václav: Versuch, in der Wahrheit zu leben, Neuausgabe, Reinbek bei Hamburg 1993 (zit.: Versuch).

- Fernverhör. Ein Gespräch mit Karel Hvízdala, Reinbek bei Hamburg 1990 (zit.: Fernverhör).

- Briefe an Olga. Betrachtungen aus dem Gefängnis, Neuausgabe, Reinbek bei Hamburg 1997 (zit.: Briefe an Olga).

KERSCHGENS, Dorothea: Wieviel Wahrheit verträgt das Land?, in: afrika süd, Ausgabe 2'97, S. 14-16 (zit.: Wahrheit).

KLUMPP, Guido: Vergangenheitsbewältigung durch Wahrheitskommissionen - das Beispiel Chile, Berlin 2001 (zit.: Vergangenheitsbewältigung).

MANBY, Bronwen: Vergebung statt Vergeltung. Zur Entstehungsgeschichte der Wahrheitskommission, in: afrika süd, Ausgabe 5'96, S. 10-12 (zit.: Vergebung).

MANDELA, Nelson: Long Walk to Freedom, London 1995 (zit.: Long Walk to Freedom).

MARAIS, Hein: Heilung der Nation? Oder neue Erfindung der Vergangenheit? Ein Kommentar, in: afrika süd, Ausgabe 5'96, S. 13 f. (zit.: Kommentar).

MINOW, Martha: Between vengeance and forgiveness: facing history after genocide and mass violence, Boston 1998 (zit.: Between vengeance and forgiveness).

MÜLLER, Jörg Paul: Demokratische Gerechtigkeit. Eine Studie zur Legitimität rechtlicher und politischer Ordnung, München 1993 (zit.: Demokratische Gerechtigkeit).

OLSON, Laura: Mechanisms complementing prosecution, IRRC March 2002 (Vol. 84), S. 173-189 (zit.: Mechanisms complementing prosecution).

PARKER, Peter: The Politics of Indemnities, Truth Telling and Reconciliation in South Africa. Ending Apartheid without Forgetting, in: Human Rights Law Journal, Vol. 17 (1996), No. 1-2, S. 1-13 (zit.: Politics).

PIPPAN, Christian: Südafrikas Verfassungswandel im Zeichen von Demokratie und Rechtsstaatlichkeit, in: Zeitschrift für ausländisches öffentliches Recht und Völkerrecht, Band 55 (1995), S. 993-1049 (zit.: Südafrikas Verfassungswandel).

POTGIETER, Denzil: The price for peace in South Africa: Amnesty and Reparation, in: Truth Talk, The official newsletter of the Truth and Reconciliation Commission, Volume 2, No. 1, March 1997, S. 10 f. (zit.: Peace).

SARKIN, Jeremy: The Drafting of South Africa's Final Constitution From a Human-Rights Perspective, in: The American Journal of Comparative Law, Volume 47, Number 1 (Winter 1999), S. 67-87 (zit.: South Africa's Final Constitution).

SCHOLLER, Heinrich: Der Verfassungsdialog in der Republik Südafrika, in: Zeitschrift für öffentliches Recht, Band 52 (1997), S. 63-89 (zit.: Verfassungsdialog).

SIMPSON, Graeme: Kultur der Straflosigkeit? Eine Bewertung der Wahrheitskommission aus NRO-Perspektive, in: afrika süd, Ausgabe 2'97, S. 12-14 (zit.: Kultur).

SIMPSON, Graeme/*VAN ZYL*, Paul: Amnestie, keine Amnesie. Die Kommission für Wahrheit und Versöhnung, in: afrika süd, Ausgabe 4'95, S. 10-12 (zit.: Amnestie).

SPARKS, Allister: Morgen ist ein anderes Land. Südafrikas geheime Revolution, Berlin 1995 (zit.: Morgen ist ein anderes Land).

SRIRAM, Chandra: Truth Commissions and Political Theory: Tough Moral Choices in Transitional Situations, in: Netherlands Quarterly of Human Rights, Vol. 18/4 (2000), S. 471-492 (zit.: Truth Commissions and Political Theory).

STAHN, Carsten: United Nations peace-building, amnesties and alternative forms of justice: A change in practice?, IRRC March 2002 (Vol. 84), S. 191-205 (zit.: United Nations peace-building, amnesties and alternative forms of justice)

STRATENWERTH, Günter: Strafrecht Allgemeiner Teil I, 4. , völlig neu bearbeitete Auflage, Köln/Berlin/Bonn/München 2000 (zit.: Strafrecht).

TRECHSEL, Stefan/*NOLL*, Peter: Schweizerisches Strafrecht Allgemeiner Teil I, 5., neu bearbeitete Auflage, Zürich 1998 (zit.: Strafrecht).

TUTU, Desmond: The Rainbow People of God. South Africa's victory over apartheid, Toronto/New York/London/Sydney/Auckland 1995 (zit.: The Rainbow People of God).

VENTER, Francois: Aspects of the South African Constitution of 1996: An African Democatic and Social Federal *Rechtsstaat*?, in: Zeitschrift für ausländisches öffentliches Recht und Völkerrecht, Band 57 (1997), S. 51-82 (zit.: Aspects of the South African Constitution).

VOGT, Werner: „Südafrikas Schwarze sind versöhnlich" - Gespräch mit dem Verfassungsrichter Richard Goldstone, in: NZZ vom 23.12.1996, S. 5 (zit.: Goldstone-Gespräch II).

WEBER, Max: Politik als Beruf, in: Max Weber-Gesamtausgabe, hrsg. von Wolfgang J. Mommsen und Wolfgang Schluchter, Abt. 1, Band 17, Tübingen 1992, S. 157-252 (zit.: Politik).

WORDEN, Nigel: The Making of Modern South Africa: Conquest, Segregation and Apartheid, Oxford/Cambridge 1994 (zit.: South Africa).

Vorbemerkungen zu den Quellen und terminologische Hinweise

A. Vorbemerkungen zu den Quellen:

Die meisten Quellen, welche in dieser Arbeit verwendet werden, stammen aus Internet-Websites der Wahrheits- und Versöhnungskommission (*Truth and Reconciliation Commission, TRC*) und der südafrikanischen Regierung.

Die Adresse der Internet-Homepage der Wahrheits- und Versöhnungskommission lautete zunächst *http://www.truth.org.za.*

Nach Beendigung ihrer Tätigkeit wurde die Homepage der Kommission auf die Website des Justizministeriums (*Department of Justice*) disloziert. Sie ist deshalb nunmehr unter folgender Adresse zu finden:

http://www.doj.gov.za/trc

Die ersten fünf Bände des Schlussberichts der Wahrheits- und Versöhnungskommission (*Final Report of the Truth and Reconciliation Commission*) hatten sich bis Ende Januar 1999 auf der Website der Wahrheits- und Versöhnungskommission befunden.

Die fünf Bände konnten jedoch auch nach Ende Januar 1999 von der Homepage der südafrikanischen Regierung abgerufen werden, und zwar unter folgender Adresse:

http://www.polity.org.za/govdocs/commissions/1998/trc

Das erste Kapitel des ersten Bandes des Schlussberichtes beispielsweise kann also folgendermassen abgerufen werden:

http://www.polity.org.za/govdocs/commissions/1998/trc/1chap1.htm

Der sechste und der siebte Band des Schlussberichts, welche der Regierung im März 2003 übergeben wurden, sind unter folgender Adresse zu finden:

http://www.doj.gov.za/trc/report/finalreport/vol6_amensty_main.pdf
für den sechsten Band;

http://www.doj.gov.za/trc/report/finalreport/victims_main_vol7.pdf
für den siebten Band.

Sowohl die Websites der Regierung (*http://www.polity.org.za* und *http://www.gov.za*) als auch die erwähnten Homepages des Justizministeriums und der Wahrheits- und Versöhnungskommission bieten Links an zu weiteren interessanten und aufschlussreichen Websites von NGOs, diversen Medien, dem Parlament, der Universität des Witwatersrandes, der Südafrikanischen Rechtskommission (*South African Law Commission*), verschiedenen Parteien und anderen Institutionen und Organisationen. Für weiterführende Hinweise sei etwa der Index unter *http://www.doj.gov.za/trc/links.htm* empfohlen.

Eine sehr hilfreiche Übersicht über die Websites von Behörden und Kommissionen enthält auch die Website der Regierung unter folgender Adresse:

http://www.polity.org.za/html/lists/govsites.html

Die Gesetze können etwa unter folgender Adresse abgerufen werden:

http://www.gov.za/acts/index.html

Das Gesetz zur Förderung der Nationalen Einheit und Versöhnung zum Beispiel, welches im Anhang zu dieser Arbeit abgedruckt ist, stammt aus dem Jahre 1995 und trägt die Nummer 34 (*Promotion of National Unity and Reconciliation Act, No. 34 of 1995*). Die Internet-Quelle unter der vorgenannten Adresse lautet deshalb:

http://www.gov.za/gazette/acts/1995/a34-95.htm

Die neue südafrikanische Verfassung von 1996 ist ebenfalls in der Website der Regierung zu finden:

http://www.gov.za/constitution/1996/96cons.htm

Die Internet-Adresse des südafrikanischen Verfassungsgerichts (Constitutional Court of South Africa) lautet wie folgt:

http://www.concourt.gov.za

Die Entscheide des Verfassungsgerichts können mit Hilfe eines Suchsystems rasch gefunden werden.

Die Fundstelle des sogenannten Azapo-Urteiles des Verfassungsgerichts vom 25. Juli 1996, mit welchem die Rechtsgrundlage der Wahrheits- und Versöhnungskommission auf ihre Verfassungskonformität hin überprüft worden war, lautet wie folgt:

http://www.concourt.gov.za/files/azapo/azapo.doc

B. Terminologische Hinweise:

Um ein sprachliches Durcheinander möglichst zu vermeiden, werden die in der Arbeit zitierten englischsprachigen Quellen vom Verfasser in der Regel in die deutsche Sprache übersetzt. Eine Ausnahme wird dort gemacht, wo ein Zitat durch seine Übersetzung an Prägnanz verlieren würde.

Auch einzelne englische Fachausdrücke, wie etwa *rule of law* oder *nation-building*, werden in ihrer Originalsprache belassen.

Für die Südafrikanerinnen und Südafrikaner weisser Hautfarbe wird fast durchwegs die Bezeichnung „Weisse“ verwendet. In den Medien und in der Literatur werden die Termini „Weisse“ und „Afrikaaner“ zum Teil synonym benützt, obwohl es neben den Nachkommen der ursprünglich holländischen Siedler Südafrikas ja auch noch die englischsprachigen weissen Südafrikanerinnen und Südafrikaner gibt, deren Wurzeln im Vereinigten Königreich zu finden sind.

Die englischsprachige Bezeichnung für „Afrikaaner“ lautet übrigens *Afrikaner*, während mit dem englischen *African* Menschen schwarzer Hautfarbe gemeint sind.

In dieser Arbeit wird die Bezeichnung „Buren“ (*Boers*) nicht verwendet, weil dieser Terminus zum Teil in einem pejorativen Sinne gebraucht wird.

Die Wahrheits- und Versöhnungskommission wird in der Untersuchung teilweise mit ihrem vollen Namen, zum Teil aber auch mit dem Ausdruck „Wahrheitskommission“ oder schlicht „Kommission“ bezeichnet werden.

Verzeichnis der abgekürzt zitierten Quellen

Quellen, die mehrmals benutzt werden, werden aus Praktikabilitätserwägungen abgekürzt zitiert.

Beispiel:
FR V/9, Rz. 135 bedeutet:
FR steht für den Schlussbericht der Wahrheits- und Versöhnungskommission (*Final Report of the Truth and Reconciliation Commission*); römisch fünf bedeutet, dass es sich um den fünften Band (*volume*) des Reports handelt; arabisch neun besagt, dass die Quelle im neunten Kapitel (*chapter*) dieses Bandes zu finden ist; Randziffer 135 gibt die exakte Stelle an.

ANC-Eingabe I	African National Congress: Statement to the Truth and Reconciliation Commission, August 1996. Quelle: *http://www.truth.org.za/submit/anctruth.htm*
ANC-Eingabe II	Further Submissions and Responses by the African National Congress to Questions raised by the Commission for Truth and Reconciliation, 12 May 1997. Quelle: *http://www.truth.org.za/submit/anc2.htm*
ANC-Transcript	Truth and Reconciliation Commission: Transcript of the African National Congress Party Political Recall in Cape Town -12-13 May 1997. Quelle: *http://www.truth.org.za/submit/t-anc.htm*
Amicus Brief	Das Centre of Applied Legal Studies erarbeitete als *amicus curiae* im Azapo-Fall (vgl. Azapo-Urteil) einen Amicus Brief. Quelle: *http://www.law.wits.ac.za/amicus/amiazap.html*

Azapo-Urteil	Urteil des Constitutional Court of the Republic of South Africa vom 25. Juli 1996. Aktenzeichen CCT 17/96. Rechtssache *The Azanian People's Organisation, Ms Nontsikelelo Margaret Biko, Mr Churchill Mhleli Mxenge and Mr Chris Ribeiro v the President of the Republic of South Africa, the Government of the Republic of South Africa, the Minister of Justice, the Minister of Safety and Security, and the Chairperson of the Truth and Reconciliation Commission.* Ursprüngliche Quelle: *http://www.law.wits.ac.za/judgements/azapo.html* Gegenwärtige Quelle: *http://www.concourt.gov.za/files/azapo/azapo.doc*
Botschaft zur Gesetzesvorlage	Memorandum on the objects of the National Unity and Reconciliation Bill (Botschaft zur Vorlage des Gesetzes zur Förderung der Nationalen Einheit und Versöhnung). Quelle: *http://www.doj.gov.za/trc/legal/b30-95.htm*
Einleitung zur Wahrheitskommission	Die Wahrheitskommission (1) - Justizminister Dullah Omar vermittelt einen Überblick, in: RSA 2000, hrsg. von der Südafrikanischen Botschaft in Bonn, Ausgabe 1/1996, S. 1 f. (deutsche Übersetzung von Minister Omars Einleitung zum TRC-Pamphlet).
Finale Verfassung, Finale Konstitution	Verfassung der Republik Südafrika von 1996 (*The Constitution of the Republic of South Africa, 1996; Act No. 108 of 1996, as adopted on 8 May 1996 and amended on 11 October 1996 by the Constitutional Assembly*). Quelle: *http://www.gov.za/constitution/1996/96cons.htm*

Gesetz zur Förderung der Nationalen Einheit und Versöhnung	Promotion of National Unity and Reconciliation Act No. 34 of 1995, as amended by Promotion of National Unity and Reconciliation Amendment Act No. 87 of 1995.
HRC-Monthly Report	Special Report: The Truth and Reconciliation Commission, in: Human Rights Committee (HRC) Monthly Report, March 1996, S. 16-22.
Interim Report	Truth and Reconciliation Commission: Interim Report, June 1996, Prepared by the Research Department, TRC, Cape Town. Quelle: *http://www.truth.org.za/rep1-all.htm*
Interimsverfassung, Interimskonstitution	Übergangsverfassung der Republik Südafrika von 1993 für die Zeit bis zum Inkrafttreten der neuen Verfassung von 1996 (*The Constitution of the Republic of South Africa, 1993; Act No. 200 of 1993*). Quelle: *http://www.gov.za/constitution/1993/1993cons.htm*
Just War-Debate	A Public Discussion on the Just War Debate and Reconciliation, 6 May 1997. Quelle: *http://www.truth.org.za/justwar.htm*
Malan-Eingabe	Submission to the Truth and Reconciliation Commission by Gen. M.A. de M. Malan. Quelle: *http://www.truth.org.za/submit/malan.htm*

NGO-Eingabe	Submission to the Truth and Reconciliation Commission concerning the Relevance of Economic, Social and Cultural Rights to the Commission's Mandate, 18 March 1997. Quelle: *http://www.truth.org.za/submit/esc6.htm*
NP-Eingabe	Submission to the Truth and Reconciliation Commission by Mr F W de Klerk, Leader of the National Party. Quelle: *http://www.truth.org.za/submit/np-truth.htm*
FR	Final Report of the Truth and Reconciliation Commission. Zitiert nach Band (römische Ziffer), Kapitel (arabische Ziffer) und Randziffer.
SANDF-Eingabe	Address to the Truth and Reconciliation Commission by the Chief of the South African National Defence Force, Gen. G.L. Meiring. Quelle: *http://www.truth.org.za/submit/sandf.htm*
TRC-Pamphlet	Truth and Reconciliation Commission, Published by Justice in Transition on behalf of the Ministry of Justice, Rondebosch 1995 (offizielle Informationsbroschüre der Wahrheits- und Versöhnungskommission).
Übergangs-verfassung	Übergangsverfassung der Republik Südafrika von 1993 für die Zeit bis zum Inkrafttreten der neuen Verfassung von 1996 (*The Constitution of the Republic of South Africa, 1993; Act No. 200 of 1993*). Quelle: *http://www.gov.za/constitution/1993/1993cons.htm*

Verfassung	Verfassung der Republik Südafrika von 1996 (*The Constitution of the Republic of South Africa,1996; Act No. 108 of 1996, as adopted on 8 May 1996 and amended on 11 October 1996 by the Constitutional Assembly)*. Quelle: *http://www.gov.za/constitution/1996/96cons.htm*

Abkürzungsverzeichnisse

Allgemeines Abkürzungsverzeichnis

a.a.O.	am angegebenen Ort
d.h.	das heisst
f.	folgende Seite
ff.	folgende Seiten
hrsg.	herausgegeben
i.S.	in Sachen
m.E.	meines Erachtens
NZZ	Neue Zürcher Zeitung
Rz.	Randziffer
S.	Seite
SR	Systematische Sammlung des schweizerischen Bundesrechts
u.a.	unter anderem
vgl.	vergleiche
z.B.	zum Beispiel

Verzeichnis der Abkürzungen von südafrikanischen Parteien, Organisationen und Institutionen

ANC	Afrikanischer Nationalkongress (*African National Congress*)
APLA	Azanische Volksbefreiungsarmee (*Azanian People's Liberation Army*; Guerillaorganisation des PAC)
AVF	Afrikaanische Volksfront (*Afrikaner Volksfront*)
AWB	Afrikaanische Widerstandsbewegung (*Afrikaner Weerstandsbeweging*)
Azapo	Azanische Volksorganisation (*Azanian People's Organisation*)
BCM	*Black Consciousness Movement*
CCB	*Civil Cooperation Bureau* (Einheit der Sicherheitskräfte)
CODESA	Konvent für ein demokratisches Südafrika (*Convention for a Democratic South Africa*)
COSATU	Dachverband der südafrikanischen Gewerkschaften (*Congress of South African Trade Unions*)
DP	Demokratische Partei (*Democratic Party*)
FF	Freiheitsfront (*Freedom Front, Vrijheidsfront*)
IFP	Inkatha-Freiheitspartei (*Inkatha Freedom Party*)

Kommission	Wahrheits- und Versöhnungskommission (*Truth and Reconciliation Commission, TRC*)
MDM	*Mass Democratic Movement* (Allianz des COSATU und der UDF)
MK	Speer der Nation (*Umkhonto we Sizwe*; Guerillaorganisation des ANC)
MPNP	Mehrparteien-Verhandlungsprozess (*Multi-Party Negotiating Process*)
NGK	*Nederduitse Gereformeerde Kerk*
NNP	Neue Nationale Partei (*New National Party*; Nachfolgepartei der NP)
NP	Nationale Partei (*National Party*)
NSMS	*National Security Management System*
PAC	Pan-Afrikanistischer Kongress (*Pan-Africanist Congress*)
SABC	Südafrikanische Rundfunkgesellschaft (*South African Broadcasting Corporation*)
SACC	Südafrikanischer Kirchenrat (*South African Council of Churches*)
SACP	Südafrikanische Kommunistische Partei (*South African Communist Party*)
SADF	Südafrikanische Streitkräfte (*South African Defence Force*; Name der Streitkräfte bis zum demokratischen Umbruch)

SANDF	Südafrikanische Nationale Streitkräfte (*South African National Defence Force*; Name der Streitkräfte seit dem demokratischen Umbruch und der Integration ehemaliger Guerillakämpfer)
SDU	*Self Defence Unit*
SWAPO	Südwestafrikanische Volksorganisation (*South-West African People's Organisation)*
TEC	Übergangsexekutivrat (*Transitional Executive Council*)
TRC	Wahrheits- und Versöhnungskommission (*Truth and Reconciliation Commission*)
UDF	*United Democratic Front*
UDM	*United Democratic Movement*
Wahrheitskommission	Wahrheits- und Versöhnungskommission (*Truth and Reconciliation Commission, TRC*)

Einleitung

Die Unterdrückung der schwarzen Bevölkerungsmehrheit durch die weisse Minderheitsherrschaft führte in Südafrika zu einem Konflikt zwischen den Machthabern und den Widerstandsbewegungen, in dessen Verlauf zahlreiche und schwere Menschenrechtsverletzungen begangen wurden. Nach 1990 leitete die Regierung de Klerk einen Demokratisierungsprozess ein, der in vielerlei Hinsicht bemerkenswert ist und schliesslich zur Übergabe der Macht an eine aus freien Wahlen hervorgegangene Regierung führte.

Der Machtwechsel kam zustande, weil die bisherigen Machthaber und die Vertreter der Opposition in mehrjährigen Verhandlungen zu einem *negotiated settlement* gelangten, welches unter anderem auch einen Kompromiss in der Frage des Umgangs mit den während der Apartheid-Herrschaft verübten politisch motivierten Verbrechen enthielt. Auf der Grundlage dieser in der Postambel (Schlussklausel) der Übergangsverfassung von 1993 verankerten Amnestie-Vereinbarung verabschiedete das 1994 gewählte Parlament im Mai 1995 die gesetzliche Regelung zur juristischen Aufarbeitung der Unrechtsvergangenheit, das Gesetz zur Förderung der Nationalen Einheit und Versöhnung (*Promotion of National Unity and Reconciliation Act*).

Den Gegenstand der vorliegenden Untersuchung bildet die Frage, wie das Gesetz zur Förderung der Nationalen Einheit und Versöhnung aus staatsrechtlicher Sicht zu beurteilen ist. Das Erkenntnisinteresse liegt in der Beantwortung der Frage, welche Elemente die Gesetzesgrundlage für die Handhabung der Unrechtsvergangenheit im Kontext Südafrikas aus der Optik des Staatsrechts notwendigerweise enthalten muss.

Als Prämisse für die weiteren Überlegungen gilt es *in faktischer Hinsicht* zunächst die machtpolitischen Gegebenheiten im Südafrika der neunziger Jahre in Betracht zu ziehen. Diese realpolitischen Zwänge stellen den entscheidenden Faktor für die Ausgestaltung der südafrikanischen Übergangsregelung dar. Die Lösung der Amnestie-Frage wurde durch die gegebenen Kräfteverhältnisse der Konfliktparteien bestimmt.

Es stellt sich sodann *in normativer Hinsicht* die Frage, welchen staatsrechtlichen Anforderungen ein Gesetz, das die Behandlung der in der Zeit vor der Machtübergabe begangenen politisch motivierten Delikte regelt, genügen muss.

Es wird im ersten Teil der Arbeit zu zeigen sein, dass sich die Ausgestaltung des Gesetzes zur Förderung der Nationalen Einheit und Versöhnung - stets vor dem Hintergrund der erwähnten tatsächlichen Prämisse, das heisst anhand der Fallstudie Südafrika betrachtet - an folgenden normativen Anforderungen zu orientieren hat:

Die Regelung muss geeignet sein, in kurzfristiger Hinsicht einen Beitrag zur Konfliktentschärfung und in mittel- und langfristiger Perspektive einen Beitrag zur Herstellung der Rechtsstaatlichkeit sowie zu Versöhnung und Demokratisierung zu leisten.

Da diese normativen Anforderungen grundsätzlich in einem potentiellen Spannungsverhältnis stehen, sind Zielkonflikte durch die Ausgestaltung des Gesetzes zu vermeiden. Mögliche Widersprüche zwischen diesen Zwecken sollen durch den Versuch gelöst werden, einen je nach ihrem Rang vertretbaren Ausgleich zu finden.[1]

Dieser Arbeit wird die wertende Annahme zugrunde gelegt, dass die Erfordernisse von Konfliktentschärfung, Herstellung von Rechtsstaatlichkeit, Versöhnung und Demokratisierung von gleichem Gewicht sind. Zwischen den einzelnen normativen Bezugspunkten besteht überdies Interdependenz. Zielkonflikte sind deshalb zu vermeiden, indem die gesetzliche Regelung auf der Grundlage dieser wechselseitigen Verflechtungen und Abhängigkeiten die einzelnen Aspekte in sachgerechter und optimaler Weise aufeinander abstimmt und berücksichtigt.

Der zweite Teil der Arbeit setzt sich mit der Entstehung, der Entwicklung und der Überwindung von Rassentrennung und Rassendiskriminierung in Südafrika auseinander und ermöglicht damit die Nachvollziehbarkeit der Fallstudie. Mit diesem Hinweis auf die Hintergründe des südafrikanischen Konfliktes soll der historische Kontext des Gesetzes zur Förderung der Nationalen Einheit und Versöhnung aufgezeigt werden. In einem Exkurs zum verfassungsrechtlichen Umfeld des Gesetzes erfolgt zudem ein Überblick zur Interimsverfassung von 1993 und zur finalen Konstitution von 1996.

Die konzeptionelle Grundidee und die einzelnen Elemente der gesetzlichen Regelung des Umgangs mit der Unrechtsvergangenheit werden im dritten Teil der Arbeit behandelt.

Mit dem Gesetz wurde die Wahrheits- und Versöhnungskommission (*Truth and Reconciliation Commission, TRC*) errichtet, welche unter anderem zur Aufgabe hatte, ein breites Bild über die Ursachen des südafrikanischen Konfliktes sowie Empfehlungen zur künftigen Prävention gegenüber Menschenrechtsverletzungen zu erarbeiten und die Amnestie-Anträge der Täter zu behandeln. Ziel dieses Abschnittes ist es, die für das südafrikanische Modell charakteristischen Elemente herauszuarbeiten.

1 So auch der Vorschlag Stratenwerths für die Lösung von möglichen Widersprüchen zwischen den verschiedenen Zwecken, welche die Strafe erfüllen kann, vgl. Stratenwerth, Strafrecht, § 1 Rz. 35.

Im vierten Teil der Arbeit wird eine Bewertung des südafrikanischen Modells, wie es im Gesetz zur Förderung der Nationalen Einheit und Versöhnung konzipiert worden ist, anhand der im ersten Teil dargelegten Wertmassstäbe vorgenommen.

Die Funktion des südafrikanischen Modells soll schliesslich in einem Exkurs zur Arbeit durch Hinweise auf das praktische Wirken der Wahrheits- und Versöhnungskommission veranschaulicht werden.

Nach der Darstellung von diversen Eingaben von Parteien und Organisationen an die Kommission wird einerseits die Arbeitsweise der drei Ausschüsse der Kommission, des Ausschusses für Menschenrechtsverletzungen (*Committee on Human Rights Violations*), des Amnestie-Ausschusses (*Committee on Amnesty*) und des Ausschusses für Wiedergutmachung und Rehabilitierung (*Committee on Reparation and Rehabilitation*), zur Sprache kommen.

Andererseits erfolgt eine Zusammenfassung des umfangreichen Schlussberichts der Kommission, welcher im Oktober 1998 dem Präsidenten der Republik übergeben wurde.

Aus Zeit- und Raumgründen musste dabei die Berücksichtigung der praktischen Tätigkeit der Kommission auf die Zeit bis zur Abgabe des Schlussberichts im Oktober 1998 beschränkt werden.

Es handelt sich bei der vorliegenden Untersuchung somit um eine Analyse auf Modell-Ebene: während die Kernelemente der südafrikanischen *Konzeption* hinsichtlich der aus staatsrechtlicher Optik notwendigen Inhalte einer gesetzlichen Regelung zur Handhabung der in der Zeit zwischen 1960 und 1994 verübten politischen Verbrechen betrachtet werden, erfolgt grundsätzlich keine Bewertung der eigentlichen *praktischen Tätigkeit* der Kommission.

Die Arbeit beschränkt sich zudem auf die Frage, welche Elemente ein Gesetz anhand der Fallstudie Südafrika *notwendigerweise* enthalten muss, damit grundlegende staatsrechtliche Erfordernisse erfüllt werden. Inwiefern diese Elemente in der Realität auch tatsächlich *ausreichend* sind, ist eine Problemstellung, deren Komplexität den Rahmen dieser juristischen Studie sprengt und überdies wohl primär sozialwissenschaftlicher Forschung überlassen werden muss.

Ebenfalls nicht beurteilt wird die Frage, inwieweit diese notwendigen Bedingungen auch für andere Kontexte Geltung beanspruchen können.

* * *

Ich habe diese Arbeit im Rahmen meines Rechtsstudiums an der Universität Bern bei Herrn Prof. Dr. Jörg Paul Müller begonnen und danach bei Herrn Prof. Dr. Walter Kälin fortgesetzt und abgeschlossen. Ich möchte mich bei ihnen auch an dieser Stelle für ihre Betreuung, Unterstützung und zahlreichen Ratschläge herzlich bedanken. Danken möchte ich ebenfalls Herrn Prof. Dr. Andreas Kley für die Übernahme des Zweitgutachtens.

Erster Teil: Die normativen Bezugspunkte für die Ausgestaltung der gesetzlichen Regelung des Umgangs mit der Unrechtsvergangenheit

Einleitung

Im ersten Teil der Arbeit geht es um die Frage, welche Elemente im Gesetz, das den Umgang mit der südafrikanischen Unrechtsvergangenheit regelt, notwendigerweise enthalten sein müssen, damit wichtige staatsrechtliche Anforderungen wie Konfliktentschärfung, Rechtsstaatlichkeit, Demokratisierung und Versöhnung erfüllt werden können.

Dabei werden zunächst die Entstehungsgeschichte und der Gegenstand des Gesetzes zur Förderung der Nationalen Einheit und Versöhnung vor dem Hintergrund des südafrikanischen Demokratisierungsprozesses skizziert.

Die Lösung der Amnestie-Problematik wurde durch die realpolitischen Machtverhältnisse determiniert. Der Transitionsprozess erfolgte in einem Umfeld von zahlreichen politisch motivierten Gewalttaten. Es ist deshalb zu zeigen, dass in einer Umbruchsituation wie derjenigen, in der sich Südafrika in den neunziger Jahren befand, die Herbeiführung einer Konfliktentschärfung *conditio sine qua non* für die Ermöglichung der Machtübergabe war. Die Vereinbarungen zwischen dem Ancien Régime und der Opposition mussten für das Zustandekommen eines Machtwechsels gerade auch die zentrale Frage nach der juristischen Behandlung der im Zuge des Konfliktes begangenen Delikte mitumfassen.

Die Legiferierung auf dem Feld der Problematik von Strafverfolgung oder Strafbefreiung hatte sich jedoch nicht nur an dieser vitalen Notwendigkeit zu orientieren, sondern zugleich weitere Gesichtspunkte zu berücksichtigen. So ist zu erörtern, welche Anforderungen an ein Amnestie-Gesetz aus der Optik des zu errichtenden *Rechtsstaates* in Betracht gezogen werden müssen. Ausserdem gilt es, die juristische Aufarbeitung der Unrechtsvergangenheit im breiteren Kontext von *Demokratisierung* und *Versöhnung* zu situieren.

Gestützt auf die Erkenntnisse aus der Fallstudie Südafrika werden damit wichtige staatsrechtliche Erfordernisse herausgearbeitet, welche in einem Konfliktumfeld wie demjenigen der Kaprepublik bei der Ausarbeitung einer gesetzlichen Regelung zur Lösung der Amnestie-Problematik zu berücksichtigen sind.

Erstes Kapitel: Das Gesetz zur Förderung der Nationalen Einheit und Versöhnung

I. Die Entstehung des Gesetzes zur Förderung der Nationalen Einheit und Versöhnung vor dem Hintergrund des Demokratisierungsprozesses

Ende der achtziger Jahre war Südafrika in einer Sackgasse angelangt, aus der es gemäss der Einsicht der damaligen Regierung unter Präsident de Klerk sowie der Führung des Afrikanischen Nationalkongresses (ANC) nur einen Ausweg gab: nämlich denjenigen von Verhandlungen über den Aufbau einer demokratischen und nichtrassischen Verfassungsordnung.[1]

Am 2. Februar 1990 kündigte Präsident de Klerk im südafrikanischen Parlament die Legalisierung des ANC, der Südafrikanischen Kommunistischen Partei (SACP), des Pan-Afrikanistischen Kongresses (PAC) und anderer bis anhin verbotener Parteien und Organisationen an. Nelson Mandela und weitere Führer der schwarzen Befreiungsbewegung wurden freigelassen; den im Exil lebenden Spitzen der Opposition wurde Straffreiheit zugesagt, damit diese nach Südafrika zurückkehren konnten.[2] Zudem stellte de Klerk Verhandlungen über die Schaffung einer demokratischen Verfassungsordnung in Aussicht.

Anfang Mai 1990 begannen intensive Gespräche zwischen Vertretern der Regierung in Pretoria und des ANC über die Beendigung des Ausnahmezustands und politischer Gerichtsverfahren, die Abschaffung der Apartheid-Gesetzgebung, den Rückzug der Streitkräfte aus den Townships und die Freilas-

1 Ausführlich zum Verhandlungsprozess Sparks, Morgen ist ein anderes Land; vgl. auch Mandela, Long Walk to Freedom, S. 691 ff. und de Klerk, Last Trek, S. 173 ff.

2 Rechtsgrundlage hierfür bildete der Indemnity Act von 1990. Nähere Angaben zur Frage der Gewährung von Amnestie und Straffreiheit während des Transformationsprozesses bis 1994 erfolgen auf den S. 114 ff.

sung von allen politischen Gefangenen.[3] De Klerk verzichtete daraufhin auf die jährliche Erneuerung des Ausnahmezustandes. In den folgenden Monaten begann die Abschaffung der Schlüsselgesetze der Apartheid, wie etwa des *Population Registration Act* von 1950 und der *Land Acts* von 1913 und 1936.[4] Während sich die regierende Nationale Partei (NP) für alle Volksgruppen öffnete, gab der ANC die Einstellung des bewaffneten Kampfs bekannt.

Mit der Unterzeichnung des *National Peace Accord* verpflichteten sich die Regierung, der ANC, die Inkatha-Freiheitspartei (IFP) und weitere Parteien im September 1991 unter anderem zum Aufbau einer Mehrparteien-Demokratie sowie zur Anerkennung und Wahrung elementarer Individualrechte und demokratischer Prinzipien.[5] Damit wurde die Grundlage zur Aufnahme von formellen Verhandlungen im Rahmen eines „Konvents für ein demokratischen Südafrika" (*Convention for a Democratic South Africa*, CODESA) geschaffen, welche zur Ausarbeitung einer neuen, demokratischen Verfassung führen sollten.

Die CODESA-Verhandlungen, die im Dezember 1991 aufgenommen wurden (CODESA I), brachten indessen kaum Annäherung zwischen der noch immer amtierenden weissen Minderheitsregierung und dem ANC in den zahlreichen gegensätzlichen Standpunkten, vor allem bezüglich der Struktur des Verfassungswandels und dem zeitlichen Rahmen der Veränderungen. CODESA I endete schliesslich mit einer blossen Absichtserklärung, in der sich die Verhandlungspartner unter anderem zur Schaffung eines Klimas des friedlichen

3 Vgl. Edward Lawson (Ed.), Encyclopedia of Human Rights, Stichwort „South Africa", Second Edition, Washington D.C. 1996, S. 1384 (zit.: Encyclopedia). A.a.O. ist auch die am 4. Mai 1990 in Groote Schuur getroffene Vereinbarung (Groote Schuur Minute) zwischen den Verhandlungsdelegationen abgedruckt, in der sich die Regierung und der ANC zu gemeinsamen Anstrengungen zur Überwindung der Gewalt und Instabilität und zu einem friedlichen Verhandlungsprozess verpflichteten.

In der Vereinbarung von Pretoria (Pretoria Minute) vom 6. August 1990 verpflichtete sich dann der ANC zur Suspension des bewaffneten Kampfes, während die Regierung die Zusage abgab, bis zum 30. April 1991 die politischen Gefangenen freizulassen und die Rückkehr der Exilierten durch die Gewährung von Indemnität zu ermöglichen.

4 Lawson (ed.), Encyclopedia (Anm. 3), S. 1384; Pippan, Verfassungswandel Südafrikas, S. 1001; Worden, South Africa, S. 137.

5 Pippan, Südafrikas Verfassungswandel, S. 1001. Siehe auch Mandela, Long Walk to Freedom, S. 715 und de Klerk, Last Trek, S. 207 und insb. 215 ff.

Verfassungswandels und zum Aufbau eines „vereinigten, demokratischen, nicht-rassischen und nicht-sexistischen Südafrika“ verpflichteten.[6]

Der Folgekonferenz CODESA II, die Mitte Mai 1992 aufgenommen wurde, war noch weniger Erfolg beschieden: Die Verhandlungen wurden kurz nach Aufnahme wegen wachsender Uneinigkeit und zunehmenden Misstrauens unter den Teilnehmern vertagt.[7]

Obwohl CODESA II gescheitert war, wurden die Kontakte unter den Parteien weitergeführt. Nach entsprechenden Zusagen der Regierung de Klerk unterzeichneten die NP und der ANC am 26. September 1992 ein Verständigungsprotokoll (*Record of Understanding*), das den Weg für die Fortsetzung der Verfassungsgespräche ebnete.[8]

Nach zahlreichen Vorgesprächen wurden die Verfassungsverhandlungen Anfang April 1993 wieder aufgenommen. Nachfolgeforum des CODESA war der *Multi-Party Negotiating Process* (MPNP).[9] Der MPNP konnte faktisch an gewisse Ergebnisse im Rahmen der CODESA-Verhandlungen anknüpfen, vor allem bezüglich der Wahl einer Verfassungsgebenden Versammlung und der Etablierung einer Interimsregierung. Im Unterschied zum Konvent für ein demokratisches Südafrika nahmen am MPNP auch die Konservative Partei, der PAC und die traditionellen Stammesführer teil.[10]

Anfang Juli 1993 erzielten die Verhandlungsparteien im Multi-Party Negotiating Process einen Durchbruch: Sie einigten sich auf das Datum der Wahlen für eine Verfassungsgebende Versammlung (27. April 1994) sowie auf die definitive Ausgestaltung des Verfassungsgebungsprozesses und die Grundsätze der neuen Verfassung.[11]

In der Postambel der am 18. November 1993 vom Mehrparteienforum verabschiedeten Übergangsverfassung wurde unter dem Titel *National Unity and*

6 Zitiert bei Pippan, Südafrikas Verfassungswandel, Anm. 41 auf S. 1001. Zu CODESA I vgl. auch die Ausführungen bei de Klerk, Last Trek, S. 218 ff. und bei Mandela, Long Walk to Freedom, S. 712 ff.

7 Vgl. Pippan, Südafrikas Verfassungswandel, S. 1001 f. und Worden, South Africa, S. 139 sowie de Klerk, Last Trek, S. 235 ff. und Mandela, Long Walk to Freedom, S. 721 ff.

8 Siehe Pippan, Südafrikas Verfassungswandel, S. 1002, de Klerk, Last Trek, S. 254 ff. und Mandela, Long Walk to Freedom, S. 726 f.

9 Zum MPNP siehe de Klerk, Last Trek, S. 272 und 282 und Mandela, Long Walk to Freedom, S. 732 f.

10 Zur Struktur des MPNP vgl. Anton Christen, Wiederaufnahme des Dialogs in Südafrika, in: NZZ vom 3.4.1993, S. 7.

11 Detaillierte Angaben zu diesem Verhandlungsergebnis bei Anton Christen, Aufbruch zu einem Südafrika der Regionen - Wahl einer Konstituante am 27. April 1994, in: NZZ vom 5.7.1993, S. 3.

Reconciliation[12] festgehalten, dieses Dokument stelle eine historische Brücke dar zwischen der Vergangenheit einer zutiefst gespaltenen Gesellschaft und einer Zukunft, welche auf der Anerkennung der Menschenrechte, der Demokratie und dem friedlichen Zusammenleben sowie der Entwicklung von Chancen für alle Südafrikaner, ungeachtet von Hautfarbe, Rasse, Klassenzugehörigkeit, Glauben oder Geschlecht, begründet ist. Zum Zwecke der Versöhnung und des Wiederaufbaus wurde das Parlament beauftragt, ein Gesetz zu verabschieden, welches die Gewährung von Amnestie für Straftaten vorsehen sollte, die aus politischer Motivation und im Zuge der Konflikte der Vergangenheit begangen worden waren. In diesem Gesetz mussten gemäss dem Auftrag die Mechanismen, Kriterien und Prozeduren für die Verfahren zur Gewährung von Straffreiheit festgelegt werden.

Die Schlussklausel ist gemäss Art. 232 Abs. 4 der Interimsverfassung integraler Bestandteil derselben.[13] Nach Massgabe von Art. 22 des sechsten Anhangs zur Verfassung von 1996 ist die Postambel zudem Teil des geltenden Verfassungsrechts.[14]

Die Verabschiedung eines Gesetzes zur Regelung der Amnestiefrage war denn auch eines der prioritären Ziele der Regierung Mandela.

Im Oktober 1994 einigte sich ein Kabinettsausschuss auf einen Entwurf des Gesetzes zur Förderung der Nationalen Einheit und Versöhnung; im darauffolgenden Monat nahm das Kabinett einen überarbeiteten Gesetzesentwurf an. Bei den monatelangen Beratungen der Gesetzesvorlage im Parlament erfolgten über 300 Abänderungen.[15] Das Parlament verabschiedete die Rechtsgrundlage der Wahrheits- und Versöhnungskommission schliesslich am 17. Mai 1995. Präsident Mandela unterzeichnete das Gesetz am 19. Juli 1995.

12 Die Postambel wird deshalb auch als „Unity and Reconciliation Clause“ bezeichnet, vgl. die Botschaft (memorandum on the objects of the National Unity and Reconciliation Bill) zum Gesetz zur Förderung der Nationalen Einheit und Versöhnung, S. 1 (Internet-Quelle der Botschaft: http://www.doj.gov.za/trc/legal/b30-95.htm). Der Originalwortlaut der Klausel ist ebenfalls im Anhang dieser Arbeit zu finden. Siehe auch Pippan, Südafrikas Verfassungswandel, S. 1004 f.
Internet-Quelle der Postambel: http://www.doj.gov.za/trc/legal/interim.htm.

13 Internet-Quelle der vollständigen Interimsverfassung (Constitution of the Republic of South Africa, Act 200 of 1993): http://www.gov.za/constitution/1993/1993cons.htm.

14 Internet-Quelle des aktuellen Verfassungstextes (Constitution of the Republic of South Africa, Act 108 of 1996): http://www.gov.za/constitution/1996/96cons.htm.

15 Parker, Politics, Anm. 13 auf S. 2.

II. Der Gegenstand des Gesetzes zur Förderung der Nationalen Einheit und Versöhnung

Das Gesetz zur Förderung der Nationalen Einheit und Versöhnung regelt den Umgang mit den politisch motivierten Straftaten, welche zwischen 1960 und 1994 begangen worden waren.

Es stellt einen Bestandteil der Bemühungen der Regierung um ein *nation-building* dar. Mit dem Gesetz wird somit bezweckt, durch die Regelung des Umgangs mit den vor der Machtübergabe verübten politischen Verbrechen zur Konfliktlösung beitragen zu können.

Der südafrikanische Weg zur Konfliktlösung und Vergangenheitsaufarbeitung geht dabei von dem fundamentalen Grundsatz aus, dass die Förderung von nationaler Einheit und Versöhnung als Voraussetzung von Frieden und Stabilität angesichts der zahlreichen schweren Menschenrechtsverletzungen nur durch einen Prozess der Wahrheitsfindung erfolgen kann.

Zu diesem Zweck wurde mit dem Gesetz zur Förderung der Nationalen Einheit und Versöhnung die Wahrheits- und Versöhnungskommission eingerichtet. Diese Institution hat ihre Tätigkeit inzwischen beendet. Das von Erzbischof Tutu geleitete Gremium hatte unter anderem die Aufgabe, ein umfassendes Bild über die Ursachen, die Eigenarten und das Ausmass der zwischen 1960 und 1994 verübten schweren Menschenrechtsverletzungen zu erarbeiten. Basierend auf diesem Bericht hatte die Kommission der südafrikanischen Regierung Massnahmen zu empfehlen, die geeignet sind, einer Wiederholung von Verstössen gegen die Menschenrechte und anderen politisch motivierten Gewalttaten in der Zukunft vorzubeugen.

Als ebenso grundlegend erscheint die Eigenschaft der Wahrheits- und Versöhnungskommission als Forum, in dem die Opfer über ihre Leiden und die Täter über ihre Straftaten berichteten. Durch das *Truth-Telling* und *Truth-Hearing* sollten individuelle und letztlich gesamtgesellschaftliche Heilungsprozesse in Gang gesetzt und gefördert werden.

Den *Opfern* wurde auf diese Weise die Gelegenheit geboten, ihre leidvollen Erfahrungen vor der Öffentlichkeit darzulegen. Durch die offizielle Anerkennung der verübten Menschenrechtsverletzungen war die verletzte Würde der Opfer wiederherzustellen.

Die Kommission gewährte den *Tätern* von politisch motivierten Delikten für die volle Offenlegung ihrer Straftaten nach Massgabe der gesetzlich festgelegten Bedingungen Amnestie respektive Strafverfolgungsfreiheit. Dieser Anreiz sollte die Aufdeckung der Wahrheit in möglichst vielen ungeklärten Fällen der Vergangenheit ermöglichen.

Indem den Südafrikanerinnen und Südafrikanern die gemeinsame Vergangenheit eindringlich vor Augen geführt worden ist, können gemäss der Konzeption des Gesetzes Versöhnung und Stiftung einer gemeinsamen Identität in der bisher so stark polarisierten Gesellschaft gefördert werden. Den Opfern sind zudem Wiedergutmachungsleistungen zu gewähren, und es sind Massnahmen zu ihrer Rehabilitierung zu ergreifen.

Das Gesetz zur Förderung der Nationalen Einheit und Versöhnung wurde in sieben Kapitel[16] und insgesamt 49 Artikel gegliedert.

Im Einzelnen wurden darin die Ziele der Wahrheits- und Versöhnungskommission definiert (Art. 3) sowie ihre Funktionen (Art. 4) und Kompetenzen (Art. 5) beschrieben. Je ein Kapitel war den drei grundlegenden Tätigkeitsfeldern der Kommission gewidmet, nämlich der Untersuchung der Menschenrechtsverletzungen (Art. 12 bis 15), der Amnestierung von Tätern (Art. 16 bis 22) und der Gewährung von Wiedergutmachung und Rehabilitierung an die Opfer (Art. 23 bis 27). In den Art. 28 bis 35 folgten Normen betreffend die Untersuchungen und Anhörungen der Kommission. Weitere, generelle Bestimmungen (zum Beispiel bezüglich der Unabhängigkeit der Kommission) wurden in den Art. 36 bis 49 festgelegt.

Auch nachdem die Wahrheits- und Versöhnungskommission ihre Tätigkeit beendet hat, sind einzelne Gesetzesartikel nach wie vor von praktischer Relevanz, so namentlich die Bestimmungen über die Rechtswirkungen der Gewährung von Amnestie oder die Normen über die Reparationsleistungen für die Opfer, da dieses Prozedere noch nicht abgeschlossen ist. Vor allem aber ist zu beachten, dass die von der Kommission in Gang gesetzten oder zumindest von ihr unterstützten komplexen Prozesse der Herbeiführung und Konsolidierung von Rechtsstaatlichkeit sowie der Konfliktlösung, Versöhnung und Demokratisierung weit über die Lebensdauer des von Erzbischof Tutu geleiteten Gremiums fortdauern werden.

16 Kapitel 1: Interpretation and application; Kapitel 2: Truth and Reconciliation Commission; Kapitel 3: Investigation of Human Rights Violations; Kapitel 4: Amnesty mechanisms and procedures; Kapitel 5: Reparation and rehabilitation of victims; Kapitel 6: Investigations and hearings by Commission; Kapitel 7: General Provisions.

Zweites Kapitel: Der realpolitische Hintergrund als Prämisse für die Regelung des Umgangs mit der Unrechtsvergangenheit

Die Wurzeln des südafrikanischen Transitionsprozesses reichen zurück in die Zeit der Mitte der achtziger Jahre, als Geheimgespräche zwischen dem Afrikanischen Nationalkongress und der südafrikanischen Regierung begannen.[17] Die Gespräche intensivierten sich nach der Freilassung von Nelson Mandela am 11. Februar 1990.[18] Die Verhandlungen kulminierten schliesslich in der Verabschiedung der Übergangsverfassung durch das erwähnte Mehrparteienforum am 18. November 1993.

I. Die Pattsituation am Ende der achtziger Jahre

Südafrika war Ende der achtziger Jahre in einer Sackgasse angelangt: Die Regierung war ebenso wenig wie die Befreiungsbewegungen in der Lage, ihre Gegner militärisch zu besiegen.

In dieser Pattsituation vermochte weder die Regierung, die Oppositionsbewegung zum Schweigen zu bringen und den Aufstand der schwarzen Jugend und der Guerilla zu bezwingen, noch verfügte die Befreiungsbewegung über genügend Stärke, um die nach wie vor intakten Sicherheitskräfte des Polizeistaates entscheidend zu schwächen. Der Konflikt war gewissermassen an einem toten Punkt angelangt.[19]

Zudem waren sowohl das Botha-Regime als auch die Befreiungsbewegung mit internen Konflikten und Problemen beschäftigt, welche die Handlungsfähigkeit einzuschränken drohten: Der ANC sah sich mit der Gefahr konfrontiert, aus dem zusammenbrechenden sozialistischen Lager keine effektive Unterstützung mehr zu erhalten. Ein dauerndes Problem waren die blutigen Auseinandersetzungen und Kämpfe von Anhängern des ANC mit Anhängern der schwarzen Bewegung Inkatha-Freiheitspartei (IFP) sowie die Rachefeldzüge gegen angebliche schwarze Kollaborateure in den schwarzen Städten Südafrikas.

17 Zur Phase der Geheimgespräche vgl. die eingehende Analyse des südafrikanischen Journalisten Allister Sparks, Morgen ist ein anderes Land, insb. S. 37 ff. Ausführlich auch Mandela, Long Walk to Freedom, insb. 609-668.

18 Siehe Sparks, Morgen ist ein anderes Land, insb. S. 173 ff., Mandela, Long Walk to Freedom, S. 669-751 und de Klerk, Last Trek, insb. S. 173 ff.

19 Ansprenger, Südafrika, S. 81 und ausführlich Worden, South Africa, S. 134 ff.

Die südafrikanischen Streitkräfte wiederum erlitten eine empfindliche Niederlage im Namibia-Konflikt, der schliesslich durch den SWAPO-Sieg auch an der politischen Front verloren wurde. Zudem verlor die NP bei den letzten Wahlen vor dem Umbruch deutlich Stimmen zugunsten der nach rechts abgedrifteten Konservativen Partei (KP) sowie der neuformierten linksliberalen Demokratischen Partei (DP). Damit erlebte die NP erneut das alte Trauma des Afrikaanervolks, nämlich den Bruderzwist.[20]

In dieser Sackgasse entschlossen sich die beiden wichtigsten Konfliktparteien, die Nationale Partei und der Afrikanische Nationalkongress, den Kompromiss zu suchen, um gemeinsam den Übergang vom unter Botha politisch immobil gewordenen und ideologisch erstarrten Ancien Régime in ein neues Südafrika zu bewältigen.

II. Der Transitionsprozess

Als eine der Schattenseiten des skizzierten demokratischen Übergangsprozesses muss mit Sicherheit die enorme Zunahme der politisch motivierten Gewalttaten zwischen Anhängern des ANC und der Inkatha-Freiheitspartei bezeichnet werden.[21] Mit der schrittweisen Abschaffung der Apartheid verschärften sich auch die gewalttätigen Auseinandersetzungen zwischen den Sympathisanten der beiden Bewegungen.

Bereits seit 1983 war es in KwaZulu/Natal immer häufiger zu Zusammenstössen und Kämpfen zwischen ANC- und Inkatha-Anhängern gekommen. Die anfängliche Rivalität schlug in offene Feindschaft und Hass um. Die Auseinandersetzungen erreichten schliesslich gegen Ende der achtziger Jahre ein bürgerkriegsähnliches Niveau.[22] Der Führer der IFP, Buthelezi, verstand es, die ethnischen Zugehörigkeitsgefühle der Zulus zu mobilisieren und für politische Zwecke auszunützen. Andererseits konnte der ANC der Inkatha-Führung und insbesondere Buthelezi die vom ANC geltend gemachte Rolle der Inkatha als Kollaborateurin mit dem Apartheid-System nicht verzeihen.

Ab 1990 kam es zu immer häufigeren blutigen Zusammenstössen zwischen Anhängern der verfeindeten Parteien im Gebiet des Witwatersrand, und hier vor allem in den Town-ships im Ostrand (östlich von Johannesburg). Die Ursache hierfür lag in der Aufhebung der Migrationskontrollen und der Niederlassung

20 Zum Ganzen Ansprenger, Südafrika, S. 81 f.

21 Zu diesem Konflikt vgl. Ansprenger, Südafrika, S. 80 u. 84 ff., Worden, South Africa, S. 133 f. und Sparks, Morgen ist ein anderes Land, S. 199 ff.

22 Vgl. etwa Worden, South Africa, S. 134.

von zahlreichen Inkatha-Sympathisanten in Wohnbaracken der Townships. Dies führte zu einer neuen Woge der Gewalt, indem mit traditionellen Waffen wie Speer und Axt ausgerüstete Zulus und ebenso gewaltbereite ANC-Anhänger heftige Territorialkämpfe ausübten. Die Gefolgsleute des Afrikanischen Nationalkongresses waren Jahre zuvor von diesem als „Selbstverteidigungseinheiten" der „Volksmacht" etabliert worden. Sie konnten von der ANC-Führung indessen kaum mehr gebändigt werden.

Zwischen Mitte 1990 und April 1994 kamen insgesamt rund 14'000 Menschen bei politisch motivierten Gewalttaten ums Leben, die meisten bei Auseinandersetzungen zwischen Anhängern von ANC und IFP.[23] Während das *Institute of Race Relations* für das Jahr 1989 noch 1'403 Todesopfer politischer Gewalt eruierte, waren es 1990 3'699 Menschen, die getötet wurden.[24] Die Sicherheitskräfte indessen verhielten sich gegenüber dem blutigen Konflikt vorwiegend passiv. Hier zeitigte die ANC-Strategie der achtziger Jahre, die Townships unregierbar zu machen, eine weitere negative Folgewirkung. Einerseits entwickelten die bewaffneten Kämpfer der „Volksmacht", wie erwähnt, eine Eigendynamik und liessen sich kaum mehr disziplinieren. Andererseits war die Akzeptanz von Polizei und Militär in den schwarzen Städten so gering, dass die Sicherheitskräfte hier kaum über kooperationswillige Ansprechpartner verfügten.

Dazu kam im Juli 1991 die Enthüllung des „Inkathagate"-Skandals, wonach Einheiten der Sicherheitskräfte ab Ende der achtziger Jahre Anhänger der Inkatha mit Geld, Waffen und militärischem Training versorgt hätten.[25] Ziel dieser Unterstützung sei die Bekämpfung des ANC und die Destabilisierung des Landes gewesen. Die Regierung in Pretoria dementierte diese Behauptungen und reagierte mit der Einsetzung einer Untersuchungskommission unter Richter Richard Goldstone zur Untersuchung der politischen Gewalt und Einschüchterung.[26] Die Goldstone-Kommission kam in ihrem zweiten Zwischenbericht 1992 zum Schluss, es gebe keinerlei Beweise für die Existenz von Einheiten, die in den Townships Gewalt schürten oder auf andere Weise ungesetzlich vorgingen. Damit wurden die Gerüchte über die Existenz einer „dritten Kraft" („third force") in Abrede gestellt.

23 FR II/7, Rz. 7.

24 Zahlen bei Ansprenger, Südafrika, Anm. 22 auf S. 111.

25 Siehe etwa Sparks, Morgen ist ein anderes Land, S. 220.

26 Rechtsgrundlage zur Einsetzung der Goldstone-Kommission bildete der Prevention of Public Violence and Intimidation Act von 1991. Zu den Kompetenzen der Kommission vgl. Parker, Politics, Anm. 71 auf S. 8.

Im März 1994 kam die Goldstone-Kommission hingegen zu einem gegenteiligen Schluss und veröffentlichte einen weiteren Bericht.[27] Gemäss diesen Erkenntnissen sei eine Polizeieinheit von 1989 an damit beschäftigt gewesen, Gewalt unter den Schwarzen zu schüren, um das Land zu destabilisieren. Unter anderem habe die Einheit Überfälle auf Vorortszüge und Gewalttaten in und um Wohnbaracken für Wanderarbeiter organisiert. Zudem seien Anhängern der Inkatha Geld und Waffen übergeben worden. Diese auf der berüchtigten Vlakplaas-Farm bei Pretoria stationierte Polizeieinheit sei erst 1992 aufgelöst worden, wobei einige dieser Polizisten gemäss Bericht weiterhin in Todesschwadronen aktiv sein sollen. Als Reaktion auf den Bericht suspendierte Präsident de Klerk drei Polizeigeneräle und kündigte die Einsetzung einer internationalen Untersuchungskommission an.[28]

Auch die Unterzeichnung des *National Peace Accord* im September 1991 durch die Regierung, den ANC, die IFP und weitere Parteien vermochte die bürgerkriegsähnlichen Auseinandersetzungen nicht zu beendigen. Im Zeitraum von Februar 1990 bis Juni 1992 wurden 6'375 Todesopfer von politischer Gewalt eruiert.[29] Die Zahl der Todesopfer politisch motivierter Gewalt erreichte im Jahre 1993 mit 3'706 getöteten Menschen wieder die Höhe des Jahres 1990, während für die Jahre 1991 und 1992 2'706 und 3'347 Todesfälle als Folge politisch motivierter Verbrechen eruiert worden waren.[30]

Die weissen Rechtsextremisten, namentlich die Afrikaaner Weerstandsbeweging (AWB), widersetzten sich den vorgesehenen Wahlen mit gewaltsamen Mitteln.[31] Von besonderer Tragweite war die Ermordung des populären Chefs der südafrikanischen Kommunistischen Partei (SACP), Chris Hani, durch weisse Rechtsextremisten.[32] Auf der anderen Seite führten schwarze Bewegungen wie der Pan Africanist Congress (PAC) und die Azanian People's Liberation

27 Dazu Anton Christen, Südafrika durch die eigene Polizei destabilisiert?, in: NZZ vom 21.3.1994, S. 4.

28 Die Erkenntnisse der Goldstone-Kommission wurden durch die Untersuchungen der Wahrheits- und Versöhnungskommission grösstenteils bestätigt. Vgl. die Ergebnisse zur „third force" im FR V/6, Rz. 126 ff. Zur IFP siehe die findings im FR V/6, Rz. 110 ff.

29 Pippan, Südafrikas Verfassungswandel, Anm. 44 auf S. 1002.

30 Alle Zahlen gemäss Berechnung des Institute of Race Relations. Im Jahre 1990 waren nach dieser Statistik 3'699 Menschen bei politisch motivierten Gewalttaten ums Leben gekommen. Zahlen zitiert bei Ansprenger, Südafrika, Anm. 22 auf S. 111.

31 FR I/5, Rz. 63.

32 Vgl. hierzu Anton Christen, Südafrikas KP-Chef erschossen - Aufrufe des ANC zur Besonnenheit und Ruhe, in: NZZ vom 13.4.1993.

Army (APLA) ihren bewaffneten Kampf auch während des Verhandlungsprozesses weiter.[33]

Zweifelsohne hatte also das Ausmass an politisch motivierter Gewalt ein extrem kritisches Niveau erreicht, das den Verhandlungspartnern zu denken geben musste.

Drittes Kapitel: Normative Anforderung 1: Beitrag zur Konfliktentschärfung

I. Ermöglichung der Machtübergabe durch Vereinbarung einer Übergangsregelung

Wie im vorstehenden Kapitel gezeigt wurde, fanden die Verhandlungen in der ersten Hälfte der neunziger Jahre in einem äusserst instabilen Umfeld statt. Eine Deeskalation des Konfliktes war dringend notwendig. Den Verhandlungspartnern war bewusst, dass eine Verhandlungslösung von beiden Seiten, das heisst sowohl von den Trägern des bisherigen Regimes als auch der Befreiungsbewegungen, akzeptiert werden musste, um Bürgerkrieg, reaktionäre Aufstände, Putsch, Chaos und Anarchie zu verhindern.

Von primärer Bedeutung waren demzufolge in realpolitischer Perspektive eine Entspannung der Lage, die Ermöglichung der Machtübergabe und die Herbeiführung einer kurz- und mittelfristigen Stabilisierung.

Die Mitglieder des bisherigen Regimes, vor allem die Angehörigen des Sicherheits-apparates, fürchteten sich vor einer allfälligen strafrechtlichen Verfolgung durch die neue Regierung. Die Administration de Klerk hätte einer rein strafrechtlichen Aufarbeitung der Menschenrechtsverletzungen der Apartheid-Ära mit Sicherheit nicht zugestimmt.

Die Übergangsregelung erforderte somit aus der Sicht der bisherigen Machthaber und der Angehörigen der Sicherheitskräfte eine Amnestie-Klausel. Nur auf der Grundlage einer solchen Vereinbarung waren die Vertreter des Regimes überhaupt zu einer Machtübergabe bereit, und nur mit einer solchen Lösung konnte einer Machtübernahme durch die Sicherheitskräfte mit einiger

33 FR I/5, Rz. 63.

Aussicht auf Erfolg vorgebeugt werden.[34] Eine rein strafrechtliche Aufarbeitung der Vergangenheit war demzufolge von vornherein gar nicht möglich.

Auf der anderen Seite verlangte der ANC die Bildung einer Wahrheitskommission, nachdem die Organisation selbst zwei Kommissionen eingesetzt hatte, welche Anschuldigungen betreffend Widerhandlungen gegen die Menschenrechte in den ANC-Lagern ausserhalb Südafrikas zu untersuchen hatten.[35] Die Kommissionen waren seinerzeit zum Ergebnis gelangt, dass es in den ANC-Camps zu Menschenrechtsverletzungen gekommen war.[36] Der ANC forderte die Einrichtung einer Wahrheitskommission, um die Menschenrechtsverletzungen von allen Seiten zu untersuchen.[37] Während sich die NP vehement für die Aufnahme einer Amnestieklausel für die Sicherheitskräfte einsetzte, bestand der ANC zunächst darauf, die Regelung der Frage der Straffreiheit der neuen Regierung zu überlassen.[38]

Die Ausgestaltung der Übergangsregelung und mithin die Definition der Funktion einer einzusetzenden Wahrheitskommission hatte sich demnach an den realpolitischen Gegebenheiten auszurichten. Die machtpolitischen Grundvoraussetzungen bildeten die entscheidende Prämisse, an der sich die Erarbeitung von Konzepten für die Aufarbeitung der verübten Straftaten auszurichten hatte. Die Lösung der Amnestie-Frage musste auf Grund der Pattsituation den Ansprüchen beider Seiten, das heisst sowohl den Vertretern des Ancien Régime und den Mitgliedern der Sicherheitskräfte als auch den Befreiungsbewegungen, gerecht werden. Damit eine Konfliktentschärfung ermöglicht wurde, brauchte es einen Kompromiss zwischen den Forderungen beider Seiten.

Zusammenfassend kann deshalb festgehalten werden, dass die Lösung der Amnestie-Frage vor dem Hintergrund dieser realpolitischen Zwänge in der damaligen Umbruchsituation somit primär geeignet sein musste, sowohl der Forderung der bisherigen Machthaber nach einer Amnestierung von Straftätern als auch der Forderung der Opposition nach einer Untersuchung der Menschen-

34 Minow spricht davon, dass die abtretenden Machthaber „some form of amnesty for those responsible for the regime“ zur Voraussetzung für die friedliche Machtübergabe machten, vgl. Minow, Between vengeance and forgiveness, S. 52. Siehe auch Simpson/van Zyl, Amnestie, S. 11. Die Machtübergabe hängt in der Praxis häufig von einer Vereinbarung bezüglich der Amnestie-Frage ab, vgl. Sriram, Truth Commissions and Political Theory, S. 479 f.

35 Minow, Between vengeance and forgiveness, S. 52 f.

36 Vgl. Manby, Vergebung, S. 10 f. Siehe auch die Erkenntnisse im Schlussbericht, FR II/4, Rz. 98 ff.

37 Manby, Vergebung, S. 11.

38 Manby, Vergebung, S. 11 und Simpson/van Zyl, Amnestie, S. 10.

rechtsverletzungen Rechnung zu tragen. Die Durchführung von Strafverfolgungen auf breiter Ebene war in dieser Konstellation aus machtpolitischen Gründen a priori nicht möglich.[39] Durch die Amnestie-Klausel in der Interimsverfassung war die erste demokratische Regierung verpflichtet, ein Gesetz zu erlassen, welches die Gewährung von Straffreiheit vorsah, wobei ihr in Bezug auf die Regelung der Voraussetzungen für die Gewährung von Amnestie ein gewisses Ermessen zukam.[40] In Frage kamen im Wesentlichen der Erlass einer bedingungslosen Amnestie (*blanket amnesty*) und eine an die Erfüllung von Bedingungen geknüpfte Gewährung von Straffreiheit (*qualified amnesty*).[41]

Die Regelung des Umgangs mit der Unrechtsvergangenheit musste in dieser angespannten Situation ebenfalls dazu geeignet sein, das Verlangen der Opfer nach Vergeltung und Rache durch öffentliche und gesetzliche Institutionen zu kanalisieren.[42] Die Ausgestaltung des Gesetzes hatte deshalb auch die Anliegen der Opfer zu berücksichtigen, um zu verhindern, dass sich aufgestaute Frustrationen in einer Spirale der Gewalt entluden. Zugleich waren reaktionäre Tendenzen in der bisher herrschenden Bevölkerungsgruppe zu bekämpfen, indem der Charakter der Unrechtsvergangenheit offengelegt wurde: es war dringend notwendig, Mythen, Gerüchten und falschen Bildern über die Vergangenheit den Boden zu entziehen.[43]

Zusätzlich zur Entspannung des Konfliktes hat das Gesetz in mittel- und langfristiger Perspektive aber auch weiteren Anforderungen zu genügen: Die Lösung der Amnestie-Frage muss einen Beitrag zur Herstellung von Rechtsstaatlichkeit und zum Versöhnungs- und Demokratisierungsprozess leisten können. Zielkonflikte zwischen diesen normativen Bedingungen sind zu vermeiden, indem die Gesetzesgrundlage so auszugestalten ist, dass die Regelung nicht eine Machtübergabe um jeden Preis verfolgt. Es ist deshalb erforderlich, dass die Vereinbarung auch hinsichtlich der beiden letztgenannten Zielorientierungen eine taugliche Konzeption anbietet, ansonsten die Deeskalation letztlich nicht nachhaltig, sondern nur von kurzer Dauer sein wird. Der machtpolitisch bedingte Kompromiss zur Beruhigung der Lage und Ermöglichung der Machtübergabe

39 Siehe auch die Formulierung im Schlussbericht, wonach Gerichte im Stile des Tribunals von Nürnberg auf Grund der herrschenden militärischen und politischen Kräfteverhältnisse keine realisierbare politische Option gewesen sind, vgl. FR I/5, Rz. 57.

40 Vgl. FR I/5, Rz. 58.

41 FR I/5, Rz. 58.

42 Vgl. Minow, Between vengeance and forgiveness, S. 89, die davon spricht, dass die Bemühungen zur Kanalisierung von solchen Verlangen sowohl durch die Strafverfolgungen als auch durch die Wahrheitskommissionen stattfinden können.

43 Minow, Between vengeance and forgiveness, S. 76.

muss aus diesem Grunde in mittel- und langfristiger Sicht auch zur Herstellung von Rechtsstaatlichkeit, Versöhnung und Demokratie beitragen können. Es besteht mit anderen Worten die Notwendigkeit, dass die südafrikanische Konzeption für den Umgang mit den verübten Menschenrechtsverletzungen kompatibel ist mit den Anstrengungen zum Aufbau von Rechtsstaat und Demokratie und zur Versöhnung in der Gesellschaft.

II. Exkurs: Hinweise auf den Umgang mit der Vergangenheit in anderen Kontexten

Auf Grund der Singularität der geschichtlichen Prozesse sowie der jeweiligen konkreten Umstände und Gegebenheiten wird die Beschäftigung mit der Vergangenheit in jedem Land anders angegangen.[44] Martha Minow hält fest, die Einsicht, wonach der Kontext von Bedeutung ist, sei nicht das Ende, sondern vielmehr der Beginn der Analyse.[45] Sie spricht in diesem Zusammenhang von kontextbezogenen Untersuchungen (*contextual inquiries*).[46]

a. So hat etwa im Deutschland der Nachkriegszeit ein kollektiver Verdrängungsprozess stattgefunden. Nach leidvollen Jahren von Krieg und Entbehrungen orientierte sich die Bevölkerung am Aufbau einer neuen Ordnung, während die jüngsten Geschehnisse beiseite geschoben und „historisiert" wurden. Schriftsteller wie Günter Grass, Siegfried Lenz oder Heinrich Böll unternahmen den schwierigen Versuch, eine Vergangenheit zu vergegenwärtigen, von der die wenigsten noch etwas wissen wollten und für die sich niemand so recht verantwortlich fühlte. Deutlich wurde aber auch, dass dieser Verdrängungsprozess eine Art von kollektivem Unterbewusstsein unberührt liess, was zu einer stets

44 Vgl. die Untersuchung von Martha Minow, Between vengeance and forgiveness, welche zahlreiche weiterführende Hinweise enthält. Siehe auch etwa Daan Bronkhorst, Truth and Reconciliation, Obstacles and opportunities for human rights, Amsterdam 1995. Dieses Buch enthält viele Hinweise zu einzelnen Ländern. Für eine Untersuchung der Problematik aus der Sicht der politischen Theorie vgl. Sriram, Truth Commissions and Political Theory, S. 471-492.

45 Minow, Between vengeance and forgiveness, S. 5.

46 Minow, Between vengeance and forgiveness, S. 135. Vgl. auch das a.a.O. auf S. 134 f. wiedergegebene Zitat von Hans-Jörg Geiger, dem ehemaligen Leiter des für die Öffnung der Stasi-Akten zuständigen Amtes: „Every system, every time has its own special situation - even as far as the reasons for human rights violations are concerned. (...) it's more important to look for the correct way to reckon with each past separately rather than to develop a theoretical system."

wiederkehrenden Beschäftigung der Menschen im Nachkriegsdeutschland mit der eigenen Geschichte führte.[47]

Der oft verwendete Begriff der „Vergangenheits*bewältigung*“ ist in dieser Hinsicht deshalb unangebracht, weil er etwas Unmögliches impliziert: Vergangenheit kann eben nicht *be*wältigt oder gar *über*wältigt werden. Damit aus ihr die entsprechenden Lehren gezogen werden können, muss sie stets offen und präsent sein.

b. Auch die Schweizer Bevölkerung hat in den letzten Jahren die Folgen einer weitgehend ausgebliebenen Beschäftigung mit ihrer Rolle im Zweiten Weltkrieg erfahren müssen. Während positiv zu wertende Tatsachen und Zusammenhänge in ihrem Ausmass und in ihrer Bedeutung überbewertet wurden, fanden kritischere Stimmen bis vor kurzem kaum Beachtung.[48]

c. Im *wiedervereinigten Deutschland* wurden entsprechende Lehren aus eigenen Versäumnissen im Umgang mit der Geschichte gezogen. Die deutsche Regierung sah sich nach 1990 mit der enormen Aufgabe konfrontiert, die DDR-

47 Vgl. nur etwa die folgende Auswahl von Beispielen aus der Berichterstattung in der NZZ: Jürgen Tietz, Vergangenheit, die nicht vergeht - Zum Umgang mit dem Bauerbe der NS-Zeit, in: NZZ vom 28./29.3.1998, S. 45; Jürg Dedial, Nach 53 Jahren sind die NS-Urteile aufgehoben - Der Bundestag für eine einheitliche Regelung zur Annullation, in: NZZ vom 29.5.1998, S. 2; Eric Gujer, Ein neuer Blick auf Deutschlands Vergangenheit? Schröder, Walser und Herzog als Protagonisten einer Debatte, in: NZZ vom 13.11.1998, S. 3 sowie Michael Marek und Matthias Schmitz, Den Opfern ihre Namen und ihre Geschichte zurückgeben - Ein Gespräch mit dem Leiter der Shoah Foundation, Michael Berenbaum, in: NZZ vom 15.3.1999, S. 27.

48 Von besonderer Bedeutung ist in diesem Zusammenhang die Tätigkeit der Unabhängigen Expertenkommission Schweiz - Zweiter Weltkrieg (Bergier-Kommission), deren Berichte auf grosses Interesse gestossen sind, vor allem der am 10. Dezember 1999 vorgestellte Bericht „Die Schweiz und die Flüchtlinge zur Zeit des Nationalsozialismus“. Nach fünfjähriger Arbeit veröffentlichte die Kommission im März 2002 ihren Schlussbericht. Zur Rolle der Schweiz im Zweiten Weltkrieg siehe etwa auch die Artikel über den Eizenstat-Bericht in „Der Bund“ vom 9.5.1997, S. 1-3 und die Publikation einer im Jahre 1946 verfassten Übersicht über die Aussenhandelspolitik der Schweiz im Zweiten Weltkrieg von Hans Schaffner, Die Aussenhandelspolitik der Schweiz im Zweiten Weltkrieg, in: NZZ vom 8./9.2.1997, S. 91 f. Besonders interessant ist das Gespräch von Reinhard Meier und Beat Ammann mit Simon Wiesenthal, „Die Schuld ist individuell, nicht kollektiv“, in: NZZ vom 2./3.8.1997, S. 7. Zum Entwurf des Bundesgesetzes über die Aufhebung von Strafurteilen gegen Flüchtlingshelfer zur Zeit des Nationalsozialismus vgl. BBl 2002 7805. Der Bericht der Kommission für Rechtsfragen des Nationalrates vom 29. Oktober 2002 findet sich in BBl 2002 7781.

Vergangenheit (und mithin auch die gemeinsame „deutsch-deutsche“ Geschichte) aufzuarbeiten, ohne aber eine „Siegerjustiz“ walten zu lassen. Vielmehr galt es, das Unrecht der Staats- und Parteifunktionäre in rechtsstaatlich einwandfreien Verfahren zu sühnen. Während einige Mauerschützen zu Gefängnisstrafen verurteilt werden konnten, erwiesen sich die Prozesse gegen die obersten Verantwortungsträger im Politbüro vor allem wegen der Beweislage als sehr schwierig.[49] Dass die Hauptverantwortlichen des Unrechtsstaates der Justiz entkommen könnten, während nur die in der Hierarchie weiter unten stehenden Funktionäre und Angehörigen der Sicherheitskräfte verurteilt werden, ist gerade von der Bevölkerung in den neuen Bundesländern als unangemessen empfunden worden.[50] Erhebliche Anstrengungen unternahmen die Behörden zur Aufarbeitung der Akten des ehemaligen Ministeriums für Staatssicherheit. Seit 1992 konnten die Bürgerinnen und Bürger auf Antrag Einsicht in die über sie erstellten Stasi-Akten nehmen.

d. Während sich in der Bundesrepublik Deutschland die deutsche Justiz um die Klärung der strafrechtlichen Verantwortlichkeit für die zahlreichen Menschenrechtsverletzungen und anderen politisch motivierten Straftaten in der damaligen DDR bemüht, konnten in den Konfliktgebieten des *ehemaligen Jugoslawiens* und *Rwandas* keine funktionsfähigen und unparteiischen Rechtsprechungsorgane zur Beurteilung der dort verübten Kriegsverbrechen und Menschenrechtsverletzungen zum Einsatz kommen. Diese Aufgabe übertrugen die Vereinten Nationen (UNO) dem Kriegsverbrechertribunal für das ehemalige Jugoslawien (*International Criminal Tribunal for the Former Yugoslavia*) mit Sitz in Den Haag resp. dem Kriegsverbrechertribunal für Rwanda (*International Criminal Tribunal for Rwanda*) mit Sitz in Arusha (Tansania).[51] Diese Instanzen

49 Vgl. dazu auch Minow, Between vengeance and forgiveness, S. 42-44.

50 Nähere Ausführungen bei Wolfgang Hauptmann, Noch immer Gefangene des alten Denkens - Mehr als anderthalb Jahre Politbüro-Prozess in Berlin, in: NZZ vom 4.7.1997, S. 5. Ebenfalls interessant Christoph Jahr, Wahrheitssuche und Befindlichkeitsrhetorik - Ein Geschichtsforum zur doppelten deutschen Vergangenheit, in: NZZ vom 5./6.6.1999, S. 66.

51 Zu den UNO-Kriegsverbrechertribunalen siehe die zahlreichen interessanten und kritischen Ausführungen bei Minow, Between vengeance and forgiveness, insb. 27 ff. und 122 ff. mit vielen weiteren Hinweisen. Vgl. weiter etwa die Gespräche der NZZ mit dem früheren Chefankläger der Kriegsverbrechertribunale und heutigen südafrikanischen Verfassungsrichter Richard Goldstone: Bloch, Goldstone-Gespräch I und Vogt, Goldstone-Gespräch II. Zum Kriegsverbrechertribunal für Rwanda siehe Daphna Shraga und Ralph Zacklin, The International Criminal Tribunal for Rwanda, in: European Journal of International Law, Vol. 7 (1996), No. 4, S. 501-518.

knüpften damit an die nach dem Zweiten Weltkrieg geschaffenen internationalen Militärgerichte von Nürnberg und Tokio an.[52]

Die Bemühungen für die Einrichtung eines ständigen internationalen Strafgerichtshofs fanden am 17. Juli 1998 einen erfolgreichen Abschluss, indem sich die Diplomatische Bevollmächtigtenkonferenz der UNO auf das Römische Statut des Internationalen Strafgerichtshofs (*Rome Statute of the International Criminal Court*) einigen konnte, mit welchem der Internationale Strafgerichtshof (*International Criminal Court, ICC*) errichtet wurde.[53] Das Rom-Statut trat

52 Zu den internationalen Militärgerichten von Nürnberg und Tokio eingehend und mit weiteren Hinweisen Minow, Between vengeance and forgiveness, S. 27 ff. und 122 ff.

53 Zu den Grundzügen des Rom-Statuts vgl. statt vieler Albin Eser, Auf dem Weg zu einem internationalen Strafgerichtshof: Entstehung und Grundzüge des Rom-Statuts, in: ZBJV 139/2003, S. 2-42.

Zur interessanten Entstehungsgeschichte seien neben der Darstellung von Eser (a.a.O., S. 2-11) aus der umfangreichen Literaturauswahl exemplifikativ folgende Beiträge aufgeführt: Kai Ambros, Establishing an International Criminal Court and an International Criminal Code: Observations from an International Criminal Law Viewpoint, in: European Journal of International Law, Vol. 7 (1996), No. 4, S. 519-544; Ruth Wedgwood, The International Criminal Court: An American View, in: European Journal of International Law, Vol. 10 (1999), No. 1, S. 93-107; Gerhard Hafner, Kristen Boon, Anne Rübesame und Jonathan Huston, A Response to the American View as Presented by Ruth Wedgwood, a.a.O., S. 108-123; Marten Zwanenburg, The Statute for an International Criminal Court and the United States: Peacekeepers under Fire?, a.a.O., S. 124-143; Antonio Cassese, The Statute of the International Criminal Court: Some Preliminary Reflections, a.a.O., S. 144-171; Paola Gaeta, The Defence of Superior Orders: The Statute of the International Criminal Court *versus* Customary International Law, a.a.O., S. 172-191. Instruktiv sind auch folgende Beiträge: Lucius Caflisch, Für einen ständigen internationalen Gerichtshof - Ein Postulat der Völkerrechtskommission der Vereinten Nationen, in: NZZ vom 2./3.3.1996, S. 17; Petra Münster, Neue Instrumente für das Haager Jugoslawien-Tribunal - Ein Gespräch mit der Chefanklägerin Louise Arbour, in: NZZ vom 1.10.1997, S. 9; Felix E. Müller, Der amerikanische Weltpolizist und die Richter - Widerstand gegen ein Strafgericht für Kriegsverbrecher, in: NZZ vom 28.4.1998, S. 9; Rudolf Stamm, Durchsetzung des humanitären Völkerrechts - Uno-Konferenz über einen ständigen Strafgerichtshof in Rom, in: NZZ vom 16.6.1998, S. 3; Benjamin B. Ferencz, Nürnberg soll kein Einzelfall bleiben - Die Schaffung eines ständigen Kriegsverbrecher-Tribunals ist überfällig, in: NZZ vom 11./12.7.1998, S. 81 f.; Markus Spillmann, Auf der Suche nach weltweiter Gerechtigkeit - Die Diskussionen über einen internationalen Strafgerichtshof, in: NZZ vom 11./12.7.1998, S. 5; Lucius Caflisch, Das Ringen um einen ständigen Strafgerichts-

am 1. Juli 2002 in Kraft. Der Internationale Strafgerichtshof hat seine Arbeit nach der Vereidigung des Chefanklägers Mitte Juni 2003 aufgenommen.[54]

e. In anderen Staaten, deren Vergangenheit ebenfalls durch schwere Menschenrechtsverletzungen gekennzeichnet ist, kam das Strafrecht beim Umgang mit der Vergangenheit indessen nicht oder höchstens am Rande zur Anwendung. Die Rede ist von denjenigen lateinamerikanischen Ländern wie beispielsweise *Argentinien, Chile* oder *El Salvador*, in welchen Bürgerkriege oder Militärdiktaturen nur dank der Gewährung einer Generalamnestie für alle politisch motivierten Delikte beendet werden konnten. Eine Machtübergabe konnte stets nur stattfinden, falls die Offiziere davon ausgehen konnten, dass sie keine strafrechtliche Verfolgung befürchten mussten.[55]

hof - Dringend benötigte Instanz zur Ahndung von Kriegsverbrechen, in: NZZ vom 8./9.8.1998, S. 5.

54 Siehe Andrea Spalinger, Eine heikle Aufgabe für den Chefankläger - Der Internationale Strafgerichtshof bleibt umstritten, in: NZZ vom 17.7.2003, S. 5.

55 Zu den Problemen der Vergangenheitsaufarbeitung in Lateinamerika vgl. Sandra Weiss, Schwer lastet die Vergangenheit, in: „Der Bund" vom 23.8.2003, S. 4.

Argentinien etwa ist immer noch sehr stark durch die Ereignisse der Vergangenheit geprägt. Siehe dazu die folgende Artikel-Auswahl: Charles E. Ritterband, Argentinisches Unbehagen mit sich selbst - Neuer Anlauf zur Vergangenheitsbewältigung, in: NZZ vom 3.2.1998, S. 2; derselbe, Die Hypothek der Amnestiegesetze in Argentinien - Tumult, Verwirrung und gespaltene Opposition im Parlament, in: NZZ vom 6.2.1998, S. 3; derselbe, Triumph für die Menschenrechte in Argentinien - Deputiertenkammer für die Aufhebung der Amnestiegesetze, in: NZZ vom 26.3.1998, S. 5; Robert F. Lamberg, Argentiniens Ex-Präsident Videla verhaftet - Überraschende Aktion der Justiz, in: NZZ vom 11.6.1998, S. 2 sowie aus der jüngsten Zeit etwa Beat Ammann, Einäugiger Blick auf Argentiniens Diktatur? - Zwischen (Un-)Gerechtigkeit, Rache und Versöhnung, in: NZZ vom 13.8.2003, S. 5; derselbe, Argentiniens „Schlusspunkt" annulliert - Initiative von Präsident Kirchner, in: NZZ vom 14.8.2003, S. 2; Andres Wysling, Geister der Vergangenheit, in: NZZ vom 14.8.2003, S. 3; Beat Ammann, Aufruhr um Argentiniens Vergangenheit - Nach den Militärs die Montoneros auf der Anklagebank, in: NZZ vom 19.8.2003, S. 3. Siehe auch Minow, Between vengeance and forgiveness, S. 44 f. und 54 mit weiteren Hinweisen.

Auch in anderen lateinamerikanischen Ländern wird die Gegenwart durch die Vergangenheit schwer belastet, vgl. etwa für *Nicaragua* den Artikel von Peter Gaupp, Nicaragua mit dem Rücken zur Zukunft - Obsession für offene Rechnungen der Vergangenheit, in: NZZ vom 3.9.1997, S. 9. Für *Mexiko* siehe Richard Bauer, Mexikos Ringen mit der Vergangenheit - Schritte Fox' zur Aufklärung von Menschenrechtsvergehen, in: NZZ vom 16.7.2002, S. 7. Zum Bericht der *peruanischen Wahrheits- und Versöhnungskommission* siehe Beat Ammann, Licht auf zwei Jahrzehnte Terror in Peru - Bericht der Wahrheitskommission veröffentlicht, in: NZZ

Im Falle *Chiles* hatte bereits ein von der Militärjunta 1978 erlassenes Gesetz alle Straftaten von Angehörigen der Sicherheitskräfte nach dem Putsch von 1973 mit der Begründung amnestiert, das Land habe sich damals im „inneren Kriegszustand“ befunden.[56] Die Justizbehörden konnten daher bei den Anzeigen von Familienangehörigen Ermordeter oder Vermisster nicht tätig werden. Abgesehen davon können Angehörige der Streitkräfte nur von Militärgerichten abgeurteilt werden. Präsident Aylwin versuchte trotzdem, das Problem der Vergangenheitsaufarbeitung anzugehen und insbesondere für die Klärung des Schicksals von tausenden von Menschen zu sorgen. Er fand heraus, dass das Amnestiegesetz zwar die Bestrafung der Täter verhindert, nicht aber die gerichtliche Untersuchung ungeklärter Fälle verbietet. Unter dem Leitmotiv „Klärung, Versöhnung und Vergebung“ setzte die Regierung eine Wahrheitskommission ein, die in mühevoller Arbeit das Schicksal von 3’000 „Verschwundenen“ aufklären konnte, welche von den Sicherheitskräften ermordet worden waren. Andererseits wurde die Aufklärung von weiteren Fällen durch die geringe Bereitschaft vor allem des Heeres zur Zusammenarbeit erschwert.[57]

In *Guatemala* wurde Ende Dezember 1996 das Ende des 36jährigen Bürgerkriegs mit der Vereinbarung eines umfangreichen Friedensvertrages besiegelt.[58] Im selben Monat verabschiedete das guatemaltekische Parlament ein

vom 30./31.8.2003, S. 5, sowie Monte Hayes, „Zeit der nationalen Schande“, in: „Der Bund“ vom 29.8.2003, S. 5.

56 Dazu Herbert Zecher, Chile auf gutem Weg - Präsident Aylwin im letzten Amtsjahr, in: NZZ vom 23.7.1993, S. 3.

57 Weitere Ausführungen a.a.O. Ausführlich zu Chile Klumpp, Vergangenheitsbewältigung. Zu den jüngsten Entwicklungen vgl. Beat Ammann, Intensivierte Menschenrechtspolitik in Chile - Für „Wahrheit, Gerechtigkeit und Entschädigung“, in: NZZ vom 14.8.2003, S. 2 sowie Andres Wysling, Geister der Vergangenheit, in: NZZ vom 14.8.2003, S. 3.

Interessant auch Charles E. Ritterband, Chiles autoritäre Enklaven - Der demokratische Wandel und das Pinochet-Erbe, in: NZZ vom 27.4.1998, S. 7, und derselbe, Gespanntes Abwarten in Chile - Der Fall Pinochet als Katalysator und Katharsis, in: NZZ vom 13.11.1998, S. 7. Eingehend zum Fall Pinochet Andrea Bianchi, Immunity versus Human Rights: The *Pinochet* Case, in: European Journal of International Law, Vol. 10 (1999), No. 2, S. 237-278.

58 Zum Umbruch in Guatemala vgl. Werner Marti, Beginn einer neuen Epoche in Guatemala - Feierliche Unterzeichnung des Friedensvertrages, in: NZZ vom 31.12.1996, S. 1 f. (zit.: Beginn) und Nicoletta Wagner, Guatemala am Anfang, in: NZZ vom 31.12.1996, S. 3 (zit.: Guatemala). Weitere Informationen zur Vergangenheitsaufarbeitung bei Kerstin Zyber, Versöhnung durch Straflosigkeit?, in: ai-Journal (hrsg. von amnesty international, Sektion Deutschland), Ausgabe Mai 1997, S. 16 f. (zit.: Versöhnung).

„Gesetz zur Nationalen Versöhnung". Darin wurde den Opfern das Recht auf Wiedergutmachung eingeräumt. Die 1994 gebildete Wahrheitskommission wurde damit beauftragt, „die historische Wahrheit über den bewaffneten Konflikt aufzuarbeiten und zu dokumentieren, damit ähnliche Konflikte künftig vermieden werden können".[59] Den Angehörigen sowohl der Sicherheitskräfte als auch der Guerilla wurde eine Generalamnestie gewährt, was bei den Menschenrechtsorganisationen und Kriegsopfern zu Kritik führte. Präsident Arzù erklärte anlässlich der Unterzeichnung des Friedensvertrages, ohne ein echtes Verzeihen könne es keinen Frieden geben und blieben die alten Wunden eine ständige Quelle des Hasses und der Rache; verzeihen bedeute andererseits nicht vergessen. Gemäss Präsident Arzù sind zudem gewisse schwere Menschenrechtsverletzungen von der Amnestie ausgenommen.[60] Die URNG-Guerilla rechtfertigte nochmals den bewaffneten Widerstand als unausweichlich und notwendig angesichts der allgegenwärtigen Repression, die einen friedlichen Weg verunmöglicht habe.

Die Aussicht auf ein Ende der Menschenrechtsverletzungen in Guatemala muss allerdings realistisch eingeschätzt werden. Trotz einer 1994 unter Vermittlung der UNO zustande gekommenen Friedensvereinbarung hatte es weiterhin Fälle gegeben, in denen Oppositionelle misshandelt oder sogar ermordet worden waren.

Auch nach der Vereinbarung des Friedensvertrages von 1996 kam es wieder zu Ereignissen, welche den Friedensprozess in Guatemala ernsthaft gefährdeten: Im April 1998 wurde Bischof Juan Gerardi ermordet.[61] Bischof Gerardi leitete das mehrjährige Projekt zur „Wiedergewinnung der historischen Erinnerung". Bei dieser enorm aufwändigen Arbeit ging es um die Aufzeichnung und Dokumentierung der Menschenrechtsverletzungen des 35jährigen Bürgerkriegs. Wenige Tage vor seiner Ermordung hatte der mutige Kämpfer für die Menschenrechte die Resultate der von ihm geleiteten Untersuchungen vorgestellt: Die Ergebnisse der Auswertungen zeigen, dass die Schuld an schweren Menschenrechtsverletzungen, Kriegsverbrechen und an der Ermordnung von mehr als 100'000 Menschen überwiegend bei den Sicherheitskräften und den paramilitärischen Organisationen liegt.

59 Zyber, Versöhnung (Anm. 58), S. 17.

60 Marti, Beginn (Anm. 58). Offenbar sind die Gesetzesbestimmungen relativ unklar. Dazu auch Zyber, Versöhnung (Anm. 58), S. 17.

61 Werner Marti, Schlag gegen den Friedensprozess in Guatemala - Sorgen nach der Ermordung von Bischof Gerardi, in: NZZ vom 29.4.1998, S. 3. Vgl. auch Marco Morell, Die Schatten der Vergangenheit sind noch da, in: „Der Bund" vom 10.10.1998, S. 4.

Die durch die Friedensverträge ins Leben gerufene „Kommission zur Aufhellung der Vergangenheit" veröffentlichte ihren Bericht am 25. Februar 1999.[62] Auch in diesem Bericht wurde vor allem die Armee für die Menschenrechtsverletzungen verantwortlich gemacht. Die Wahrheitskommission schlug der Regierung vor, eine offizielle Untersuchung zur Rolle der Armee einzuleiten und alle Offiziere zu entlassen, die an Morden beteiligt gewesen waren. Präsident Arzù lehnte ein solches Vorgehen mit dem Argument ab, die Armee sei bereits umgebildet worden, und weitere Massnahmen würden den grundlegenden Versprechen des Friedensabkommens widersprechen.[63]

Im Zusammenhang mit diesen lateinamerikanischen Fällen war in den Medien regelmässig von einer Kultur der „*impunidad*", von einer Kultur der Straf- und Verantwortungslosigkeit also, die Rede.[64] Viele Menschenrechtsverletzungen bleiben wohl unaufgeklärt; bei den aufgeklärten Fällen kommen die Täter andererseits meistens in den Genuss einer Amnestie.

f. Aus der oben anhand von einigen Ländern summarisch dargestellten Praxis der Konfliktlösung und Vergangenheitsaufarbeitung können zwei grundverschiedene Modelle voneinander unterschieden werden: Einerseits die strafrechtliche Verfolgung von politisch motivierten Straftaten; andererseits die Gewährung einer Generalamnestie, wobei in der Praxis häufig zusätzlich eine Wahrheitskommission zur Untersuchung von Menschenrechtsverletzungen eingesetzt wird, deren Tätigkeit aber zumindest teilweise relativ stark eingeschränkt wird (sei es durch aktive Behinderung, sei es durch fehlende Kooperation).

Allerdings schliessen sich diese Typen nicht notwendigerweise gegenseitig aus. Der ehemalige Chefankläger am Haager Kriegsverbrecher-Tribunal und jetzige südafrikanische Verfassungsrichter, Richard Goldstone, hat darauf hingewiesen, dass unter Umständen durchaus Elemente beider Modelle miteinander kombiniert werden können.[65] Konkret sieht Richter Goldstone die Möglichkeit eines gemischten Systems, bei dem für schwere Verbrechen das Strafrecht zur

62 Guatemalas Regierung lehnt Ermittlungen gegen Armee ab - Absage an die Wahrheitskommission (ap-Bericht), in: NZZ vom 18.3.1999, S. 3.

63 A.a.O. Zur Umgestaltung der Armee vgl. auch Richard Bauer, Guatemalas Armee muss Federn lassen - Aufbau eines multiethnischen zivilen Polizeikorps, in: NZZ vom 22.6.1999, S. 5.

Für weitere Informationen zur heutigen Situation in Guatemala siehe etwa Richard Bauer, Wer regiert in Guatemala? - Das Mandat der UNO-Friedensmission verlängert, in: NZZ vom 3.1.2003, S. 5, und Katharina Schindler, Barbarisches Erbe des Bürgerkrieges, in: „Der Bund" vom 5.2.2003, S. 2.

64 Siehe z.B. Wagner, Guatemala (Anm. 58).

65 Bloch, Goldstone-Gespräch I.

Anwendung kommt, während bei weniger schweren Delikten die Täter nicht bestraft, sondern vor eine Wahrheitskommission gestellt werden.[66] Eine solche Variante hält Richter Goldstone im Falle von Rwanda sogar für den einzig gangbaren Weg angesichts der tatsächlichen Gegebenheiten und Umstände: Auf Grund der Tatsache, dass 60'000 Menschen inhaftiert sind, kann man gar nicht bestrafen.[67]

Welches dieser Modelle angewandt wird, wird nicht im luftleeren Raum entschieden, sondern hängt vom spezifischen Kontext ab, in dem eine Konfliktlösung angestrebt wird, und in dem sich die Problematik des Umgangs mit der Vergangenheit stellt. Die Untersuchung, welche Gegenstand dieser Arbeit bildet, erfolgt deshalb stets in Bezug auf den südafrikanischen Konflikt.

Viertes Kapitel: Normative Anforderung 2: Beitrag zur Herstellung von Rechtsstaatlichkeit

a. Ein Gesetz, welches den Umgang mit den vor der Machtübergabe verübten politisch motivierten Verbrechen regelt, muss nicht nur zur Konfliktentschärfung, sondern auch zur Herstellung von Rechtsstaatlichkeit beitragen können.

Aus dieser Optik ist zunächst festzuhalten, dass der Rechtsstaat Anspruch auf die Bestrafung der Täter erhebt.[68] Da es aus realpolitischen Gründen in Süd-

66 In Osttimor wurde eine nationale Wahrheits- und Versöhnungskommission eingesetzt, die sich am südafrikanischen Modell orientiert, jedoch mit dem Unterschied, dass es für schwere Verbrechen wie Mord und Vergewaltigung keine Amnestie geben kann, vgl. Monika Schlicher und Marianne Klute, Osttimor: Versöhnung durch Gerechtigkeit, Nach dem Vorbild Südafrikas wurde eine Wahrheitskommission geschaffen (aus: Neues Deutschland, 8. Februar 2002), publiziert im Internet: http://www.uni-kassel.de/fb10/frieden/regionen/Osttimor/wahrheitskommission.html.

67 Gemäss Richter Goldstone wäre es ein Wunder, wenn in der Zukunft 1'000 Prozesse im Jahr stattfinden könnten; aber selbst dann würde es noch 60 Jahre dauern, bis man die 60'000 Personen verurteilt hätte, falls die Täter alle so lange leben würden. Zit. bei Bloch, Goldstone-Gespräch I.

68 Gemäss Klumpp stellt die Verhängung strafrechtlicher Sanktionen gegen die Täter auch die klassische und vom Völkerrecht gewollte Reaktion dar, vgl. Klumpp, Vergangenheitsbewältigung, S. 2 und 359 f. mit weiteren Hinweisen. Zur Frage, ob

afrika von vornherein nicht möglich war, eine rein strafrechtliche Aufarbeitung der Vergangenheit durchzuführen, wird das Problem zu erörtern sein, inwiefern die normative Anforderung der Konfliktentschärfung in einem Zielkonflikt mit der normativen Anforderung des Beitrages zur Herstellung von Rechtsstaatlichkeit steht.

Da die Bestrafung der Täter von Delikten als Kennzeichen von Rechtsstaatlichkeit erscheint, ist zunächst nach dem Inhalt der in der Strafrechtswissenschaft entwickelten Strafzwecke zu fragen.

Im bewertenden Teil wird alsdann untersucht werden, inwiefern die südafrikanische Regelung trotz der Möglichkeit, Straftätern Amnestie zu gewähren, rechtsstaatliche Erfordernisse dennoch zu berücksichtigen vermag.

b. Die Strafrechtswissenschaft beschäftigt sich in den Straftheorien mit der Rechtfertigung und den Zielen der Strafe.[69]

Dabei soll gemäss den *absoluten Theorien* die Strafe, losgelöst von jedem Zweckgedanken, nur gerechte Vergeltung für das vom Täter begangene Übel sein.[70] Es geht bei dieser vergeltenden Dimension der Bestrafung durch den Staat um die Kanalisierung und Eindämmung von Racheimpulsen der Opfer, die sich gegen die Täter richten.[71] Die vergeltende Gerechtigkeit (*retributive justice*) erscheint mithin als die Reaktion des Staates anstelle des Opfers gegenüber dem Täter, welchem im Verhältnis zur Schwere seines Verschuldens ein Übel zugefügt wird.[72]

sich aus dem Völkerrecht im Hinblick auf die Aufklärung und Wiedergutmachung schwerer Menschenrechtsverletzungen staatliche Handlungspflichten ergeben, siehe Klumpp, a.a.O., Anm. 1 auf S. 1. Die südafrikanische Regierung erblickt eine völkerrechtliche Verpflichtung zur Behandlung von Menschenrechtsverletzungen der Vergangenheit durch die Untersuchung, Anerkennung und Veröffentlichung der Delikte, vgl. die Ausführungen in der Botschaft zum Gesetz, S. 1. Zur Problematik einer völkerrechtlichen Pflicht zur strafrechtlichen Verfolgung von schweren Menschenrechtsverletzungen vgl. die weiterführenden Literaturhinweise bei Klumpp, a.a.O., Anm. 2 auf S. 1 f. sowie die Ausführungen im Ausblick, S. 218 ff.

69 Trechsel/Noll, Strafrecht, S. 16 ff.; Stratenwerth, Strafrecht, § 1 N. 3 ff., mit zahlreichen weiteren Hinweisen. Vgl. auch Jürgen Baumann, Strafe als soziale Aufgabe, in: Robert Hauser/Jörg Rehberg/Günter Stratenwerth (Hrsg.), Gedächtnisschrift für Peter Noll, Zürich 1984, S. 27 ff. und Sriram, Truth Commissions and Political Theory, S. 473 ff. Sriram hat a.a.O. die normativen und praktischen Grundlagen der Bestrafung untersucht.

70 Trechsel/Noll, Strafrecht, S. 16; vgl. auch Stratenwerth, Strafrecht, § 1 N. 4 ff. sowie Sriram, Truth Commissions and Political Theory, S. 474 f.

71 Vgl. ausführlich Minow, Between vengeance and forgiveness, S. 10 ff.

72 Siehe Minow, Between vengeance and forgiveness, S. 12.

Da es sich beim Verlangen der Opfer nach Vergeltung um durchaus legitime und ernstzunehmende Anliegen handelt, hat die Suche nach staatlichen Reaktionsformen anstelle von privaten Racheakten gerade im Umfeld von kollektiver Gewalt und massenhaften Grausamkeiten nicht nur moralische Bedeutung, sondern ist notwendig für das menschliche Überleben.[73] Staatliche Akte der Vergeltung bedürfen ihrerseits der Eingrenzung, damit die Verhältnismässigkeit gewahrt bleibt und es nicht zu einer Spirale von Racheakten kommt.[74]

Auf der anderen Seite stellen die *relativen Straftheorien* die Prävention in den Vordergrund. Während als *Spezialprävention* die vorbeugende Wirkung auf den straffälligen Täter selbst verstanden wird, bezweckt die *Generalprävention* die Einwirkung auf die Allgemeinheit durch Abschreckung potentieller Täter und durch Stärkung des Rechtsbewusstseins.[75]

Dabei setzt die positive Generalprävention (im Unterschied zur negativen Generalprävention[76], das heisst die durch Androhung und Verhängung von Strafe zu bewirkende Abschreckung potentieller Gesetzesbrecher) auf „das Vertrauen der Bevölkerung in die Unverbrüchlichkeit des Rechts und in den Schutz der Rechtsordnung vor kriminellen Angriffen“ und in die „Bestands- und Durchschlagskraft der Rechtsordnung“[77]. Die Strafe hat nach dieser Denkweise zudem auch einen „Lerneffekt“, der aus der Demonstration der Unkosten strafbaren Verhaltens resultieren soll; weiter unterschieden wird ein als „Integrationsprävention“ etikettierter „Befriedungseffekt“, den die Erledigung des durch die Straftat geschaffenen sozialen Konfliktes haben soll.[78]

Die Vereinigungstheorien streben eine Harmonisierung absoluter mit relativer Theorien an, indem sie einerseits am Gedanken der Strafe als Ausgleich einer verschuldeten Tat festhalten, andererseits die Strafe aber so auszugestalten ist, dass daraus dem Betroffenen wie der Gesellschaft nicht mehr Schaden als unvermeidbar, so viel Nutzen als möglich erwächst.[79]

73 Minow, Between vengeance and forgiveness, S. 13 f.

74 Minow, Between vengeance and forgiveness, S. 12 f.

75 Siehe Trechsel/Noll, Strafrecht, S. 17 und Stratenwerth, Strafrecht, § 1 N. 16 ff. Zu Theorien der Abschreckung vgl. auch Sriram, Truth Commissions and Political Theory, S. 475 ff.

76 Vgl. Stratenwerth, Strafrecht, § 1 N. 24.

77 Stratenwerth, Strafrecht, § 1 N. 26, der hier die in der deutschen Rechtsprechung geprägten Formeln zitiert.

78 Siehe Stratenwerth, Strafrecht, § 1 N. 26, mit Hinweis auf Roxin, Strafrecht, Allgemeiner Teil, 3. Auflage 1997, § 3 Rn. 27.

79 Trechsel/Noll, Strafrecht, S. 18 f. und Stratenwerth, Strafrecht, § 1 N. 34. Die in der Strafrechtslehre entwickelte Konzeption des Täter-Opfer-Ausgleichs im Sinne einer Wiedergutmachung, welche zum Teil an die Stelle traditioneller Sanktionen treten

Stratenwerth erachtet den Schuldgrundsatz als Ausgangspunkt für die Bemessung der Strafe: um den in der Strafe liegenden hoheitlichen Eingriff in die Rechtssphäre des Einzelnen zu rechtfertigen, müsse stets die Notwendigkeit hinzutreten, legitime öffentliche Interessen gerade auf diese Weise zu schützen.[80] Gemäss Trechsel steht „das ganze kunstvolle Gebäude der schuldstrafrechtlichen Dogmatik (...) unter dem Leitgedanken der Gerechtigkeit".[81]

c. In der vorliegenden Arbeit stellt sich die Frage, ob die Möglichkeit der Amnestierung von Straftätern nach Massgabe der Regelung im Gesetz zur Förderung der Nationalen Einheit und Versöhnung mit dieser Konzeption von vornherein unvereinbar ist: Ist die Gewährung von Straffreiheit und mithin der Verzicht auf die Sanktionierung eines Täters angesichts der Ausgestaltung des Gesetzes zwingend mit dem Verzicht auf die schuldbezogene Vergeltung von begangenem Unrecht verbunden? Hat die Amnestierung notwendigerweise das Fehlen einer generalpräventiven sowie einer spezialpräventiven Wirkung zur Folge?

Wird der von Trechsel erwähnte „Leitgedanke der Gerechtigkeit" aufgegeben, indem die schuldstrafrechtlichen Erwägungen realpolitischen Zweckmässigkeitsüberlegungen geopfert werden?

Bevor auf das südafrikanische Modell Bezug genommen wird, kann auf abstrakter Ebene im Sinne eines Zwischenfazits Folgendes festgehalten werden:

Die normative Anforderung der Konfliktentspannung verhinderte im gegebenen Kontext Südafrikas a priori die Durchführung von Strafverfahren auf breiter Ebene. Im Falle der Kaprepublik war demzufolge von vornherein ausgeschlossen, dass die Strafzwecke der Vergeltung und der Prävention ausschliesslich mittels der strafrechtlichen Sühnung von Verbrechen realisiert werden können.

Von essentieller Bedeutung ist zugleich die Erkenntnis, dass wirksame Prävention von Widerhandlungen gegen die Menschenrechte auch in einer Konsolidierung des Rechtsstaates durch den Erlass von Rechtsnormen und die Errichtung von Rechtspflegeorganen besteht.

Die Demokratie und der Rechtsstaat stehen in einem interdependenten Verhältnis zueinander, sie bedingen und ergänzen sich wechselseitig.[82]

kann, bezieht sich auf relativ geringfügige Delikte und wird hier deshalb nicht behandelt. Vgl. hierzu Stratenwerth, Strafrecht, § 1 N. 29, mit Hinweisen auf das deutsche Recht.

80 Stratenwerth, § 1 N. 31 ff.

81 Trechsel/Noll, S. 21.

82 Zur Interdependenz zwischen der Demokratie und dem Rechtsstaat vgl. Jörg Paul Müller, Demokratische Gerechtigkeit, z.B. S. 26 ff. zum dialektischen Verhältnis zwischen Grundkonsens und Verfassung, oder etwa S. 148 ff. zum Zusammenspiel

Eine wirksame Prävention von Menschenrechtsverletzungen wird nicht ausschliesslich durch eine Demonstration der Unverbrüchlichkeit des Rechts erreicht. Präventiv wirken vielmehr auch eine gut funktionierende Demokratie und eine vitale Zivilgesellschaft. Es kann nicht sein, dass Widerhandlungen von Menschenrechten nur vorgebeugt wird, indem die Folgen von Normverletzungen aufgezeigt werden. Von Bedeutung ist ebenfalls, dass die Grundrechte in einer Menschenrechtskultur gelebt werden, und dass die staatlichen Organe eine Machthemmung und Machtbegrenzung in einer vitalen und wachsamen Bürgergesellschaft erhalten. Eine der wesentlichsten Voraussetzungen für eine staatliche und rechtliche Ordnung, die durch den Respekt vor den Menschenrechten geprägt ist, liegt in der Ablösung der bisherigen Kultur der Heimlichkeit, der Straf- und Verantwortungslosigkeit durch eine Kultur der Transparenz, der Verantwortlichkeit und der Rechenschaftspflicht.

Es mussten im Falle Südafrikas somit Alternativen gesucht werden, die einerseits zum damaligen Zeitpunkt als politische Lösung tragfähig waren und eine Machtübergabe erlaubten, und die andererseits in mittel- und langfristiger Optik auch zur Herstellung von Rechtsstaatlichkeit beitragen können.

Dabei war eine wechselseitige Abstimmung dieser normativen Orientierungspunkte erforderlich, um Zielkonflikte zu vermeiden:

Der politische Kompromiss musste die Machtübergabe sichern; er darf aber nicht den aufzubauenden Rechtsstaat untergraben. Die Strafzwecke der Vergeltung und der Prävention waren in dem Ausmass zu berücksichtigen, als dies einerseits politisch möglich war und andererseits im Hinblick auf die Herstellung von Rechtsstaatlichkeit nötig ist.

Gleichzeitig hat die Konzeptionierung auch dem Erfordernis zu genügen, dass die Regelung des Umgangs mit der Unrechtsvergangenheit zum Versöhnungs- und Demokratisierungsprozess beitragen muss. Auch diese Zielsetzung ist wiederum mit den beiden anderen normativen Orientierungspunkten in Einklang zu bringen: Der Beitrag zum Versöhnungs- und Demokratisierungsprozess hat in der Weise zu erfolgen, dass Zielkonflikte mit den beiden anderen normativen Anforderungen vermieden werden, indem die relevanten Aspekte möglichst umfassend berücksichtigt werden.

Die wechselseitige Kompatibilisierung hat dabei auf der Basis der Prämisse zu erfolgen, dass die Zielsetzungen der Konfliktentschärfung, der Errichtung eines Rechtsstaates, der Versöhnung und der Demokratisierung als gleichrangig erachtet werden, mithin keine dieser Orientierungsgrössen Vorrang vor anderen beanspruchen kann.

der verschiedenen Normbereiche, sowie derselbe, Demokratie und Rechtsstaat durchdringen sich, in: NZZ vom 7.6.1995, S. 16.

Fünftes Kapitel: Normative Anforderung 3: Beitrag zu Versöhnung und Demokratisierung

Der „Leitgedanke der Gerechtigkeit", welcher gemäss Trechsel das Gebäude der schuldstrafrechtlichen Dogmatik überdacht, ist durch die Bezugnahme auf ein umfassenderes Konzept von Gerechtigkeit zu erweitern:

Die Realisierung der Strafzwecke stellt zunächst ein wesentliches Anliegen des Rechtsstaates dar und ist demzufolge von essentieller Bedeutung für die Herstellung der Rechtsstaatlichkeit. Gerade mit dem Strafzweck der Prävention liegt aber gleichzeitig ein Orientierungspunkt vor, der ausserordentlich starke Bezüge zum Aspekt der Demokratisierung aufweist, da sich Rechtsstaat und Demokratie wechselseitig bedingen.

Gerechtigkeit herzustellen bedeutet aus der mittel- und langfristigen Optik der Prävention Entwicklungen fördern und Massnahmen ergreifen, welche geeignet sind, um künftige Menschenrechtsverletzungen zu verhindern. Neben dem Aufbau und der Konsolidierung des Rechtsstaates besteht eine wirksame Vorbeugung gegenüber Menschenrechtsverletzungen gerade auch im Aufbau einer Demokratie, welche durch die Gewährleistung der Grundrechte in einer vitalen Zivilgesellschaft geprägt ist.

Um eine Demokratisierung zu erreichen, ist in erster Linie ein Grundkonsens über die gemeinsame Vergangenheit und über die Notwendigkeit von Gewaltverzicht und Diskursbereitschaft zu erarbeiten. Im Aufbau einer Menschenrechtskultur liegt zugleich der Kern der Demokratisierung, und die Demokratisierung fördert wiederum die Suche nach Gerechtigkeit. Demokratie und Gerechtigkeit bilden die beiden Seiten derselben Münze und verbinden sich zur demokratischen Gerechtigkeit im Sinne der staatsrechtlichen Studien von Jörg Paul Müller.

I. *Vergangenheitsaufarbeitung und Konfliktlösung*

In diesem Abschnitt soll gezeigt werden, dass der Versöhnungs- und Demokratisierungsprozess auf der Basis der Herstellung eines Grundkonsenses in der Bevölkerung über die Notwendigkeit von Gewaltverzicht und Diskursbereitschaft sowie auf der Grundlage der Aufarbeitung der Vergangenheit und einer nachhaltigen Lösung des Konfliktes beruhen muss. Das Erkenntnisinteresse wird in der Erörterung der Frage (im bewertenden Teil) liegen, inwiefern die südafrikanische Regelung des Umgangs mit der Unrechtsvergangenheit notwendige Elemente für die Unterstützung dieser gesellschaftlichen Prozesse enthält.

1. Die Erarbeitung eines Grundkonsenses über Gewaltverzicht und Diskursbereitschaft und die Aufarbeitung der Vergangenheit

Die Demokratie und der Rechtsstaat in Südafrika müssen sich - wie in anderen Ländern auch - auf einen Grundkonsens in der Bevölkerung stützen können, damit sie nicht bloss Theorie bleiben.[83] Die beiden fundamentalen Pfeiler dieser Übereinkunft bilden der Gewaltverzicht und die Diskursbereitschaft. Die diskursive Erarbeitung des Grundkonsenses, die niemals abgeschlossen ist, sondern ständig im Gang sein muss, begründet ihren Geltungsanspruch mit dem Vertrauensprinzip. Das Vertrauensprinzip wiederum wurzelt in der Einsicht der Menschen, dass sie gegenseitig aufeinander angewiesen sind.[84] Die Solidarität erscheint dabei gleichsam als Grundlage von Gerechtigkeit.[85]

Die Besonderheit im Falle Südafrikas liegt zweifelsohne darin, dass die Bevölkerungsmehrheit während Jahrhunderten unterdrückt und benachteiligt worden ist. Der Apartheid-Staat hat diese Politik der strukturierten Ungleichheit nach dem Zweiten Weltkrieg auf eine noch rigorosere und systematischere Basis gestellt. Die weissen „Herrenmenschen" fühlten sich dazu legitimiert, zu definieren, „was der Mensch sei"[86]. Das Apartheid-Regime liess bei der Durchsetzung seiner rassistischen Ideologie nichts unversucht, um das „soziale Band"[87] zwischen Schwarzen und Weissen zu durchtrennen. Es hat jedoch dieses Ziel nie vollständig realisieren können: Zwar herrschen zwischen den Menschen verschiedener Hautfarben in Südafrika nach wie vor tiefe Gräben (sozio-

83 Eingehend zum Grundkonsens als Bedingung demokratischer Ordnung Müller, Demokratische Gerechtigkeit, S. 20-25.

84 Vgl. Müller, Demokratische Gerechtigkeit, S. 28 f. Müller illustriert a.a.O. die Einbettung des Menschen in Intersubjektivität am Phänomen der Sprache.

Eindrücklich dazu auch Erzbischof Tutu in seiner Nobelpreis-Rede: „We can be human only in fellowship, in community, in *koinonia*, in peace." (Tutu, The Rainbow People of God, S. 92; Kursivschrift im Original).

85 Siehe Müller, Demokratische Gerechtigkeit, S. 29 f., mit Verweis auf den Sozialphilosophen George Herbert Mead. Vgl. a.a.O. zur Bedeutung einer elementaren Existenzsicherung für demokratische Prozesse.

86 Müller, Demokratische Gerechtigkeit, S. 31.

87 Gemäss Müller ist das „soziale Band", „das einen jeden mit allen vorgängig verknüpft", die Voraussetzung für die elementare zwischenmenschliche Verständigung als Kern von Rationalität, vgl. Müller, Demokratische Gerechtigkeit, S. 56. Müller zitiert a.a.O. Jürgen Habermas, Erläuterungen zur Diskursethik, Frankfurt a.M. 1991, S. 72.

ökonomische Unterschiede; Differenzen in der Betrachtung der Vergangenheit; teilweise wohl auch starke Ressentiments oder gar Hass); die Versuche der Apartheid-Regierungen, die schwarzen Homelands in die Unabhängigkeit zu verstossen, haben jedoch versagt. Trotz den Erfahrungen der Apartheid-Ära lehnt es meiner Einschätzung nach nur ein kleiner Teil der Schwarzen ab, mit Weissen in einem gemeinsamen Staat zu leben. Auf der anderen Seite scheinen die Bemühungen von rechtsgerichteten Afrikaanern, einen „*Volkstaat*" zu errichten, nur bei einem relativ geringen Teil der Weissen auf Resonanz zu stossen.[88] Für eine Eigenstaatlichkeit der Weissen würde es schon an einer geographisch konkreten Basis fehlen, da es in Südafrika keine Zone gibt, in der Weisse die Mehrheit bilden oder gar alleine leben.[89]

Die überwältigende Mehrheit sowohl der Weissen als auch der Schwarzen scheint grundsätzlich bereit zu sein, in einem gemeinsamen Staat mit der jeweils anderen Bevölkerungsgruppe zu leben.

Kern und Ausgangsbasis der Erarbeitung eines Grundkonsenses müssen darin bestehen, in der südafrikanischen Gesellschaft eine fundamentale Verständigung über den Verzicht auf Gewalt im Umgang miteinander und über die Bereitschaft zum Diskurs herbeizuführen.[90] Alle weiteren Anstrengungen zur Festigung der demokratischen und rechtsstaatlichen Errungenschaften können überhaupt erst erfolgen, wenn ein solch elementarer Konsens erreicht worden ist. Die Bereitschaft der bisher tief gespaltenen und verfeindeten Menschen, miteinander zu reden und auf die Anwendung von Gewalt zu verzichten, macht ein *nation-building* überhaupt erst möglich. Diese Grundhaltung muss zudem ständig erneuert werden; einmal etabliert, darf sie nicht als gesichert hingenommen werden. Es wäre durchaus möglich, dass ein solcher Grundkonsens durch Fehlentwicklungen wieder zunichte gemacht werden könnte.

Die Spaltung zwischen den Bevölkerungsgruppen in Südafrika kann nicht wirklich überwunden werden, wenn unterschiedliche Ansichten über die Ursa-

88 Zu den Bemühungen um eine Teilung des Landes vgl. etwa Anton Christen, Die prekäre Einheit der Buren in Südafrika - Unterschiedliche Ziele der rechtsradikalen Organisationen, in: NZZ vom 28.6.1993, und derselbe, Die Illusionen der Afrikaner Volksfront - Mit der Teilung des Landes gegen das multiethnische Südafrika, in: NZZ vom 9.2.1994, S. 5. Vgl. zur heutigen Situation auch Jean-Pierre Kapp, Prozess gegen Rechtsextremisten in Pretoria - Weisse Terrorgruppen geniessen kaum mehr Sympathien, in: NZZ vom 5.6.2003, S. 7, und derselbe, Südafrika lehnt Sammelklagen ab - Gespräch mit dem südafrikanischen Präsidenten Mbeki, in: NZZ vom 11.6.2003, S. 2.

89 Ansprenger, Südafrika, S. 89.

90 Zum dialektischen Verhältnis zwischen Grundkonsens und Verfassungsordnung vgl. Müller, Demokratische Gerechtigkeit, S. 26-28.

chen dieses Grabens bestehen. Deshalb ist es von elementarer Bedeutung, dass die südafrikanische Gesellschaft zu einem möglichst gemeinsamen Bild über die jüngsten Konflikte kommt.[91] Eine solche Aufarbeitung der Vergangenheit und Konfliktlösung hat dabei idealiter in diskursiven Prozessen zu erfolgen.[92]

91 Vgl. auch die interessanten Ausführungen zur „gemeinsamen Wahrheitssuche“ bei Carl Friedrich von Weizsäcker, Die Zeit drängt. Eine Weltversammlung der Christen für Gerechtigkeit, Frieden und die Bewahrung der Schöpfung, 5. Auflage, München/Wien 1986 (zit.: Die Zeit drängt), S. 31 ff. Besonders eindrücklich a.a.O., S. 31: „Eine komplizierte Gesellschaft in raschem Wandel wie die unsere kann nicht überleben, geschweige denn die besten Wege finden ohne Einsicht. Einsicht aber wird uns nicht im Schlaf gegeben, wenigstens nicht ohne vorherige äusserste Anstrengung der Wahrheitssuche.“

92 Zur Diskursethik vgl. die ausführlichen Erläuterungen und weiterführenden Hinweise bei Müller, Demokratische Gerechtigkeit, S. 53-93. Die Diskurstheorie geht davon aus, dass sich Vernunft und Richtigkeit sozialer Normierung nicht dem einsam reflektierenden, auf sich selbst bezogenen Intellekt erschliessen, sondern aus zwischenmenschlichen Diskursen resultieren (a.a.O., S. 53). Zwischenmenschliche Kommunikation erscheint infolgedessen als „Kern der Herausbildung menschlicher Moralität: der Fähigkeit zur rationalen Bewältigung moralischer Problemsituationen“ (a.a.O., S. 55). Diskurse finden stets zwischen sozialisierten Individuen in einem bestimmten sozialen Kontext statt (a.a.O., S. 56 ff.). Das Prinzip der Solidarität beinhaltet die Notwendigkeit, bei diskursiven Auseinandersetzungen auch die Perspektive der Mitmenschen einzunehmen und sich in ihre Situation einzufühlen. Das Universalisierungsprinzip bedeutet, dass diese Perspektivenübernahme auf alle Menschen ausgeweitet werden muss, die vom Diskurs je betroffen sein könnten. Die Diskurstheoretiker unterscheiden zwischen dem alltäglichen kommunikativen Handeln und den Diskursen im Sinne der Theorie: Diese finden statt über bis anhin stillschweigend vorausgesetzte Meinungen und Normen, deren Geltungsanspruch nun bestritten wird (a.a.O., S. 61 ff.). Damit echte Diskurse erreicht werden können, müssen die Diskursbeteiligten und die Kommunikationsstruktur eine Reihe von Voraussetzungen erfüllen: Echte Diskurse setzen unter anderem Freiheit von inneren und äusseren Zwängen und Gewaltfreiheit voraus; die gegenseitige Anerkennung der Diskurspartner; Wahrhaftigkeit der Äusserungen; Einfühlungsvermögen und Aufgeschlossenheit (a.a.O., S. 64 ff.). In der Praxis sind die idealen Diskursbedingungen kaum je erfüllt; es muss trotzdem stets versucht werden, die Diskursregeln soweit wie möglich realisieren zu können (a.a.O., S. 70 f.).

Diskurse finden vor dem Hintergrund der (nicht problematisierten) Lebenswelt statt und drohen von dieser „wie Inseln im Meer“ überspült zu werden. Dies ist deshalb problematisch, weil solche Hintergrundüberzeugungen dazu tendieren, „die Chancen einer rationalen Aufarbeitung der Wirklichkeit und der in ihr herrschenden Normen zu verbauen“ (a.a.O., S. 84 f.). Infragestellungen von Hintergrundüberzeugungen werden von Individuen oftmals abgewehrt; unbewusst zwanghaftes Verhalten wird im Nachhinein rationalisiert. Solche Aspekte sozialer Wirklichkeit stellen

Nach Auffassung von Martha Minow ist ein Mittelweg zu finden zwischen zu viel Erinnerung und zu viel Vergessen.[93] Damit das Bild der Vergangenheit möglichst vollständig ist, sind auch die Aussagen der Täter von Bedeutung.[94]

2. *Die Berücksichtigung von Bedürfnissen der Opfer*

Die Konfliktlösung bedingt weiter, dass zunächst auf individueller Ebene der Opfer, der Mitläufer und der Täter Heilungsprozesse erfolgen können.[95] Die Mechanismen zur Handhabung der Unrechtsvergangenheit müssen zu diesem Zweck eine starke Opferorientierung aufweisen können, wobei auf die Eigenarten eines jeden Opfers zu achten ist, da die Menschen auf Grausamkeiten individuell reagieren.[96] Positive therapeutische Wirkung kommt dabei gerade dem *Truth-Telling* und dem *Truth-Hearing* zu, weil den Opfern die Gelegenheit geboten wird, von ihren Erfahrungen und ihrem Schmerz zu berichten, und ihr Leid öffentlich anerkannt wird.[97]

Die Konzeption von Gerechtigkeit ist in diesem Sinne nochmals zu erweitern: Gerechtigkeit erscheint in dieser Optik (auch) im Bestreben, Opfer der Gewalt zu heilen und sich bekämpfende Gruppierungen zu versöhnen.[98]

Zeitgenössische Autoren betonen die Notwendigkeit, dass die Opfer von traumatischen Erlebnissen von ihren leidvollen Erfahrungen sprechen können, damit eine Wiedererlangung von persönlicher Autonomie und Identität und ein Heilungsprozess möglich sind.[99] Sie gelangen durch das *Truth-Telling* gemäss Experten zu einem befreienden Erlebnis, wenn sie ernst genommen werden und

der Suche nach echten Konsensen Hindernisse in den Weg, weil der betreffende Diskurspartner nicht frei von Zwängen ist. Durch das Bewusstmachen solcher Zwänge werden diese einer rationalen Kontrolle zugänglich gemacht; dem betreffenden Individuum wird es eventuell sogar ermöglicht, sich von seinen Zwängen zu befreien (a.a.O., S. 86). Müller führt deshalb Aspekte der Sozialpsychologie und der Psychoanalyse ein, um Wege zur Überwindung solcher Diskurshindernisse zu finden (eingehende Erläuterungen zu diesen Aspekten der Wirklichkeit politischer und rechtlicher Ordnung finden sich a.a.O. auf den S. 94-140).

93 Minow, Between vengeance and forgiveness, S. 118.
94 Siehe Minow, Between vengeance and forgiveness, S. 77.
95 Vgl. Minow, Between vengeance and forgiveness, S. 21 f.
96 Minow, Between vengeance and forgiveness, S. 20.
97 Ausführlich dazu Minow, Between vengeance and forgiveness, S. 61 ff.
98 Minow, Between vengeance and forgiveness, S. 63. Zum Victim-Centered Approach vgl. Sriram, Truth Commissions and Political Theory, S. 477 f.
99 Vgl. die zahlreichen Hinweise von Minow a.a.O. auf den S. 61 ff.

ihre Erfahrung anerkannt wird.[100] Die Rahmenbedingungen, in denen die Opfer aussagen können, sind deshalb für die therapeutische Wirkung mitentscheidend; von vorrangiger Bedeutung ist die Präsenz von mitfühlenden Zuhörern, welche die Berichte zur Kenntnis nehmen und die Erfahrungen der Opfer anerkennen.[101] Opfer von kollektiver Gewalt bedürfen dabei gerade der Anerkennung durch ihre Gesellschaft als Ganzes.[102] Relevant ist weiter, dass die Regelung des Umgangs mit der Unrechtsvergangenheit die Suche nach der Wahrheit über den Verbleib und das Schicksal der Opfer fördert, damit deren Angehörige nicht länger in Ungewissheit leben müssen.[103]

Den Opfern sind zudem Wiedergutmachungsleistungen auszurichten.[104]

Täter und Mitläufer werden in den Prozess einbezogen, indem sie zum Beispiel durch Fernsehübertragungen von Anhörungen der Opfer oder Täter erfahren.[105] Indem Menschen auftreten und auf lebensnahe Weise und auf anschauliche Art verdeutlichen, was ihnen widerfahren ist, werden aus blossen Statistiken von Menschenrechtsverletzungen eindringliche Ereignisse, die Zeugnis für die Unrechtsvergangenheit sind.[106]

Neben individuellen Heilungsprozessen ist eine Versöhnung zwischen den Menschen innerhalb der gespaltenen Gesellschaft notwendig.[107] Es hat somit auf gesamtgesellschaftlicher Ebene ein Heilungsprozess stattzufinden, indem ein moralischer Wiederaufbau der Gesellschaft durch die Erarbeitung einer gesamtgesellschaftlichen, gemeinsamen Sichtweise über die Vergangenheit erfolgt.[108] Der Versöhnungsprozess zwischen bisherigen Opponenten erfordert dabei einen rechtsgleichen, fairen, ausgewogenen und unvoreingenommenen Umgang mit den Verbrechen von Angehörigen aller Konfliktparteien.[109]

100 Minow, Between vengeance and forgiveness, S. 66 ff. Dabei ist gerade die öffentliche Anerkennung der in manchen Fällen bereits bekannten Menschenrechtsverletzungen entscheidend, siehe auch Sriram, Truth Commissions and Political Theory, S. 478, mit weiteren Hinweisen a.a.O., Anm. 29.

101 Minow, Between vengeance and forgiveness, S. 70 ff. Olson spricht in diesem Zusammenhang auch von der Gefahr einer Retraumatisierung (retraumatize), falls bei der Befragung von Opfern nicht mit genügender Vorsicht vorgegangen wird, vgl. Olson, Mechanisms complementing prosecution, S. 177.

102 Minow, Between vengeance and forgiveness, S. 74.

103 Minow, Between vengeance and forgiveness, S. 77 f. Siehe auch Olson, Mechanisms complementing prosecution, S. 177.

104 Vgl. hierzu Olson, Mechanisms complementing prosecution, S. 183 ff.

105 Minow, Between vengeance and forgiveness, S. 74 f.

106 Minow, Between vengeance and forgiveness, S. 76.

107 Zu diesem Ziel siehe Minow, Between vengeance and forgiveness, S. 23.

108 Minow, Between vengeance and forgiveness, S. 79.

109 Minow, Between vengeance and forgiveness, S. 79.

Im bewertenden Teil wird die Problematik zu untersuchen sein, welchen Beitrag die Wahrheits- und Versöhnungskommission zur Herstellung der fundamentalen Verständigung über Gewaltverzicht und Diskursbereitschaft sowie zur Förderung individueller und gesamtgesellschaftlicher Heilungsprozesse leisten kann.

II. Erkenntnis über die Verantwortung des Individuums im Unrechtsstaat

In diesem Abschnitt wird anhand der Untersuchungen von Václav Havel erörtert, welche Stellung dem Individuum und welche Funktionen der Ideologie und der Legalität in einem im Sinne Havels posttotalitären System zukommen. Es wird zu zeigen sein, dass das Apartheid-System als posttotalitäres System im Sinne des tschechischen Philosophen aufgefasst werden kann. Das Erkenntnisinteresse dieser Überlegungen liegt in einem besseren Verständnis für das Funktionieren des Apartheid-Staates.

Im bewertenden Teil wird zu behandeln sein, inwiefern das südafrikanische Konzept des Umgangs mit den Straftaten der Vergangenheit zu einer grösseren Erkenntnis über die Struktur des Unrechtsstaates und die Rolle des Individuums im Angesicht von Unrecht - und mithin zu einer Unterstützung des Demokratisierungsprozesses auch in dieser Hinsicht - führen kann.

1. Grundlagen: Überlegungen von Havel zum posttotalitären System

a. Václav Havel hat 1978 in einem Essay mit dem Titel „Versuch, in der Wahrheit zu leben“ den Begriff des „posttotalitären Systems“ geprägt, der auch in dieser Arbeit verwendet wird.[110] Mit dem Begriff „posttotalitär“ ist damit keineswegs ein System gemeint, das nicht mehr totalitär ist, sondern ein System, das auf eine andere Weise als eine „klassische“ Diktatur totalitär ist. Während sich eine „klassische“ Diktatur in aller Regel hauptsächlich auf Waffengewalt stützt und historisch relativ unverwurzelt ist, verfügt das posttotalitäre System über *„eine unvergleichbar konzisere, logisch strukturierte, allgemein verständliche und in ihrem Wesen sehr elastische Ideologie, die in ihrer Komplexität und*

110 Zu diesem Essay und auch anderen Werken Havels vgl. Dusan Simko, Václav Havel - ein Versuch, in der Wahrheit zu leben, in: Schweizerische Monatshefte für Politik, Wirtschaft, Kultur, 69. Jahr, Heft 10 (Oktober 1989), S. 777-781. Für weitere Informationen zu Leben und Werk des tschechischen Philosophen und ehemaligen Staatspräsidenten siehe Eda Kriseová, Václav Havel - Dichter und Präsident. Die autorisierte Biografie, Reinbek bei Hamburg 1993 und Michael Simmons, Václav Havel - Staatsmann mit Idealen. Eine Biographie, Zürich 1992.

Geschlossenheit den Charakter einer sekularisierten Religion erreicht: Sie bietet den Menschen eine fertige Antwort auf jede Frage, und es ist nicht gut möglich, sie nur teilweise zu akzeptieren; wird sie akzeptiert, greift sie tief in die menschliche Existenz ein“[111].

Der Preis, den die Menschen für das Zurverfügungstellen von Antworten zu bezahlen haben, liegt in der Delegierung von Verstand, Verantwortung und Gewissen an das Machtzentrum.[112] Das Machtzentrum wiederum ist identisch mit dem Zentrum der Wahrheit. Die Wahrheit wird also vom Machtzentrum usurpiert und monopolisiert.

b. Die Funktion der Ideologie im posttotalitären System ist laut Havel eine „alibistische“, das heisst, sie gibt dem Menschen die Illusion (und mithin ein Alibi), dass er sich „im Einklang mit der menschenfreundlichen Ordnung und mit der Ordnung des Universums“[113] befindet. Der Mensch ist zugleich Opfer und Stütze des posttotalitären Systems.

Zwischen den Intentionen des Systems und den Intentionen des Lebens klafft indessen ein Abgrund.[114] Dabei liegt das innere Ziel des Systems nicht einfach in der Machterhaltung. Sein Selbsterhaltungsdrang ist vielmehr einem höheren Ziel untergeordnet: Einer Art blinder „Eigenbewegung“ des Systems.[115] Aufgabe der Ideologie ist es, den Abgrund zwischen den Intentionen des Sys-

111 Havel, Versuch, S. 11. Interessante Ausführungen zur Ideologie im Allgemeinen und insbesondere in Bezug auf die globale Krise bei von Weizsäcker, Die Zeit drängt (Anm. 91), S. 27 ff.

112 Havel, Versuch, S. 12.

113 Havel, Versuch, S. 16.

114 Eingehend zum Problem der Eigengesetzlichkeit und Eigendynamik institutioneller Strukturen und der damit verbundenen Gefahr des Verlustes von persönlicher Autonomie und Lernfähigkeit Müller, Demokratische Gerechtigkeit, S. 98-101; zu Vorkehren gegen Machtmissbrauch vgl. a.a.O., S. 106 ff. Müller zeigt die besondere Problematik auf, wenn die betroffenen Machtadressaten „kolludieren“, und es deswegen zu einem verdeckten Machtmissbrauch kommt.

115 Havel definiert die Eigenbewegung in einem Gespräch mit Karel Hvizdala: „Mit der Eigenbewegung der Macht oder des Systems meine ich eine blinde, unbewusste, unverantwortliche, unkontrollierte und unkontrollierbare Bewegung, eine Bewegung, die de facto nicht mehr Werk der Menschen ist, sondern im Gegenteil die Menschen hinter sich her zieht und also manipuliert“ (Havel, Fernverhör, S. 201). Zu einer blinden „Eigenbewegung“ eines Systems kann es gemäss Havel auch etwa in einem planwirtschaftlich geführten Betrieb kommen: Zwischen dem Menschen und dem wirtschaftlichen Leben öffnet sich ein immer grösserer Abgrund. Die Tätigkeit des Menschen löst sich laut Havel in der anonymen Eigenbewegung des Systems auf, für die niemand verantwortlich ist und die niemand durchschaut. Vgl. Havel, Fernverhör, S. 20 f.

tems und den Intentionen des Lebens zu verdecken. Die Ideologie, als Brücke zwischen dem System und dem Menschen, täuscht vor, dass die Ansprüche des Systems aus den Bedürfnissen des Lebens entstehen.

Diese Welt des Scheins, die als Wirklichkeit dargestellt wird, ist dadurch gekennzeichnet, dass sie sämtliche Tatsachen völlig ad absurdum verdreht, indem sie beispielsweise die allumfassende Demütigung des Menschen für seine definitive Befreiung ausgibt.[116]

c. Gemäss Václav Havel liegt nun der entscheidende Umstand darin, dass der Mensch zwar nicht an alle diese Mystifikationen glauben müsse; er müsse sich aber so benehmen, als ob er an sie glaubt, er müsse sie zumindest schweigend tolerieren: „*Schon deshalb muss er aber in Lüge leben. Er muss die Lüge nicht akzeptieren. Es reicht, dass er das Leben mit ihr und in ihr akzeptiert. Schon damit nämlich bestätigt er das System, erfüllt es, macht es - er ist das System.*“[117]

Eine weitere Aufgabe der Ideologie liegt darin, dass sie als Hauptinstrument der „rituellen Kommunikation innerhalb der Macht“ fungiert. In diesem Sinn stellt sie gleichsam eine „metaphysische Ordnung“ dar, die den inneren Zusammenhalt der totalitären Machtstruktur wie ein Kitt garantiert.[118]

Da sich die Ideologie zunehmend von der Wirklichkeit entfernt und in eine Welt des Scheins verwandelt, bezieht sich die Macht im Endeffekt mehr auf die Ideologie als auf die Wirklichkeit, denn die Macht schöpft ihre Kraft aus der Ideologie. Dies führt gemäss Havel zum Paradoxon, dass die Ideologie aufhört, der Macht zu dienen; die Macht fängt an, der Ideologie zu dienen.[119]

Allerdings ist die Ideologie auf der Lüge aufgebaut und kann sich deshalb nur so lange bewähren, wie die Menschen bereit sind, in der Lüge zu leben. Indem die Menschen bereit sind, in der Lüge zu leben, konstituieren sie das posttotalitäre System. Der Konflikt zwischen den Intentionen des Lebens und den Intentionen des Systems wird also nicht - wie es auf den ersten Blick erscheinen könnte - zwischen zwei antagonistischen Gruppen, sondern in jedem Menschen ausgetragen.[120]

d. Der tschechische Philosoph führt die Fähigkeit des Menschen, in Lüge zu leben, auf eine Krise der Identität zurück. Die Anpassung an das Leben in Lüge habe sich auf Grund der allgemeinen Unlust des Konsummenschen, etwas

116 Havel, Versuch, S. 17.

117 Havel, Versuch, S. 18. Hervorhebungen im Original.

118 Vgl. Havel, Versuch, S. 19.

119 Siehe Havel, Versuch, S. 20 f. In den ideologischen Floskeln wird das Denken zu einer „undurchlässigen Struktur statischer Begriffe verfestigt, je undurchlässiger desto weiter vom Leben entfernt“ (Havel, Fernverhör, S. 15 f.).

120 Havel, Versuch, S. 25.

von seinen materiellen Sicherheiten zugunsten seiner geistigen und sittlichen Integrität zu opfern, so allgemein und leicht verbreiten können.[121]

Ein Leben in Wahrheit im posttotalitären System weist für Havel verschiedene Dimensionen von elementarer Bedeutung auf: Eine existentielle Dimension (das Leben in Wahrheit bringt den Menschen zu sich selber zurück); eine noetische (es enthüllt die Wirklichkeit, wie sie ist); eine moralische (es dient als Beispiel); und vor allem auch eine politische Dimension, denn durch das Heraustreten aus dem Leben in Lüge wird das posttotalitäre System als ein Prinzip negiert und damit als Ganzes bedroht.[122] Für den einzelnen Menschen bedeutet also ein Heraustreten aus dem Leben in Lüge, dass er seine unterdrückte Identität und Würde wiederfinden kann, für das System als solches bedeutet es eine Infragestellung.

Der Wahrheit kommt somit im posttotalitären System eine ebenso zentrale Bedeutung wie der Ideologie zu: Sie spielt die Rolle eines Machtfaktors und einer politischen Kraft.[123]

e. Václav Havel sieht den Menschen auf dem Gebiet seiner authentischen Existenz vergewaltigt, indem das Leben in Wahrheit in die Strukturen des Lebens in Lüge integriert ist, nämlich als seine unterdrückte Alternative.[124] Als Verbündeten des Lebens in Wahrheit erkennt der Mitbegründer der Charta 77 eine „verborgene Sphäre“, aus der das Leben in Wahrheit seine Kraft schöpfen kann. Eine Konfrontation mit dem Regime wird so nicht zu einer Begegnung auf der Ebene faktischer Machtinstrumente, sondern zu einem Aufeinandertreffen der Intentionen des Systems mit dem menschlichen Gewissen und Bewusstsein. Obwohl jemand in der Lüge lebt, gibt es immer ein verstecktes Potential, das für das System eine Gefährdung darstellt. Infolgedessen verfolgt das posttotalitäre System präventiv jeden auch noch so bescheidenen Versuch um ein Leben in Wahrheit.[125]

Die moralische Dimension der tiefen Krise der menschlichen Identität sieht das frühere tschechische Staatsoberhaupt in einer tiefen moralischen Krise der Gesellschaft.[126] Das System stützt sich gemäss Havel auf die Demoralisierung

121 Havel, Versuch, S. 26. Zur Totalität des Konsums und anderen Ursachen für die gegenwärtige Krise in der östlichen und westlichen Welt siehe auch Havel, Fernverhör, S. 17 ff.

122 Havel, Versuch, S. 28 f.

123 A.a.O. Zur Bedeutung der Verbreitung der Wahrheit im Rahmen der Ereignisse von 1968 in der damaligen Tschechoslowakei vgl. Havel, Fernverhör, S. 120 ff.

124 Havel, Versuch, S. 29.

125 Der tschechische Dichter weist in diesem Zusammenhang auf das Beispiel Alexander Solschenizyns hin (Havel, Versuch, S. 31).

126 Havel, Versuch, S. 33.

des Menschen, ist ihre gesellschaftliche Projektion. Infolgedessen ist ein Versuch, in der Wahrheit zu leben, ein moralischer Akt.[127]

f. Der Legalität kommt im posttotalitären System die Aufgabe zu, den Unrechtsstaat mit einem legalistischen Schleier zu umhüllen - dies wiederum in markantem Kontrast zu „klassischen" Diktaturen, die sich viel stärker auf unverblümte Gewalt stützen.[128] Die Funktion der Legalität ist also der Funktion der Ideologie angenähert; die Rechtsordnung wird als Fassade des Unrechtsstaates zum Bestandteil der Welt des Scheins. Gemäss Havel gibt das Alibi dem Menschen die Möglichkeit, sich in der Illusion zu wiegen, „dass er nichts anderes tut, als die Gesetze einzuhalten und die Gesellschaft vor Verbrechern zu schützen"[129]. Die Fassade der Rechtsordnung dient dem System somit zur Scheinlegitimierung.

2. *Der südafrikanische Apartheid-Staat als posttotalitäres System*

Meines Erachtens weist der südafrikanische Apartheid-Staat alle signifikanten Merkmale eines posttotalitären Systems im Sinne der obgenannten Ausführungen auf. Dies deshalb, weil gerade die Wahrheit, die Ideologie und die Legalität in der Kaprepublik zur Zeit des Apartheid-Regimes jene Funktionen zu erfüllen hatten, durch welche sich ein posttotalitäres System im Wesentlichen auszeichnet.

a. Zunächst einmal fällt auf, dass das südafrikanische Regime seine Herrschaft mit einer *konzisen Ideologie* untermauert hatte. Ähnlich wie der kommunistischen Ideologie kommt auch der Apartheid-Doktrin der Charakter einer *säkularen Religion* zu. Die Apartheid-Ideologie wurde ideologisch explizit als „gottgewollt" gerechtfertigt. Die Nederduitse Gereformeerde Kerk (NGK) verkündete eine mit der Apartheid-Doktrin verbundene Staatstheologie.[130]

Der Apartheid-Staat stellt gewiss in dem Sinne einen sehr spezifischen und einzigartigen Fall dar, als die grosse Bevölkerungsmehrheit auf Grund ihrer Hautfarbe systematisch diskriminiert und entrechtet worden war. Der Staatsdoktrin kam die im Sinne Havels „alibistische" Funktion zu, eine solch krasse Benachteiligung und Unterdrückung durch eine Minderheitsregierung zu recht-

127 Havel, Versuch, S. 34.

128 Havel, Versuch, S. 64 ff. Die Charta 77 berief sich bei ihren Forderungen nach Einhaltung der Menschenrechte auf Menschenrechtsdokumente, die von der damaligen Regierung ratifiziert worden waren. Sie forderte also die Regierung zu nichts anderem auf, als die von ihr ratifizierten Verträge einzuhalten.

129 Havel, Versuch, S. 66.

130 Vgl. Ansprenger, Südafrika, S. 44 f. Die NGK wurde 1982 aus dem Reformierten Weltbund ausgeschlossen (a.a.O., S. 60).

fertigen. Dies in zweierlei Hinsicht: Einerseits gegenüber den Schwarzen, andererseits gegenüber den Weissen.

aa. Den Schwarzen sollte glaubhaft gemacht werden, dass eine „getrennte Entwicklung“ (sprich: die Abschiebung auf 13% der Fläche des Landes) auch zu ihrem Vorteil sei, denn die Verschiedenheit der Rassen und Völker sei ein Aspekt der Wirklichkeit, den Gott offensichtlich gewollt habe. Selbstverständlich glaubten die Unterdrückten nicht an die Rechtfertigung zu ihrer Unterdrückung. Immerhin konnte diese Doktrin von den (schwarzen) Führern der weitgehend autokratisch bis diktatorisch regierten Homelands zur Rechtfertigung ihrer Herrschaft benutzt werden. Insgesamt lässt sich indessen unschwer feststellen, dass der eine Zweck der Apartheid-Doktrin, die Schwarzen vom System der „getrennten Entwicklung“ zu überzeugen, zu keinem Zeitpunkt realisiert werden konnte. Infolgedessen konnte sich das südafrikanische Regime bei der Unterdrückung der Bevölkerungsmehrheit letztlich nur auf nackten Staatsterror verlassen.

bb. Trotzdem kann das Regime in Pretoria nicht als klassische Diktatur verstanden werden. Die Begründung liegt im zweiten Zweck der Apartheid-Doktrin: Nämlich in der Rechtfertigung der Apartheid gegenüber den Weissen selbst. Ausgehend von der Grundannahme, dass jeder Mensch über einen jeweils mehr oder weniger stark ausgeprägten Gerechtigkeitssinn verfügen dürfte, musste die Tatsache, dass die Weissen die politische, wirtschaftliche und gesellschaftliche Macht in Südafrika praktisch ausschliesslich für sich in Anspruch nahmen, selbst einem unterentwickelten Gerechtigkeitsgefühl widersprechen. Aus diesem Grunde bedurften die Weissen Südafrikas einer Ideologie, welche zur Rechtfertigung einer solchen Situation taugte.[131] Die Apartheid-Doktrin lieferte den Weissen das „alibistische“ Argument, dass die „getrennte Entwicklung“ ja nur zum Besten der Schwarzen erfolgen würde, denn nur auf diese Weise könnten diese ihre Eigenständigkeit aufrechterhalten. Gott habe eben die

131 Die Verwurzelung sozialer Ordnung in der Psyche des Menschen führt dazu, dass der Staat in jedem Mitglied der Gesellschaft über eine Agentur der äusseren Sozialordnung verfügt. Ausführlich dazu Müller, Demokratische Gerechtigkeit, S. 103 ff. Müller zeigt ein psychoanalytisches Deutungsmuster der Normgeltung auf; vgl. a.a.O., S. 108 ff. Dabei erscheint die Konvention I als Gesamtheit der tradierten Ordnung einschliesslich der sie schützenden innern und äussern Abwehren, während die Konvention II die normative Konstituierung und Regulierung des Rechts einer Gemeinschaft bewusst handelnder Menschen bedeutet (a.a.O., S. 112 f.). Zur innerpsychischen Dynamik sozialer Ordnung bei Sigmund Freud vgl. a.a.O., S. 114-132. Um die Chancen der Demokratie zu nutzen, hat gemäss Müller ein rationaler Umgang mit Irrationalem zu erfolgen, siehe a.a.O., S. 136-140.

Verschiedenheit der Rassen gewollt, deshalb sei auch diese Doktrin „gottgewollt".[132]

Mit dieser Argumentation, welche einen wesentlichen Bestandteil der Welt des Scheins des Apartheid-Staates bildete, wurden die Tatsachen völlig ad absurdum verdreht. Die Demütigung und Entrechtung der schwarzen Bevölkerungsmehrheit wurde als deren „Schutz" und „Förderung" dargestellt.

Neben diesen pseudoreligiösen Begründungen gab es auch „sozialdarwinistische" Argumente, wonach die Schwarzen minderwertig seien und eine Vermischung der Rassen deshalb für die Weissen den Niedergang bedeuten würde.[133]

Es gibt Weisse, die tatsächlich an diese Doktrin geglaubt haben. Andere haben vermutlich nicht wirklich daran geglaubt; um ihre Privilegierung aber ohne allzu schlechtes Gewissen aufrechterhalten zu können, haben sie eine solche Ideologie bereitwillig zur Selbsttäuschung verwendet. Gemäss Václav Havel muss der Mensch *„nicht an alle diese Mystifikationen glauben. Er muss sich aber so benehmen, als ob er an sie glaubt, muss sie zumindest schweigend tolerieren oder sich wenigstens gut mit denen stellen, die mit den Mystifikationen operieren"*[134]. Ein solches Verhalten erfordert zudem einen Prozess der Bewusstseinsverdrängung. Der Mensch delegiert seinen Verstand und sein Gewissen an die Vorgesetzten. Das Machtzentrum wird mit dem Wahrheitszentrum identifiziert. Jeder Weisse, der angesichts der Unterdrückung der schwarzen Bevölkerungsmehrheit schwieg und so still-*schweigend* vom System profitierte, trug zur Konstituierung des Systems bei.

b. Zur Welt des Scheins im posttotalitären System gehört neben der Ideologie auch die Legalität. Das Apartheid-Regime hatte auf eine möglichst vollständige legalistische Fassade ganz besonderes Gewicht gelegt.[135] Damit sollte den Verteidigern des Staates die Argumentation ermöglicht werden, sie würden ja nur Verfassung und Gesetze einhalten und eine nicht verfassungsmässige Machtübernahme verhindern. Es kann deshalb nicht erstaunen, dass dieser Fak-

132 In Bezug auf das Kollektiv kann in dieser Hinsicht von einer „Ideologisierung" gesprochen werden. „Ideologisierung" benützt zum Zwecke der Aufrechterhaltung von zwanghaftem Verhalten kollektive „Illusionen" (wie beispielsweise der Glaube an die Vorzüglichkeit des eigenen Volkes). Vgl. Müller, Demokratische Gerechtigkeit, S. 138 f.

Den *einzelnen* Weissen diente die Doktrin zur „Rationalisierung" ihres Verhaltens: Die Weissen versuchten ihr Verhalten sich selbst gegenüber mit scheinrationalen Pseudoargumenten zu rechtfertigen. Zu diesem Begriff vgl. auch die Ausführungen a.a.O., insb. Anm. 113 auf S. 139.

133 Worden, South Africa, S. 65.

134 Havel, Versuch, S. 18.

135 Für eine Chronologie der Apartheid-Gesetzgebung vgl. FR I/13.

tor sowohl in der Eingabe der Nationalen Partei an die Wahrheits- und Versöhnungskommission als auch in der Submission des früheren Verteidigungsministers Magnus Malan eine wichtige Rolle gespielt hat.[136]

c. Václav Havel hat auf das Paradoxon hingewiesen, dass die Macht schliesslich zur Dienerin der Ideologie wird.[137] Es gab in Südafrika zahlreiche Beispiele dafür, dass Einrichtungen und Verfahren nicht mehr primär dem Machterhalt dienten; sie orientierten sich vielmehr an der Ideologie, ohne nach ihrem praktischen Zweck zu fragen. Diese Beispiele waren auch Ausdruck der Eigenbewegung des Systems, welche eine völlige Dominanz der Intentionen des Systems über die Intentionen des Lebens beanspruchte.

Eines der absurdesten Beispiele liegt darin, dass im Apartheid-Staat sogar die Krankenwagen getrennt waren. Falls ein Schwarzer verletzt am Boden lag und eine für Weisse reservierte Ambulanz zufällig in der Nähe war, musste diese vorbeifahren (anders sah die Situation natürlich in umgekehrten Fällen aus).[138] Eine nüchterne Analyse würde ergeben, dass der Transport des Verletzten im Interesse des Staates liegen muss: Falls der Verletzte auf Grund der Unterlassung der Ambulanzfahrer sterben würde, könnte es zu diesbezüglichen Protestmassnahmen von Schwarzen und allgemein zur Förderung von antistaatlichen Aktionen kommen.

Ähnlich grotesk mögen weitere Massnahmen und Gesetze des Apartheid-Staates anmuten, welche die Rassentrennung in öffentlichen und privaten Einrichtungen bis ins letzte Detail festlegten. Eine nüchterne Kosten-Nutzen-Analyse würde meines Erachtens wohl in vielen Fällen dazu führen, dass die Gesetze oder die Massnahmen primär im Interesse der Ideologie waren, während die genuin staatlichen Interessen eine relativ pragmatischere Regelung gefordert hätten. In den fünfziger und sechziger Jahren fanden nicht wenige Auseinandersetzungen zwischen Befürwortern einer totalen Segregation und eher wirtschaftsorientierten Pragmatikern statt.[139]

d. Der zunehmend auch für oppositionelle Weisse spürbare Polizeistaat verlangte von den Weissen die Internalisierung dieser Normen.[140] Es gab nicht

136 Zur Eingabe der NP siehe S. 245 ff., zur Submission Malans vgl. S. 258 ff.

137 Havel, Versuch, S. 20.

138 Vgl. auch FR IV/5, Rz. 145b.

139 Siehe weiter unten, S. 64 ff.

140 Die zentrale Repressionsinstanz ist das Über-Ich; sie sorgt für die Sicherung der herrschenden Norm- und Wertsysteme und die Abwehr und Verdrängung von gegenläufigen Impulsen. Die Intentionen des Systems treffen im Sinne Havels auf die Intentionen des Lebens. Zur Verwurzelung sozialer Ordnung in der Psyche des Menschen vgl. Müller, Demokratische Gerechtigkeit, S. 103 ff.; zur psychoanalytischen Sicht der Sozialisation siehe ausführlich a.a.O., S. 117 ff.

allzu viele Weisse, die zu einem Leben in Wahrheit bereit gewesen sind. Die Weissen, die sich dazu entschlossen hatten, ein Leben in Wahrheit zu führen, mussten in aller Regel mit Repressalien der Regierung und gesellschaftlicher Ächtung rechnen.

aa. Zu ihnen gehörte etwa *Helen Suzman*, die als Abgeordnete im südafrikanischen Parlament von 1961 bis 1974 eine „einsame Stimme des Gewissens gegen die weisse Alleinherrschaft und ihr Abdriften in den Polizeistaat" dargestellt hat.[141]

bb. Der 1975 verstorbene Anwalt *Bram Fischer* gehörte ebenfalls zu denjenigen Weissen, welche den Intentionen des Systems konsequent die Intentionen des Lebens entgegenstellten. Fischer war der Nachkomme einer besonders angesehenen afrikaanischen Familie. Sein Grossvater war Premierminister der Orange River Colony gewesen; sein Vater hatte das Amt des Gerichtspräsidenten des Orange Free State bekleidet. Nelson Mandela, der mit Bram Fischer eng befreundet gewesen war, ist der Meinung, dieser couragierte Mann sei geradezu prädestiniert gewesen für das Amt des Premierministers der Kaprepublik. Stattdessen sei Fischer einer der tapfersten und überzeugtesten Freunde des Freiheitskampfes gewesen, die er je gekannt habe.[142]

Anfänglich diente Fischer dem Freiheitskampf in den Gerichtssälen der Republik, indem er die Verteidigung von politisch Verfolgten übernahm. Einen besonderen Namen machte er sich insbesondere in den Fällen des *Treason Trial* und des *Rivonia Trial*. Nach dem *Rivonia Trial* fasste der Anwalt eine folgenschwere Entscheidung: Fortan wollte Fischer im Untergrund leben und somit das Leben eines gesetzlich und gesellschaftlich Geächteten führen. Mandela erklärt dies damit, dass Fischer nicht andere Menschen leiden sehen wollte, während er selbst in Freiheit leben konnte.[143]

1965 wurde Fischer von der Polizei im Untergrund aufgespürt und verhaftet. Er wurde wegen den Delikten der Verschwörung und der Sabotage zu einer lebenslänglichen Gefängnisstrafe verurteilt. Wegen seiner Krebserkrankung wurde Fischer nach einer Zeitungskampagne von der Regierung aus humanitären Gründen entlassen; 1975, nur wenige Wochen nach der Entlassung, starb Fischer.[144]

141 Ansprenger, Südafrika, S. 89. Diese couragierte Frau setzte sich unter anderem auch für die politischen Gefangenen auf Robben Island und anderswo ein, vgl. Mandela, Long Walk to Freedom, S. 518-520.

142 Mandela, Long Walk to Freedom, S. 104.

143 Mandela, Long Walk to Freedom, S. 561.

144 Fischer erhielt im Gefängnis eine völlig unzureichende medizinische Betreuung. Vgl. dazu die Aussagen seiner Töchter in einer Anhörung über die Gefängnisse im

Nelson Mandela ist der Ansicht, Bram Fischer habe in vielerlei Hinsicht ein grösseres Opfer als alle anderen erbracht: Fischer sei ein freier Mann gewesen, der gegen sein eigenes Volk gekämpft habe, um für die Freiheit anderer Menschen zu kämpfen.[145] Er, Mandela, habe hingegen ausschliesslich gegen Ungerechtigkeit gekämpft, nicht auch gegen sein eigenes Volk.[146]

cc. Glenn Frankel, in den achtziger Jahren Korrespondent der Washington Post in Südafrika, hat in einem Buch über das Leben von sechs weissen Südafrikanerinnen und Südafrikanern berichtet, die den Weg des Widerstands gegen das Apartheid-Regime beschritten hatten.[147] Es handelt sich um drei Ehepaare: *Ruth First* und *Joe Slovo*, *Rusty* und *Hilda Bernstein*, *Harold* und *Ann Marie Wolpe*. Frankel zeigt auf, welchen Preis Leute zu bezahlen hatten, die im Apartheid-Staat ihrem Gewissen gefolgt sind.

e. Weil der Wahrheit im posttotalitären System die Rolle eines Machtfaktors und einer politischen Kraft zukommt, hat die Regierung alles daran gesetzt, um sie zu unterdrücken. Dass dies der Regierung in Bezug auf die Weissen recht erfolgreich gelungen ist, hängt nicht nur mit dem zunehmenden Polizeistaat zusammen. Die Anpassung an das Leben in Lüge hat sich, nach der Erkenntnis von Václav Havel, wegen der allgemeinen Unlust des Konsummenschen, etwas von seinen materiellen Sicherheiten zugunsten seiner geistigen und sittlichen Integrität zu opfern, so allgemein und leicht verbreiten können.[148]

In der Tat genossen die Weissen Südafrikas nicht nur in der Politik, sondern auch in den Bereichen der Wirtschaft und der Arbeit Privilegien.[149] Auf

Apartheid-Staat im FR IV/7, Rz. 32. Der Menschenrechtsanwalt wurde auch psychisch gequält; siehe hierzu die Aussage a.a.O., Rz. 30.

145 Mandela, Long Walk to Freedom, S. 562.

146 Mandela, Long Walk to Freedom, S. 462. Fischer war aus fadenscheinigen Gründen aus dem Anwaltsverband ausgeschlossen worden; er hat diese Verbannung durch seine Berufskollegen als „(the) worst professional and personal betrayal he experienced“ bezeichnet; vgl. dazu die Ausführungen im Kapitel über die Anhörungen betreffend die Rolle der Justiz im Apartheid-Staat im FR IV/4, Rz. 34 j.

147 Glenn Frankel, Rivonia's Children: Three Families and the Cost of Conscience in White South Africa, New York 1999. Vgl. auch die Besprechung von Rich Mkhondo, Making Sacrifices for South Africa, The Press Democrat (Santa Rosa, California/USA) vom 8. August 1999, S. G4.

148 Havel, Versuch, S. 26.

149 Dazu eindrücklich Erzbischof Tutu in seiner Rede anlässlich der Verleihung des Nobelpreises im Jahre 1984: „Es gibt der guten Dinge genug, die von Gottes reicher Gabe kommen, es gibt für jedermann genug, aber die Apartheid hat einige in ihrem Egoismus bestärkt, und sie dazu gebracht, gierig nach einem unverhältnismässigen Anteil zu greifen, dem Löwenanteil, auf Grund ihrer Macht.“ (Tutu, The Rainbow People of God, S. 85; Übersetzung des Verfassers).

Grund der enormen Bodenschätze der Kaprepublik, eines gut funktionierenden Managements in den Betrieben und der Ausbeutung von Heerscharen von schwarzen Billigarbeitern erreichten die Weissen am Kap hervorragende Gewinnabschöpfungen. Die Arbeitsplätze der Weissen waren zudem lange Zeit praktisch gegenüber schwarzen Konkurrenten gesichert. Durch die Ausgrenzung der Schwarzen von der Macht konnte eine Umverteilung zugunsten der armen schwarzen Bevölkerungsmassen verhindert werden.

Weil die Nationale Partei als Garantin des Fortbestands dieser „Errungenschaften" galt, wurde sie bei allen Wahlen wieder gewählt. Offenbar war vielen Weissen die Delegierung ihres Verstandes und ihres Gewissens an die politische Führung angesichts ihrer lukrativen Erfahrungen nicht allzu schwer gefallen. Die Staatsideologie diente ihren Wirtschafts- und Machtinteressen als „moralisches" Schild.

f. Pumla Gobodo-Madikizela, die Mitglied des Ausschusses für Menschenrechtsverletzungen war, hat auf die Schwäche des Menschen hingewiesen: „*Was passiert, wenn Leute in einem System leben, in dem sie bequem leben können und das sie mit Privilegien ausstattet? Die Durchschnittsperson ist, zumindest für eine gewisse Zeit, gegenüber den harten Realitäten ausserhalb des Kreises der Privilegien geblendet, bis der Moment der Wahrheit kommt. Um diese Schuld in Grenzen zu halten, halten einige die Wahrheit ausserhalb ihres Bewusstseins, andere reduzieren sie nur auf ein Minimum. Wiederum andere begegnen dieser Wahrheit und kämpfen mit ihrer Schuld.*"[150] An anderer Stelle hat Frau Gobodo-Madikizela erklärt, es sei verwirrend, dass genau diese Leute, die ein solches System unterstützt hätten, normale Menschen gewesen seien, die in ihrem täglichen Leben an sich durchaus Gefühle für die Bedürfnisse anderer gehabt hätten - wenn es jedoch um Schwarze gegangen sei, so Frau Gobodo-Madikizela, habe sich ihr Sinn für Moral als weitaus schwächer erwiesen.[151]

Die materiellen Sicherheiten mussten von den Weissen indessen mit einem hohen Preis bezahlt werden: Nämlich mit einem zunehmenden Verlust an Autonomie, an Wahrnehmungs- und Entwicklungsfähigkeit und einer Erstarrung der Strukturen. Die Machthaber schufen ein Umfeld, in dem sich eine Kultur der Heimlichkeit, der Straf- und Verantwortungslosigkeit bilden konnte.

g. Die vorstehend zitierten Äusserungen von Pumla Gobodo-Madikizela werfen ein Licht auf die Schwierigkeiten im Umgang mit den Hinterlassenschaften der Apartheid. Meines Erachtens haben viele Weisse ihren Verstand und ihr Gewissen an den Apartheid-Staat delegiert, um ihre Privilegien aufrechterhalten zu können. Gleichzeitig scheinen sie die Realität der Repression

150 Gobodo-Madikizela, Apartheid. Übersetzung durch den Verfasser.

151 Gobodo-Madikizela, Reenactment, S. 3.

gegenüber den Schwarzen aus ihrem Bewusstsein verdrängt zu haben. Die Nationale Partei war nach 1948 stets und ausnahmslos wieder gewählt worden. Menschenrechtsverletzungen waren zu keinem Zeitpunkt ein Wahlkampfthema.

Für den Versöhnungsprozess ist deshalb von elementarer Bedeutung, dass die Weissen ihre Position im Apartheid-System reflektieren. Václav Havel hat deutlich gemacht, dass ein Leben in der Lüge konstitutiv ist für die Aufrechterhaltung eines posttotalitären Systems. Es wird somit zu prüfen sein, inwiefern die Einrichtung der Wahrheits- und Versöhnungskommission geeignet ist, zur Unterstützung des Demokratisierungsprozesses eine solche Entwicklung der Bewusstseinsbildung zu fördern.

Sechstes Kapitel:
Zwischenfazit: Gleichrangigkeit und Interdependenz der normativen Anforderungen

Die Elemente der südafrikanischen Konzeption des Umgangs mit den Verbrechen der Vergangenheit sind im Hinblick auf die Frage herauszuarbeiten, inwiefern die im Gesetz zur Förderung der Nationalen Einheit und Versöhnung enthaltene Lösung der Amnestie-Frage geeignet ist, folgenden Anforderungen gerecht zu werden:

Die Handhabung des Umgangs mit der Unrechtsvergangenheit musste in der Umbruchsituation zunächst die Machtübergabe ermöglichen, indem sie einen für die wesentlichen Konfliktparteien akzeptablen Kompromiss darstellte. Zur Förderung der Konfliktentschärfung war den Opfern die Möglichkeit einzuräumen, sich Gehör zu verschaffen, während gleichzeitig reaktionäre Tendenzen eingedämmt werden mussten.

Die Berücksichtigung der realpolitischen Faktoren darf indessen nicht dazu führen, dass mittel- und langfristige Erfordernisse im Hinblick auf die Herstellung von Rechtsstaatlichkeit, Versöhnung und Demokratisierung unbeachtet bleiben. Werden diese normativen Orientierungsgrössen ausser Acht gelassen, wird der angestrebte Prozess der nachhaltigen Entspannung des Konfliktes mit noch grösseren Schwierigkeiten konfrontiert werden.

Es gilt in Erwägung zu ziehen, dass die zentralen Prozesse des Aufbaus von Rechtsstaat und Demokratie ohne eine sachgerechte Lösung der Amnestie-Frage mit einer Hypothek von erheblichem Gewicht belastet würden. Notwendig ist somit eine Problematisierung dieser Gesichtspunkte. Dabei wird von der (wertenden) Prämisse ausgegangen, dass die Erfordernisse, welche an den Umgang mit der Unrechtsvergangenheit aus der Optik der Konflikentschärfung, der Herstellung von Rechtsstaatlichkeit sowie der Versöhnung und der Demokratisierung gestellt werden, von gleichem Gewicht sind. Zugleich ist der wechselseitigen Bedingtheit dieser normativen Bezugsgrössen Rechnung zu tragen.

So ist zum Beispiel auch im Hinblick auf die Konfliktentspannung keineswegs nur von Belang, dass *überhaupt* ein Kompromiss, welcher die Machtübergabe ermöglichte, gefunden werden konnte. Bereits in kurzfristiger Optik muss klar erkannt werden, dass die Qualität der getroffenen Lösung entscheidend dafür ist, dass es im Interesse aller Konfliktparteien zu einer *nachhaltigen* Beruhigung der Lage gekommen ist.

Die Interdependenz wird auch etwa anhand des Strafzwecks der Prävention deutlich: Die Vorbeugung gegenüber künftigen Menschenrechtsverletzungen weist gleichzeitig Bezüge auf zu Rechtsstaatlichkeit, Demokratie, Menschenrechtskultur und Zivilgesellschaft. Die Begründung für diese gegenseitige Abhängigkeit liegt darin, dass die Gewährleistung der Menschenrechte sowohl einen konsolidierten Rechtsstaat als auch eine funktionierende Demokratie und eine wachsame Zivilgesellschaft bedingt. Grundvoraussetzung der Versöhnung und der Demokratisierung wiederum ist das Zustandekommen der Machtübergabe gestützt auf eine Lösung, welche zur Aufarbeitung der Vergangenheit führt und den Bedürfnissen der Opfer besondere Berücksichtigung schenkt.

Die Lösung von potentiellen Zielkonflikten zwischen den Zielsetzungen von Deeskalation, Herstellung von Rechtsstaatlichkeit, Versöhnung und Demokratisierung hat deshalb zu erfolgen, indem die bestehenden Ergänzungen und Verflechtungen erkannt werden. Dadurch kann allen Aspekten in sachgerechter und optimaler Weise Rechnung getragen werden.

Zweiter Teil: Entstehung, Entwicklung und Überwindung von Rassentrennung und Rassendiskriminierung in Südafrika

Einleitung

Der Zweck des zweiten Teils dieser Arbeit liegt in der Erörterung der historischen Wurzeln sowie des verfassungsrechtlichen Umfeldes des südafrikanischen Transitionsprozesses. Damit werden einerseits die Grundlagen für die Durchführung der Studie anhand des Falles Südafrika erarbeitet, andererseits werden dadurch der historische Hintergrund und der verfassungsrechtliche Kontext des Gesetzes zur Förderung der Nationalen Einheit und Versöhnung aufgezeigt.

Eine der Hauptfunktionen der Wahrheits- und Versöhnungskommission bestand in der Aufarbeitung der Vergangenheit Südafrikas in Bezug auf den Zeitraum von 1960 bis 1994. Der grösste Teil dieser Periode, nämlich die Zeit von 1960 bis 1990, war geprägt durch das Apartheid-System. Aus diesem Grund wird in einem ersten Kapitel untersucht, wie dieses System der gesetzlichen Rassentrennung und Rassendiskriminierung entwickelt wurde, welche Implikationen es für die betroffenen Menschen hatte, und wie diese auf die Durchsetzung dieser Doktrin reagierten.

Unter den Historikern war lange Zeit umstritten, wo die Ursprünge der Apartheid lagen. Nigel Worden hat nachgewiesen, dass die Wurzeln dieses Systems der legalisierten Ungleichbehandlung bereits während der Zeit der Kolonialherrschaft angelegt worden waren.[1] In der frühen Südafrikanischen Union, also zu Beginn des 20. Jahrhunderts, wurden die rassendiskriminierenden Gesetze und Praktiken der südafrikanischen Kolonien und der Afrikaanerrepubliken des 19. Jahrhunderts in einer kohärenten Doktrin zusammengefasst und erweitert. Diese *Doktrin der Segregation* wiederum bildete eine Vorstufe zu dem menschenverachtenden *System der Apartheid*, das nach 1948 in Südafrika eingeführt und fortentwickelt wurde.

1 Siehe Worden, South Africa, insb. S. 65 ff.

Aus diesen Gründen wird nicht allein der Zeitraum von 1960 bis 1990 Gegenstand der Darstellung der grundlegenden politischen und gesellschaftlichen Entwicklungen sein. Ausgehend von der Prämisse, dass die Wurzeln der Apartheid bereits während der Kolonialherrschaft angelegt worden waren, soll versucht werden, die Grundlinien der Entwicklung von Rassentrennung und Rassendiskriminierung herauszuarbeiten, um ein besserer Verständnis für den historischen Kontext des Gesetzes zur Förderung der Nationalen Einheit und Versöhnung zu erreichen.

Anschliessend werden die politisch-zeitgeschichtlichen Hintergründe und das verfassungsrechtliche Umfeld der Rechtsgrundlage der Wahrheits- und Versöhnungskommission aufgezeigt, indem der Verfassungsgebungsprozess und die daraus resultierenden Verfassungen von 1993 (Übergangsverfassung) und 1996 (finale Konstitution) thematisiert werden.

Erstes Kapitel: 1652-1910: Die Wurzeln der Apartheid in der Zeit der Kolonialherrschaft über Südafrika

I. Die koloniale Eroberung Südafrikas durch Holländer und Briten

a. Im Gebiet des heutigen Südafrika gab es bereits seit vorchristlicher Zeit schwarzafrikanische Kulturen, die vor allem Ackerbau und Rinderzucht betrieben und Eisen verarbeiteten.[2]

Die Niederländische Ostindien-Kompanie fand also bei ihrer Landung am Kap im Jahre 1652 keineswegs ein „empty land" vor, wie es zur ideologischen Rechtfertigung der weissen Herrschaft immer wieder behauptet wurde.[3]

b. Im Verlaufe des 17. und 18. Jahrhunderts zogen die hauptsächlich aus Holland stammenden Kolonisten weiter in das Landesinnere, wobei die schwarzafrikanischen Völker entweder unterworfen, zurückgedrängt oder zwecks Bereitstellung von Hilfskräften in wirtschaftliche Abhängigkeit geführt, faktisch versklavt wurden.[4] Gleichzeitig zeugten weisse Männer mit Schwarzafrikanerinnen das Volk der sogenannten „Farbigen" (*Coloureds*), die den gröss-

2 Vgl. Ansprenger, Südafrika, S. 10 ff.

3 Siehe Worden, South Africa, S. 5 ff.

4 Dazu Ansprenger, Südafrika, S. 12 und ausführlich Worden, South Africa, S. 8 ff.

ten Teil des Nachwuchses für die Dienerschaft stellten. Die weissen Herren und ihre farbigen Diener sprachen dieselbe Sprache: Niederdeutsch, das sich allmählich als Afrikaans vom offiziellen Holländisch emanzipierte.

Auf dem Grossen Trek (1836-39) verliessen diese Afrikaaner aus Protest dagegen, dass die nunmehr britische Kolonialherrschaft die Sklaverei abgeschafft hatte, die britische Kapkolonie und gründeten die Republiken Natal, Oranje-Freistaat und Transvaal.[5]

c. Den Briten gelang nach und nach die Konsolidierung und Ausdehnung der 1815 annektierten Kapkolonie. Von 1779 bis 1897 führte die britische Kapkolonie ununterbrochen Krieg gegen die schwarzen Völker jenseits der Grenze zwecks Expansion der Kolonie. Neben der territorialen Ausdehnung gab es stets auch Bemühungen, billige schwarze Arbeitskräfte in den Dienst der Kolonialwirtschaft zu stellen.[6]

Mit der Machtübernahme in der Kapregion durch Grossbritannien entwickelte sich ein Konflikt zwischen Briten und Afrikaanern auf wirtschaftlichem, kulturellem, sprachlichem und politischem Gebiet, der sich mit der Aufhebung der Sklaverei 1834 verschärfte.

d. Während die Briten 1842 Natal annektierten und dort eine Kolonialverwaltung etablierten, gelang es den Afrikaanern durch hartnäckigen Widerstand gegen die Kapkolonie und blutige Kriege gegen schwarzafrikanische Völker, ihre Herrschaft im Oranje-Freistaat und in Transvaal während Jahrzehnten aufrechtzuerhalten.

Das britische Bestreben, die Afrikaanerrepubliken wieder in den Herrschaftsbereich Londons zurückzuführen, blieb jedoch virulent vorhanden und führte im Burenkrieg (1899-1902) zur Unterwerfung des Oranje-Freistaates und Transvaals.[7]

e. Die koloniale Expansion und die Kriegsführung der Briten und Afrikaaner führten zur Zerstörung vieler schwarzafrikanischer Gesellschaften Südafrikas in relativ kurzer Zeit. Nur wenige afrikanische Nationen wie Lesotho und Swaziland blieben autonom. Die Nation der Zulu, die Heerführer Chaka zu Beginn des 19. Jahrhunderts gegründet hatte, konnte immerhin trotz ihrer Un-

5 Neben ca. 6'000 Weissen zogen ebenfalls etwa 5'000 farbige Dienerinnen und Diener mit (Zahlen zit. bei Ansprenger, Südafrika, S. 13). Detaillierte Ausführungen zum Grossen Trek und seinen Implikationen bei Worden, South Africa, S. 12 ff.

6 Näheres bei Ansprenger, Südafrika, S. 14 f.

7 Zu den Machtkämpfen zwischen Briten und Afrikaanern im 19. Jahrhundert sowie zum Burenkrieg vgl. Ansprenger, Südafrika, S. 30 ff. und Worden, South Africa, S. 25 ff.

terwerfung durch Afrikaaner und Briten ihre soziopolitische Ordnung intakt halten.[8]

Die kolonialen Eroberer Südafrikas liessen von Anfang an nicht den geringsten Zweifel daran erkennen, dass sie die afrikanischen Völker als minderwertig betrachteten. Während die Europäer exklusive Privilegien und Vorteile genossen, wurden die Nichteuropäer diskriminiert. Worden weist darauf hin, dass es bereits im 18. Jahrhundert eine Reihe von rassendiskriminierenden Gesetzen gab. So wurden etwa die Ethnie der Khoikhoi sowie die aus Afrika und Indonesien importierten Sklaven im Gerichtswesen und in der Religionsausübung benachteiligt.[9] Bereits seit den 1760er Jahren waren diese beiden Gruppen gezwungen worden, Pässe zu tragen. Sie mussten sich jederzeit ausweisen können. Die bis 1834 legale Sklaverei beeinflusste die Gesellschaftsordnung ebenfalls nachhaltig. Zwischen sozialem Status und Hautfarbe ergab sich eine Konvergenz, welche die Europäer als geradezu „gottgewollt" verstanden wissen wollten. Aus diesen Gründen sieht Worden die Wurzeln der Apartheid bereits in der Frühzeit der kolonialen Herrschaft über Südafrika angelegt.[10]

II. Rassentrennung und Rassendiskriminierung in den britischen Kolonien und in den Afrikaanerrepubliken

In der britischen Kapkolonie erfolgte ein verfassungsrechtlich abgesicherter Entwicklungsprozess, der von der Unmündigkeit zur Selbstregierung führen sollte. 1872 erhielt die Kapkolonie das System des responsible government.

Auf dem von Zeitgenossen als „liberal Cape" bezeichneten Territorium galt ein zwar de iure „rassenblindes" Wahlrecht; de facto muss allerdings von einem eigentlichen Zensuswahlrecht die Rede sein, denn das Wahlrecht war nur für Männer reserviert, die über Grundeigentum im Wert von mindestens 25 £ oder über ein Jahreseinkommen von mindestens 50 £ verfügten. Schon dadurch wurde das Wahlrecht den meisten Nichtweissen verweigert.[11]Ab 1887 wurden die Zensusbestimmungen für das Wahlrecht noch verschärft.

Dieselben Bestimmungen galten in der britischen Kolonie Natal. In Transvaal und im Oranje-Freistaat stand das Wahlrecht für Nichtweisse zu keiner Zeit zur Debatte.

8 Ansprenger, Südafrika, S. 17.

9 Worden, South Africa, S. 67. Für weitere Ausführungen vgl. Worden, South Africa, S. 66 f.

10 Worden, South Africa, S. 65 ff.

11 Ansprenger, Südafrika, S. 28.

Dieser Zustand blieb auch nach dem Burenkrieg erhalten, als London wenige Jahre später den Unterlegenen Autonomie gewährte und 1910 den Zusammenschluss seiner Kolonien mit den früheren Afrikaanerrepubliken zur Südafrikanischen Union vollzog.[12] Insgesamt ergab sich eine kaum noch symbolisch zu nennende Partizipation der Schwarzen am politischen System der „liberalen Demokratie“, das die Weissen Südafrikas nunmehr gemeinsam praktizierten.

Neben diesem nichtrassischen Wahlrecht, das sich de facto aber als diskriminierend erwies, gab es sowohl in der britischen Kapkolonie als auch in der Kolonie Natal und in den Afrikaanerrepubliken Transvaal und Oranje-Freistaat eine Reihe von unverblümt rassendiskriminierenden Gesetzen.

a. In der Kapkolonie wurde mit der *Ordinance 49* von 1828 den Schwarzafrikanern, die das Gebiet der Kolonie betraten, der Passzwang auferlegt. Für den Fall, dass die Schwarzen sich nicht ausweisen konnten oder es ihnen nicht gelang, Arbeit zu finden, konnten sie umgehend verhaftet werden. Mit dem *Glen Grey Act* wurde ein System von Distrikträten, bestehend aus ernannten lokalen Häuptlingen (*chiefs*), zur Kontrolle der schwarzen Bevölkerung errichtet. In diesem System war der Kern für die späteren Verwaltungen der „Schwarzenreservate“ (*reserve administrations*) im Rahmen der Segregationspolitik angelegt.[13] In Kapstadt wurde 1902 für die Schwarzen ein getrennter Stadtteil eingerichtet. Mit dem *School Board Act* von 1905 erfolgte die zwangsweise Segregation der Schulen.[14]

b. In den Afrikaanerrepubliken gab es ebenfalls rassendiskriminierende Gesetze, bei deren Beratung ihre Initianten sehr oft rassistisch argumentierten.[15] Neben dem völligen Ausschluss der Nichtweissen von politischen Rechten wurde etwa auch die Rassentrennung im kirchlich-religiösen Bereich durchgesetzt. Die Schwarzen wurden den Landstreicherei- und Pass-Gesetzen unterworfen

12 Die Südafrikanische Union erhielt von London den Status eines Dominions mit vollständiger innerer Selbstregierung. Nach der Verfassung der Südafrikanischen Union konzentrierte sich die politische Macht bei der Zentralregierung, welche von der Mehrheitspartei in der Zweiten Parlamentskammer gebildet wurde. Gewählt wurde nach Majorzsystem. Die vier Provinzen Kapland, Natal, Transvaal und Oranje-Freistaat erhielten je eigene Provinzialräte und Regierungen, denen allerdings ein Administrator der Zentralregierung vorstand.

13 Weitere Ausführungen zum Glen Grey Act in der Kapkolonie und zu den sog. „anti-squattering“-Gesetzgebungen in den beiden Kolonien und Republiken erfolgen auf S. 57.

14 Weitere Informationen zu dieser Entwicklung in der Kapkolonie bei Worden, South Africa, S. 67 ff.

15 Dazu Worden, South Africa, S. 70 f.

(*vagrancy and pass laws*). Sie durften keine Waffen tragen, und im Oranje-Freistaat wurde ihnen sogar der Besitz von Land verboten.

c. In der britischen Kolonie Natal herrschte eine noch weniger liberale Stimmung als im „liberal Cape". Hier kam es bei den weissen Siedlern ähnlich oft zu rassistischen Massenhysterien gegen Schwarze auf Grund von Aufständen oder Protesten derselben wie in den afrikaanischen Republiken.[16] Die Schwarzafrikaner waren auch in Natal dem Passzwang unterworfen. Damit sollte die Kontrolle über jene Schwarzen gewährleistet werden, die ausserhalb ihrer Heimatgebiete leben und arbeiten wollten. Natal wurde im Übrigen, nach Ansicht des Historikers Welsh, zum ersten Beispiel von strukturierter Segregation: nämlich einer Form der indirekten Herrschaft über Schwarze durch das sogenannte Shepstone-System.[17] 1846 war Shepstone in der Kolonie mit dem Ressort der „Eingeborenenangelegenheiten" (*Native Affairs*) beauftragt worden.

Das Shepstone-System basierte auf der Idee, dass Schwarzafrikaner Landflächen, auf die noch kein Siedler Anspruch erhoben hatte, kultivieren durften, was unter der Oberaufsicht von lokalen Häuptlingen erfolgte, welche wiederum lokalen und regionalen Magistraten und Administratoren des Native Law unterworfen waren. Diese waren gegenüber Shepstone und dem Legislativrat von Natal rechenschaftspflichtig. Die Hüttensteuern dienten dazu, dass die Schwarzen nicht nur für die Kosten dieser Verwaltung aufzukommen hatten, sondern auch für die Kosten der übrigen Siedlungsverwaltung der weissen Siedler von Natal. Die Scheinlegitimation für dieses System bestand darin, dass Shepstone und seine Anhänger behaupteten, ihr Modell sei zum Schutz und zur Bewahrung der schwarzafrikanischen Kultur und Tradition vor europäischen Einflüssen eingeführt worden.[18]

Das Shepstone-System vermochte eine relativ hohe Stabilität in der Kolonie Natal zu gewährleisten und wurde deshalb von den meisten Weissen unterstützt. Die Ideen Shepstones hatten bei der Entwicklung der „Eingeborenenpolitik" in der Südafrikanischen Union der zwanziger Jahre erheblichen Einfluss.

Die Grundlagen der Segregationspolitik des frühen 20. Jahrhunderts waren also bereits im 19. Jahrhundert mit der Einführung von rassendiskriminierenden Gesetzen zur Aufrechterhaltung der weissen Vorherrschaft in den Kolonien und den Afrikaanerrepubliken angelegt.

16 A.a.O.
17 Zit. bei Worden, South Africa, S. 71.
18 Worden, South Africa, S. 72.

Bis zur Entdeckung der Goldvorkommen 1873 und dem Beginn des Abbaus von Diamanten 1867 hatte die südafrikanische Wirtschaft auf extensiver Viehzucht, Landwirtschaft und Handel beruht.[19] Gerade die Gold- und Diamantenvorkommen in den Gebieten von Transvaal und Oranje-Freistaat waren entscheidend für das britische Bestreben, diese beiden Republiken in den britischen Herrschaftsbereich einzubeziehen. Der Bergbau wurde von Anfang an von nur wenigen grossen Bergbau-Finanzkonzernen beherrscht, ein Zustand, der bis in die Gegenwart anhält.[20]

Auf der Grundlage des Bergbaus wurde in Südafrika die Industrialisierung eingeleitet. Nach einigen Jahrzehnten begann eine verarbeitende Industrie zu wachsen. Im Rahmen dieser Industrialisierung erfolgte eine Strukturierung der südafrikanischen Gesellschaft nach Klassen, die ihrerseits aber wieder durch die Hautfarben typisch gekennzeichnet waren: weiss oben, schwarz unten; in der Mitte die Farbigen und, seit 1860, die Einwanderer aus Indien.[21] Es galt den dringenden und immensen Bedarf der Bergbaukonzerne an billigen schwarzen Arbeitskräften zu befriedigen. Deshalb ergriff die Regierung Massnahmen, um Teilen der schwarzen Bevölkerung die Subsistenzgrundlagen ganz oder teilweise zu entziehen, damit diese in die Lohnarbeit dirigiert werden konnten. Der 1894 eingeführte Glen Grey Act begrenzte die Landfläche, die schwarzafrikanische Familien besitzen durften, auf eine Grösse, welche für den Lebensunterhalt nicht ausreichen konnte. Zudem wurde eine Hütten- und Kopfsteuer eingeführt.[22]

Daneben gab es Gesetzesbestimmungen, welche den Staat ermächtigten, Schwarzen das Land zu entziehen, falls sie sich nicht als rechtmässige Besitzer legitimieren konnten (sogenannte „anti-squattering"-Gesetzgebung). Der Zweck dieser Bestimmungen war einerseits ebenfalls der Entzug von Subsistenzgrundlagen, um Schwarze in die Lohnarbeit zu drängen, andererseits auch der Schutz von Agrarinteressen der weissen Farmer. Solche „anti-squattering"-Gesetze gab es auch in Natal und in Transvaal. Im Oranje-Freistaat war der Landbesitz durch Schwarze überhaupt verboten.[23]

19 Vgl. Ansprenger, Südafrika, S. 18 f.
20 Dazu Ansprenger, Südafrika, S. 20 f.
21 Ansprenger, Südafrika, S. 21.
22 Worden, South Africa, S. 48.
23 A.a.O.

Zweites Kapitel: 1910-1948: Segregation in der Südafrikanischen Union

I. Die Rolle der Afrikaaner in der Südafrikanischen Union

Die Ereignisse der Vergangenheit haben bei den Afrikaanern zu einer Art kollektiven Trauma der Verfolgung und Bedrängnis geführt, galt es doch, „gleichzeitig gegen den britischen Imperialismus, gegen den 'englischen' Grosskapitalismus, gegen die 'schwarze Gefahr', gegen die 'rote Gefahr' (den Kommunismus) und am Rande noch gegen die 'römische Gefahr' (den Katholizismus) zu kämpfen".[24]

Trotz den ständigen Bruderzwisten (dies ebenfalls ein Leitmotiv in der Geschichte der Afrikaaner) gelang es deshalb den Führern der Afrikaaner, einen Schulterschluss zu erreichen, der die zunehmende politische, wirtschaftliche und gesellschaftliche Dominanz und schliesslich Machtergreifung ermöglichte.[25] So standen die Afrikaaner nach der Gründung der Südafrikanischen Union weitgehend geschlossen hinter der South African Party (SAP) unter Louis Botha. Die SAP gewann die erste Unionswahl gegen die Anhänger des Britischen Empire, die Unionists. Bereits 1914 aber rebellierten anti-britische Afrikaaner und gründeten die Nationale Partei (NP) unter Hertzog. Die NP verbündete sich 1922 mit der Labour Party gegen die SAP und konnte nach den folgenden Wahlen die Regierung bilden.

1930 führte Hertzog das Stimmrecht für alle weissen Frauen ein und setzte am Kap und in Natal die Zensusbestimmungen für Weisse ausser Kraft. Auch besitzlose Weisse besassen nun volle demokratische Rechte. Schwarze und Farbige wurden von diesen Reformen nicht begünstigt.[26]

1933 bildeten die SAP und die NP unter dem Druck der Weltwirtschaftskrise eine Koalition und verschmolzen 1934 zur United Party (UP). Im selben Jahr erhielt die Südafrikanische Union von London die internationale Souveränität.

24 So Ansprenger nicht ohne Sarkasmus in: Südafrika, S. 32.

25 Zum Folgenden vgl. Ansprenger, Südafrika, S. 32 ff.

26 Im Gegenteil: 1936 wurden die 10'628 schwarzen Wähler der Kapkolonie aus dem allgemeinen Wählerverzeichnis in ein gesondertes übertragen und durften fortan nur noch drei weisse Abgeordnete in das Unionsparlament und zwei in den Kap-Provinzialrat wählen.Siehe Ansprenger, Südafrika, S. 34 und Worden, South Africa, S. 75.

Die Frage der Neutralität Südafrikas im Zweiten Weltkrieg spaltete die United Party: 1940 sammelten Hertzog und D.F. Malan, der schon 1934 einen harten Kern afrikaanischer Nationalisten als sogenannte „Gesäuberte Nationale Partei" von der United Party ferngehalten hatte, ihre Anhänger in der „Wiedervereinigten Nationalen Partei".[27]

In ihrem Rahmen entstand die Doktrin der Apartheid; die NP sollte 1948 die United Party als Regierungspartei ablösen.

Innerhalb von vier Jahrzehnten seit dem Burenkrieg war es also den Afrikaanern gelungen, eine erhebliche Machtposition in der nunmehr unabhängigen Südafrikanischen Union zu erringen und die Basis für die spätere vollständige Machtergreifung zu schaffen. Die afrikaanischen Politiker waren sich im Klaren darüber, dass die Staatsgewalt einzusetzen sei, um soziale Besserstellung, Absicherung und Privilegierung vor allem dem Volk der Afrikaaner zukommen zu lassen, das in der Zeit zwischen den Weltkriegen immer noch die Mehrzahl der „armen Weissen" stellte.[28]

II. Grundlagen und Durchführung der Segregationspolitik

Es hatte, wie oben gezeigt worden ist, bereits im 19. Jahrhundert sowohl in den britischen Kolonien als auch in den afrikaanischen Republiken viele rassendiskriminierende Gesetze gegeben, welche die Aufrechterhaltung der weissen Vorherrschaft in Südafrika sichern sollten. Die Wurzeln der Segregationspolitik der Südafrikanischen Union waren deshalb bereits seit der Zeit der britischen und afrikaanischen Kolonialherrschaft angelegt. Auch die Demarkation der Territorien und das Verwaltungssystem über „Eingeborenenreservate" bildeten den Kern zur Entwicklung in Richtung Segregation.

Im Unterschied zu den eher sporadisch verabschiedeten Gesetzen und ergriffenen Massnahmen der Kolonialregierungen im 19. Jahrhundert basierte die Segregationspolitik der Südafrikanischen Union auf einer kohärenten Ideologie, die bis zu den dreissiger Jahren vollständig erarbeitet und durchgesetzt wurde.[29] Diese Doktrin bedeutete nicht nur die systematische Subordination der Schwarzen unter die Weissen (wie im 19. Jahrhundert und vorher), sondern die syste-

27 Im Lager der afrikaanischen Nationalisten gab es nicht wenige Anhänger des Nationalsozialismus. Besonders aktive Sympathisanten der Nazis wurden verhaftet, darunter der spätere Justizminister Balthazar J. Vorster, der 1962 die Einführung einer verschärften Polizeihaft initiierte.

28 Ansprenger, Südafrika, S. 34.

29 Worden, South Africa, S. 72.

matische Rassentrennung und Rassendiskriminierung in den Bereichen Politik[30], Arbeit[31] und Wohnort/Niederlassung.

Die Segregationspolitik wurde in zahlreichen Gesetzen verankert.

Mit dem *Native Land Act* von 1913 wurden den Schwarzen zunächst 7%, ab 1936 13% der Landfläche Südafrikas in Form von sogenannten „Eingeborenenreservaten" (*native reserves*) zugewiesen. Damit wurden viele Schwarze von nunmehr „weissen" Territorien verdrängt. Ausserhalb ihrer Reservate durften sie weder Land kaufen noch pachten.[32] Das System der räumlichen Segregation und der Zwangsumsiedlungen wurde ergänzt durch den *Natives (Urban Areas) Act* von 1923, der die Rassentrennung für die Wohngebiete in den Städten vorschrieb. Um diese Politik der räumlichen Rassentrennung und Migrationskontrolle durchsetzen zu können, bedurfte es zudem einer Verschärfung der Passgesetze.

Ebenso zentral war der *Native Affairs Act* von 1920, der das Verwaltungssystem für die Reservate festlegte. Damit wurden für die Selbstverwaltung der Reservate „Stammesräte" (*tribal councils*) vorgeschrieben, welche dem Native Affairs Department unterstanden. Für die getrennten Stadtgebiete der Schwarzen wurden bloss beratende Räte eingerichtet, ebenfalls unter Aufsicht des Native Affairs Department.[33]

Dieses Verwaltungssystem erfuhr mit dem *Native Administration Act* von 1927 gewisse Änderungen: Die Koalitionsregierung Hertzog betonte die Notwendigkeit einer sogenannten „Retribalisierung" der Schwarzen unter einem eigenständigen, kodifizierten Native Law. Das Verwaltungssystem wurde deshalb stärker vereinheitlicht; die Stammeshäuptlinge wurden für das Inkasso der Steuern verantwortlich. Das Native Affairs Department bekam zusätzliche Kompetenzen zur Disziplinierung der Stammeshäuptlinge und zur Umsiedlung von Stämmen innerhalb der Reservate.[34]

Die Doktrin der Segregation war das Ergebnis von Entwicklungen, politischen Einstellungen und Ideologien, die in komplexer Weise zusammenwirkten.[35]

30 Auf die praktische Abschaffung der den Schwarzen verbliebenen politischen Rechte im Jahre 1936 wurde bereits im vorigen Abschnitt hingewiesen. Damit war der Ausschluss der Schwarzen vom politischen System vollends besiegelt.

31 Die Segregationsgesetzgebung im Bereich der Arbeitspolitik ist Gegenstand des nächsten Abschnittes.

32 Zum Native Land Act vgl. Worden, South Africa, S. 49 f.

33 Dazu Worden, South Africa, S. 74 f.

34 A.a.O.

35 Ausführlich hierzu Worden, South Africa, S. 75 ff.

a. Zunächst war die Segregation mit Sicherheit ein Ergebnis der südafrikanischen Industrialisierung und der „Mineral Revolution". Einerseits bedurften die weissen Unternehmer der billigen schwarzen Arbeitskräfte; andererseits sollten die Agrarinteressen der weissen Farmer geschützt werden. Zu diesem Zweck wurde die schwarze Bevölkerungsmehrheit auf nur 13% des Territoriums eingeschränkt.

b. Neben der wirtschaftspolitischen Motivation waren indessen politisch-ideologische Gründe ebenso entscheidend für die Ausbildung dieser Doktrin. Die Einrichtung der Reservate sollte eine Retribalisierung der Schwarzen bewirken. Mit dieser Retribalisierung sollte einer befürchteten Urbanisierung und damit Radikalisierung der Schwarzen entgegengetreten werden. Die Segregationisten schürten Ängste vor einer „Schwarzen Gefahr", die - verbunden mit dem Kommunismus - dadurch entstehe, dass sich das schwarze Proletariat in den Städten zunehmend radikalisiere. Dazu kamen oft rassistische Argumente, wonach eine Assimilierung der Schwarzen in „weissen" Gebieten eine „Degeneration der weissen Rasse" zur Folge habe. Die Schwarzen seien einfach völlig unfähig, Mitglieder in einer „zivilisierten Gesellschaft" zu werden.[36] Dem sollte mit einer räumlichen Segregation durch Einrichtung von Reservaten und getrennten Wohngebieten in den Städten entgegengetreten werden. Durch die Konzentration der Schwarzen in Reservaten und getrennten Stadtteilen mit den entsprechenden Verwaltungssystemen sollte eine effektive Kontrolle über die Bevölkerungsmehrheit erreicht werden können.

c. Segregation erscheint also als eine sehr komplexe Antwort der Südafrikanischen Union auf wirtschaftliche Entwicklungen, spezifische weisse Klasseninteressen, politische Motive und rassistische Ideologien. Zu dieser Komplexität gesellt sich noch eine besondere Denkrichtung innerhalb des Segregationismus, die sich allerdings nicht durchsetzen konnte: nämlich jene der anthropologisch orientierten liberalen Befürworter der Segregation. Viele von diesen Befürwortern haben sich später zu hartnäckigen Kritikern der Segregation, so wie sie praktiziert wurde, und der Apartheid gewandelt. Segregation war ihrer Ansicht nach geeignet, um sowohl Assimilation - zum Schutze der schwarzafrikanischen Kulturen selbst - als auch Repression durch Weisse zu verhindern. Dieser Auffassung muss allerdings gemäss Worden entgegnet wer-

36 Worden, South Africa, S. 77. Allgemein zum Überlegenheitswahn der Weissen sowie zu „sozialdarwinistischen" Einstellungen siehe Worden, South Africa, S. 65 f.

den, sie sei zutiefst eurozentrisch und beabsichtige die Schaffung künstlicher Strukturen, wodurch die schwarzen Völker eben genauso bedrängt würden.[37]

In den vierziger Jahren begann das Segregationsmodell zusammenzubrechen, weil die Urbanisierung der schwarzafrikanischen Bevölkerung nicht aufgehalten werden konnte. Das Segregationssystem wurde nach dem Wahlsieg der NP 1948 durch die Apartheid-Doktrin ersetzt.[38]

III. Die aufkommenden weissen und schwarzen Gewerkschaftsbewegungen und die Kommunistische Partei - die Segregation im Arbeits- und Wirtschaftsbereich

Die südafrikanische Gewerkschaftsbewegung ging von der sogenannten weissen „Arbeiteraristokratie" aus, die für die Privilegien der weissen Arbeiterschaft zuungunsten der schwarzen Arbeiter focht.[39] Viele Forderungen der weissen Gewerkschaften wurden jedoch von der Chamber of Mines, dem Verband der Bergbaukonzerne, zurückgewiesen. Dieser Interessenverband bevorzugte eine flexible Beschäftigungspolitik, um möglichst viele relativ „teure" Weisse durch „billige" Schwarze ersetzen zu können. Von Aufstiegschancen der schwarzen Arbeiter konnte indessen keine Rede sein auf Grund der fehlenden Ausbildung und des Analphabetentums unter den meisten Schwarzen. Mit der Erschütterung, die der Erste Weltkrieg auch für die südafrikanische Gesellschaft mit sich brachte, flammte zum ersten Mal eine schwarze Arbeiterbewegung auf.

Sowohl die weissen als auch die schwarzen Gewerkschaften waren mit politischen Befreiungsbewegungen verzahnt: die weissen Gewerkschaften nach dem Ersten Weltkrieg mit der Nationalen Partei (NP), die schwarzen Arbeitnehmerverbände seit den vierziger Jahren mit dem Afrikanischen Nationalkongress (ANC) und der Kommunistischen Partei (CPSA, nach 1950 SACP). Die Kommunisten öffneten 1928 nicht nur die Mitgliedschaft in der Partei, sondern auch ihre Führungsgremien schwarzen Genossen und gaben somit Südafrika das erste Beispiel von rassenblinder (*non-racial*) Politik. Diese Öffnung der Kommunistischen Partei war eine Reaktion auf die Politik der weissen Gewerkschaften, welche exklusiv weisse Interessen verteidigten. Zur Verfolgung dieser Interessen wurden Massnahmen zur Diskriminierung der schwarzen Arbeiterschaft

37 Im Einzelnen Worden, South Africa, S. 77 ff. Bezeichnenderweise fand sich diese Denkströmung des „liberalen Segregationismus" in der Apartheid-Doktrin nirgends mehr.

38 Zur Funktionalisierung der Apartheid-Ideologie als Mittel zur Herstellung politischer Einheit unter den Afrikaanern vgl. Worden, South Africa, S. 87 ff.

39 Hierzu und zum Folgenden vgl. Ansprenger, Südafrika, S. 22 ff.

in der Wirtschaft verlangt, wie zum Beispiel Rassenschranken gegen schwarze Konkurrenten auf qualifizierten Arbeitsplätzen und die Fixierung einer Quote von möglichst wenigen „schwarzen“ Arbeitsplätzen pro „weissem“ Arbeitsplatz.

Diese Forderungen wurden von den Regierungen der Südafrikanischen Union zu einem grossen Teil realisiert. Bereits 1911 wurden mit dem *Mines and Works Act* Rassenschranken an den Arbeitsplätzen errichtet (*colour bars*). Die Koalitionsregierung zwischen der Nationalen Partei und der Arbeitspartei (Labour Party) unter Hertzog war für die Forderungen der weissen Gewerkschaften besonders hellhörig und verstärkte mit dem *Mines and Works Amendment Act* von 1926 den Schutz der weissen Arbeiter und die Diskriminierung der schwarzen Arbeiter. Die Regierung erhielt nun die Kompetenzen, die Rassentrennung und Rassendiskriminierung auch in der Privatindustrie notfalls zwangsweise durchzusetzen. Zudem wurden in zunehmendem Masse schwarze Angestellte in öffentlichen Bereichen wie Eisenbahn, Hafen und Postdienst durch Weisse ersetzt. Die Lohnunterschiede zwischen schwarzen und weissen Arbeitnehmern wurden gesetzlich fixiert.

IV. Die schwarze Befreiungsbewegung bis 1948

Die Wirkungen der schwarzen Befreiungsbewegung waren bis in die vierziger Jahre relativ bescheiden.

a. Die 1912 als South African Native National Congress (SANNC) gegründete Befreiungsbewegung, die 1923 den Namen African National Congress (ANC) annahm, war bis in die fünfziger respektive sechziger Jahre keine revolutionäre, militante Organisation.[40] Der frühe ANC war vielmehr ein Interessenverband jener Schwarzafrikaner, die immer noch hofften, ihre Petitionen und Argumente würden ihre weissen Landsleute (oder notfalls London) zu Reformen in Richtung Demokratie, Bürgerrechten und Partizipation der schwarzen Bevölkerung an der wirtschaftlichen Wertschöpfung veranlassen.[41] Der unmittelbare Anlass zur Gründung des ANC war der Native Land Act von 1913, der die Schwarzafrikaner ab 1936 auf 13% der Bodenfläche Südafrikas einschränk-

40 In den fünfziger Jahren erfolgte die schrittweise Machtübergabe an die Führung der 1944 gegründeten ANC-Jugendliga, welche die Rechte der Schwarzen in gewaltfreien Protesten erkämpfen wollte. Ende 1961 beschloss die ANC-Führung die Aufnahme des bewaffneten Kampfes im Sinne von gezielten Sabotageakten gegen Einrichtungen des Staates.

41 Ansprenger, Südafrika, S. 35. Ausführlich zur Entwicklung des ANC und Organisationen der Farbigen und Inder Worden, South Africa, S. 79 ff.

te. Nach 1918 änderte der SANNC seine Aktionsweise dadurch, dass nun der gewaltfreie zivile Ungehorsam als Protest gegen Gesetze, die er als ungerecht erachtete, zu Reformen führen sollte. Diese Strategie wurde in Anlehnung an Mahatma Gandhi verfolgt, der bis 1914 in Südafrika gewirkt hatte.[42] Auch der Name African National Congress wurde nach dem Vorbild des Indian National Congress gewählt.

b. Doch alle Versuche der schwarzen Befreiungsbewegung, die Regierung zu Reformen zu bewegen, scheiterten. Dynamik und Kraft gewann die schwarze Befreiungsbewegung erst wieder mit der Gründung der ANC-Jugendliga 1944 durch Aktivisten wie Walter Sisulu, Nelson Mandela, Oliver Tambo und Robert Sobukwe. Diese verfolgten eine grundsätzlich andere Strategie: sie wollten die weisse Staatsmacht nicht mehr um politische oder soziale Reformen bitten, sondern die Rechte der Schwarzen durch Proteste und Demonstrationen erkämpfen. An der Gewaltfreiheit im Sinne Gandhis hielt aber auch die Jugendliga fest.[43]

Daneben wurde die Zusammenarbeit von ANC und Kommunisten intensiviert, was zu heftiger Kritik (und späterer Abspaltung) der sogenannten „Afrikanisten" führte, die eine Zusammenarbeit mit den Weissen ablehnten.

Drittes Kapitel: 1948-1990: Südafrika in der Apartheid-Ära

I. Der Aufbau und die Entwicklung des Apartheid-Systems

Zur Zeit der Gründung der ANC-Jugendliga entwarfen die führenden Afrikaaner in der Nationalen Partei und im geheimen „Broederbond"[44] die Doktrin der Apartheid, die sie ideologisch - wie der ANC später die 1955 proklamierte Freiheitscharta - als Wegweisung für den Fortschritt rechtfertigten. Die Wegwei-

42 Zum Einfluss Gandhis auf Südafrika vgl. Brian M. Du Toit, The Mahatma Gandhi and South Africa, in: The Journal of Modern African Studies, Vol. 34 (1996), No. 4, S. 643-660.

43 Ausführlich zur Gründung der ANC-Jugendliga Mandela, Long Walk to Freedom, S. 112 ff.

44 Nähere Ausführungen zu dieser Organisation der afrikaanischen Elite bei Anton Christen, Der Broederbond unter Modernisierungsdruck, in: NZZ vom 22.1.1993. Vgl. auch de Klerk, Last Trek, S. 42 f.

sung für den Fortschritt durch „getrennte Entwicklung" gelte, so wurde zynischerweise behauptet, auch für die Nichtweissen.[45] In Tat und Wahrheit erfolgte die Einführung der systematischen gesetzlichen Rassentrennung und Rassendiskriminierung mit dem Ziel, die wirtschaftliche, gesellschaftliche und politische Vorherrschaft der Weissen aufrechtzuerhalten und auszubauen.

Eine Kommission der NP empfahl 1946 in einem Bericht zur Urbanisierung der Schwarzen die Konsolidierung der Reservate, eine rigorose Kontrolle der Migration in die Städte sowie getrennte Einrichtungen auch für Farbige und Inder.[46] Dieser Bericht wurde zur Basis des Wahlkampfs der NP im Jahre 1948. Die NP gewann die Wahlen knapp, D.F. Malan wurde der erste Premierminister des Apartheid-Staates.

Das Apartheid-System war nicht eine blosse Fortsetzung der Segregationspolitik. Im Unterschied etwa zu den bis anhin existierenden Reservaten, die unfähig waren, den Wanderarbeitern eine gewisse Subsistenzgrundlage zur Verfügung zu stellen, wurden die nun zu errichtenden Homelands mit mehr Land ausgestattet. Vor allem aber sollten die Distanzen zwischen den „schwarzen" Gebieten und den Industrien verringert werden.

Über den Ausschluss der Schwarzen von der politischen Macht herrschte Konsens unter den Befürwortern der Apartheid, während es in Bezug auf das Ausmass der räumlichen Rassentrennung Divergenzen gab. Die Anhänger einer totalen Rassentrennung wollten Schwarze aus „weissen" Gebieten und Städten gänzlich vertreiben und sie durch Weisse ersetzen. Die „schwarzen" Gebiete sollten sich zu selbständigen Wirtschaftseinheiten entwickeln. Die Unternehmer und Farmer hingegen benötigten auch weiterhin billige schwarze Arbeitskräfte für Industrie und Landwirtschaft und votierten deshalb gegen eine totale räumliche Rassentrennung. Einigkeit herrschte aber auch unter ihnen, dass diesfalls die Migration der Arbeiter einer strikten staatlichen Kontrolle unterstellt werden musste. Der Staat sollte den Zustrom von schwarzen Industrie- und Landarbeitern regulieren.[47]

Eines der ersten nach dem Wahlsieg der NP von 1948 verabschiedeten Apartheidgesetze war der *Population Registration Act* von 1950, der alle Südafrikaner als Angehörige einer von zunächst drei „Rassen" definierte: Weisse, Eingeborene (Natives, nach 1951 Bantu, ab 1978 Schwarze respektive Africans)

45 Ansprenger, Südafrika, S. 43 f. Der (euphemistische) Terminus „getrennte Entwicklung" wurde offiziell seit 1960 verwendet. Ebenfalls üblich waren die Bezeichnungen „autogene Entwicklung" und „eigenständige Entwicklung".

46 Worden, South Africa, S. 92.

47 Worden, South Africa, S. 93.

und Farbige.[48] Nach 1959 wurde die Gruppe der Farbigen in sieben Untergruppen geteilt; die meisten Statistiken unterscheiden jedoch nur die „Asiaten" (Inder) von den Farbigen.[49] 1949 wurde das bereits bestehende Verbot von Eheschliessungen zwischen Schwarzen und Weissen auf alle gesetzlich definierten „Rassen" ausgeweitet (*Prohibition of Mixed Marriages Act*). Mit dem *Immorality Act* von 1950 wurden auch alle Geschlechtsbeziehungen zwischen Menschen verschiedener „Rassen" verboten.

Die Doktrin differenzierte zwischen der sogenannten „Grossen Apartheid" und der „Kleinen Apartheid".[50]

1. Die Grosse Apartheid: die Doktrin der „getrennten Entwicklung"

a. Die Grosse Apartheid umfasste einerseits die Einrichtung von Homelands für die Schwarzen, welche schliesslich in die staatliche Unabhängigkeit geführt werden sollten; andererseits wurden für die nichtweissen Volksgruppen jeweils eigene „Townships" (eigene städtische Siedlungen) in respektive bei den Städten errichtet, die den Schwarzen allerdings nur als vorübergehende Aufenthaltsorte zugestanden wurden, da sie automatisch Angehörige eines bestimmten Homeland waren. Dabei umfassten die Homelands nur diejenigen 13% der Landfläche, die der Native Land Act den Schwarzen ab 1936 zugestanden hatte.

b. Das Prinzip der Segregation hatte es bereits vor dem Machtantritt der NP im Jahre 1948 in weiten Teilen der Südafrikanischen Union gegeben. Allerdings war dieses Konzept nicht konsequent durchgeführt worden. Mit dem *Group Areas Act* von 1950 wurde der Doktrin der räumlichen Segregation eine umfassende und zwingende Basis gegeben.[51] Mit dem *Natives Resettlement Act* von 1954 erhielt der Staat vollumfängliche Kompetenzen zur Durchführung von Zwangsumsiedlungen der Schwarzen.[52] Von der räumlichen Segregation waren nun auch Farbige und Inder betroffen. Die Passgesetze waren 1952 verschärft

48 Zu den Klassifizierungen der Menschen nach dem Population Registration Act vgl. die illustrativen Ausführungen bei Mandela, Long Walk to Freedom, S. 140.

49 Ansprenger, Südafrika, Anm. 4 auf S. 105.

50 Der Begriff "*Grand Apartheid*" steht für die räumliche Trennung der Rassen im Rahmen der „getrennten Entwicklung", während sich der Terminus „*Petty Apartheid*" auf die Rassentrennung in sämtlichen nur erdenklichen Lebensbereichen bezieht, zum Beispiel die Rassentrennung in öffentlichen Gebäuden und Einrichtungen.

51 Worden, South Africa, S. 96.

52 So wurden beispielsweise die Einwohnerinnen und Einwohner des schwarzen Townships Sophiatown zwangsweise umgesiedelt, obwohl Sophiatown eine der ältesten schwarzen Siedlungen in Johannesburg war. Vgl. dazu Mandela, Long Walk to Freedom, 140 f., 178 f. und 192 f.

worden: Alle Schwarzen mussten fortan ein Dokument bei sich tragen, welches vom Arbeitgeber monatlich zu unterschreiben war; sie bedurften zudem einer staatlichen Genehmigung für den Aufenthalt in einer bestimmten Gegend.[53] 1955 wurde der *Natives (Urban Areas) Act* von 1923, der die Rassentrennung in den Städten eingeführt hatte, durch den *Natives (Urban Areas) Amendment Act* ergänzt. Dieses Ergänzungsgesetz beschränkte das Recht der sogenannten „detribalisierten" Schwarzen, in einer bestimmten Stadt zu wohnen, auf jene Schwarze, die in der betreffenden Stadt geboren waren respektive dort mindestens 15 Jahre lang gearbeitet hatten (oder mindestens 10 Jahre lang beim gleichen Arbeitgeber).[54] Selbst diese stark eingeschränkten Rechte waren den Befürwortern einer totalen Segregation ein Dorn im Auge und sollten deshalb ihrer Ansicht nach abgeschafft werden. Diese orthodoxen Segregationisten waren vor allem im Broederbond vertreten und übten in den fünfziger und sechziger Jahren starken Druck auf die Regierung aus, um die Rassentrennung und Rassendiskriminierung noch strikter durchzusetzen. Auf der anderen Seite sprachen sich Unternehmer und Farmer für die Realisierung einer eher „praktischen Apartheid" aus. Die Apartheidpolitik musste von den südafrikanischen Regierungen in diesem zwischen Pragmatikern und Dogmatikern polarisierten Kräftefeld formuliert werden.[55]

Besonders in den sechziger Jahren schien der Einfluss der Dogmatiker zuungunsten der Pragmatiker zuzunehmen. 1964 wurde den Schwarzen mit dem *Bantu Labour Act* die selbständige Arbeitssuche in den Städten ebenso verboten wie den Unternehmern die Anstellung von schwarzen Arbeitern, welche nicht durch die Kanäle der staatlichen Arbeitsbüros an sie verwiesen worden waren. Die Kontrolle über den Zustrom von schwarzen Arbeitern wurde insgesamt massiv verstärkt.

c. Diese Gesetze und Massnahmen waren Teil der Politik der Grossen Apartheid, welche den Rahmen für die „Separate Entwicklung" bilden sollte. Die Homeland-Strategie wurde nach und nach entwickelt.[56] Mit dem *Bantu Authorities Act* von 1951 erhielten die lokalen schwarzafrikanischen Eliten in den bereits bestehenden Reservaten begrenzte Verwaltungskompetenzen. Der *Promotion of Bantu Self-Government Act* von 1959 bildete die Rechtsgrundlage für die Errichtung von zunächst acht, später zehn Bantu Homelands (auch Bantustans genannt) in diesen Reservaten. Die Homelands wurden mit dem Selbstverwaltungsrecht ausgestattet, und den lokalen Eliten wurden beträchtliche Kompetenzen überlassen. Durch die Förderung einer schwarzafrikanischen politischen und

53 Worden, South Africa, S. 98.

54 A.a.O.

55 Worden, South Africa, S. 108 f.

56 Worden, South Africa, S. 110 ff.

wirtschaftlichen Elite sollte diese umso stärker an das Apartheid-System gebunden werden. Die Homelands sollten auf dem Prinzip der Ethnizität errichtet werden, das heisst jedes Gebiet sollte eine relativ homogene Ethnie umfassen.

Die hinter dieser Strategie stehende Ideologie war weitgehend dieselbe, die den Bemühungen zur Retribalisierung der Schwarzen im Rahmen der Segregationspolitik zugrunde lag: Durch die forcierte Ausbildung respektive Aufrechterhaltung einer Stammesidentität sollte die Entwicklung eines schwarzafrikanischen Nationalismus verhindert werden. Auch die Schwarzen, denen in den Städten das Aufenthaltsrecht nur provisorisch gewährt wurde, sollten sich primär an ihrer Stammesidentität orientieren, um einer schwarzen „Proletarisierung" und „Radikalisierung" vorzubeugen. Die Schwarzen sollten ihre Bedürfnisse nach politischer Partizipation nur in den Homelands und nicht in den „weissen Gebieten" ausleben dürfen.

Bei der Errichtung der Bantustans konnte die Regierung allerdings nur teilweise auf ethnischer Homogenität aufbauen. Vielfach wurde versucht, eine ethnische Einheit künstlich und aus euro-zentrischer Sichtweise herzustellen, was teilweise tatsächlich gelang - nicht zuletzt auf Grund der Kooperation der lokalen Elite.[57] Allerdings wurden in den Homelands selbst keine Industrien aufgebaut, denn dies hätte nach Ansicht der Apartheid-Strategen zur Herausbildung eines gefährlichen schwarzen Proletariats führen können. Industrie sollte nur in der Nähe der Homelands errichtet werden. Eine Eigenständigkeit der Bantustans war nur in politischer Hinsicht im Sinne der Selbstregierung, nicht jedoch in Bezug auf die Ökonomie erwünscht. Diese künstlich errichteten Rumpfstaaten hatten vielmehr den Zweck, der südafrikanischen Wirtschaft einen Pool von billigen Arbeitskräften zur Verfügung zu stellen, die dann im Rahmen „ihres" Homeland politisch aktiv sein durften.

d. Die Einrichtung von Homelands und die Realisierung der Politik der „getrennten Entwicklung" erforderten Zwangsumsiedlungen in einem bisher unbekannten Ausmass: Im Zeitraum zwischen 1960 und 1983 erfolgten Zwangsumsiedlungen von rund 3,5 Millionen Menschen.[58] In den sechziger Jahren nahm die Bevölkerung der Bantustans um 70% zu. Langfristig war jedoch der Prozess der Urbanisierung selbst durch diese strikte Politik nicht aufzuhalten.

Fortan verfolgten Regierung und Behörden das Ziel, den Schwarzen das Leben in den „weissen Gebieten" Südafrikas so unangenehm und unerfreulich wie möglich zu machen. In diesen Gebieten sollten Schwarze nur noch als „Gastarbeiter" auf Zeit geduldet werden.[59] Die bis 1982 laufend verschärften

57 Nähere Ausführungen hierzu bei Worden, South Africa, S. 112 f.

58 Worden, South Africa, S. 111.

59 Dazu Ansprenger, Südafrika, S. 46 f.

Einschränkungen des Wohnrechts Schwarzer in den städtischen Ballungszentren waren, wie oben erwähnt, im *Natives (Urban Areas) Act* von 1923 sowie im *Natives (Urban Areas) Amendment Act* von 1955 verankert. Die Kontrolle erfolgte durch die berüchtigten Passgesetze, die ebenfalls laufend verschärft wurden: Jeder Schwarze, der sich ausserhalb seines ihm zugewiesenen Homeland aufhielt, musste sich jederzeit über die Berechtigung seines Aufenthalts ausweisen können. Der *Bantu Laws Amendment Act* von 1978 ermöglichte die Deportation jedes Schwarzen, der länger als vier Monate arbeitslos war, aus den Städten in sein Homeland.[60]

e. Diese Politik der Grossen Apartheid stiess jedoch auf besonders schwierige Voraussetzungen: Angesichts der Grösse und des Wachstums der schwarzen Bevölkerung musste der erforderliche Kapitaleinsatz geradezu astronomische Höhen erreichen, damit die Homelands die ihnen zugeordnete Funktion (also die Gewährleistung der eigenen Entwicklung) erfüllen konnten. Die Politik der Grossen Apartheid scheiterte deshalb schon lange vor 1990. Realistisch betrachtet, erwies sie sich letztlich als nicht praktikabel und nicht durchführbar.[61] So lebten 1960 4,5 Millionen von 11 Millionen Schwarzen Südafrikas in den Bantustans, 1970 betrug dieses Verhältnis 7 Millionen Schwarze in den Bantustans von 15 Millionen Schwarzen gesamthaft: 1992 wiesen die Homelands eine Bevölkerung von 17,2 Millionen Schwarzafrikanern auf, von insgesamt 30 Millionen Schwarzen in ganz Südafrika.[62] Die Landflucht konnte also höchstens eingedämmt, nicht jedoch aufgehalten werden.

2. *Die Kleine Apartheid: die Totalität der Rassentrennung und Rassendiskriminierung*

Die Kleine Apartheid war die systematische Durchsetzung der Rassentrennung und Rassendiskriminierung in allen sozialen Lebensbereichen sowie in Politik, Wirtschaft, Recht und Verwaltung.

Der Ausschluss der Schwarzen, Farbigen und Inder vom politischen System Südafrikas war im Apartheid-System perfekt.[63] Mit dem *Prohibition of Political Interference Act* von 1958 wurde zudem die Mitgliedschaft von Menschen verschiedener „Rassen“ in derselben politischen Partei zu einer strafbaren

60 Ansprenger, Südafrika, Anm. 13 auf S. 106.

61 Ganz abgesehen davon, dass sowohl eine solche Politik als auch die ihr zugrunde liegende Apartheid-Doktrin m.E. aus ethisch-moralischen Gründen abgelehnt werden müssen.

62 Ansprenger, Südafrika, S. 47.

63 Die einzige Ausnahme bildete bis 1970 das Recht der Farbigen in der Kapprovinz, vier Weisse Parlamentsabgeordnete zu wählen.

Handlung erklärt. Das rigide Schema der Apartheid wurde nach und nach auf praktisch jeden Lebensbereich in der Gesellschaft ausgedehnt.[64]

a. Von grundlegender Bedeutung war das oben erwähnte Verbot von „gemischtrassigen“ Ehen und Geschlechtsbeziehungen. Mit der *Reservation of Separate Amenities Act* von 1953 wurde die Rassentrennung in allen öffentlich zugänglichen Einrichtungen wie Restaurants, Hotels, Kinos, Theater, Transportwesen und Spitäler ebenso wie im Sport, in Schwimmbädern und an Stränden durchgeführt. Selbst eine nach Rassen getrennte Benutzung von Parkbänken und öffentlichen Toiletten wurde vorgeschrieben. Dasselbe galt für die Verwaltung und die Justiz. Die Segregation in Schulen, technischen Fachschulen und Universitäten wurde ebenfalls in den fünfziger Jahren in mehreren Gesetzen zwingend verankert.

b. Die Rassentrennung und Rassendiskriminierung im Bereich der Wirtschafts- und Arbeitspolitik konnte besonders gut auf der vor 1948 praktizierten Segregation aufbauen.

aa. 1953 wurde den Schwarzen das Streikrecht entzogen; obwohl schwarze Gewerkschaften formaliter nicht verboten waren, wurden sie von der Regierung energisch bekämpft. Viele Gewerkschaftsführer wurden gemäss dem *Suppression of Communism Act* verhaftet. Im Übrigen waren die Arbeitgeber gar nicht verpflichtet, die Gewerkschaften anzuhören, geschweige denn mit ihnen zu verhandeln.

bb. Auf Grund der Rassendiskriminierungsgesetze konnte kein weisser Arbeiter durch einen schwarzen ersetzt werden; kein Weisser durfte unter einem Schwarzen arbeiten; die Jobs mussten zwischen den Rassen getrennt werden; im Falle einer Rezession sollten Jobs, die für Schwarze geöffnet worden waren, wenn nötig an Weisse zurückfallen.[65]

cc. Während den weissen Gewerkschaften die Tariffähigkeit bereits 1924 im *Industrial Conciliation Act* zugestanden wurde, existierte für die schwarzen Gewerkschaften bis 1979 weder Tariffähigkeit noch Streikrecht.[66]

dd. Abgesichert wurde die Job Reservation durch das System einer spezifischen Bantu-Education.[67] Diese Erziehung und Ausbildung (oder besser: weit-

64 Vgl. Worden, South Africa, S. 96.

65 Ansprenger, Südafrika, S. 47 f.

66 Ansprenger, Südafrika, S. 27.

67 Rechtsgrundlage war der *Bantu Education Act* von 1953, der 1979 nach den Schülerunruhen des Jahres 1976 aufgehoben und durch gelockerte Bestimmungen über Rassentrennung im Bildungswesen ersetzt wurde. Noch 1990/91 gab der Staat aber im Schulwesen pro Kopf eines weissen Schülers 4,1 R im Tag aus, pro Kopf eines schwarzen Schülers 1,2 R (Ansprenger, Südafrika, Anm. 18 auf S. 106). Zum Bantu Education Act siehe auch Worden, South Africa, S. 96.

gehend fehlende Ausbildung) sollte „Frustrationen“ vermeiden, indem sie Schwarze nur auf jene Stellungen in Wirtschaft und Gesellschaft vorbereiteten, die ihnen im Rahmen des Apartheidsystems zugestanden wurden. Dies ist einer der Hauptgründe für die heutige Bildungskrise unter Südafrikas Schwarzen.[68]

ee. Des Weiteren verfolgte die Regierung eine Wirtschaftspolitik der staatlichen Lenkung von Unternehmungen vor allem in politisch wichtigen Schlüsselbereichen der Wirtschaft, die eigens von Afrikaanern für Afrikaaner geschaffen worden waren.[69] Diese Staatsbetriebe und der private, von Afrikaanern beherrschte Industrie- und Dienstleistungssektor sowie die öffentliche Verwaltung stellten im System der Apartheid für alle Weisse Arbeitsplätze und Aufstiegsmöglichkeiten in Fülle bereit.[70] Dieser Wohlstand wurde durch die Ausbeutung und Unterdrückung der schwarzen Bevölkerungsmehrheit im Rahmen des in alle gesellschaftlichen Bereiche eindringenden Apartheidsystems erreicht und während einer längeren Zeit gesichert.

Das Apartheidsystem erwies sich für die Weissen in wirtschaftlicher Hinsicht als ausserordentlich lukrativ. Durch die systematische Diskriminierung der Bevölkerungsmehrheit, gerade auch im wirtschaftlichen Bereich, konnte die herrschende Minorität der Weissen die Erträge der Wirtschaft ungehindert abschöpfen. Durch die Ausgrenzung der schwarzen Bevölkerungsmehrheit von der politischen Macht konnte eine Umverteilung an die armen schwarzen Bevölkerungsmassen verhindert werden.

3. *Die Verbindung der Apartheid-Doktrin mit einer Staatsreligion*

Die Apartheid-Doktrin wurde ideologisch als „gottgewollt“ gerechtfertigt und mit einer eigenen Staatsreligion verbunden. Diese Staatsreligion wurde von der Nederduitse Gereformeerde Kerk (NGK) verkündet. Die Verschiedenheit der Rassen und Völker sei ein Aspekt der Wirklichkeit, den Gott offensichtlich gewollt habe, wurde erklärt. Um eben diese Verschiedenheit aufrechtzuerhalten, sei eine „getrennte Entwicklung“ unumgänglich.[71]

Die NGK stand von Anfang an unter dem Druck scharfer theologisch-politischer Kritik sowohl international, besonders vom Weltkirchenrat, als auch

68 Dazu kommt der jahrzehntelange Schulboykott schwarzer Schüler in den schwarzen Städten des Landes unter dem Slogan „Befreiung vor Erziehung“. Zur Bildungskrise in Südafrika vgl. Behrens und Rimscha, Hoffnung, S. 182.

69 Zu den einzelnen Konzernen vgl. Ansprenger, Südafrika, S. 48.

70 A.a.O.

71 Näheres zur Bezugnahme der NGK-Ideologen auf einzelne Bibelstellen bei Ansprenger, Südafrika, S. 44 f.

national. So wurde der Südafrikanische Kirchenrat (SACC) ohne die NGK gegründet.[72]

4. *Die legalisierte Willkür zur Aufrechterhaltung des Apartheid-Systems*

Die weisse Minderheitsherrschaft führte zu einem Zustand faktischer Rechtlosigkeit der schwarzen Bevölkerungsmehrheit. Die Apartheid-Regierungen achteten indes sorgfältig darauf, jede ihrer Handlungen und Massnahmen in den Mantel der Scheinlegalität zu kleiden. Das Recht wurde so systematisch zur Durchsetzung und vordergründigen „Legitimierung" der Apartheid-Politik instrumentalisiert.

a. Einer der Eckpfeiler der Verfolgung politischer Gegner bildete der *Suppression of Communism Act* von 1950. Dieses Gesetz gab dem Justizminister die Machtbefugnis, jede Person verhaften zu lassen respektive jede Organisation zu verbieten, die er als „kommunistisch" erachtete. Dieser Begriff wurde vom Regime so weit und willkürlich interpretiert, dass praktisch die ganze Apartheid-Opposition darunter fiel. Der *Criminal Law Amendment Act* von 1953 war ein weiterer Meilenstein zur Legalisierung von praktisch willkürlicher Bestrafung und Verhaftungen von Gegnern der herrschenden Ordnung.[73]

Der *Public Safety Act* von 1953 ermächtigte den Staatspräsidenten unter anderem zur Verhängung eines Notstandes (State of Emergency) im ganzen Staatsgebiet oder in einem Teil davon. Gemäss diesem Gesetz waren auch Inhaftierungen ohne Gerichtsverhandlung möglich.[74]

b. Da sich die Gerichte zumindest bis in die fünfziger Jahre ein relativ hohes Mass an Unabhängigkeit bewahrt hatten, wurde Südafrika mit einem immer dichteren Netz von Apartheid-Gesetzen überzogen.[75] Diese detaillierte und umfassende Legislation sollte die Gerichte möglichst strikt auf die Realisierung

72 Ansprenger, Südafrika, S. 45. Der Südafrikanische Kirchenrat wurde zu einer der bedeutendsten Stimmen des Widerstands gegen die Apartheid.

73 Mit dem Criminal Amendment Act konnte insbesondere auch „ziviler Ungehorsam" bestraft werden. Vgl. hierzu Worden, South Africa, S. 97 und 100 ff.

74 Pippan, Südafrikas Verfassungswandel, Anm. 20 auf S. 997.

75 Besonders alarmierend waren für die Regierung in Pretoria die Freisprüche in den Strafverfahren im Rahmen des *Treason Trial* im Jahre 1961. Vgl. ausführlich zum Treason Trial Mandela, Long Walk to Freedom, S. 231-310 (Mandela war einer der Angeklagten in diesem Prozess). Die hauptsächliche Konsequenz, die der Apartheid-Staat aus dieser Niederlage vor Gericht zog, lag darin, dass die Bemühungen zur Ernennung von gesinnungstreuen Richtern noch verstärkt wurden.

Dies bekamen Mandela und seine Mitstreiter bereits im *Rivonia Trial* von 1964 zu spüren: sämtliche Angeschuldigten wurden zu lebenslangen Gefängnisstrafen verurteilt, vgl. Mandela, Long Walk to Freedom, S. 369-450.

der Apartheid-Politik festlegen. Zudem hatte das südafrikanische Recht den Grundsatz der Parlamentssouveränität aus dem englischen Staatsrecht übernommen. Die Verfassungen von 1909, 1961 und 1983 schlossen eine Verfassungsgerichtsbarkeit unisono aus. Eine gerichtliche Prüfung von Rechtsnormen war also nicht möglich. Von zentraler Bedeutung war das völlige Fehlen von Grundrechten in Verfassungen und Gesetzen. De facto schied aber auch die Bindung der Gesetzgebung an jene Grundrechte aus, die als *civil liberties* Teil des südafrikanischen Gewohnheitsrechts waren.[76]

c. Gemäss den *State of Emergency regulations*, basierend auf dem *Public Safety Act* von 1953, konnte in Angelegenheiten der Staatssicherheit eine gerichtliche Überprüfung von Verwaltungsakten nicht stattfinden. Vor allem aus Staatssicherheitsgründen vorgenommene Verhaftungen und Inhaftierungen ohne zeitliche Begrenzung wurden so einer gerichtlichen Kontrolle entzogen.[77]

d. Mit dem *General Law Amendment Act* von 1963 erhielt die Polizei zusätzliche Kompetenzen, um Apartheidgegner ohne Anklage in Polizeihaft (*administrative detention*) nehmen zu können. Die Sicherheitskräfte wurden also praktisch zur Willkür ermächtigt, ohne dass die Gerichte sich einmischen konnten. Damit wurde die Justiz von der Praxis der Repressionen zu einem grossen Teil ferngehalten.[78] Zunächst wurde die Polizei ermächtigt, Verdächtige für 12 Tage in Haft zu nehmen, auch mehrmals hintereinander, ohne sie einem Richter vorzuführen (1962); dann für 90 Tage (1963), 180 Tage (1965) und schliesslich unbegrenzt (1976).[79]

Durch die immer dichtere Gesetzgebung einerseits, die Unmöglichkeit der gerichtlichen Überprüfung von Rechtsnormen und (in Angelegenheiten der „Staatssicherheit") von Verwaltungsakten andererseits erhielt die staatliche Willkür und Repression ein scheinlegales Fundament. Die Rolle der Gerichte wurde indessen praktisch auf die Bestrafung der Apartheid-Gegner im Rahmen der Apartheid-Gesetzgebung beschränkt.[80]

Während die Gegner des Apartheid-Systems der nunmehr legalisierten Willkür des Repressionsapparates ausgeliefert waren, konnten die Angehörigen der Sicherheitskräfte in einer Kultur der Straf- und Verantwortungslosigkeit operieren. Die Angehörigen von Polizei und Militär kamen beim Kampf gegen „Terrorismus", „innere Unruhen" sowie bei der Aufrechterhaltung der „öffentlichen Sicherheit" in den Genuss von straf- und zivilrechtlicher Immunität.[81] Art.

76 Pippan, Südafrikas Verfassungswandel, S. 998 f

77 Pippan, Südafrikas,Verfassungswandel, S. 999.

78 Dazu Worden, South Africa, S. 105 u. 108.

79 Ansprenger, Südafrika, S. 50.

80 Pippan, Südafrikas Verfassungswandel, S. 999 f.

81 Parker, Politics, S. 1.

1 Abs. 1 des *Indemnity Act* von 1961 knüpfte die Immunität an das Vorhandensein des guten Glaubens bei obgenannten Handlungen, wobei Art. 1 Abs. 3 die Vermutung zugunsten des Vorhandenseins desselben aufstellte. Falls die Präsumption nicht widerlegt wurde, hatte das Gericht das Verfahren einzustellen.[82] Zusätzlichen Schutz vor zivilrechtlicher Verantwortlichkeit der Militärangehörigen und Polizisten boten der *Defence Act* von 1957 und der *Police Act* von 1958.[83]

II. Die schwarze Befreiungsbewegung zwischen zivilem Ungehorsam und bewaffnetem Kampf

1. Die Entwicklung bis 1960

a. 1950 wurde die Kommunistische Partei verboten und somit in den Untergrund gedrängt[84]; der ANC blieb noch legal. Dieser startete 1952 die Defiance Campaign gegen die ersten Apartheidgesetze.[85] Im Rahmen der Defiance Campaign, die von Nelson Mandela geleitet wurde, wurden etwa 8'000 Demonstranten verhaftet.[86] Der ANC konnte die Defiance Campaign als enormen Erfolg verbuchen und erfuhr eine Steigerung der Mitgliederzahl in wenigen Monaten von 7'000 auf über 100'000.[87] Der Präsident des ANC, Albert Luthuli, festigte mit dem Charisma seiner Persönlichkeit das Prestige des ANC im schwarzen Volk und zunehmend auch international. Nach dem Verbot des ANC und des Pan-Afrikanistischen Kongresses (PAC)[88] erhielt Luthuli den Friedensnobelpreis. In den fünfziger Jahren sorgte Luthuli sowohl für die Machtübergabe im Afrikanischen Nationalkongress an den Führungskern der ANC-Jugendliga als

82 Parker, Politics, Anm. 1 auf S. 1.

83 Parker, Politics, S. 1.

84 Rechtsgrundlage bildete der erwähnte *Suppression of Communism Act* von 1950: die Kommunisten konstituierten sich im Untergrund resp. im Exil neu als South African Communist Party (SACP).

85 Nähere Ausführungen zu dieser und anderen Kampagnen des ANC und anderer Organisation in den fünfziger Jahren bei Worden, South Africa, S. 99 ff.

86 Vgl. Ansprenger, Südafrika, S. 38 und Worden, South Africa, S. 99 f. Die Massenverhaftung war durchaus im Sinne der Organisatoren des gewaltfreien Widerstandes.

87 A.a.O. Vgl. zur Defiance Campaign auch ausführlich Mandela, Long Walk to Freedom, S. 145-160.

88 Der PAC wurde 1959 als „afrikanistische" Abspaltung vom ANC gegründet.

auch für eine engere Zusammenarbeit mit der Kommunistischen Partei (SACP).[89]

b. Gerade die Hinwendung der jungen ANC-Führungsgeneration zum „avantgardistischen Fortschrittsdenken" der KP findet ihren Ausdruck in der Freiheitscharta, die 1955 aus der Zusammenarbeit zwischen ANC und SACP hervorging. Die Freiheitscharta ist bis zur Gegenwart das politische Grundsatzprogramm des ANC geblieben.

Dieses Dokument ist primär eine Charta der Menschen- und Bürgerrechte.[90] Neben den klassischen Abwehrrechten gegenüber dem Staat finden die allgemeinen Forderungen nach Gleichheit und Gerechtigkeit sowie Soziale Rechte besonderen Ausdruck. Durch die Resultate der Mitwirkung der SACP an der Redaktion des Dokuments sind allerdings Teile der Charta aus demokratischer Sicht fragwürdig.[91]

c. Der 1959 vom ANC abgespaltene afrikanistische PAC übte heftige Kritik am Bündnis des ANC mit den Kommunisten sowie an der Freiheitscharta. Besonders stark kritisierte der PAC, dass die sogenannten „Charteristen" ein „multirassisches" (multi-racial) Südafrika anstreben anstatt eines „nichtrassischen" (non-racial). Der ANC stellte seine Wortwahl allerdings erst um, nachdem die ebenfalls afrikanistische Protestbewegung des „Black Consciousness" entflammt war. Diese Politik des „non-racialism" wurde nach der Legalisierung des ANC dadurch bestätigt, dass alle Versuche der Nationalen Partei (NP), Gruppenrechte in der südafrikanischen Verfassung zu verankern, vom ANC erfolgreich abgewehrt wurden. Der ANC beschloss 1969, auch weisse Mitglieder aufzunehmen und in die Führungsorgane zu wählen.[92]

89 Für das enge Bündnis zwischen ANC und SACP, bis heute eine Konstante der südafrikanischen Politik, sieht Ansprenger (a.a.O., S. 39) drei Erklärungsansätze: zunächst eine eher emotionale Motivation, denn die Kommunistische Partei war die erste Partei Südafrikas, die schwarze und weisse Mitglieder gleichgestellt hatte. Mit dem *Prohibition of Political Interference Act* von 1958 wurde die Mitgliedschaft von Menschen verschiedener Hautfarbe in derselben Partei, wie erwähnt, verboten. Eine taktische Erklärung besteht darin, dass die organisatorische Erfahrung und der hohe Bildungsstand der Führer der KP auch dem ANC von Nutzen sein konnte; zudem konnten sich Weisse - auch weisse Kommunisten - im System der Apartheid freier bewegen. Das strategisch-ideologische Motiv für dieses Bündnis lag im Wunsch der ANC-Führer, mit der Befreiungsbewegung „zur Avantgarde beim Fortschreiten der Welt in eine bessere Zukunft" vorzustossen.

90 Zur Freiheitscharta vgl. Ansprenger, Südafrika, S. 39 ff. und Mandela, Long Walk to Freedom, S. 199-206.

91 Siehe die Kritik bei Ansprenger, Südafrika, S. 41.

92 Dazu Ansprenger, Südafrika, S. 41 f.

2. *Die Aufnahme des bewaffneten Kampfs*

a. Die Appelle des ANC in Form der Defiance Campaign 1952 und der Proklamation der Freiheitscharta 1955 an die Weissen, ihre allein wahlberechtigten Mitbürger, verhallten mehr oder weniger ungehört. Im Gegenteil, die Nationale Partei (NP) konnte bei den folgenden Parlamentswahlen ihren Stimmenanteil von 41,6% 1948 (79 von 150 Mandaten) auf 49,5% bei den Wahlen von 1953 (94 von 156 Sitzen) und im Jahre 1958 sogar auf 55,5% (103 von 156 Mandaten) erweitern.[93] Auf die Freiheitscharta reagierte der Staat Ende 1956 mit einer Massenverhaftung von 156 aktiven Oppositionellen (zwei Drittel Schwarze, darunter Nelson Mandela) und stellte sie wegen Hochverrats unter Anklage.[94] Bemerkenswerterweise wurden aber über Jahre hinweg immer mehr Anklagen von den Gerichten niedergeschlagen. Im März 1961 wurden die letzten 30 Angeklagten freigesprochen.[95]

b. Der ANC und der PAC organisierten 1960, nach den Modellen von 1952 und 1955, öffentliche Kampagnen gegen die laufend verschärften Passbestimmungen. Bei einer solchen Aktion kam es zum Massaker von Sharpeville, bei dem die Polizei 69 Menschen erschoss und 180 verwundete. Daraufhin proklamierte die Regierung den Ausnahmezustand und verbot am 8. April 1960, gestützt auf den *Unlawful Organizations Act* von 1960, den ANC und den PAC.

c. Ende 1961 beschloss die ANC-Führung im Einvernehmen mit der KP-Zentrale die Aufnahme des bewaffneten Kampfes im Sinne einer ultima ratio. Beim bewaffneten Kampf sollten Sabotageakte gegen Einrichtungen des Staates ausgeübt werden, aber keine Menschen getötet werden. Am 16. Dezember 1961, dem grossen politischen Feiertag der Afrikaaner in Erinnerung an den Sieg gegen die Zulu am Blutfluss, explodierten zum ersten Mal Bomben an Bürogebäuden in drei Städten. Damit nahm die ANC-Kampforganisation Umkhonto weSizwe („Speer der Nation“, abgekürzt MK) ihre Kampfhandlungen auf.[96]

Es gelang dem Apartheid-Regime jedoch rasch, den MK zu infiltrieren und die Führung auszuheben und einzusperren. So standen Nelson Mandela, Walter Sisulu und sieben weitere Angeklagte ab dem 9. Oktober 1963 in Pretoria vor Gericht. Sie waren gemäss dem *General Law Amendment Act* von 1962 der Sabotage angeklagt. Der Strafrahmen lag zwischen fünf Jahren Freiheitsstrafe

93 Ansprenger, Südafrika, S. 49.
94 Ansprenger, Südafrika, S. 49 f.
95 Eingehend zum Treason Trial Mandela, Long Walk to Freedom, S. 231-310.
96 Vgl. Ansprenger, Südafrika, S. 51 und Worden, South Africa, S. 114 ff. sowie Mandela, Long Walk to Freedom, S. 336 ff. Der PAC bildete die Kampftruppe Poqo; nach deren Zerschlagung wurde die Azanian People's Liberation Army (APLA) aufgebaut.

und der Todesstrafe. Am 12. Juni 1964 endete dieser sogenannte Rivonia-Prozess mit dem Schuldspruch für alle Angeklagten ausser einem und ihrer Verurteilung zu lebenslangem Freiheitsentzug.[97]

Die Exilführung des ANC musste den MK neu aufbauen und organisieren. Da die portugiesischen Kolonien Angola und Mocambique bis 1975 sowie das „weisse Rhodesien“ bis 1980 der Republik Südafrika Schutz vor Angriffen von diesen Gebieten gegen Südafrika boten, konnten die Exilführungen von ANC und PAC nur von weit ausserhalb Südafrikas agieren. Bis nach 1975 war deshalb in der Kaprepublik wenig von einer Untergrundpräsenz des ANC oder PAC zu spüren.[98]

III. Die Black Consciousness-Bewegung - die Soweto-Unruhen 1976/77 - die Zulu-Bewegung Inkatha unter Mangosuthu Buthelezi

a. Ende der sechziger Jahre begann eine neue junge Generation in den Schwarzenstädten Südafrikas, sich gegen die Apartheid aufzulehnen. Diese „Black Consciousness“ genannte Bewegung organisierte sich in kleinen Gruppen und war afrikanistisch orientiert. Die Aufnahme des bewaffneten Kampfes stand nicht zur Diskussion. Gemäss den Ideen der Black Consciousness-Aktivisten musste die schwarze Bevölkerung zuerst aus eigener Kraft zusammenfinden und ein Selbstbewusstsein entwickeln. Dies war dringend nötig, weil viele Schwarze sich wegen der weissen Unterdrückung als minderwertig betrachteten. Befreiung sei zuerst von der eigenen Angst und den Minderwertigkeitsgefühlen nötig, wurde argumentiert.[99] Die Führer des Black Consciousness wurden vom Regime verfolgt. Steve Biko, einer der wichtigsten Aktivsten, wurde 1977 in Polizeihaft gefoltert und ermordet.

b. Schülerdemonstrationen gegen die Einführung von Afrikaans als Unterrichtssprache wurden zum Auslöser von heftigen Reaktionen der Polizei, die auf die Demonstranten schoss. Von Juni 1976 bis Oktober 1977 griffen die Unruhen und Kämpfe auf andere Schwarzenstädte über und forderten etwa 700 Tote. Im Oktober 1977 verbot der Justizminister alle Gruppen des Black Consciousness.[100]

97 Ansprenger, Südafrika, S. 50 f. Besonders eingehend zum Rivonia Trial Mandela, Long Walk to Freedom, S. 416-450.

98 Ansprenger, Südafrika, S. 52 f.

99 Ausführlich zur Black Consciousness-Bewegung Worden, South Africa, S. 116 ff.

100 Für weitere Angaben zu den Soweto-Unruhen vgl. Worden, South Africa, S. 118 ff.

c. Mangosuthu Buthelezi, Zulu-Chief und seit 1970 Regierungschef des Homeland KwaZulu, belebte 1975 eine jahrzehntealte traditionelle Kulturvereinigung als „kulturelle Befreiungsbewegung" neu.[101] Diese richtete sich prinzipiell an alle Schwarzen, wurde aber klar von Angehörigen der Zulu beherrscht. Während die Homelands Transkei (1976), Bophuthatswana (1977), Venda (1979) und Ciskei (1981) von der Regierung in Pretoria für unabhängig erklärt wurden, weigerte sich Buthelezi erfolgreich gegen die Entlassung von KwaZulu in die Selbständigkeit. Buthelezi gelang es, seine Machtstellung in KwaZulu als Regierungschef und Zuluführer zu festigen. Eine Zusammenarbeit oder gar eine Fusion seiner Inkatha mit dem ANC lehnte er jedoch ab, weil der ausserordentlich machthungrige Politiker den Verlust seiner autokratischen Machtfülle, wie er sie in der Inkatha und in KwaZulu geniesst, zu befürchten gehabt hätte. Buthelezi hatte den ANC in der Vergangenheit stets aufgefordert, zur Gewaltfreiheit zurückzukehren, den MK zu demobilisieren und sich zur Marktwirtschaft zu bekennen (und infolgedessen das Bündnis mit den Kommunisten aufzulösen). Nach und nach verschärften sich die Rivalitäten zwischen ANC und Inkatha. 1983 wandelten sich die verbalen Attacken in blutige Zusammenstösse zwischen Mitgliedern der Inkatha und militanten Anhängern der United Democratic Front (UDF), die damals als legale Frontorganisation des ANC gegründet wurde.

Damit nahm die politisch motivierte Gewalt von Schwarzen gegen Schwarze seinen Anfang. Gekämpft wurde um die Loyalität des Zulu-Volkes in KwaZulu/Natal sowie in der Region Witwatersrand.

IV. Die „total strategy" der Regierung Botha

Die Regierung Botha verfolgte von 1979 bis 1984 eine Politik, die sie als „total strategy" bezeichnete. Dem „totalen Ansturm des Kommunismus" müsse, so Botha, mit einer „totalen Strategie" entgegengetreten werden.[102] Gemäss dieser Doktrin musste einerseits das Apartheid-System in jenen Bereichen reformiert werden, wo dies angesichts der Bedürfnisse der Wirtschaft und zur Gewährleistung von Stabilität nötig war. Andererseits mussten die Sicherheitskräfte massiv

101 Weitere Ausführungen zu Inkatha und Buthelezi bei Ansprenger, Südafrika, S. 53 ff. und Worden, South Africa, S. 133 f.

102 Detaillierte Ausführungen zur „total strategy" bei Worden, South Africa, S. 121 ff. Zu Reformen und Verfassungsreform vgl. auch Pippan, Südafrikas Verfassungswandel, S. 996 ff.

verstärkt werden, um die Gegner der herrschenden Ordnung umso stärker zu bekämpfen.

a. Diese Änderung der Politik der südafrikanischen Regierung beruhte auf mehreren Faktoren:

aa. Zunächst wurde immer deutlicher, dass die bis anhin praktizierte Apartheid-Politik den Interessen und Bedürfnissen der Wirtschaft nur mehr partiell entsprach. Die technologische Entwicklung in der verarbeitenden Industrie führte zu einem dringenden Bedarf an einer Vielzahl von Arbeitern, die zumindest über eine teilweise Ausbildung (semi-skilled) verfügten. Andererseits bewirkte die Mechanisierung in der Landwirtschaft eine Abnahme des Bedarfs an Arbeitskräften. Die Regierung reagierte auf diese Entwicklungen mit einem weitgehenden Rückzug der Apartheid im Arbeitsmarktbereich, der durch mehrere Berichte von unabhängigen Expertenkommissionen abgesichert wurde.[103] So überliess die Regierung die Handhabung respektive Aufhebung der innerbetrieblichen Rassenschranken den Firmen selbst. 1979 wurden schwarze Gewerkschaften zur amtlichen Registrierung zugelassen und als tariffähig anerkannt. Die Migration der schwarzen Arbeiter in die Städte wurde nun weniger rigoros kontrolliert; die Abschaffung der Passgesetze erfolgte allerdings erst 1986.

Im Bereich der Schulpolitik folgte die Regierung Botha indessen den Vorschlägen einer Expertenkommission zu einer relativ weitgehenden Schulreform nicht. Einzig „gemischt-rassige" Privatschulen wurden zugelassen. Im Übrigen wurde der Zwang zur Rassentrennung in Hotels, Restaurants und Theatern in Grossstädten aufgehoben. Diese wenig weitgehenden Reformen verdeutlichen, dass die Regierung nur in jenen Bereichen zu Änderungen bereit war, die für das Apartheid-System keine Gefährdung mit sich brachten.

Die Reformen in der Arbeitspolitik führten zum Protest vieler weisser Arbeiter, die um ihre Privilegien fürchteten. Dies führte 1982 zum Austritt von vielen unzufriedenen Parteimitgliedern aus der Nationalen Partei (NP) und zur Gründung der rechtsgerichteten Konservativen Partei (KP) unter Andries Treurnicht. Auf diese Spaltung reagierte Botha mit einer noch stärkeren Hinwendung als bisher zur Wirtschaft und zum Sicherheitsapparat.

bb. Die Strategen des Apartheid-Systems versuchten den Rückzug auf dem Gebiet des Arbeitsmarktes durch eine Stabilisierung der Front an anderen Abschnitten wettzumachen. So verfolgte die Regierung das Ziel, die Situation in den Townships durch die Wahl von Gemeinderäten (community councils) zu stabilisieren. Die bereits 1977 eingeführten Gemeinderäte erhielten mit dem *Black Local Authorities Act* von 1982 zusätzliche Kompetenzen.[104] Diese Politik

103 Vgl. Worden, South Africa, S. 123 f.

104 Worden, South Africa, S. 124 f.

scheiterte jedoch daran, dass die Gemeinderäte als Kollaborateure des Apartheid-Regimes kompromittiert waren und deshalb von der überwiegenden Mehrheit der schwarzen Bevölkerung abgelehnt wurden. Sie waren, ebenso wie die schwarzen Polizisten und angeblichen Informanten der Regierung, immer wieder Opfer von Anschlägen und eigentlichen Hinrichtungen durch schwarze „Volksgerichte", die im Zuge der neuen Aufstände ab 1984 gebildet wurden.

cc. Mit der Einsetzung der neuen Verfassung im Jahre 1984 bezweckte Botha die Machtkonzentration beim Staatspräsidenten, obwohl dieser nicht vom Volk gewählt wurde, sondern aus einer komplizierten Parlamentswahl hervorging. Zudem wurden mit der neuen Verfassung zwei Parlamentskammern für Farbige und Inder geschaffen, um diese Volksgruppen stärker in das Apartheidsystem zu integrieren. Die Wahlen für diese Parlamentskammern wurden jedoch von einem grossen Teil der Farbigen und Inder boykottiert.[105]

dd. Im Rahmen der Grossen Apartheid wurden ab 1976 die vier Homelands Transkei, Bophuthatswana, Venda und Ciskei für unabhängig erklärt und damit deren Einwohner fortan als Ausländer betrachtet.[106]

Die Verteidiger der herrschenden Ordnung befanden sich im Irrglauben, mit diesen politischen und sozialen Reformen im Rahmen des Apartheid-Systems die Situation in Südafrika stabilisieren und so der Oppositionsbewegung den Boden entziehen zu können.

b. *Der zweite Eckpfeiler* der „total strategy" war die verstärkte Repression gegen die Gegner des Regimes. Der Sicherheitsapparat wurde ausgebaut, und der 1972 als beratendes Organ der Regierung etablierte State Security Council (SSC) wurde nun von vielen Beobachtern als „alternatives Kabinett" betrachtet.[107] Gemäss dem *Internal Security Act* von 1982 konnte jede Person „präventiv" verhaftet werden, die von der Regierung als Gefahr für die Sicherheit des Staates oder die öffentliche Ordnung betrachtet wurde.[108]

c. Die „total strategy" bewirkte aber schliesslich das genaue Gegenteil ihres angestrebten Ziels, nämlich eine zunehmende politische und ökonomische Instabilität. Südafrika hatte sich seit 1973 in einer tiefen Wirtschaftskrise befunden, die in den achtziger Jahren durch die internationalen Sanktionen noch verschärft wurde. Viele der Reformen des Botha-Regimes führten zu völlig unbeabsichtigten Folgen.

Bis 1986 organisierten sich jeweils mehr als die Hälfte der schwarzen Arbeiter der verarbeitenden Industrie und der Bergleute in neuen Gewerkschaften.

105 Ansprenger, Südafrika, S. 77 f. und Worden, South Africa, S. 124 f. und 128.

106 Kein Staat ausser Südafrika hat diese Unabhängigkeitserklärungen je anerkannt. Sie wurden 1993 widerrufen.

107 Vgl. Worden, South Africa, S. 125.

108 Pippan, Südafrikas Verfassungswandel, Anm. 20 auf S. 997.

Besonders einflussreich wurde der Dachverband Federation of South African Trade Unions (FOSATU), der sich Ende 1985 mit der National Union of Mineworkers (NUM) und kleineren Gewerkschaften zum ANC-dominierten Congress of South African Trade Unions (COSATU) zusammenschloss.[109]

Die Regierung in Pretoria vermochte die Protestbewegung des Mass Democratic Movement, wie sich die Allianz des Gewerkschaftsdachverbandes COSATU und der United Democratic Front (UDF) nannte, nicht aufzuhalten - auch nicht durch Repressionen gegen Demonstranten und Aktivisten. Die UDF war 1983 als legale Sammlungsbewegung der ausserparlamentarischen Opposition, de facto indessen als Frontorganisation des ANC gegründet worden. Sie bestand aus hunderten von örtlichen Gruppierungen, Jugend- und Studentenorganisationen, Frauengruppen und den Civic Associations.[110]

Der COSATU bekannte sich gleichzeitig mit der UDF Mitte 1987 zur Freiheitscharta, also zum ANC.[111]

Die Wahlen für die Parlamentskammern der Inder und Farbigen wurden ebenso weitgehend boykottiert wie jene für die Gemeinderäte in den Townships. Den Gegnern des Apartheid-Regimes war nur allzu klar, dass die Reformen der Regierung Botha ausschliesslich die Stabilisierung der Apartheid-Ordnung bezweckten. Aus dieser Einsicht gewannen sie neue Energie für den Kampf gegen das System.

V. Der intensivierte Kampf gegen das Apartheid-Regime durch Guerilla und Jugendaufstände in den schwarzen Städten

Mit dem Ende der portugiesischen Herrschaft über Angola und Mocambique kamen dort Regierungen an die Macht, die dem ANC freundschaftlich gesinnt waren. Dem ANC wurde es ermöglicht, militärische Stützpunkte viel näher an die Grenze zu Südafrika zu bringen als bisher.[112] Umkhonto weSizwe konnte sich infolgedessen bei militärischen Operationen an Stützpunkte in unmittelbarer Nachbarschaft Südafrikas anlehnen. Zudem begann die South West Africa People's Organization (SWAPO) als Guerilla in Namibia 1977 ihren bewaffneten Kampf gegen die Streitkräfte Südafrikas.

109 Ansprenger, Südafrika, S. 79 und Worden, South Africa, S. 127.

110 Diese Civic Associations waren oppositionelle Bürgergruppierungen in den schwarzen Städten. Genaue Zahlen bei Ansprenger, Südafrika, Anm. 4 auf S. 110.

111 Ansprenger, Südafrika, S. 79.

112 Ansprenger, Südafrika, S. 55 f. und Worden, South Africa, S. 119 f.

Zugleich flüchteten aus Südafrika Jugendliche vor der staatlichen Repression der Soweto-Unruhen zu tausenden über die Grenze, und viele traten dem MK und der APLA des Pan-Afrikanistischen Kongresses bei.

Während die südafrikanischen Sicherheitskräfte für das Jahr 1976 noch vier Guerillazwischenfälle meldeten, wurden für die folgenden Jahre 13, 12, 19, 55 im Jahre 1981, dann 39 für 1982, 55 für 1983 und 58 für 1984 gemeldet.[113] Im September 1984 brachen wieder massive Aufstände der nächsten Jugendgeneration in vielen schwarzen Städten aus, offenbar auch im Zusammenhang mit über die Grenze eingesickerten MK-Einheiten.[114] Nun gaben der ANC und die SACP die Parole aus, die schwarzen Städte unregierbar zu machen. Dort sprossen revolutionäre Komitees als Ausdruck einer sogenannten „Volksmacht" (people's power) aus dem Boden.[115] Neben Sabotageakten wurden nun auch zunehmend Angriffe gegen Armee und Polizei durchgeführt. Diese Strategie erwies sich als erfolgreich: für die Polizei wurden die schwarzen Städte unregierbar; die im Rahmen der Apartheidpolitik eingerichteten Verwaltungsorgane brachen zusammen.[116] Unter den gewalttätigen Aufständen litten aber weniger die weissen Soldaten des Apartheidregimes in ihren Panzerfahrzeugen als vielmehr die schwarzen Polizisten und angeblichen Kollaborateure, die ja ebenfalls in den Townships wohnten. Viele von ihnen fielen dem Zorn der „Volksmacht" zum Opfer, häufig durch das sogenannte „necklacing", das heisst Anzünden eines benzingefüllten Autoreifens, der dem Opfer als „Halskette" übergestülpt wurde.[117]

Die Träger der „Volksmacht" verschmolzen schliesslich mit älteren, gemässigteren Organen der städtischen Opposition, die auf 1976 zurückgingen, zu einem Netz von Civic Associations.[118]

Die Aufstände und Unruhen, die Südafrika von 1984 bis 1987 in bürgerkriegsähnlichem Ausmass erschütterten, zerstörten die „total strategy" der Regierung Botha.

113 Ansprenger, Südafrika, S. 56.

114 Vgl. hierzu Worden, South Africa, S. 129 ff.

115 Ansprenger, Südafrika, S. 56 und Worden, South Africa, S. 130 f.

116 Ansprenger, Südafrika, S. 57 und Worden, South Africa, S. 131.

117 Vgl. Ansprenger, Südafrika, S. 79 f.

118 Diese Civics werden seit 1990 von Regierung, Polizei und Geschäftswelt als kooperative Partner bei der Lösung von Problemen und Aufgaben anerkannt. Sie bilden wichtige Bestandteile der im Aufbau befindlichen „civil society".

VI. Die militärische Gegenoffensive des Apartheid-Regimes

Die Regierung Botha reagierte auf die Aufstände und Unruhen mit einer wuchtigen militärischen Gegenoffensive.[119] Für die Zeit zwischen September 1984, dem neuerlichen Ausbruch der Unruhen der neuen Generation in den schwarzen Städten also, und Ende 1989 ermittelte das Institute of Race Relations einen monatlichen Durchschnitt von 86 Todesopfern politisch motivierter Gewalt.[120]

a. Das Apartheid-Regime überzog 1986 das ganze Land mit einem von der Armeeführung kontrollierten National Security Management System (NSMS), das im wöchentlich tagenden State Security Council (SSC) gipfelte.[121] Der State Security Council war gegen Ende der Ära Botha Südafrikas eigentliche Exekutive. Der Staatsapparat wurde von den sogenannten „securocrats“ (Armee- und Polizeigeneräle) beherrscht. Von Juli 1985 bis 1990 herrschte im ganzen Land der Ausnahmezustand. Durch die *State of Emergency Regulations*, basierend auf dem *Public Safety Act* von 1953, wurden die von den Notstandsgesetzen Betroffenen vollends dem alleinigen Ermessen (und somit der Willkür) der Behörden ausgeliefert. Diese völlige Entmachtung der Gerichte wurde vom Obersten Gerichtshof Südafrikas 1988 explizit anerkannt.[122] Mit den Notstandsgesetzen wurde zudem der Bereich der Immunität vor zivil- und strafrechtlicher Verantwortlichkeit auf jede Handlung eines Staatsbeamten (oder mit dessen Zustimmung einer Privatperson) ausgeweitet, sofern diese in der Absicht der Aufrechterhaltung von Ruhe und Ordnung (*public order*) und der öffentlichen Sicherheit (*public safety*) vorgenommen wurde.[123]

b. Das NSMS diente der offensiven Kampfführung in Südafrika selbst, aber auch jenseits der Staatsgrenzen. Besonders berüchtigt wurden die Aktivitäten der geheimen Sicherheitspolizei. Der politische Konflikt im Apartheidsystem führte immer mehr zum Druck eines Polizeistaates, der auch für Weisse zunehmend spürbar wurde. Die blutigen Kämpfe und Unruhen nahmen das Ausmass eines Bürgerkrieges an. Durch den massiven Einsatz von Polizei und Militär in

119 Dazu Worden, South Africa, S. 131 f.

120 Ansprenger, Südafrika, S. 59. Die Zahlen für die einzelnen Jahre lauten, immer gemäss der Berechnung des Institute of Race Relations: 1985: *879*; 1986: *1298*; 1987: *661*; 1988: *1149*; 1989: *1403* (Ansprenger, Südafrika, Anm. 22 auf S. 111).

121 Ansprenger, Südafrika, S. 57 f.

122 Im Entscheid *State President* v. *United Democratic Front*, 1988 (4) SA 830 (A); vgl. Pippan, Südafrikas Verfassungswandel, S. 999 f.

123 Regulation 16 der State of Emergency Regulations von 1986. Voraussetzung der Immunität war, wie beim Indemnity Act von 1961, die Vornahme der Handlung in gutem Glauben, wobei Regulation 16 (4) die Vermutung zugunsten des Vorhandenseins desselben aufstellte. Vgl. Parker, Politics, Anm. 2 auf S. 2.

den Townships vermochte das Botha-Regime die Aufstände in den schwarzen Städten bis 1987 zu einem grossen Teil niederzuschlagen. Die Townships blieben jedoch unregierbar; von einem Sieg der Sicherheitskräfte konnte keine Rede sein. Tausende von Apartheidgegnern wurden festgenommen. Die Regierung Botha führte auch Krieg jenseits der Staatsgrenzen gegen ANC, SWAPO und PAC in Angola, Lesotho, Mocambique, Sambia, Botswana und Simbabwe. Dazu unterstützte Pretoria Guerillabewegungen, die gegen die Regierungen dieser Länder kämpften.[124] Botha weigerte sich allerdings, den ANC oder die SWAPO als kriegsführende Parteien nach dem Völkerrecht anzuerkennen, denn dies hätte bedeutet, gefangene Widerstandskämpfer nach den Genfer Konventionen vom 12. August 1949 behandeln zu müssen, denen Südafrika 1952 beigetreten war.[125] Die beiden Zusatzprotokolle von 1977 wurden jedoch von Südafrika nicht ratifiziert; deshalb nahm die südafrikanische Regierung für sich das Recht in Anspruch, ANC- und SWAPO-Gefangene als Terroristen verurteilen und hinrichten zu können.[126]

124 Ansprenger, Südafrika, S. 58.

125 Besonders relevant ist in diesem Zusammenhang das Genfer Abkommen vom 12. August 1949 über die Behandlung der Kriegsgefangenen (SR 0.518.42). Die Genfer Konventionen sind an sich nur auf bewaffnete *internationale* Konflikte anwendbar und nicht auf sogenannte „innere Kriege". Immerhin findet der Kerngehalt dieses humanitären Kriegsrechts gemäss Art. 3 aller vier Genfer Abkommen vom 12. August 1949 auch auf innerstaatliche Konflikte Anwendung. Vgl. zu den Genfer Konventionen auch Otto Kimminich, Einführung in das Völkerrecht, 6., überarbeitete und erweiterte Auflage, Tübingen und Basel 1997, S. 429 ff.

126 Gemäss Art. 1 Abs. 4 des Zusatzprotokolls zu den Genfer Abkommen vom 12.8.1949 über den Schutz der Opfer internationaler bewaffneter Konflikte (Protokoll I) wurde die Anwendung der Genfer Konventionen von 1949 auf bewaffnete Konflikte ausgedehnt, „in denen Völker (...) gegen rassistische Regimes in Ausübung ihres Rechts auf Selbstbestimmung kämpfen". Die beiden Zusatzprotokolle sind etwa in: Albrecht Randelzhofer (Hrsg.), Völkerrechtliche Verträge, 7., neubearbeitete Auflage, München 1995, S. 718-782 (Protokoll I) u. S. 783-793 (Protokoll II) oder in der SR abgedruckt (Protokoll I: SR 0.518.521; Protokoll II: SR 0.518.522).

Zur Rolle des Internationalen Humanitären Rechts vgl. auch Dugard, International Law,S. 86 f.

Die einschlägigen Rechtsgrundlagen waren insbesondere der *Terrorism Act* von 1967 (rückwirkend ab 1962 in Kraft gesetzt) sowie der *Internal Security Act* von 1982. Im November 1980 hatte der ANC vor dem IKRK erklärt, er werde, wo immer es praktisch möglich sei, die Genfer Konventionen samt den Zusatzprotokollen von 1977 einhalten.

VII. Südafrika in der Gewaltspirale - die Haltung der Kirchen gegenüber der Apartheid und die zunehmende aussenpolitische Isolierung

a. Ein Netz bitterer Erfahrungen zog sich immer dichter über die südafrikanische Gesellschaft. Dem ANC gelangen einige spektakuläre Anschläge gegen Einrichtungen des Apartheid-Regimes. Traurige Berühmtheit erreichte die Explosion einer Autobombe vor dem Bürohaus der Luftwaffe in Pretoria, bei der 19 Menschen starben und 217 Personen verletzt wurden.

Aus Angola und Tansania kamen Informationen, wonach der ANC seinerseits Dissidenten und meuternde MK-Soldaten in Straflagern ohne Gerichtsverhandlung gefangen hielt und misshandelte (sog. „ANC-camp-atrocities").

Auch der Konflikt zwischen Anhängern der Inkatha und des ANC nahm, wie bereits dargestellt, an Schärfe zu und dauerte nach der Beendigung der Apartheid noch bis zu den Wahlen von 1994 an.

b. Die Kirchen in Südafrika kritisierten die Apartheid im Verlauf der achtziger Jahre immer heftiger. 1983 gründeten Christen aus mehreren Mitgliedskirchen des Südafrikanischen Kirchenrates (SACC) das Institut für kontextuelle Theologie, das 1985 das „Kairos-Dokument" erarbeitete. Dieses Dokument nahm in der Auseinandersetzung zwischen den Kirchen und dem Apartheidsystem eine herausragende Position ein. Einerseits wurde im „Kairos-Dokument" die Staatstheologie der NGK kritisiert; andererseits wurde das System der Apartheid für nicht reformierbar erklärt. Auch wenn sich dieses Dokument nicht explizit für den bewaffneten Kampf gegen die Apartheid ausspricht, sondern nur für den „Kampf" schlechthin, muss es unter den gegebenen Umständen doch als eine eigentliche Solidaritätserklärung mit dem ANC gelesen werden.[127]

c. Südafrika erfuhr auch aussenpolitisch eine immer stärkere Ablehnung der Apartheidpolitik und eine zunehmende Isolierung in der UNO. 1977 verhängte der Sicherheitsrat der Vereinten Nationen ein Waffenembargo gegen Südafrika, 1986 ergriffen die USA und die Europäische Gemeinschaft Wirtschaftssanktionen gegen die Kaprepublik. Ansonsten zeichnete sich die Südafrikapolitik gerade der westlichen Staaten durch eine enorme Ambivalenz aus, die teilweise auch innenpolitisch zu heftigen Kontroversen führte: Einerseits wurde die Apartheidpolitik einhellig verurteilt; andererseits hatten westliche Konzerne starke Wirtschaftsinteressen in Südafrika, auf die von der Regierungsseite her Rücksicht genommen wurde. Auch die weltpolitische Lage in der Ära des Kalten Krieges sowie die sicherheitspolitische, strategische und wirtschaftliche

127 Nähere Ausführungen zum Kairos-Dokument bei Ansprenger, Südafrika, S. 60 f. und Behrens/von Rimscha, Hoffnung, S. 88 f.

Bedeutung Südafrikas führten zu einer während vielen Jahren sehr zurückhaltenden Südafrika-Politik des Westens.

1973 verabschiedete die Generalversammlung der UNO eine „Internationale Konvention über die Bekämpfung und Bestrafung des Verbrechens der Apartheid", der bis Ende 1995 99 Staaten beitraten. 1974 schloss die Generalversammlung der Vereinten Nationen die Delegation der südafrikanischen Regierung von ihren Sitzungen und Abstimmungen aus.[128]

Viertes Kapitel: Der demokratische Umbruch

Im Verhandlungsprozess zwischen dem Apartheid-Regime und dem ANC war keine Partei stark genug, um der Gegenseite ihren Willen aufzuzwingen. Während sich die Nationale Partei nach wie vor auf grosse Teile von Bürokratie, Wirtschaft und Sicherheitskräfte abzustützen vermochte, konnte der ANC einen beträchtlichen Massenanhang und eine Vielzahl von bewaffneten und kampfbereiten Jugendlichen in den Townships vorweisen. Auf Grund dieser Tatsachen anerkannten die Parteiführungen die Notwendigkeit eines *negotiated settlement*.

Der Aufbau einer neuen politischen, rechtlichen und sozialen Ordnung erwies sich dennoch als äusserst schwierig und war durch viele Rückschläge gekennzeichnet. Vor allem aber wurde der Transformationsprozess, wie bereits dargelegt, durch massive politisch motivierte Gewalt bedroht.

Obwohl an den Verfassungsverhandlungen von Anfang an rund zwanzig Parteien und Organisationen beteiligt waren, wurde der Reformprozess doch klarerweise vom ANC und der NP dominiert. Die restlichen Parteien konnten sich dem bipolaren Charakter der Transformation schliesslich nicht entziehen. Die entscheidenden Impulse für den Fortgang der Gespräche mussten stets von den beiden Hauptkontrahenten ausgehen.

Der Übergang zu einer neuen, demokratischen und nichtrassischen Verfassungsordnung konnte erst durch die Vereinbarung eines komplexen Gefüges von Zugeständnissen und Kompromissen im Rahmen des Machtteilungsarran-

128 Auch in der Namibia-Frage geriet Südafrika unter immer stärkeren Druck: 1966 erklärte die UNO-Generalversammlung das Völkerbundsmandat Südafrikas für erloschen, die Verwaltung des Gebiets durch Südafrika daher für rechtswidrig. Weitere Ausführungen zu den Aussenbeziehungen Südafrikas in der Nachkriegszeit bei Ansprenger, Südafrika, S. 62 ff.

gements zwischen den beiden Hauptverhandlungspartnern zustandekommen. In diesem *negotiated settlement* machten beide Kontrahenten Konzessionen, die der jeweiligen Gegenpartei besonders wichtig waren. Unter diesen sogenannten „Sonnenuntergangsklauseln“ („*sunset clauses*“) war die Einigung über die Beteiligung von Minderheitsparteien in einer Regierung der Nationalen Einheit von besonderer Bedeutung.

Nachfolgend sollen der Verfassungsgebungsprozess und die beiden daraus resultierenden Konstitutionen, die Übergangsverfassung von 1993 und die finale Konstitution von 1996, erörtert werden, um die Wurzeln des Gesetzes zur Förderung der Nationalen Einheit und Versöhnung in ihrem politisch-zeitgeschichtlichen und rechtlichen Umfeld zu veranschaulichen.

I. Die Erarbeitung der Interimsverfassung in den Verfassungsverhandlungen

1. Die Träger des Transformations- und Verfassungsgebungsprozesses

Im Dezember 1991 traten 19 Parteien zum „Konvent für ein demokratisches Südafrika“ zusammen. Diese relativ grosse Anzahl an Teilnehmern darf jedoch nicht über die Tatsache hinwegtäuschen, dass der gesamte Prozess der politischen, sozialen und rechtlichen Transformation und vor allem auch der Verfassungsgebung vom ANC und von der NP dominiert wurde.[129]

Gemäss dem südafrikanischen Politologen Frederik van Zyl Slabbert gibt es vier idealtypische Modelle der Transformation von autokratisch regierten Gesellschaften zu Demokratien.[130] Im Falle von Südafrika handelt es sich um eine Verhandlungslösung zwischen den Eliten des ANC und der NP. Der demokratische Wandel war zum grossen Teil das Ergebnis von intensiven, langwierigen und komplexen Verhandlungen der Führungen der beiden Parteien. Die Massenpartizipation spielte dabei eine nur sehr beschränkte Rolle, indem die beiden Hauptakteure von Zeit zu Zeit ihren Anhang mobilisierten, um ihren

129 Zu diesen Ausführungen vgl. Anton Christen, Von der Rassenoligarchie zur Demokratie - Parteieliten als Träger des südafrikanischen Reformprozesses, in: NZZ vom 7.1.1995, S. 17.

130 Zitiert bei Christen a.a.O. Dabei wendet er folgende zwei Kriterien an: 1) Welche Akteure sind die Träger des Transformationsprozesses?; 2) Ist dieser Prozess von Kooperation oder Koordination geprägt? Falls Eliten als Akteure auftreten, resultiert im Falle von Kooperation eine Verhandlungslösung, bei Konfrontation jedoch ein einseitiges Diktat. Kommt der Wandel durch Massenpartizipation zustande, lässt sich der multilaterale Reformprozess von der unilateralen Revolution unterscheiden.

Forderungen Nachdruck zu verleihen.[131] Die Motivation für den grossenteils zähflüssigen Verhandlungsprozess schöpften die Kontrahenten aus der Einsicht, dass eine einvernehmliche Lösung der einzige Ausweg aus der Sackgasse war, in die Südafrika geraten war. Im Falle eines Scheiterns der Anstrengungen zu einer Kompromisslösung drohte die Gefahr der Entladung eines enormen Gewaltpotentials in Form eines Übergreifens der bürgerkriegsähnlichen Auseinandersetzungen von KwaZulu/Natal und dem Ostrand auf weitere Gebiete des Landes und eine Verschärfung der ohnehin gravierenden Wirtschaftkrise und sozialen Missstände.

Während sich die Elite der Nationalen Partei nach wie vor auf grosse Teile von Bürokratie, Wirtschaft, Polizei, Armee und Geheimdiensten stützen konnte, verfügte die schwarze Befreiungsbewegung über einen beträchtlichen Massenanhang und insbesondere über eine ungeduldige, kampfbereite Jugend vor allem in den Townships. Da sich die beiden Pole indessen gegenseitig neutralisierten, erschien ein Machtteilungsarrangement als die einzige valable Lösung für die Gestaltung der Zukunft. Andererseits beharrten beide Parteien hartnäckig auf ihren Positionen und waren keineswegs bereit, diese leichtfertig aufzugeben. Aus diesem Grund gestaltete sich der Verhandlungsprozess vor allem in der ersten Phase, bis im April 1993, sehr schwierig.

2. *Die Verfassungsverhandlungen im Rahmen des „Konvents für ein demokratisches Südafrika" (CODESA I und CODESA II) und des Multi-Party Negotiating Process (MPNP)*

Nach dem Scheitern der CODESA-Verhandlungen gelang den Konfliktparteien im Rahmen des Multi-Party Negotiating Process Anfang Juli 1993 der Durchbruch: Sie einigten sich auf das Datum der Wahlen für eine Verfassungsgebende Versammlung (27. April 1994) sowie auf die definitive Ausgestaltung des Verfassungsgebungsprozesses und die Grundsätze der neuen Verfassung.[132]

a. Die Frage nach dem Modus der Verfassungsgebung war von Anfang an einer der umstrittensten Punkte bei den Verhandlungen gewesen.

131 Im März 1992 führte Präsident de Klerk bei den weissen Stimmberechtigten ein plebiszitäres Referendum über die Fortsetzung des Reformprozesses durch. 68,2% sprachen sich für die Fortsetzung der Verfassungsverhandlungen aus. Mit diesem Erfolg gelang es de Klerk, die konservative Opposition zurückzudrängen.

132 Detaillierte Angaben zu diesem Verhandlungsergebnis bei Anton Christen, Aufbruch zu einem Südafrika der Regionen - Wahl einer Konstituante am 27. April 1994, in: NZZ vom 5.7.1993, S. 3 (zit.: Aufbruch).

Einerseits forderte der ANC eine souveräne, an keinerlei Vorlagen gebundene und vom Volk gewählte Konstituante. Nur so erhalte die Verfassung eine legitime Grundlage.

Andererseits votierten die NP, die IFP, die Konservative Partei und die meisten anderen Organisationen für die Ausarbeitung einer Verfassung im Rahmen von Verhandlungen, bei denen jeder Gruppierung dasselbe Stimmgewicht zukommt und somit das Konsens-prinzip herrscht. Diese Haltung lässt sich mit dem Kalkül dieser Gruppierungen erklären, dass der Einfluss auf die Verfassungsgebung in solchen Verhandlungen erheblich grös-ser ist als in einer gewählten Konstituante. Die Parteien hegten keinen Zweifel daran, dass der ANC bei allgemeinen Wahlen eine grosse Mehrheit, eventuell sogar die für die Verfassungsgebung im Allgemeinen notwendige Zweidrittelsmehrheit gewinnen würde. Ergo galt es, schon bei Mehrparteienverhandlungen möglichst viele Elemente der neuen Verfassung zu fixieren.

Die Kontrahenten fanden zu einer typischen Kompromisslösung: Gemäss diesem Arrangement waren sowohl die Verfassungskonferenz als auch die gewählte Verfassungsgebende Versammlung am Prozess der Ausarbeitung einer Konstitution beteiligt. In einer ersten Phase hatte die Vielparteienkonferenz die Aufgabe, eine Interimsverfassung auszuarbeiten. Diese steckte dann den verfassungsrechtlichen Rahmen für die Arbeit der Interimsregierung und der zu wählenden Konstituante ab. Insbesondere war die Verfassungsgebende Versammlung in der zweiten Phase der Ausarbeitung einer finalen Konstitution an besondere Verfassungsprinzipien gebunden, die im Anhang an die Interimsverfassung aufgelistet wurden *(binding constitutional principles)*. Einem Verfassungsgericht kam hierbei die Aufgabe zu, die finale Verfassung zu zertifizieren, das heisst diese spezifisch auf ihre Konformität mit den bindenden Verfassungsprinzipien zu überprüfen.

b. Einige dieser Verfassungsprinzipien wurden beim Durchbruch im Juli 1993 bereits in eher allgemeiner Form festgelegt: Die Konferenzteilnehmer einigten sich unter anderem darauf, dass die Verfassung das oberste Gesetz des Landes bildet, dass alle Formen unfairer Diskriminierung verboten sind und sich alle Südafrikaner auf die universell anerkannten Menschenrechte berufen können, dass die Diversität der Sprachen und Kulturen zu schützen ist und ein Regierungssystem auf der Basis der Mehrparteiendemokratie und regelmässiger Proporzwahlen geschaffen wird.[133]

c. Ebenso kontrovers diskutiert wurde die Frage nach der Ausgestaltung der staatlichen Strukturen hinsichtlich der Zentralismus/Föderalismus-Debatte.

133 A.a.O.

Der Afrikanische Nationalkongress wandte sich anfänglich heftig gegen einen auch nur ansatzweise föderalistischen Staatsaufbau. Die ANC-Führung fürchtete einerseits, eine vertikale Machtteilung könnte die Machtausübung einer (mit an Sicherheit grenzender Wahrscheinlichkeit vom ANC zumindest dominierten, wenn nicht beherrschten) nationalen Regierung eindämmen; andererseits war dem ANC jegliche Form von Dezentralisierung und Subsidiarität besonders auch vor dem Hintergrund der historischen Erfahrung der Apartheid-Politik mit der Errichtung von Homelands zuwider. Die Nationale Partei indessen versprach sich von einer Dezentralisierung eine Konsolidierung der eigenen Machtposition. Die rechtskonservativen afrikaanischen Organisationen wie die Konservative Partei und die Afrikaner Volksfront sprachen sich ohnehin für die Errichtung eines möglichst autonomen afrikaanischen „Volkstaates" aus.[134] Die Inkatha-Freiheitspartei, die ihre feste und einzige Machtbasis in KwaZulu/Natal hat, sprach sich ebenfalls vehement für die Schaffung von möglichst autonomen Provinzen aus.

Beide Lager, die Zentralisten und die Föderalisten, fanden auch in dieser Kontroverse ein Machtteilungsarrangement. So wurde die Bildung von Provinzen und Gemeinden mit eigenen Exekutiven und Legislativen vereinbart. Es wurden auch Kriterien festgelegt, wie die Kompetenzen an die verschiedenen Ebenen zu verteilen sind.[135] Insgesamt blieben aber die praktischen Implikationen dieser Bestimmungen auf den künftigen Staatsaufbau weitgehend unklar.

d. Ein Machtteilungsarrangement besonderer Art lag in der Vereinbarung einer Zwangskonkordanz in Form einer Regierung der Nationalen Einheit für die Übergangszeit von fünf Jahren nach den Wahlen. Gemäss dieser Vereinbarung konnte jede Partei, die eine bestimmte Anzahl Sitze in der Konstituante erhalten hatte, gemäss ihrer relativen Stärke im Kabinett Einsitz nehmen. Auch bei dieser Vereinbarung blieben zahlreiche Details noch unklar. Des Weiteren vereinbarten die Parteien die Einsetzung eines Übergangsexekutivrates (*Transitional Executive Council*), um sicherzustellen, dass die weisse Minderheitsregierung im Vorfeld der Wahlen keine ungerechtfertigten Vorteile in Anspruch nehmen würde.

e. Dieses Machtteilungsarrangement wurde jedoch nicht von allen an der Verfassungskonferenz beteiligten Parteien getragen. Besonders heftige Kritik

134 Da die Befürworter eines „Volkstaates" die Sezession von Südafrika als unrealistisch betrachten mussten, forderten sie eine zumindest vollständige Autonomie in einer Föderation oder Konföderation mit Südafrika. Eingehend zu den Forderungen der rechtsradikalen Organisationen Christen, Prekäre Einheit der Buren in Südafrika - Unterschiedliche Ziele der rechtsradikalen Organisationen, in: NZZ vom 28.6.1993, S. 3.

135 Zu den einzelnen Kriterien vgl. Christen, Aufbruch (Anm. 132).

erfolgte von Seiten der IFP, der Konservativen Partei und der Administrationen der ehemaligen Homelands Ciskei und Bophuthatswana.[136] Die Konservative Partei und die IFP blieben fortan dem Verhandlungsprozess fern.

Am 8. September 1993 erfolgte die definitive Einigung auf die Einsetzung des Übergangsexekutivrates (TEC), der am 7. Dezember zum ersten Mal tagte. Sämtliche am Verhandlungsprozess beteiligte Parteien hatten dasselbe Stimmrecht im TEC. Dessen Entscheidungen wurden grundsätzlich mit Dreiviertelsmehrheit getroffen. Neben der Einsetzung des TEC wurde auch die Etablierung diverser Kommissionen zur Sicherung des Übergangs in die Demokratie beschlossen: So wurden eine Unabhängige Medienkommission, eine Unabhängige Radio- und Fernsehkommission[137] und eine Unabhängige Wahlkommission ins Leben gerufen.

f. Die Bekanntgabe der Verleihung des Friedensnobelpreises an Frederik Willem de Klerk und Nelson Mandela im Oktober 1993 verlieh dem Verhandlungsprozess zwischen den einst verfeindeten Parteien neue Impulse.[138]

Die Interimsverfassung konnte am 18. November 1993 in der Verfassungskonferenz von 21 Parteien und Organisationen (aber ohne die in der Freiheitsallianz zusammengeschlossenen Parteien) verabschiedet werden. Am 22. Dezember wurde sie vom Parlament in Kapstadt mit deutlicher Mehrheit angenommen.

II. Exkurs zum verfassungs- und staatsrechtlichen Umfeld des Gesetzes zur Förderung der Nationalen Einheit und Versöhnung: Die Übergangsverfassung und die finale Konstitution

A. Die Übergangsverfassung von 1993

Die Übergangsverfassung widerspiegelt die zahlreichen Kompromisse vor allem zwischen der Nationalen Partei und dem Afrikanischen Nationalkongress im

136 Im Einzelnen hierzu Christen, Aufbruch (Anm. 132). Die IFP, die Konservative Partei, die Afrikaner Volksfront sowie die Regierungen von Ciskei und Bophuthatswana schlossen sich im Oktober 1993 zur Freiheitsallianz (*Freedom Alliance*) zusammen.

137 Im Mai 1993 hatten Regierung und Opposition die Demokratisierung der Südafrikanischen Radio- und Fernsehgesellschaft (SABC) und die Neuregelung der Kontrolle über die SABC beschlossen. Dazu Anton Christen, Mehr Freiheit für Südafrikas Staatsmedien - Öffentliches Verfahren für die Wahl des Aufsichtsrates, in: NZZ vom 18.5.1993, S. 3.

138 Zur Verleihung dieses renommierten Preises vgl. Mandela, Long Walk to Freedom, S. 733 ff. und de Klerk, Last Trek, S. 293 ff.

Rahmen des Machtteilungsarrangements.[139] In der Präambel und in der Postambel des Dokuments werden Geist und Ziel der Verfassung besonders deutlich.[140] Die Präambel bringt die Zielsetzung des Aufbaus eines nichtrassistischen und nichtsexistischen demokratischen Verfassungsstaates zum Ausdruck. In der Schlussklausel findet sich unter anderem der Auftrag an das Parlament zur Ausarbeitung eines Gesetzes, welches die Voraussetzungen und Verfahren für die Gewährung von Amnestie regeln sollte.

1. Verfassungsgerichtsbarkeit und Grundrechtekatalog

a. In Südafrika hatte es bis zum Inkrafttreten der Übergangsverfassung weder eine Verfassungsgerichtsbarkeit noch einen Grundrechtekatalog gegeben; vielmehr hatte der Grundsatz der Parlamentssouveränität geherrscht.[141] Der Justiz, und insbesondere dem Verfassungsgericht, wurde nun eine viel stärkere Position im neuen Staatsgefüge eingeräumt. Fortan hat die Gerichtsbarkeit die Rechtsnormen und Staatsakte auf ihre Verfassungskonformität hin überprüfen können.

Die höchste verfassungsrechtliche Stufe haben dabei die bindenden Verfassungsprinzipien (*binding constitutional principles*) gebildet. Zumindest die justiziablen Prinzipien stellen gleichsam eine materiale Schranke der Verfassungsrevision dar, denn sie dürfen weder durch ein verfassungsänderndes Gesetz noch durch die Konstituante geändert oder gestrichen werden.[142] Die Prinzipien haben somit den verfassungsrechtlichen Rahmen für die Ausarbeitung der finalen Konstitution abgesteckt. Das Verfassungsgericht erhielt den Auftrag, die Verfassung der Konstituante auf ihre Vereinbarkeit mit diesen 34 Prinzipien hin zu überprüfen. Die Prinzipien enthalten unter anderem die Verankerung der Mehrparteiendemokratie, „aller universal akzeptierten Menschenrechte“, des fundamentalen Gleichheitssatzes, der nationalen Einheit und der einheitlichen Staatsbürgerschaft, der Anerkennung der sprachlichen und kulturellen Diversität des Landes, der Gewaltenteilung und eines dezentralen Staatsaufbaus.

139 Ausführliche Angaben zur Übergangsverfassung bei Pippan, Südafrikas Verfassungswandel, S. 1004 bis 1041. Zur Interimskonstitution vgl. auch Scholler, Verfassungsdialog, S. 68 ff. sowie Anton Christen, Südafrikas Interimsverfassung steht fest - Einigung der Verhandlungspartner in Johannesburg, in: NZZ vom 18.11.1993, S. 1 und derselbe, Südafrikas embryonaler Föderalismus - Neun Provinzen, aber keine vollständige Autonomie, in: NZZ vom 17.12.1993, S. 5.

140 Vgl. Pippan, Südafrikas Verfassungswandel, S. 1004 ff.

141 Zur Bedeutung des Rechtsstaatsprinzips in Südafrika vgl. die eingehenden Erörterungen bei Venter, Aspects of the South African Constitution, S. 73-82.

142 Pippan, Südafrikas Verfassungswandel, S. 1006 f. Die Verfassungsprinzipien sind im Anhang zu dieser Arbeit abgedruckt.

b. Neben der einheitlichen Staatsbürgerschaft wurden in der Übergangsverfassung auch die politischen Rechte betont. Wegen der bisher fehlenden verfassungsrechtlichen oder gesetzlichen Anerkennung von Grundrechten kam der Erarbeitung des Grundrechtekatalogs (*Bill of Rights*) eine besondere Bedeutung zu. Im Grundrechtekatalog der Interimsverfassung können insgesamt über einhundert definierbare Freiheiten eruiert werden.[143] Der Verfassungsgeber garantierte sowohl Grundrechte aus der ersten Generation (also die klassischen bürgerlichen und politischen Rechte) als auch fundamentale Rechte der zweiten Generation (wirtschaftliche, soziale und kulturelle Rechte). Mit dem „Recht auf eine gesunde Umwelt" (Art. 29 Interimsverfassung) fand auch die dritte Grundrechtsgeneration Eingang in die Übergangskonstitution.[144]

143 Pippan, Südafrikas Verfassungswandel, S. 1022.

144 Die detaillierte und umfassende Verankerung der Menschenrechte und Grundfreiheiten muss vor dem Hintergrund der krassen Menschenrechtsverletzungen der Apartheid-Ära (und auch der Zeit zuvor) verstanden werden. Während Grundrechte nach allgemeinem verfassungsrechtlichem Verständnis insbesondere als Minderheitenrechte gelten, war in Südafrika die Bevölkerungsmehrheit systematisch diskriminiert und entrechtet worden. Gerade aus diesem Grund wurde dem fundamentalen Gleichheitssatz (Art. 8 Abs. 1 Interimsverfassung) eine derart hohe Bedeutung beigemessen. In Art. 8 Abs. 2 wurde das Verbot unfairer (ungerechtfertigter) Diskriminierung auf Grund von Rasse, Geschlecht, ethnischer oder sozialer Herkunft, sexueller Ausrichtung, Alter, Behinderung, Religion, Glauben, Gewissen, Kultur oder Sprache verankert. Damit die bisher unterdrückte Bevölkerungsmehrheit aber überhaupt in der Lage ist, ihre Rechte und Freiheiten vollständig ausüben zu können, wurden Massnahmen fairer (gerechtfertigter) Diskriminierungen (*affirmative actions*) gemäss Art. 8 Abs. 3 lit. a Interimsverfassung als zulässig erklärt (Pippan, Südafrikas Verfassungswandel, S. 1024 f.). Um den Diskriminierungen im Rahmen der flächenmässigen Apartheid vor allem in Form der Enteignungen zu begegnen, wurde den Benachteiligten ein Recht auf Landreform eingeräumt (nähere Ausführungen zur Frage der Restitution von Eigentum bei Pippan, Südafrikas Verfassungswandel, S. 1025 f.).

Einen besonders wichtigen Platz in der Interimsverfassung mass der Verfassungsgeber den Grundrechten bei, welche die persönliche Freiheit und Sicherheit der Person sicherstellen sollen. Auch der Willkür der Behörden gegenüber Gefängnisinsassen sollte durch die Gewährleistung entsprechender Grundrechte ein Riegel geschoben werden können.

Der Kompromisscharakter der Übergangsverfassung kam allerdings in einigen eher vage formulierten Grundrechten zum Ausdruck, deren Präzisierung dem Verfassungsgericht überantwortet wurde. So wurde unter anderem die Kontroverse über die Todesstrafe durch das Verfassungsgericht entschieden. Der Constitutional Court schaffte die Todesstrafe am 6.6.1995 ab: Urteil i.S. *State versus Makwanyane*, 1995 3 SA 391 (CC). Vgl. auch Anton Christen, Die Todesstrafe in Südafrika

Eine Beschränkung der Grundrechte wurde in Art. 33 Interimsverfassung nur dann als zulässig erklärt, falls der Grundrechtseingriff in einer generell-abstrakten Rechtsgrundlage vorgesehen, angemessen und in einer offenen und demokratischen Gesellschaft, basierend auf den Grundsätzen der Freiheit und Gleichheit, gerechtfertigt war. Zudem legte die Verfassungskonferenz die Unantastbarkeit des Kerngehalts fest.

Der Verfassungsgeber sah in den in Art. 33 Abs. 1b lit. aa aufgezählten Fällen das weitere Kriterium der Notwendigkeit vor, wobei bezüglich den in Art. 33 Abs. 1b lit. bb aufgezählten Grundrechten dieses Kriterium nur erforderlich war, falls sich diese Freiheiten auf eine freie und faire politische Betätigung bezogen.[145]

c. Beim Schutz und der Förderung der Grundrechte kam dem Verfassungsgericht auch unter der Interimsverfassung eine überragende Bedeutung zu. Dies galt vor allem für die Fortentwicklung der Rechtsprechung, die sich gemäss Art. 35 Interimsverfassung generell an jenen Werten zu orientieren hatte, die „einer offenen und demokratischen Gesellschaft, basierend auf Freiheit und Gleichheit zugrunde liegen".[146]

2. Der Schutz der Minderheiten und die Problematik des Selbstbestimmungsrechts

a. Die weisse Minderheitsherrschaft unter Führung von Präsident de Klerk war sich während des Transformationsprozesses sehr wohl bewusst, dass die gewählte Konstituante und die künftige Regierung der Republik mit höchster Wahrscheinlichkeit vom ANC dominiert, wenn nicht sogar völlig beherrscht

abgeschafft - Eingriff des Verfassungsgerichts in die Strafgesetzgebung, in: NZZ vom 7.6.1995, S. 2. Der ANC musste bei der Aufnahme von sozialen Rechten in die Bill of Rights einige Abstriche machen, wobei immerhin die Rechte der Arbeiter einen recht starken Schutz erhielten.

145 Pippan, Südafrikas Verfassungswandel, S. 1028 ff. Zur zeitlich begrenzten Suspension von Grundrechten im Falle eines Notstandes vgl. a.a.O.

146 Zur Frage der Aktivlegitimierung beim Grundrechtsschutz und der Rolle des Internationalen Rechts vgl. Pippan, Südafrikas Verfassungswandel, S. 1030 f. Zudem wurden mehrere Kommissionen ins Leben gerufen, um den Schutz der Grundrechte zu gewährleisten: besonders wichtig sind die Menschenrechtskommission (Human Rights Commission) sowie die Kommission zur Gleichstellung der Geschlechter (Commission on Gender Equality). Die Menschenrechtskommission wurde mit der Aufgabe betraut, den Grundrechtsschutz und die Entstehung eines Grundrechtsbewusstseins in der südafrikanischen Gesellschaft zu fördern. Die Kommission zur Gleichstellung der Geschlechter soll die Gleichberechtigung von Mann und Frau stärken (zu den beiden Kommissionen vgl. Pippan, Südafrikas Verfassungswandel, S. 1031 f.).

werden würden. Deshalb galt es für die NP, die Position der weissen Minderheit[147] im neuen Südafrika möglichst stark abzusichern. Andererseits konnte sich die Nationale Partei immer noch auf weite Teile in Militär, Polizei, Geheimdiensten, Bürokratie und Wirtschaft abstützen. Aus dieser Verhandlungsposition heraus gelang es der NP, dem ANC in den Verfassungsverhandlungen substanzielle Konzessionen abzuringen.

b. Die Verfassungskonferenz einigte sich schliesslich auf zahlreiche Einrichtungen und Mechanismen des Minderheitenschutzes, von denen hier summarisch die Rede sein soll.

aa. Dazu gehörte vor allem auch der Modus der Verfassungsgebung an sich: Durch die Bindung einer künftigen gewählten Konstituante an Verfassungsprinzipien, die bereits in Mehrparteienverhandlungen festgelegt worden waren, wurden die kleinen Parteien begünstigt. Die Begründung liegt darin, dass die relative Stimmkraft der kleinen Parteien in einer konsensorientierten Verfassungskonferenz ungleich grösser war als in einer gewählten Verfassungsgebenden Versammlung[148], in welcher der ANC eine deutliche Mehrheit der Sitze erringen konnte und somit von einer starken, demokratisch legitimierten Position aus operieren konnte.

bb. Zudem fanden die Wahlen sowohl auf nationaler als auch auf Provinz-Ebene nach dem Proporz-Wahlsystem ohne Sperrklausel statt. Die beiden stärksten Parteien im Parlament konnten je einen Vizepräsidenten nominieren. Der von der Nationalversammlung mit einfacher Mehrheit gewählte Präsident hatte mit den Vizepräsidenten bei der Bestimmung der Regierungsrichtlinien zusammenzuarbeiten. Jede Partei mit mindestens 20 Sitzen in der Nationalversammlung hatte das Recht, gemäss ihrer relativen Stärke im Kabinett Einsitz zu nehmen. Das Kabinett musste sich einerseits um den in einer Regierung der Nationalen Einheit üblichen Konsens bemühen; andererseits musste gleichzeitig ein effizientes Regieren möglich sein. Diese Formel drückte den Kompromiss zwischen dem vom ANC verfochtenen Mehrheitsprinzip und dem Konsensprinzip der NP aus. Die NP konnte sich mit der Forderung, die Zwangskonkordanz über die fünfjährige Übergangsphase auszudehnen, nicht durchsetzen.

cc. Zur Prüfung der Konformität der finalen Konstitution mit den Verfassungsprinzipien wurde das Verfassungsgericht beauftragt, eine Institution also,

147 Der prozentuale Anteil der Weissen an der Gesamtbevölkerung Südafrikas beträgt 12%, während 77% der Einwohner schwarzer Hautfarbe sind. Der Anteil der Farbigen macht 8,5%, derjenige der Inder 2,5% aus (Quelle: Der Grosse Brockhaus in einem Band, Leipzig 2003, S. 996).

148 Dies trifft m.E. auch bei einem bipolaren Charakter der Verfassungsverhandlungen zu, denn noch war der ANC den Nachweis demokratischer Legitimät aus allgemeinen Wahlen schuldig.

deren Zusammensetzung nach Rasse und Geschlecht derjenigen der Bevölkerung entsprechen soll.

dd. Dem Schutz der Minderheiten kann mit Sicherheit auch eine Dezentralisierung von Nutzen sein.[149] Vor allem aber muss einmal mehr auf den eindrücklichen Grundrechtekatalog und die Bemühungen zum Schutz und zur Förderung der fundamentalen Rechte und Freiheiten hingewiesen werden. Unfaire Diskriminierungen wurden verboten. Jede Person erhielt das Recht auf freie Wahl der Sprache und Kultur sowie auf Unterricht in der Sprache ihrer Wahl.[150]

c. Während die Minderheiten durch zahlreiche Grundrechte geschützt wurden, war der ANC unter keinen Umständen zur Gewährung von Gruppenrechten bereit, denn dies hätte seiner Ansicht nach die sozioökonomischen Ungleichheiten in der südafrikanischen Gesellschaft gefestigt und zu einer eigentlichen Fortsetzung der getrennten Entwicklung unter dem Mantel des Minderheitenschutzes geführt.[151] Mit der Ablehnung der Aufnahme von Gruppenrechten in die Verfassung widersetzte sich der ANC auch der Berücksichtigung des Selbstbestimmungsrechts für bestimmte Gruppen, sofern diese damit Ansprüche auf territoriale Separation oder gar Sezession verbanden.[152] Um die Parteien der Freiheitsfront, welche die Interimsverfassung ablehnten, in den demokratischen Prozess und in die Wahlen vom April 1994 einzubinden, war die Regierung im März 1994 zu gewissen Konzessionen bereit. Dies betraf vor allem diejenigen rechtsgerichteten Afrikaaner, welche die Errichtung eines *„Volkstaates“* forderten, sowie die IFP, die ein autonomes Königreich der Zulu auf dem Gebiet von KwaZulu/Natal verlangte.

Durch eine Verfassungsergänzung wurde den ins Parlament gewählten Afrikaanern erlaubt, einen „Volkstaatsrat“ zu bilden, um Verhandlungen mit der Konstituante über die Etablierung eines afrikaanischen „Volkstaats“ aufzunehmen.[153]

149 Nähere Angaben zur Föderalismus-Problematik auf den S. 99 f. und 107 ff.

150 Letzteres allerdings mit der Einschränkung der praktischen Realisierbarkeit. Insgesamt wurden elf offizielle Sprachen anerkannt. Siehe Pippan, Südafrikas Verfassungswandel, S. 1033 f.

151 Pippan, Südafrikas Verfassungswandel, S. 1034 f.

152 A.a.O.

153 Vgl. Anton Christen, Revision der Interimsverfassung Südafrikas, in: NZZ vom 23.2.1994, S. 5. Allerdings wurde die Verfassungsgebende Versammlung keineswegs verpflichtet, Selbst-bestimmung auf ethnisch-territorialer Basis zuzulassen. Gemäss einem ebenfalls neu aufgenommenen Verfassungsprinzip (Prinzip-Nr. XXXIV) konnte die Konstituante „irgendeine Form von Selbstbestimmung“ gewähren, wenn dies nachgewiesenermassen von einem „substanziellen Teil“ der betreffenden Volksgruppe verlangt wurde. Die Konkretisierung dieser vagen Bestim-

3. Die Strukturierung der Staatsgewalten und ihr gegenseitiges Verhältnis im Lichte des Machtteilungsarrangements

Wie erwähnt, wurde für die ersten fünf Jahre nach den Wahlen vom April 1994 eine Regierung der Nationalen Einheit vereinbart, in die jede Partei mit mindestens 20 Parlamentssitzen Minister entsenden und die beiden stärksten Parteien je einen Vizepräsidenten stellen konnten. Dieses Kabinett hatte sich um einen Konsens zu bemühen; dies gemäss der Kompromissformel allerdings nur in einer Art und Weise, die gleichzeitig effizientes Regieren erlaubte. Die verfassungsrechtlich vorgeschriebene Beteiligung von Minderheitsparteien in der Regierung wurde auf die Übergangsphase beschränkt.

a. Die Exekutive

Die Interimsverfassung räumte dem Präsidenten der Republik als Staatsoberhaupt, Regierungschef und Oberbefehlshaber der Streitkräfte eine Reihe von erheblichen (teils eigenständig, teils in Konsultation mit dem Kabinett auszuübenden Kompetenzen) ein.[154]

Für die Sicherheitskräfte, die der Regierung unterstehen, wurde eine grundlegende Reform vorgesehen. Die öffentliche Kontrolle und die Transparenz der Polizei sollten durch die Ernennung eines rechenschaftspflichtigen Nationalen Polizeikommissars und durch die Einrichtung von lokalen Polizei-Gemeinde-Foren verstärkt werden. Vor allem aber sah die neue Verfassung die Etablierung einer unabhängigen Beschwerdeinstanz unter ziviler Kontrolle vor, die behauptete Verfehlungen von Mitgliedern der Polizei zu untersuchen hat. Die Streitkräfte haben nun Einheiten der bisherigen Armee, der Homeland-Streitkräfte sowie der militärischen Einheiten jener politischen Organisationen, die sich an den Wahlen beteiligt hatten, umfasst.[155]

b. Die Legislative

a. Der Stellung des Präsidenten wurden vom Verfassungsgeber insofern deutliche Grenzen gesetzt, als dieser vom Parlament zu wählen war und deshalb nicht die Legitimität einer Volkswahl in Anspruch nehmen konnte. Die Interimsverfassung sah die direkte Verantwortlichkeit des Präsidenten und des Kabinetts gegenüber dem Parlament vor. In der Übergangskonstitution wurde festgelegt, dass das Kabinett als Kollektiv durch ein Misstrauensvotum des Parlaments vom Amt enthoben werden konnte. In dieser Konstellation hatte der Staats- und

mungen wurde also der zu wählenden Verfassungsgebenden Versammlung überlassen.

154 Näheres bei Pippan, Südafrikas Verfassungswandel, S. 1011 f.

155 Zu Polizei und Militär vgl. Pippan, Südafrikas Verfassungswandel, S. 1013.

Regierungschef die Möglichkeit, sich zwischen Rücktritt, Kabinettsneubildung und Parlamentsauflösung mit anschliessenden Neuwahlen zu entscheiden. Allerdings hatte die Legislative auch die Kompetenz, den Präsidenten selbst oder ihn zusammen mit dem Kabinett zu stürzen. Im letzteren Falle wäre das Parlament aufgelöst worden mit der Folge von Neuwahlen. Die Minister konnten auch einzeln ihres Amtes enthoben werden.[156]

b. Das Parlament setzte sich gemäss der Übergangsverfassung aus zwei Kammern zusammen, der Nationalversammlung (NV) und dem Senat. Die 400 Abgeordneten der NV wurden je zur Hälfte gemäss dem Proporzsystem nach einer nationalen Liste und nach neun regionalen Provinzlisten gewählt. Der Senat bestand aus 90 Mitgliedern, wobei jede Provinz zehn Senatoren stellte. Diese zehn Senatoren wurden vom Provinzparlament[157] entsprechend der Sitzverteilung ernannt.

Im Gesetzgebungsverfahren wurde der Senat allerdings deutlich benachteiligt. Zwar mussten Gesetze in NV und Senat angenommen werden. Im Falle der Ablehnung in einer der beiden Kammern konnte das Gesetz aber mit der Mehrheit der Gesamtzahl der Mitglieder beider Parlamentskammern verabschiedet werden. Die separate Zustimmung der Provinzenvertretung war nur bei Gesetzen nötig, welche die Provinzen betrafen. Dasselbe galt für Verfassungsänderungen: Grundsätzlich bedurfte es einer Zweidrittelsmehrheit des gesamten Parlaments. Nur für den Fall, dass Kompetenzen der Provinzen betroffen wurden, waren separate Zweidrittelsmehrheiten in NV und Senat erforderlich.[158]

c. *Die Judikative*

Wie bereits erwähnt, wurde der Grundsatz der Parlamentssouveränität durch die Einrichtung eines mit weitgehenden Kompetenzen ausgestatteten Verfassungsgerichts ersetzt. Diesem kommt in der neuen südafrikanischen Ordnung als Hüter der Verfassung eine entscheidende Funktion zu. Von elementarer Bedeutung ist auch die erstmalige verfassungsrechtliche Verankerung einer *Bill of Rights*. Angesichts der Tatsache, dass die Apartheid-Regierungen das Recht zur Scheinlegalisierung von Diskriminierung, Unterdrückung und Entrechtung der Bevölkerungsmehrheit missbrauchten, muss das Vertrauen der Menschen in die Rechtsstaatlichkeit erst wieder hergestellt werden. Als Ironie der Geschichte erscheint die Tatsache, dass sich besonders auch die Nationale Partei von einer

156 Detailliert Pippan, Südafrikas Verfassungswandel, S. 1014.

157 Die Provinzparlamente wurden ebenfalls gemäss dem Proporzsystem gewählt.

158 Weitere Angaben zur Legislative bei Pippan, Südafrikas Verfassungswandel, S. 1009 ff. Ein besonders interessantes Element der Kontrolle über Regierung und Verwaltung stellt die Etablierung des Postens einer (gegenüber dem Parlament verantwortlichen) Ombudsperson (*Public Protector*) dar.

starken Verfassungsgerichtsbarkeit sehr viel Schutz für die weisse Bevölkerungsminderheit versprochen hat.[159]

d. *Checks and Balances auf horizontaler Ebene*

Meines Erachtens ist es bei der Erarbeitung der Interimsverfassung im Rahmen des *negotiated settlement* recht gut gelungen, das System der Staatsgewalten durch die Einrichtung verschiedenster Checks and Balances auszustatten. Das gegenseitige Aneinanderreiben von Regierung, Parlament und Verfassungsgericht sollte einerseits zu effizienter gegenseitiger Kontrolle geeignet sein, andererseits aber auch eine verstärkte Kooperation begünstigen und somit für neue Impulse bei der Gestaltung von Politik und Recht sorgen. Grosse Hoffnungen ruhen auf dem Verfassungsgericht, dessen Mitglieder als sehr kompetent und integer eingeschätzt werden.[160]

4. Die Föderalismus-Problematik

a. Die Frage nach dem künftigen Staatsaufbau hinsichtlich der Verteilung der Kompetenzen zwischen Zentral- und Provinzebene stand im Zentrum der Kontroversen in der Verfassungskonferenz. Während sich der ANC für ein weitgehend zentralistisches Modell aussprach und jeden Schritt in Richtung Föderalismus als Behinderung der legitimen nationalen Staatsgewalt betrachtete, setzte sich die Nationale Partei für einen föderalistischen Staatsaufbau ein. Die Inkatha-Freiheitspartei verlangte vor allem für KwaZulu/Natal eine weitgehende Autonomie, während die Forderung der rechtskonservativen Afrikaanerparteien in einer vollständigen Autonomie in Form der Errichtung eines „Volkstaates" bestand.

b. Dem Afrikanischen Nationalkongress gelang es schliesslich, föderalistische Strukturen nur ansatzweise zuzulassen. Zwar erhielten die Provinzen gemäss der Interimsverfassung eine ganze Reihe von Gesetzgebungskompetenzen in über zwanzig Sachgebieten.[161]

Allerdings waren diese Befugnisse nicht von exklusiver Art, denn gemäss den „overriding"-Klauseln konnte das Zentralparlament unter folgenden Voraussetzungen auch in den grundsätzlich den Provinzen vorbehaltenen Sachgebieten legiferieren: Wenn der Sachbereich nicht auf wirksame Weise von der Provinz geregelt werden konnte; wenn im ganzen Land einheitliche Normen

159 Dazu Pippan, Südafrikas Verfassungswandel, S. 1014 ff.

160 Die Mitglieder des Verfassungsgerichts sind bei Parker, Politics, Anm. 99 auf S. 12 aufgezählt.

161 Unter anderen die Bereiche des Schulwesens, Gesundheit, Wohnungsbau, öffentlicher Verkehr und Strassenbau, Wohlfahrt und einige Aspekte des Polizeiwesens.

gesetzt werden mussten; wenn es notwendig war, für öffentliche Dienstleistungen minimale, im ganzen Land gültige Standards vorzuschreiben; wenn die wirtschaftliche Einheit des Landes, die Umwelt oder die nationale Sicherheit geschützt werden mussten, oder wenn eine Provinz die Interessen einer anderen beeinträchtigte.[162] Mit anderen Worten hatte also die Zentralgewalt letztlich weitgehende Kompetenzen zur Festlegung der Provinzbefugnisse. In diesem Sinne wurde dieses Modell als „föderaler Zentralismus" bezeichnet.[163] Der Konstituante und vor allem dem Verfassungsgericht oblag es, die relativ unscharfen Begriffe zu interpretieren und damit die Struktur des Staatsaufbaus fortzuentwickeln.

c. Auf der kommunalen Ebene wurde die Bildung von Gemeinderäten mit begrenzten Autonomiebefugnissen vereinbart; die Kommunalwahlen fanden erstmals im November 1995 statt.[164]

d. Diese Kompromisslösung des „föderalen Zentralismus", die vor allem auf dem Einvernehmen zwischen dem ANC und der NP beruhte, wurde von der IFP und den rechtskonservativen Afrikaanerorganisationen heftig kritisiert und abgelehnt. Inkatha-Chef Buthelezi und weisse Rechtsradikale drohten gar mit Bürgerkrieg. In den folgenden Monaten versuchten die Regierung und der ANC die Parteien der Freiheitsallianz mit Zugeständnissen in der Autonomiefrage zur Teilnahme an den ersten freien Wahlen im April 1994 zu bewegen.

5. Die Revision der Interimsverfassung vor den ersten freien Wahlen

a. Am 21. Februar 1994 beschloss der Verfassungsrat, die Interimskonstitution zu revidieren, um die Parteien der Freiheitsallianz wieder in den demokratischen Prozess einzubinden. Den Forderungen der Freiheitsallianz nach zusätzlichen Kompetenzen der Provinzen wurde zumindest teilweise entsprochen. So wurden die fiskalischen und finanziellen Befugnisse der Provinzen gestärkt, indem diese nun das Recht erhielten, gewisse Steuern selbständig zu erheben. Dem Senat wurde eine grössere Mitsprache bei der Verteilung nationaler Ressourcen zugestanden.[165] Die Bereiche, in denen die Provinzen gesetzgeberisch tätig werden konnten, wurden erweitert. Zwar wurde festgelegt, dass die Provinz-Gesetz-

162 Vgl. Anton Christen, Südafrikas embryonaler Föderalismus - Neun Provinzen, aber keine vollständige Autonomie, in: NZZ vom 17.12.1993, S. 5.

163 Pippan, Südafrikas Verfassungswandel, S. 1018. Zu den Provinzkompetenzen und der Vorbehaltsklausel vgl. auch Scholler, Verfassungsdialog, S. 70 ff.

164 Zur Rolle der Stammesführer und des Stammesrechts auf lokaler, provinzieller und nationaler Ebene vgl. Anton Christen, Ungebrochener Einfluss der Chiefs in Südafrika , in: NZZ vom 25.11.1993, S. 5.

165 Eingehend zur Verfassungsrevision Anton Christen, Revision der Interimsverfassung Südafrikas, in: NZZ vom 23.2.1994, S. 5.

gebung in diesen Bereichen vor derjenigen des Zentralparlaments grundsätzlich Vorrang hatte; andererseits blieben die „overriding"-Klauseln, wonach das Zentralparlament unter gewissen Umständen trotzdem selbst legiferieren konnte, bestehen. Auch in dieser Hinsicht wird die zentrale Stellung des Verfassungsgerichts evident, denn dieses entscheidet ja als Hüter der Verfassung über die Interpretation und Einhaltung dieser Prinzipien. Zudem ist das Gericht gemäss Art. 98 Abs. 2 lit. d und e der Interimsverfassung und Art. 167 Abs. 4 lit. a der finalen Konstitution von 1996 auch zur Regelung von Kompetenzstreitigkeiten zuständig.[166]

b. Trotz diesen Konzessionen waren die Parteien in der Freiheitsallianz noch nicht zur Teilnahme an den Wahlen bereit. Immerhin machte sich aber eine zunehmende Spaltung des Bündnisses ob der Frage der Wahlteilnahme bemerkbar. Schliesslich führte eine gescheiterte militärische Intervention eines Afrikaanerkommandos zur Unterstützung der in Bedrängnis geratenen Regierung von Bophuthatswana zur Beschleunigung der Fragmentierung dieses heterogenen Zweckbündnisses.[167] Einer der Führer der Afrikanischen Volksfront,

166 Des Weiteren wurden die Provinzen ermächtigt, eigene Verfassungen zu verabschieden und die Legislativ- und Exekutiv-Organe nach eigenem Gutdünken auszugestalten. Diese Konzession war vor allem in Hinblick auf das Bestreben der IFP erfolgt, in KwaZulu/Natal den Oberhäuptling der Zulus als König einzusetzen.

Damit diese Verfassungsänderungen in der finalen Konstitution aufgenommen werden mussten, wurde ein entsprechendes bindendes Verfassungsprinzip formuliert. Das Verfassungsprinzip-Nr. XVIII bestimmt, dass die Konstituante die Grenzen und Kompetenzen der Provinzen praktisch unverändert übernehmen musste, wie sie in der nunmehr revidierten Interimsverfassung festgelegt worden waren.

Im Rahmen dieser Zugeständnisse erfolgte auch die Konzession an die Afrikaaner zur Bildung eines „Volkstaatsrats", wobei die Konstituante keineswegs verpflichtet war, dessen Empfehlungen Folge zu leisten. Vielmehr konnte die Verfassungsgebende Versammlung „irgendeine Form von Selbstbestimmung" gutheissen, sofern dies nachgewiesenermassen von einem „substanziellen Teil" der betreffenden Volksgruppe verlangt wird.

Von grosser Bedeutung war auch die Wahlrechtsrevision: Gemäss der Änderung des Wahlrechts erhielt nun jeder Wähler für die Wahlen in die Nationalversammlung und in die Provinzlegislativen zwei Stimmen statt wie bisher nur eine. Diese ältere Regelung hätte klarerweise die grossen Parteien begünstigt.

167 Die Weigerung der Regierung des ehemaligen Homeland unter Lucas Mangope, einem Apartheid-Befürworter, in Bophuthatswana Wahlen durchführen zu lassen, führte zu erheblichen Unruhen. Ein AWB-Kommando marschierte daraufhin in das Unruhegebiet, um dem Verbündeten Mangope zu Hilfe zu eilen, wurde aber von den Truppen des ehemaligen Homeland sowie von südafrikanischen Einheiten beschossen. Daraufhin erklärte Mangope - wie zuvor die Regierung von Ciskei - die

Constand Viljoen, verliess daraufhin diese Bewegung, um eine eigene Partei, die Freiheitsfront, zu gründen. Im Unterschied zur Konservativen Partei und zum Rest der Afrikanischen Volksfront nahm die Freiheitsfront Viljoens an den Wahlen im April ebenso wie die ehemaligen Homelands Ciskei und Bophuthatswana teil. Damit war das Freiheitsallianz-Bündnis völlig gespalten.[168]

Die Inkatha-Freiheitspartei gab ihren Widerstand gegen eine Teilnahme an den Wahlen erst eine Woche vor dem Urnengang auf, nachdem sie mit der Regierung und dem ANC ein Einvernehmen über eine neuerliche Verfassungsänderung erzielt hatte.[169] Die IFP erhielt als Gegenleistung für die Unterstützung des Wahlprozesses eine verfassungsrechtliche Garantie dafür, dass die Provinzverfassung von KwaZulu/Natal den Oberhäuptling der Zulus als Provinzmonarchen einsetzt und anerkennt.[170]

Ein Schlüsselelement des Übereinkommens war auch die Vereinbarung, wonach alle übrigen Begehren der IFP nach den Wahlen internationalen Schlichtern vorgelegt werden würden.[171]

c. Durch die Teilnahme der in der Freiheitsfront unter Constand Viljoen versammelten rechtskonservativen Weissen und der Inkatha-Freiheitspartei sowie der ehemaligen Homelands Ciskei und Bophuthatswana gelang es der Regierung und dem ANC, ein weites Spektrum von Personen in den demokratischen Prozess einzubinden, die bisher nur teilweise zur Zusammenarbeit bei der demokratischen Umgestaltung bereit waren. Dadurch erhöhte sich die Legitimität der aus den Wahlen siegreich hervorgegangenen politischen Kräfte.

Bereitschaft zur Wahlteilnahme. Vgl. Anton Christen, Einlenken Mangopes in Bophuthatswana, in: NZZ vom 12.3.1994, S. 5.

168 Ausführlich hierzu Anton Christen, Südafrikas Rechtsbündnis gespalten, in: NZZ vom 24.3.1994, S. 7. Vgl. auch de Klerk, Last Trek, S. 309 ff. und Mandela, Long Walk to Freedom, S. 738 ff.

169 Siehe de Klerk, Last Trek, S. 320 ff.

170 Gemäss dieser Garantie wurde die zu wählende Provinzlegislative von KwaZulu/Natal verpflichtet, die Rolle, die Kompetenzen und den Status des Zulu-Königs in der Provinzverfassung festzuschreiben. Zudem wurde der Konstituante aufgetragen, die Institution und die Vollmachten von traditionellen Monarchen zu schützen. Vgl. Anton Christen, Die Inkatha nimmt an den Wahlen teil, in: NZZ vom 20.4.1994, S. 1.

171 Nähere Einzelheiten zu dieser Vereinbarung bei Scholler, Verfassungsdialog, S. 68 ff.

6. Die ersten freien Wahlen im April 1994 und die Ausarbeitung der finalen Verfassung in der Konstituante

a. Am 27. April 1994 begann der dreitägige Urnengang zu den ersten freien Wahlen in Südafrika. Am selben Tag trat die Interimsverfassung in Kraft. Der Afrikanische Nationalkongress ging mit 62,6% der Stimmen und 252 von 400 Sitzen in der Nationalversammlung als klarer Sieger aus den Wahlen hervor, verpasste aber die zur Verabschiedung der Verfassung erforderliche Zweidrittelsmehrheit. Die Nationale Partei erhielt 20,4% der Stimmen und 82 Sitze in der NV. Somit war die NP nicht nur befugt, Minister in die Regierung des am 9. Mai gewählten Präsidenten Mandela zu entsenden, sondern mit de Klerk auch einen der beiden Vizepräsidenten zu stellen. Die Inkatha-Freiheitspartei kam auf 10,5% der Stimmen und 43 Sitze und nahm damit ebenfalls im Kabinett der Nationalen Einheit Platz.[172] Während 18 Minister dem ANC angehörten, stellten die NP 6 und die IFP 3 Kabinettsmitglieder.[173]

b. Am 15. August 1994 trat die Konstituante zu ihrer ersten Arbeitssitzung zusammen. Die Debatten in der Verfassungsgebenden Versammlung (VV) wurden im Verfassungskomitee vorbereitet, das 46 Mitglieder umfasste. Unter diesem zentralen Organ arbeiteten sechs themenspezifische Komitees zur Vorbereitung des Diskursprozesses.[174] Diese Ausschüsse hatten vor allem auch die Aufgabe, die öffentliche Meinung zu eruieren. Die Bevölkerung wurde fortlaufend eingehend informiert und um Eingaben gebeten. Die Konstituante erhielt nicht weniger als 1,7 Millionen Eingaben von Bürgern (hauptsächlich Petitionen) in dieser ersten Phase des Prozesses.[175]

Die Anhörungen waren bis zum 30. Juni 1995 abgeschlossen; eine Rohfassung des Verfassungsentwurfs war bis zum 14. Juli 1995 ausgearbeitet worden. An die Diskussion in der VV schloss sich eine monatelange öffentliche Debatte über den Verfassungsentwurf an, welche der VV wiederum Impulse vermittel-

172 Die Freiheitsfront erhielt 9 Sitze, die Demokratische Partei 7 Sitze, während der PAC und die Christlich-Demokratische Partei 5 resp. 2 Parlamentarier stellten. Genaue Zahlen in der NZZ vom 7.5.1994, S. 5.

173 Bei den Provinzwahlen erhielt der ANC in sechs Provinzen die absolute Mehrheit, während die NP die Wahlen in Western Cape für sich entscheiden konnte. Erwartungsgemäss erzielte die IFP in KwaZulu/Natal die absolute Mehrheit. Der ANC gewann zusätzlich die Wahlen in Northern Cape, ohne jedoch eine absolute Mehrheit zu erlangen.

174 Diese sechs Themen waren: der Charakter des Staates; die Staatsstruktur; das Verhältnis zwischen den verschiedenen Staatsebenen; Grundrechte; das Justizsystem; spezielle Regierungsstrukturen. Zum Ganzen sehr ausführlich: Scholler, Verfassungsdialog, S. 65 ff.

175 Sarkin, South Africa's Final Constitution, S. 70.

te.[176] Insgesamt gingen nochmals rund 250'000 Unterschriften auf Petitionen und über 1'500 individuelle Submissionen bei der VV ein, die in einem differenzierten und mühevollen Verfahren behandelt wurden.[177]

c. Die Verfassungsgebende Versammlung verabschiedete die Verfassung nach monatelangen intensiven Verhandlungen am 8. Mai 1996. 421 Parlamentsabgeordnete stimmten für die Konstitution; die beiden Abgeordneten der Christlich-Demokratischen Partei stimmten wegen der Legalisierung des Schwangerschaftsabbruchs dagegen. Die Mitglieder der Freiheitsfront enthielten sich der Stimme, während die IFP schon seit April 1995 die Mitarbeit in der VV eingestellt hatte. Die IFP protestierte damit gegen die Weigerung des ANC und der NP, ihr Versprechen einer internationalen Vermittlung betreffend die verbleibenden Forderungen der IPF einzuhalten. Zu diesen politischen Grenzen der Verfassungsgebung kamen noch die verfassungsrechtlichen, denn die VV hatte sich bei der Ausarbeitung des Grundgesetzes an die in der Verfassungskonferenz vereinbarten Prinzipien zu halten.

Die NP unter de Klerk kündigte am Tag nach der Verabschiedung der Verfassung ihren Rückzug aus der Regierung der Nationalen Einheit an. Diesen Schritt begründete sie mit dem Argument, im verabschiedeten Grundgesetz sei das Mehrheitsprinzip viel zu stark, die Gedanken von Konsens und Machtteilung zu wenig betont. Vor allem bemängelte die NP auch, dass keine Konsultativgremien geschaffen worden seien.[178]

Der politische Konflikt hatte sich indessen schon seit Monaten erheblich verschärft. Die Ursache hierfür muss in der zunehmenden Ernüchterung weiter Bevölkerungsteile über die anhaltende Gewaltkriminalität, die Stagnation der Wirtschaft und die enormen sozialen und wirtschaftlichen Probleme gesehen werden. Die gegenseitigen Vorwürfe zwischen ANC und NP nahmen zu, während der Konflikt mit der IFP wegen dem Ausbleiben einer internationalen Vermittlung zu deren Abstinenz vom Verfassungsgebungsprozess geführt hatte. Bei den Lokalwahlen vom November 1995 konnte der ANC trotz Enttäuschung vieler Anhänger seine Position konsolidieren. Diese Position der Stärke nutzte

176 Eingehende Ausführungen zur internen und externen Diskussion der Verfassungsentwürfe bei Scholler, Verfassungsdialog, S. 76 ff und Sarkin, South Africa's Final Constitution, S. 71 f. Zum Verfahren, das zur Anwendung gekommen wäre, falls die VV die Verfassung nicht innerhalb der vorgeschriebenen Zeit angenommen hätte respektive falls keine ausreichende Mehrheit zustande gekommen wäre vgl. Scholler, Verfassungsdialog, S. 67 f.

177 Sarkin, South Africa's Final Constitution, S. 71 und Scholler, Verfassungsdialog, S. 79.

178 Zum Rückzug der NP aus der Regierung der Nationalen Einheit vgl. auch de Klerk, Last Trek, S. 356 ff.

der ANC, um die Erarbeitung der Verfassung massgeblich nach seinen Vorstellungen zu beeinflussen.

B. Die Verfassung von 1996

1. Die Zertifizierung durch das Verfassungsgericht

a. Das am 8. Mai 1996 von der Verfassungsgebenden Versammlung verabschiedete Grundgesetz bedurfte noch der Zertifizierung durch das Verfassungsgericht. Dieses wies mit Urteil vom 6. September 1996 die Verfassung zur Neubearbeitung von neun Verfassungsartikeln an die Konstituante zurück.[179] Diese Artikel seien, so die Begründung des obersten Gerichtes, nicht vereinbar mit den bindenden Verfassungsprinzipien. Allerdings betonte das Verfassungsgericht die Beschränkung seiner Kognitionsbefugnis auf relativ enge juristische Gesichtspunkte; es habe keineswegs die Absicht, nach politischen Motiven in den Verfassungsgebungsprozess einzugreifen.[180] Verfassungsrichter Richard Goldstone etwa erklärte, es sei nicht die Aufgabe des Verfassungsgerichts gewesen, den Text des Grundgesetzes in seinen politischen Implikationen zu bewerten. Die Aufgabe sei vielmehr eine ausschliesslich rechtliche gewesen.[181]

b. Unter den vom Verfassungsgericht angefochtenen Bestimmungen waren diejenigen über die Verteilung der Kompetenzen zwischen Nationaler Ebene und Provinzen von grösster Bedeutung. Die Hüter der Verfassung monierten, die in der finalen Konstitution enthaltene Kompetenzregelung sei mit Verfassungsprinzip-Nr. XVIII nicht vereinbar, da sie „substantially less or substantially inferior“ als die in der Interimsverfassung enthaltene Kompetenzaufteilung sei. Interessanterweise wiesen die Hüter der Verfassung aber gleichzeitig die Provinzverfassung von KwaZulu/Natal zurück, da der Verfassungsgeber in dieser Provinz die gesetzgebenden und exekutiven Kompetenzen des Gliedstaates sowie die Verfassungsprinzipien im Rahmen einiger Vorschriften der Bill of Rights überschritten habe. Zudem bezeichnete das Verfassungsgericht die KwaZulu/Natal-Verfassung als zu vage und Rechtsunsicherheit verursachend, während die Verfassung der Republik insgesamt als „Monumental Achievement“ gewürdigt wurde.[182]

179 Aktenzeichen CCT 23/96. Für ausführliche Angaben über den Zertifizierungsprozess siehe Sarkin, South Africa's Final Constitution, S. 72 ff.

180 Zu diesem Urteil Scholler, Verfassungsdialog, S. 84 ff.

181 So Richter Goldstone in einem Gespräch mit der NZZ. Vgl. Vogt, Goldstone-Gespräch II.

182 Scholler, Verfassungsdialog, S. 84 f. Die anderen angefochtenen Artikel betrafen vorwiegend arbeitsrechtliche Bestimmungen sowie die unvollständige Garantie für die Entwicklung der Gemeinden. Im Übrigen begrüsste das Verfassungsgericht ex-

c. Die Verfassungsgebende Versammlung verabschiedete die entsprechende Verfassungsrevision am 11. Oktober 1996.[183] Allerdings waren gerade die Änderungen in Bezug auf die Verteilung der Befugnisse zwischen Nationaler Ebene und Provinzen von eher geringfügiger Bedeutung und ohne wesentlichen Einfluss auf das Gesamtgefüge. Trotzdem zertifizierte das Verfassungsgericht nach einer abschliessenden Anhörung die Verfassung am 4. Dezember 1996.[184]

d. Das Grundgesetz von 1996 baut weitgehend auf der Interimskonstitution von 1993/94 auf.[185] Deshalb kann zu einem grossen Teil auf die Erläuterungen zur Interimsverfassung verwiesen werden. Die folgenden Ausführungen beschränken sich lediglich auf die Hervorhebung einiger Besonderheiten der neuen Verfassung.[186]

Die Präambel der Verfassung bringt unter anderem das Ziel der Überwindung der Spaltung der Vergangenheit und der Errichtung einer Gesellschaft, die auf demokratischen Werten, sozialer Gerechtigkeit und Menschenrechten basiert, zum Ausdruck. Die Konstitution umfasst 243 zum grössten Teil recht detailliert formulierte Artikel und gliedert sich in 14 Kapitel. Dazu kommen sieben Anhänge *(schedules)*.

Trotz der Eingabe von zahlreichen Petitionen und Vorschlägen durch die südafrikanischen Bürgerinnen und Bürger und der Beteiligung vieler Parteien, Nichtregierungsorganisationen und Expertenkommissionen wurde die Verfassungsgebung klar vom ANC dominiert, der sich mit seinen Vorstellungen weitgehend durchsetzen konnte.

plizit die Aufnahme von sozialen und wirtschaftlichen Grundrechten in die Verfassung und anerkannte die Drittwirkung der Grundrechte.

183 Die Inkatha-Freiheitspartei war am 1. Oktober in die Konstituante zurückgekehrt, zog sich aber schon am 7. Oktober aus Protest gegen das Ausbleiben einer internationalen Vermittlung wieder zurück.

184 Urteil des Verfassungsgerichts vom 4. Dezember 1996: Certification of the Amended Text of the Constitution of the Republic of South Africa 1996. Aktenzeichen CCT 37/96.

185 Sarkin beschäftigt sich ausführlich mit dem Inhalt der Verfassung von 1996 aus einer menschenrechtlichen Perspektive. Siehe Sarkin, South Africa's Final Constitution, S. 77-87.

186 Zur finalen Verfassung vgl. Werner Vogt, Südafrika hat eine neue Verfassung, in: NZZ vom 9.5.1996, S. 1 und Anton Christen, Südafrikas neue Verfassung vom ANC geprägt, in: NZZ vom 15.5.1996 sowie den Artikel „Die Demokratie als Zielpunkt“ der Weekly Mail, in deutscher Übersetzung publiziert in: Echo aus Südafrika (Publikation der südafrikanischen Botschaft in Bern), Ausgabe Juli 1996, S. 3.

e. Am 10. Dezember unterschrieb Präsident Mandela die Verfassung.[187] Während die Nationale Partei und der Pan-Afrikanistische Kongress das Werk insgesamt positiv würdigten, übten die reaktionären weissen Kreise heftige Kritik an der Verfassung. Aber auch die gemässigtere rechtskonservative Opposition in der Freiheitsfront kritisierte die neue Konstitution oder lehnte sie gar ab. Die Inkatha-Freiheitspartei war mit der Verteilung der Kompetenzen zwischen nationaler Ebene und Provinzen unzufrieden und forderte weitere substanzielle Revisionen.

Die Verfassung ist am 4. Februar 1997 in Kraft getreten.[188]

2. Der Aufbau des Staatsgefüges

a. Die Suche nach einer zutreffenden Einordnung des Staatsaufbaus der Republik Südafrika in die herkömmlichen Kategorien fällt nicht ganz leicht.189 Die Kaprepublik ist sicherlich kein Einheitsstaat mit blossen Verwaltungsbezirken. Andererseits können die Provinzen nicht mit den amerikanischen Gliedstaaten, den schweizerischen Kantonen oder den deutschen Bundesländern verglichen werden.

Die Verteilung der Kompetenzen auf nationaler und Provinz-Ebene sowie die Beibehaltung der „overriding“-Klausel sind Ausdruck eines Staatsaufbaus, der als nur ansatzweise föderalistisch bezeichnet werden kann.

b. Im Anhang 4 der Verfassung werden diejenigen Gesetzgebungsbereiche aufgeführt, in denen sowohl das nationale Parlament als auch die Provinzlegislativen legiferieren können (*Functional Areas of Concurrent National and Provincial Legislative Competence*). Falls das nationale Parlament und ein Provinzparlament eine solche Materie unterschiedlich regeln, kommen die Art. 146-150 der Verfassung zur Anwendung.[190]

187 Werner Vogt, Mandela unterschreibt Südafrikas Verfassung, in: NZZ vom 11.12.1996, S. 5.

188 Abgesehen von einigen spezifischen Bestimmungen, die erst 1999 in Kraft getreten sind. Die Bestimmungen über die Beteiligung von Minderheitsparteien in der Regierung der Nationalen Einheit blieben bis 1999 in Kraft.

189 Venter bezeichnet die Beschreibung als ähnlich schwierig wie etwa im Falle Indiens. Er schlägt die Bezeichnung *composite state* vor. Siehe Venter, Aspects of the South African Constitution, S. 56.

190 Siehe dazu auch Venter, Aspects of the South African Constitution, S. 68-70.

Die nationale Gesetzgebung hat dabei unter folgenden kumulativen Voraussetzungen Vorrang vor der Legislation einer Provinz:

Erste Voraussetzung: Das betreffende nationale Gesetz muss für die gesamte Republik einheitlich angewandt werden (Art. 146 Abs. 2 der Verfassung).

Zweite Voraussetzung:

c. Die im Anhang 5 der Verfassung aufgelisteten Kompetenzen kommen den Provinzen zwar selbständig zu; diese sind aber sowohl zahlenmässig als auch inhaltlich sehr bescheiden. Es handelt sich vorwiegend um Bereiche der Provinzplanung und des Verkehrswesens sowie um verwaltungspolizeiliche Aufgaben. Allerdings sind die Provinzen selbst in der Ausübung dieser Kompetenzen nicht vor Eingriffen der Zentrale gefeit, denn nach wie vor kann der nationale Gesetzgeber gestützt auf die „overriding-Klausel" unter gewissen Voraussetzungen selbst legiferieren.[191]

d. Nationale Gesetzesvorlagen, welche die konkurrierenden oder exklusiven Kompetenzen der Provinzen, die in den Anhängen 4 und 5 zur Verfassung aufgeführt sind, betreffen, müssen also von der Nationalversammlung *und* vom Nationalen Rat der Provinzen verabschiedet werden.[192]

- Eine effektive Regelung der betreffenden Materie ist aus Praktikabilitätsgründen nicht möglich, wenn die einzelnen Provinzen in dieser Angelegenheit legiferieren (Art. 146 Abs. 2 lit. a der Verfassung); oder
- eine effektive Handhabung des Gegenstandes erfordert eine einheitliche nationale Regelung (Art. 146 Abs. 2 lit. b der Verfassung); oder
- die nationale Gesetzgebung ist notwendig für die Aufrechterhaltung der nationalen Sicherheit, der wirtschaftlichen Einheit, den Schutz des Gemeinsamen Marktes, die Förderung wirtschaftlicher Aktivitäten zwischen den Provinzen, die Förderung von gleichen Möglichkeiten für alle (equal opportunity) oder des gleichen Zugangs für alle zu Dienstleistungen der Verwaltung, oder den Schutz der Umwelt (Art. 146 Abs. 2 lit. c Abschnitte i-vi der Verfassung).

Dritte Voraussetzung: Der Nationale Rat der Provinzen muss dem Gesetz zustimmen.

Sind diese Voraussetzungen nicht erfüllt, erhält das Provinz-Gesetz den Vorrang (Art. 146 Abs. 5 der Verfassung); allerdings braucht es auch in diesem Fall die Annahme durch den Nationalen Rat der Provinzen (Art. 146 Abs. 6 der Verfassung).

191 Das Parlament kann gemäss Art. 44 Abs. 2 der Verfassung eingreifen,
- um die nationale Sicherheit, die Einheit der Wirtschaft oder essentielle nationale Standards aufrechtzuerhalten; oder
- um minimale Erfordernisse zur Sicherstellung von Dienstleistungen zu gewährleisten; oder
- um unvernünftigen Aktionen einer Provinz vorzubeugen, welche den Interessen anderer Provinzen oder der Nation schaden könnten.

Eine weitere Voraussetzung für die Zulässigkeit eines nationalen Gesetzes, das sich mit einer solchen Materie beschäftigt, liegt in der Zustimmung durch den Nationalen Rat der Provinzen. Vgl. zur „overriding-Klausel" auch Venter, Aspects of the South African Constitution, S. 67.

192 Der Nationale Rat der Provinzen, der durch die Verfassung von 1996 geschaffen worden ist, hat den Senat abgelöst, der durch die Interimskonstitution von 1993 ins

Jede Provinz hat zehn Delegierte in diesen Rat zu entsenden, welche die parteipolitische Zusammensetzung der Provinzlegislativen zum Ausdruck bringen sollen. Allerdings hat, gemäss Art. 65 Abs. 1 der Verfassung, jede Provinz mit nur einer Stimme zu sprechen, wobei für die Entscheidungen des Nationalen Rats der Provinzen eine Mehrheit von fünf Stimmen genügt. Diese Parlamentskammer kann eine Gesetzesvorlage, die ihr nach der Behandlung in der Nationalversammlung (NV) vorgelegt wird, annehmen, ablehnen oder abändern.[193]

e. Auch gewöhnliche Vorlagen, welche die Kompetenzen der Provinzen nicht betreffen (*ordinary bills not affecting provinces*),[194] sind dem Nationalen Rat der Provinzen vorzulegen, ebenso Finanzvorlagen (*money bills*)[195]. Der Nationale Rat der Provinzen kann zwar eine solche Gesetzesvorlage ablehnen oder abändern; die NV ist aber nur verpflichtet, die Vorlage nochmals in Erwägung zu ziehen (*reconsider the bill*). Sie kann dann die Vorlage trotz der Ablehnung oder Abänderung durch die Provinzenkammer annehmen.[196]

f. Bei Verfassungsänderungen (*bills amending the Constitution*) verhält es sich so, dass eine Mehrheit von sechs Stimmen im Nationalen Rat der Provinzen erforderlich ist, um

- die Art. 1 und 74 der Verfassung zu ändern;
- die *Bill of Rights* zu modifizieren; oder

Leben gerufen worden war. Zur Stellung des Nationalen Rates der Provinzen vgl. auch Venter, Aspects of the South African Constitution, S. 65-67.

193 Art. 76 Abs. 1 lit. a der Verfassung. Im Falle einer Abänderung geht die Vorlage zurück an die NV. Lehnt die NV die vorgeschlagene Änderung ab, oder hat der Nationale Rat der Provinzen eine Vorlage generell abgelehnt, tritt der Vermittlungsausschuss (Mediation Committee) in Aktion. Der Vermittlungsausschuss, der zu gleichen Teilen aus Mitgliedern der NV und der Provinzenvertretung zusammengesetzt ist, kann sich für eine der Versionen der Kammern entscheiden oder eine eigene Variante erarbeiten (Art. 76 Abs. 1 lit. d Abschnitte i-iii der Verfassung). Die vom Vermittlungsausschuss angenommene Vorlage geht alsdann an diejenige Kammer zurück, welche das Gesetz seinerzeit abgelehnt hatte, respektive im Falle einer eigenen Version des Vermittlungsausschusses an beide Kammern. Falls nun der Nationale Rat der Provinzen eine Gesetzesvorlage noch immer ablehnt, kann er von der NV mit einer Zweidrittelsmehrheit überstimmt werden (Art. 76 Abs. 1 lit. i der Verfassung).

194 Art. 75 der Verfassung.

195 Art. 77 der Verfassung.

196 Art. 75 Abs. 1 lit. c der Verfassung. Im Übrigen stimmen die Delegationen in solchen Angelegenheiten ausnahmsweise nicht mit je einer Stimme; vielmehr kann jedes einzelne Delegationsmitglied seine Stimme abgeben (Art. 75 Abs. 2 lit. a der Verfassung).

- eine andere Verfassungsbestimmung zu ändern, welche die Angelegenheiten der Provinzen betreffen.[197]

g. Durch die Bestimmungen des dritten Kapitels der Verfassung über das *Co-operative Government* werden die Organe des Zentralstaats, der Provinzen und der Gemeinden ausdrücklich zu Kooperation, Wahrung der nationalen Einheit und Vermeidung gerichtlicher Auseinandersetzungen verpflichtet. Dieses Gefüge wird auch als „koordinierte, kooperative Regierungsführung" bezeichnet.[198] Die in Art. 41 der Verfassung relativ detailliert dargelegten Verhaltensmaximen der verschiedenen Staatsorgane sind als verfassungsmässige Verpflichtungen ausgestaltet und unterscheiden sich damit von den Konzepten der Bundestreue im deutschen und schweizerischen Staatsrecht, welche eher als Leitlinien und Orientierungspunkte denn als Rechtsnormen mit einer klar festgelegten Substanz zu verstehen sind.[199]

h. Den Gemeinden ist nunmehr ein eigenes Verfassungskapitel mit detaillierten Regelungen gewidmet.[200] Art. 151 Abs. 4 der Verfassung verbietet der Regierung in Pretoria und den Provinzexekutiven, den Gemeinden bei der Ausübung ihrer Rechte und der Erfüllung ihrer Funktionen Hindernisse in den Weg zu legen. Die Kompetenzen der Gemeinden werden in Art. 156 der Verfassung geregelt. Eine Liste der einzelnen Zuständigkeiten ist im Anhang 4, Teil B, sowie im Anhang 5, Teil B, enthalten.[201]

3. Die Staatsgewalten auf nationaler Ebene

Die Strukturierung und das Gefüge der Staatsgewalten auf nationaler Ebene sind praktisch unverändert geblieben. Die Nationale Partei hatte mit ihren Bemühun-

197 Vgl. im Einzelnen Art. 74 der Verfassung.

198 So die Weekly Mail im Artikel „Die Demokratie als Zielpunkt", in deutscher Übersetzung publiziert in: Echo aus Südafrika (Publikation der südafrikanischen Botschaft in Bern), Ausgabe Juli 1996, S. 3. Nach wie vor legt der Verfassungsgeber aber grössten Wert auf das Prinzip der Gewaltentrennung.

199 Siehe Venter, Aspects of the South African Constitution, S. 60-63.

200 Kapitel 7 der Verfassung.

201 In Art. 156 Abs. 4 der Verfassung ist zudem zumindest ansatzweise das Prinzip der Subsidiarität verankert: Der nationalen Exekutive und den Provinzregierungen wird vorgeschrieben, eine in den Teilen A der Anhänge 4 oder 5 aufgelistete Materie dann an die kommunalen Verwaltungen zur selbständigen Regelung zu delegieren, wenn
- diese Angelegenheit notwendigerweise die Gemeinden betrifft,
- die Materie am effizientesten durch die Kommunen geregelt wird,
- und die Gemeindeverwaltungen tatsächlich die Kapazität haben, diese Funktion selbständig zu erfüllen.

gen, eine Beteiligung von Minderheitsparteien in der einen oder anderen Form auch in der finalen Verfassung vorzusehen, ebenso wenig Erfolg wie mit der Forderung nach der Einrichtung von Konsultativgremien.

4. Die Grundrechte

Der Katalog der Menschenrechte und Grundfreiheiten ist weitgehend unverändert in die neue Verfassung übernommen worden.

Drei Bereiche waren allerdings besonders umstritten und konnten erst in letzter Minute geregelt werden. In der Problematik des Bodenrechts bestand der Kompromiss darin, dass das Grundeigentum garantiert wird, der Staat aber zur Realisierung der Landreform das Recht zur Enteignung gegen Entschädigung hat.[202] Der ANC konnte sich mit der Weigerung, den Unternehmern das Recht auf Aussperrung zu gewähren, durchsetzen. Die neue Verfassung schützt zwar das Recht auf Unterricht in der Muttersprache; nach wie vor bestehen bleibt aber die Einschränkung der praktischen Realisierbarkeit dieses Anspruchs.[203]

202 Art. 25 der Verfassung.

203 Art. 29 Abs. 2 der Verfassung.

Dritter Teil: Ziele, Funktionen und Aufgaben der Wahrheits- und Versöhnungskommission

Einleitung

In diesem Teil der Arbeit werden die wichtigsten Elemente der südafrikanischen Regelung des juristischen Umgangs mit der Unrechtsvergangenheit herausgearbeitet, damit das Modell der Kaprepublik anhand der im ersten Teil dargelegten normativen Anforderungen bewertet werden kann.

Einleitend wird untersucht, wie die zentrale Frage nach der Behandlung der Menschenrechtsverletzungen und anderen politisch motivierten Straftaten besonders im Hinblick auf die Gewährung von Amnestie und Strafverfolgungsfreiheit während des Umbruchs bis 1994 von der damals noch amtierenden weissen Minderheitsregierung angegangen wurde, und welche Diskussionspunkte bei der Verabschiedung des Gesetzes zur Förderung der Nationalen Einheit und Versöhnung von 1995 im Vordergrund standen.

Im Zentrum dieses Teils steht die Erörterung der juristischen und konzeptionellen Ausgestaltung der Wahrheits- und Versöhnungskommission. Es werden einerseits die fundamentale Zielsetzung sowie die grundsätzlichen Ideen, auf denen diese Institution basiert, erläutert. Andererseits sollen die Funktionen und Aufgaben, welche der Kommission obliegen, dargestellt werden.

Weiter wird die Rechtsprechung zur Wahrheits- und Versöhnungskommission aufgegriffen. Von besonderer Bedeutung ist dabei das Azapo-Urteil des Verfassungsgerichts vom 25. Juli 1996, mit welchem das Gesetz als verfassungskonform erklärt wurde.

Die Möglichkeit, den Tätern von politisch motivierten Delikten Straffreiheit zu gewähren, stiess in der südafrikanischen Gesellschaft angesichts der zahlreichen krassen Menschenrechtsverletzungen keineswegs nur auf Zustimmung. Es gab und gibt zahlreiche kritische Stimmen, die auf allfällige negative Implikationen dieser Art der Konfliktlösung und Vergangenheitsaufarbeitung aufmerksam machen wollen. Die wesentlichen Kritikpunkte sind am Ende dieses Teils zusammenzufassen.

Erstes Kapitel: Die Frage von Amnestie und Indemnität in der Phase des Übergangs bis 1994

I. Der Indemnity Act von 1990

a. Damit die Regierung de Klerk nach der Einleitung des Reformprozesses im Februar 1990 überhaupt mit der Opposition verhandeln konnte, musste sie die inhaftierten Führer der schwarzen Befreiungsbewegungen amnestieren und den exilierten Spitzenfunktionären Straffreiheit zusichern, damit diese nach Südafrika zurückkehren konnten. Darüber hinaus forderte der ANC als Vorbedingung von Verfassungsgesprächen die Freilassung von allen politischen Gefangenen und die Rückkehr sämtlicher im Exil weilender Kämpfer und Funktionäre des Widerstandes.

In der Vereinbarung von Pretoria vom 6. August 1990 (*Pretoria Minute*) einigten sich die Regierung und der ANC, dass bis zum 30. April 1991 sämtliche aus politischen Gründen Inhaftierten freigelassen und allen Exilierten die Rückkehr ohne Furcht vor Strafverfolgung gewährt werden würde.[1]

b. Mit dem Indemnity Act von 1990 wurde schliesslich die Rechtsgrundlage zur Behandlung von Amnestiegesuchen und Indemnitätsanträgen (also Anträgen zur Gewährung von Strafverfolgungsfreiheit) geschaffen.[2] Im November 1990 erreichten die Kontrahenten nach mühevollen Verhandlungen eine Lösung in der umstrittenen Frage der Definition eines politischen Vergehens. Im selben Monat erfolgte die Einrichtung von Komitees zur Behandlung von Anträgen, die

1 Der ANC verpflichtete sich zudem zu einer Suspension des bewaffneten Kampfes. Diese Übereinkunft vom August 1990 stellte nach der Vereinbarung von Groote Schuur vom 4. Mai 1990 (*Groote Schuur Minute*) den zweiten Meilenstein im Verhandlungsprozess zwischen dem ANC und der NP dar. Zur Pretoria Minute vgl. auch de Klerk, Last Trek, S. 186 ff. und Mandela, Long Walk to Freedom, S. 702.

2 In den Verhandlungen sowie in sämtlichen Rechtsgrundlagen wurde kaum zwischen Amnestie (für bereits Verurteilte) und Indemnität (Strafverfolgungsfreiheit für noch nicht Verurteilte) unterschieden. Anstelle des Terminus „Indemnität“ wurde teilweise auch der Begriff „Immunität“ verwendet.

unter Ausschluss der Öffentlichkeit tagten. Diese Kommissionen hatten allerdings nicht die Kompetenz, den Antragstellern Straffreiheit zu gewähren. Diese Vollmacht kam gemäss dem Indemnity Act (IA) dem Präsidenten der Republik zu.

So konnte der Präsident sowohl temporäre als auch zeitlich unbefristete Immunität aussprechen. Gemäss Art. 1 IA hatte der Präsident die Möglichkeit, jemandem temporäre Immunität zu gewähren, falls er der Meinung war, dass es „für die Suche nach friedlichen verfassungsrechtlichen Lösungen oder die Gewährleistung einer ungehinderten und effizienten Justiz notwendig war".[3] Zeitlich unbegrenzte Immunität konnte er gemäss Art. 2 IA „jeder Person oder Kategorie von Personen" gewähren, sei es „bedingungslos oder unter den von ihm als angemessen erachteten Bedingungen, im Hinblick auf ein Ereignis oder eine Kategorie von Ereignissen".

Die Begründung für die Tatsache, dass die Anforderungen bei der Gewährung von temporärer Strafverfolgungsfreiheit höher als bei der zeitlich unbefristeten Immunität waren, liegt darin, dass erstere Kategorie speziell im Hinblick auf Widerstandskämpfer geschaffen wurde, die noch nicht zum Gewaltverzicht bereit waren. Präsident de Klerk sprach 1990 rund 70 ANC-Mitgliedern temporäre Immunität zu, darunter dem jetzigen Präsidenten Mbeki. Die entsprechende Rechtsgrundlage wurde jedes Jahr erneuert. Im März 1996 bat der ANC das Justizministerium und den Präsidenten, die Strafverfolgungsfreiheit für seine Mitglieder nicht zu erneuern. Damit reagierte der ANC auf die Vorwürfe der Nationalen Partei, die ANC-Mitglieder würden sich hinter der temporären Immunität verschanzen, während die Mitglieder der NP vor Gericht gestellt würden.[4]

c. Die eigentlichen Voraussetzungen zur Gewährung von Amnestie und Indemnität wurden nicht im Indemnity Act selbst spezifiziert, sondern richteten sich nach der erwähnten Vereinbarung zwischen der Regierung und dem ANC vom November 1990 über die Definition eines politischen Vergehens.[5]

Als unproblematisch erwiesen sich vor allem diejenigen Fälle, in denen sich jemand wegen der Zugehörigkeit zu einer verbotenen politischen Organisa-

3 Übersetzungen der Rechtsnormen durch den Verfasser.

4 Anton Christen, Die ANC-Führer in Südafrika verlieren temporäre Immunität, in: NZZ vom 16.3.1996, S. 2.

5 Parker, Politics, S. 4. Allerdings entschied das Oberste Gericht Südafrikas mit Urteil vom 15. September 1992, dass nur die Komitees an diese Richtlinien gebunden waren, nicht aber der Staatspräsident. Indessen konnte die Nichtbeachtung dieser Kriterien durch den Präsidenten ein Indiz für die Rechtswidrigkeit seiner Entscheidung darstellen. Urteil *Rapholo v. State President (1993) 1 SA 680 (Transvaal Provincial Division).*

tion oder der illegalen Emigration strafbar gemacht hatte. Diesen Delinquenten wurde bedingungslose Straffreiheit ausgesprochen. Des Weiteren war klar, dass den Personen, deren Straftaten in Aufwiegelung, Sabotage oder anderen „verräterischen" Vergehen bestanden, ebenfalls Amnestie respektive Indemnität zu gewähren war. Besonders heikel und umstritten waren indessen die gravierenderen Straftaten wie Tötungs- und Körperverletzungsdelikte.

Diese Problematik sollte mit der Vereinbarung von Richtlinien zur Definition eines politischen Vergehens gelöst werden.[6] Die sogenannten *Norgaard-Kriterien* sollen im Folgenden dargestellt werden, da sie auch beim Gesetz zur Förderung der Nationalen Einheit und Versöhnung eine wichtige Rolle spielen.[7]

(I) Das Motiv des Straftäters, d.h. ob das Delikt politisch motiviert (z.B. um die Ziele einer politischen Organisation, Institution oder Körperschaft zu unterstützen oder zu bekämpfen) oder persönlich motiviert war.

(II) In welchem Zusammenhang wurde die Straftat verübt? Erfolgte diese im Verlauf eines politischen Aufstandes oder von politischen Unruhen, oder als Reaktion darauf?

(III) Die Art des politischen Ziels (z.B. um die Politik zu ändern oder den politischen Gegner zu stürzen oder zu vernichten).

(IV) Die juristische und tatsächliche Art des Delikts, inklusive dessen Gravität.

(V) Das Objekt respektive das Ziel des Delikts (z.B. ob es gegen den politischen Gegner oder dessen Eigentum gerichtet oder primär gegen Privatpersonen oder deren Eigentum gerichtet war; oder ob es unter der Annahme ausgeführt wurde, damit werde einem bestimmten Zweck gedient, sei es ein Regierungs- oder ein anderer Zweck).

(VI) Das Verhältnis zwischen der Straftat und dem politischen Ziel, z.B. die Unmittelbarkeit oder die Nähe des Verhältnisses, oder die Proportionalität zwischen der Straftat und dem Ziel.

(VII) Die Frage, ob die Tat in Ausübung eines Befehls oder mit der Zustimmung einer Organisation, Institution oder Körperschaft ausgeführt wurde.

Besonders erwähnenswert ist die Tatsache, dass diese Kriterien sowohl auf die Opposition als auch auf die Verteidiger der Apartheid anwendbar sind. Die

6 Die Parteien gingen dabei nach Auffassung Parkers unzulässigerweise von der Annahme aus, dass die Verurteilten von den Gerichten in einem rechtsstaatlich einwandfreien Verfahren verurteilt worden waren. Diese Prämisse hätte zumindest reflektiert werden müssen (Parker, Politics, Anm. 39 auf S. 5).

7 Sie werden bei Parker, Politics, S. 5, zitiert. Diese Kriterien sind weitgehend mit denjenigen identisch, die der Präsident der Europäischen Menschenrechtskommission, Norgaard, für Namibia entwickelt hatte.

entsprechenden Formulierungen zur Einbeziehung der Regierungsangehörigen und Sicherheitskräfte lauten deshalb an den entscheidenden Stellen: bei Kriterium II „oder als Reaktion darauf" (womit die Sicherheitskräfte gemeint sind); bei Kriterium III „den politischen Gegner" als neutrale Formulierung.

d. Die Komitees hatten die Straftaten der Gesuchsteller somit separat zu untersuchen und zu beurteilen. Dabei kam eine objektive Betrachtungsweise zur Anwendung. Im Falle der Gewährung von Straffreiheit mussten der Name des Antragstellers und das Delikt publiziert werden. Die Geheimhaltungsvorschriften verunmöglichten ein persönliches Erscheinen der Antragsteller vor dem Komitee; ebenso verboten war den Gesuchstellern - bei Androhung von Haftstrafe - die Veröffentlichung von Beweisen, die sie dem Komitee übergeben hatten. Dieselbe Geheimhaltung galt für die Empfehlungen der Komitees an den Präsidenten.[8]

e. Gemäss der *Pretoria Minute* sollten alle politischen Gefangenen bis zum 30. April 1991 freigelassen werden. Bis zu diesem Datum sollten auch die Exilierten zurückkehren können, ohne eine Strafverfolgung befürchten zu müssen. Die Regierung de Klerk hielt sich indessen nicht an diese Abmachung. Zwar waren bis zum vereinbarten Datum über 900 politische Gefangene auf freiem Fuss. Der ANC erklärte aber, dass sich noch immer 5'000 aus politischen Gründen Inhaftierte in Gefängnissen befänden, während die Regierung behauptete, es würden nur noch 200 politische Gefangene festgehalten.[9] Bis März 1991 wurde erst 4'800 Exilierten von insgesamt 16'000 im Exil lebenden und später zurückgekehrten Personen Straffreiheit gewährt.[10]

Die Ursache für diesen schleppenden Prozess lag einerseits in der grossen Zahl an Fällen, die individuell beurteilt werden mussten. Noch wichtiger war indessen die Tatsache, dass die Regierung de Klerk die Gewährung von Straffreiheit an politische Gefangene und Exilierte als verhandlungstaktisches Druckmittel in den Verfassungsverhandlungen sowie beim Versuch benutzte, für die Regierungsbeamten und die Sicherheitskräfte eine günstigere Lösung der Amnestie- und Indemnitätsfrage herbeizuführen.

8 Parker, Politics, S. 2.

9 Gemäss dem ANC gab es am Ende der Apartheid-Ära rund 6'000 politische Gefangene. Die nicht-offizielle Menschenrechtskommission schätzte die Zahl auf 3'000. Zahlen bei Parker, Politics, Anm. 17 auf S. 3.

10 Im April 1991 wurde denjenigen Personen voraussetzungslos Indemnität gewährt, die militärisch ausgebildet worden waren und nun auf Gewalt verzichteten, oder die politisch motivierte Gewalttaten begangen hatten, bei denen niemand verletzt worden war. Vgl. Parker, Politics, S. 3.

a. Die Regierung de Klerk war sich im Klaren darüber, dass Regierungsbeamte und Angehörige von Polizei, Militär und Geheimdiensten bei der Unterdrückung der Apartheid-Opposition zahlreiche Menschenrechtsverletzungen begangen hatten. Obwohl die ausgefeilte Sicherheitsgesetzgebung des Apartheid-Staates seine Verteidiger praktisch zur Willkür ermächtigte, gab es im Rahmen dieser Kultur der Straf- und Verantwortungslosigkeit auch eine grosse Zahl von Gesetzesverstössen seitens der Staatsangestellten. Aus diesem Grund war de Klerk unter starkem Druck der Sicherheitskräfte und der Bürokratie, um eine möglichst „schmerzlose“ Form der Gewährung von Straffreiheit zu finden. Die weisse Minderheitsregierung benutzte die Umsetzung des Indemnity Act von 1990, um ihre Verhandlungsposition gegenüber dem ANC zu stärken. Mitte 1992 befand sich noch immer eine beträchtliche Anzahl politischer Gefangener in den Gefängnissen. Die Regierung in Pretoria machte geltend, die verbliebenen Gefangenen erfüllten die Anforderungen an eine politische Tat nicht. Unter dem geltenden Gesetz könne, so die Regierung weiter, keine Lösung für diese Leute gefunden werden, weshalb eine neue Rechtsgrundlage erforderlich sei. So schlug sie dem ANC im August 1992 eine Generalamnestie sowohl für die Regierungsangehörigen als auch für die Mitglieder der Befreiungsbewegung vor.[11] Als der ANC dieses Angebot ablehnte, verfolgte die Regierung de Klerk gegenüber der Opposition eine Zermürbungstaktik: Die Polizei gab bekannt, sie würde Vergehen von 17 hochrangigen ANC-Funktionären untersuchen. Diese Straftaten gingen bis 1983 zurück und umfassten auch die Menschenrechtsverletzungen in den ANC-Camps ausserhalb Südafrikas.[12]

Im Oktober 1992 versuchte die Nationale Partei den Further Indemnity Act im Parlament in Kapstadt durchzusetzen. Wegen der Opposition der Parlamentskammern der Inder und der Farbigen musste das Gesetz schliesslich durch den Präsidialrat verabschiedet werden. Dieses eigenmächtige Vorgehen der Nationalen Partei und der Inhalt des Further Indemnity Act (FIA) stiessen auf heftige Kritik und Ablehnung seitens des ANC und anderer Organisationen. Die NP argumentierte mit der fadenscheinigen Begründung, das Gesetz werde deshalb eingeführt, weil die noch verbleibenden politischen Gefangenen gemäss

11 Vgl. Manby, Vergebung, S. 10.

12 Der ANC hatte bereits im März 1992 eine Kommission zur Untersuchung der entsprechenden Vorwürfe eingesetzt. Im folgenden Jahr wurde die ANC-Führung durch erneute Kritik zur Einsetzung einer weiteren Untersuchungskommission veranlasst. Beide Kommissionen kamen zum Schluss, dass es zu - allerdings nicht systematischen - Menschenrechtsverletzungen in den Lagern gekommen war. Dazu Manby, Vergebung, S. 10 f.

der geltenden Rechtsgrundlage nicht amnestiert werden könnten. In den Genuss der Bestimmungen des FIA kamen aber schliesslich vorwiegend Angehörige der Regierung und der Sicherheitskräfte.

b. Gemäss dem FIA wurden die Straftaten, für die um Amnestie oder Indemnität ersucht wurde, nicht mehr nach einer objektiven Betrachtungsweise separat beurteilt. Die Norgaard-Kriterien zur Definition eines politischen Vergehens fanden keine Anwendung mehr. Das Kriterien-Set wurde durch ein einziges Kriterium (*single test*) ersetzt. Gemäss Art. 1 FIA erhielt der Präsident die Befugnis, jemandem Straffreiheit zu gewähren, der eine „politisch motivierte Straftat" begangen hatte. Die Definition einer politisch motivierten Straftat umfasste dabei jede Handlung oder Unterlassung, die der Täter als „politisch" betrachtete oder die ihm als „politisch" bezeichnet wurde (*anything a person believed or was told was political*).[13] Ob diese Betrachtung als vernünftig erachtet werden konnte, war eine irrelevante Erwägung.[14]

Des Weiteren entfiel bei der Beurteilung der Straftat nach dem FIA eine Untersuchung, wie sie bei der Behandlung von Gesuchen gemäss dem Indemnity Act (IA) von 1990 notwendig gewesen war. Im Unterschied zum IA musste gemäss dem FIA im Falle der Gewährung von Amnestie oder Indemnität nur der Name des Antragstellers publiziert werden, nicht jedoch auch das Delikt. Andererseits übernahm der FIA vom IA die Geheimhaltungsbestimmungen.[15]

c. Diese Bestimmungen des Further Indemnity Act von 1992 dienten der Regierung in Pretoria dazu, den Regierungsangestellten und Angehörigen der Sicherheitskräfte Straffreiheit auszusprechen, ohne dass diese eine Untersuchung oder Publikation ihrer Straftaten befürchten mussten. Die geringen Anforderungen bei der Beurteilung nach einer subjektiven Betrachtungsweise stellten eine im Vergleich zu den Bedingungen des Indemnity Act von 1990 wesentliche Erleichterung dar. Dieses Gesetz wurde deshalb von weiten Kreisen als Instrument zur geheimen Selbst-Amnestierung der Regierung betrachtet.

Graeme Simpson und Paul van Zyl, Mitarbeiter am Centre for the Study of Violence and Reconciliation in Johannesburg, kritisierten den Further Indemnity Act wie folgt: „*Dieses Gesetz hatte nur ein Ziel: die Wahrheit zu unterdrükken.*"[16] Diese Art von Gesetzgebung erscheint im Lichte der Apartheid-Vergangenheit auch als Fortsetzung der Kultur der Heimlichkeit, Straf- und Verantwortungslosigkeit.

13 Zum Wortlaut der Definition einer „politisch motivierten Straftat" in Art. 1 vgl. Parker, Politics, Anm. 46 auf S. 6.

14 Parker, Politics, S. 6.

15 Parker, Politics, S. 2.

16 Simpson und van Zyl, Amnestie, S. 10.

Während der ANC als Reaktion auf die Verabschiedung des FIA erklärte, jede unilaterale Gesetzgebung in der Amnestie- und Indemnitätsfrage würde als nichtig betrachtet, musste er diese Position im Rahmen der Vereinbarung des Machtteilungsarrangements im Jahre 1993 aufgeben.

Im Gesetz zur Förderung der Nationalen Einheit und Versöhnung werden die bereits gutgeheissenen Amnestie- und Indemnitätsgesuche anerkannt.[17] Anträge, die vor den Wahlen vom April 1994 eingereicht worden waren, aber unter der Regierung der Nationalen Einheit noch pendent waren, wurden nach der Rechtsgrundlage des FIA behandelt.

d. Im Januar 1995 kam es zu einer heftigen Kontroverse zwischen dem ANC und der NP über die Frage der Gewährung von Straffreiheit für 3'500 Polizisten.[18] Diese hatten kurz vor den Wahlen im April 1994 das Justizministerium um Indemnität für „alle Aktivitäten zur Förderung von Interessen der Regierung oder der Republik Südafrika vor dem 8. Oktober 1990" ersucht. Mit Ausnahme der Namen und Unterschriften waren einheitliche Anträge eingereicht worden. Zu den Antragstellern zählten auch der amtierende Polizeichef, General Johan van der Merwe sowie die früheren Minister Adriaan Vlok (Polizei) und Magnus Malan (Verteidigung). Die damalige Antwort des Justizministeriums war nicht eindeutig gewesen.

Das unter der Führung von Dullah Omar (ANC) stehende Ministerium entdeckte diese Anträge im Januar 1995 und gab bekannt, dass auf Grund der Unvollständigkeit der Anträge (insbesondere wegen der fehlenden Angabe der spezifischen Straftaten) seinerzeit gar keine Indemnität gewährt werden konnte. Am 18. Januar 1995 stimmte die Regierung der Nationalen Einheit diesem Entscheid zu. Für die Behandlung dieser Gesuche wurden die Antragsteller an die Wahrheits- und Versöhnungskommission verwiesen.

e. Insgesamt wurden unter dem Further Indemnity Act bis im Februar 1995 rund 14'000 Anträge behandelt, von denen über 10'000 erfolgreich waren.[19] Die restlichen Anträge umfassen vor allem die 3'500 im Januar 1995 abgelehnten Gesuche der Polizisten.

17 Art. 48 Abs. 2 des Gesetzes zur Förderung der Nationalen Einheit und Versöhnung.

18 Dazu Anton Christen, Südafrikas ranghöchster Polizist im Abseits, in: NZZ vom 20.1.1995, S. 5.

19 Zahlen bei Parker, Politics, S. 4.

Zweites Kapitel: Die Verabschiedung des Gesetzes zur Förderung der Nationalen Einheit und Versöhnung von 1995

I. Die Vereinbarungen zwischen dem ANC und der NP im Rahmen des Machtteilungsarrangements und der Gesetzgebungsauftrag in der Interimsverfassung

a. Die Problematik der straf- und zivilrechtlichen Verantwortlichkeit sowohl der Verteidiger der Apartheid als auch der Widerstandskämpfer und Funktionäre der Opposition für begangene Menschenrechtsverletzungen und andere Straftaten blieb, wie bereits erörtert, eines der umstrittensten Probleme der im Frühling 1993 wieder aufgenommenen Mehrparteien-Verfassungsgespräche. Während die noch amtierende weisse Minderheitsregierung für eine Generalamnestie votierte, setzte sich der ANC für ein differenziertes Vorgehen bei der Vergangenheitsaufarbeitung ein.

b. Die ehemaligen Kabinettsmitglieder konnten sich dabei immerhin insofern in Sicherheit wiegen, als sie für die Durchsetzung der Apartheid-Politik (abgesehen von Menschenrechtsverletzungen, die auch nach damaligem südafrikanischen Recht zumindest theoretisch strafbar waren) strafrechtlich wohl kaum je zur Verantwortung gezogen werden können. Die Republik Südafrika hatte nämlich die Konvention der Vereinten Nationen zur Bekämpfung und Bestrafung des Verbrechens der Apartheid nie ratifiziert.[20] Gemäss diesem im Jahre 1976 in Kraft getretenen Vertragswerk wurde die Politik der systematischen Rassentrennung und Rassendiskriminierung als Verbrechen gegen die Menschlichkeit bezeichnet und universale Jurisdiktion beansprucht. Darin werden diverse Straftatbestände aufgeführt, durch deren Erfüllung sich gerade auch Einzelpersonen strafbar machen: unter anderem willkürliche Verhaftungen, die Vorenthaltung der Menschenrechte und Grundfreiheiten in einem weiten Sinn, legislative oder andere Massnahmen zur Durchführung der Segregation, Zwangsumsiedlungen und die wirtschaftliche Ausbeutung von Menschen anderer Rassen. Nach dieser Rechtsgrundlage hätten sich weite Teile der südafrikanischen Regierung und Verwaltung, der Sicherheitskräfte und auch der Wirtschaft strafbar gemacht.

20 Der Text dieser bis 1995 von 99 Staaten ratifizierten Konvention ist abgedruckt in: Edward Lawson (ed.), Encyclopedia of Human Rights, Stichwort „Apartheid", Second Edition, Washington D.C. 1996, S. 90-93.

Selbstverständlich wäre die weisse Minderheitsherrschaft nicht zur Machtübergabe bereit gewesen, falls der ANC eine Beurteilung der Vergangenheit nach solchen Kriterien gefordert hätte. Der ANC hat auch keine Absichten gezeigt, diese UN-Konvention ratifizieren zu wollen.[21]

Unklar ist, ob allenfalls - ganz abgesehen von Taten, die auch nach damaligem südafrikanischem Recht strafbar waren - gewisse Normen des *ius cogens* des Völkergewohnheitsrechts hinsichtlich der Durchsetzung der Apartheid-Politik greifen würden. Das Verfassungsgericht wies in der Azapo-Entscheidung im Jahr 1996 die Argumentation der Kläger zurück, wonach das Internationale Recht - in casu spezifisch die Genfer Konventionen - den Staat zur strafrechtlichen Verfolgung von Menschenrechtsverletzungen verpflichte und deshalb die Amnestiebestimmungen[22] des Gesetzes zur Förderung der Nationalen Einheit und Versöhnung rechtswidrig seien. Des Weiteren zog das Verfassungsgericht in Erwägung, dass die Häufigkeit von Amnestieklauseln in völkerrechtlichen Vereinbarungen ein Indiz dafür sei, dass diese per se keine Bedrohung für die Grundsätze des Internationalen Rechts darstellen würden.[23]

John Dugard kritisierte das Urteil aus völkerrechtlicher Perspektive: Insbesondere beanstandete er, dass das Verfassungsgericht nicht zumindest untersucht habe, inwiefern das zwingende Völkergewohnheitsrecht Südafrika zur strafrechtlichen Verfolgung vor allem von Verbrechen gegen die Menschlichkeit verpflichte.[24]

21 Vgl. Parker, Politics, S. 1. Selbst wenn die heutige Regierung die Konvention ratifizieren wollte, käme deren Anwendung für den Zeitraum von 1960-1994 auf Grund des Prinzips *nulla poena sine lege* und des Rückwirkungsverbotes, das in Art. 35 Abs. 3 lit. 1 der Verfassung verankert ist, nicht in Frage. Dieser völkerrechtliche Vertrag wurde insbesondere auch als Propagandainstrument der damaligen Ostblockstaaten kritisiert. Die USA und Grossbritannien hatten sich seinerzeit zur Ratifikation geweigert. Zur Kritik an der Konvention vgl. auch Hermann Giliomee, A struggle for the high moral ground, in: Frontiers of Freedom (Publikation des South African Institute of Race Relations), Second Quarter 1996, S. 23 f.

22 Die Kläger bezogen sich insbesondere auf Art. 20 Abs. 7 des Gesetzes, wonach keine Person mehr straf- oder zivilrechtlich belangt werden kann betreffend Taten, für die Straffreiheit gewährt wurde. Beim Urteil handelt es sich um die Rechtssache *Azanian People's Organization* v. *President of the Republic of South Africa*. Case CCT 17/96. Constitutional Court of South Africa, July 25, 1996. Das Urteil wird weiter unten, auf den S. 159 ff., erörtert.

23 Zu den Amnestieklauseln im Völkerrecht vgl. Alfred-Maurice de Zayas, Amnesty Clause, in: Rudolf Bernhardt (ed.), Encyclopedia of Public International Law, Volume I, Amsterdam/London/New York/Tokyo 1992, S. 148-151.

24 Vgl. Dugard, International Law, insb. S. 88-91. Siehe zur Problematik der Bestrafungspflicht auch die Ausführungen im Ausblick, S. 218 ff.

Die Wahrheits- und Versöhnungskommission hat zu diesem Problemkomplex ebenfalls Stellung genommen, indem sie sich gegen eine internationale Strafverfolgung der für die Formulierung und Implementierung der Apartheid-Politik Verantwortlichen ausgesprochen hat.[25] Eine solche Stellungnahme hat sich umso mehr aufgedrängt, als die Kommission stets an der Brandmarkung der Apartheid als Verbrechen gegen die Menschlichkeit festgehalten hat.[26]

c. Der ANC sicherte der Regierung in Pretoria schliesslich auch zu, dass alle von der Regierung de Klerk gewährten Amnestien und Indemnitäten ihre Gültigkeit behalten würden.[27] Besonders interessant erscheint das Faktum, dass sich der Begriff „Apartheid“ in den neuen Verfassungen nirgendwo finden lässt, ebenso wenig eine explizite Verurteilung der Politik und Doktrin der Apartheid, wie dies in der Verfassung von Namibia von 1990 der Fall gewesen war.[28]

Die Aushandlung von Einzelheiten der künftigen Handhabung von Amnestie und Straf-verfolgungsfreiheit wurde schliesslich dem zu wählenden Parlament überlassen. Ein entsprechender Gesetzgebungsauftrag wurde in der Po-

25 Im Schlussbericht erklärt die Wahrheits- und Versöhnungskommission, dass ein solches Vorgehen gegen genau jene Prinzipien verstossen würde, die der Etablierung des Gremiums zugrundeliegen, siehe FR I/4, Appendix: A crime against humanity, Rz. 2. An einer anderen Stelle schreibt die Institution, dass das Gesetz zur Förderung der Nationalen Einheit und Versöhnung und der Prozess der Kommission darauf angelegt seien, (auch) mit der Verantwortlichkeit für die Apartheid-Politik angemessen umzugehen, vgl. FR V/8, Rz. 114.

26 Dies wird etwa in den *findings* im Schlussbericht der Kommission nochmals festgehalten, vgl. FR V/6, Rz. 71. Ronald C. Slye, der die Kommission von 1996-1998 in Fragen des Internationalen Rechts beraten hat, hat ausführlich dargelegt, dass die Apartheid die Kriterien der Kategorie der Verbrechen gegen die Menschlichkeit klar erfüllt; siehe Ronald C. Slye, Apartheid as a Crime against Humanity: A Submission to the South African Truth and Reconciliation Commission, in: Michigan Journal of International Law, Vol. 20, No. 2, Winter 1999, S. 267-300. Diese Untersuchung wird zugleich als Eingabe an die Wahrheits- und Versöhnungskommission verstanden, welche dem Gremium bei der Entscheidung der Frage helfen soll, ob die Apartheid ein Verbrechen gegen die Menschlichkeit darstellt. A.a.O., S. 271-273, ist eine Liste von Expertinnen und Spezialisten auf dem Gebiet des Völkerrechts abgedruckt, welche diese Submission ebenfalls unterzeichnet haben.

27 Art. 48 Abs. 2 des Gesetzes zur Förderung der Nationalen Einheit und Versöhnung.

28 In der Postambel erfolgt immerhin eine indirekte Verurteilung, indem die Notwendigkeit der Überwindung einer durch „unsägliches Leid und Ungerechtigkeit“, „schwere Menschenrechtsverletzungen“ und „Missachtung der Grundsätze der Menschlichkeit“ charakterisierten Vergangenheit betont wird. Vgl. auch Pippan, Südafrikas Verfassungswandel, S. 1005 f.

stambel der Interimsverfassung formuliert.[29] Die Postambel ist gemäss Art. 232 Abs. 4 der Interimsverfassung integraler Bestandteil derselben. Gemäss Art. 22 des sechsten Anhanges der Verfassung von 1996[30] werden alle Bestimmungen der Interimskonstitution betreffend die Gewährung von Amnestie unter dem Titel „Nationale Einheit und Versöhnung" (insbesondere also die Postambel) als Bestandteil der neuen Verfassung erachtet. Dadurch wurde die Gültigkeit des Gesetzes zur Förderung der Nationalen Einheit und Versöhnung von 1995 auch unter der neuen Konstitution von 1996 verfassungsrechtlich abgesichert.

II. Die Verabschiedung des Gesetzes zur Förderung der Nationalen Einheit und Versöhnung durch das demokratisch gewählte Parlament

Die zähflüssigen Beratungen der Gesetzesvorlage konzentrierten sich auf drei Problempunkte: die Definition einer politisch motivierten Straftat, die Öffentlichkeit der Anhörungen vor der Wahrheitskommission und das Stichdatum von Delikten, für welche den Tätern Straffreiheit gewährt werden konnte.

1. Die Definition einer politisch motivierten Straftat

Die Kompromisslösung in dieser kontroversen Frage bestand darin, dass sich der ANC und die NP auf die Anwendung sowohl der Norgaard-Kriterien des Indemnity Act von 1990 als auch des Kriteriums des Further Indemnity Act von 1992 einigten. Der Modus der Einzelfall-Anwendung dieser an sich kontradiktorischen Gesichtspunkte wurde dabei dem für die Gewährung von Straffreiheit zuständigen Amnestie-Ausschuss der Wahrheitskommission überlassen.[31]

Die einzelnen Voraussetzungen für die Gewährung von Amnestie wurden im relativ kompliziert formulierten Art. 20 des Gesetzes zur Förderung der Nationalen Einheit und Versöhnung aufgezählt. Abs. 2 enthielt die Tatbestandsvoraussetzungen in Bezug auf die Personen, die in den Genuss von Straffreiheit kommen konnten, während Abs. 3 die Norgaard-Kriterien auflistete. Abs. 4 schrieb dem Amnestie-Ausschuss vor, bei der Anwendung dieser Gesichtspunkte auch das Kriterium des Further Indemnity Act in Erwägung zu ziehen.

Dem Norgaard-Kriterium in Art. 20 Abs. 3 lit. f über die Proportionalität, Unmittelbarkeit und Nähe zwischen der Straftat und dem politischen Ziel re-

29 Die Postambel der Interimsverfassung ist auch im Anhang zu dieser Arbeit abgedruckt.

30 Clause 22 of Schedule 6 to Act No. 108 of 1996.

31 Parker, Politics, S. 3.

spektive der politischen Motivation wurden noch zwei weitere Abschnitte beigefügt; diese enthielten Tatbestände, welche die Gewährung von Straffreiheit ausschlossen: einerseits (i) die persönliche Gewinnsucht (*personal gain*), andererseits (ii) persönliche Bosheit und Böswilligkeit (*personal malice, ill-will and spite*).

In einem früheren Entwurf des Gesetzes war die fehlende oder ungenügende Proportionalität zwischen dem Delikt und der politischen Absicht ebenfalls ein Ausschlussgrund zur Gewährung von Straffreiheit gewesen. In der verabschiedeten Fassung war die Proportionalität zusammen mit der Unmittelbarkeit und Nähe der Handlung zum politischen Ziel eines der Kriterien zur Definition einer politisch motivierten Straftat. Offen gelassen wurde dabei, ob diese Kriterien der Proportionalität, Unmittelbarkeit und Nähe aus objektiver Sicht zu würdigen oder aber aus der Sicht der Täter zu betrachten waren.[32]

2. Die Öffentlichkeit der Anhörungen vor der Wahrheitskommission

Die Nationale Partei wehrte sich lange Zeit heftig gegen die Öffentlichkeit der Verhandlungen. Der ANC hingegen war der Meinung, nur die Öffentlichkeit der Anhörungen bewirke auch den Einbezug von grossen Teilen der Bevölkerung (vor allem auch via TV-Berichterstattung) in den Prozess der Wahrheitsfindung. Die Lösung bestand darin, dass gemäss Art. 33 Abs. 1 lit. a des Gesetzes zur Förderung der Nationalen Einheit und Versöhnung die Hearings grundsätzlich dem Publikum offenstanden. Abs. 1 lit. b (i+ii) sah jedoch unter zwei Bedingungen die Möglichkeit vor, die Öffentlichkeit von den Verhandlungen auszuschliessen: (i) falls dies im Interesse der Justiz war oder (ii) falls die Wahrscheinlichkeit bestand, dass einer Person als Folge der Öffentlichkeit der Anhörung Schaden zugefügt werden könnte. Gemäss Abs. 2 hatte die Wahrheitskommission die Möglichkeit, zu einem späteren, ihr angemessen erscheinenden Zeitpunkt über die Veröffentlichung der Akten zu entscheiden.

3. Der Stichtag für Straftaten, für die Straffreiheit gewährt werden konnte

a. Präsident Mandela entschied im Dezember 1996, die Zeitspanne für politisch motivierte Delikte, für die Straffreiheit gewährt werden konnte, auf den 10. Mai 1994, den Tag seiner Amtseinführung, auszudehnen.[33] Bis anhin hatte der 6. Dezember 1993, der Tag vor der ersten Sitzung des Übergangsexekutivrats (TEC), als Stichtag gegolten. Damit kam Mandela in erster Linie denjenigen

32 Parker, Politics, Anm. 48 auf S. 6.

33 Vgl. Werner Vogt, Grosszügige Geste Präsident Mandelas, in: NZZ vom 14./15.12.1996, S. 5.

afrikaanischen Rechtsextremisten entgegen, die das Land vor den Wahlen mit einer Serie von Bombenanschlägen vor allem in Johannesburg und Pretoria terrorisiert hatten.[34] Mit diesem Schritt sandte der Präsident aber auch ein Zeichen der Versöhnung an jene rechtskonservativen Afrikaaner, welche die Wahrheits- und Versöhnungskommission mit der Begründung ablehnten, diese würde nur zur „Hexenjagd" gegen die Weissen dienen.

b. Zudem verlängerte Mandela die Frist zur Einreichung von Anträgen vom 15. Dezember 1996 auf den 10. Mai 1997. Die Arbeitszeit der Wahrheitskommission für die Anhörungen und Untersuchungen schliesslich erstreckte er um ein halbes Jahr auf den 15. Dezember 1997. Auch diese Fristverlängerung hat sich jedoch als ungenügend erwiesen: Während der Ausschuss für Menschenrechtsverletzungen seine Anhörungen am 31. Juli 1998 beendete, arbeiteten die Abteilung für Wiedergutmachung und Rehabilitierung und vor allem der Amnestie-Ausschuss noch weit über dieses Datum hinaus.

III. Die Errichtung der Wahrheits- und Versöhnungskommission

a. Gemäss Art. 7 des Gesetzes zur Förderung der Nationalen Einheit und Versöhnung hatte sich die Kommission aus mindestens 11 und höchstens 17 Mitgliedern zusammensetzen. Diese mussten *fit and proper persons* und unvoreingenommen sein und durften kein hohes politisches Profil haben. Höchstens zwei Mitglieder konnten Ausländer sein.

Das Auswahlverfahren war nach überwiegender Meinung der Beobachter transparent und offen für die Partizipation der Bevölkerung.[35] Auch die Nichtregierungsorganisationen (NGOs) waren an diesem Prozess beteiligt. Zuerst wurde eine Liste von rund 300 Personen zusammengestellt, die von den Parteien, Organisationen und der breiten Öffentlichkeit vorgeschlagen worden waren. Einem neunköpfigen Komitee aus Mitgliedern der NP, des ANC, der Inkatha-Freiheitspartei und der Freiheitsfront oblag es schliesslich, aus dieser Liste 25 Personen auszuwählen. Anschliessend wurden diese Personen in Hearings befragt.[36] Der Präsident der Republik konnte dann nach Konsultationen mit seinem Kabinett zwischen 11 und 17 Kommissionsmitglieder nominieren.

34 Neun AWB-Anhänger waren im April 1996 zu Gefängnisstrafen zwischen dreieinhalb und 26 Jahren verurteilt worden. Vgl. NZZ vom 4.4.1996, S. 3.

35 Vgl. z.B. HRC-Monthly Report, S. 17.

36 Kritik an der Befragungsmethodik in diesem Auswahlverfahren hat Richard Calland geübt; vgl. Richard Calland, Truth Commission flatters to deceive, in: Business Day vom 16.11.1995, S. 18. Zum Selektionsprozess siehe auch Patrick Cull, Crucial Issues in Quest for Truth, in: Eastern Herald Tribune vom 18.11.1995, S. 4.

Der Wahrheitskommission gehörten Rechtsanwälte, Ärzte, Theologen und eine Sozialarbeiterin an.[37] Ihnen gemeinsam ist ihr starkes Engagement für die Menschenrechte. Den Vorsitz führte der anglikanische Erzbischof und Friedensnobelpreisträger Desmond Tutu; zu seinem Stellvertreter wurde Alex Boraine, Theologe und Leiter der Menschenrechtsorganisation Justice in Transition, berufen.

b. Unter der Ägide der Wahrheitskommission, die in Kapstadt domiziliert war, arbeiteten drei Ausschüsse: der Amnestie-Ausschuss (Johannesburg), der Ausschuss für Menschenrechtsverletzungen (Johannesburg) sowie der Ausschuss für Wiedergutmachung und Rehabilitierung (Kapstadt).[38] Zudem wurden vier Regionalbüros in East London, Johannesburg, Durban und Kapstadt eingerichtet.

Die Wahrheitskommission trat am 16. Dezember 1995 zu ihrer ersten Sitzung zusammen. In den folgenden Wochen gingen die Mitglieder dieser Institution mehrmals in Klausur, um über die teilweise noch unklare Terminologie und die Einzelheiten des *modus operandi* zu beraten. Gleichzeitig erfolgten auch die Einrichtung einer entsprechenden Infrastruktur und die Instruktion des Personals.[39] Eine Arbeitsgruppe von zahlreichen NGOs arbeitete mit der Wahrheitskommission in dieser Phase recht eng zusammen und übergab ihr eine Datenbank mit über 10'000 Aufzeichnungen, davon 4'800 Namen von Opfern, 4'100 Aufzeichnungen von Ereignissen und 1'300 Namen von Tätern.[40]

Präsident Mandelas Nichtwahl eines der Favoriten auf der Liste der 25 Personen, Bischof Stanley Mogoba, führte zu heftiger Kritik seitens der Demokratischen Partei, die Mogoba nominiert hatte. Hierzu näheres bei Colin Douglas, The Truth Factory's first Casualty, in: Frontiers of Freedom, First Quarter 1996, S. 15 f.

37 Eine Liste der Mitglieder mit Angabe von Beruf und Aktivitäten in Organisationen ist in ECHO (Publikation der südafrikanischen Botschaft in Bern), Ausgabe November/Dezember 1995, S. 6 abgedruckt

38 In jedem Ausschuss nahmen mehrere Mitglieder der Wahrheitskommission Einsitz. Dazu kamen zusätzliche Ausschussmitglieder. Der Amnestie-Ausschuss wurde als einziger der drei Ausschüsse nicht von Kommissionsmitgliedern geleitet, sondern von zwei Richtern. Für die Liste der Namen vgl. HRC-Monthly Report, S. 22.

39 Insbesondere wurden statement-takers und briefers ausgebildet. Ihre Aufgabe war es, Aussagen von Opfern und Zeugen zu sammeln resp. diese vor, während und nach den Hearings zu unterstützen. Für Einzelheiten vgl. HRC-Monthly Report, S. 17 f.

40 A.a.O.

Von seiten der NGOs wurde der Wahrheitskommission allerdings teilweise vorgeworfen, nach ihrer Etablierung diesen Prozess der gegenseitigen Konsultation fast vollständig beendet zu haben.[41]

Im Frühling 1997 modifizierte dann die Wahrheits- und Versöhnungskommission ihr Vorgehen in Bezug auf das Verhältnis zu den NGOs, indem sie den Weg einer intensivierten Kooperation mit den Nichtregierungsorganisationen einschlug. Von April bis Juni 1997 führte die Wahrheitskommission in partnerschaftlicher Zusammenarbeit mit zahlreichen NGOs eine Kampagne zur Entgegennahme von Aussagen seitens der Opfer und Betroffenen von Menschenrechtsverletzungen durch.[42] Ziel dieser Aktion war es, möglichst viele Menschen zu erreichen, die bis anhin gegenüber den Mitarbeitern der Wahrheitskommission noch keine Aussage gemacht hatten. Zu diesem Zweck arbeiteten die statement-takers der Kommission mit etwa 300 Mitarbeitern der NGOs in allen neun Provinzen zusammen. Ihre Arbeit bestand darin, den Menschen die Aufgaben der Wahrheitskommission zu erklären, sich ihren Ängsten zu widmen und sie zu einer Aussage zu bewegen.[43] Im Publikationsorgan der Kommission, dem Truth Talk, waren zum Beispiel die Namen und Adressen von 46 Organisationen in allen neun Provinzen der Republik verzeichnet, die von Personen kontaktiert werden konnten, welche eine Aussage machen wollten. Darunter befanden sich etwa Organisationen wie Lawyers for Human Rights, Trauma Centre, Justice and Peace und zahlreiche Kirchen.[44]

41 So etwa Graeme Simpson vom Centre for the Study of Violence and Reconciliation in Johannesburg. Vgl. Simpson, Kultur, S. 12 ff. Er ist der Ansicht, die Kommission habe die Fähigkeiten und das Engagement der NGOs nicht genügend genutzt.

42 Mansoor Jaffer, Nationwide statement-taking drive kicks off, in: Truth Talk, Vol. 2, No. 1, March 1997, S. 1.

43 A.a.O.

44 Siehe Truth Talk, Vol. 2, No. 1, März 1997, S. 8.

Drittes Kapitel: Die Konzeptionierung der Wahrheits- und Versöhnungskommission

I. *Das südafrikanische Modell als Kompromisslösung zwischen den beiden extremen Optionen einer Generalamnestie und einer rein strafrechtlichen Verfolgung*

a. Wie gezeigt worden ist, stellt die Errichtung der Wahrheits- und Versöhnungskommission das Ergebnis von langwierigen Verhandlungen zwischen der Nationalen Partei und dem Afrikanischen Nationalkongress dar.

Die Einigung auf diese spezifische Art der Konfliktlösung und Vergangenheitsaufarbeitung war eine *conditio sine qua non* für die Machtübergabe von der weissen Minderheitsherrschaft an eine demokratisch gewählte Regierung. Die im Gesetz zur Förderung der Nationalen Einheit und Versöhnung verankerten Regelungen sind somit als Element eines grösseren Gefüges von Abmachungen und Konzessionen zu verstehen.

Damit sind allerdings die Gründe, welche die Akteure im Transformationsprozess gerade zu dieser Lösung der Amnestie-Problematik bewogen haben, noch nicht hinreichend erklärt. Der von den Kontrahenten gewählte Approach erscheint vielmehr auch in inhaltlicher und konzeptioneller Hinsicht als vielversprechender Ansatz zur Förderung von Verständigung und Versöhnung zwischen den Südafrikanerinnen und Südafrikanern und zu einem sorgfältigen Umgang mit der Vergangenheit.

b. Während die Wahrheits- und Versöhnungskommission also einerseits das Zwischenergebnis von langwierigen Verhandlungen war, stellte sie doch auf der anderen Seite wiederum eine Grundlage zur Fortsetzung eben dieses Konfliktbewältigungsprozesses dar. Gemäss Denzil Potgieter, einem Mitglied der Wahrheits- und Versöhnungskommission, muss in einem Land wie Südafrika mit der Vergangenheit auf eine konstruktive Art und Weise umgegangen werden, da die Aufarbeitung der Vergangenheit gleichzeitig als Teil der Konfliktlösung gesehen werden muss.[45]

Angesichts der jahrzehntelangen systematischen Ausgrenzung der schwarzen Bevölkerungsmehrheit im Apartheid-Staat wird in Südafrika die Förderung von Versöhnung und Verständigung zwischen den Menschen verschiedener Hautfarben und ethnischer Herkunft als vordringliches Ziel betrachtet. Nur

45 Potgieter, Peace, S. 10 f.

durch die Stiftung einer übergreifenden Identität und eines Zusammengehörigkeitsgefühls aller Südafrikanerinnen und Südafrikaner kann ein nation-building erfolgen.

Bereits die Postambel der Übergangsverfassung spricht von der Notwendigkeit, „die Trennungen und den Streit der Vergangenheit zu überwinden, die schwere Menschenrechtsverletzungen, die Missachtung der Grundsätze der Menschlichkeit in gewaltsamen Konflikten und ein Vermächtnis von Hass, Angst, Schuld und Rache bewirkt haben". Auf „*der Grundlage, dass ein Bedürfnis nach Verständnis besteht, aber nicht nach Rachsucht, ein Bedürfnis nach Wiedergutmachung, aber nicht nach Vergeltung, ein Bedürfnis nach Mitmenschlichkeit, aber nicht nach Verfolgung*", sollen „*Versöhnung unter den Menschen Südafrikas*" und ein „*Umbau der Gesellschaft*" herbeigeführt werden. Im Anschluss an diese Erwägungen erfolgt der erwähnte Gesetzgebungsauftrag zur Schaffung der Rechtsgrundlagen für die Handhabung der Frage von Amnestie und Strafverfolgungsfreiheit.

c. Diese Gesetzesbestimmungen zeichnen sich dadurch aus, dass die Gewährung von Straffreiheit an ganz bestimmte Voraussetzungen, wie etwa an die völlige Offenlegung des betreffenden Delikts sowie an die politische Motivation des Straftäters einschliesslich der Erfüllung der Anforderungen bezüglich der Proportionalität geknüpft war. Damit stellt dieses Modell einen Kompromiss dar zwischen einer generellen, bedingungslosen Amnestie einerseits und einer rein strafrechtlichen Verfolgung andererseits.

II. Die Begründung der Befürworter der Wahrheitskommission für die Ablehnung des Modells einer rein strafrechtlichen Verfolgung

Gegen die Anwendung des Strafrechts im Falle Südafrikas wurden verschiedene Gründe angeführt. Diese sollen hier im Sinne einer zusammenfassenden Übersicht kurz angesprochen werden.

1. Die Ermöglichung der Machtübergabe

Die Machtübergabe konnte, wie oben dargestellt, überhaupt erst stattfinden, nachdem auch die Nationale Partei der Regelung der Amnestiefrage zugestimmt hatte.

2. Die Aufrechterhaltung der jungen und noch fragilen Demokratie

Die neugewählte Regierung unter Präsident Mandela übernahm im Mai 1994 einen Sicherheitsapparat und eine Bürokratie, die der schwarzen Befreiungsbewegung zum grössten Teil skeptisch bis ablehnend gegenüberstanden. Das Modell einer rein strafrechtlichen Verfolgung hätte vermutlich zu enorm instabilen Verhältnissen geführt und die Gefahr eines Putsches durch Teile der Sicherheitskräfte und Apartheid-Befürworter erheblich vergrössert.[46]

Nur das Ausbleiben von ausgedehnten Ermittlungen durch die Strafbehörden und die Möglichkeit, die Gewährung von Straffreiheit zu beantragen, konnten die konservativen und reaktionären Kräfte - von Gewaltakten Einzelner abgesehen - einigermassen ruhigstellen. Diese pragmatische Argumentation erfolgt vor allem auf der Linie, dass von zwei schlechten Lösungen die weniger schlechte gewählt wird. Indem Kompromisse in der Amnestiefrage eingegangen wurden, sollten die langfristigen Ziele von Stabilität, Frieden und Garantie der Menschenrechte gesichert werden können.[47]

3. *Die grosse Anzahl von Straftätern und die Eigenschaft der Strafverfahren als Hindernisse auf dem Weg der Suche nach Wahrheit und Versöhnung*

Verfassungsrichter Goldstone hat darauf hingewiesen, dass die Anzahl der Straftäter einfach zu gross sei, um die Vergangenheit Südafrikas mit dem Instrument des Strafrechts aufzuarbeiten.[48] Ein solcher Weg wäre, so Richter Goldstone, zu aufwändig in menschlicher, politischer und auch finanzieller Hinsicht.

Das Modell einer rein strafrechtlichen Verfolgung wäre zudem ein Hindernis für die Suche nach der Wahrheit und für die Förderung von Versöhnung unter den Menschen Südafrikas. Die Begründung für dieses Argument sieht Richter Goldstone darin, dass die Durchführung von Strafverfahren angesichts der juristischen Erfordernisse hinsichtlich der Beweisführung und der Gewährleistung eines *fair trial* sowie in Anbetracht der benötigten Zeit wohl zu vielen Frustrationen seitens der Opfer und insbesondere auch zu vielen Freisprüchen von mutmasslichen Urhebern von Menschenrechtsverletzungen geführt hätte.[49] Die Einvernahme der Opfer von politisch motivierten Gewalttaten in Kreuzverhören wäre mit einer grossen psychischen Belastung verbunden. Die Opfer würden in den vermutlich zahlreichen Fällen, in denen die Straftaten den Angeschuldigten nicht rechtsstaatlich einwandfrei nachgewiesen werden könnten, zusätzliche Traumata erleben. Dies deshalb, weil im Falle eines Freispruchs des mutmasslichen Täters von politisch motivierter Gewalt das Opfer die Empfin-

46 So auch Simpson und van Zyl, Amnestie, S. 10 f.

47 A.a.O.

48 Zit. bei Parker, Politics, S. 9.

49 A.a.O.

dung machen könnte, dass ihm die „Gültigkeit" seiner Erfahrungen und Leiden in gewissem Sinne aberkannt worden sei.

Die Gesellschaft insgesamt würde die Auseinandersetzungen der Apartheid-Ära weit über diese Zeit hinaus fortsetzen, ohne aber die Vergangenheit wirklich aufarbeiten zu können.

Denzil Potgieter hat darauf hingewiesen, dass nur wenige Opfer über detaillierte Kenntnisse von den Umständen und Tätern der gegen sie verübten Straftaten oder gar über Beweise verfügen. Oftmals liegen die Delikte bereits viele Jahre zurück.[50] Nur den wenigsten Opfern würde, so Potgieter, der Weg der strafrechtlichen Verfolgung oder der zivilrechtlichen Klage mit Aussicht auf Erfolg offenstehen.

4. Die Frage nach der strafrechtlichen Verantwortlichkeit im Apartheid-Staat

Falls sich die Verhandlungspartner im südafrikanischen Transformationsprozess für ein rein strafrechtliches Modell entschieden hätten, wäre unweigerlich die Frage nach der politischen und juristischen Verantwortlichkeit für begangene Menschenrechtsverletzungen in den Mittelpunkt gerückt.

Nach der Ansicht Parkers kommt eine rein strafrechtliche Aufarbeitung der Vergangenheit schon deshalb nicht in Frage, weil sich das Strafrecht am Unrecht und an der Schuld des Individuums, nicht aber an organisierten Sozialstrukturen orientiert.[51] Die Menschenrechtsverletzungen der Apartheid wurden durch Millionen von Begehungs- und Unterlassungsdelinquenten verübt oder gutgeheissen: diejenigen, welche die Tat direkt ausgeübt hatten; ihre Vorgesetzten, also etwa Polizei- oder Militäroffiziere; die politische Führung; und schliesslich auch die weissen Wähler, denen die Menschenrechtsverletzungen nicht gänzlich unbekannt sein konnten. Die Verantwortlichkeit für einzelne Taten wäre in dieser Hinsicht kaum abgrenzbar. Andererseits würde sich wiederum die komplexe und kontroverse Frage nach der Strafbarkeit von Taten und Unterlassungen stellen, die zwar nicht nach damaligem südafrikanischen Recht, wohl aber nach Völkergewohnheits- oder Völkervertragsrecht strafbar waren. Die strukturierte Rassentrennung und Rassendiskriminierung etwa in der Zwangsumsiedlungspolititk und in der Landfrage oder auf dem Arbeitsmarkt war nach südafrikanischem Recht zwar legal, mit Sicherheit aber keineswegs legitim. Gerade um solche Erwägungen möglichst zu vermeiden, widersetzte sich die weisse Minderheitsherrschaft einer Vergangenheitsaufarbeitung mit dem Mittel des Strafrechts.

50 Potgieter, Peace, S. 11.
51 Parker, Politics, S. 12.

III. Die Begründung der Befürworter der Wahrheitskommission für die Ablehnung einer Generalamnestie

a. Die Vergangenheit Südafrikas war insbesondere während der Apartheid-Ära durch derart zahlreiche und schwere Verstösse gegen die Menschenrechte gekennzeichnet, dass eine generelle Amnestierung der Straftäter eine wirkliche Konfliktlösung und Vergangenheitsaufarbeitung praktisch a priori verunmöglicht hätte. Die südafrikanische Lösung geht vielmehr vom Grundsatz aus, dass erst eine gründliche Vergangenheitsaufarbeitung eine echte Versöhnung zwischen den ehemals verfeindeten Menschen ermöglicht. Justizminister Dullah Omar etwa schreibt in seiner Einleitung zu einer Informationsbroschüre über die Wahrheits- und Versöhnungskommission: *„Ohne Wahrheit kann es keine wirkliche Versöhnung geben.“*[52] Die Begründung für diese Prämisse liegt darin, dass erst die Kenntnisnahme der Leiden und des Unrechts der Vergangenheit durch alle Südafrikanerinnen und Südafrikaner die Stiftung einer gemeinsamen Identität und eines Zusammengehörigkeitsgefühls ermöglicht.

b. Die Opfer von politisch motivierten Gewalttaten erhielten die Möglichkeit, vor dem Forum der Allgemeinheit von ihren Erfahrungen und Entbehrungen berichten zu können. Durch diesen Akt sollte ihre Menschenwürde wiederhergestellt werden. Zudem können die Opfer von schweren Menschenrechtsverletzungen in den Genuss von Wiedergutmachung und Rehabilitierung kommen.

Justizminister Omar nimmt zu dieser Frage in seiner Einleitung wie folgt Stellung: *„Ich hätte zum Parlament gehen und ein Amnestiegesetz einbringen können - aber das hätte bedeutet, die Opfer der Gewalt vollständig zu ignorieren. Wir erkannten, dass wir Tätern nicht vergeben können, wenn wir nicht versuchen, auch die Ehre und Würde der Opfer wiederherzustellen und eine Wiedergutmachung wirksam werden zu lassen.“*[53]

Den Tätern konnte erst dann Amnestie oder Indemnität gewährt werden, wenn sie ihre Straftaten offenlegten und diese bestimmte, gesetzlich detailliert festgelegte Kriterien (vor allem hinsichtlich einer politischen Motivation und des Proportionalitätserfordernisses) erfüllten. Damit sollte den Tätern ein Anreiz

52 Die deutsche Übersetzung entstammt: Einleitung zur Wahrheitskommission, S. 2. Für den englischen Originaltext vgl. TRC-Pamphlet, S. 4. Denselben Standpunkt nimmt auch die Wahrheits- und Versöhnungskommission ein: „(...)(*W)ährend die Wahrheit nicht immer zu einer Versöhnung führen mag, gibt es keine echte, andauernde Versöhnung ohne Wahrheit. Mit Sicherheit sind Lügen, Halbwahrheiten und Verleugnungen kein wünschenswertes Fundament für den Aufbau des neuen Südafrikas.*“ (FR V/8, Rz. 5; Übersetzung durch den Verfasser.)

53 Einleitung zur Wahrheitskommission, S. 1 f. und TRC-Pamphlet, S. 3.

gegeben werden, um mit der Wahrheit an die Öffentlichkeit zu treten. Eine Generalamnestie hätte eben gerade diesen Anreiz zur Offenlegung der Delikte nicht geboten. Zwar gab es in verschiedenen südamerikanischen Ländern neben der Generalamnestie zusätzlich eine Wahrheitskommission; diese Kommissionen stiessen allerdings bei ihren Investigationen in der Regel auf wenig Bereitschaft zur Kooperation seitens der Angehörigen der Sicherheitskräfte.

Durch das Auftreten der Täter vor der Wahrheitskommission und der Offenlegung ihrer Straftaten wurde ein Ausmass an Enthüllungen möglich, das bei den Modellen der strafrechtlichen Verfolgung und der Generalamnestie undenkbar wäre.[54] Erst dadurch erhielten auch viele der Opfer Kenntnis von der Person des Täters, der ihnen das Unrecht zugefügt hat, und dem sie allenfalls vergeben können.

c. Gesamtgesellschaftlich soll die Aufarbeitung der Vergangenheit, zumindest idealiter, zu einer Art Katharsis und somit zu einer kollektiven Verständigung und Versöhnung führen. Besonders wichtig erscheint die angestrebte Läuterung vor allem derjenigen Menschen, die vom System der Apartheid profitiert hatten. Dies deshalb, weil diese Personen in aller Regel das Scheitern der Apartheid nur unter dem Gesichtspunkt ihrer Impraktikabilität betrachten, während sie die grundlegenden Ungerechtigkeiten des Systems und dessen repressive Verteidigung weitgehend aus dem Bewusstsein ausblenden. Folglich ist es von grosser Bedeutung, den Weissen Südafrikas die Wahrheit über den Unrechtscharakter des Apartheid-Staates und die zahlreichen Menschenrechtsverletzungen zur Verteidigung desselben zu verdeutlichen.[55] Durch diese Bewusstseinsbildung sollen vor allem auch restaurative Tendenzen auf der Seite der Apartheid-Anhänger bekämpft werden. Eine eigentliche Läuterung gerade des Staatsapparates bildet eine der essentiellen Voraussetzungen für eine effiziente Tätigkeit der demokratisch gewählten Regierung.

d. Zusammenfassend kann also gesagt werden, dass die Aufarbeitung der Vergangenheit einerseits die Voraussetzung von Versöhnung und Verständigung zwischen den Menschen verschiedener Hautfarbe und ethnischer Herkunft bildet. Andererseits hat sie in dem Sinne eine präventive Funktion, als sie zu einer Läuterung der Apartheid-Anhänger und damit zur Bekämpfung restaurativer Strömungen führen soll.

e. Die Wahrheit dient allerdings nicht nur als Mittel zum Zweck; sie ist auch ein Selbstwert an sich. In einer Kultur der Heimlichkeit, der Straf- und Verantwortungslosigkeit, die während Jahrzehnten gepflegt und gefördert worden war und in der die Sicherheitskräfte praktisch ungehindert Menschenrechts-

54 So auch Potgieter, Peace, S. 11.

55 Parker, Politics, S. 13.

verletzungen begehen konnten, darf ein Prozess des *Truth Telling* durch Täter und Opfer vor einem Forum der Öffentlichkeit in seiner Bedeutung nicht unterschätzt werden. Vor diesem Forum verlieren die Täter in den Reihen der Sicherheitskräfte ihre bisherige Aura der Unverletzlichkeit, da sie sich nun öffentlich zu ihrem Verhalten bekennen müssen. Das Truth Telling erscheint insofern als eine Form der Rechenschaftspflicht.[56]

Die Tatsache, dass die Wahrheitssuche institutionell gefördert wird, muss als eigentliche Neuerung und Fortschritt bezeichnet werden.

Viertes Kapitel: Ziele und Funktionen der Wahrheits- und Versöhnungskommission

I. Die Zielsetzung

In Art. 3 des Gesetzes zur Förderung der Nationalen Einheit und der Versöhnung wurden die Ziele der Wahrheitskommission festgelegt: Oberstes Ziel der Kommission war die Förderung von nationaler Einheit und Versöhnung in einem Geiste der Verständigung, der die Konflikte und Trennungen der Vergangenheit überwindet. Dieses Ziel sollte erreicht werden, indem -

- ein möglichst vollständiges Bild von den Ursachen, der Art und dem Ausmass schwerer Menschenrechtsverletzungen zusammengestellt wurde, die während des Zeitraums vom 1. März 1960 bis zum Stichtag begangen worden waren.[57] Zu diesem Bild gehören die Ursprünge, die Umstände, die Faktoren und der Kontext solcher Verletzungen ebenso wie die Perspektiven der Opfer und die Motivation und Perspektiven der für die Verletzungen verantwortlichen Personen. Deshalb waren Untersuchungen und Anhörungen durchzuführen.[58]
- die Gewährung von Amnestie für diejenigen Personen erleichtert wurde, welche alle relevanten Fakten, die sich auf politisch motivierte Taten bezo-

56 Parker bezeichnet das Truth Telling als „a form of accountability“. Vgl. Parker, Politics, S. 13.

57 Im März 1960 fand das Sharpeville-Massaker statt; Stichtag ist der 10. Mai 1994, als Nelson Mandela als Präsident inauguriert wurde.

58 Art. 3 Abs. 1 lit. a des Gesetzes zur Förderung der Nationalen Einheit und Versöhnung.

gen, vollumfänglich offenlegten, und die Anforderungen dieses Gesetzes erfüllten.[59]

- das Schicksal und der Verbleib von Opfern festgestellt und bekanntgemacht wurde. Die menschliche und bürgerliche Würde solcher Opfer sollte wiederhergestellt werden, indem ihnen Gelegenheit geboten wurde, aus ihrer Sicht von den Menschenrechtsverletzungen zu berichten, deren Opfer sie geworden sind, und indem Wiedergutmachungsmassnahmen für sie empfohlen wurden.[60]
- ein Bericht zusammengestellt wurde, der eine möglichst umfassende Darstellung der Aktivitäten und Ergebnisse der Kommission in Bezug auf die oben erwähnten drei Bereiche enthält; dieser soll Massnahmen zur Verhinderung von künftigen Menschenrechtsverletzungen empfehlen.[61]

II. Die Funktionen der Wahrheitskommission

Um diese Ziele realisieren zu können, hatte die Wahrheitskommission gemäss Art. 4 des Gesetzes zur Förderung der Nationalen Einheit und Versöhnung folgende Funktionen zu erfüllen:

1. Die Untersuchung schwerer Menschenrechtsverletzungen

Aufgabe der Kommission war die Erleichterung, und - wo erforderlich - die Einleitung oder Koordination von Untersuchungen betreffend -

- schwere Menschenrechtsverletzungen,[62] einschliesslich Verletzungen, die Teil eines systematischen Missbrauchsmusters gewesen waren.

59 Art. 3 Abs. 1 lit. b des Gesetzes zur Förderung der Nationalen Einheit und Versöhnung. Der Begriff „Amnestie" wird im Gesetz in einem untechnischen Sinne verwendet: er umfasst sowohl Amnestie im engeren Sinne als auch Indemnität, also Strafverfolgungsfreiheit.

60 Art. 3 Abs. 1 lit. c des Gesetzes zur Förderung der Nationalen Einheit und Versöhnung.

61 Art. 3 Abs. 1 lit. d des Gesetzes zur Förderung der Nationalen Einheit und Versöhnung.

62 Der Terminus „schwere Menschenrechtsverletzung" wird in Art. 1 Abs. 9 des Gesetzes zur Förderung der Nationalen Einheit und Versöhnung definiert: demnach werden unter diesem Begriff die Tötung, Entführung, Folterung oder schwere Misshandlung eines Menschen verstanden resp. jeder Versuch, Komplott, Anstiftung, Aufwiegelung, Befehl oder Veranlassung, eine solche Tat zu begehen, die während des betreffenden Zeitraums in oder ausserhalb der Republik begangen

- die Art, die Ursachen und das Ausmass von schweren Menschenrechtsverletzungen, inklusive der Ursprünge, Umstände, Faktoren, des Kontextes, der Motive und Perspektiven, die zu solchen Verletzungen geführt hatten.
- die Identität sämtlicher Personen, Behörden, Institutionen und Organisationen, die in derartige Verletzungen verwickelt waren.
- die Frage, ob diese Verletzungen das Ergebnis absichtlicher Planung auf seiten des Staates oder eines früheren Staates[63] oder irgendeines seiner Organe oder irgendeiner politischen Organisation, Befreiungsbewegung oder einer anderen Gruppe oder Person gewesen waren.
- die politische oder andersgeartete Verantwortung für jede dieser Verletzungen.[64]

2. *Die Untersuchung des Schicksals und Verbleibs der Opfer*

Die Wahrheitskommission hatte das Sammeln von Informationen sowie die Entgegennahme von Beweisen von jeder Person zu erleichtern, einzuleiten oder zu koordinieren, einschliesslich von Personen, die sich als Opfer von Menschenrechtsverletzungen betrachten, oder von den Vertretern solcher Opfer. Der Zweck bestand darin, die Identität, das Schicksal und den gegenwärtigen Verbleib von Opfern derartiger Verletzungen ausfindig zu machen sowie die Art und das Ausmass des Leidens festzustellen, das solche Opfer erlitten haben.[65]

3. *Die Gewährung von Straffreiheit für politisch motivierte Straftaten bei deren vollumfänglicher Offenlegung*

Die Wahrheitskommission hatte die Gewährung von Straffreiheit bezüglich denjenigen Taten zu erleichtern und zu fördern, die mit politischen Zielen verbunden waren. Zu diesem Zweck hatte sie von Personen, die sämtliche für die Taten relevanten Fakten vollumfänglich offenlegen wollten, Amnestieanträge für diese Taten entgegenzunehmen und sie anschliessend an den Amnestie-

wurde und deren Ausübung von einer Person empfohlen, geplant, gelenkt, kommandiert oder angeordnet wurde, die aus politischer Motivation handelte.

63 Unter dem Terminus „früherer Staat“ sind gemäss Art. 1 Abs. 8 des Gesetzes zur Förderung der Nationalen Einheit und Versöhnung frühere Staaten und Territorien zu verstehen, die auf Grund eines Gesetzes errichtet worden waren und nunmehr Teil der Republik Südafrika sind. Damit sind die Homelands gemeint.

64 Art. 4 lit. a Abschnitte i-v des Gesetzes zur Förderung der Nationalen Einheit und Versöhnung.

65 Art. 4 lit. b des Gesetzes zur Förderung der Nationalen Einheit und Versöhnung.

Ausschuss zur Entscheidung weiterzuleiten. Die Gewährung von Amnestie war im Regierungsanzeiger (*Government Gazette*) zu publizieren.[66]

4. *Die Untersuchung der Vernichtung von Gegenständen zur Verschleierung von politisch motivierten Straftaten*

Die Kommission hatte zu untersuchen, welche Gegenstände zerstört worden waren, um Menschenrechtsverletzungen oder andere politisch motivierte Straftaten zu verschleiern.[67]

5. *Die Zusammenstellung eines umfassenden Berichts*

Die Aktivitäten und Ergebnisse der Wahrheitskommission sollten schliesslich in einem umfassenden Bericht dargelegt werden, basierend auf tatsächlichen und objektiven Informationen und Beweisen, die von der Kommission gesammelt oder die ihr zur Verfügung gestellt wurden.[68]

6. *Empfehlungen zu Handen des Präsidenten betreffend Massnahmen zur Gewährung von Wiedergutmachungsleistungen an die Opfer und zur Rehabilitierung der Opfer*

Dem Präsidenten sollten Massnahmen empfohlen werden in Bezug auf -

- die Politik und die Massnahmen, die zu ergreifen sind, um den Opfern Wiedergutmachung und Rehabilitierung zu gewähren, oder betreffend die Anwendung anderer Mittel, welche die Wiederherstellung der menschlichen und bürgerlichen Würde der Opfer zum Ziel haben.
- die zu ergreifenden Massnahmen, um Opfern dringende, provisorische Reparation zu gewähren.[69]

66 Art. 4 lit. c des Gesetzes zur Förderung der Nationalen Einheit und Versöhnung.

67 Art. 4 lit. d des Gesetzes zur Förderung der Nationalen Einheit und Versöhnung. Die Untersuchungskommission unter Richter Goldstone fand bei der Ermittlung im Zusammenhang mit verdeckten Operationen heraus, dass 135'000 Akten der Sicherheitspolizei vernichtet worden waren (zit. bei Simpson/van Zyl, Amnestie, S. 11). Ein Kapitel des Schlussberichtes der Wahrheits- und Versöhnungskommission ist der Zerstörung von Dokumenten gewidmet, vgl. FR I/8.

68 Art. 4 lit. e des Gesetzes zur Förderung der Nationalen Einheit und Versöhnung.

69 Art. 4 lit. f Abschnitte. i-ii des Gesetzes zur Förderung der Nationalen Einheit und Versöhnung.

7. *Empfehlungen zu Handen des Justizministers bezüglich der Erstellung eines Zeugenschutzprogramms*

Dem Justizminister waren Empfehlungen hinsichtlich der Erstellung eines begrenzten Zeugenschutzprogramms für die Zwecke des Gesetzes abzugeben.[70]

8. *Empfehlungen zu Handen des Präsidenten betreffend Massnahmen zur Prävention künftiger Menschenrechtsverletzungen*

Die Wahrheitskommission hatte schliesslich die Aufgabe, dem Präsidenten einerseits Massnahmen zur Schaffung von Institutionen zu empfehlen, die einer stabilen und gerechten Gesellschaft förderlich sind. Andererseits sollte die Kommission dem Staatschef institutionelle, administrative und legislative Massnahmen vorschlagen, die eingeführt werden sollen, um künftigen Widerhandlungen gegen die Menschenrechte vorzubeugen.[71]

III. *Die Kompetenzen der Wahrheitskommission*

1. *Allgemeines*

a. In Art. 5 lit. a-m des Gesetzes zur Förderung der Nationalen Einheit und Versöhnung wurden einige der Kompetenzen der Wahrheitskommission detailliert aufgeführt. Die in diesem Artikel geregelten Vollmachten waren vorwiegend technisch-administrativer Natur; die Kommission konnte sie selbständig oder in Konsultation mit dem Justizminister ausüben.

b. Art. 36 Abs. 1 garantierte die Unabhängigkeit der Kommission und ihrer Mitarbeiter von jeglichem politischen oder andersgearteten Druck von aussen. Gemäss Abs. 2 waren die Mitarbeiter nur der Kommission selbst verantwortlich. Die Absätze 3 bis 5 enthielten unter anderem Regelungen für den Fall, dass ein Mitglied der Kommission in einen Interessenkonflikt geriet. Den Mitgliedern und Mitarbeitern der Kommission wurde in Art. 36 Abs. 6 unter anderem ausdrücklich untersagt, die Glaubwürdigkeit der Kommission durch ihr Verhalten zu beeinträchtigen, aus der Verwendung von vertraulichen Informationen privaten Profit zu gewinnen oder überhaupt solche Informationen unberechtigten Drittpersonen zugänglich zu machen. Der Gesetzgeber erklärte in Art. 39 lit. f die Widerhandlung gegen Art. 36 Abs. 6 zu einer strafbaren Handlung und sah als Strafandrohung Busse oder Freiheitsentzug bis zu zwei Jahren oder eine Kombination von beiden Strafen vor.

70 Art. 4 lit. g des Gesetzes zur Förderung der Nationalen Einheit und Versöhnung.

71 Art. 4 lit. h des Gesetzes zur Förderung der Nationalen Einheit und Versöhnung.

c. Art. 10 Abs. 2 räumte der Wahrheitskommission die Kompetenz ein, die prozeduralen Fragen hinsichtlich den Tagungen und der Entscheidfindung selbst zu regeln. Doch gilt es hier den Verweis auf den Vorbehalt von Art. 40 zu beachten, wonach der Präsident der Republik in verschiedenen Bereichen Ausführungsbestimmungen zu erlassen hatte. Dabei wurden die Bestimmungen in Art. 40 Abs. 1 lit. a und i so allgemein gehalten, dass die Kompetenz des Präsidenten als sehr weitreichend erscheint. Allerdings hatte ein gemeinsamer Ausschuss der beiden Parlamentskammern gemäss Art. 45 Abs. 1 lit. c das Recht, diese Erlasse jederzeit zu überprüfen und den Präsidenten zur Ergänzung der Bestimmungen aufzufordern.

Die Kommission hatte grundsätzlich ein umfassendes Weisungsrecht gegenüber ihren Ausschüssen. Wichtige Ausnahmen bildeten allerdings nach Art. 5 lit. e sowohl die Amnestie-*Entscheidungen* des Amnestie-Ausschusses als auch das den Urteilen zugrunde liegende Verfahren.

2. *Die Kompetenzen der Kommission hinsichtlich Untersuchungen und Anhörungen*

a. Von besonderer Bedeutung waren die Bestimmungen in Art. 5 lit. d und m, wonach die Kommission auf eigene Initiative oder auf Grund des Ersuchens einer interessierten Person jede Untersuchung und Anhörung durchführen konnte, die sie als notwendig erachtete. Alle Anhörungen mussten gemäss Art. 10 Abs. 3 dokumentiert werden.

Zur Durchführung von Untersuchungen stand ihr eine Untersuchungseinheit (*investigating unit*) zur Verfügung. Dieses Hilfsmittel konnte gemäss Art. 28 zur Untersuchung in jeder Angelegenheit eingesetzt werden, die innerhalb des Bereichs der Funktionen, Aufgaben und Pflichten der Wahrheitskommission lag. Gerade auch die drei Ausschüsse der Wahrheitskommission, also der Ausschuss für Menschenrechtsverletzungen, der Amnestie-Ausschuss und der Ausschuss für Wiedergutmachung und Rehabilitierung, konnten und sollten sich bei ihrer Arbeit dieses Organs bedienen.

b. Die Art. 29, 31 und 32 regelten die Kompetenzen der Wahrheitskommission betreffend Hausdurchsuchungen, Beschlagnahmungen und die Vorladung von Zeugen zur Einvernahme.

Gemäss Art. 29 Abs. 1 lit. c konnte jede Person zur Abgabe einer Zeugenaussage oder zur Beantwortung von Fragen vorgeladen werden. Diese Vorladung hatte die Qualität einer gerichtlichen *subpoena.* Nach den Bestimmungen in Art. 31 konnte die vorgeladene Person zur Zeugenaussage gezwungen werden. Falls die Zeugenaussage aber die betreffende Person selbst hätte belasten können, musste gemäss Abs. 2 lit. a der Generalstaatsanwalt konsultiert werden. Zudem hatte sich die Kommission nach Abs. 2 lit. b zu vergewissern, dass die Forderung nach einer solchen Information angemessen, notwendig und gerechtfertigt war in einer offenen und demokratischen Gesellschaft, basierend auf den Werten der Freiheit und Gleichheit. In Abs. 3 statuierte der Gesetzgeber den Grundsatz der Unzulässigkeit der Verwendung einer auf eine solche Art und Weise erlangten Zeugenaussage vor einem Gericht.[72]

Auf Grund von Art. 29 Abs. 1 lit. b und d konnte die Wahrheitskommission nach jedem für eine Untersuchung oder Anhörung relevanten Gegenstand (*article*)[73] oder anderen Beweismittel suchen und zu diesem Zweck entsprechende Hausdurchsuchungen und auch Beschlagnahmungen vornehmen. Art. 32 regelte sehr minuziös die Voraussetzungen und Erfordernisse der Durchsuchungs- und Beschlagnahmungskompetenzen (*search and seizure*).

3. Das bei Untersuchungen und Anhörungen zu befolgende Verfahren und der Anspruch auf Rechtsvertretung

a. Gemäss Art. 30 Abs. 1 hatte sich die Kommission bei den Untersuchungen und Anhörungen stets an das vorgeschriebene Verfahren zu halten.

Von grosser Bedeutung war die Bestimmung von Art. 30 Abs. 2: Falls bei einer Untersuchung oder einer Anhörung irgendeine Person in einer Weise betroffen wurde, die ihr zum Nachteil gereichen könnte; oder falls die Kommission eine Entscheidung hätte fällen können, welche für diese Person nachteilige Folgen haben könnte; falls schliesslich irgendeine Person als mögliches Opfer erschien; in diesen Fällen sollte die Kommission der betreffenden Person die Gelegenheit geben, ihren Standpunkt hinsichtlich der betreffenden Angelegenheit einzureichen oder bei der Anhörung auszusagen. Diese Person hatte also mit anderen Worten einen Anspruch auf rechtliches Gehör.

b. Jede Person, die von der Untersuchungseinheit befragt wurde, und jede Person, die von der Kommission vorgeladen wurde, hatte auf Grund von Art. 34 Abs. 1 einen Anspruch auf rechtliche Vertretung. Falls sie sich keinen Anwalt leisten konnte, und die Kommission der Ansicht war, dass es im Interesse der

72 Eine Ausnahme wäre gemäss Art. 31 Abs. 3 unter anderem dann zulässig, wenn die betreffende Person vor einem Gericht wegen Meineides angeklagt ist, oder wenn sie der Wahrheits- und Versöhnungskommission absichtlich falsche oder irreführende Angaben geliefert hat und sie sich deshalb nach Art. 39 lit. d Abschnitt ii des Gesetzes zur Förderung der Nationalen Einheit und Versöhnung strafbar gemacht hat.

73 Der Begriff „article“ wurde in Art. 1 Abs. 2 des Gesetzes zur Förderung der Nationalen Einheit und Versöhnung definiert: Er beinhaltet die Termini „Beweis, Buch, Dokument, Akte, Objekt, Schrift, Aufnahme oder Computerausdruck, hergestellt durch ein mechanisches oder elektronisches Gerät oder durch irgendein anderes Gerät, das zur Datenspeicherung oder -verarbeitung dient“.

Justiz war, dass diese Person juristisch vertreten wurde, hatte die Kommission gemäss Art. 34 Abs. 3 einen unentgeltlichen Rechtsbeistand zu ernennen.

Jede Person war rechtzeitig über die ihr zustehenden Rechte aufzuklären (Art. 34 Abs. 4).

4. *Strafbestimmungen*

Art. 39 des Gesetzes zur Förderung der Nationalen Einheit und Versöhnung führte einige Handlungen auf und bezeichnete diese als Straftaten. Als Strafe wurden Busse oder Freiheitsentzug bis zu zwei Jahren oder Busse und Freiheitsentzug zusammen angedroht. Zu diesen Handlungen gehörten vor allem die Beinflussung und Behinderung der Arbeit und Untersuchungen der Wahrheits- und Versöhnungskommission; solche Delikte, die vor Gericht als „Missachtung des Gerichts" (*contempt of court*) bezeichnet würden; die Missachtung einer Vorladung durch die Kommission (*subpoena*); die Weigerung, sich vereidigen zu lassen oder auf die Fragen der Kommission nach bestem Wissen und Gewissen zu antworten.

5. *Die Verantwortlichkeit der Mitglieder und Mitarbeiter der Kommission*

Art. 41 Abs. 1 verweist für die Regelung der Verantwortlichkeit der Mitglieder und Mitarbeiter der Wahrheits- und Versöhnungskommission auf den *State Liability Act* von 1957. Nach Massgabe von Art. 41 Abs. 2 kann kein Mitglied und kein Mitarbeiter der Kommission für eine in einem Bericht oder in einem anderen Zusammenhang gutgläubig geäusserte Stellungnahme zur Verantwortung gezogen werden.

6. *Das Prinzip der Öffentlichkeit der Anhörungen*

a. Bei der Durchführung von Anhörungen der Wahrheits- und Versöhnungskommission und ihrer Ausschüsse, insbesondere auch des Amnestie-Ausschusses galt, wie bereits erwähnt, der in Art. 33 verankerte Grundsatz der Öffentlichkeit. Ausnahmen konnten nur dann bewilligt werden, wenn der Ausschluss der Öffentlichkeit von den Anhörungen im Interesse der Justiz war, oder wenn die Wahrscheinlichkeit bestand, dass einer Person als Folge der Öffentlichkeit der Verhandlungen Schaden zugefügt werden könnte.[74] Im Zusammenhang mit der Gefährdung von Zeugen ist auch die Bestimmung in Art. 35 zu lesen, wonach der Justizminister die Errichtung eines Zeugenschutzprogramms

74 Art. 33 Abs. 1 lit. b Abschnitte i-ii des Gesetzes zur Förderung der Nationalen Einheit und Versöhnung.

zu fördern hatte. In der Zwischenzeit konnten, gemäss Art. 35 Abs. 4, provisorische Massnahmen zum Schutze der Zeugen ergriffen werden.

Art. 33 Abs. 2 bestimmte, dass die Wahrheitskommission zu einem späteren, ihr angemessen erscheinenden Zeitpunkt über die vollumfängliche oder teilweise Veröffentlichung der Akten von Anhörungen, die der Öffentlichkeit nicht zugänglich waren, entscheiden konnte. Auf Grund von Art. 37 hatte die Wahrheitskommission zudem die Befugnis, darüber zu entscheiden, in welchem Ausmass, wenn überhaupt, die Namen von Antragsteller und Zeugen in Berichten veröffentlicht werden sollten.

b. Das Prinzip der Öffentlichkeit bezog sich nur auf die Durchführung von Anhörungen. Falls eine Person im Rahmen einer Investigation zur Abgabe einer Zeugenaussage vorgeladen wurde, durften ausser ihr gemäss Art. 29 Abs. 5 nur Mitarbeiter der Kommission anwesend sein. Der Kommission stand jedoch das Recht zu, die gewonnenen Informationen zu veröffentlichen. Die Vertraulichkeit wurde auch aufgehoben, indem diese Informationen in einer Anhörung der Kommission oder in einem Gerichtsverfahren publik gemacht wurden.

7. *Die Pflicht der Mitglieder und Angestellten der Wahrheitskommission zur Verschwiegenheit*

Im Umgang der Mitglieder und Mitarbeiter der Kommission mit Akten und Informationen galt gemäss Art. 38 der Grundsatz der Vertraulichkeit. Zu diesem Zwecke mussten auch sämtliche Personen, die für die Kommission arbeiteten, vereidigt werden. In Art. 39 lit. f wurde die Widerhandlung gegen Art. 38 als strafbare Handlung bezeichnet. Gemäss Art. 39 lit. g stellte überhaupt jede unrechtmässige Preisgabe von vertraulichen Informationen ein Delikt dar. Ebenfalls strafbar war gemäss Art. 39 lit. h die Zerstörung von Dokumenten und Gegenständen, die für eine Untersuchung von Relevanz waren.

Auch beschlagnahmte Dokumente und Gegenstände mussten vertraulich behandelt werden (Art. 28 Abs. 5). Ausnahmen waren nur möglich, falls die Kommission die betreffende Information der Öffentlichkeit preisgeben wollte; die Vertraulichkeit wurde auch mit dem Beginn der öffentlichen Anhörungen aufgehoben.[75]

75 Der für den Umgang mit Informationen und Beweisen allgemeingültige Grundsatz der Vertraulichkeit fand in Art. 19 Abs. 8 des Gesetzes zur Förderung der Nationalen Einheit und Versöhnung in Bezug auf die Dokumente und den Entscheidfindungsprozess des Amnestie-Ausschusses spezielle Erwähnung.

IV. Richtlinien zum Umgang mit den Opfern

Art. 11 des Gesetzes zur Förderung der Nationalen Einheit und Versöhnung enthielt folgende Richtlinien (*principles to govern actions of Commission when dealing with victims*), welche den Umgang mit den Opfern bestimmen sollten:

- Opfer sollten mit Mitgefühl und Respekt für ihre Menschenwürde behandelt werden.
- Opfer sollten gleich behandelt werden, ohne Diskriminierung in irgendeiner Hinsicht, sei es in Bezug auf Rasse, Hautfarbe, Geschlecht, sexuelle Orientierung, Alter, Sprache, Religion, Nationalität, politische oder andere Überzeugung, kulturelle Ausrichtung oder Praktiken, Reichtum, Geburt oder familiärer Status, ethnische oder soziale Herkunft oder Behinderung.
- Die Verfahren zur Behandlung von Anträgen seitens der Opfer sollten schnell, fair, günstig und zugänglich sein.
- Opfer sollten durch die Medien über ihre Rechte, Wiedergutmachung zu verlangen, informiert werden, einschliesslich der Information über die Rolle der Kommission und den Umfang ihrer Aktivitäten sowie über das Recht der Opfer, dass ihre Ansichten und Eingaben von der Kommission in angemessener Weise behandelt und berücksichtigt wurden.
- Es sollten angemessene Massnahmen ergriffen werden, um den Opfern möglichst wenige Unannehmlichkeiten zu bereiten und, falls erforderlich, ihre Privatsphäre zu schützen, ihre Sicherheit ebenso zu gewährleisten wie diejenige ihrer Familien und der Zeugen, die für sie aussagten; sie sollten ebenfalls vor Einschüchterung bewahrt bleiben.
- Es sollten angemessene Massnahmen ergriffen werden, damit die Opfer in der Sprache ihrer Wahl kommunizieren konnten.
- Informelle Mechanismen zur Lösung von Disputen, einschliesslich Vermittlung, Schlichtung oder jede andere Prozedur des Gewohnheitsrechts oder der Praxis, sollten zur Erleichterung von Versöhnung und Wiedergutmachung zugunsten der Opfer dort zur Anwendung kommen, wo sie angemessen waren.

Fünftes Kapitel: Die Aufgaben der einzelnen Ausschüsse

Wie erwähnt, unterstanden der Wahrheits- und Versöhnungskommission drei Ausschüsse, nämlich der Ausschuss für Menschenrechtsverletzungen (*Commit-*

tee on Human Rights Violations), der Amnestie-Ausschuss (*Committee on Amnesty*) und der Ausschuss für Wiedergutmachung und Rehabilitierung (*Committee on Reparation and Rehabilitation*).

I. Der Ausschuss für Menschenrechtsverletzungen

1. Die Zusammensetzung des Ausschusses

Vorsitzender dieses Ausschusses war der Leiter der Wahrheits- und Versöhnungskommission, Erzbischof Desmond Tutu. Die beiden stellvertretenden Vorsitzenden sowie sechs weitere Ausschuss-Mitglieder waren ebenfalls Angehörige der Wahrheitskommission; dazu kamen zehn Mitglieder, die nicht der Wahrheitskommission angehörten. Gemäss Art. 13 Abs. 2 des Gesetzes zur Förderung der Nationalen Einheit und Versöhnung wurden ausdrücklich Personen bevorzugt, die über ein besonderes Wissen und Erfahrung im Menschenrechtsbereich verfügen.

2. Die Aufgaben des Ausschusses

a. Nach Art. 14 Abs. 1 hatte sich der Ausschuss für Menschenrechtsverletzungen an den in Art. 3 Abs. 1 lit. a, c und d festgelegten Zielsetzungen zu orientieren. Er hatte also die Aufgabe, einerseits ein möglichst umfassendes Bild über die Ursachen, die Art und das Ausmass schwerer Menschenrechtsverletzungen zu erarbeiten. Andererseits sollte der Ausschuss das Schicksal und den Aufenthaltsort von Opfern erforschen und bekanntmachen sowie die Würde der Opfer wiederherstellen, indem ihnen die Möglichkeit geboten wurde, aus ihrer Sicht von den Menschenrechtsverletzungen zu berichten, deren Opfer sie geworden waren. Schliesslich hatte der Ausschuss die Aufgabe, die Erkenntnisse und Resultate seiner Untersuchungen und Anhörungen in einem Bericht darzustellen und Empfehlungen zu erarbeiten, wie künftigen Menschenrechtsverletzungen wirksam vorgebeugt werden kann.

b. Die folgenden der oben dargestellten[76] Funktionen der Wahrheits- und Versöhnungskommission oblagen dem Ausschuss für Menschenrechtsverletzungen:

Die Untersuchung schwerer Menschenrechtsverletzungen (Art. 4 lit. a des Gesetzes zur Förderung der Nationalen Einheit und Versöhnung).

76 Vgl. oben S. 136 ff. Die Einzelheiten dieser Funktionen werden deshalb nicht noch einmal aufgezeigt.

Die Untersuchung des Schicksals und des Verbleibs der Opfer (Art. 4 lit. b des Gesetzes zur Förderung der Nationalen Einheit und Versöhnung).

Die Untersuchung der Vernichtung von Gegenständen zur Verschleierung von politisch motivierten Straftaten (Art. 4 lit. d des Gesetzes zur Förderung der Nationalen Einheit und Versöhnung).

Der Ausschuss wirkte ebenfalls mit bei der Zusammenstellung von

Empfehlungen zu Handen des Präsidenten betreffend Massnahmen zur Wiedergutmachung an die Opfer (Art. 4 lit. f des Gesetzes zur Förderung der Nationalen Einheit und Versöhnung);

Empfehlungen zu Handen des Justizministers hinsichtlich der Erstellung eines Zeugenschutzprogrammes (Art. 4 lit. g des Gesetzes zur Förderung der Nationalen Einheit und Versöhnung);

Empfehlungen zu Handen des Präsidenten bezüglich Massnahmen zur Prävention von künftigen Menschenrechtsverletzungen (Art. 4 lit. h des Gesetzes zur Förderung der Nationalen Einheit und Versöhnung).

Des Weiteren hatte der Ausschuss die Aufgabe, schwere Verstösse gegen die Menschenrechte zu untersuchen, für die den Tätern bis zum Inkrafttreten des Gesetzes zur Förderung der Nationalen Einheit und Versöhnung (1. Dezember 1995) Straffreiheit gewährt worden war. Gemäss Art. 48 Abs. 2 bleiben die unter dem *Indemnity Act* von 1990 und dem *Further Indemnity Act* von 1992 gewährten Amnestien und Indemnitäten in Kraft, obwohl diese beiden Gesetze gestützt auf Art. 48 Abs. 1 ausdrücklich aufgehoben wurden.

Der Ausschuss hatte Behauptungen und Klagen über schwere Menschenrechtsverletzungen zu dokumentieren. Er sollte Gegenstände, die mit solchen Verletzungen in Zusammenhang standen, sammeln oder von Organisationen, Kommissionen oder Personen entgegennehmen.

Zur Förderung der Zusammenarbeit zwischen den Ausschüssen hatte der Ausschuss für Menschenrechtsverletzungen den anderen Ausschüssen, Unterausschüssen oder der Untersuchungseinheit Informationen zugänglich zu machen. Der Wahrheitskommission waren Zwischenberichte vorzulegen, in denen die vom Ausschuss bei seiner Tätigkeit oder im Hinblick auf alle anderen besonderen Angelegenheiten erzielten Fortschritte dargelegt wurden.

c. Zur Erfüllung dieser Funktionen kamen dem Ausschuss für Menschenrechtsverletzungen und den beiden anderen Abteilungen gemäss Art. 14 Abs. 1 lit. b Abschnitt v die in den Kapiteln 6 und 7 enthaltenen Kompetenzen zu. Hierzu gehörten, wie erwähnt, insbesondere das Recht zur Hausdurchsuchung, Beschlagnahmung von Gegenständen und zur Vorladung von Zeugen. Zu diesem Zweck stand dem Ausschuss die Untersuchungseinheit zur Verfügung. In Frage kamen alle Untersuchungen, die in den Bereich der Kompetenzen, Aufgaben und Pflichten des Ausschusses fielen; vorbehalten blieben aber die Anweisungen durch die Kommission.

d. Falls der Ausschuss eine schwere Menschenrechtsverletzung eruiert hatte und der Meinung war, eine bestimmte Person sei das Opfer dieser Straftat, musste er die Angelegenheit mit sämtlichen Informationen und Beweisen dem Ausschuss für Wiedergutmachung und Rehabilitierung zu dessen Beurteilung nach Art. 26 übergeben. Auf Grund eines entsprechenden Ersuchens des Ausschusses für Wiedergutmachung und Rehabilitierung hatte die Abteilung für Menschenrechtsverletzungen zudem weitere Untersuchungen oder Anhörungen in dieser Angelegenheit vorzunehmen.[77]

e. Schliesslich hatte der Ausschuss für Menschenrechtsverletzungen gemäss Art. 14 Abs. 2 die Pflicht, nach Beendigung seiner Untersuchungen der Kommission einen umfassenden Bericht über seine Aktivitäten und Erkenntnisse vorzulegen.

II. Der Amnestie-Ausschuss

1. Die Zusammensetzung des Ausschusses

Der Vorsitzende, Hassen Mall, sein Stellvertreter und ein weiteres Mitglied des fünfköpfigen Ausschusses waren Richter. Die beiden anderen Mitglieder gehörten der Wahrheits- und Versöhnungskommission an.[78]

2. Die Aufgaben des Ausschusses

Die Aufgabe des Amnestie-Ausschusses bestand darin, die Gewährung von Amnestie oder Indemnität in Bezug auf Taten zu erleichtern und zu fördern, die mit politischen Zielen verbunden, also politisch motiviert waren. Zu diesem Zweck hatte er Anträge zur Gewährung von Straffreiheit entgegenzunehmen, zu untersuchen und darüber ein Urteil zu fällen. Falls die gesetzlich festgelegten Bedingungen erfüllt waren, hatte er Straffreiheit zu gewähren und dies im Regierungsanzeiger zu veröffentlichen.

3. Anträge zur Gewährung von Straffreiheit

Jede Person, die Straffreiheit beantragen wollte, hatte bis zum 10. Mai 1997 ein entsprechendes Gesuch an die Wahrheits- und Versöhnungskommission zu richten. Dabei musste der Antrag nach Art. 18 Abs. 1 in der vorgeschriebenen Form eingereicht werden. Gemäss Art. 19 Abs. 1 konnte der Amnestie-

77 Art. 15 des Gesetzes zur Förderung der Nationalen Einheit und Versöhnung.

78 Später wurde der Amnestie-Ausschuss auf 19 Mitglieder erweitert.

Ausschuss das Gesuch an den Antragsteller mit der Auflage retournieren, das Formular zu vervollständigen oder weitere Informationen einzureichen.

Der Ausschuss hatte den Antrag zu untersuchen und jene Nachforschungen anzustellen, die er für notwendig erachtete (Art. 19 Abs. 2). Bei der Behandlung von Amnestiegesuchen sollte den Anträgen von Inhaftierten Priorität eingeräumt werden (Art. 18 Abs. 2).

4. Die Behandlung von Anträgen ohne Anhörung

A. Die Ablehnung von Anträgen ohne Anhörung

Nach der Prüfung des Antrages hatte der Amnestie-Ausschuss eine Entscheidung zu treffen. Falls er der Ansicht war, dass das Gesuch nicht den gesetzlichen Anforderungen entsprach, insbesondere die betreffende Straftat sich nicht auf ein politisches Ziel bezog, war der Antragsteller entsprechend zu informieren. Dabei konnte der Ausschuss den Gesuchsteller zu einer weiteren Eingabe auffordern, die zusätzliche Informationen enthielt. Kam der Ausschuss auch nach der Prüfung der weiteren Eingabe zum Schluss, dass der Antrag die gesetzlichen Anforderungen nicht erfüllte, konnte er in Abwesenheit des Antragstellers und ohne Durchführung einer Anhörung über die Ablehnung des Gesuchs entscheiden. Hiervon war der Gesuchsteller gebührend zu informieren.[79]

B. Die Gewährung von Straffreiheit ohne Anhörung

Falls der Ausschuss der Ansicht war, dass der Gesuchsteller die gesetzlichen Anforderungen erfüllte, eine Anhörung nicht notwendig war und die betreffende Straftat keine schwere Menschenrechtsverletzung darstellte, konnte er in Abwesenheit des Antragstellers und ohne Durchführung einer Anhörung über die Gutheissung des Antrages entscheiden. Davon war der Antragsteller anschliessend entsprechend zu informieren.[80]

5. Die Behandlung von Gesuchen mit Anhörung

a. Falls ein Amnestiebegehren nicht in einer der in Art. 19 Abs. 3 vorgesehenen Formen, also ohne Anhörung, behandelt wurde, hatte der Ausschuss gemäss Art. 19 Abs. 4 eine prinzipiell öffentliche Anhörung durchzuführen.

Der Grundsatz der Öffentlichkeit bezog sich allerdings, wie erwähnt, nur auf die Anhörungen. Gemäss Art. 19 Abs. 8 lit. a galt für die Amnestieanträge

79 Art. 19 Abs. 3 lit. a Abschnitte i-iii des Gesetzes zur Förderung der Nationalen Einheit und Versöhnung.

80 Art. 19 Abs. 3 lit. b Abschnitte i-iii des Gesetzes zur Förderung der Nationalen Einheit und Versöhnung.

und die damit verbundene Dokumentation sowie für weitere Informationen und Beweise, die aus den Untersuchungen des Ausschusses gewonnen werden konnten, ebenso das Prinzip der Vertraulichkeit wie für den Entscheidfindungsprozess des Ausschusses in Bezug auf die Durchführung einer Anhörung oder die Entscheidung über die Gewährung von Straffreiheit. Gemäss Art. 19 Abs. 8 lit. b wurde die Vertraulichkeit durch den Beginn der Anhörungen aufgehoben. Auch die Kommission konnte über die jederzeitige Veröffentlichung von Informationen entscheiden.

b. Vor der Durchführung einer Anhörung hatte der Ausschuss den Antragsteller, die Opfer der betreffenden Straftat und alle weiteren Personen, die ein Interesse am Gesuch geltend machen konnten, über den Ort und die Zeit der Anhörung zu informieren (Art. 19 Abs. 4 lit. a). Diese Personen waren zudem über ihre Rechte aufzuklären, insbesondere über das Recht, eine Zeugenaussage zu machen (Art. 19 Abs. 4 lit. b).

Der Amnestie-Ausschuss hatte nunmehr den Antrag zur Gewährung von Straffreiheit zu behandeln und zu überprüfen, ob er den in Art. 20 festgelegten Tatbestandsvoraussetzungen entsprach. Zur Erfüllung dieser Aufgabe hatte der Amnestie-Ausschuss die Befugnis, nach eigenem Gutdünken Untersuchungen und Anhörungen durchzuführen. Er konnte auch von den in den Kapiteln 6 und 7 des Gesetzes zur Förderung der Nationalen Einheit und Versöhnung enthaltenen Kompetenzen Gebrauch machen, also insbesondere Zeugen vorladen und Hausdurchsuchungen und Beschlagnahmungen anordnen.[81]

c. Gestützt auf Art. 19 Abs. 6 konnte ein Zivilverfahren, dem eine Tat zugrunde lag, für die um Straffreiheit ersucht worden war, vom betreffenden Zivilgericht auf Ersuchen des Antragstellers bis zur Entscheidung über den Amnestieantrag suspendiert werden.

Falls gegen eine Person, die ein Gesuch zur Gewährung von Straffreiheit gestellt hatte, ein Strafverfahren hängig war, hatte der Amnestie-Ausschuss gemäss Art. 19 Abs. 7 die Möglichkeit, nach Absprache mit dem betreffenden Staatsanwalt die zuständige Behörde um ein Aufschieben des Strafprozesses bis zur Entscheidung über den Amnestie-Antrag zu ersuchen.

6. Die Voraussetzungen zur Gewährung von Straffreiheit

Der Gesetzgeber legte die Tatbestandsvoraussetzungen zur Gewährung von Amnestie oder Indemnität in Art. 20 ausserordentlich detailliert fest.

In Art. 20 Abs. 1 lit. a bis c wurden die Bedingungen folgendermassen zusammengefasst: Falls der Ausschuss zum Ergebnis kam, dass der Antrag den

81 Art. 19 Abs. 5 lit. a des Gesetzes zur Förderung der Nationalen Einheit und Versöhnung.

Anforderungen des Gesetzes entsprach, die betreffende Tat mit einer politischen Zielsetzung verbunden gewesen und im Laufe der Konflikte der Vergangenheit begangen worden war (und insbesondere den in Abs. 2 und Abs. 3 festgelegten Bestimmungen entsprach), und der Antragsteller alle relevanten Fakten vollumfänglich offengelegt hatte, sollte der Amnestie-Ausschuss in Bezug auf diese Tat Straffreiheit gewähren.

A. Die Tatbestandsvoraussetzungen bezüglich der Person des Täters (Art. 20 Abs. 2)

Art. 20 Abs. 2 enthielt die Tatbestandsvoraussetzungen betreffend die Person des Täters. Danach bedeutete „Tat mit einer politischen Zielsetzung" jede Handlung oder Unterlassung einer Person, die ein Delikt darstellte und den in Abs. 3 enthaltenen Kriterien über die politische Motivation einer Tat entsprach, und welche innerhalb oder ausserhalb der Republik im Zeitraum vom 1. März 1960 bis zum 10. Mai 1994 „empfohlen, geplant, geleitet, kommandiert, angeordnet oder ausgeführt "[82] worden war. In den darauffolgenden literae a bis g wurden die einzelnen in Frage kommenden Möglichkeiten für die Stellung dieser betreffenden Person minuziös aufgelistet. Diese sollen im Folgenden zusammengefasst werden.[83] In Frage kamen demnach -

- Mitglieder oder Anhänger öffentlich bekannter politischer Organisationen oder Befreiungsbewegungen, die in gutem Glauben (*bona fide*) zur Förderung der Ziele dieser Gruppierungen gegen den Staat oder einen früheren Staat[84] oder andere Organisationen agiert hatten.
- Angestellte des Staates oder eines früheren Staates oder deren Sicherheitskräfte, die im Rahmen ihrer Pflichten und impliziten oder expliziten Kompetenzen, im guten Glauben und zum Zwecke der Verteidigung des Staates oder eines früheren Staates eine politische Organisation oder Befreiungsbewegung oder deren Anhänger bekämpft hatten.
- Angestellte des Staates oder eines früheren Staates oder deren Sicherheitskräfte, die im Rahmen ihrer Pflichten und impliziten oder expliziten Kompetenzen, im guten Glauben und zum Zwecke der Verteidigung des Staates oder eines früheren Staates, einander im Laufe eines politischen Konfliktes gegenseitig bekämpft hatten.

82 Art. 20 Abs. 2 (am Anfang) des Gesetzes zur Förderung der Nationalen Einheit und Versöhnung.

83 Für die Details sei auf das Gesetz selbst verwiesen.

84 Der Terminus „früherer Staat" bezieht sich gemäss Art. 1 Abs. 8 des Gesetzes zur Förderung der Nationalen Einheit und Versöhnung „auf frühere Staaten und territorialen Einheiten", die durch ein Gesetz errichtet worden waren und die nunmehr Teil der Republik Südafrika sind. Damit sind die Homelands gemeint.

- Personen, welche die Regierung eines früheren Staates durch einen Putsch gestürzt oder dies versucht hatten.
- Angestellte des Staates oder eines früheren Staates oder deren Sicherheitskräfte, welche gedacht hatten, sie würden im Rahmen ihrer Pflichten oder ihrer impliziten oder expliziten Befugnisse handeln. Diese Annahme musste sich aber auf vernünftige Gründe (*reasonable grounds*) stützen können.
- Personen, die an diesen Delikten teilgenommen hatten (*associated with*).

B. Die Kriterien zur Definition einer Tat mit einem politischen Ziel (Art. 20 Abs. 3 und 4)

Wie bereits erwähnt, vereinbarten die Nationale Partei und der Afrikanische Nationalkongress in dieser kontroversen Frage eine typische Kompromisslösung: Einerseits wurden die Norgaard-Kriterien, die bei der Handhabung des *Indemnity Act* von 1990 eine entscheidende Rolle gespielt hatten, in Art. 20 Abs. 3 inhaltlich praktisch unverändert übernommen. Andererseits sollte - neben diesen objektiven Kriterien - das gegensätzliche, völlig subjektive Kriterium des *Further Indemnity Act* von 1992 gemäss Art. 20 Abs. 4 ebenfalls berücksichtigt werden.

Die in Art. 20 Abs. 3 verankerten Norgaard-Kriterien werden auf Grund ihrer grossen Bedeutung entsprechend ihrem Gesetzeswortlaut nochmals aufgeführt. Zu berücksichtigen waren bei der Entscheidung über die Frage nach der politischen Motivation einer Straftat demnach folgende Kriterien:

(a) Das Motiv der Person, welche die Handlung, Unterlassung oder Straftat (*offence)* begangen hatte.

(b) Der Kontext, innerhalb dessen die Handlung, Unterlassung oder Straftat verübt worden war, und insbesondere ob die Handlung, Unterlassung oder Straftat im Laufe oder als Teil eines politischen Aufstandes, Ereignisses oder politischer Unruhen begangen worden war, oder als Reaktion hierauf.

(c) Die rechtliche und faktische Natur der Handlung, Unterlassung oder Straftat, inklusive ihrer Schwere.

(d) Der Gegenstand oder das Ziel der Handlung, Unterlassung oder Straftat, und im Besonderen, ob die Handlung, Unterlassung oder Straftat primär gegen einen politischen Gegner oder Staatseigentum oder Staatsangestellte gerichtet gewesen war, oder gegen privates Eigentum oder Privatpersonen.

(e) Ob die Handlung, Unterlassung oder Straftat in der Ausübung einer Anordnung, im Interesse oder mit der Zustimmung einer Organisation, Institution, Befreiungsbewegung oder Körperschaft begangen worden war, deren Mitglied, Anhänger oder Agent der Täter gewesen war.

(f) Die Beziehung zwischen der Handlung, Unterlassung oder Straftat und dem politischen Ziel, das verfolgt worden war, insbesondere die Unmittelbarkeit und Nähe des Verhältnisses und die Proportionalität der Handlung, Unterlassung oder Straftat zu dem verfolgten Ziel.

Ausgeschlossen waren Personen, die eine Handlung, Unterlassung oder Straftat begangen hatten aus

(i) persönlicher Gewinnsucht. Davon war allerdings nicht schon bei denjenigen Personen auszugehen, die für ihre Handlungen, Unterlassungen oder Straftaten vom Staat oder einem früheren Staat, einer politischen Organisation oder Befreiungsbewegung Geld oder andere Wertsachen erhalten hatten;

(ii) persönlicher Bosheit oder Böswilligkeit gegenüber dem betroffenen Opfer.

Der Gesetzgeber schrieb in Art. 20 Abs. 4 vor, dass der Amnestie-Ausschuss bei der Anwendung der Norgaard-Bestimmungen auch die Kriterien berücksichtigen sollte, welche in den durch Art. 48 aufgehobenen Gesetzen enthalten waren. Gemeint war hier speziell das subjektive Kriterium des Further Indemnity Act von 1992. Nach diesem *single test* hatte eine Tat ein politisches Ziel, wenn der Täter seine Handlung oder Unterlassung als „politisch" betrachtete oder sie ihm als „politisch" bezeichnet wurde (*anything a person believed or was told was political*), unabhängig davon, ob diese Betrachtung oder Bezeichung als vernünftig erachtet werden konnte.

7. *Die Notifizierung und Veröffentlichung des Entscheides zur Gewährung von Straffreiheit*

Gemäss Art. 20 Abs. 5 hatte die Wahrheits- und Versöhnungskommission nicht nur den Antragsteller über die Gewährung von Straffreiheit zu informieren, sondern auch, soweit überhaupt möglich, die Opfer der betreffenden Straftat. Der Amnestie-Ausschuss hatte der Kommission eine Dokumentation über das Verfahren zu überreichen.

Die Gewährung von Amnestie oder Indemnität war zudem im Regierungsanzeiger, der Government Gazette, zu veröffentlichen, indem der Name des Gesuchstellers und genügende Informationen zur Identifizierung des betreffenden Delikts anzugeben waren.

8. *Die Rechtsfolgen der Gewährung von Straffreiheit*

a. Nach Massgabe von Art. 20 Abs. 7 lit. a kann eine Person, der für eine bestimmte Tat Amnestie oder Indemnität gewährt worden ist, für dieses Delikt weder straf- noch zivilrechtlich belangt werden, auch nicht indirekt (*vicariously*). Dasselbe gilt für eine Körperschaft, eine Organisation oder den Staat. Im Übrigen hat die Gewährung von Straffreiheit für eine bestimmte Person gemäss Art. 20 Abs. 7 lit. b keine Auswirkungen auf die strafrechtliche Verantwortlichkeit einer anderen Person, auch wenn deren Strafbarkeit von derjenigen der amnestierten Person abhängt. Art. 20 Abs. 7 lit. c schliesslich bestimmt, dass keine Person, Organisation oder Staat zivilrechtlich oder indirekt für eine Handlung, Unterlassung oder Straftat verantwortlich ist, die von einer Person begangen worden war, welche verstorben ist, es sei denn, Amnestie hätte für diese Delikte ohnehin nicht gewährt werden können.

b. Das Strafverfahren gegen eine Person, der für die betreffende Tat Straffreiheit gewährt worden ist, musste gestützt auf Art. 20 Abs. 8 nach der Publikation der Entscheidung eingestellt werden. Falls die Person inhaftiert war, musste sie aus der Haft entlassen werden. Gemäss Art. 20 Abs. 10 waren Strafregistereinträge für amnestierte Straftaten aufzuheben. Der Amnestie-Ausschuss konnte der betreffenden Behörde zur Gewährleistung der öffentlichen Sicherheit Massnahmen empfehlen.

Eine spezielle Regelung ergibt sich für Zivilverfahren: Im Falle der Gewährung von Straffreiheit für ein Delikt, welches die Grundlage für einen Zivilprozess dargestellt hat, bleibt das bereits vollstreckte Urteil des Zivilgerichts in Kraft und kann nicht rückgängig gemacht werden.[85]

9. Die Rechtsfolgen der Ablehnung eines Amnestiegesuchs

Auch in diesem Falle mussten sowohl der Antragsteller als auch die Opfer der betreffenden Straftat sowie die Kommission informiert werden. Die Ablehnung bedurfte gemäss Art. 21 Abs. 1 der Begründung.

Falls auf Grund des Antrages Straf- oder Zivilverfahren suspendiert worden waren, mussten die Gerichtsbehörden von der Ablehnung des Gesuchs notifiziert werden, damit die Prozesse wieder aufgenommen werden konnten. Dabei durften die Gerichte nach der Bestimmung in Art. 21 Abs. 2 lit. b aus der Ablehnung des Amnestieantrages und der Wiederaufnahme der Gerichtsverfahren keine für den Antragsteller nachteiligen Schlussfolgerungen ziehen.

10. Rechtsmittel gegen die Entscheide des Amnestie-Ausschusses

Gemäss Art. 33 Abs. 1 der Konstitution von 1996 hat jedermann Anspruch auf Verwaltungshandeln, welches „*lawful, reasonable and procedurally fair*“ ist. Gestützt auf diese verfassungsrechtliche Bestimmung hatte jede durch eine Entscheidung des Amnestie-Ausschusses beschwerte Partei das Recht auf eine Überprüfung des Entscheides durch einen *High Court*.[86]

85 Art. 20 Abs. 9 des Gesetzes zur Förderung der Nationalen Einheit und Versöhnung.

86 Vgl. die Ausführungen in Section 1, Chapter 1, Rz. 46 f. des sechsten Bandes des Schlussberichts.

Dabei kam der Rechtsmittelinstanz eine beschränkte Kognition zu. Sie hatte sich auf die Prüfung zu beschränken, ob zwischen den vom Antragsteller vorgebrachten Fakten und der Amnestieentscheidung ein rationaler Zusammenhang (*rational connection*) bestand und das Verdikt des Ausschusses mithin als gerechtfertigt (*justifiable*) erschien.[87]

11. Weiterleitungen an den Ausschuss für Wiedergutmachung und Rehabilitierung

Falls einem Täter für ein bestimmtes Delikt Straffreiheit gewährt wurde und der Amnestie-Ausschuss der Meinung war, eine bestimmte Person sei das Opfer dieser Tat, hatte er die Angelegenheit dem Ausschuss für Wiedergutmachung und Rehabilitierung zu überreichen.[88]

Im Falle der Ablehnung eines Amnestieantrages hatte der Amnestie-Ausschuss die Angelegenheit dann an den Ausschuss für Wiedergutmachung und Rehabilitierung weiterzuleiten, wenn er der Meinung war, die betreffende Straftat stelle eine *schwere* Menschenrechtsverletzung dar und eine bestimmte Person sei ein Opfer dieser Verletzung.[89]

III. Der Ausschuss für Wiedergutmachung und Rehabilitierung

1. Die Zusammensetzung des Ausschusses

Die Vorsitzende des Ausschusses, Hlengiwe Mkhize, war ebenso wie ihre Stellvertreterin, Wendy Orr, Ärztin und Mitglied der Wahrheits- und Versöhnungskommission. Neben insgesamt fünf Angehörigen der Kommission, die in diesem Ausschuss Einsitz nahmen, gab es noch vier weitere Mitglieder im Ausschuss für Wiedergutmachung und Rehabilitierung.

2. Die Funktionen des Ausschusses

a. Gemäss Art. 25 Abs. 1 hatte sich der Ausschuss für Wiedergutmachung und Rehabilitierung an den in Art. 3 Abs. 1 lit. c und d verankerten Zielen zu orien-

87 Siehe a.a.O., Rz. 47. Den im FR I/7, Rz. 90 ff. sowie in Section 1, Chapter 4, Rz. 46 ff. des sechsten Bandes enthaltenen Hinweisen auf Gerichtsentscheide ist zu entnehmen, dass die Gerichte kassatorisch entschieden, die Amnestie-Urteile also gegebenenfalls aufhoben und zu neuer Entscheidung an den Amnestie-Ausschuss zurückwiesen. Vgl. die Angaben a.a.O. für Beispiele solcher Judikate.

88 Art. 22 Abs. 1 des Gesetzes zur Förderung der Nationalen Einheit und Versöhnung.

89 Art. 22 Abs. 2 des Gesetzes zur Förderung der Nationalen Einheit und Versöhnung.

tieren. Im Vordergrund stand die Erarbeitung von Empfehlungen bezüglich Massnahmen, welche ergriffen werden sollen, um den Opfern Wiedergutmachung und Rehabilitierung zu gewähren.

Neben dem Ausschuss für Menschenrechtsverletzungen hatte aber auch der Ausschuss für Wiedergutmachung und Rehabilitierung die Funktion, Informationen zu sammeln und Beweise entgegenzunehmen, um die Identität der Opfer von Menschenrechtsverletzungen, ihr Schicksal und ihren Verbleib sowie die Art und das Ausmass ihres Leidens zu eruieren.[90] Die menschliche und bürgerliche Würde der Opfer sollte wiederhergestellt werden, indem ihnen die Gelegenheit geboten wurde, die Menschenrechtsverletzungen, unter denen sie gelitten hatten, aus eigener Perspektive darzustellen.[91]

Schliesslich arbeitete der Ausschuss für Wiedergutmachung und Rehabilitierung ebenfalls am Schlussberichts der Kommission mit, der Empfehlungen für Massnahmen beinhalten sollte, die zu ergreifen sind, damit künftigen Menschenrechtsverletzungen vorgebeugt werden kann.[92]

b. Die Hauptaufgaben dieses Ausschusses lagen in der Erfüllung der in Art. 4 lit. f enthaltenen Funktionen: Demnach hatte der Ausschuss dem Präsidenten der Republik Empfehlungen zu übergeben in Bezug auf

- Massnahmen, die den Opfern Wiedergutmachung gewähren sollen oder die auf eine andere Art geeignet sind, die Opfer zu rehabilitieren und ihre bürgerliche und menschliche Würde wiederherzustellen;
- Massnahmen, die ergriffen werden sollen, um den Opfern dringende, provisorische Wiedergutmachung (*urgent interim reparation*) zu gewähren.

c. Ziel und Zweck der Wiedergutmachung bestehen darin, die spärlich vorhandenen finanziellen Ressourcen möglichst effizient und gerecht den Opfern zugute kommen zu lassen.[93] Gemäss Art. 20 Abs. 7 können die Täter für ihre amnestierten Taten weder straf- noch zivilrechtlich belangt werden. Der Staat soll deshalb in gewisser Weise an die Stelle der Täter treten, um die Opfer zu-

90 Art. 25 Abs. 1 lit. a Abschnitt ii des Gesetzes zur Förderung der Nationalen Einheit und Versöhnung verweist auf diese in Art. 4 lit. b enthaltene Funktion.

91 Art. 3 Abs. 1 lit. c des Gesetzes zur Förderung der Nationalen Einheit und Versöhnung.

92 Art. 3 Abs. 1 lit. d des Gesetzes zur Förderung der Nationalen Einheit und Versöhnung.

93 Potgieter weist darauf hin, dass auf diese Weise viele Opfer in den Genuss von Reparationsleistungen gelangen können, auch wenn diese wohl relativ gering ausfallen werden. Dies sei aber gegenüber dem Modell der rein rechtlichen Vergangenheitsaufarbeitung vorzugswürdig, denn diesfalls könnten sich vermutlich nur relativ wenige Opfer erfolgreich vor Zivilgerichten durchsetzen (Potgieter, Peace, S. 11).

mindest teilweise für ihren Verlust der zivilrechtlichen Klagemöglichkeiten zu entschädigen. Ziel ist es, das Leiden so weit wie möglich zu lindern.[94]

d. Angesichts der grossen Zahl von Opfern und der relativ geringen Finanzmittel der Republik wurde allerdings der Anspruch der Opfer auf Wiedergutmachung vom Gesetzgeber an bestimmte Voraussetzungen geknüpft. Die Definition der Opferstellung als Voraussetzung der staatlichen Wiedergutmachungspflicht wurde in Art. 1 Abs. 19 des Gesetzes zur Förderung der Nationalen Einheit und Versöhnung festgelegt. Eine Person hat demnach einen Anspruch auf Reparation, wenn ihr körperliches oder seelisches Leid zugefügt worden ist. Ein Anspruch besteht ebenfalls, wenn ihre Menschenrechte substanziell beeinträchtigt worden sind als Folge *entweder* einer schweren Menschenrechtsverletzung *oder* einer politisch motivierten Straftat, für die dem Täter Straffreiheit gewährt worden ist.

Damit wird auch der Unterschied zwischen Art. 22 Abs. 1 und Abs. 2 deutlich: Gemäss Abs. 1 hatte der Amnestie-Ausschuss eine Angelegenheit dann an den Ausschuss für Wiedergutmachung und Rehabilitierung weiterzuleiten, wenn er der Meinung war, eine bestimmte Person sei das Opfer *irgendeiner* politisch motivierten Straftat, für die dem Täter Straffreiheit gewährt worden ist. Nach Abs. 2 hingegen hatte der Ausschuss eine Angelegenheit im Falle der Ablehnung eines Amnestie-Gesuchs nur dann weiterzuleiten, wenn er zum Ergebnis kam, es liege eine *schwere* Menschenrechtsverletzung vor und eine bestimmte Person sei ein Opfer dieser Verletzung.

Anspruch auf Reparation haben zudem diejenigen Personen, welche den soeben definierten Opfern zu Hilfe kamen und deshalb selbst körperliches oder seelisches Leid oder eine substanzielle Beeinträchtigung ihrer Menschenrechte erfahren mussten (Art. 1 Abs. 19 lit. b). Schliesslich sollen auch die Angehörigen dieser beiden Opferkategorien sowie die von ihnen finanziell abhängigen Personen in den Genuss von Wiedergutmachungsleistungen kommen (Art. 1 Abs. 19 lit. c).

e. Unter dem Begriff „Wiedergutmachung“ (*reparation*) sind allerdings keineswegs nur Geldzahlungen zu verstehen. Gemäss Art. 1 Abs. 14 des Gesetzes beinhaltet der Terminus „irgendeine Form von Kompensation, Zahlung, Restitution, Rehabilitation oder Anerkennung“. Im offiziellen Organ der Wahrheits- und Versöhnungskommission wurde erläutert, was unter dem Begriff „symbolische Reparation“ verstanden wird: Auf individueller Ebene etwa die Errichtung von Grabsteinen oder die Übergabe der sterblichen Überreste von Opfern, die weit entfernt von den Angehörigen bestattet worden waren; auf lokaler und regionaler Ebene die Umbenennung von Strassen und Vororten, die

94 Potgieter, Peace, S. 10.

Errichtung von Parkanlagen und Museen; auf nationaler Ebene die Errichtung von nationalen Monumenten und die Einführung eines nationalen Gedenktages.[95] Denzil Potgieter, Mitglied des Ausschusses und der Kommission, erwähnte als mögliche Reparationsleistungen die Einräumung von Stipendien oder die Leistung von medizinischer Hilfe.[96]

f. Der Ausschuss für Wiedergutmachung und Rehabilitierung hatte zur Erfüllung seiner Funktionen dieselben Kompetenzen wie die beiden anderen Ausschüsse: Er konnte auf eigene Initiative Untersuchungen einleiten, Zeugen vorladen, Hausdurchsuchungen und Beschlagnahmungen anordnen.[97]

g. Der Ausschuss für Wiedergutmachung und Rehabilitierung hatte diejenigen Angelegenheiten zu behandeln und zu prüfen, die ihm von den beiden anderen Ausschüssen oder von der Kommission überreicht wurden.

Wie bereits erwähnt, leitete der Ausschuss für Menschenrechtsverletzungen eine Angelegenheit an den Ausschuss für Wiedergutmachung und Rehabilitierung weiter, wenn er der Meinung war, es liege eine gravierende Menschenrechtsverletzung vor und eine bestimmte Person sei das Opfer dieser Verletzung.[98]

Der Amnestie-Ausschuss hatte eine Sache dem Ausschuss für Wiedergutmachung und Rehabilitierung zu überreichen, falls er zum Ergebnis kam, eine bestimmte Person sei das Opfer irgendeiner politisch motivierten Straftat, für die dem Täter Straffreiheit gewährt worden war, oder falls er herausfand, dass eine bestimmte Person das Opfer einer schweren Menschenrechtsverletzung ist, unabhängig davon, ob einem allfälligen Gesuch des Täters um Straffreiheit entsprochen worden war oder nicht.[99] Auch die Kommission konnte, nach Massgabe von Art. 5 lit. e, dem Ausschuss jederzeit eine Angelegenheit zur Behandlung übergeben.

h. Eine Person, welche den Ausschuss um die Gewährung von Wiedergutmachung und Rehabilitierung ersuchen wollte, hatte ihr Anliegen in der vorgeschriebenen Form einzureichen. Jede Angelegenheit musste daraufhin auch vom Ausschuss für Menschenrechtsverletzungen behandelt werden, insbesondere

95 (ohne Angabe des Verf.), Symbolic reparation: what is it?, in: Truth Talk, Vol 2, No. 1 , March 1997, S. 11.

96 Potgieter, Peace, S. 10.

97 Art. 25 Abs. 1 lit. b Abschnitt iv des Gesetzes zur Förderung der Nationalen Einheit und Versöhnung.

98 Art. 15 des Gesetzes zur Förderung der Nationalen Einheit und Versöhnung.

99 Art. 22 des Gesetzes zur Förderung der Nationalen Einheit und Versöhnung.

zum Zweck der Abklärung, ob es sich um eine schwere Menschenrechtsverletzung handelt.[100]

Falls der Ausschuss zum Ergebnis kam, dass der Antragsteller tatsächlich ein Opfer ist, hatte er entsprechende Empfehlungen zu Handen des Präsidenten zu erarbeiten, damit Massnahmen ergriffen werden, um die menschliche und bürgerliche Würde des Opfers wiederherzustellen.[101]

3. *Die Empfehlungen zu Handen des Präsidenten der Republik*

Der Präsident wiederum hatte gemäss Art. 27 Abs. 1 die vorgeschlagenen Massnahmen zu erwägen, um seinerseits dem Parlament Massnahmen zur Wiedergutmachung und Rehabilitierung zu empfehlen.

Zum Zeitpunkt des Abschlusses der vorliegenden Arbeit befindet sich der Prozess, der zur Gewährung von Wiedergutmachungsleistungen führen soll, in der parlamentarischen Phase. In der Legislative hat ein gemeinsamer Ausschuss der beiden Kammern über die Empfehlungen zu beraten. Diese müssen danach vom Parlament verabschiedet werden.

Der Präsident hat die Kompetenz, zur Vollziehung der Parlamentsbeschlüsse Ausführungsbestimmungen (*regulations*) zu erlassen.[102] Diese Ausführungserlasse sollen einerseits die Grundlagen und Konditionen zur Gewährung von Wiedergutmachung regeln, andererseits über die für den Vollzug dieser Vorschriften zuständige Behörde entscheiden.[103] Mit diesen Vollzugsbestimmungen kann der Präsident aber auch Einzelheiten wie die Änderung von Verfügungen zur Wiedergutmachung oder das Verbot einer Übertragung von Reparationsansprüchen regeln.[104]

In der Frage der Gewährung von dringenden, provisorischen Wiedergutmachungsleistungen kann der gemeinsame Parlamentsausschuss gemäss Art. 27 Abs. 4 den Präsidenten beraten.

4. *Die Einrichtung eines Präsidialfonds*

Das Staatsoberhaupt konnte einen Fonds einrichten, in den sämtliche Gelder einzubezahlen sind, die vom Parlament oder von irgendeiner anderen Quelle

100 Art. 26 Abs. 2 lit. b des Gesetzes zur Förderung der Nationalen Einheit und Versöhnung.
101 Art. 26 Abs. 3 des Gesetzes zur Förderung der Nationalen Einheit und Versöhnung.
102 Art. 27 Abs. 2 des Gesetzes zur Förderung der Nationalen Einheit und Versöhnung.
103 Art. 27 Abs. 3 lit. a des Gesetzes zur Förderung der Nationalen Einheit und Versöhnung.
104 Vgl. die Details in Art. 27 Abs. 3 lit. b Abschnitte i-iv und in Art. 40 Abs. 1 lit. d, e und f des Gesetzes zur Förderung der Nationalen Einheit und Versöhnung.

zum Zwecke der Reparationsleistungen an die Opfer zur Verfügung gestellt werden. Alle Zahlungen an die Opfer sollen dann schliesslich aus diesem Fonds getätigt werden.[105]

Sechstes Kapitel: Die Wahrheits- und Versöhnungskommission als Gegenstand von Gerichtsurteilen

Die Rechtsprechung zur Wahrheits- und Versöhnungskommission hat zur Klärung von einigen interessanten juristischen Fragen geführt.[106]

Im Zentrum der Judikate steht sicherlich der Entscheid des südafrikanischen Verfassungsgerichts über die Verfassungskonformität des Gesetzes zur Förderung der Nationalen Einheit und Versöhnung. Einige Klagen richteten sich gegen Amnestie-Entscheide[107] oder betrafen die Anwendung von diversen Bestimmungen der Gesetzesgrundlage der Wahrheitskommission. Dabei ging es vor allem um die Tragweite von prozeduralen Rechten von Personen, die durch Aussagen von Opfern respektive von deren Angehörigen vor der Wahrheitskommission belastet wurden. Die Gerichte haben sich dabei für einen recht weitgehenden Schutz der Verfahrensrechte ausgesprochen; diese Entscheide haben spürbare Auswirkungen auf die Arbeit der Kommission gehabt.

Im Folgenden soll auf einige der zentralen Gerichtsurteile, deren Gegenstand die Wahrheits- und Versöhnungskommission war, hingewiesen werden.

I. Das Azapo-Urteil des Verfassungsgerichts vom 25. Juli 1996

Die Familien der Apartheid-Opfer Steve Biko, Victoria und Griffiths Mxenge sowie Florence und Fabian Ribeiro erhoben mit der Unterstützung der Azanian

105 Art. 42 des Gesetzes zur Förderung der Nationalen Einheit und Versöhnung.

106 Die Zusammenfassungen der Gerichtsentscheide befinden sich im FR I/7. Auch der sechste Band des Schlussberichts, der dem Präsidenten im März 2003 übergeben wurde, befasst sich mit diversen Gerichtsurteilen, welche jedoch in der vorliegenden Arbeit nicht mehr berücksichtigt werden konnten (vgl. Volume six, Section one, Chapter four des Schlussberichts).

107 Vgl. hierzu die Hinweise in Anm. 87.

People's Organisation (Azapo) 1996 gegen den Präsidenten der Republik und andere Verantwortliche beim Verfassungsgericht Klage.[108] Die Kläger machten geltend, das Gesetz zur Förderung der Nationalen Einheit und Versöhnung verstosse gegen die damals noch geltende Interimskonstitution von 1993. Da die relevanten Bestimmungen der Interimskonstitution von 1993 auch in die Verfassung von 1996 übernommen worden sind und zudem nach Massgabe von Art. 22 des sechsten Anhanges zur Verfassung von 1996 sämtliche Verfassungsbestimmungen der Interimskonstitution, welche die „Nationale Einheit und Versöhnung" betreffen, Teil des geltenden Verfassungsrechts sind, ist das Azapo-Urteil auch im Lichte der Verfassung von 1996 von massgebender Bedeutung.

Das Rechtsbegehren wurde von den Klägern mehrmals ergänzt und überarbeitet. Schliesslich wurde die Forderung, wonach die Tätigkeit des Amnestie-Ausschusses oder gegebenenfalls auch der anderen Ausschüsse der Wahrheitskommission zu verbieten sei, fallen gelassen.[109] Die definitive Klageschrift

108 Rechtssache *The Azanian People's Organisation, Ms Nontsikelelo Margaret Biko, Mr Churchill Mhleli Mxenge and Mr Chris Ribeiro v the President of the Republic of South Africa, the Government of the Republic of South Africa, the Minister of Justice, the Minister of Safety and Security, and the Chairperson of the Truth and Reconciliation Commission.* Urteil des Constitutional Court of the Republic of South Africa vom 25. Juli 1996. Aktenzeichen CCT 17/96. Im Folgenden zitiert als: Azapo-Urteil. Internet-Quelle: http://www.law.wits.ac.za/judgements/azapo.html.

Die Entscheidungen des Verfassungsgerichts, darunter auch das Azapo-Urteil, können unter der folgenden Internet-Adresse abgerufen werden: http://www.concourt.gov.za (für das Azapo-Urteil: http://www.concourt.gov.za/files/azapo/azapo.doc).

Die Wahrheits- und Versöhnungskommission behandelt das Azapo-Urteil im FR I/7, Rz. 7-20. Für Besprechungen in der Literatur vgl. Daniel F. Wilhelm, Azanian People's Organisation v. President of the Republic of South Africa. Case CCT 17/96, Constitutional Court of South Africa, July 25, 1996, in: The American Journal of International Law, Volume 91 (1997), S. 360-364 (zit.: Azapo-Urteil) sowie Francois Venter, Die verfassungsmässige Überprüfung der Rechtsgrundlagen von Südafrikas „Truth and Reconciliation Commission", in: Zeitschrift für ausländisches öffentliches Recht und Völkerrecht (Heidelberg Journal of International Law), 1997, 57/1, S. 147-160.

109 Interim Report, S. 34 f. Parallel zur Klage vor dem Verfassungsgericht brachten die obgenannten Kläger bei der *Cape Provincial Division* des *Supreme Court* einen Dringlichkeitsantrag ein, wonach die weitere Gewährung von Straffreiheit zugunsten irgendwelcher Personen durch den Amnestie-Ausschuss bis zum Urteil des Verfassungsgerichts auszusetzen sei. Am 9. Mai 1996 wurde dieser Antrag jedoch vom Obersten Gericht abgewiesen (Case No. 4895/96, *Cape Provincial Division of the Supreme Court of South Africa*; der Supreme Court ist im Übrigen nicht mit dem Constitutional Court zu verwechseln).

enthielt das Begehren, das Gesetz zur Förderung der Nationalen Einheit und Versöhnung als verfassungswidrig zu erklären. Im Sinne eines Eventualbegehrens sollten die Art. 20 Abs. 7, 20 Abs. 8 und 20 Abs. 10 des Gesetzes als verfassungswidrig bezeichnet werden.[110]

Das Verfassungsgericht hat jedoch die Klage mit Urteil vom 25. Juli 1996 vollumfänglich abgewiesen. Durch diese verfassungsrechtliche Klärung ist auch das juristische Fundament der Wahrheits- und Versöhnungskommission gefestigt worden.

Das Verfassungsgericht hat diesen Entscheid einstimmig getroffen. Das Urteil selbst stammt aus der Feder des Vizepräsidenten des Gerichts, Justice Mahomed.[111] Justice Didcott hat eine *concurring opinion* verfasst, das heisst, er kommt auf einem etwas anderen Weg zum selben Ergebnis.[112] Im Übrigen hat das Centre for Applied Legal Studies als *amicus curiae* einen *amicus brief* verfasst.[113]

Im Folgenden sollen die wichtigsten Punkte des Urteils zusammengefasst werden.

1. Die Frage der Vereinbarkeit des Gesetzes zur Förderung der Nationalen Einheit und Versöhnung von 1995 mit Art. 22 der Interimsverfassung von 1993

a. Die Kläger machen geltend, dass Art. 20 Abs. 7 des Gesetzes zur Förderung der Nationalen Einheit und Versöhnung nicht konform sei mit Art. 22 der Interimsverfassung.[114] Diese Norm der Übergangsverfassung enthielt die Bestimmung, dass jede Person das Recht hat, justiziable Streitigkeiten durch ein Gericht respektive, wo angemessen, durch ein anderes unabhängiges oder

110 Gemäss Art. 20 Abs. 7 bewirkt die Gewährung von Straffreiheit unter anderem, dass die betreffende Person für die amnestierte Tat weder straf- noch zivilrechtlich belangt werden kann. Gestützt auf Art. 20 Abs. 8 hatte im Falle einer Amnestierung die Einstellung des Strafverfahrens resp. die Haftentlassung zu erfolgen. Laut Art. 20 Abs. 10 waren die betreffenden Straftaten aus dem Strafregister zu löschen.

111 Azapo-Urteil, Rz. 1-51.

112 Azapo-Urteil, Rz. 52-66. Der Beitrag von Justice Didcott bezieht sich primär auf die Frage, ob die Immunität gegenüber zivilrechtlichen Klagen auch vom Staat in Anspruch genommen werden kann; der Staat ist ja an sich für die Taten seiner Angestellten verantwortlich.

113 Der amicus curiae zeigt bezüglich der Problematik der zivilrechtlichen Verantwortlichkeit des Staates für das Verhalten seiner Beamten ebenfalls eine vom Gericht abweichende Haltung auf, die sich hier aber auch auf das Ergebnis, und nicht nur auf die Begründung, bezieht.

114 Azapo-Urteil, Rz. 8.

unparteiisches Forum entscheiden zu lassen.[115] Die Antragsteller argumentieren, der Amnestie-Ausschuss sei weder ein Gericht noch ein unabhängiges oder unparteiisches Forum. Zudem sei er zur Regelung justiziabler Dispute gar nicht ermächtigt. Die Gewährung von Straffreiheit durch die Wahrheitskommission führe jedoch dazu, dass die Regelung der betreffenden Materie durch ein Gericht verhindert werde. Aus diesem Grund verstosse aber Art. 20 Abs. 7 gegen Art. 22 der Interimsverfassung.

b. Das Verfassungsgericht weist diese Behauptungen mit folgender Begründung zurück: Gemäss Art. 33 Abs. 2 der Interimsverfassung sind Eingriffe in Grundrechte dann möglich, wenn entweder die Eingriffsvoraussetzungen gemäss Art. 33 Abs. 1 erfüllt sind[116] oder sich die Beschränkung auf eine andere Verfassungsbestimmung stützt. Gemäss Art. 232 Abs. 4 Interimsverfassung handelt es sich bei der Postambel, welche den Gesetzgebungsauftrag zur Schaffung einer Rechtsgrundlage für die Gewährung von Straffreiheit enthält, um einen integralen Bestandteil der Verfassung. Infolgedessen sei die Beschränkung von Art. 22 der Interimsverfassung gerechtfertigt, weil sie die Voraussetzung des Art. 33 Abs. 2 der Interimsverfassung erfüllt.[117]

c. Des Weiteren kommt das Verfassungsgericht zum Schluss, dass das Parlament nicht nur berechtigt war, das Gesetz zur Förderung der Nationalen Einheit und Versöhnung zu verabschieden und damit die Handhabung der Gewährung von Amnestie zu regeln, sondern hierzu durch den verfassungsmässigen Gesetzgebungsauftrag sogar verpflichtet war.[118]

115 In der Verfassung von 1996 wird diese Garantie des Zugangs zu den Gerichten in Art. 34 geregelt.

116 Nach dieser Norm konnten die Grundrechte eingeschränkt werden, falls eine gesetzliche Grundlage gegeben, der Eingriff angemessen und in einer offenen und demokratischen Gesellschaft, die auf Freiheit und Gleichheit basiert, gerechtfertigt war. Zudem durfte der Kerngehalt des betroffenen Grundrechts nicht berührt werden. Die Voraussetzungen für eine zulässige Beschränkung von Grundrechten sind in der heutigen Verfassung in Art. 36 geregelt.

117 Gemäss Art. 22 von Anhang 6 zur Verfassung von 1996 werden alle Bestimmungen der Interimsverfassung hinsichtlich der Gewährung von Straffreiheit als Teil der neuen Verfassung betrachtet. Damit wurde die Gültigkeit des Gesetzes zur Förderung der Nationalen Einheit und Versöhnung auch unter der neuen Konstitution verfassungsrechtlich abgesichert. Zu den Einzelheiten der Begründung des Gerichts vgl. Azapo-Urteil, Rz. 9-14.

118 Siehe Rz. 14 des Azapo-Urteils. Zudem weisen die Hüter der Verfassung a.a.O. darauf hin, dass in Art. 22 Interimsverfassung die Bestimmung enthalten ist, wonach der Inhalt dieser Norm das Parlament nicht daran hindern kann, ein Gesetz zur Regelung der Amnestie-Frage zu verabschieden. Somit kann gemäss dem Verfas-

d. Justice Mahomed gibt im Urteil auch seinem Verständnis für die Gefühle und Sichtweisen der Kläger Ausdruck.[119] Zugleich weist er darauf hin, wie wichtig es sei, dass die Wahrheit endlich enthüllt werden könne. Die Wahrheitsfindung könne aber, so Justice Mahomed, am besten gefördert werden, indem die Täter durch die Gewährung von Straffreiheit einen Anreiz erhalten, um ihre Delikte offenzulegen.[120]

e. Das Verfassungsgericht stellt auch klar, dass die Regelung der Amnestie-Frage eine *conditio sine qua non* für den Transformationsprozess gewesen ist; ohne die Klärung dieser Kontroverse hätte es die Interimsverfassung nicht gegeben. Die bisherigen Machthaber wären nicht bereit gewesen, einer strafrechtlichen Vergangenheitsaufarbeitung zuzustimmen.[121]

Im Übrigen erhielten die Täter von schweren Menschenrechtsverletzungen keine bedingungslose Amnestie. Straffreiheit wurde ihnen vielmehr nur dann gewährt, wenn sie die gesetzlich festgelegten Bedingungen, welche unter anderem die politische Motivation, die Verhältnismässigkeit der Tat zum angestrebten politischen Ziel und die vollständige Enthüllung betrafen, vollumfänglich erfüllten.[122]

2. *Die Problematik der Konformität des Gesetzes zur Förderung der Nationalen Einheit und Versöhnung mit dem Völkerrecht*

a. Die Kläger argumentieren, das Humanitäre Völkerrecht - spezifisch beziehen sie sich auf die Genfer Konventionen - zwinge den Staat zur strafrechtlichen Verfolgung von Menschenrechtsverletzungen innerhalb seines Territoriums. Deshalb verletze Art. 20 Abs. 7 des Gesetzes zur Förderung der Nationalen Einheit und Versöhnung Internationales Recht.[123]

sungsgericht keine Rede davon sein, dass die Kompetenzen des Parlaments ihren verfassungsmässigen Begrenzungen zuwiderlaufen würden.

119 Azapo-Urteil, Rz. 16.

120 Azapo-Urteil, Rz. 17. Justice Mahomed drückt diesen Aspekt a.a.O. wie folgt aus: „*Diese Wahrheit, welche die Opfer der Repression so verzweifelt erfahren wollen, kommt unter den (gegebenen) Umständen viel eher zum Vorschein, wenn diejenigen, die für solch monströse Untaten verantwortlich sind, ermutigt werden, die volle Wahrheit zu enthüllen mit dem Anreiz, dass sie nicht die Strafe, die sie unzweifelhaft verdienen, erhalten werden, wenn sie dies tun.*“ (Übersetzung des Verfassers.)

121 Azapo-Urteil, Rz. 19.

122 Azapo-Urteil, Rz. 20.

123 Azapo-Urteil, Rz. 25. Angeführt werden folgende Rechtsquellen: Art. 49 des Genfer Abkommens vom 12. August 1949 zur Verbesserung des Loses der Verwundeten und Kranken der bewaffneten Kräfte im Felde (SR 0.518.12); Art. 50 des Genfer Abkommens vom 12. August 1949 zur Verbesserung des Loses der Verwunde-

b. Das Verfassungsgericht stellt sich indessen auf den Standpunkt, dass gemäss Art. 231 der Interimsverfassung in Südafrika bezüglich des Verhältnisses von Völkerrecht und nationalem Recht das dualistische System gelte und die Inkorporationstheorie angewandt werde.[124] Justice Mahomed erläutert dies folgendermassen: *„Die Angelegenheit, die in diesem Gericht entschieden werden muss, ist, ob Art. 20 Abs. 7 des Gesetzes mit der Verfassung vereinbar ist. Wenn er dies ist, dann ist die Untersuchung, ob das Internationale Recht eine andere Pflicht vorschreibt, irrelevant für diese Entscheidung. Das Internationale Recht und die Inhalte der internationalen Verträge, deren Partner Südafrika zu einem bestimmten Zeitpunkt sein mag, ist in meiner Sicht nur für die Auslegung der Verfassung selbst relevant, in dem Sinne, dass nicht leichthin anzunehmen ist, dass die Schöpfer der Verfassung ein Recht autorisiert haben, das einen Bruch mit den Verpflichtungen des Staates nach dem Internationalen Recht darstellen könnte.“*[125]

Art. 231 Abs. 1 und 4 der Interimsverfassung sehen zudem vor, dass ein Parlamentsgesetz gegenüber konträren völkerrechtlichen Verpflichtungen den Vorrang beansprucht. Nach Art. 35 Abs. 1 der Interimsverfassung hat ein Gericht bei der Auslegung der Verfassung das Internationale Recht nur dann zu berücksichtigen, wenn es anwendbar ist (*where applicable*).

Nach der Feststellung, wonach das Internationale Recht im Falle der Verfassungskonformität des Gesetzes irrelevant ist, hält das Verfassungsgericht fest, dass die Anwendbarkeit der Genfer Konventionen in casu ohnehin zweifelhaft sei.[126] Die Genfer Konventionen und die in ihnen enthaltene Verpflichtung der Staaten zur Bestrafung der Täter von schweren Menschenrechtsverletzungen seien, so das Verfassungsgericht, für internationale Konflikte konzipiert: *„Eine andere Sache ist es, eine solche Bestrafung in Situationen zu erzwingen, wo sich*

ten, Kranken und Schiffbrüchigen der bewaffneten Konflikte zur See (SR 0.518.23); Art. 129 des Genfer Abkommens vom 12. August 1949 über die Behandlung der Kriegsgefangenen (SR 0.518.42) und Art. 146 des Genfer Abkommens vom 12. August 1949 über den Schutz von Zivilpersonen in Kriegszeiten (SR 0.518.51).

124 Azapo-Urteil, Rz. 26. Zum Verhältnis zwischen dem Internationalen Recht und dem nationalen Recht Südafrikas vgl. auch Dermott J. Devine, The Relationship Between International Law and Municipal Law in the Light of the Interim South African Constitution 1993, in: International and Comparative Law Quarterly, Vol. 44 (1995), Part 1, January 1995, S. 1-18. In der neuen Verfassung wird das Verhältnis zwischen Internationalem Recht und der nationalen Rechtsordnung in den Art. 231-233 geregelt.

125 Azapo-Urteil, Rz. 26. Übersetzung des Verfassers.

126 Azapo-Urteil, Rz. 28 ff.

solche Verletzungen im Wesentlichen als Folge des Konfliktes zwischen verschiedenen Formationen innerhalb desselben Staates ereigneten im Hinblick auf die erlaubte politische Richtung, die dieser Staat anstreben solle hinsichtlich der Strukturen des Staates und der Parameter seiner (...) Politiken, und wo es für die durch einen solchen Konflikt traumatisierte Gesellschaft nötig wird, sich nach dem Ende eines solchen Konfliktes wieder aufzubauen."[127] Das Gericht weist zudem darauf hin, dass Amnestie-Klauseln auch in internationalen Vereinbarungen nicht selten seien.[128]

Aus diesen Gründen kommen die Verfassungsrichter zum Schluss, dass die südafrikanischen Behörden durch das Völkerrecht nicht zur strafrechtlichen Verfolgung gezwungen seien.[129]

c. Der südafrikanische Völkerrechtsexperte John Dugard kritisiert das Azapo-Urteil aus der Perspektive des Internationalen Rechts.[130] Einleitend verweist Dugard auf die zunehmende Bedeutung der Ansicht, wonach eine Regierung Mitglieder des Vorgänger-Regimes für die Begehung von Menschenrechtsverletzungen zu verfolgen hat.[131] Gleichzeitig zieht aber auch Dugard die spezifischen Umstände der südafrikanischen Transformation und die verfassungsrechtlich festgelegte Weichenstellung für den Vorrang von Versöhnung gegenüber Vergeltung in Erwägung. Während sich Dugard mit dem Urteil des Verfassungsgerichts hinsichtlich der Verfassungskonformität des Gesetzes zur Förderung der Nationalen Einheit und Versöhnung einverstanden erklären kann, bezeichnet er die Entscheidung als „enttäuschend aus der Sicht des Internationalen Rechts".[132]

127 Azapo-Urteil, Rz. 31. Eine Erweiterung des Anwendungsbereichs der Genfer Konventionen brachten die Zusatzprotokolle vom 8. Juni 1977, die jedoch von der Republik Südafrika nicht unterzeichnet wurden. Gemäss Art. 1 Abs. 4 des Zusatzprotokolls zu den Genfer Abkommen vom 12. August 1949 über den Schutz der Opfer internationaler bewaffneter Konflikte (Protokoll I) wurde die Anwendung der Genfer Konventionen von 1949 auf bewaffnete Konflikte ausgedehnt, „in denen Völker (...) gegen rassistische Regimes in Ausübung ihres Rechts auf Selbstbestimmung kämpfen". Die beiden Zusatzprotokolle sind etwa in: Albrecht Randelzhofer (Hrsg.), Völkerrechtliche Verträge, 7., neubearbeitete Auflage, München 1995, S. 718-782 (Protokoll I) u. S. 783-793 (Protokoll II) oder in der SR abgedruckt (Protokoll I: SR 0.518.521; Protokoll II: SR 0.518.522).

128 Azapo-Urteil, Rz. 31, letzter Abschnitt.

129 Siehe zur Problematik der Bestrafungspflicht auch den Hinweis im Ausblick, S. 209 f.

130 Dugard, International Law, S. 88-91.

131 Dugard, International Law, S. 88 mit weiteren Hinweisen. Vgl. auch die Literaturhinweise bei Wilhelm, Azapo-Urteil (Anm. 108), S. 364 mit den Anm. 22 und 23.

132 Dugard, International Law, S. 90.

Dugard beanstandet das Versäumnis der Verfassungshüter, die völkervertrags- und völkergewohnheitsrechtlichen Normen sorgfältig zu untersuchen, welche eine strafrechtliche Verfolgung von Menschenrechtsverletzungen zu erfordern scheinen. Auch sei die Praxis anderer, sich im Übergang befindender Staaten nur ungenügend berücksichtigt worden. Vor allem aber kritisiert Dugard die fehlende Prüfung, ob das *ius cogens* des Völkergewohnheitsrechts in Bezug auf Genozid, Folter, Kriegsverbrechen und insbesondere Verbrechen gegen die Menschlichkeit den Staat zur Verfolgung dieser Verbrechen zwingen würde. Dabei räumt er durchaus ein, dass ein Gericht nach der Prüfung dieser Problematik immer noch zum Schluss kommen könne, die Staatenpraxis sei zu unsicher. Die Unterlassung der Prüfung aber bezeichnet Dugard als symptomatisch für die noch immer ungenügende Beachtung des Völkerrechts in der südafrikanischen Justiz.[133]

3. Die Bedeutung des Begriffs „Amnestie"

Die Kläger machen auch geltend, die Gewährung von zivilrechtlicher Immunität zugunsten von Individuen und Institutionen verletze die Verfassung, denn dort sei nur von „Amnestie" die Rede, und dieser Terminus beinhalte auschliesslich die Gewährung von Straffreiheit, nicht aber von privatrechtlicher Immunität.[134]

Das Verfassungsgericht nimmt hingegen den Standpunkt ein, der Begriff „Amnestie" sei im untechnischen Sinne zu verstehen. Er sei nicht auf die Freiheit vor strafrechtlicher Verfolgung beschränkt, sondern beziehe sich ebenfalls auf zivilrechtliche Klagen. Die Begründung liegt gemäss dem Gericht darin, dass das Fehlen von zivilrechtlicher Immunität die Anreize, die den Tätern durch die Gewährung von Straffreiheit angeboten würden, zumindest teilweise relativieren würden. Aus diesem Grund umfasse die Postambel der Interimsverfassung auch die zivilrechtliche Immunität.[135]

133 Vgl. Dugard, International Law, S. 91 f. Wilhelm sieht gerade in der Entscheidung des Verfassungsgerichts einen möglichen, allerdings informellen und unverbindlichen, Präzedenzfall für andere Staaten, die sich in einem Transitionsprozess von einem autoritären oder diktatorischen Regime zu einer Demokratie befinden und vor der schwierigen Frage stehen, wie sie mit den schweren Verstössen gegen die Menschenrechte der Vergangenheit umgehen sollen. Vgl. Wilhelm, Azapo-Urteil (Anm. 108), S. 363 f.

134 Azapo-Urteil, Rz. 33.

135 Azapo-Urteil, Rz. 36. Eine weitere Begründung für dieses Ergebnis sieht das Gericht in der Formulierung der Postambel, wonach Amnestie zu gewähren sei im Hinblick auf „Handlungen" (*acts*), „Unterlassungen" (*omissions*) und „Delikte" (*offences*). Falls die Amnestie auf Straffreiheit beschränkt wäre, würde die Erwähnung

a. Ein weiterer Punkt des Rechtsbegehrens der Kläger bezieht sich auf die Verantwortlichkeit der Republik Südafrika für das Verhalten der Staatsangestellten. Die Kläger argumentieren, die Verfassung autorisiere den Gesetzgeber nicht dazu, dem Staat Immunität zu gewähren für die zivilrechtliche Verantwortlichkeit, die er für das Verhalten seiner Angestellten trage.[136]

b. Justice Mahomed räumt ein, dass dieser Argumentation eine gewisse Überzeugungskraft inhärent sei. Dies deshalb, weil der Umstand, dass zwar der Täter Amnestie erhalten kann, nicht aber der Staat, wohl in vielen Fällen den Täter nicht davon abhalten dürfte, seine Delikte offenzulegen.[137]

Trotzdem kommt der Vizepräsident des Gerichts zum Schluss, dass die Immunität gegenüber zivilrechtlichen Klagen auch für den Staat gilt. Justice Mahomed begründet dieses Ergebnis wie folgt: Die Verfassung wolle den Übergang zu einer neuen demokratischen Ordnung und den Prozess der Versöhnung zwischen den Menschen sowie den Wiederaufbau der Gesellschaft fördern. Die Frage sei indessen, wie diese Ziele angesichts der knappen Ressourcen erreicht werden könnten.[138] Es müsse darum gehen, so Justice Mahomed, dass die begrenzten Ressourcen möglichst weiten Teilen der Gesellschaft zukommen.[139] Der Verfassungsrichter führt weiter aus, dass die Konstituante verschiedene Optionen gehabt hätte, um die Frage zu entscheiden, wie mit den Ressourcen umzugehen sei. Die Verfassungsgebende Versammlung habe sich dazu entschieden, den Gesetzgeber zu beauftragen, im Gesetz unter anderem die Gewährung von Wiedergutmachungsleistungen an die Opfer vorzusehen.[140]

Aus diesen Überlegungen leitet der Vizepräsident die Konklusion ab, dass das Parlament sehr wohl befugt gewesen sei, im Gesetz zur Förderung der Nationalen Einheit und Versöhnung die Leistung von Reparationen an die Opfer zu regeln, und dieses Gesetz infolgedessen verfassungskonform sei.[141]

c. Justice Didcott kommt in einer *concurring opinion* zwar zum selben Ergebnis; er beschreitet aber einen etwas anderen Weg als Justice Mahomed.

von „Handlungen" und „Unterlassungen" neben den „Delikten" wenig Sinn machen. Siehe Azapo-Urteil, Rz. 37.

136 Azapo-Urteil, Rz. 39.

137 Immerhin könnte es in manchen Fällen Täter geben, die immer noch im Dienste des Staates sind und ihre Vorgesetzten nicht belasten wollen. Vgl. Azapo-Urteil, Rz. 41.

138 Azapo-Urteil, Rz. 42.

139 Azapo-Urteil, Rz. 43.

140 Azapo-Urteil, Rz. 44 f.

141 Azapo-Urteil, Rz. 47.

Der Richter ist ebenfalls der Ansicht, die Immunität des Staates gegenüber Zivilklagen erfülle nicht denselben Zweck wie die Immunität von Einzelpersonen, da die einzelnen Täter durch eine allfällige Verantwortlichkeit des Staates wohl kaum von einer Aussage abgehalten würden.[142] Die Begründung, dass eine Immunität des Staates gleichwohl Sinn macht, sieht Justice Didcott aber weniger in der Frage der Verteilung der Ressourcen[143], als vielmehr in der Erwartung, dass die Durchführung von zahlreichen Zivilprozessen gegen den Staat die südafrikanische Gesellschaft nicht zur Ruhe kommen lassen würde.[144] Zugleich betont aber auch Justice Didcott die verfassungsmässige Verpflichtung des Staates, den Opfern von Menschenrechtsverletzungen Reparationen zu leisten.[145] Das Mitglied des Verfassungsgerichts hält fest, dass es sich dabei zwar nicht eigentlich um justiziable Rechtsansprüche handle, welche an die Stelle des verlorenen Rechts zur Anstrengung einer Zivilklage treten würden; dennoch biete das Gesetz die Möglichkeit zu einem gewissen *quid pro quo* für diesen Verlust und etabliere die Verfahren zur Realisierung solcher Wiedergutmachungsleistungen.[146]

d. Das Centre of Applied Legal Studies beschäftigt sich als *amicus curiae* in einem *amicus brief* ebenfalls mit dieser Frage. Das Centre hält zunächst fest, dass eine Beschränkung des verfassungsmässigen Rechts auf die Regelung von justiziablen Disputen durch die Gerichte (Art. 22 der Interimsverfassung) gemäss Art. 33 Abs. 2 der Interimsverfassung unter anderem durch eine Bestimmung in der Verfassung erfolgen kann, wobei auch die Postambel als Bestandteil der Konstitution gilt. Dabei gehe es aber um die Frage, was mit der Formulierung in der Postambel gemeint sei, die „amnesty shall be granted“ lautet.[147]

Der amicus curiae nimmt den Standpunkt ein, der Terminus „amnesty“ beziehe sich ausschliesslich auf Einzelpersonen, nicht aber auf den Staat. Er begründet diese Ansicht damit, dass bei den Formulierungen im Gesetz zur Förderung der Nationalen Einheit und Versöhnung stets nur Individuen angesprochen seien.[148] Zudem sei der Staat auch gemäss dem Internationalen Recht für die schweren Menschenrechtsverletzungen seiner Angestellten zivilrechtlich

142 Azapo-Urteil, Rz. 57.

143 So betrachtet er die Höhe der Kosten, die dem Staat auf Grund von Zivilklagen von Opfern erwachsen würden, nicht als zwingendes Argument für eine Immunisierung des Staates gegenüber solchen Rechtsbegehren, siehe Azapo-Urteil, Rz. 55.

144 Azapo-Urteil, Rz. 59.

145 Vgl. Azapo-Urteil, Rz. 62 ff.

146 Azapo-Urteil, Rz. 65.

147 Amicus Brief, Rz. 14.

148 Amicus Brief, Rz. 16 mit Hinweisen auf einzelne Gesetzesstellen.

verantwortlich.[149] Ein weiteres Argument gegen die zivilrechtliche Immunität des Staates sieht der amicus curiae im Umstand, dass eine Staatshaftung die Täter nicht davon abhalten würde, ihre Delikte offenzulegen. Ergo sei diese Beschränkung von Art. 22 der Interimsverfassung nicht notwendig, um die Wahrheitsfindung zu fördern.[150]

Die Konklusion aus den obgenannten Erwägungen liegt gemäss dem amicus curiae darin, dass das Verfassungsgericht die Streichung der Wörter „or the State" in Art. 20 Abs. 7 lit. a des Gesetzes zur Förderung der Nationalen Einheit und Versöhnung und die Wörter „or state" in Art. 20 Abs. 7 lit. c des Gesetzes anordnen solle.[151] Das Parlament hätte alsdann eine entsprechende Gesetzesänderung vorzunehmen.

II. Weitere Gerichtsurteile zur Wahrheits- und Versöhnungskommission

Neben dem Azapo-Urteil gab es noch weitere Entscheidungen von Gerichten verschiedener Instanzen, welche die Wahrheits- und Versöhnungskommission betrafen. Bei diesen Gerichtsverfahren ging es in der Regel um die Auslegung von Bestimmungen des Gesetzes zur Förderung der Nationalen Einheit und Versöhnung. Oftmals klagten Personen gegen die Kommission, die geltend machten, sie seien in ihren prozeduralen Rechten verletzt worden.

1. Die Anwendung von Art. 30 des Gesetzes zur Förderung der Nationalen Einheit und Versöhnung

Art. 30 Abs. 2 des Gesetzes zur Förderung der Nationalen Einheit und Versöhnung verpflichtete die Kommission, einer Person unter bestimmten Umständen[152] die Gelegenheit zu geben, dem Gremium eine mündliche oder schriftliche Stellungnahme zukommen zu lassen.

149 Amicus Brief, Rz. 17 f. Vgl. auch die weiterführenden Hinweise a.a.O., Rz. 10 f.

150 Amicus Brief, Rz. 19.

151 Amicus Brief, Rz. 21-23. Der Fachausdruck für eine solche gerichtliche Entscheidung lautet *order of severance.*

152 Diese Verpflichtung liegt unter folgenden Voraussetzungen vor: Die Person könnte Nachteile erleiden,
- weil sie im Laufe einer Untersuchung oder Anhörung nachteilig impliziert wird, oder
- weil die Kommission eine für sie nachteilige Entscheidung in Erwägung zieht, oder
- weil eine andere Person als mögliches Opfer erscheint.

Diese relativ vage formulierte, aber praktisch sehr bedeutsame Gesetzesbestimmung bot zu einer ganzen Reihe von Gerichtsentscheidungen Anlass.

Zu den Klägern gehörten auch Brigadier Du Preez und Generalmajor Van Rensburg.[153] Die beiden Offiziere ermordeten zu Beginn der achtziger Jahre den Anti-Apartheid-Aktivisten Siphiwe Mthimkulu. Diese Tatsache wurde durch eine Aussage von Hauptmann Dirk Coetzee enthüllt. Darüber wurde auch in den Medien berichtet. Die Mutter von Siphiwe Mthimkulu, die vor der Wahrheits- und Versöhnungskommission aussagen sollte, hatte davon ebenfalls Kenntnis, und sie hatte vor, darüber vor dem Menschenrechtsausschuss zu sprechen. Infolgedessen informierte die Kommission die beiden Offiziere im April 1996 von der bevorstehenden Anhörung. Da sich Frau Mthimkulu nach Ansicht der Kommission in Gefahr befand, wurde sie in der Mitteilung an die Offiziere nicht namentlich erwähnt. Erwähnt wurden immerhin die Deliktsart (Vergiftung und Verschleppung), der Ort (Port Elizabeth) und die Zeit (1981 oder 1982).

Die Offiziere erwiderten jedoch, die Notifikation sei zu vage, und sie seien deshalb nicht in der Lage, die Anschuldigungen zu untersuchen. Sie sahen sich in ihren Rechten nach Art. 30 des Gesetzes verletzt.[154]

In einem erstinstanzlichen Urteil eines Einzelrichters der *Cape of Good Hope Division* des *Supreme Court* wurde die Wahrheitskommission verpflichtet, den Klägern genügend Informationen zu liefern, damit diese die in Frage stehenden Ereignisse, Vorfälle und Personen identifizieren könnten.[155]

Die zweite Instanz, die *Cape of Good Hope Division* in corpore, hob das erstinstanzliche Urteil mit der Begründung auf, eine Person habe nur Anspruch auf eine solche vorgängige Mitteilung, wenn die Kommission eine Entscheidung in Erwägung ziehe, durch welche die betroffene Person eine Beschwer erleiden könnte.[156]

Fünf Richter der *Appellate Division* des *Supreme Court* schützten schliesslich das erstinstanzliche Urteil. Das Gericht stützte seine Entscheidung auf die Maxime *audi alteram partem* des *common law*. Der Vorsitzende Richter Corbett wies die Argumentation der Wahrheitskommission zurück, dass in Bezug auf diese Problematik zwischen Gerichtsbehörden und Untersuchungskommissionen zu differenzieren sei.[157] Die Appellationsinstanz verpflichtete die Wahr-

153 Die folgenden Ausführungen stützen sich auf den FR I/7, Rz. 26 ff.

154 Nach dem Ende dieser juristischen Kontroverse mit der Wahrheitskommission reichten die beiden Offiziere übrigens für den Mord an Siphiwe Mthimkulu Amnestie-Anträge ein.

155 Zu diesem Urteil vgl. FR I/7, Rz. 34 f.

156 Siehe FR I/7, Rz. 38 ff.

157 FR I/7, Rz. 44. Die Wahrheitskommission hatte sich unter anderem auf ein Gutachten von Richard Scott abgestützt; Scott nimmt den Standpunkt ein, es gebe zwi-

heitskommission, denjenigen Personen, die durch Anhörungen einen Nachteil erleiden könnten, frühzeitige und ausreichende Informationen zukommen zu lassen.[158]

Somit musste die Kommission nunmehr Personen, die durch Opfer oder Zeugen im Vorfeld von Anhörungen der Verletzung der Menschenrechte beschuldigt wurden, frühzeitig eine entsprechende Mitteilung machen und sie mit genügend Informationen versorgen, damit solche Aussagen überhaupt öffentlich gehört werden konnten.[159] Die Entscheidung des Gerichts führte nicht nur zu einem erheblichen logistischen, personellen und finanziellen Mehraufwand; nachteilig wirkte sich das Urteil auch insofern aus, als durch ein solches Vorgehen bei den Opfern und deren Angehörigen zum Teil enorme Frustrationen verursacht wurden.[160]

Bei der Erarbeitung des Schlussberichts musste die Kommission, falls sie ein *finding* bezüglich einem Täter festhalten wollte, diesem noch vor der Veröffentlichung des Reports eine entsprechende Mitteilung machen.[161]

2. *Die Frage der Unvoreingenommenheit der Wahrheits- und Versöhnungskommission*

a. Die Nationale Partei erhob ihre Vorwürfe an die Adresse der Wahrheitskommission betreffend Voreingenommenheit derselben nicht nur auf politischem, sondern auch auf juristischem Weg.

schen Gerichtsprozessen und den Verfahren vor Untersuchungskommissionen gerade auch hinsichtlich dieser Fragen signifikante Unterschiede (a.a.O., Rz. 43).

158 Weitere Ausführungen über das Urteil im FR I/7, Rz. 44 ff.

159 FR I/7, Rz. 48.

160 FR I/7, Rz. 50 ff. Die Anhörungen vor der Kommission bewegten sich damit tendenziell in Richtung von Gerichtsverfahren, eine Entwicklung, die man im Hinblick auf die Bedürfnisse der Opfer eigentlich vermeiden wollte. Das Gericht zog in seinem Entscheid auch die Möglichkeit von Kreuzverhören der Opfer durch die Anwälte der Täter in Betracht, vgl. a.a.O., Rz. 45 und 54. Der Amnestie-Ausschuss gewährte das Recht zum Kreuzverhör innerhalb vernünftiger Grenzen („within reasonable bounds"), vgl. FR V/3, Rz. 28.

Für einen weiteren Fall, bei dem es um die Frage der vorherigen Information eines der Begehung von Menschenrechtsverletzungen Beschuldigten ging, vgl. FR I/7, Rz. 59 ff. (Rechtssache *Gideon Niewoudt v the Truth and Reconciliation Commission*).

161 Vgl. hierzu FR I/7, Rz. 55 ff. Die Wahrheitskommission bezeichnet dies als „höchst ungewöhnlichen Umstand für einen Bericht einer Untersuchungskommission" (a.a.O., Rz. 56).

Nachdem Mitglieder der Kommission den Auftritt des früheren Präsidenten de Klerk vor dem Gremium vom 14. Mai 1997 am folgenden Tag anlässlich einer Pressekonferenz kritisiert hatten, reichte die Nationale Partei bei der *Cape Provincial Division* des *High Court* eine Klage ein wegen Verletzung von Art. 36 Abs. 5 lit. a und Art. 36 Abs. 6 lit. a des Gesetzes zur Förderung der Nationalen Einheit und Versöhnung.[162]

Die Klage bezog sich vor allem auf die erwähnte Pressekonferenz von Erzbischof Tutu und Boraine, in der beide ihre Besorgnis über die Behauptung de Klerks äusserten, er sei nicht imstande, die an die NP gestellten Fragen zu beantworten, da er sich der fraglichen Ereignisse und Umstände nicht bewusst sei. Mit ihrem Rechtsbegehren verlangte die NP einerseits die Entlassung Boraines als Kommissionsmitglied. Anderseits beantragte sie, das zuständige Gericht sollte das Verhalten des Erzbischofs als „mit seinem Amt als Vorsitzender der Kommission unvereinbar“ (*unbecoming*) bezeichnen. Zudem sollte die Kommission angewiesen werden, sich bei ihrer Vereinbarung an das Gesetz zur Förderung der Nationalen Einheit und Versöhnung zu halten. Schliesslich verlangte die NP zwei *interdicta*: Dem Erzbischof und der Kommission sollten öffentliche Aussagen untersagt werden, welche den Eindruck der Parteilichkeit und des Mangels an Objektivität vermitteln könnten.[163]

b. Die Wahrheitskommission nahm zu dieser Klage wie folgt Stellung: Den Anträgen der NP könne von einem Gericht gar nicht stattgegeben werden, denn das Gesetz zur Förderung der Nationalen Einheit und Versöhnung sehe im Falle eines Fehlverhaltens eines Kommissionsmitglieds ausschliesslich ein besonderes Impeachmentverfahren oder die Eröffnung eines Strafverfahrens vor.[164] Alsdann argumentierte die Kommission, dass sie verschiedentlich mit sämtlichen Parteien in Konflikt geraten sei.[165] Ihre Aufgabe sei es, offensichtlichen Ausflüchten entgegenzutreten. Die NP habe es versäumt, angesichts der zahlreichen Aussagen von Opfern und Tätern vor der Wahrheitskommission in Bezug auf Menschenrechtsverletzungen, die durch Mitglieder der Sicherheitskräfte begangen wurden, einen vollständigen Bericht über ihre eigene Involvierung oder ihr eigenes Wissen über solche Ereignisse darzulegen.[166] Auch ihre diesbe-

162 Rechtssache *The National Party v Desmond Mpilo Tutu and Others*. Siehe FR I/7, Rz. 77 ff. Zu de Klerks Sicht der Dinge vgl. de Klerk, Last Trek, S. 378 ff. Aufschlussreiche Ausführungen zu diesem Rechtsstreit sind auch im folgenden Dokument enthalten: Statement - TRC files its Response to the Court Application by the National Party (zit. NP-Klage). Quelle: http://www.truth.org.za/pr/p970731d.htm.

163 NP-Klage (Anm. 162), S. 1.

164 A.a.O.

165 NP-Klage (Anm. 162), S. 2.

166 A.a.O.

zügliche politische Verantwortlichkeit sei nicht angesprochen worden. Die Nationale Partei habe die Pflicht gehabt, die Fragen vollumfänglich zu beantworten. Vor dieser Aufgabe habe sie versagt.[167]

Die Kommission wies darauf hin, dass sie im Besitz von Dokumenten sei, welche zu der Annahme führen müssten, dass die Sicherheitskräfte auf Anordnung ihrer politischen Vorgesetzten gehandelt hätten. Der frühere Minister für Recht und Ordnung, Vlok, habe erklärt, dass der Anschlag auf das Gebäude des Südafrikanischen Kirchenrates mit Wissen und Billigung von Präsident Botha erfolgt sei.[168] Im Übrigen sei auch die NP mit der Zusammensetzung der Wahrheitskommission einverstanden gewesen. Beweis hierfür sei ein entsprechendes Kabinettsprotokoll.[169]

c. Das Gericht drängte die Parteien indessen zu einem aussergerichtlichen Vergleich, der auch tatsächlich zustande kam, nachdem sich Erzbischof Tutu und sein Stellvertreter Boraine beim ehemaligen Präsidenten de Klerk für ihre Kritik entschuldigt hatten.[170]

3. *Weitere Gerichtsurteile zur Wahrheits- und Versöhnungskommission*

a. In der Rechtssache *The State v Dirk Johannes Coetzee and four others*[171] ging es um die Anwendung von Art. 29 Abs. 5 des Gesetzes zur Förderung der Nationalen Einheit und Versöhnung. Diese Gesetzesbestimmung räumte der Kommission das Recht ein, die bei einer Untersuchung erlangten Informationen vorläufig geheim zu halten, bis sie zu einem gegenteiligen Entscheid kam respektive bis die betreffende Information an einer Anhörung veröffentlicht wurde. Dabei hatte sie aber den Prinzipien der Offenheit und Transparenz gebührende Beachtung zu schenken.

Der Kläger, Coetzee, verlangte in casu von der Wahrheitskommission, in das Transkript der Zeugenaussage von Joseph T. Mamasela Einsicht nehmen zu können. Die Kommission lehnte jedoch dieses Begehren mit Hinweis auf ihr in Art. 29 Abs. 5 verankertes Recht zur Geheimhaltung ab.

167 A.a.O.

168 NP-Klage (Anm. 162), S. 2 f.

169 NP-Klage (Anm. 162), S. 3. Es sei offensichtlich, so die Replik der Wahrheitskommission auf die NP-Klage, dass die Nationale Partei es vorziehe, einen Schlussbericht der Wahrheitskommission zu antizipieren, der ihr zum Schaden gereichen könnte, anstatt die offensichtlichen Verfehlungen der Vergangenheit einzugestehen. Aus diesem Grund versuche die NP mit der Gerichtsklage, dieses potentielle Resultat von vornherein in Zweifel zu ziehen und zu kritisieren.

170 Hierzu FR I/7, Rz. 83 ff.

171 Vgl. FR I/7, Rz. 102 ff.

Das Gericht entschied, dass dieses Recht nicht absolut sei. Einerseits habe der Kläger gestützt auf das *common law* das Recht auf einen *fair trial*; andererseits habe die Kommission nicht darlegen können, dass die Zeugenaussage Mamaselas so sensitiv und wichtig sei, dass ihre Geheimhaltung das Recht auf ein faires Verfahren überwiege.[172] Diese Güterabwägung brachte das Gericht zum Urteil, dass die Klage gutzuheissen sei.

b. Im Rechtsstreit *Wouter Basson v the Truth and Reconciliation Commission*[173] hatte das Gericht die Frage zu entscheiden, ob die Vorladung Bassons gemäss Art. 29 Abs. 1 lit. c des Gesetzes zur Förderung der Nationalen Einheit und Versöhnung dessen verfassungsmässige Rechte, zu schweigen und sich nicht selber zu belasten[174], verletzt.

In casu ging es darum, dass Basson die Anordnung erhalten hatte, an einer Anhörung über das chemische und biologische Waffenprogramm auszusagen.[175] Basson sah sich in seinen obgenannten verfassungsmässigen Rechten verletzt, weil gegen ihn ein Strafverfahren hängig war. Er verlangte, dass die Vorladung suspendiert werde, bis sein Strafprozess beendet sei. Die Wahrheitskommission blieb hingegen bei ihrer Anordnung. Sie argumentierte, dass Basson durch Art. 31 Abs. 3 des Gesetzes einen genügenden Schutz vor einer Benachteiligung in einem späteren Gerichtsverfahren erhalte.[176] Zudem betonte die Kommission die Bedeutung der Aussage Bassons und den Umstand, dass der Ausschuss für Menschenrechtsverletzungen zu diesem Zeitpunkt nur noch wenige Wochen tagte, während das Ende von Bassons Strafverfahren noch nicht absehbar war.[177]

Der von Basson angerufene *Cape High Court* bestätigte den Entscheid der Wahrheitskommission und verpflichtete den Kläger, am 29. Juli 1998 vor dem Gremium auszusagen.[178]

172 FR I/7, Rz. 105 lit. a-c.

173 Dazu FR I/7, Rz. 117 ff.

174 Art. 35 Abs. 3 lit. h und j der Verfassung von 1996.

175 Vgl. hierzu eingehend die Zusammenfassung dieser Spezialuntersuchung im FR II/6c.

176 Diese Gesetzesbestimmung enthält ein Beweisverwertungsverbot betreffend Informationen, mit denen sich Personen, die vor der Kommission aussagen, selbst belasten.

177 Die Entscheidung der Kommission wird in FR I/7, Rz. 124 f. zusammengefasst.

178 FR I/7, Rz. 133.

Siebtes Kapitel: Die Wahrheits- und Versöhnungskommission in der Kritik

Die Wahrheits- und Versöhnungskommission ist von Anfang an von verschiedenen Seiten kritisiert worden. Die Grundpositionen dieser kritischen Stimmen sind indessen sehr unterschiedlich: Einige haben die von Erzbischof Tutu geleitete Institution grundsätzlich abgelehnt, andere sind ihr äusserst skeptisch, aber nicht vollends ablehnend gegenüber gestanden. Dazu kommen diejenigen Kritiker, welche den von der Kommission eingeschlagenen Weg an sich unterstützt haben, mit der Art und Weise des Vorgehens auf diesem Weg jedoch nicht einverstanden gewesen sind.

Im Folgenden soll versucht werden, die an der Wahrheits- und Versöhnungskommission geäusserte Kritik zusammenzufassen.

I. Die Ablehnung der Wahrheitskommission durch die Befürworter eines rein strafrechtlichen Weges

a. Zahlreiche Opfer respektive deren Angehörige haben den Weg, den Südafrika bei der Konfliktlösung und Vergangenheitsaufarbeitung eingeschlagen hat, mit dem Argument abgelehnt, die Gewährung von Straffreiheit sei ein zu hoher Preis für die Demokratisierung Südafrikas. Zudem würde die Amnestierung von Tätern, die schwere Menschenrechtsverletzungen begangen haben, den Versöhnungsprozess nicht voranbringen, sondern verhindern. Indem die Kommission durch das Aussprechen von Straffreiheit Gerechtigkeit verhindere, würden die Gräben in der Gesellschaft weiter vertieft: Während die nach wie vor uneinsichtigen Täter schamlos die Möglichkeiten des Gesetzes zur Förderung der Nationalen Einheit und Versöhnung ausnützten, würden die Schmerzen der frustrierten Opfer noch vergrössert.

b. Es ist bereits davon die Rede gewesen, dass die Angehörigen von einigen Apartheid-Opfern erfolglos versucht hatten, die Gewährung von Amnestie durch ein Urteil des Verfassungsgerichts stoppen zu lassen.[179] Unter den Antragstellern befanden sich auch die Angehörigen des Menschenrechtsanwalts Griffiths Mxenge, dessen Ermordung 1981 durch den Vlakplaas-Offizier Dirk Coetzee arrangiert worden war.[180] Coetzee, der in der Anhörung die Tat „aus

179 Vgl. oben, S. 171 ff.

180 Vgl. S. 307 ff. und FR II/3, Rz. 234 f. Griffiths Mxenges Gattin Victoria, die sich als Anwältin ebenfalls für die Menschenrechte engagiert hatte, war 1985 von unbe-

heutiger Sicht" als „ungerechtfertigt" bezeichnet hatte, entblösste beim Verlassen des Raumes seine wirkliche Gesinnung, als er Mxenges Angehörige folgendermassen kritisierte: „Ich habe ihre Nörgelei und ihre Unfähigkeit, sich dem neuen Südafrika anzupassen, wirklich satt."[181]

c. Coetzee ist beileibe kein Einzelfall. Zahlreiche Täter liessen keinen Zweifel daran erkennen, dass sie ganz einfach die Möglichkeiten, die ihnen das Gesetz zur Förderung der Nationalen Einheit und Versöhnung bot, auszunützen verstanden - wobei sie offenbar nicht in Erwägung gezogen haben, sich für ihre Taten zu entschuldigen. Sie sehen deshalb keinen Anlass für eine Entschuldigung, weil sie ihr Verhalten mit dem reflexartigen Hinweis darauf rechtfertigen, damals habe Krieg geherrscht, und im Krieg gebe es eben auch unschuldige Opfer. Zudem hätten sie ohnehin nur auf Anweisung ihrer Vorgesetzten, mit anderen Worten gutgläubig gehandelt.

Nach solchen Auftritten von Tätern kann es nicht erstaunen, dass die Ablehnung oder ein zumindest starker Skeptizismus gegenüber der Wahrheitskommission kaum abnahmen.

d. Solche Stimmen erhielten gerade durch die Anhörungen der Mörder von Chris Hani erneut Auftrieb. Chris Hanis Popularität war gemäss übereinstimmenden Medienberichten nur durch diejenige von Nelson Mandela übertroffen worden.[182] Besonders tragisch ist, dass es ausgerechnet Hani meist gelungen war, die unruhige Township-Jugend zu bändigen und somit eine noch grössere Eskalation der Gewalt zu verhindern. Umso bestürzender erschien die nach wie vor fehlende Einsicht seiner Mörder, Clive Derby-Lewis und Janusz Walus, in ihr Unrecht. Derby-Lewis erklärte ohne Bedauern, Hani „musste sterben".[183] Er sei davon ausgegangen, dass die Ermordung das Land dermassen destabilisieren würde, dass ein Sturz der Regierung gelingen könnte. Walus war von der Berechtigung der Tat offenbar nicht weniger überzeugt gewesen, denn er war im eigenen Auto, und ohne vorher die Nummernschilder zu entfernen, am Tatort vorgefahren.[184]

Winnie Madikizela-Mandela, eine enge Freundin der Hani-Familie, erklärte in einem Fernsehinterview, ihre Zweifel seien bestätigt worden, dass die Hearings vor der Wahrheitskommission den Versöhnungsprozess nicht voranbrin-

kannten Mitgliedern der Sicherheitskräfte ermordet worden. Siehe zum Mord an Victoria Mxenge die Ausführungen im FR II/3, Rz. 253-258.

181 Marcus Mabry, Truth or Justice? in: Newsweek, 25. August 1997, S. 18.

182 Vgl. zum Beispiel a.a.O.

183 A.a.O.

184 Südafrika: Nur die halbe Wahrheit, in: Der Spiegel, Ausgabe 34/1997, S. 137.

gen würden.[185] Die Anhörungen von Hanis Mörder hätten einmal mehr den Afrikaaner gezeigt, „der uns unterdrückt hat, den Afrikaaner, der tausende unserer Leute getötet hat".[186] Dadurch würde der Hass zwischen den Rassen erneut Auftrieb erhalten und die Harmonie zwischen den Rassen vollständig zerstört werden. Frau Madikizela-Mandela sagte weiter, sie habe in der Anhörung die Erfahrung gemacht, dass die Täter nach wie vor nicht reumütig seien. Ihre Aussagen seien durch eine rassistische Gesinnung gekennzeichnet gewesen. Der Rassismus sei virulent wie zuvor. Insgesamt bezeichnete sie die Hearings als Fiasko, welche den gesamten Versöhnungsprozess in Gefahr bringen könnten. Die Grenzen der Vergebung seien nun endgültig erreicht. Es sei ein Witz, so Frau Madikizela-Mandela, dass ein solches Gerede zu Versöhnung führen solle. Der ANC sei zwar in der Regierung, aber nicht an der Macht. Die „third force" sei immer noch aktiv.

e. Der Vorsitzende der Kommission, Erzbischof Tutu, dem dieses Interview offenbar gezeigt worden war, erklärte in derselben Sendung, kritische Stimmen wie diejenige von Frau Madikizela-Mandela könnten den Versöhnungsprozess in Tat und Wahrheit voranbringen.[187] Solche Meinungsäusserungen seien eben ein Indiz dafür, dass der Prozess der Vergebung nicht einfach sei - ein Faktum, das viele Weisse vergessen hätten. Zahlreiche Weisse würden die Vergebung als selbstverständlich betrachten, weil Leute wie Präsident Mandela den Versöhnungsprozess auf dermassen vorbildliche Weise demonstrieren, dass solche kritischen Stimmen teilweise in den Hintergrund geraten seien. Der Erzbischof bezeichnete die Möglichkeit, Straftätern Amnestie zu gewähren, als sehr hohen Preis, den man aber bezahlen musste, um den demokratischen Umbruch zu realisieren. Die Sicherheitskräfte hätten ihr Einverständnis zur Machtübergabe mit Sicherheit ohne diese Amnestie-Regelung nicht gegeben. Die Alternative sei „ein Land in Flammen" gewesen, meinte der Vorsitzende der Kommission.

Im Übrigen sei Straffreiheit nicht umsonst zu haben. Die Amnestie-Regelung bedeute nicht vergeltende Gerechtigkeit (*retributive justice*), wohl aber wiederherstellende Gerechtigkeit (*restorative justice*). Dies deshalb, weil es für die Täter sehr schwierig sei, im vollen Lichte der Publizität von ihren Untaten zu sprechen. Möglicherweise, so der Erzbischof, würde die Ehefrau des

185 CNN-Interview in der Sendung „Insight" vom 28.8.1997. Dem Verfasser ist bewusst, dass Frau Madikizela-Mandela selbst für schwere Menschenrechtsverletzungen verantwortlich ist (vgl. hierzu die Ergebnisse der Untersuchungen im FR II/6f). Meines Erachtens besteht aber kein Zweifel daran, dass sie nicht wenige Anhängerinnen und Anhänger hat, die ihre Meinung über die Wahrheitskommission teilen. Deshalb die folgenden Zitate.

186 CNN-Interview in der Sendung „Insight" vom 28.8.1997

187 A.a.O.

Antragstellers zum ersten Mal überhaupt davon hören, dass die Arbeit ihres Gatten statt aus Büroarbeit aus dem Töten von Menschen bestanden habe. Ausserdem könne es nicht das Ziel der Wahrheitskommission sei, Amnestie *herbeizuführen*; die Wahrheitskommission könne diesen Prozess nur in Gang bringen. Es habe aber bereits eindrückliche Beispiele für die Grossherzigkeit von Opfern gegeben, die bereit seien, ihren Peinigern zu vergeben. Auf der anderen Seite, so der Erzbischof, habe es auch Täter gegeben, die auf die Opfer zugegangen seien, um sie um Vergebung zu bitten.

f. Es bleibt abzuwarten, inwiefern solche rationalen Argumente die verständlicherweise frustrierten und enttäuschten Opfer überzeugen können. Faktum ist, dass Täter wie die Hani-Mörder zum Prozess der Verständigung und Versöhnung mit Sicherheit keinen Beitrag leisten. Für die Opfer respektive deren Angehörige bedarf es einer umso grösseren Kraft, um die Leiden und die Trauer verarbeiten zu können. Möglicherweise kann dies mit zunehmendem Zeitabstand besser gelingen.

II. Die Kritik an der Wahrheitskommission durch konservative und rechtsextreme Parteien und Organisationen

1. Kritik durch Parteien

a. Die Kritik der politischen Parteien und Organisationen, die traditionellerweise im rechten Spektrum angesiedelt werden, kann kaum auf einen Nenner gebracht werden.

b. Es steht fest, dass die Rechts*extremen* die Wahrheits- und Versöhnungskommission abgelehnt haben, weil sie prinzipiell gar keine Versöhnung mit den Schwarzen und gar kein vereinigtes Südafrika wollen. Sie sehen die Lösung in einem separatistischen „Volkstaat".

c. Die rechts*konservative* Opposition, die vor allem durch die Freiheitsfront (FF) vertreten ist, ist der Kommission teils ablehnend, teils sehr kritisch gegenüber gestanden. Der Wahrheitskommission wurde fast ständig pauschal vorgeworfen, sie sei das Instrument zu einer Hexenjagd der Regierung gegen die Afrikaaner. In diesen Chor gesellte sich auch die Inkatha-Freiheitspartei.

Etwas differenzierter sind die Stimmen derjenigen gewesen, die der Wahrheitskommission ungenügende oder fehlende Ausgewogenheit, Unvoreingenommenheit und Unparteilichkeit vorgeworfen haben. Solche Anschuldigungen sind auch aus den Reihen der Nationalen Partei und von de Klerk selbst gekommen. Wie erwähnt, ist es deswegen sogar zu einer Klage der NP gegen die

Wahrheitskommission und insbesondere gegen deren Vorsitzende, Erzbischof Tutu und Boraine, gekommen.[188]

2. Die Position des Institutes für Rassenbeziehungen

a. Das Institut für Rassenbeziehungen (South African Institute of Race Relations) hat in mehreren Stellungnahmen zur Wahrheitskommission in dieselbe Kerbe eingeschlagen.[189]

b. Colin Douglas hat Präsident Mandela beschuldigt, bei der Ernennung der Kommissionsmitglieder Bischof Stanley Mogoba deshalb nicht nominiert zu haben, weil dieser dem PAC angehören würde.[190] Douglas hat insbesondere Justizminister Omar vorgeworfen, er (Omar) sehe in der Wahrheitskommission ein Instrument zur Verkündung einer ANC-gefärbten „moralischen Wahrheit". In diesem Zusammenhang hat Douglas Aussagen von Omar zitiert, wonach es moralisch und juristisch falsch sei, den Anti-Apartheid-Kampf für Freiheit und Demokratie mit der Verteidigung des Apartheid-Staates gleichzusetzen. Mit der Propagierung einer „neuen moralischen Ordnung" wolle Omar die ANC-Version des südafrikanischen Konfliktes sanktionieren.

c. Hermann Giliomee hat die Identifizierung der Apartheid als Verbrechen gegen die Menschlichkeit abgelehnt.[191] Giliomee hat den Standpunkt vertreten, dass diese Kennzeichnung dem ANC als „moralisches Schild" für vom ANC begangene Gewalttaten gegen Zivilisten diene, mit der Wirklichkeit aber nicht vereinbar sei. Denn man könne, so der Kapstädter Politologe, die Verbrechen der Apartheid nicht mit den Verbrechen eines Nazi-Regimes gleichsetzen. Giliomee hat die entsprechende UNO-Resolution von 1973 als ideologisches Vehikel der Ostblock-Staaten kritisiert. Er hat weiter erklärt, das Institut für Rassenbeziehungen lehne die Kommission nicht deswegen ab, weil es Menschenrechtsverletzungen gleichgültig gegenüberstehe. Solche Verletzungen hätten gemäss Giliomee mit einer Kommission, die hinter verschlossenen Türen

188 Siehe oben, S. 171 ff.

189 Das nichtstaatliche Institut für Rassenbeziehungen setzt sich gemäss Präsentation im Internet (vgl. http://www.sairr.org.za/profile) für einen konstitutionellen und ökonomischen Liberalismus ein. Die nachfolgend zitierten Beiträge der Autoren des Instituts sind in der vierteljährlich erscheinenden Zeitschrift Frontiers of Freedom erschienen.

190 Colin Douglas, The truth factory's first casualty, in: Frontiers of Freedom, First Quarter 1996, S. 15 f. Douglas ist im Institut für den Bereich der Parlamentsangelegenheiten zuständig.

191 Hermann Giliomee, A struggle for the high moral ground, in: Frontiers of Freedom, Second Quarter 1996, S. 23 f. Bei Giliomee, Professor für Politikwissenschaft an der Universität Kapstadt, handelt es sich um den Präsidenten des Instituts.

tagt und Amnestie gemäss den Bestimmungen des früheren Gesetzes[192] ausspricht, besser angegangen werden können. Der Wahrheitsfindung wäre laut Giliomee besser gedient gewesen, wenn den Historikern und Journalisten alle Akten geöffnet worden wären. Stattdessen sei eine Kommission ernannt worden, die eine Art „offizielle Wahrheit" etablieren solle.[193] Giliomee hat die Frage aufgeworfen, ob man gezwungen sein werde, negative Vergleiche zwischen der Wahrheit der Kommission und der juristischen und historischen Wahrheit zu machen. Ähnlich wie Douglas hat auch Giliomee den Zweck der Wahrheitskommission vor allem in der Absicht des ANC gesehen, seine Ansicht des Konfliktes zu verbreiten. Der ANC wolle propagieren, dass er beim Kampf gegen die Apartheid über einen moralisch hochstehenden Grund (moral high ground) verfügt habe.[194]

Giliomee hat den Standpunkt eingenommen, dass die Art und Weise des Vorgehens der Regierung gegenüber den Regimegegnern niemals ein Wahlkampfthema gewesen sei. Die Weissen hätten die Regierung auch dann wieder gewählt, wenn viele Beweise über Menschenrechtsverletzungen zum Vorschein gekommen wären. Daraus hat Giliomee die Schlussfolgerung gezogen, dass die Arbeit der Kommission die Weissen kaum dazu bewegen könne, die Illegalität und Illegitimität der Apartheid an sich anzuerkennen. Infolgedessen sei der Versöhnung nicht gedient. Er hat aber auch bezweifelt, dass die Opfer von Menschenrechtsverletzungen angesichts der Amnestierung der Täter zur Versöhnung bereit sein werden.

d. Myburgh, Politologie-Student an der Universität Kapstadt, hat auf die Unterschiede der südafrikanischen zur chilenischen Wahrheitskommission verwiesen.[195] Das chilenische Modell habe die Amnestie den Politikern und die Rechtsprechung der Justiz überlassen. Die Wahrheitskommission sei einzig für die Wahrheitsfindung zuständig gewesen, was ihr die moralische Autorität verliehen habe, eine Wahrheit zu erarbeiten, die von der gesamten Bevölkerung akzeptiert worden sei. Demgegenüber seien die oftmals konfligierenden Bedürfnisse nach Wahrheit, Gerechtigkeit und Amnestie in der südafrikanischen Kommission miteinander derart verbunden, dass die moralische Autorität des

192 Aus dem Text geht nicht hervor, ob Giliomee den Indemnity Act von 1990 oder den Further Indemnity Act von 1992 meint.

193 Autoren des Institutes verwenden deshalb den sarkastischen Begriff „truth factory".

194 Für weitere Ausführungen Giliomees zu diesem Argument vgl. Hermann Giliomee, The offensive against even-handedness, in: Frontiers of Freedom, First Quarter 1997, S. 8.

195 James Myburgh, Wiser than ours? in: Frontiers of Freedom, Third Quarter 1996, S. 27 f. Ausführlich zur chilenischen Wahrheitskommission Klumpp, Vergangenheitsbewältigung.

Gremiums bedroht und die Rechtsstaatlichkeit unterminiert würden. Gemäss Myburgh dürfe die Kommission nicht in die Falle geraten, die Verbrechen der einen Seite zu rechtfertigen, denn dadurch würde eine gespaltene Wahrheit resultieren, welche die Versöhnung vereiteln könnte.

e. Meines Erachtens hätte dieser Kritik zumindest teilweise der Boden entzogen werden können, wenn die Funktionäre des ANC bei ihren Verlautbarungen über die Problematik der moralischen Bewertung des Kampfes gegen die Apartheid und der Verteidigung des Systems von Anfang an die Unterscheidung zwischen dem *ius ad bellum* und dem *ius in bello*, von der bei der Darstellung der „just war-debate" die Rede sein wird, vorgenommen hätten.[196]

In den Stellungnahmen der Autoren des Institutes für Rassenbeziehungen wird deutlich, dass sie die Differenzierung ebenfalls nicht vorgenommen haben.

Indem beide Seiten zu Pauschalurteilen neigen, wird eine durchaus mögliche Annäherung unterlaufen, denn die Positionen des ANC und des Institutes liegen keineswegs so weit auseinander, wie man es auf Anhieb vermuten könnte.

3. *Die Entgegnung von Erzbischof Tutu auf Vorwürfe der Unausgewogenheit*

Erzbischof Tutu hat unter anderem in einer Rede vor Mitarbeitern des *Mail and Guardian* in Kapstadt Stellung bezogen zu Vorwürfen, wonach die Wahrheitskommission nicht ausgewogen sei.[197] Der Vorsitzende der Wahrheitskomission hat darauf hingewiesen, dass die ersten Vorladungen an mutmassliche Straftäter erst im November 1996 erfolgt seien, obwohl bereits seit April 1996 viele Täter namentlich genannt worden waren.[198] Die Opfer hätten das ganze mögliche Spektrum repräsentiert. Der Erzbischof hat geltend gemacht, dass er dem ANC mit seinem Rücktritt gedroht hatte, als einige Spitzenfunktionäre der Partei den Standpunkt vertreten hätten, ANC-Mitglieder müssten die Kommission gar nicht um Amnestie ersuchen.

Eine der unangenehmen Wahrheiten, welche die Leute nicht akzeptieren wollen, liegt gemäss dem Kommissionschef in der *Demographie der Apartheid*. Es sei ein unumgängliches Faktum, dass die grosse Mehrheit der Täter Weisse und die grosse Mehrheit der Opfer Schwarze seien.[199] Deshalb gebe es einfach

196 Vgl. die S. 267 ff.

197 Statement - Tutu call on Leaders to visit Sites of Atrocities, 8. Mai 1997 (zit. Tutu-Statement). Quelle: http://www.truth.org.za/pr/p970508d.htm. Der Friedensnobelpreisträger des Jahres 1984 setzt sich mit den Vorwürfen der Kritiker auch in seinem Vorwort zum Schlussbericht intensiv auseinander. Vgl. FR I/1, Rz. 33-67.

198 Tutu-Statement (Anm. 197), S. 2.

199 a.a.O.

mehr weisse als schwarze Täter. Da diese Tatsache für einige Personen aber zu schwer zu verdauen sei, seien diese gemäss Tutu auf der Suche nach Prügelknaben, die sie schliesslich in der Wahrheitskommission fänden.

Gerade wegen der Verpflichtung der Kommission zu Ausgewogenheit habe man derart grosse Anstrengungen unternommen, um die IFP in den Prozess einzubinden. Der Erzbischof hat sich besorgt gezeigt über das Verhalten de Klerks, mit dem dieser seine eigene Glaubwürdigkeit und Statur untergraben würde.[200]

Die wichtigsten Enthüllungen sind gemäss dem Kommissionsvorsitzenden gar nicht das Resultat von Vorladungen, sondern von Amnestie-Anträgen. Insofern sei der Vorwurf, man nehme Angehörige der Sicherheitskräfte ins Visier, völlig verfehlt. Die Antragsteller seien zu der Kommission gekommen, nicht umgekehrt. Da das Scheinwerferlicht auf die Fehler und Versäumnisse der Vergangenheit schmerzen, werde nun zum Zwecke der Ablenkung der Aufmerksamkeit die Wahrheitskommission attackiert. Der Erzbischof hat auf die Sakramentaltheologie verwiesen, die vorschreibe, dass man nur die eigenen, nicht aber die Sünden anderer Menschen gestehen solle. In diesem Sinne hat er die Politiker dazu aufgerufen, sich auf ihre eigenen Sünden, und nicht auf diejenigen der anderen zu konzentrieren.[201]

III. Kritik durch Nichtregierungsorganisationen

Die Arbeit der Wahrheitskommission ist durch zahlreiche NGOs unterstützt worden. Die kritischen Stimmen der NGOs, die den Prozess der Wahrheitsfindung und Versöhnung begleitet haben, haben deshalb nicht die Infragestellung der Institution bezweckt, sondern auf Unzulänglichkeiten aufmerksam machen wollen. Dadurch hat sich der Wahrheitskommission die Chance eröffnet, wertvolle Impulse zu erhalten.

1. Die Kooperation der Wahrheitskommission mit den NGOs

Die Zusammenarbeit der Wahrheitskommission mit den NGOs ist nicht reibungslos verlaufen. Graeme Simpson, Direktor des Johannesburger *Institute for the Study of Violence and Reconciliation*, hat kritisiert, dass die Kooperation zwar im Vorfeld der Gründung der Wahrheitskommission recht gut war, nach

200 Tutu-Statement (Anm. 197), S. 3.

201 A.a.O. Tutu schloss seine Rede mit der Aufforderung an die Parteiführer, sich an die Stätten zu begeben, an denen ihre Anhänger die grössten Grausamkeiten begangen hätten.

der Aufnahme ihrer Tätigkeit aber von der Kommission fast vollständig eingestellt worden sei.[202] Die Wahrheitskommission hat dieses Versäumnis selbst eingeräumt.[203] Die Zusammenarbeit mit den NGOs scheint indessen erst Anfang 1997 verstärkt worden zu sein, vor allem bezüglich dem Sammeln von Aussagen von Opfern.[204]

2. *Mangelhafte Kommunikationsstrategie*

Simpson hat darauf hingewiesen, dass in den ersten Monaten bei den Familien der Opfer grosse Unsicherheit darüber herrschte, wie sie überhaupt an die Kommission herantreten sollten.[205] Unkenntnis war aber auch über die Arbeit und die Ziele der Wahrheitskommission an sich verbreitet. Ein Kommunikationsdirektor wurde von der Kommission erst nach sechs Monaten ernannt. Simpson hat kritisiert, die Wahrheitskommission habe sich zu sehr auf plakative Medienpräsenz verlassen, anstatt eine Strategie der breit gefächerten Information und Bewusstseinsbildung zu entwerfen und zu realisieren.

Auch das *Human Rights Committee* hat den Standpunkt eingenommen, die Wahrheitskommission habe ihre Aufgaben, Möglichkeiten und Grenzen vor allem den Unterprivilegierten, den Analphabeten und den Menschen in den ländlichen Gebieten nur ungenügend vermitteln können.[206]

Die Wahrheitskommission hatte im Interimsbericht von Juni 1996 erkannt, dass die Kommunikationsstrategie (immer) noch nicht vollständig entwickelt war.[207] Durch die Ernennung des Kommunikationsbeauftragten gelang der Kommission dann doch noch eine erfolgreiche Kursänderung, die vor allem in der statement-taking-Aktion von April bis Juni 1997 zum Ausdruck kam.[208]

3. *Kritik Simpsons an der Intervention der Wahrheitskommission*

Simpson hat die Wahrheitskommission für ihre Intervention bei Präsident Mandela zugunsten einer Ausdehnung der Zeitspanne für politisch motivierte Delikte, für die Straffreiheit gewährt werden kann, kritisiert.[209] Der Präsident setzte im Dezember 1996 den betreffenden Stichtag neu auf den 10. Mai 1994 fest, um

202 Simpson, Kultur, S. 12.
203 Interim Report, S. 66.
204 Mansoor Jaffer, Nationwide statement-taking drive kicks off (zit. statement-taking drive), in: Truth Talk, Vol 2, No. 1, March 1997, S. 1.
205 Simpson, Kultur, S. 12.
206 HRC-Monthly Report, S. 19.
207 Interim Report, S. 66.
208 Jaffer, statement-taking drive (Anm. 204).
209 Simpson, Kultur, S. 13 f.

damit den Urhebern der Bombenanschläge entgegenzukommen. Gemäss Simpson liege die Gefahr solcher Entscheidungen darin, dass die in der Apartheid-Ära begründete Kultur der Straflosigkeit auch im neuen Südafrika fortdauern könnte. Simpson hat den Standpunkt vertreten, dass eine solche politische Intervention der Kommission zur Kultur der Straflosigkeit beitrage und sie unbewusst stütze.[210] In diesem Zusammenhang hat Simpson davor gewarnt, für KwaZulu/Natal eine Sonderamnestie in Erwägung zu ziehen.[211]

Überhaupt sei die Wahrheitskommission mit der Vorladung von mutmasslichen Tätern von Menschenrechtsverletzungen zu vorsichtig vorgegangen, um den rechten Flügel in den Prozess einzubinden.[212]

4. *Kritik an der schwerfälligen Reparationspolitik*

Die Wahrheitskommission ist teilweise heftig kritisiert worden wegen den äusserst schwerfälligen Prozeduren zur Gewährung von Wiedergutmachung. Gerade auch Mitglieder der Wahrheitskommission haben selber verschiedentlich zu erkennen gegeben, dass die diesbezügliche Regelung im Gesetz zur Förderung der Nationalen Einheit und Versöhnung ungenügend ist.[213] Während die Täter von der Amnestie-Regelung innert relativ kurzer Frist profitieren konnten, mussten und müssen sich die Opfer gedulden, bis der politische Entscheidfindungsprozess beendet ist und das Parlament schliesslich diesbezügliche Beschlüsse fassen wird, und sie müssen warten, bis die Leistungen ausbezahlt werden. Die Wahrheitskommission hatte keine Ressourcen, über die sie verfügen konnte. Die Opfer sind lange Zeit völlig im Ungewissen darüber gewesen, welche Leistungen sie letztlich erwarten können.[214]

210 Simpson, Kultur, S. 14.

211 A.a.O.

212 Simpson, Kultur, S. 12.

213 Vgl. etwa Potgieter, Peace, S. 10 f.

214 Weitere Ausführungen bei Simpson, Kultur, S. 13. Präsident Mbeki stellte den Opfern in einer parlamentarischen Debatte über den Schlussbericht am 15. April 2003 eine einmalige staatliche Entschädigung von umgerechnet je Fr. 5'300.-- in Aussicht. Er versprach, die Reparationszahlungen noch im laufenden Finanzjahr zu erledigen. Vgl. Christina Stucky, Südafrikas Präsident gegen Sammelklagen - Pretoria bevorzugt freiwillige Beiträge zum Wiederaufbau, in: NZZ vom 16.4.2003, S. 3, sowie Frank Räther, Schmerzensgeld für Apartheid-Opfer, in: Basler Zeitung vom 16.4.2003, S. 9. Internet-Quelle der Rede von Präsident Mbeki: http://www.polity.org.za/pol/search/content?show=34775.

Vierter Teil: Bewertung des Gesetzes zur Förderung der Nationalen Einheit und Versöhnung aus staatsrechtlicher Sicht

Einleitung

In diesem Teil wird das Gesetz zur Förderung der Nationalen Einheit und Versöhnung anhand der im ersten Abschnitt der Arbeit dargelegten normativen Anforderungen gemessen.

Die südafrikanische Regelung des juristischen Umgangs mit der Unrechtsvergangenheit ist kurz zusammengefasst somit hinsichtlich der folgenden Erfordernisse zu bewerten: die Rechtsgrundlage der Kommission muss sowohl zur Konfliktentschärfung als auch zur Herstellung von Rechtsstaatlichkeit, Demokratisierung und Versöhnung beitragen können. Das Gesetz hat die verschiedenartigen Anforderungen dabei bestmöglich zu berücksichtigen, indem der wechselseitigen Bedingtheit dieser Wertmassstäbe hinreichend Rechnung zu tragen ist.

Erstes Kapitel: Normative Anforderung 1: Die Bewertung des Gesetzes im Hinblick auf den Beitrag zur Konfliktentschärfung

Zunächst musste die Regelung im Gesetz zur Entspannung der Lage zwischen den Konfliktparteien beitragen können, damit überhaupt eine Machtübergabe erfolgen konnte.

Dieser Anforderung vermochte die Lösung der Amnestie-Problematik zu genügen, denn die Regelung war für die massgebenden Konfliktparteien, das heisst namentlich für das weisse Minderheitsregime und den Afrikanischen Nationalkongress, akzeptabel.[1]

Der Kompromiss in der Frage des Umgangs mit den Verbrechen der Unrechtsvergangenheit war als Einheits- und Versöhnungsklausel in der Interimsverfassung festgehalten worden. Durch die Einheits- und Versöhnungsklausel wurde der südafrikanische Gesetzgeber dazu verpflichtet, ein Gesetz zu erarbeiten, in welchem die Einzelheiten über die Gewährung von Straffreiheit zu regeln waren.

Dieses Zugeständnis der Befreiungsbewegung bezüglich der Gewährung von Amnestie für politisch motivierte Delikte stellte für die Angehörigen der weissen Minderheitsherrschaft eine *conditio sine qua non* für die Machtübergabe dar. Erst jetzt waren die bisherigen Machthaber zur Durchführung von freien Wahlen bereit.

Der Gesetzgebungsprozess im erstmals frei gewählten Parlament war durch extensive Verhandlungen und eine breit abgestützte öffentliche Debatte gekennzeichnet.[2] Der Termin für die Einreichung der Amnestie-Anträge wurde vom 5. Dezember 1993 (Datum der Beendigung des Verhandlungsprozesses) auf den 10. Mai 1994 (Inauguration von Präsident Mandela) verschoben, damit die Täter von politisch motivierter Gewalt für ihre während des Verhandlungsprozesses verübten Delikte ebenfalls Amnestie-Gesuche einreichen konnten. Damit wurde erreicht, dass auch diese Gruppierungen (namentlich die Afrikaner Weerstandsbeweging, die Afrikaner Volksfront, der PAC und die APLA) am Versöhnungsprozess würden teilnehmen können.[3]

Nur dank der Machtübergabe kam es zur Beruhigung der Lage. Folglich hat die Kompromisslösung in der zentralen Amnestie-Frage auch zur Konfliktentschärfung beigetragen. Es ist zeitgeschichtlich erstellt, dass die politisch

1 Vgl. hierzu auch die Ausführungen im Azapo-Urteil, Rz. 19: das Verfassungsgericht erwägt a.a.O., dass die historische Brücke ohne die Amnestie-Lösung nie hätte errichtet werden können: Falls die Verfassung die Aussicht auf weitere Vergeltung und Rache am Leben erhalten hätte, hätte die Zustimmung von denjenigen, welche dadurch bedroht worden wären, nie erhalten werden können, und selbst wenn dies trotzdem der Fall gewesen wäre, so wäre „die Brücke selbst wackelig und unsicher gewesen, bedroht durch die Angst von Einigen und den Zorn von Anderen“ (Übersetzung des Verfassers).

2 FR I/5, Rz. 59.

3 FR I/5, Rz. 63.

motivierte Gewalt im Vergleich zu der Zeit vor den Wahlen klar abgenommen hat.[4]

Zudem war die südafrikanische Regelung gerade dazu geeignet, reaktionäre Tendenzen einzudämmen, weil durch die schonungslose Enthüllung der Vergangenheit das bisherige Regime weiter delegitimiert wurde.[5]

Opfer konnten aussagen und erhielten nun erstmals eine Stimme, die öffentlich zur Kenntnis genommen wurde. Damit bestand ein Ventil zur Kanalisierung und Dämpfung allfälliger Rache- und Vergeltungsimpulse.

Auf der anderen Seite mussten die Täter aussagen, damit sie Straffreiheit erhalten konnten.

Gemäss der Wahrheitskommission liegt das machbarste und realistischste Ziel zumindest in der Anfangsphase oftmals darin, dass Täter und Opfer friedlich und gewaltlos nebeneinander existieren können.[6] Auf dieser Basis können dann Anstrengungen unternommen werden, um die Täter und Opfer einander näher zu bringen. Die friedliche Koexistenz ist deshalb die Grundlage von weiteren Bemühungen für den Aufbau von Rechtsstaat und Demokratie sowie für die Versöhnung.

Es konnte somit eine Regelung gefunden werden, die einerseits genügend Konzessionen an die bisherigen Machthaber enthielt, auf der anderen Seite aber auch die Opfer berücksichtigte. Wären die Anliegen der Opfer ausser Acht gelassen worden, hätte es unter Umständen zu einer Entladung von aufgestauten Frustrationen kommen können.[7]

4 Siehe Anton Christen, Rückgang der Gewalt in Südafrika - Langsame Beruhigung der Lage in den Townships, in: NZZ vom 26.7.1994, S. 5, sowie Weniger politische Gewalt in Südafrika (Bericht der Agentur ap), in: NZZ vom 7.9.1994, S. 2.

5 Klumpp ist der Ansicht, dass die rasche Aufklärung der Unrechtsvergangenheit, die Strafgerichte nicht leisten können, zu einer - in einer politischen Übergangssituation wichtigen - Delegitimierung des alten Regimes führt und damit zur Konsolidierung des demokratischen Systems beiträgt, vgl. Klumpp, Vergangenheitsbewältigung, S. 359.

6 FR V/9, Rz. 94. Siehe a.a.O., Rz. 95 ff. für Beispiele solcher Koexistenz zwischen Tätern und Opfern. Auch Präsident Mbeki erklärte, die Wahrheitskommission habe dem Land geholfen, Rassenkonflikte nach den ersten demokratischen Wahlen von 1994 zu verhindern, siehe Tutu assails whites and business over apartheid role (Bericht der Agentur Reuters), in: International Herald Tribune vom 22./23.3.2003, S. 6.

7 Minow schreibt, im Falle von kollektiver Gewalt sei die Suche nach Alternativen zu Rache nicht nur eine Angelegenheit von moralischer und emotionaler Bedeutung, sondern notwendig für das menschliche Überleben, vgl. Minow, Between vengeance and forgiveness, S. 13 f.

Das *Truth-Telling* und das *Truth-Hearing* mussten auch der bisher herrschenden Bevölkerungsminderheit klar aufzeigen, dass unter dem alten Regime zahlreiche Menschenrechtsverletzungen verübt worden waren, weshalb diese Regelung geeignet war, der Bildung von Mythen und verfälschten Geschichtsbildern und der Schaffung von Märtyrern vorzubeugen. Die Rückkehr zu einer Politik der Konfrontation und eine Mobilisierung der Massen konnten mit der Lösung der Amnestie-Frage verhindert werden.[8]

Zweites Kapitel: Normative Anforderung 2: Die Bewertung des Gesetzes bezüglich des Beitrages zur Herstellung von Rechtsstaatlichkeit

Der Rechtsstaat verlangt die Bestrafung von Tätern für begangene Delikte, denn die Pflicht zur Sanktionierung von Gesetzesverstössen erscheint als elementares Kennzeichen von Rechtsstaatlichkeit.

Die Einführung einer Generalamnestie bedeutet demgegenüber, für die Urheber von Menschenrechtsverletzungen einer bestimmten Periode die Mechanismen der Abklärung von strafrechtlich relevanten Verantwortlichkeiten in justizförmigen Verfahren a priori, undifferenziert und vollumfänglich ausser Kraft zu setzen. Diesem staatlichen Hoheitsakt kommt neben den praktischen Implikationen eine erhebliche Symbolkraft zu.

Im Falle Südafrikas ist der Umstand, dass von der Einführung einer Generalamnestie bewusst abgesehen wurde, deshalb von besonderer Bedeutung.

Der Verzicht auf das Beschreiten eines solchen Weges erscheint im Vergleich zu denjenigen Ländern, in welchen die Delinquenten pauschal und voraussetzungslos amnestiert wurden, als Bekräftigung der Institution der *rule of law*. Die generelle Gewährung von Straffreiheit hätte im Falle der Kaprepublik eine lückenlose Fortsetzung der Kultur der Heimlichkeit, der Straf- und Verantwortungslosigkeit und mithin eine resignative Absage an die Prinzipien des Rechtsstaates bedeutet.

Da nach dem südafrikanischen Konzept indessen die Gewährung von Straffreiheit im Einzelfall bei Erfüllung der gesetzlich verankerten Voraussetzungen möglich war, stellt sich die Frage, inwiefern diese Mechanismen mit den Bemü-

8 FR I/5, Rz. 57.

hungen um die Herstellung von Rechtsstaatlichkeit kompatibel sind und den jungen, noch fragilen Rechtsstaat nicht mit einer schweren Hypothek belasten.

Es ist zunächst zu erörtern, ob die südafrikanische Amnestie-Regelung, soweit sie rechtsstaatliche Erfordernisse nicht erfüllen kann, aus verantwortungsethischer Sicht im Sinne Max Webers trotzdem zu rechtfertigen ist.

Konkret ist sodann zu prüfen, inwieweit das südafrikanische Modell den Strafzwecken der Vergeltung und der Prävention im Hinblick auf die Abstimmung mit den anderen Anforderungen (Konfliktentschärfung, Versöhnung, Demokratisierung) trotz der Gewährung von Amnestie optimal und sachgerecht Rechnung tragen kann.

I. Soweit die Amnestie-Regelung rechtstaatliche Erfordernisse nicht erfüllen kann: ist sie aus verantwortungsethischer Sicht trotzdem zu rechtfertigen?

a. Zunächst ist festzuhalten, dass die Amnestie-Regelung kein Selbstzweck war, sondern die Machtübergabe ermöglichte, was wiederum die Voraussetzung dafür bildete, dass es zu einem friedlichen, geordneten Verfassungswandel und einer Demokratisierung kommen konnte.

Es ist ein Paradoxon darin zu erblicken, dass soweit die südafrikanische Regelung Erfordernisse des Rechtsstaates ausser Acht lässt (was, wie zu zeigen sein wird, nur teilweise der Fall ist), dies der Preis war, den es zu bezahlen galt, damit nun überhaupt ein Rechtsstaat errichtet werden kann.[9]

Es stellt sich die Frage, ob die Inkaufnahme eines solchen Preises aus einer verantwortungsethischen Sicht, wie sie von Max Weber vertreten wurde, zu rechtfertigen ist.

b. Der Ökonom und Soziologe Max Weber unterschied im Rahmen seiner Untersuchungen über das Verhältnis zwischen Politik und Ethik zwischen der Gesinnungsethik und der Verantwortungsethik.[10]

9 Zur Wahrung des gesellschaftlichen Friedens und zur Ermöglichung der Machtübergabe als Rechtfertigung von Amnestien siehe auch Sriram, Truth Commissions and Political Theory, S. 479 f.

10 Max Weber hatte am 28. Januar 1919 vor dem Freistudentischen Bund in München einen Vortrag mit dem Titel „Politik als Beruf“ gehalten. Diese Rede bildete zusammen mit dem Referat „Wissenschaft als Beruf“ die Reihe „Geistige Arbeit als Beruf“. Zum Zwecke der Veröffentlichung überarbeitete der Ökonom und Soziologe die beiden Reden und erweiterte sie teilweise erheblich. Beide Referate sind zusammen mit einer Einleitung und editorischen Berichten enthalten in: Max Weber-Gesamtausgabe, hrsg. von W.J. Mommsen und W. Schluchter, Abt. 1, Band 17,

Die *Gesinnungsethik* ist nach Webers Betrachtungen eine absolute, unteilbare Ethik, die ausnahmslos immer praktiziert werden muss.[11] Diese Ethik gibt zwar Anweisungen über momentanes Verhalten; nach den Folgen fragt sie aber nicht.[12]

Der *Verantwortungsethiker* hingegen wägt konsequent die voraussehbaren Folgen und Nebenfolgen seines Verhaltens ab.

Die zentrale Frage seiner Überlegungen lautet: *Wie gross ist die Spannung zwischen den ins Auge gefassten Mitteln (und ihren Folgen und allfälligen Nebenfolgen) und dem angestrebten Zweck?*

Der Verantwortungsethiker muss sich Rechenschaft über allfällige Folgen seines Tuns abgeben, denn er kann die Verantwortung nicht auf andere abwälzen.[13] Die schwierige Frage, welcher Zweck welche Mittel erlaubt, kann dazu führen, dass der Verantwortungsethiker einen Punkt erreicht, an dem auch er zum Gesinnungsethiker wird - aus Wertüberzeugung.[14]

c. Die früheren südafrikanischen Konfliktparteien haben in den Mehrparteienverhandlungen nach 1990 mit Sicherheit hart um Vorteile gerungen und sind oftmals zu Vereinbarungen gelangt, die im Rahmen eines komplexen „Machtpokers" gesehen werden müssen. Es würde aber zu kurz greifen, die südafrikanische Amnestie-Regelung als blossen machtpolitisch motivierten Kompromiss zu sehen.[15] Mir scheint vielmehr, dass die Beweggründe, welche

Tübingen 1992. „Politik als Beruf" ist abgedruckt in: a.a.O., S. 157-252 (zit.: Politik).

11 Als Hauptbeispiel für die Gesinnungsethik nennt Weber die Ethik der Bergpredigt, die „absolute Ethik des Evangeliums". Vgl. Weber, Politik, S. 234.

12 Weber lehnt sie deswegen ab. Zu den Auswirkungen eines absoluten Pazifismus vgl. Weber, Politik, S. 235 f. Weitere, besonders instruktive Ausführungen zur Gesinnungsethik a.a.O., S. 237 f.

13 Illustrativ hierzu Weber, Politik, S. 238 f.

14 Weber bezeichnet es als „unermesslich erschütternd", wenn „ein *reifer* Mensch - einerlei ob jung oder alt an Jahren -, der diese Verantwortung für die Folgen real und mit voller Seele empfindet und verantwortungsethisch handelt, an irgendeinem Punkte sagt: 'ich kann nicht anders, hier stehe ich'. Das ist etwas, was menschlich echt ist und ergreift. Denn diese Lage muss freilich für *jeden* von uns, der nicht innerlich tot ist, irgendwann eintreten *können.*" (Weber, Politik, S. 250. Hervorhebungen im Original.) Aus dieser Erwägung zieht der Ökonom und Soziologe den bemerkenswerten Schluss, dass Gesinnungsethik und Verantwortungsethik nicht absolute Gegensätze, sondern Ergänzungen seien (a.a.O.).

15 Weber kritisiert die Machtpolitik als „sinnentleert" und stellt ihr ethisches Handeln gegenüber. Die Machtpolitik sieht er als „Produkt einer höchst dürftigen und oberflächlichen Blasiertheit gegenüber dem *Sinn* menschlichen Handelns, welche keinerlei Verwandtschaft hat mit dem Wissen um die Tragik, in die alles Tun, zumal

die Verhandlungspartner zu dieser Lösung geführt haben, einer ethischen Bewertung durchaus standhalten.

Eine *gesinnungsethische* Position könnte darin erblickt werden, wenn eine ausnahmslose strafrechtliche Verfolgung aller Delinquenten gefordert wird, etwa mit den strafrechtlichen Argumenten der Vergeltung oder der Prävention. Ein solcher Standpunkt würde jedoch die Folgen unbeachtet lassen. Der Umstand, dass ein Weg der rein strafrechtlichen Verfolgung den Wahrheitsfindungs- und Versöhnungsprozess verhindert hätte, weil es gar nicht zur Machtübergabe gekommen wäre oder zumindest die Sicherheitskräfte die Macht übernommen hätten, wird durch die Einnahme einer derartigen gesinnungsethischen Position nämlich nicht berücksichtigt.

Auf der anderen Seite forderten Angehörige der Sicherheitskräfte und auch Politiker der Nationalen Partei eine Generalamnestie. Die Forderung nach einer bedingungslosen Amnestie stellt ebenfalls eine gesinnungsethische Position dar, denn sie lässt die Implikationen gleichermassen unberücksichtigt wie der Ruf nach einem Weg der rein strafrechtlichen Verfolgung.

Die südafrikanische Amnestie-Regelung hingegen ist als ausgewogene Vereinbarung zu erachten: Der Kompromiss zwischen zwei gesinnungsethischen Positionen hat schliesslich zu einer Lösung geführt, die einer *verantwortungsethischen* Bewertung standhält.

Die Amnestie-Regelung war - wie zu zeigen sein wird - die relativ beste Lösung, welche die früheren Konfliktparteien hätten finden können: Dies sowohl für das Zustandekommen der Machtübergabe und eine kurz- und mittelfristige Stabilisierung der noch fragilen Demokratie nach dem Regierungswechsel als auch hinsichtlich der langfristigen Perspektiven der Wahrheitsfindung, Vergangenheitsaufarbeitung, Konfliktlösung und Versöhnung.

II. Inwiefern lässt denn die südafrikanische Regelung rechtsstaatliche Erfordernisse ausser Acht?

In denjenigen Fällen, in denen ein Täter amnestiert wird, verzichtet der Staat auf die Ausübung seines Strafanspruchs.

aber das politische Tun, in Wahrheit verflochten ist“ (Weber, Politik, S. 229, Hervorhebung im Original). Machtpolitik wird oftmals auch als „Realpolitik“ bezeichnet. Eine Politik, die sich an der Realität orientiert (und auch orientieren muss), darf allerdings nicht als „Realpolitik“ in diesem spezifischen Sinn verstanden werden.

Ausgehend von der Prämisse, dass mit der Bestrafung die Ausübung von Vergeltung und das Bewirken von Prävention beabsichtigt werden, bedeutet dies Folgendes:

Der Strafzweck der Vergeltung kann in den Fällen einer Amnestierung prinzipiell zumindest nicht auf konventionelle Art realisiert werden, weil dem Täter kein Übel im Sinne einer Strafe (Freiheits- oder Geldstrafe) zugefügt wird.

Der Strafzweck der Prävention kann in den Fällen einer Amnestierung grundsätzlich zumindest nicht auf herkömmliche Weise (nämlich durch die Aburteilung von Delinquenten für Straftaten) realisiert werden, weil die konventionelle Realisierung des Strafzwecks der Prävention die Demonstration der Unverbrüchlichkeit des Rechts mittels der Durchführung von Strafverfahren bedeutet.

III. Inwieweit finden rechtsstaatliche Erfordernisse dennoch Berücksichtigung?

1. Die Amnestie-Regelung beruht auf verfassungsmässiger und gesetzlicher Grundlage und wurde zudem vom Verfassungsgericht als rechtsgültig erklärt

Die *verfassungsmässige Grundlage* besteht in der Postambel der Interimsverfassung, deren weitere Geltung von Clause 22 of Schedule 6 der Verfassung von 1996 garantiert wird.

Das vom südafrikanischen Parlament verabschiedete Gesetz zur Förderung der Nationalen Einheit und Versöhnung stellt die *gesetzliche Grundlage* dar. Es erfolgte eine breit abgestützte Beteiligung am Gesetzgebungsprozess.[16] Im Hinblick auf das Kriterium der Normdichte ist festzustellen, dass das Gesetz genügend klare, bestimmte und detaillierte Regelungen enthält.

Das südafrikanische Verfassungsgericht bestätigte das Gesetz zur Förderung der Nationalen Einheit und Versöhnung im Azapo-Urteil vom 25. Juli 1996 als rechtsgültig.[17]

2. Zur Berücksichtigung des Strafzwecks der Vergeltung

Der Strafzweck der Vergeltung ist tatsächlich insoweit nicht realisierbar, als dem amnestierten Täter kein Übel im Sinne einer Strafe (Freiheits- oder Geldstrafe) zugefügt werden kann.

16 FR I/5, Rz. 59.

17 Zum Azapo-Urteil vgl. S. 159 ff.

Dennoch ist immerhin Folgendes zu berücksichtigen:

Es erfolgte keine Generalamnestie. Die Täter hatten die Kommission um die Gewährung von Straffreiheit zu ersuchen. Sie mussten innert Frist ein Gesuch einreichen. Die Amnestierung erfolgte somit nicht automatisch, sondern auf Antrag.

Das Strafrecht hat eine komplementäre Funktion, indem über den Häuptern der Delinquenten das Damoklesschwert einer Strafuntersuchung droht, in deren Rahmen auch eine Verwertung von Beweisen, die dank anderen Anhörungen vor der Kommission gewonnen werden konnten, erfolgen kann, falls sie keinen Amnestie-Antrag eingereicht haben respektive dieser abgelehnt worden ist.[18]

Die Gewährung von Amnestie erfolgte nicht ohne weiteres. Vielmehr mussten spezifische, gesetzlich geregelte Voraussetzungen erfüllt sein, nämlich insbesondere die politische Motivation, die Proportionalität der Straftaten und - in diesem Zusammenhang von besonderem Interesse - die vollständige Offenlegung.

Darüber, ob die Voraussetzungen erfüllt waren, entschied ein Organ, dessen Einsetzung auf verfassungsmässiger und gesetzlicher Grundlage beruhte, deren Mitglieder kein hohes politisches Profil aufweisen durften, und dessen Unabhängigkeit gesetzlich garantiert war - ein Organ, das mithin eine „gerichtsähnliche" Stellung hatte.[19] Die Kommission konnte zur Überprüfung der Amnestie-Anträge gemäss Art. 19 Abs. 2 des Gesetzes Untersuchungen durchführen, wobei sie unter anderem die Kompetenzen hatte, Zeugen vorzuladen (Art. 31 Gesetz) sowie Hausdurchsuchungen und Beschlagnahmungen vorzunehmen (Art. 32 Gesetz).

Die Täter mussten in öffentlichen Anhörungen (gemäss Art. 33 Gesetz) ein vollumfängliches Geständnis ablegen. Gemäss Art. 20 Abs. 6 Gesetz war der

18 Es gibt auch andere Fälle von Kommissionen, deren Untersuchungsergebnisse für Gerichtsverfahren verwendet werden dürfen, siehe Sriram, Truth Commissions and Political Theory, S. 478 Anm. 30, mit weiterem Hinweis.

19 Die Gerichtsqualität einer rechtsprechenden Institution bestimmt sich vordringlich nach ihrer institutionellen Unabhängigkeit von den anderen Staatsgewalten, siehe Regina Kiener, Richterliche Unabhängigkeit: verfassungsrechtliche Anforderungen an Richter und Gerichte, Bern 2001, S. 318. Das Gesetz enthielt in Art. 39 lit. c etwa auch die Bestimmung, dass eine Handlung, welche in einem Gerichtsverfahren als contempt of court zu qualifizieren wäre, auch im Verfahren vor der Kommission zu ahnden war. Vgl. in diesem Zusammenhang die Botschaft zur Gesetzesvorlage, S. 3 f., wo geltend gemacht wird, dass die Regelung im Gesetz zur Förderung der Nationalen Einheit und Versöhnung den Anforderungen des Rechtsstaatsprinzips - dies im Gegensatz zu einer willkürlichen Gewährung von Amnestien - Rechnung trägt.

Name der Person, welcher Amnestie gewährt wurde, zusammen mit genügenden Informationen über die betreffende Straftat im Amtsblatt der Regierung zu veröffentlichen.

Gerade dieses Erfordernis der öffentlichen Darlegung von Straftaten in einer bisherigen Kultur der Heimlichkeit, der Straf- und Verantwortungslosigkeit dürfte wohl für viele Täter mit einer Belastung und mit Nachteilen verbunden sein, deren Ausmass zumindest teilweise Strafaspekte aufweisen kann.

Stratenwerth hat darauf hingewiesen, dass soziale Kontrolle auf weite Strecken auch durch informelle Sanktionen ausgeübt wird, im Nahbereich, etwa am Arbeitsplatz, was bis zu völliger Ächtung gehen kann.[20] Erzbischof Tutu hat geltend gemacht, dass die Antragsteller für die Gewährung von Amnestie sehr wohl einen Preis zu bezahlen hatten: Sie mussten im vollen Scheinwerferlicht der Öffentlichkeit und der Medien ihre Delikte offenlegen.[21] Vor dem Forum der Öffentlichkeit verloren die Täter, die aus den Reihen der Sicherheitskräfte stammten, ihre bisherige Aura der Unverletzlichkeit, da sie sich nun öffentlich zu ihrem Verhalten bekennen mussten.

Es ist deshalb einerseits festzuhalten, dass der Vergeltungszweck in den Fällen der Amnestierungen zwar nicht auf herkömmliche Weise, mit der Aussprechung und dem Vollzug von Strafen, realisiert werden konnte, dass aber andererseits den Tätern nach Massgabe der südafrikanischen Regelung Straffreiheit nur zu gewähren war, wenn sie die faktischen Nachteile der vollständigen Offenlegung vor dem Forum der Öffentlichkeit auf sich nahmen. Auch Sriram spricht davon, dass die öffentliche Enthüllung der Identität von Straftätern eine eigentliche Form von Bestrafung sei[22]: „*The revelation of the truth (...) may both enable the victims to heal (...) but serve to 'shame', and thus punish, the perpetrators.*“[23]

3. *Zur Berücksichtigung des Strafzwecks der Prävention*

A. Prävention durch Einführung von Rechenschaftsplicht (accountability)

Der präventive Aspekt der Bestrafung liegt darin, durch die Aburteilung der Delinquenten zu demonstrieren, dass Normen nicht ohne Konsequenzen gebrochen werden können. Der Staat macht die Bestandes- und Durchschlagskraft seiner Rechtsordnung deutlich.

20 Stratenwerth, Strafrecht, § 1 N. 1.

21 FR I/1, Rz. 35 und CNN-Sendung „Insight“ vom 28.8.1997.

22 Siehe Sriram, Truth Commissions and Political Theory, S. 478, mit weiteren Hinweisen.

23 Sriram, Truth Commissions and Political Theory, S. 480 f.

Dieser Zweck ist im vorliegenden Kontext insofern nicht auf herkömmliche Weise zu realisieren, als diese Demonstration in den Fällen der Amnestierung nicht durch die Verhängung von Sanktionen erfolgen kann. Kann der Staat dennoch, auf andere Weise, deutlich machen, dass seine Normen nicht verletzt werden dürfen?

Dass Rechtssätze nicht ohne Konsequenzen gebrochen werden können, wird mit der Amnestie-Regelung gezeigt, indem die Gewährung von Straffreiheit nur im Falle der Erfüllung von gesetzlich festgelegten Voraussetzungen möglich war:

Die Täter mussten die Kommission um Amnestierung ersuchen; ihre Anträge konnten nur gutgeheissen werden, wenn ihre Tat politisch motiviert und proportional war und die Offenlegung eine vollumfängliche war.

Die Verletzung von Normen hat also durchaus Folgen, mussten sich die Täter doch an eine Kommission wenden, welche prüfte, ob die Anträge die gesetzlich festgelegten Erfordernisse erfüllten.

Von besonderer Bedeutung war dabei die öffentliche Anhörung über die erfolgten Delikte. Während bisher eine Kultur der Heimlichkeit, der Straf- und Verantwortungslosigkeit bestanden hatte, mussten sich die Täter nun öffentlich zu ihren Taten zu bekennen. Diese Öffentlichkeit der Anhörungen ist eines der zentralen Merkmale der südafrikanischen Wahrheitskommission.[24]

Die Täter mussten gegenüber der Kommission und letztlich gegenüber der Öffentlichkeit Rechenschaft ablegen. Die südafrikanische Regelung ist gekennzeichnet durch dieses Konzept der Verantwortlichkeit ohne Straffolge, der *accountable amnesty*: Straffreiheit konnte zwar gewährt werden, aber nicht voraussetzungslos, weil der Täter Rechenschaft ablegen musste, und weil auch weitere Bedingungen erfüllt sein mussten.

Angesichts des Umstandes, dass bisher eine Rechenschaftspflicht eben nicht bestand, bedeutet die Einführung einer solchen eine Neuerung, deren Bedeutung nicht unterschätzt werden darf. Martha Minow spricht davon, dass im Falle eines Prozesses, der zur Errichtung einer Wahrheitskommission führt, Gerechtigkeit im Sinne von *Verantwortlichkeit* neu zu definieren sei („*redefine justice as accountability*“).[25]

Zudem droht in denjenigen Fällen, in denen Straftäter keine Amnestie-Anträge gestellt hatten oder deren Gesuche abgewiesen worden sind, grundsätzlich die Durchführung von Strafverfahren. Es ist denn auch zu einigen Strafverfahren gekommen, wenn auch nicht auf breiter Ebene, denn die Konzeption besteht nicht primär darin, dass die gewonnenen Informationen für die Durch-

24 Vgl. FR I/5, Rz. 5 f.

25 Minow, Between vengeance and forgiveness, S. 82.

führung von Strafprozessen verwendet werden. So liegt gemäss Erzbischof Tutu der Zweck des Herausfindens der Wahrheit nicht darin, dass Personen angeklagt werden sollen, sondern dass die Wahrheit als Teil des Heilungsprozesses verwendet wird.[26]

Mit dem südafrikanischen Modell kann somit demonstriert werden, dass

anstelle der bisherigen Heimlichkeit nunmehr Transparenz herrschen soll, und

anstelle der bisherigen Straflosigkeit immerhin eine Rechenschaftspflicht (wenn auch ohne Straffolge) eingeführt worden ist.

Die Einführung von Rechenschaftspflicht ist zur Prävention gegenüber künftigen Menschenrechtsverletzungen geeignet, weil sie zur Stärkung der Geltung der Normen führt. Der durch die Einrichtung der Wahrheitskommission in Gang gesetzte Heilungsprozess soll im Interesse der Täter und der Opfer die Unterscheidung zwischen Recht und Unrecht wiederherstellen.[27]

Gemäss Parker kommt dem Truth-Telling, das er als „*a form of accountability*"[28] bezeichnet, eine *norm-setting-function* zu: Demnach hat das Truth-Telling auch die Funktion, das Ausmass an kollektiver Einschüchterung zu reduzieren und neue Verhaltensnormen zu etablieren, die als Massstab zur Beurteilung des Verhaltens dienen.[29] Rechenschaftspflicht bedeutet, dass Individuen ihre Verantwortung wahrnehmen müssen. Die Wahrheitskommission stellt sich im Schlussbericht auf den Standpunkt, dass das Konzept der Gewährung von Amnestie unter Bedingungen gewisse wesentliche Gerechtigkeitselemente enthält, wenn die Annahme akzeptiert wird, dass die Bestrafung nicht notwendige Voraussetzung für die Anerkennung von Rechenschaftspflicht ist.[30]

B. Prävention durch Konflikterforschung

Die Kommission hatte die Aufgabe, ein breites Bild über die Konflikte der Vergangenheit, die erfolgten Menschenrechtsverletzungen und die Perspektiven der Täter und Opfer zu erarbeiten, um der Regierung Massnahmen zur künftigen Prävention von Verstössen gegen die Menschenrechte zu empfehlen. Da die Erforschung der Konfliktursachen zu diesem Zweck von grundlegender Bedeutung ist, stellt die Wahrheitsfindung gerade in Ländern, die sich im Übergang befinden, einen wichtigen Faktor in der Herstellung der Rechtsstaatlichkeit dar.[31]

26 Zitiert bei Minow, Between vengeance and forgiveness, S. 127.
27 Vgl. Minow, Between vengeance and forgiveness, S. 78.
28 Parker, Politics, S. 13.
29 Parker, Politics, S. 13.
30 FR I/5, Rz. 61.
31 FR I/5, Rz. 70.

Im Zentrum standen dabei die Aussagen der Opfer und Täter in öffentlichen, zum Teil via TV übertragenen Anhörungen. Durch die Öffentlichkeit der Anhörungen und die Berichterstattung in den Medien vermochte die Kommission bei der Ausübung ihrer Tätigkeit eine grosse Anzahl von Personen innerhalb und ausserhalb der Republik zu erreichen.[32]

Die Enthüllung der Unrechtsvergangenheit und die Verdeutlichung des Ausmasses an Grausamkeit und Brutalität waren geeignet, reaktionäre und extremistische Tendenzen einzudämmen. In dem Ausmass, in dem das bisherige Regime delegitimiert worden ist, hat die junge Demokratie eine weitere Festigung erfahren, weil sie stark genug ist und als hinreichend robust erscheint, das Unrecht der Vergangenheit zu problematisieren. Die Anhörungen von Opfern und Tätern vermittelten den Zuschauern - vielleicht zum ersten Mal - eindringliche Schilderungen über die Geschehnisse der Vergangenheit.[33] Die Berichte erhielten nun Gesichter, sie wurden von Menschen aus Fleisch und Blut erzählt.

Erst diese Konflikterforschung hat es der Kommission zudem erlaubt, Empfehlungen für die künftige Vermeidung von Widerhandlungen gegen die Menschenrechte zu erarbeiten. Eine bessere Erkenntnis der Ursachen von Konflikten kann dazu helfen, künftige Menschrechtsverstösse wirksamer zu vermeiden.

Die Ausgestaltung der südafrikanischen Regelung vermochte das Truth-Telling enorm voranzubringen: Die Nennung von Personen in Anhörungen vor der Kommission hatte zum Teil einen gewissen Domino-Effekt, indem Personen, die in Anhörungen erwähnt wurden, Antrieb erhielten, selber ein Gesuch zu stellen und vor der Kommission auszusagen.

Dieser Domino-Effekt bot für die Wahrheitsfindung einen Vorteil, der durch eine rein strafjustitielle Aufarbeitung (bei der unter anderem das Aussageverweigerungsrecht der Angeschuldigten gelten würde) wohl kaum möglich gewesen wäre.[34]

Durch ein ausschliesslich strafjustitielles Vorgehen kann kein derart fallübergreifendes Bild der Vergangenheit erstellt werden. Ein Gericht behandelt einzelne Fälle und hat nicht die Aufgabe, fallübergreifende Untersuchungen über die Vergangenheit durchzuführen.[35] Minow spricht sich für die Anerken-

32 FR I/5, Rz. 5.

33 FR I/5, Rz. 90 f.

34 Zu diesem Schluss kommt auch die Wahrheitskommission, siehe FR I/5, Rz. 66. Zum Dominoeffekt siehe anhand des Falles von General van der Merwe bei Minow, Between vengeance and forgiveness, S. 59.

35 Minow, Between vengeance and forgiveness, S. 60. Auch Olson vertritt die Auffassung, die Dokumentation der Menschenrechtsverstösse und der Involvierung der Regierung sei an und für sich ein ergänzender Mechanismus zur Strafverfolgung,

nung des Wertes von Wahrheitskommissionen aus, welche die wiederkehrenden Muster von Grausamkeit sowie die komplexen Linien von Verantwortlichkeit und Komplizität untersuchen.[36] Die Harvard-Professorin vertritt die Auffassung, was die Ziele der öffentlichen Anerkennung des Leids der Opfer und der Erstellung eines umfassenden Berichts anbelangt, dürfte die Tätigkeit einer Wahrheitskommission besser geeignet sein als die Durchführung von Strafverfahren.[37] Sie weist darauf hin, dass Prozesse keine ideale Form von sozialem Handeln darstellen.[38] Zu beachten ist auch, dass Wahrheitskommissionen im Unterschied zu Gerichten (abgesehen von allfälligen Laienrichtern) regelmässig aus Mitgliedern verschiedener Berufsgruppen zusammengesetzt sind. Im Falle der südafrikanischen Kommission gehörten der Institution Rechtsanwälte, Ärzte, Theologen und eine Sozialarbeiterin an.

C. Prävention durch Konsolidierung des Rechtsstaates, Demokratisierung und Versöhnung

a. Von elementarer Bedeutung für die Prävention von Menschenrechtsverletzungen ist die *Konsolidierung des Rechtsstaates* durch den Erlass von Rechtsnormen und die Errichtung von Rechtspflegeorganen sowie durch die Ausübung einer Rechtspflege, welche der Geltung der in der Verfassung verankerten Grundrechte in der Praxis zum Durchbruch verhilft.

In diesem Zusammenhang kann festgestellt werden, dass die Verfassung der südafrikanischen Republik das Ergebnis eines mehrjährigen, hochdifferenzierten und in vielerlei Hinsicht äusserst bemerkenswerten Verfassungsgebungsprozesses ist.[39] Das südafrikanische Grundgesetz enthält unter anderem einen umfangreichen Katalog von Menschenrechten und Grundfreiheiten.[40]

Art. 39 Abs. 2 der Verfassung von 1996 verpflichtet die Gerichte und Behörden zu einer verfassungskonformen Gesetzesanwendung. Die Verfassungsrechtsprechung obliegt dabei dem Verfassungsgericht (*Constitutional Court*), welches nach Art. 167 Abs. 1 der Verfassung aus elf Mitgliedern besteht. Die Fälle sind mindestens in einer Achterbesetzung zu verhandeln.

indem sie ein vollständigeres Bild der Missbrauchsmuster liefere, als dies durch einzelne Strafverfahren erfolgen könnte, vgl. Olson, Mechanisms complementing prosecution, S. 177.

36 Minow, Between vengeance and forgiveness, S. 87.

37 Minow, Between vengeance and forgiveness, S. 58 f.

38 Minow, Between vengeance and forgiveness, S. 58.

39 Eingehend dazu die Ausführungen auf den S. 86 ff.

40 Zu den Grundrechten der südafrikanischen Verfassung siehe auch Sarkin, South Africa's Final Constitution, S. 77-85, sowie die Ausführungen auf den S. 92 ff.

Art. 167 Abs. 3 räumt dem Verfassungsgericht die höchste Position in sämtlichen verfassungsrechtlichen Angelegenheiten ein.[41] Die Einführung der Verfassungsgerichtsbarkeit löst das in der Apartheid-Ära geltende Prinzip der Parlamentssouveränität ab.

Dem Schutze der Menschenrechte und Grundfreiheiten dienen auch diverse, in der südafrikanischen Konstitution verankerte Kommissionen.[42] Diese

41 Nach Abs. 4 entscheidet das Oberste Gericht des Landes in Streitigkeiten zwischen den Staatsorganen; über die Verfassungsmässigkeit von nationalen oder regionalen Gesetzen; über die Verfassungsmässigkeit von Verfassungs-Amendments; in der Frage, ob es der Präsident der Republik versäumt hat, eine verfassungsmässige Pflicht zu erfüllen; im Übrigen zertifiziert das Verfassungsgericht die Provinzverfassungen.

42 Die Menschenrechtskommission (*Human Rights Commission*) hat gemäss Art. 184 die Aufgabe, eine Kultur der Menschenrechte zu fördern, indem sie die Beachtung der Grundrechte in der Republik überprüft und zu diesem Zweck auch Untersuchungen über berichtete Fälle von Verletzungen durchzuführen hat. Für weitere Informationen zur Menschenrechtskommission vgl. The British Institute of Human Rights (Hrsg.), Human Rights Protection: Methods and Effectiveness, London/Den Haag/New York 2002, S. 36 f.

Die Kommission für die Förderung und den Schutz der Rechte der kulturellen, religiösen und linguistischen Gemeinschaften (*Commission for the Promotion and Protection of the Rights of Cultural, Religious and Linguistic Communities*) wird in Art. 185 und 186 geregelt. Die Kommission soll den Respekt vor diesen Rechten fördern und den Frieden, die Freundschaft, Menschlichkeit, Toleranz und nationale Einheit unter den kulturellen, religiösen und sprachlichen Gemeinschaften auf der Basis der Gleichberechtigung, Nicht-Diskriminierung und Vereinsfreiheit entwickeln und unterstützen. Die Mitglieder dieser Kommission sollen die wichtigen kulturellen, religiösen und sprachlichen Gemeinschaften des Landes sowie auch die Geschlechter repräsentativ zum Ausdruck bringen.

Die Kommission für die Gleichstellung der Geschlechter (*Commission for Gender Equality*), geregelt in Art. 187, soll die Gleichberechtigung von Mann und Frau fördern. Zu diesem Zweck kann die Kommission unter anderem auch Untersuchungen durchführen und Analysen verfassen.

Die in den Art. 190 und 191 verankerte Wahlkommission (*Electoral Commission*) hat die politischen Rechte zu schützen, indem sie freie und faire Wahlen garantieren soll.

Die *Independent Authority to Regulate Broadcasting* ist die staatliche Aufsichtsinstanz für Radio und Fernsehen. Das in Art. 192 der Verfassung geregelte Gremium hat die Aufgabe, die Ausstrahlung von Radio- und TV-Sendungen im öffentlichen Interesse zu regulieren, um so Fairness und eine Diversität der Ansichten sicherzustellen, welche das ganze Spektrum der südafrikanischen Gesellschaft breit repräsentiert.

Institutionen sind allein dem Parlament verantwortlich[43] und sollen - als „die konstitutionelle Demokratie stützende staatliche Institutionen“[44] - sicherstellen, dass Parlament und Regierung den Verfassungsauftrag respektieren.[45]

Die Funktion der Wahrheits- und Versöhnungskommission ist im Hinblick auf die Konsolidierung des Rechtsstaates durch den Erlass von Rechtsnormen und die Einrichtung von rechtsstaatlichen Institutionen darin zu sehen, dass mit der südafrikanischen Regelung des Umgangs mit den Verbrechen der Vergangenheit Transparenz und Rechenschaftspflicht gefördert und die Geltung von Normen gefestigt werden.

b. Von grosser Bedeutung ist die Ablösung der bisherigen Kultur der Heimlichkeit und der Straflosigkeit durch eine Kultur der Verantwortlichkeit auch für die Stärkung der *Demokratisierung*. Demokratisierung und Förderung der Rechtsstaatlichkeit erscheinen damit gleichermassen als Grundpfeiler für die Prävention künftiger Menschenrechtsverletzungen.

Auf diesem Weg wird eine Entwicklung gefördert, welche zu einer zunehmenden Machthemmung und Machtbegrenzung der staatlichen Organe durch eine *lebendige Zivilgesellschaft* führt.[46]

Der *Public Protector* ist eine Art Ombudsperson (Art. 182 und 183). Sie soll Meldungen über Unregelmässigkeiten und unlauteres Verhalten in Regierung und Verwaltung nachgehen, Untersuchungen durchführen, darüber Bericht erstatten und geeignete Massnahmen treffen. Alle Personen und Gemeinschaften sollen sich an diese Ombudsperson wenden können.

43 Art. 181 Abs. 5 der Verfassung.

44 So der Titel des neunten Kapitels der Verfassung von 1996.

45 Vgl. auch den Artikel der Weekly Mail „Die Demokratie als Zielpunkt“, in deutscher Übersetzung publiziert in: Echo aus Südafrika (Publikation der südafrikanischen Botschaft in Bern), Ausgabe Juli 1996, S. 3. Diese Kommissionen wurden teilweise schon unter der Interimsverfassung eingerichtet, um den demokratischen Prozess abzusichern.

46 Zur *civil society* im Kontext Südafrikas vgl. Daria Caliguire und Wilmot James, The New South Africa: Renewing Civil Society, in: Journal of Democracy, Volume 7, No. 1, January 1996, S. 56-66.

Zahlreiche Nichtregierungsorganisationen (NGOs), die heute noch bestehen, wurden bereits während der Apartheid-Ära gebildet. Die United Democratic Front (UDF) etwa wurde 1983 als Allianz von mehreren hundert örtlichen Gruppierungen, Jugend-, Studenten- und Frauengruppen und den Civic Associations gegründet. Diese Civic Associations (Civics) waren oppositionelle Bürgerbewegungen in den schwarzen Städten und wurden nach 1990 von der Regierung, der Polizei sowie der Geschäftswelt als Partner bei der Zusammenarbeit zur Problemlösung anerkannt. Neben diesen politischen Gruppierungen gab es aber auch zahlreiche Organisationen, die den Menschen in den Townships Hilfe zum Überleben und zur Be-

c. Eine nachhaltige *Aussöhnung* zwischen den bisher verfeindeten Menschen stellt - neben dem Aufbau des Rechtsstaates und der Demokratisierung - den dritten Grundpfeiler zur künftigen Vermeidung von Menschenrechtsverletzungen dar.

Die Konzeption der südafrikanischen Wahrheitskommission basiert auf der Vorstellung der wiederherstellenden Gerechtigkeit (*restorative justice*). Restorative justice bedeutet eine Fokussierung auf die Bedürfnisse der Opfer und die Durchführung eines Prozesses der kollektiven Verständigung.[47] Nach der Idee der wiederherstellenden Gerechtigkeit hat unter Einbezug sowohl der Täter als auch der Opfer eine Entwicklung stattzufinden, die schliesslich zur Konfliktlösung führt.

wältigung des Alltags zur Verfügung stellten. Sie traten gewissermassen an die Stelle des Staates, der sich auf Grund der „Unregierbarkeit" der schwarzen Städte aus den Townships weitgehend zurückziehen musste. Die Zahl der Nichtregierungsorganisationen erreichte vor den Wahlen im April 1994 mit 54'000 ihren Höhepunkt; rund 20'000 NGOs können als entwicklungsorientiert bezeichnet werden (Caliguire/James, a.a.O., S. 61).

Nach den ersten freien Wahlen nahm die Zahl der NGOs signifikant ab. Der wichtigste Grund hierfür liegt im demokratischen Wandel, der vielen Organisationen der Anti-Apartheid-Bewegung zumindest nach der Ansicht ihrer Protagonisten ihre Existenzberechtigung entzog. Andere NGOs definierten hingegen eine neue Zielsetzung, beispielsweise die Unterstützung der Demokratisierung oder die Leistung von Entwicklungshilfe. Die neugewählte Regierung war nach ihrem Amtsantritt zudem sehr stark auf die bisher in den Townships oder anderen Gebieten tätigen Hilfsorganisationen angewiesen. So sorgten diese Organisationen etwa dafür, dass die Bewohner von ländlichen Gebieten, in denen es kaum eine administrative Infrastruktur gab, medizinische und erzieherische Hilfeleistungen erhielten (Caliguire/James, a.a.O., S. 62). Die Aufgabe der Administrationen Mandela und Mbeki, die staatlichen Dienstleistungen und die Grundversorgung auf die bisher benachteiligten Bevölkerungsgruppen auszudehnen, ist zumindest im Übergangsstadium kaum ohne die Unterstützung der NGOs zu realisieren.

Seit 1994 gab es von seiten der Regierung und der NGOs Bemühungen, ihr Verhältnis auf eine eher korporatistische

Weise zu strukturieren. So wurde im November 1994 der Nationale Rat für Wirtschaft, Entwicklung und Arbeit (*National Economic, Development and Labour Council,* NEDLAC) gebildet. Die klassische Dreiparteienstruktur aus Arbeitgebern, Arbeitnehmern und Regierung wurde um eine „Entwicklungskammer" erweitert, um - wie es hiess - die Zivilgesellschaft in den Entscheidfindungsprozess einzubeziehen (Caliguire/James, a.a.O., S. 63). Andererseits schlossen sich zahlreiche Nichtregierungsorganisationen zu einer National NGOs Coalition zusammen.

47 Zur restorative justice vgl. ausführlich FR I/5, Rz. 80 ff.

Das Konzept der restorative justice ist vor dem Hintergrund der traditionellen afrikanischen Vorstellung des *ubuntu* eingebettet. Das Gedankengut des ubuntu ist geprägt durch Respekt vor der Menschenwürde und Mitmenschlichkeit.[48] Damit ist eine traditionelle afrikanische Denkweise, die gemäss Martha Minow vielleicht selbst zu einem der grossen Opfer der kolonialen Unterdrückung afrikanischer Traditionen geworden war, in die Konzeption der Wahrheitskommission einbezogen worden.[49]

Bei der Errichtung der südafrikanischen Wahrheitskommission hat auf diese Weise eine regionale kulturelle Eigenart berücksichtigt werden können. Das vornehmlich westliche Konzept der vergeltenden Gerechtigkeit und die vom ubuntu inspirierte Denkart der wiederherstellenden Gerechtigkeit ergänzen einander gegenseitig und erscheinen als ausgewogene Kombination von Elementen der Vergeltung und der Versöhnung, welche in der Zielrichtung der Konfliktprävention einen gemeinsamen Nenner finden. Das Justizsystem und die Wahrheitskommission verhalten sich im südafrikanischen Modell komplementär zueinander.[50]

Die Wahrheit ist zum einen ein Selbstwert an sich; zum andern ist sie auch ein Mittel zum Zweck, dient sie doch letzlich einer gesamtgesellschaftlichen Aufarbeitung der Vergangenheit.[51] Diese Aufarbeitung wiederum soll die Basis eines Prozesses der kollektiven Verständigung, Versöhnung und Konfliktlösung bilden.

Erzbischof Tutu hat mit eindrücklichen Worten dargelegt, dass es sich bei diesem Prozess der Versöhnung nicht um eine lebensfremde Abstraktion handelt, sondern um eine Entwicklung, die hier und jetzt, unter den Menschen Südafrikas stattzufinden hat. Nach einem Besuch in Kigali erklärte er: *„Wir müssen die Spirale der Repressalie und Gegenrepressalie brechen. Ich sagte ihnen in*

48 Zum ubuntu siehe FR I/5, Rz. 85 ff.

49 Minow, Between vengeance and forgiveness, S. 82.

50 So auch die Kommission im Schlussbericht, siehe FR I/5, Rz. 67 ff. Zur Frage des Verhältnisses zwischen der Gerichtsbarkeit und einer eingesetzten Wahrheitskommission in anderen Ländern vgl. den Hinweis im Ausblick, S. 219.

51 Durch das Truth Telling vor dem Forum der Öffentlichkeit soll eine gesamtgesellschaftliche Katharsis, eine Läuterung also, erreicht werden. Václav Havel hat untersucht, wie bei den Zuschauerinnen und Zuschauern eines Theaterstücks eine Katharsis bewirkt werden kann. Dabei ist er zum Schluss gekommen, dass auch „die härteste Wahrheit, wenn sie laut und öffentlich vor allen ausgesprochen wird, (...) auf einmal zu etwas Befreiendem (wird)" (Havel, Fernverhör, S. 246). Den Vorgang der Katharsis bezeichnet er als „Akt des eigenen existentiellen Aufwachens" (a.a.O.). Es gibt eine kollektiv erlebte Freude daran, dass das Böse entlarvt wird. Die Demonstration der Misere der Welt ist zugleich der Beginn der Hoffnung.

Kigali 'wenn Ihr nicht über die Justiz in Form eines Gerichts hinausgeht, gibt es keine Hoffnung für Rwanda'. Schuldbekenntnis, Vergebung und Versöhnung im Leben der Nationen sind nicht einfach versponnene religiöse und spirituelle Sachen, nebulös und unrealistisch. Sie sind die Materie der praktischen Politik."[52]

Durch die Enthüllung der Wahrheit kann eine nationale Debatte über die Ereignisse der Vergangenheit entstehen, die schliesslich zu Versöhnung führen soll.[53]

d. Auf der anderen Seite wäre eine rein strafjustitielle Aufarbeitung der Vergangenheit nicht nur an machtpolitischen Zwängen gescheitert, sondern auch auf enorme Schwierigkeiten für ihre praktische Realisierung gestossen.[54] Die Wahrheitskommission spricht in ihrem Schlussbericht denn auch einige Faktoren an, die im südafrikanischen Konfliktumfeld - ganz abgesehen von der Frage der realpolitischen Durchführbarkeit - gegen eine rein strafjustitielle Aufarbeitung der Vergangenheit gesprochen haben. Die Kommission stellt sich auf den Standpunkt, in der Praxis wäre die erfolgreiche Strafverfolgung von mehr als nur einem Bruchteil der Verantwortlichen für die Menschenrechtsverletzungen unmöglich gewesen, weshalb nicht die Auswahl zwischen Amnestie und Gerichtsverfahren, sondern jene zwischen *mehr oder weniger Offenlegung* über die Vergangenheit entscheidend sei.[55] Gemäss der Kommission sind die begrenzten Ressourcen von Justiz, Polizei und Gefängnissen zu bedenken.[56] Auch dürfte die Täterschaft bei vielen der Verbrechen wegen der Vernichtung von Beweismaterial kaum nachweisbar sein.[57]

Ein weiteres Problem liegt darin, dass es im Falle einer (infolge der begrenzten Ressourcen) bloss teilweisen Durchführung von Strafverfahren zu einer Spaltung der Sicherheitskräfte und verstärkten Vorbehalten derselben gegenüber der demokratisch gewählten Regierung kommen könnte.[58] Eine selektive Durchführung von Strafprozessen würde das Vertrauen in das Justizsy-

52 FR V/9, Rz. 4. Übersetzung des Verfassers.

53 Sriram, Truth Commissions and Political Theory, S. 481.

54 So scheint es sich auch in anderen Kontexten zu verhalten. Gemäss Sriram war beispielsweise in den Transitionsprozessen in Uruguay und in Guatemala die Anzahl der Straftäter zu gross, so dass die Durchführung von Strafverfolgungen alleine aus diesem Grund nicht möglich war, siehe Sriram, Truth Commissions and Political Theory, S. 479.

55 FR I/5, Rz. 71.

56 FR I/5, Rz. 72.

57 FR I/5, Rz. 72.

58 Dieses Argument wird anhand des Beispiels Argentinien vorgebracht, vgl. Sriram, Truth Commissions and Political Theory, S. 479 f.

stem untergraben und der jungen Demokratie einen denkbar schlechten Dienst erweisen.[59]

Es kann insgesamt festgehalten werden, dass die praktische Realisierbarkeit von Strafverfolgungen auf breiter Ebene angesichts der zahlreichen Menschenrechtsverstösse und der limitierten Kapazitäten der Strafverfolgungs- und Justizorgane im Falle Südafrikas zweifelhaft gewesen wäre.

Demgegenüber basiert die südafrikanische Regelung, soweit die Strafzwekke gemäss dem Konzept der vergeltenden Gerechtigkeit nicht durch die Durchführung von Strafverfahren realisiert werden können, auf dem sinnvollen Konzept der restorative justice.

IV. Fazit

Vor dem Hintergrund der notwendigen Konfliktentschärfung wurde den rechtsstaatlichen Erfordernissen bei der Ausgestaltung der südafrikanischen Amnestie-Regelung in optimaler Weise Beachtung geschenkt.

Amnestie musste vorgesehen werden, damit eine Machtübergabe - als Voraussetzung für die Errichtung von Demokratie und Rechtsstaat - überhaupt möglich war.

Dem Paradoxon der Notwendigkeit des Verzichts auf spezifische rechtsstaatliche Anforderungen (welche in Vergeltung und Prävention *durch Bestrafung* bestehen) zugunsten der Errichtung von Rechtsstaatlichkeit wurde mit einer Regelung Rechnung getragen, welche diese Erfordernisse auch mittel- und langfristig bestmöglich berücksichtigt:

Zwar wurde im Falle der Amnestierung eines Täters auf *Vergeltung* verzichtet; immerhin konnte einem Delinquenten aber nur bei Erfüllung spezifischer Voraussetzungen Straffreiheit gewährt werden.

Die Herstellung von *Prävention* erfolgt durch die Einführung von Rechenschaftspflicht, Konflikterforschung auf breiter Ebene, Stärkung von Rechtsstaatlichkeit sowie durch Versöhnung und Demokratisierung.

59 Siehe Sriram, Truth Commissions and Political Theory, S. 475 u. 480.

Drittes Kapitel: Normative Anforderung 3: Die Bewertung des Gesetzes hinsichtlich des Beitrages zu Versöhnung und Demokratisierung

I. Vergangenheitsaufarbeitung und Konfliktlösung

1. Erarbeitung eines Grundkonsenses über Gewaltverzicht und Diskursbereitschaft sowie Aufarbeitung der Vergangenheit

a. Zu den elementaren Funktionen der Kommission gehörte die Ausweitung des zwischen den Konfliktparteien auf politischer Ebene hergestellten Grundkonsenses auf die gesellschaftliche Ebene.[60]

Der Dialog, der bis anhin vor allem zwischen den Politikern der verschiedenen Lager stattgefunden hatte, sollte nun auch zwischen Menschen und gesellschaftlichen Gruppen aufgenommen werden, die sich bisher feindselig gegenüberstanden oder sich gar bekämpften.

Durch die Aufarbeitung der jüngsten Geschichte ist den Menschen dieses Landes die gemeinsame Vergangenheit vor Augen geführt worden, damit sie möglichst zu einer gemeinsamen Sichtweise dieses Erbes und zu einer gegenseitigen Anerkennung ihrer Leiden gelangen können. Dies ist wiederum einer Überwindung der gesellschaftlichen Spaltung und Uneinigkeit förderlich.[61] Die Enthüllung der Wahrheit kann eine nationale Debatte über die Ereignisse der Vergangenheit ermöglichen, welche zu Versöhnung führen soll.[62]

Die seit 1994 demokratisch gewählten Regierungen des früheren Präsidenten Nelson Mandela und des jetzigen Staatschefs Thabo Mbeki verfolgen das Projekt eines *nation-building*, welches sich als das genaue Gegenteil der von den Apartheid-Herrschern während Jahrzehnten propagierten „getrennten Entwicklung“ erweist. Es geht dabei um die Überwindung der Polarisierung in der südafrikanischen Gesellschaft durch eine Verständigung und Versöhnung zwischen den bisher gespaltenen und verfeindeten Bevölkerungsgruppen. Damit stabile Verhältnisse herrschen und Probleme nicht gewaltsam, sondern mit demokratischen Mitteln gelöst werden, müssen die Menschen verschiedener Ethnien, Hautfarben und sozialer Gruppen miteinander reden und zusammenarbeiten. In den Worten der Schlussklausel der Übergangsverfassung von 1993

60 Marais, Kommentar, S. 13.

61 Vgl. auch Parker, Politics, S. 13.

62 Sriram, Truth Commissions and Political Theory, S. 481, mit weiterem Hinweis.

besteht ein Bedürfnis nach Verständnis, aber nicht nach Rachsucht, ein Bedürfnis nach Wiedergutmachung, aber nicht nach Vergeltung, ein Bedürfnis nach Mitmenschlichkeit, aber nicht nach Verfolgung.

b. Schon die Tätigkeit der Kommission als solche machte einen Grundkonsens notwendig; die Kommission konnte ihre Arbeit in einem relativ friedlichen und stabilen Umfeld aufnehmen. Gewaltverzicht und Diskursbereitschaft haben bereits zumindest ansatzweise bestanden.

Die Arbeit der Kommission war und ist geeignet, reaktionäre Tendenzen einzudämmen und Gewaltverzicht und Diskursbereitschaft weiter zu fördern. Von grosser Bedeutung sind in diesem Kontext die demokratischen Wurzeln der Kommission. Das Gremium ist auf der Basis einer Verfassungs- und Gesetzesgrundlage tätig gewesen, und das Gesetzesfundament ist von einem durch freie Wahlen legitimierten Parlament nach einem langen Prozess der Konsultation mit verschiedenen Gruppen verabschiedet worden.[63] Das Gesetz zur Förderung der Nationalen Einheit und Versöhnung basiert folglich auf einer Grundlage der Legalität und der Legitimität.

Gemäss Minow gibt es international zwar noch weitere Wahrheitskommissionen, die ebenfalls auf demokratischem Gesetzesakt beruhen; nur die südafrikanische Kommission sei aber aus extensiver öffentlicher Debatte über ihre Gestalt entstanden.[64]

c. Durch die Enthüllung von Grausamkeiten und schweren Menschenrechtsverletzungen haben reaktionäre Tendenzen eingedämmt werden können. Gemäss Ignatieff liegt die Bedeutung von Wahrheitskommissionen darin, dass diese die Anzahl von Lügen verringern können, welche unwidersprochen in der öffentlichen Diskussion zirkulieren.[65]

Die Kommission widmete sich zudem der Gewalt, die verübt worden war. Gewalt hatte bisher in einem Umfeld der Heimlichkeit und der Straflosigkeit stattgefunden, nun wurde sie beim Namen genannt, thematisiert und problematisiert. Gewalt wurde als etwas nicht Normales, nicht zum Alltag Gehörendes behandelt, und es wurden deren Folgen schonungslos aufgezeigt. Viele Aussagen vor der Kommission waren gemäss dem Schlussbericht einzigartige Einblicke in den Schmerz der südafrikanischen Vergangenheit, welche geeignet waren, die Herzen der Zuschauer zu erreichen.[66]

d. Diskurse wurden gefördert, indem den Opfern ein Forum zur Verfügung gestellt wurde: die Opfer wandten sich an die Kommission und die Öffentlichkeit. Die Täter mussten der Kommission und letztlich der Öffentlichkeit gegen-

63 FR I/5, Rz. 59 und 22a.

64 Siehe Minow, Between vengeance and forgiveness, S. 53, mit weiteren Hinweisen.

65 Zit. in FR I/5, Rz. 33.

66 FR I/5, Rz. 36.

über Rechenschaft ablegen. Dieser Prozess des *story-telling* ist besonders vor dem Hintergrund der traditionellen mündlichen Überlieferung in Südafrika sehr wichtig.[67]

Innerhalb der Kommission fanden Beratungen und Diskussionen statt. Die Kommission übergab der Regierung Empfehlungen. Gerade durch die TV-Übertragung von Anhörungen wurden Gespräche in der Bevölkerung angeregt.

Durch diese Interaktionen und Debatten konnte das entstehen, was die Kommission als „*social truth*" oder „*dialogue truth*" bezeichnet.[68]

e. Die Kommission koordinierte und förderte die Verständigung über ein gemeinsames Bild der Vergangenheit.

Ein gemeinsames Erinnern an die schmerzhaften Wahrheiten über die Vergangenheit ist notwendig für die Bildung von nationaler Einheit und für die Überwindung bisheriger Spaltungen.[69] Durch die TV-Übertragungen erlebte die Nation Enthüllungen von tragischen Geschehnissen und Schicksalen. Opfer und deren Angehörige konnten sich mit Aussagen von anderen Opfern identifizieren, Tätern und Mitläufern wurden angesichts der menschlichen Dimensionen vielleicht zum ersten Mal die Augen geöffnet.

f. Das Bild der Vergangenheit, welches die Kommission erarbeitet hat, ist auf zahlreiche Aussagen von Opfern, Tätern und weiteren Personen sowie auf Dokumente und andere Quellen abgestützt worden. Die Kommission hat sich aus Persönlichkeiten zusammengesetzt, welche aus den verschiedensten gesellschaftlichen Bereichen stammen. Die Erfahrungen und Erkenntnisse der Mitglieder und Angestellten der Kommission aus der mehrjährigen Tätigkeit für das Gremium haben ein reichhaltiges Fundament für die Erarbeitung des Schlussberichts mit seinen Analysen und Empfehlungen gebildet.

Eine solche Arbeit hat deshalb alle Chancen, um in der Gesellschaft zur Kenntnis genommen zu werden. Im Schlussbericht werden keine einseitigen Schuldzuweisungen vorgenommen; die Ausführungen erscheinen als differenziert, sachlich und ausgewogen.[70]

g. Die Kommission war für eine solche Arbeit weit besser geeignet als ein Gericht; Minow weist darauf hin, dass Versöhnung - ausser im abstraktesten Sinne - auch nicht das Ziel von Strafverfahren sein kann.[71]

67 FR I/5, Rz. 36.

68 Zur „social truth" siehe FR I/5, Rz. 39 ff.

69 FR I/5, Rz. 51.

70 Siehe die Ausführungen zur Zusammenfassung und summarischen Würdigung des Schlussberichts auf den S. 326 ff. im Exkurs zur praktischen Tätigkeit der Kommission.

71 Vgl. Minow, Between vengeance and forgiveness, S. 26.

h. Diese Überlegungen führen zur Schlussfolgerung, dass die südafrikanische Regelung des Umgangs mit der Unrechtsvergangenheit wesentliche Elemente und Eigenschaften aufweist, welche die Herbeiführung eines Grundkonsenses über Gewaltverzicht und Diskursbereitschaft und die Aufarbeitung der Vergangenheit ermöglichen.

Es gilt nun weiter zu prüfen, inwiefern das Gesetz zur Förderung der Nationalen Einheit und Versöhnung von der im Hinblick auf das Gelingen des Versöhnungsprozesses erforderlichen Opferorientierung geprägt ist.

2. *Opferorientierung des Prozesses*

a. Die Optik des südafrikanischen Modells ist sehr stark auf die Bedürfnisse und die Perspektiven der Opfer ausgerichtet. Mit dem Konzept der restorative justice werden die Heilungsprozesse von Opfern und auch Tätern als besonders bedeutsam erachtet.[72] Durch die Berücksichtigung der Vorstellung des ubuntu erfahren Werte wie Solidarität und Mitmenschlichkeit eine besondere Betonung.[73]

Die Opfer werden erstmals als Individuen mit Würde ernst genommen, ihr Leid wird anerkannt, und es wird ihnen auch gewisse therapeutische Hilfe zur Verfügung gestellt. Öffentliche Anerkennung bedeutet, dass die Berichte der Opfer in das öffentliche Gedächtnis aufgenommen werden.[74] Durch die Anerkennung wird dem Opfer bestätigt, dass die Öffentlichkeit seine leidvollen Erfahrungen zur Kenntnis nimmt. Dies ist für die Wiederherstellung der Würde der Opfer entscheidend.

Die südafrikanische Konzeption geht von der Annahme aus, dass dem Truth-Telling eine therapeutische, heilende Wirkung zukommt.[75] Von grosser Bedeutung ist zudem, dass in zahlreichen Fällen die Angehörigen von Opfern über deren Schicksal erstmals Bescheid erhalten haben.[76]

b. Die Fokussierung auf die Opfer ist, im Vergleich zur strafjustitiellen Aufarbeitung, generell das Hauptmerkmal einer Wahrheitskommission. Eine spezielle Besonderheit im Falle Südafrikas bildet die schwergewichtige Betonung von Versöhnung und Heilung: das juristische Modell der südafrikanischen

72 FR I/5, Rz. 36. Zur restorative justice siehe auch Minow, Between vengeance and forgiveness, S. 81 ff.

73 Zu ubuntu vgl. FR I/5, Rz. 80 ff. sowie Minow, Between vengeance and forgiveness, S. 52.

74 FR I/5, Rz. 45.

75 Vgl. Minow, Between vengeance and forgiveness, S. 66 ff. sowie FR I/5, Rz. 36 und 43 ff.

76 FR I/5, Rz. 91.

Kommission wird somit stark von psychologisch-therapeutischen Aspekten beeinflusst.[77]

Oftmals sind von der Regierung zur Beschreibung der Funktionen der Wahrheitskommission Begriffe aus dem sozialpsychologischen Bereich wie „Reinigung", „Katharsis" oder „Heilung der Nation" verwendet worden. In seiner Einleitung zur Informationsbroschüre über die Kommission hat sich Justizminister Omar wie folgt ausgedrückt: *„Die Frage der Amnestie muss in einen breiteren Zusammenhang gestellt werden, und die Wunden unserer Menschen müssen anerkannt werden. Ich unterscheide nicht zwischen ANC-Wunden, PAC-Wunden und anderen Wunden - viele Menschen bedürfen der Heilung, und wir müssen unser Land heilen, wenn wir eine Nation aufbauen wollen, die Frieden und Stabilität garantiert.*"[78]

Richard Lyster, Mitglied der Kommission, hat sich folgendermassen geäussert: *„Wenn wir wollen, dass die Menschen in diesem Land zu einer einzigen Nation werden, ist es wichtig, dass wir unsere Geschichte gegenseitig verstehen. Wir können nicht davon sprechen, eine einzige Nation zu sein, solange wir nicht voneinander wissen, wo wir herkommen. Deshalb ist es äusserst wichtig, dass die Fakten, die die Kommission ausgräbt, weiterhin verwendet werden, so dass dieser Prozess, die Geschichte unseres Landes verstehen zu lernen, weitergeht, über Jahre und Jahrzehnte.*"[79]

c. Die individuellen Heilungsprozesse der Opfer beruhen auf deren Aussagen vor der Kommission vor mitfühlenden Zeugen. Gerade auch die Kommissionsmitglieder (insbesondere des Ausschusses für Menschenrechtsverletzungen) sind den Opfern mit Verständnis begegnet. Die Kommission hat also diesbezüglich eine ganz andere Funktion als ein Gericht. Der südafrikanische Verfassungsrichter Albie Sachs hat dies mit folgender Feststellung plastisch ausgedrückt: *„Tutu weint, ein Richter weint nicht*".[80] Gelegentlich ist es auch vorgekommen, dass Mitglieder der Kommission gebetet oder gemeinsam mit Zeugen gesungen haben.[81]

Die südafrikanische Wahrheits- und Versöhnungskommission hat den Opfern im Vergleich zu anderen Kommissionen die breiteste psychologische Un-

77 Ausführlich hierzu Minow, Between vengeance and forgiveness, S. 60 ff.

78 Deutsche Übersetzung in: Einleitung zur Wahrheitskommission, S. 2. Für den englischen Originaltext vgl. TRC-Pamphlet, S. 3.

79 Lyster wird zit. bei Egli, Wiedererlangung, S. 10 f.

80 Zit. bei Minow, Between vengeance and forgiveness, S. 73. Übersetzung des Verfassers.

81 Minow, Between vengeance and forgiveness, S. 73.

terstützung zukommen lassen, auch hat sie für traumatisierte Opfer ein System von Nachuntersuchungen (*system for follow-up*) errichtet.[82]

Der Eindruck der Ausgewogenheit wird im Falle Südafrikas insbesondere durch die Teilung der Arbeit zwischen dem gerichtsähnlichen Amnestie-Ausschuss und dem eher informell arbeitenden Ausschuss für Menschenrechtsverletzungen deutlich.[83]

d. Von grosser Bedeutung sind auch die Empfehlungen zur Wiedergutmachung und Rehabilitierung, welche die Kommission zuhanden der Regierung auszuarbeiten hatte. Damit wird ein wichtiges Gegengewicht zur Amnestierung der Straftäter geschaffen, da im Falle der Gewährung von Straffreiheit auch künftige Zivilklagen verunmöglicht werden.[84]

Die Kommission stellt sich auf den Standpunkt, die Opfer würden von diesem Prozess insgesamt stärker profitieren, weil viele der Opfer vor allem auch wegen Beweisschwierigkeiten mit Zivilklagen wenig Aussicht auf Erfolg hätten.[85] Zudem würden sich die Empfehlungen nicht ausschliesslich auf die Gewährung von Geldleistungen beschränken, sondern ein breiteres Spektrum an Wiedergutmachung umfassen.[86]

II. Erkenntnis über die Stellung des Individuums im Unrechtsstaat

a. Die südafrikanische Regelung kann zur Verbreitung der Einsicht in die Verantwortung des Individuums im Unrechtsstaat helfen und damit wichtige Grundlagenarbeit für die Demokratie leisten.

Auch Quellen wie die New York Times bestätigen den therapeutischen Wert, den die durch Fernsehen und Radio übertragenen Aussagen der Opfer für Weisse haben: *„Die Anhörungen wirken nicht nur für die Opfer therapeutisch. Die vom Fernsehen übertragenen Aussagen von Opfern und Tätern können die Augen von Weissen öffnen, welche die Verbrechen der Apartheid ignorierten oder rechtfertigten, was einen entscheidenden Bestandteil der Versöhnung und für die Bildung einer demokratischen Kultur darstellt.“*[87]

Die Eindringlichkeit der Schilderungen durch Opfer und Täter vor den Augen der Nation ist geeignet, eigene Haltungen in Frage zu stellen. Die Flut an

82 Olson, Mechanisms complementing prosecution, S. 177.
83 Minow, Between vengeance and forgiveness, S. 72.
84 FR I/5, Rz. 92.
85 FR I/5, Rz. 94.
86 FR I/5, Rz. 95.
87 Zit. bei Minow, Between vengeance and forgiveness, S. 74 f. Übersetzung des Verfassers.

Berichten über leidvolle Erfahrungen kann zu Reflexionen veranlassen, welche auch die Haltung gegenüber dem Unrechtsstaat, in dem diese Menschenrechtsverletzungen verübt worden waren, miterfassen dürften.

b. Der Prozess ist auf subtile Art und Weise geeignet, solche Denkprozesse auszulösen. Die verübten Menschenrechtsverletzungen werden auf eindrückliche Weise in ihrem menschlichen Kontext und in ihrer menschlichen Dimension dargelegt, weil es die Opfer selbst sind, die von ihrem Leid berichten.

Entscheidend ist nach Minow Folgendes: „*Moving beyond statistics to real people of blood, flesh, and tears, a commission that gathers individual testimony can present human consequences of atrocities that are otherwise unfathomable and overwhelming.*“[88] Die Harvard-Professorin zitiert in diesem Zusammenhang Tina Rosenberg, welche diesen Aspekt wie folgt umschreibt: „*People need to see the human cost,*“ *such as* „*the woman who says, 'The police came in and broke my sewing machine'.*“[89] Auf der anderen Seite hat die Kommission ebenfalls die Motivationen der Täter untersucht[90] - und mithin die Optik von beiden Seiten in Betracht gezogen.

Die Wahrheits- und Versöhnungskommission hat zudem auch die Verantwortung des Einzelnen im Angesicht von Unrecht im Schlussbericht angesprochen, dies allerdings eher am Rande, an einzelnen Stellen.[91] Dabei hat die Kommission keine pauschalen Schuldzuweisungen vorgenommen, sondern vielmehr sachlich fundierte und differenzierte Feststellungen getroffen.

So ist im Schlussbericht etwa der folgende bemerkenswerte Satz zu finden: „*(...) (K)lar ist, dass es die Apartheid nur geben konnte, weil eine grosse Anzahl von wahlberechtigten, relativ privilegierten Südafrikanern stillschweigend über sie hinwegsahen oder ihre Fortsetzung einfach erlaubten.*“[92]

An einer anderen Stelle des Reports hat das Gremium geschrieben: „*Die Mehrheit der einzelnen weissen Südafrikaner nahm nicht aktiv an der Begehung von schweren Menschenrechtsverletzungen teil. Zugleich widersetzten sie sich dem entmenschlichenden System, in dem sich diese Verletzungen ereigneten, nicht offen. Einige weisse Südafrikaner haben ihre Mitläufer-Komplizenschaft anerkannt. Dies hat zu Gefühlen der Schuld, der Scham oder der Verleugnung geführt.*“[93]

88 Minow, Between vengeance and forgiveness, S. 76.

89 Zit. bei Minow, Between vengeance and forgiveness, S. 76.

90 Vgl. FR I/5, Rz. 97 ff.

91 Siehe insbesondere das Kapitel „Responsibility and Reconciliation“, FR I/5, Rz. 101-111.

92 FR IV/1, Rz. 2; Übersetzung des Verfassers.

93 FR V/4, Rz. 188; Übersetzung des Verfassers.

Die Kommission hat an einigen Stellen auch festgehalten, dass die Nationale Partei stets wieder gewählt worden war.[94]

Am Ende des Kapitels über die Schlussfolgerungen hat die Kommission „*alle diejenigen, die* von der Apartheid *profitiert haben*, nicht nur diejenigen, die durch das Gesetz als Täter definiert werden", dazu aufgerufen, den Versöhnungsprozess zu unterstützen.[95] Daraus kann abgeleitet werden, dass eben nicht nur die Täter selbst von der Apartheid profitiert haben, sondern eine weitaus grössere Anzahl von Personen.

Demgegenüber ist die Durchführung von Strafverfahren von vornherein nicht geeignet, um solche Zusammenhänge zu verdeutlichen. Paul van Zyl, Anwalt und Mitarbeiter der Wahrheits- und Versöhnungskommission, hat diesen Zusammenhang wie folgt ausgedrückt:

„*...trials have a limited explanatory value. They're about individual culpability, not about the system as a whole. Trials set up an 'us versus them' dynamic. A trial is not about* our *complicity. It makes it look like* they're *guilty, not us. So all of white South Africa can look at Eugene de Kock and say 'evil guy' and not realize they made him possible. Middle-class suburban housewives and white businessmen voting for the National Party made Eugene de Kock possible. But a trial will never say that.*"[96]

Den pausenlosen Enthüllungen der Grausamkeiten der Vergangenheit in den Hearings konnte sich niemand entziehen. Durch die Anhörungen wurde der Unrechtscharakter des Apartheid-Systems schonungslos und unzweideutig offengelegt. Damit wurde der Wahrheit, welcher im posttotalitären System der Apartheid die Rolle eines Machtfaktors und einer politischen Kraft zugekommen war, zum Durchbruch verholfen.

III. Fazit

Versöhnung erfordert zuallererst ein miteinander reden und den Verzicht auf die Anwendung von Gewalt.

Die Arbeit des von Erzbischof Tutu geleiteten Gremiums konnte auf einen solchen, offenbar zumindest ansatzweise vorhandenen Grundkonsens aufbauen.

94 Vgl. etwa FR V/6, Rz. 106.

95 FR V/6, Rz. 165; Übersetzung des Verfassers. Die Kursivschrift findet sich signifikanterweise im Originaltext.

96 Zitiert bei Olson, Mechanisms complementing prosecution, S. 175. Hervorhebung im Original.

Andererseits war und ist die Arbeit der Kommission auch geeignet, den Grundkonsens zu stärken, indem Gewalt zum Thema gemacht wird und Diskussionen angeregt werden. Die Aussagen von Opfern und Tätern vor der Kommission und die Erforschung der Ursachen des Konfliktes fördern eine Verständigung über die gemeinsame Vergangenheit und sind geeignet, diskursive Prozesse auszulösen.

Versöhnung macht vor allem auch eine starke Opferorientierung notwendig, welche im Konzept der restorative justice zum Ausdruck kommt.

Für die Versöhnung und die Demokratisierung ist ebenfalls wichtig, dass die Anhörungen von Opfern und Tätern geeignet sind, Reflexionsprozesse in der Gesellschaft über die Verantwortung des Einzelnen im Angesicht von Unrecht herbeizuführen. Ein besseres Verständnis für die individuelle Verantwortung im Unrechtsstaat kann der sich im Aufbau befindenden Zivilgesellschaft essentielle Impulse verleihen.

Versöhnung und Demokratisierung bringen wiederum die Chance einer nachhaltigen Konfliktentschärfung und einer besseren Prävention gegenüber künftigen Menschenrechtsverletzungen mit sich, wodurch deutlich wird, dass sich Rechtsstaatlichkeit und Demokratie wechselseitig bedingen.

Durch die Ausgestaltung der südafrikanischen Regelung des Umgangs mit der Unrechtsvergangenheit wird den Anforderungen von Versöhnung und Demokratisierung in gleichzeitiger Berücksichtigung der Erfordernisse der Konfliktentschärfung und der Herstellung von Rechtsstaatlichkeit in bestmöglichem Ausmass Rechnung getragen.

Abschliessende Würdigung und Ausblick

Vergangenheit ist nicht tot. Sie ist nicht einmal vergangen.

William Faulkner

Dieses Zitat von William Faulkner verdeutlicht die zentrale Problematik von jedem Umgang mit der Vergangenheit: Diese darf nicht als „historisch" abgestempelt und beiseite geschoben werden. Vielmehr muss das Vergangene stets von neuem aufgearbeitet und vergegenwärtigt werden. Das aus diesem Prozess der Vergangenheitsaufarbeitung gewonnene Verständnis für die Wurzeln der jeweiligen aktuellen Situation und Verhältnisse bildet wiederum die unerlässliche Grundlage, damit die konkreten Probleme und Konflikte einer Gesellschaft auf eine für alle Beteiligten befriedigende und sachgerechte Art gelöst werden können.

Beim Übergang von diktatorisch oder autokratisch regierten Staaten zu demokratischen Gemeinwesen kommt der Frage, wie mit der Vergangenheit umgegangen werden soll, eine erhöhte Bedeutung zu. Dieses Problem ist umso schwieriger, wenn die jüngste Geschichte eines Landes - wie im Falle Südafrikas - von schweren Menschenrechtsverletzungen geprägt ist. Eine sorgfältige Aufarbeitung der Vergangenheit stellt die unerlässliche Voraussetzung einer echten und nachhaltigen Konfliktlösung dar, weil nur die Erkenntnis der Ursachen und Wurzeln der jeweiligen Konflikte deren problemorientierte Lösung ermöglicht.

Die Frage des juristischen Umgangs mit einer Vergangenheit, die durch die Verübung von schweren Menschenrechtsverletzungen charakterisiert ist, ist in der vorliegenden Arbeit anhand der Fallstudie des südafrikanischen Gesetzes zur Förderung der Nationalen Einheit und Versöhnung untersucht worden.

Als normative Orientierungspunkte, denen eine diesbezügliche gesetzliche Regelung genügen muss, sind im Wesentlichen drei grundlegende staatsrechtliche Anforderungen eruiert worden.

Erstens muss ein Modell für den Umgang mit der Unrechtsvergangenheit zu einer Konfliktentschärfung führen können, welche wiederum *conditio sine qua non* für die Realisierung des politischen und rechtlichen Wandels ist.

Gleichzeitig muss die Lösung der Amnestie-Problematik den Opfern des Konfliktes ein Ventil zur Verfügung stellen, während reaktionäre Tendenzen durch eine Delegitimierung des bisherigen Regimes einzudämmen sind.

Das südafrikanische Modell ist vor dem Hintergrund eines machtpolitischen Patts angefertigt worden. Die Verankerung der Amnestie-Klausel in der Übergangsverfassung von 1993 und die Ausarbeitung des Gesetzes zur Förderung der Nationalen Einheit und Versöhnung waren geeignet, sowohl der Forderung der bisherigen Machthaber nach einer Amnestierung von Straftätern als auch dem Begehren der Opposition nach einer Untersuchung der Menschenrechtsverletzungen Rechnung zu tragen.

Die Ausgestaltung der südafrikanischen Regelung stiess bei den massgebenden Konfliktparteien auf Zustimmung, wodurch die Machtübergabe ermöglicht wurde. Der Regierungswechsel hat zu einer markanten Entspannung der Situation und zu einer deutlichen Abnahme des bis zu den Wahlen von 1994 enormen Ausmasses an politischer Gewalt geführt.

Zweitens muss ein Gesetzeswerk für die Lösung der Amnestie-Problematik auch den Anforderungen des aufzubauenden Rechtsstaates genügen.

Die Ausarbeitung des Gesetzes wurde faktisch eingeschränkt durch die machtpolitische Situation, worin das Paradoxon erblickt werden kann, dass der Verzicht auf ein Stück Rechtsstaatlichkeit in langfristiger Hinsicht zu einem Gewinn an *rule of law* führt, weil erst der realpolitisch determinierte Kompromiss der Konfliktparteien den Verfassungswandel überhaupt zugelassen hat.

Die Anforderung besteht aus staatsrechtlicher Optik deshalb darin, die Ausgestaltung der Gesetzesregelung in dem Sinne zu optimieren, als die negativen Auswirkungen möglichst gering zu halten sind, während andererseits positive Effekte zu verstärken sind.

Es zeigt sich dabei, dass mit der differenzierten Lösung der Amnestie-Frage nach Massgabe des südafrikanischen Modells eine solche Optimierung erreicht werden kann.

So vermag der Verzicht auf die Bestrafung von Straftätern in den Fällen der Gewährung von Amnestie den *Strafzweck der Vergeltung* insofern zu berücksichtigen, als eine vollständige Offenlegung vor dem Forum der Öffentlichkeit faktische Nachteile mit sich bringt. Eine öffentliche Darlegung in einem bisherigen Umfeld der Heimlichkeit, der Straf- und Verantwortungslosigkeit dürfte wohl für viele der Täter mit einer Belastung verbunden sein, deren Ausmass zumindest teilweise Strafaspekte aufweisen kann.

Von entscheidender Bedeutung ist weiter, dass die Delinquenten der Wahrheits- und Versöhnungskommission innert Frist Anträge einreichen mussten. Diese Gesuche wurden durch eine unabhängige, auf verfassungs- und gesetzesrechtlicher Grundlage beruhenden Institution überprüft, welche unter anderem die Kompetenzen hatte, Zeugen vorzuladen sowie Hausdurchsuchungen und Beschlagnahmungen vorzunehmen. Die Überprüfung erfolgte gestützt auf eine gesetzliche Grundlage, in welcher die Voraussetzungen für die Gewährung von Straffreiheit im Detail geregelt waren.

Der *Strafzweck der Prävention* erfährt insofern Berücksichtigung, als die südafrikanische Konzeption durch die Einführung von Rechenschaftspflicht in einer bisherigen Kultur der Straf- und Verantwortungslosigkeit gekennzeichnet ist. Die im Rahmen der *transitional justice* erfolgende Neudefinition von Gerechtigkeit im Sinne von Verantwortlichkeit führt damit angesichts der Ausgestaltung des Gesetzes trotz dem ausnahmsweisen und punktuellen Verzicht auf die Durchführung von Strafverfahren zu einer Stärkung der Normgeltung.

Besonders bedeutsam ist zugleich der Beitrag zum Präventionszweck durch die Erforschung der Konfliktursachen. Durch eine rein strafjustitielle Aufarbeitung kann kein derart fallübergreifendes Bild der Vergangenheit erstellt werden. Deshalb ist die Einsetzung einer Kommission notwendig gewesen, welche gestützt auf einen gesetzlichen Auftrag die Hintergründe, Ursachen und Verantwortlichkeiten für die Menschenrechtsverletzungen untersucht hat.

Rechtsstaat und Demokratie stehen in einem Verhältnis der Interdependenz zueinander, womit der *komplexe Charakter der Rechtsstaatlichkeit* deutlich wird. Wirksame Prävention besteht auch in einer Konsolidierung des Rechtsstaates durch den Erlass von Rechtsnormen und die Errichtung von Rechtspflegeorganen. In ganz fundamentaler Weise kommt diese Wirkung aber ebenfalls einer gut funktionierenden Demokratie und einer vitalen Zivilgesellschaft zu. Die Grundrechte müssen in einer Menschenrechtskultur gelebt und geschützt werden, und die staatlichen Organe müssen in einer wachsamen Bürgergesellschaft eine Machthemmung und Machtbegrenzung erfahren. In der bisher gespaltenen Gesellschaft hat ein Prozess der Aussöhnung zu erfolgen.

Ein Gesetz für den Umgang mit der Unrechtsvergangenheit muss - *als dritte Anforderung* - deshalb zusätzlich zu Demokratisierung und Versöhnung beitragen können.

Eine der Funktionen der Wahrheits- und Versöhnungskommission besteht denn auch in der Ausweitung des zwischen den Konfliktparteien auf politischer Ebene hergestellten Grundkonsenses auf die gesellschaftliche Ebene. Die südafrikanische Lösung der Amnestie-Problematik ist Teil der Bemühungen der Regierung um ein *nation-building* in der durch die jahrzehntelange Politik der Apartheid gespaltenen Gesellschaft. Mit der Enthüllung von schweren Menschenrechtsverletzungen durch Opfer und Täter können zudem reaktionäre Tendenzen eingedämmt werden. Die Gewalt, die bisher in einer Kultur der Heimlichkeit und der Straflosigkeit verübt wurde, wird nunmehr beim Namen genannt und problematisiert. Gleichzeitig werden Diskurse gefördert. Die Regelung im Gesetz zur Förderung der Nationalen Einheit und Versöhnung unterstützt auf diese Weise Gewaltverzicht und Diskursbereitschaft in der Bevölkerung.

Die Konzeption des südafrikanischen Modells basiert auf der Vorstellung der wiederherstellenden Gerechtigkeit (*restorative justice*), womit eine Fokussierung auf die Bedürfnisse der Opfer und die Durchführung eines Prozesses der kollektiven Verständigung gemeint ist. Das Konzept der wiederherstellenden Gerechtigkeit ist vor dem Hintergrund der traditionellen afrikanischen Vorstellung des *ubuntu* eingebettet und zielt darauf ab, dass unter Einbezug sowohl der Täter als auch der Opfer eine Entwicklung stattzufinden hat, die schliesslich zur Konfliktlösung führt.

Die schwergewichtige Betonung von Versöhnung und Heilung bildet somit eine der Besonderheiten des südafrikanischen Modells. Von fundamentaler Bedeutung ist die Annahme, dass dem *Truth-Telling* eine therapeutische, heilende Wirkung zukommt.

Elementar ist weiter, dass die südafrikanische Regelung zur Verbreitung der Einsicht in die Verantwortung des Individuums im Unrechtsstaat helfen und damit wichtige Grundlagenarbeit für die Demokratie leisten kann. Die Eindringlichkeit der Schilderungen durch die Opfer und Täter vor den Augen der Nation ist geeignet, eigene Haltungen in der Bevölkerung in Frage zu stellen. Die Kommission hat zudem die Verantwortung des Einzelnen im Angesicht von Unrecht im Schlussbericht in differenzierter Weise angesprochen. Ein besseres Verständnis für die individuelle Verantwortung im Unrechtsstaat kann der sich im Aufbau befindenden Zivilgesellschaft wichtige Impulse verleihen.

Insgesamt ist aus diesen Gründen festzuhalten, dass das südafrikanische Modell den vom Verfasser als von vorrangiger Bedeutung erachteten staatsrechtlichen Anforderungen in bestmöglicher Weise zu genügen vermag.

Nicht geprüft wurde in der vorliegenden Arbeit, inwiefern diese Voraussetzungen *hinreichend* sind, und ebenfalls nicht untersucht wurde, inwieweit das südafrikanische Modell auch in *anderen Kontexten* tauglich wäre.

Was letztere Frage anbelangt, ist Folgendes festzustellen: Die Entwicklung des Völkerrechts ist dadurch gekennzeichnet, dass die Vereinten Nationen zunehmend eine Kombination von Verantwortlichkeits- und Versöhnungsmechanismen (*accountability and reconciliation mechanisms*) ins Auge fassen, nachdem die Bereiche der Strafverfolgung und der Förderung von nationaler Versöhnung von der UNO bis anhin recht stark getrennt worden waren.[1] Dabei ist die Tendenz feststellbar, dass einerseits die Strafverfolgung auf die gravierendsten Delikte beschränkt wird, und andererseits für weniger schwerwiegende Straftaten Alternativen gefördert werden.[2]

1 Vgl. Stahn, United Nations peace-building, amnesties and alternative forms of justice, S. 191-205.

2 Stahn, United Nations peace-building, amnesties and alternative forms of justice, S. 198 ff.

Als alternative Formen zur Strafverfolgung ist in den Fällen von Sierra Leone und Osttimor konkret die Gewährung von Amnestie für die weniger gravierenden Delikte vorgesehen worden, wobei das Verhältnis zwischen der Gerichtsbarkeit und der eingesetzten Wahrheits- und Versöhnungskommission als komplementär und durch wechselseitige Unterstützung gekennzeichnet erachtet wird.[3]

Stahn macht in diesem Zusammenhang geltend, dass die neueste Praxis der UNO betreffend Sierra Leone und Osttimor eine Herausforderung für die Sichtweise sei, wonach Wahrheitskommissionen eher eine Alternative als eine Ergänzung zur Option der Strafverfolgung bilden würden.[4] Auch Olson nimmt den Standpunkt ein, die verschiedenen Mechanismen wie Wahrheitskommissionen, Lustration, Reparationen und Methoden des Gewohnheitsrecht würden sowohl im Verhältnis zur Strafverfolgung als auch untereinander nicht Alternativen darstellen, vielmehr würden sie sich wechselseitig ergänzen.[5]

Mit der Strafverfolgung von gravierenden Verbrechen kann zudem den Anforderungen des Völkerrechts an die Verpflichtung der Staaten zur Bestrafung von schwerwiegenden Delikten Rechnung getragen werden.[6]

Eine solche Pflicht der Staaten zur Sanktionierung der Verantwortlichen von gravierenden Straftaten hat sich zur Zeit der Tätigkeit der südafrikanischen Wahrheits- und Versöhnungskommission noch weniger deutlich herauskristallisiert, als dies heute der Fall ist. Es stellt sich deshalb in Bezug auf die Täter von schwerwiegenden Menschenrechtsverletzungen die Frage nach einer Ergänzung des südafrikanischen Modells, damit die Anforderungen des Internationalen Rechts erfüllt werden können.

Die südafrikanische Regelung wird allerdings durch die Entwicklung des Völkerrechts nicht in Frage gestellt, denn sie steht zur Option der Durchführung von Strafverfahren gegen die Urheber der gravierendsten Delikte in einem Verhältnis der möglichen wechselseitigen Ergänzung.

Zudem kann immerhin festgehalten werden, dass die südafrikanische Konzeption für die Gewährung von Amnestie das Erfordernis der Proportionalität vorsieht, mithin die Schwere des Delikts beim Entscheid über die Gewährung

3 Vgl. im Einzelnen Stahn, United Nations peace-building, amnesties and alternative forms of justice, S. 199-202.

4 Stahn, a.a.O., S. 202. Zum komplementären Verhältnis zwischen der Gerichtsbarkeit und der Wahrheitskommission im Falle Südafrikas vgl. oben, S. 202 ff.

5 Olson, Mechanisms complementin prosecution, S. 187.

6 Stahn, United Nations peace-building, amnesties and alternative forms of justice, S. 203. Für weitere Hinweise zu dieser in der Literatur kontrovers diskutierten Bestrafungspflicht vgl. Klumpp, Vergangenheitsbewältigung, Anm. 2 auf S. 1 f.

von Straffreiheit zu berücksichtigen war.[7] Die Möglichkeit einer Ergänzung des südafrikanischen Modells in Bezug auf die Entwicklung des Internationalen Rechts wird damit noch augenfälliger. Konsequent weiter gedacht würde dies bedeuten, dass die Rechenschaftspflicht der Urheber der schwerwiegendsten Delikte im Falle der Bejahung einer völkerrechtlichen Verpflichtung zur Bestrafung eine strafrechtliche Aufarbeitung des geschehenen Unrechts verlangen würde, da hier soziale Sanktionen im Sinne der faktischen Nachteile einer Offenlegung der Straftaten wegen der zwingenden Geltung des Internationalen Rechts nicht mehr ausreichen würden.

Abschliessend ist deshalb festzustellen, dass die südafrikanische Regelung einerseits aktuellen staatsrechtlichen Anforderungen zu genügen vermag und andererseits für die Weiterentwicklung im Hinblick auf notwendige Anpassungen zur Erfüllung völkerrechtlicher Verpflichtungen offen ist.

7 Auf diesen Umstand verweist auch Stahn, United Nations peace-building, amnesties and alternative forms of justice, Anm. 42 auf S. 201. Vgl. Art. 20 Abs. 3 lit. f des Gesetzes zur Förderung der Nationalen Einheit und Versöhnung. In Art. 20 Abs. 3 lit. c des Gesetzes ist ausdrücklich von der Schwere der Straftat („*gravity of the act*“) die Rede.

Exkurs: Die Wahrheits- und Versöhnungskommission in der Praxis

Einleitung

a. Die Tätigkeit der Wahrheits- und Versöhnungskommission soll im Rahmen eines Exkurses durch Hinweise auf ihr praktisches Wirken in der Praxis veranschaulicht werden.

Die von Erzbischof Tutu geleitete Institution nahm im Dezember 1995 ihre Arbeit auf. Im April 1996 fanden die ersten Anhörungen von Opfern vor dem Ausschuss für Menschenrechtsverletzungen statt. Seither wurden an zahlreichen Orten im ganzen Land Hearings durchgeführt, in denen tausende von Opfern von ihren leidvollen Erfahrungen berichten konnten. Die Aussage vor einem Forum der Öffentlichkeit hatte zwar für viele Opfer eine befreiende, kathartische Wirkung; in den meisten Fällen war es aber auch ein enorm schmerzhafter Prozess, denn die Opfer mussten so ihre Traumata einmal mehr durchmachen.

Ein Grossteil der Arbeit des Menschenrechtsausschusses fand hinter den Kulissen statt: Die statement-takers der Wahrheitskommission sammelten in Zusammenarbeit mit Mitgliedern von NGOs Aussagen von über 21'000 Opfern, die es im Hinblick auf die Erarbeitung einer möglichst vollständigen Studie über den südafrikanischen Konflikt auszuwerten galt. Diesem Zweck dienten auch die Analysen der Eingaben, welche zahlreiche Parteien, Organisationen und Einzelpersonen der Wahrheitskommission übergeben hatten. Einige dieser Submissionen sind Gegenstand des ersten Kapitels. Die darin zum Ausdruck kommenden verschiedenen Sichtweisen des Konfliktes sind höchst aufschlussreich.

Eine der Hauptkontroversen zwischen den Konfliktparteien stellte die sogenannte Debatte über den gerechten Krieg (*Just War-Debate*) dar. Dabei ging es vor allem um die Frage, ob eine der Konfliktparteien bei der Durchführung von bewaffneten Handlungen über einen gerechten Grund (*just cause*) verfügt hatte. Durch die Darstellung der in einem Kolloquium geäusserten Meinungen und Stellungnahmen zu dieser Problematik soll am Ende des ersten Kapitels gezeigt werden, dass diese Kontroverse weitgehend durch die Vornahme einer

Differenzierung zwischen dem *ius ad bellum* und dem *ius in bello* aufgelöst werden könnte.

b. In einem zweiten Kapitel soll auf die Arbeit des Ausschusses für Menschenrechtsverletzungen eingegangen werden.

c. Das dritte Kapitel ist der Tätigkeit des Amnestie-Ausschusses gewidmet. Der Ausschuss begann seine Anhörungen von Antragstellern im Mai 1996. Aus den Hearings sowie aus den eingegangenen Amnestie-Anträgen ergab sich - zusammen mit den Aussagen der Opfer - ein zunehmend vollständiges Mosaikbild des Grauens. Die von den Tätern dargelegten Berichte über Folter, Mord, Entführungen und schwere Misshandlungen erschütterten die Republik praktisch ohne Unterbruch. Um die Tätigkeit des Amnestie-Ausschusses etwas anschaulicher zu präsentieren, sollen einige Amnestie-Entscheidungen kurz skizziert werden.

d. Eher im Schatten der beiden anderen Abteilungen der Wahrheitskommission stand der Ausschuss für Wiedergutmachung und Rehabilitierung, der unter anderem Empfehlungen an den Präsidenten für Reparationsleistungen zu erarbeiten hatte. Seine Arbeit wird Gegenstand des vierten Kapitels sein.

e. Die Wahrheits- und Versöhnungskommission hat mit ihrem Schlussbericht ein Dokument vorgelegt, das eine Fülle von Informationen über die schweren Menschenrechtsverletzungen der Jahre 1960-1994 und den Kontext, in dem sich diese ereigneten, enthält. Einer Übersicht über den Aufbau und den Inhalt des rund 3'500 Seiten umfassenden Reports wird eine summarische Würdigung des Schlussberichts folgen.

f. Diese - im Internet recherchierten - Hinweise auf die praktische Tätigkeit der von Erzbischof Tutu geleiteten Institution erfolgen zum Zweck der Illustrierung der Kommissionsarbeit, ohne dass Anspruch auf Vollständigkeit der Darstellung erhoben wird.

Aus Zeit- und Raumgründen konnte die Tätigkeit der Kommission zudem ausschliesslich bis zur Übergabe des aus fünf Bänden bestehenden Schlussberichts im Oktober 1998 berücksichtigt werden.[1]

1 Der Amnestie-Ausschuss hat seine Tätigkeit anschliessend weitergeführt und im Mai 2001 beendet. Im März 2003 übergab die Wahrheits- und Versöhnungskommission dem Präsidenten zwei weitere Bände, vgl. *http://www.doj.gov.za/trc/report/finalreport/vol6_amensty_main.pdf* für den sechsten Band und *http://www.doj.gov.za/trc/report/finalreport/victims_main_vol7.pdf* für den siebten Band.

Erstes Kapitel: Die Eingaben an die Wahrheits- und Versöhnungskommission

Zweck der Eingaben war es, der Wahrheitskommission die jeweiligen Perspektiven der an den Konflikten beteiligten Parteien aufzuzeigen, damit sie eine ihrer Aufgaben erfüllen konnte, nämlich die Erstellung eines möglichst vollständigen Bildes von den Ursachen, der Natur und dem Ausmass der Menschenrechtsverletzungen sowie von den Perspektiven der für die Begehung solcher Verletzungen Verantwortlichen.[2]

I. Die Eingaben des ANC an die Wahrheitskommission

Der ANC reichte im August 1996 seine erste Eingabe an die Wahrheitskommission ein.[3] Diese ersuchte dann den Afrikanischen Nationalkongress in einer umfangreichen Liste von Fragen um zusätzliche Erläuterungen und Spezifikationen betreffend zahlreiche Elemente und Zusammenhänge.[4] Im Mai 1997 erfolgte schliesslich die zweite Submission des ANC an die Wahrheitskommission. In beiden Fällen wurden die Eingaben in einer öffentlichen Anhörung vor der Kommission von einer hochrangigen ANC-Delegation präsentiert. Der damalige Vizepräsident Mbeki leitete die Delegationen.

1. Die Eingabe vom August 1996

In der umfangreichen und detaillierten Submission vom August 1996, die rund 110 Seiten umfasst, erläutert die ANC-Führung ihre Sichtweise des südafrikanischen Konfliktes. In einem Anhang zur Eingabe wurden der Verhaltenskodex für die Militärorganisation des ANC, des Umkhonto we Sizwe (MK), und eine Liste mit den im Exil gestorbenen ANC-Mitgliedern publiziert. Im Folgenden sollen die Kernpunkte dieses Dokuments relativ ausführlich dargelegt werden, weil sie für das Verständnis des Konfliktes recht aufschlussreich sind.

2 Art. 3 Abs. 1 lit. a des Gesetzes zur Förderung der Nationalen Einheit und Versöhnung.

3 Siehe auch Frank Räther, Der ANC vor Südafrikas Wahrheitskommission - Schwieriger Umgang mit Menschenrechtsverletzungen, in: NZZ vom 23.8.1997, S. 2.

4 Truth and Reconciliation Commission: ANC-Questions. Quelle: http://www.truth.org.za/submit/q-anc.htm.

Nach einer ausführlichen Darstellung des historischen und internationalen Kontextes des Konfliktes konzentriert sich die Eingabe auf zwei Bereiche: Einerseits auf eine Analyse des Apartheid-Staates, seiner Strukturen sowie der Strategie und Politik der Apartheid-Regierungen; andererseits auf das Vorgehen des ANC in den verschiedenen Phasen der Geschichte. Die Befreiungsorganisation hat es nicht versäumt, in der Submission auch auf die eigenen Fehler und Versäumnisse einzugehen. Hiermit sind insbesondere die in den ANC-Camps begangenen Menschenrechtsverletzungen und die zivilen Opfer des Kampfes gegen die weisse Minderheitsherrschaft angesprochen. In einem abschliessenden Kapitel nimmt der ANC dann summarisch Stellung zum Wahrheitsfindungs- und Versöhnungsprozess und listet eine Reihe von Fragen auf, denen die Wahrheitskommission besondere Beachtung beimessen soll.[5]

A. Der historische und internationale Kontext

a. Bereits in der Einleitung wird ein roter Faden aufgenommen, der das ganze Dokument durchzieht: Der ANC macht seine Auffassung deutlich, dass er die Auseinandersetzungen mit dem Apartheid-Regime als einen Kampf zwischen Recht und Unrecht, zwischen Scheinlegalität und Legitimität auffasst. Auf der Seite des ANC habe es für die Opposition gegenüber den Apartheid-Regierungen einen gerechten Grund (just cause) gegeben. Der Apartheid-Staat hingegen habe keinerlei Legitimität beanspruchen können; er habe deshalb für seine Aktionen über keinen gerechten Grund (unjust cause) verfügt.[6] Insofern sei der Kampf des ANC ein gerechter Krieg (just war) gewesen. Das Apartheid-System sei zu seiner Aufrechterhaltung auf die Verbreitung und Festigung eines Weltbildes angewiesen gewesen, das durch die Konzeption von weissen „Herrenmenschen“ und schwarzen „Untermenschen“ gekennzeichnet sei. Diese Doktrin habe dann auch die Rechtfertigung zur Anwendung massiver Gewalt gegenüber den „Untermenschen“ gebildet sowie zu einer frappierenden Brutalisierung auf der Seite der Verteidiger des Apartheid-Regimes geführt.[7] Das Erbe dieser Staatsideologie bestehe auf Grund der massiven Indoktrinierung somit in den Köpfen sehr vieler Weisser in Form von rassistischen Einstellungen gegenüber den Schwarzen fort.

b. Die historischen Ausführungen in der Eingabe reichen auf die Anfänge der kolonialen Eroberung Südafrikas zurück. Der ANC begreift die Epoche der Apartheid als Fortsetzung einer Entwicklung, die bereits im 17. Jahrhundert

5 Für einen Überblick über die Eingabe vgl. die Zusammenfassung, die dem eigentlichen Hauptdokument vorangeht: ANC-Eingabe I, S. 2-14.

6 ANC-Eingabe I, S. 15.

7 ANC-Eingabe I, S. 16.

begonnen habe und durch systematische Entrechtung und wirtschaftliche Unterwerfung und Enteignung der schwarzen Bevölkerungsmehrheit gekennzeichnet werden könne.[8] Er weist darauf hin, dass sich die 1912 gegründete Organisation während einem halben Jahrhundert strikte zu einem friedlichen Vorgehen und Abstinenz von jeglichen gewaltsamen Mitteln verpflichtet gehabt habe. Die Aufnahme des bewaffneten Kampfs sei erst erfolgt, als die Apartheid-Regierung sämtliche Wege zu einer friedlichen Konfliktlösung vollständig blockiert gehabt habe. Der ANC habe sich vor 1961 während einem ganzen Jahrzehnt auch dann noch friedlich verhalten, als die Repression des Regimes immer stärker geworden war. Der Entschluss zur Aufnahme von begrenzten Kampfhandlungen vor allem gegen Einrichtungen des Staates wird in Zusammenhang mit einem Zitat des damaligen amerikanischen Präsidenten John F. Kennedy gebracht: „*Those who make peaceful change impossible make violent change inevitable.*“[9]

In Bezug auf das Internationale Recht und insbesondere auf Resolutionen der UN-Generalversammlung macht der ANC einmal mehr deutlich, die Anwendung von Gewalt sei völlig im Einklang mit dem Völkerrecht gewesen, da es sich in casu um den Kampf für die Ausübung des Selbstbestimmungsrechts gehandelt habe, das der schwarzen Bevölkerungsmehrheit verweigert worden sei. Deshalb sei es moralisch falsch und auch juristisch unkorrekt, wenn man die Verteidigung der Apartheid mit der Bekämpfung dieses Systems gleichsetze (to equate). Diese Ansicht werde zudem auch durch die UN-Resolution von 1973 über die Bekämpfung und Bestrafung des Verbrechens der Apartheid erhärtet, welche die Politik der Apartheid als Verbrechen gegen die Menschlichkeit bezeichnete.

c. Der ANC stellt sich auf den Standpunkt, dass die staatliche Repression keineswegs die Ausnahme von einer ansonsten gut gemeinten Politik gewesen sei, sondern die systematische Durchsetzung einer menschenverachtenden Doktrin. An zahlreichen weiteren Stellen wird deutlich gemacht, dass die Gewalttaten zur Befreiung der unterdrückten Bevölkerungsmehrheit und diejenigen zur Aufrechterhaltung des Systems nicht äquivalent seien:

Dies wird etwa mit dem Beispiel illustriert, dass die Gewalt eines Opfers, das sich verteidigt, nicht gleichwertig sei mit der bösartigen Agression eines Vergewaltigers.[10] Geschichtliche Parallelen sieht der ANC im Amerikanischen Unabhängigkeitskampf, dem Widerstand gegenüber dem Nationalsozialismus und den Befreiungskämpfen des 20. Jahrhunderts.[11]

8 ANC-Eingabe I, S. 24 f.

9 ANC-Eingabe I, S. 26.

10 ANC-Eingabe I, S. 30.

11 A.a.O.

a. Zuerst berichtet der ANC von den Anstrengungen der frühen Apartheid-Regierungen, eine Sicherheitsgesetzgebung zu erstellen, welche dem Staat zur Repression gegenüber der Bevölkerungsmehrheit einerseits die notwendigen Instrumente erteilt habe, andererseits eine legale Fassade bereitgestellt habe. Besonders die Kompetenzen zur Inhaftierung ohne Gerichtsverfahren hätten die Legalisierung von staatlicher Willkür ermöglicht. Doch selbst diese ausgefeilten Gesetze seien von den Sicherheitskräften gebrochen worden: Die Beamten hätten ihre Kompetenzen zur Einvernahme von politischen Gegnern missbraucht; aus der Einvernahme sei Folter, und aus der Folter sei Routine geworden.[12]

Nicht nur die Gefangenen seien von Misshandlungen und Folter betroffen gewesen; oftmals seien auch deren Angehörige auf brutalste Weise gequält worden, indem sie über das Schicksal der Gefangenen im Ungewissen gelassen worden seien. Zur Kennzeichnung der alltäglichen Brutalität des Staates wird eine Analogie zu Hannah Arendts Charakterisierung der „Banalität des Bösen“ im Nazi-Deutschland hergestellt. Die weissen Kinder, so die ANC-Eingabe, seien in den Schulen einer regelrechten Gehirnwäsche unterzogen und so in eine Angstpsychose gegenüber den Schwarzen getrieben worden.[13]

b. Des Weiteren berichtet der ANC-Report ausführlich von der Gleichschaltung der Justiz und den Zwangsumsiedlungen, von denen Millionen von Menschen betroffen gewesen seien. Diese Form von „social engineering“ wird anhand von mehreren Fallstudien illustriert.[14]

c. Im Zusammenhang mit den Soweto-Unruhen von 1976 zitiert das Dokument eine persönliche Aufzeichnung des damaligen Polizeiministers Jimmie Kruger, der ein beängstigendes Ausmass an Realitätsverlust und Selbsttäuschung der Apartheid-Verteidiger aufzeigen soll. Darin ist unter anderem von „militärischer Präzision“ die Rede, mit der die unbewaffneten Schulkinder angeblich gehandelt haben sollen. Kruger schlug deshalb Folgendes vor (er schreibt von sich in der dritten Person): „Der Minister schlägt vor, dass diese Bewegung zerbrochen werden muss und ist der Meinung, dass die Polizei vielleicht ein bisschen drastischer und grober vorgehen soll, ein Vorgehen, das auch mehr Tote mit sich bringen wird. Angenommen.“[15]

d. Die folgende Periode war durch die „totale Strategie“ im Rahmen des National Security Management System (NSMS) unter der Leitung des Staatssicherheitsrates (State Security Council, SSC) gekennzeichnet. Die Bekämpfung

12 ANC-Eingabe I, S. 32.

13 ANC-Eingabe I, S. 34.

14 ANC-Eingabe I, S. 35-38.

15 Das „angenommen“ bezieht sich offenbar auf die Staatsführung. Vgl. ANC-Eingabe I, S. 39.

der Opposition kann gemäss dem ANC-Report in folgende zwei, sich gegenseitig ergänzende und durchdringende Kategorien eingeteilt werden: Einerseits diejenigen staatlichen Massnahmen, bei denen sich Pretoria auf die ständig verschärfte Sicherheitsgesetzgebung stützen konnte (*formal repression*); andererseits der sogenannte extra-legale Terror (*informal repression*).[16]

e. *Zur formalen Repression*: Darunter subsumiert der ANC etwa die Verhängung des Ausnahmezustands; die Inhaftierung ohne Gerichtsverfahren; die Misshandlung von Inhaftierten (insgesamt gab es im betreffenden Zeitraum über 70 Todesfälle); die Verhängung von Hausarrest; das Verbot von Zeitungen und Büchern; die Strafverfahren gegen politische Gefangene; das Verbot von Organisationen; selbst die Durchführung von Trauerfeiern für politische Gegner wurde Beschränkungen unterworfen und oftmals gestört.[17]

f. *Zur informalen Repression*: Die Ausführungen des ANC zum extralegalen Terror des Staates nehmen im Dokument sehr viel Platz in Anspruch.[18] Die grosse Bedeutung, die der ANC diesem düsteren und äusserst komplexen Kapitel beimisst, liegt einerseits in den verheerenden Auswirkungen, welche diese Strategie gezeitigt habe, andererseits darin, dass diese Zusammenhänge erst in den letzten Jahren zunehmend ans Licht gekommen seien und noch eingehenden Untersuchungen bedürften.

aa. Mit dem Begriff „informale Repression" sind in erster Linie verdeckte Operationen und Aktivitäten des Apartheid-Regimes zur Bekämpfung der Opposition gemeint. Der Terminus deckt ein verwirrendes Geflecht von „konterrevolutionären" Strategien der Regierung in Pretoria und ihrer Sicherheitsorgane ab. Es fällt schwer, sich in diesem Gestrüpp, das nur in einer Kultur der Heimlichkeit und der Straf- und Verantwortungslosigkeit dermassen auswuchern konnte, einen groben Überblick zu verschaffen. Im Folgenden können deshalb nur die Grundlinien in der ANC-Eingabe dargestellt werden.

bb. Das NSMS habe als Vollzugs- und Koordinationssystem dieser Aktivitäten gedient. Die oberste Entscheidungsinstanz sei das Präsidialamt gewesen, das den Vorsitz über den Staatssicherheitsrat ausgeübt habe. Operationelle Einzelheiten seien nicht in den höchsten Gremien besprochen worden, damit es den Politikern „technisch" möglich gewesen sei, die Kenntnis von den verdeckten

16 Diese Kategorien sind hier allerdings nicht allzu wörtlich zu nehmen, gehören doch in die erstere auch Übertretungen der damaligen Sicherheitsgesetzgebung im Zusammenhang mit der Ausübung von legalisierter Willkür. In diesem Sinne fällt also zum Beispiel die Misshandlung von Gefangenen beim Verhör in die erste Kategorie.

17 Für weitere Details und Ausführungen vgl. ANC-Eingabe I, S. 42 f.

18 Für den Zeitraum bis 1990 siehe ANC-Eingabe I, S. 39-54; für die Zeit nach der Wende von 1990 vgl. ANC-Eingabe I, S. 54-59.

Aktivitäten zu dementieren.[19] Der Staatssicherheitsrat habe ein totalitäres Netzwerk kontrolliert, das in jeden Landesteil hineingereicht habe.[20] Zum Vollzug der in diesem Netzwerk geplanten Aktivitäten hätten zudem auch die regulären Staatsinstanzen beigezogen werden können, um den Schleier möglichst optimal aufrechtzuerhalten.

cc. Die ideologische Grundlage der Strategie der informalen Repression war die Erkenntnis der Apartheid-Verteidiger, dass moderne Kriege nicht auf dem Schlachtfeld, sondern in den Köpfen der Menschen gewonnen werden. Mit der „totalen Strategie" sollten deshalb die „Herzen und Köpfe der Menschen" („to win the hearts and minds", WHAM) gewonnen werden. Das Kernstück dieser „konterrevolutionären Kriegsführung" habe darin gelegen, neben der militärischen und polizeilichen Repression Massnahmen zu ergreifen, um den politischen Gegner zu diskreditieren. Zu diesem Zweck seien sogenannte „Strategische Kommunikations-Operationen" (Stratkom operations) durchgeführt worden. Politische Gegner vor allem in den Reihen des ANC sollten gezielt diffamiert werden, um sie in der Bevölkerung unbeliebt zu machen. Mit massiven Propaganda-Anstrengungen und der Realisierung von „dirty tricks" sollte der ANC dermassen diskreditiert werden, dass die Regierung in Pretoria gegenüber dem diffamierten Gegner als geradezu glaubwürdige Alternative erscheinen würde.

In der Praxis habe sich dann gezeigt, was sich die Regierung unter der Stratkom-Strategie konkret vorgestellt habe: Gemäss dem ANC würden in zahlreichen Fällen Beweise dafür vorliegen, dass bestimmte Verbrechen nicht vom ANC begangen worden seien, sondern von der Regierung zum Zwecke der Beschuldigung des ANC verübt worden seien („false flag-attacks"). Vor allem aber sei die Regierung für die Anstachelung der Gewalt zwischen ANC- und Inkatha-Anhängern ab Mitte der achtziger Jahre verantwortlich. Gemäss dem ANC-Report habe nämlich das Apartheid-Regime, basierend auf der Theorie der Low-Intensity-Warfare, alles daran gesetzt, um zwischen die ANC- und Inkatha-Anhänger einen Keil zu treiben und Gewalt zu schüren. Indem sich nämlich die schwarzen Befreiungsorganisationen gegenseitig bekämpften, hätten die Sicherheitskräfte eine Entlastung erfahren, der ANC sei diskreditiert worden und die Regierung habe sich als Alternative präsentieren können.

dd. Das ANC-Dokument enthält zahlreiche Hinweise und Einzelheiten, welche diese Zusammenhänge belegen sollen. Besonders eingehend werden die verdeckten Stratkom-Operationen in den Townships dargestellt. Sogenannte Selbstverteidigungseinheiten („vigilante groups"), die in Tat und Wahrheit

19 ANC-Eingabe I, S. 41.
20 ANC-Eingabe I, S. 42.

nichts anderes als Schlägertrupps gewesen seien, hätten in zahlreichen Townships ab Mitte der achtziger Jahren die Bevölkerung terrorisiert und dabei behauptet, sie seien Angehörige des ANC. Zur Unterstützung der regierungstreuen schwarzen Stadträte seien schwarze Hilfspolizisten angeheuert worden, die wiederum von Spezialeinheiten der Polizei geschützt worden seien. Parallel zum Terror von angeblichen ANC-Einheiten gegenüber der Zivilbevölkerung seien stets Propaganda-Bemühungen zur gezielten Desinformation und Verleumdung des ANC erfolgt.[21]

ee. Die Schürung von Gewalt zwischen Anhängern des ANC und der Inkatha sei ab 1985 mit der Operation Marion verstärkt worden.[22] Diese Stratkom-Operation habe vorgesehen, die Mitglieder der Inkatha mit Waffen und militärischem Training zu versorgen. Dabei sei den Inkatha-Angehörigen eingeredet worden, dass der ANC die Vernichtung der Inkatha plane. Der Hass der ANC-Mitglieder gegenüber Inkatha-Angehörigen sei dadurch geschürt worden, indem sie durch angebliche Inkatha-Einheiten (in Wirklichkeit Sicherheitskräfte oder Gangsterbanden) angegriffen worden seien.

Im KwaMakutha-Massaker von 1987 sieht der ANC eine typische Stratkom-Aktion. Gemäss der ANC-Eingabe seien die zwölf Frauen und Kinder damals im Rahmen der Operation Marion ermordert worden. Der Angriff sei als Werk von „ANC-Terroristen" bezeichnet worden, um ein bevorstehendes Treffen zwischen dem amerikanischen Staatssekretär Shultz und ANC-Präsident Tambo zu torpedieren. Der ANC verlangt in der Eingabe eine detaillierte Aufklärung solcher Vorfälle. Er ist der Ansicht, dass im Falle von solchen Massakern höchste Entscheidstrukturen involviert gewesen seien.[23]

ff. Ein besonders düsteres Kapitel der informalen Repression bilde auch der extra-legale Terror und die Mordanschläge von Todesschwadronen, die dem Civil Cooperation Bureau (CCB) unterstanden seien oder zur geheimen Sicherheitspolizei-Einheit in Vlakplaas gehört hätten. Gemäss der Human Rights Commission verübten diese Todesschwadronen zwischen 1974 und 1989 rund 100 Morde und rund 200 Mordversuche.[24] Im Jahre 1977 hätten Agenten des

21 ANC-Eingabe I, S. 46 f.

22 ANC-Eingabe I, S. 47 f.

23 ANC-Eingabe I, S. 49 f. Die Wahrheits- und Versöhnungskommission hat in der Tat diese Zusammenhänge untersucht und dazu auch *findings* gemacht. Vgl. etwa zur Operation Marion die Ergebnisse im FR V/6, Rz. 122; zu den Verantwortlichen für die Operation gehören etwa der frühere Präsident Botha, General Malan und Chief Buthelezi. Zu den übrigen findings in Bezug auf den Staat und die Sicherheitskräfte sowie deren Alliierte siehe FR V/6, Rz. 78-129.

24 ANC-Eingabe I, S. 49.

Apartheid-Regimes versucht, das Essen von etwa 500 Angehörigen von Umkhonto we Sizwe in einem Camp in Angola zu vergiften.[25]

gg. Da die Wahrheitskommission bei der Aufarbeitung der südafrikanischen Geschichte nicht auf das Territorium der Republik beschränkt ist, verlangt der ANC, auch die verdeckten Operationen der Sicherheitskräfte ausserhalb Südafrikas zu untersuchen. Pretoria habe im ANC-Hauptquartier in Sambia und in den militärischen Stützpunkten in anderen Ländern zahlreiche Spionageoperationen durchgeführt. Neben Mordanschlägen gegen ANC- oder MK-Angehörige und Angriffen gegen Militärbasen des MK habe die südafrikanische Regierung vor allem auch militärische Oppositionskräfte gegen ANC-freundliche Regierungen wie etwa in Angola oder Mocambique unterstützt.[26]

hh. Gemäss der ANC-Submission seien die verdeckten Operationen nach der Wende von 1990 fortgesetzt worden. Die meisten Strukturen und Organe seien nach Auffassung des ANC nur umbenannt, nicht aber zerschlagen worden. So sei das NSMS in National Coordinating Mechanism (NCM) umbenannt worden.[27]

ii. Der ANC hat in seiner Eingabe ein streng geheimes Dokument vom 13. März 1990 zitiert, das vom Chef der Streitkräfte verfasst worden und für den damaligen Verteidigungsminister Malan bestimmt gewesen sei. Das Dokument enthalte auch die Unterschrift des Finanzministers. Darin werde zum Ausdruck gebracht, dass der damalige Präsident De Klerk über etliche laufende „sensitive Projekte“ informiert worden sei. De Klerk habe dabei sein „prinzipielles Einverständnis“ zur Fortsetzung der Stratkom-Operationen gegeben.[28] Dabei, so der ANC-Report, sei Projekt Marion nur eines von über vierzig nach wie vor laufenden Projekten.[29] Ziel der Regierung sei es gewesen, den ANC angesichts seiner enormen Popularität zu schwächen.

Mit anderen Worten sei also der Verhandlungspartner ANC von der damaligen Staatsführung parallel zu den Verhandlungen mit illegalen Mitteln, nämlich der Durchführung von verdeckten Operationen attackiert worden. In der Tat nahmen die Todesopfer bei den Auseinandersetzungen zwischen Anhängern des ANC und der Inkatha gegenüber den achtziger Jahren massiv zu. Der ANC

25 ANC-Eingabe I, S. 50. Für weitere Ausführungen zur chemischen Kriegsführung siehe ANC-Eingabe I, S. 50 ff.

26 Zu Mocambique vgl. die illustrative Fallstudie in der ANC-Eingabe I, S. 53 f. Die Wahrheits- und Versöhnungskommission hat der Untersuchung der Aktivitäten des südafrikanischen Staates aus-serhalb der Republiksgrenzen ein eigenes Kapitel gewimet, siehe FR II/2.

27 ANC-Eingabe I, S. 57.

28 ANC-Eingabe I, S. 55.

29 A.a.O.

spricht in seinem Dokument von über 12'000 Todesopfern und mindestens 20'000 Verletzten zwischen Juli 1990 und Ende 1993.[30] Da die Nationale Partei auf Grund der Apartheid-Vergangenheit die verhandlungspsychologisch weitaus schwierigere Verhandlungsposition hatte, hätte der ANC eben dadurch vor der südafrikanischen und der internationalen Öffentlichkeit diffamiert werden sollen, indem er als Mitverantwortlicher für die Gewalt von Schwarzen gegen Schwarze dargestellt worden sei. Die Tätigkeit der sogenannten „third force" seitens der Regierung sei indessen verdeckt durchgeführt worden und erst nach und nach ans Licht gekommen.[31] Gemäss einer Statistik der Human Rights Commission nahm auch die Zahl von ermordeten Anti-Apartheid-Aktivisten scheinbar paradoxerweise nach dem Umbruch zu: Während es 1990 noch 28 waren, wurden im folgenden Jahr 60 Menschen getötet, 1992 waren es 97.[32]

jj. Im April 1992 erklärte Präsident de Klerk im Parlament die „speziellen geheimen Projekte" für beendet. Die Parteiführung sei gemäss dem ANC-Report in der Frage der Fortsetzung der „dirty-tricks-Kampagne" gespalten gewesen. Während einige Personen die Kontraproduktivität dieser Strategie gefürchtet hätten, hätten andere die Fortsetzung dieser Aktivitäten befürwortet. Gemäss der Eingabe hätten sich diese Kräfte durchsetzen können.[33] Zudem habe das Geflecht aus staatlichen und parastaatlichen Strukturen im Rahmen des früheren NSMS eine hartnäckige Eigendynamik entwickelt. In der Submission wird der Standpunkt verdeutlicht, dass die Aktivitäten zur Anwendung der Theorie der Low-Intensity Warfare auf jeden Fall auch im heutigen Südafrika, und hier vor allem in KwaZulu/Natal, spürbare Auswirkungen hinterlassen hätten. Das bisher staatliche oder halbstaatliche Netzwerk habe sich teilweise in dem Sinne privatisiert, als gewisse Strukturen im Bereich der organisierten Kriminalität fortbestehen würden.[34] Im Anschluss an die Darstellung dieser Zusammenhänge ersucht der ANC die Wahrheitskommission, mehr Klarheit in dieses dunkle Kapitel zu bringen und insbesondere auch die Verantwortlichkeiten für die im Rahmen dieses Systems begangenen Menschenrechtsverletzungen zu eruieren.

30 A.a.O. Die Wahrheits- und Versöhnungskommission spricht von 14'000 Todesopfern von politisch motivierter Gewalt zwischen Mitte 1990 und April 1994, vgl. FR II/7, Rz. 7.

31 Für die findings der Wahrheitskommission zur „third force" siehe FR V/6, Rz. 126-129.

32 ANC-Eingabe I, S. 56.

33 ANC-Eingabe I, S. 58.

34 ANC-Eingabe I, S. 58 f.

C. Der Befreiungskampf des ANC

a. Einleitend erläutert der ANC nochmals die Gründe für die Aufnahme des bewaffneten Kampfs im Jahre 1961. Von Anfang an, so die Submission an mehreren Stellen, habe dabei der Grundsatz des Primates der Politik gegolten. Umkhonto we Sizwe habe sich stets an die politischen und militärischen Vorgaben des ANC zu halten gehabt.[35] In den sechziger Jahren habe sich der MK praktisch ausschliesslich auf Sabotageakte gegen Militär- und Regierungseinrichtungen beschränkt, bei denen für Zivilpersonen keinerlei Gefährdung bestanden habe, sowie auf kleinere Scharmützel zwischen MK-Einheiten und den südafrikanischen Sicherheitskräften.

Ende der sechziger Jahre habe die Führung erkannt, dass mit diesen Massnahmen nur geringe Erfolge hätten verzeichnet werden können. Als Ziel habe nunmehr eine verstärkte Mobilisierung der Bevölkerung in den Kerngebieten Südafrikas gegolten. Ab Mitte der siebziger Jahre habe die Zahl der MK-Soldaten stetig zugenommen. Nun sei es zu einer Verstärkung der Untergrundpräsenz von MK-Kämpfern in Südafrika gekommen, allerdings immer noch mit sehr begrenztem Erfolg. Aus diesem Grund habe es in den Reihen des ANC und des MK seit den sechziger Jahren Auseinandersetzungen in der Frage der Definition von zulässigen Opfern gegeben. Bis 1985 habe der strikte Grundsatz gegolten, dass zivile Opfer, also Nicht-Kombattanten, unter allen Umständen zu vermeiden seien. Der MK habe sich aber in allen Phasen des bewaffneten Kampfs gemäss der ANC-Eingabe an das Primat der Politik gehalten. Der ANC stellt diese Selbstdisziplin und Selbstbeschränkung der Repression der südafrikanischen Sicherheitskräfte sowie ihrer Unterstützung für „den Terror der Unita und der Renamo“ (in Angola respektive Mocambique) gegenüber.[36] Um dies zu illustrieren, führt der ANC an, dass im Jahre 1981 die Frage zu heftigen Auseinandersetzungen in der ANC-Führung geführt habe, ob gegen den damaligen Präsidenten Botha und zahlreiche Minister ein Bombenanschlag durchgeführt werden soll. In der Tat sei die Planung zu einem Anschlag gegen die gesamte NP-Führung anlässlich einer Jubiläumsveranstaltung in Bloemfontein recht weit vorangeschritten gewesen. Die ANC-Führung stoppte dann allerdings die Ausführung dieser Pläne, damit die Grenze zwischen erlaubten, das heisst militärischen Zielen („hard targets“) und nichtmilitärischen Zielen („soft targets“) nicht verwischt werden würde.[37]

b. Eine gewisse Modifikation des Vorgehens sei allerdings an der Konferenz von Kabwe im Jahr 1985 beschlossen worden: Fortan sollte das Risiko,

35 ANC-Eingabe I, S. 61.
36 ANC-Eingabe I, S. 65.
37 ANC-Eingabe I, S. 66.

dass bei einer Operation zivile Personen zu Schaden kommen könnten, nicht mehr unter allen Umständen ein Hindernis für deren Ausführung sein.[38] Diese Änderung der Politik habe dazu geführt, dass es in der zweiten Hälfte der achtziger Jahre eine Reihe von Anschlägen auf Ziele gegeben habe, die offensichtlich in keinem Zusammenhang mit dem Apartheid-Staat gestanden seien.

Der ANC führt dies auf folgende Ursachen zurück: Auf Grund der Umstände eines Guerilla-Kampfes sei lokalen MK-Kommandanten eine recht grosse operative Freiheit bei der Auswahl und Durchführung von Aktionen zugekommen. Einige der MK-Kommandanten hätten, so die ANC-Eingabe, die Ziele der ANC-Politik falsch verstanden. Andere hätten aus Wut und Zorn angesichts der Repression des Apartheid-Regimes überreagiert und so der offiziellen Politik zuwidergehandelt. Vor allem aber habe es zahlreiche false flag-Angriffe gegeben, mit denen Pretoria die angebliche Skrupellosigkeit der ANC-Führung hinsichtlich der Auswahl der Opfer habe aufzeigen wollen.

1987 habe die ANC-Führung die Bemühungen verstärkt, den MK-Kommandanten die Ziele der Organisation im Hinblick auf die möglichst weitgehende Vermeidung von zivilen Opfern zu erläutern.[39] Der ANC verweist im Übrigen auf die ausserordentlich schwierigen Umstände zur Durchführung von Operationen und auf den unverblümten Staatsterror in der zweiten Hälfte der achtziger Jahre. Insofern, so der ANC, habe sich der MK sehr gut verhalten. Es sei zu sehr wenigen Verstössen gegen die ANC-Politik gekommen.

D. Die Frage der Begehung von Menschenrechtsverletzungen durch den ANC

a. Der ANC widmet sich sehr ausführlich der Frage, ob auch von seiner Seite Menschenrechtsverletzungen begangen worden seien.[40] Während sich der ANC dabei offenkundig um Transparenz und Ehrlichkeit bemüht, fällt auf, wie sehr oftmals im gleichen Atemzug reflexartig auf die damals herrschenden Umstände verwiesen wird, um Verletzungen wenn nicht unbedingt zu rechtfertigen, so doch zumindest zu entschuldigen oder verständlich zu machen.

b. In der Submission wird festgehalten, dass der ANC stets darum bemüht gewesen sei, zivile Opfer zu vermeiden, auch nach 1985. Die Bewegung habe niemals Terroranschläge, also Angriffe gegen Zivilisten, gutgeheissen.

aa. In einem ersten Abschnitt widmet sich der ANC der Frage, ob es trotz dieser Politik bei militärischen Operationen und Anschlägen zu zivilen Opfern gekommen sei. Ein Teil der Antwort liege, wie bereits erwähnt, in Verstössen von lokalen Kommandanten gegen die offizielle ANC-Politik, etwa auf Grund

38 ANC-Eingabe I, S. 67 ff.
39 ANC-Eingabe I, S. 70.
40 ANC-Eingabe I, S. 73-106.

von Missverständnissen. Besondere Beachtung wird dem aufsehenerregenden Bombenanschlag auf das Luftwaffenhauptquartier in Pretoria von 1983 beigemessen: Dabei wurden über 200 Personen verletzt, darunter aber nicht mehr als rund 70 Angestellte oder Mitglieder der Luftwaffe. Unter den 19 Todesopfern waren nur elf Angehörige oder Angestellte der Sicherheitskräfte. Die Ursache für diese hohe Zahl von zivilen Opfern liegt gemäss dem ANC darin, dass die Bombe zu früh explodiert sei. Der ANC stellt diesen Anschlag vor den Hintergrund eines Angriffs der südafrikanischen Luftwaffe in Lesotho, bei dem 42 Personen ums Leben kamen.

bb. Des Weiteren geht der ANC auf die Verwendung von Landminen ein, unter denen allerdings keine Anti-Personen-Minen gewesen sein sollen. Die Minen seien in Grenzgebieten gelegt worden, um die Durchlässigkeit der Grenzen zugunsten von MK-Einheiten zu erhöhen. Der ANC bedauert dabei, dass auch zivile Opfer (etwa Insassen von Lastwagen) getötet oder verletzt wurden.

cc. Als drittes Beispiel für Operationen, bei denen Zivilisten zu Schaden gekommen waren, werden in der Eingabe die Bombenanschläge auf zwei Bars in Durban im Jahre 1986 angeführt. Diese Lokale waren besonders häufig von Angehörigen der Sicherheitskräfte aufgesucht worden. Insgesamt wurden drei Zivilisten getötet, 69 wurden verletzt. Auch diese Anschläge bringt der ANC umgehend mit vorangehenden Repressalien der Sicherheitskräfte in Verbindung.[41]

c. Der ANC bringt an mehreren Stellen des Dokumentes sein Bedauern über die Opfer zum Ausdruck. Sogleich verweist er auf die Mitverantwortung des Regimes, habe dieses doch eine Situation von „alles durchdringendem Staatsterrorismus“ geschaffen, der bei den Unterdrückten zu entsprechenden gewalttätigen Reaktionen habe führen müssen.[42] Um dies zu illustrieren, verweist das Dokument auf den Bombenanschlag in einem Einkaufszentrum in Amanzimtoti. 1985 zündete ein 19jähriger eine Bombe, wodurch fünf Personen getötet und über 40 Personen verletzt wurden. Er habe damit auf die Ermordung von neun Menschen in Lesotho durch die Sicherheitskräfte mehrere Tage vorher reagiert. Der ANC weist darauf hin, dass der 19jährige, der nur eine Sachbeschädigung erreichen wollte, zum Tode verurteilt wurde, während die für den Raid in Lesotho verantwortlichen Sicherheitskräfte in einer geheimen Zeremonie mit Medaillen ausgezeichnet worden sein.[43]

d. Weiter berichtet der ANC von einer Reihe von false flag-Operationen, bei denen die Sicherheitskräfte den ANC der Begehung von Straftaten bezichtigten, die sie in Wirklichkeit selbst begangen hatten. Das prominenteste Bei-

41 ANC-Eingabe I, S. 79.
42 ANC-Eingabe I, S. 81.
43 ANC-Eingabe I, S. 81 f.

spiel ist die Ermordung des Menschenrechtsanwalts Griffiths Mxenge. Die Sicherheitskräfte machten nach der Ermordung von Mxenge geltend, es gebe Hinweise über die Unzufriedenheit des ANC mit dem Anwalt, da dieser Gelder veruntreut habe. Damit spielten sie auf eine angebliche Täterschaft in den Reihen der Befreiungsbewegung an. An dieser Stelle wird auch das bereits erwähnte KwaMakutha-Massaker angeführt. Besonderes Aufsehen erregte auch der Anschlag auf das Gebäude des Südafrikanischen Kirchenrates (Khotso House): Der damalige Minister Vlok habe insinuiert, Guerilleros hätten den Anschlag durchgeführt, während es in Wirklichkeit Vlakplaas-Einheiten gewesen seien.[44]

Abgesehen von diesen spektakulären Aktionen seien, so der ANC-Bericht, zahllose Anschläge in den Townships und in KwaZulu/Natal durchgeführt worden, um die Auseinandersetzungen und den Hass zwischen Anhängern des ANC und der Inkatha zu schüren. Das ANC-Dokument legt besonderen Wert auf die Feststellung, dass gerade auch zahlreiche Morde durch „necklacing" (also das Überstülpen eines brennenden Reifens) durch Angehörige der Sicherheitskräfte begangen worden seien.[45] Der ANC macht Beweise geltend, dass diese Methode durch Agenten des Staates sogar eingeführt worden sei.[46] In der Eingabe will der ANC verdeutlichen, dass das „necklacing" nie offizielle Politik des ANC oder der mit ihm verbundenen United Democratic Front (UDF) oder des Mass Democratic Movement gewesen sei.[47] Überdies hätten zahlreiche Personen im Namen des ANC oder der UDF Taten verübt, die zwar im guten Glauben zur Unterstützung dieser Organisationen gedacht gewesen seien; da diese Personen aber völlig ausserhalb der Organisationsstrukturen gestanden seien, hätten die betreffenden Parteien auch keinen direkten Einfluss auf sie ausüben können. Insofern könnten die Organisationen auch kaum für solche Taten zur Verantwortung gezogen werden.[48]

Nach 1990 habe die Zahl der Gewalttaten gegen die Bevölkerung vor allem in den Townships auf Grund der weitgehenden Demobilisierung von Untergrund-Einheiten des MK massiv zugenommen. Aus diesem Grund habe der ANC lokale Selbstverteidigungseinheiten (Self-Defence Units, SDUs) gebildet. Die Aufstellung von SDUs sei 1991 im National Peace Accord von mehreren Parteien, darunter dem ANC, der NP und der Inkatha gebilligt worden. Im Geheimen habe die Regierung aber gemäss der ANC-Eingabe zahlreiche angebliche SDUs gebildet, die in Wirklichkeit aus Angehörigen der Sicherheitskräfte

44 ANC-Eingabe I, S. 83.
45 A.a.O.
46 ANC-Eingabe I, S. 104.
47 A.a.O.
48 Nähere Ausführungen zum Mass Democratic Movement in ANC-Eingabe I, S. 102 ff.

oder Kriminellen bestanden hätten. Damit sei die Diskreditierung des ANC in den Augen der Bevölkerung bezweckt worden.[48]

e. Die Menschenrechtsverletzungen im Zusammenhang mit der Aufdeckung von Agenten des Apartheid-Staates werden in der ANC-Submission ausführlich dargelegt.[49]

Von Anfang an sei der ANC in seiner Arbeit sehr stark durch die Infiltration mit Staatsagenten bedroht gewesen. Erst Ende der sechziger Jahre sei indessen ein Sicherheitsdepartement eingerichtet worden. Nach den Soweto-Unruhen 1976 seien zahlreiche Jugendliche in die Nachbarländer geflüchtet, um Mitglied des MK zu werden. Das Apartheid-Regime habe die Gelegenheit benutzt, um etliche Agenten in die Organisation einzuschleusen. Die grosse Zahl von Agenten habe vor allem aber auch dazu gedient, um die Spionageabwehr von ANC und MK zu überlasten. So hätten die wirklich gut ausgebildeten Agenten durch das Netz schlüpfen können.[50] Die Spione hätten den südafrikanischen Sicherheitskräften Informationen zur Bekämpfung der Opposition in und ausserhalb der Republik geliefert. Diese Informationen seien unter anderem zu Mordanschlägen gegen prominente Funktionäre und Luftangriffe gegen ANC-Lager verwendet worden.

Erst 1981 habe das ANC-Sicherheitsdepartement ein grösseres Netz von Agenten aufgedeckt.[51] Die Entdeckung dieser starken Infiltration habe auf die ANC-Kader vor allem in den jeweiligen Camps gewissermassen eine Schockwirkung gehabt. Der ANC gibt offen zu, dass es hierbei zu Menschenrechtsverletzungen gekommen ist, macht aber geltend, dass dies auf Unzulänglichkeiten in den ANC-Lagern zurückzuführen und von der ANC-Führung niemals toleriert worden sei. Einige Angehörige des MK hätten der Spionage Verdächtige misshandelt. Mehrere Mitglieder des Netzwerks seien exekutiert worden. Dabei sei es aber, so der ANC, nicht zu summarischen Hinrichtungen gekommen. In der Eingabe bedauert der ANC explizit die vorgefallenen Exzesse. Die schwierigen Umstände hätten zu einem Abrücken von den etablierten Normen geführt mit dem Resultat, dass sich Mitglieder des Sicherheitsdepartements zunehmend eigenmächtig verhalten hätten. Der ANC verweist auch auf die Berichte der Untersuchungskommission unter Motsuenyane und Skweyiya, die beide zum Schluss gekommen waren, dass es zwar Menschenrechtsverletzungen in den Lagern gegeben habe, diese aber nicht als Teil eines systematischen Missbrauchsmusters betrachtet werden könnten.

48 Ausführlich zu den SDUs ANC-Eingabe I, S. 83-88.
49 ANC-Eingabe I, S. 88-101.
50 ANC-Eingabe I, S. 91.
51 ANC-Eingabe I, S. 92 ff.

Grund für die Einberufung dieser Untersuchungskommissionen durch den ANC selbst waren auch andere Berichte und Anschuldigungen, wonach Gefangene in ANC-Lagern misshandelt würden. Diese Berichte bezogen sich vor allem auf das Morris Seabelo Detention Centre in Angola, das auch Camp Quadro genannt wurde.[52]

f. Das Sicherheitsdepartement und die Lagerleitungen hatten sich zudem mit Fällen von Meuterei zu befassen gehabt. Einige der Anführer der Meuterei seien daraufhin exekutiert worden. Dieselbe Strafe erhielten auch einige MK-Mitglieder, die der Vergewaltigung oder Ermordung von Einheimischen beschuldigt worden waren.[53]

g. Nach der Kabwe-Konferenz von 1985 nahm der ANC eine Reorganisation des Sicherheitsdepartements und des internen Justizsystems in Angriff, um weiteren Exzessen und Menschenrechtsverletzungen besser vorbeugen zu können.[54]

E. Résumé der ANC-Eingabe

a. Der ANC macht nochmals geltend, er habe einen Befreiungskampf gegen ein illegitimes Regime geführt; gleichzeitig anerkennt er, dass er trotz der Führung eines gerechten Krieges keineswegs immun sei gegenüber einer Beurteilung über das Verhalten seiner Mitglieder im Konflikt. Er betont aber auch, dass keine der begangenen Menschenrechtsverletzungen mit der offiziellen ANC-Politik vereinbar gewesen oder von der Führung gutgeheissen worden sei. Es habe indessen Fälle gegeben, in denen der ANC entschiedener und schneller hätte reagieren müssen, um Verletzungen Einhalt zu gebieten oder Vorbeugung zu leisten. Hierfür übernimmt die Organisation die kollektive Verantwortung.[55]

Die ANC-Mitglieder seien insgesamt über die Politik der Bewegung gut informiert und diszipliniert gewesen. Die moralischen und gerechten Ziele der Organisation hätten auch ein dementsprechendes Verhalten ihrer Mitglieder erforderlich gemacht.[56]

b. In Bezug auf die Reparationsfrage weist der ANC darauf hin, dass Gerechtigkeit für die Opfer keineswegs nur in der Verurteilung der Täter bestehen könne; vielmehr sei Wiedergutmachung und Reparation ein wichtiges Element

52 ANC-Eingabe I, S. 94.
53 Für Näheres siehe ANC-Eingabe I, S. 95. Die hingerichteten Personen sind im Appendix zur Eingabe aufgelistet.
54 Sehr detailliert ANC-Eingabe I, S. 95 ff.
55 ANC-Eingabe I, S. 106.
56 A.a.O.

von Gerechtigkeit für die Opfer.[57] Das Opfer solle im Zentrum des Versöhnungsprozesses stehen.

c. Abschliessend ersucht der ANC die Wahrheitskommission, verschiedene Fakten und Zusammenhänge näher abzuklären, vor allem bezüglich der politischen Verantwortlichkeit für Menschenrechtsverletzungen, die Kommandostrukturen, das Ausmass der verdeckten Operationen, das Netzwerk von Staatsagenten (insbesondere auch hinsichtlich der immer noch bestehenden) sowie auf die Destabilisierung und Aggression der Apartheid-Regierung im Ausland.[58]

2. *Die Eingabe vom Mai 1997*

a. Nach der Eingabe des ersten Dokumentes an die Wahrheitskommission erhielt der ANC von der Kommission eine Liste mit Fragen, die sich auf diverse Punkte in der ANC-Submission bezogen.[59] Die Wahrheitskommission verlangte etwa eine präzisere Darstellung der Organisationsstrukturen im ANC und im Umkhonto we Sizwe, näheren Aufschluss über die ANC-Politik, über die Aktivitäten der verschiedenen Departemente und ihre Interaktion sowie über die verschiedenen Militärcamps und Gefangenenlager. Detaillierte Fragen wurden auch hinsichtlich bestimmter Einzelfälle gestellt, die der ANC in seiner ersten Eingabe erwähnt hatte. Zu zahlreichen vom ANC erhobenen Anschuldigungen gegenüber den ehemaligen Regierungen verlangte die Wahrheitskommission eine genauere Dokumentation. Besondere Bedeutung mass die Kommission auch den Fällen von Menschenrechtsverletzungen in den Reihen des ANC zu; deshalb ersuchte sie den ANC um genauere Angaben.

Der Afrikanische Nationalkongress nahm zu diesen Fragen in einer zweiten, noch umfangreicheren Eingabe Stellung. In einem „Manifest zur Natur des südafrikanischen Konfliktes“ wurden sämtliche Fragen teilweise recht eingehend beantwortet. Im Anschluss an das Manifest enthielt die Submission nicht weniger als neun Anhänge.[60] Im Folgenden sollen einige Kernpunkte der ANC-Eingabe dargestellt werden.

57 ANC-Eingabe I, S. 107.

58 Im Einzelnen ANC-Eingabe I, S. 108 ff.

59 Truth and Reconciliation Commission: ANC-Questions (zit.: ANC-Questions). Quelle: http://www.truth.org.za/submit/q-anc.htm.

60 Diese enthalten detaillierte Dokumentationen zu den ANC-Strukturen und Personal (Anhang I); MK-Camps und Kommandanten (II); Rehabilitations- und Gefangenenlager und Report über MK-Operationen (III); Liste von MK-Operationen (IV); bewaffnete Aktionen, bei welchen die Verantwortlichkeit ungewiss ist und Report über die Operationen des Sicherheitsdepartementes (V); das Morris Seabelo Rehabilitationszentrum (VI); Fallstudien (VII); Low-Intensity War (VIII); das Pamphlet „For the Sake of Our Lives“ (IX).

b. Einleitend wird der ANC als Produkt des südafrikanischen Konfliktes dargestellt, nicht als dessen Urheber. Der ANC habe sowohl die Unterdrückten als auch die Unterdrücker befreien wollen.[61] Die in diesem Konflikt vom ANC begangenen Fehler würden aufrichtig bedauert. Ziel dieses Berichtes sei es vor allem auch, von den Anstrengungen zu berichten, die der ANC jeweils unternommen habe, um solchen Fehlern zu begegnen. Die Handlungsweisen des ANC, seiner Organe und Mitglieder sollten einmal mehr vor dem Hintergrund des südafrikanischen Konfliktes erläutert werden, um die Motivation zu den konkreten Handlungen verständlich zu machen. Aus diesem Grund würden in der Eingabe mehrere eingehende Fallstudien dargelegt.

A. Zur Politik und Strategie des ANC

a. Der ANC stellt die Entwicklung der Militärstrategie insbesondere hinsichtlich der Definition von zulässigen Opfern dar.[62] Die Wahrheitskommission verlangte unter anderem Aufklärung über die Bedeutung einer Äusserung in einem ANC-Pamphlet, wonach zu den gerechtfertigten Zielen neben der „rassistischen Armee, Polizei, Todesschwadronen und Agenten" auch „Handlanger unter uns" („stooges in our midst") gehört hätten.[63] Der ANC erklärt hierzu, als solche Handlanger würden Mitglieder der unterdrückten Bevölkerungsmehrheit gehören, die sich entschlossen gehabt hätten, auf die Seite des Regimes zu wechseln. Als Beispiel werden die Stadträte in schwarzen Städten und die (farbigen und asiatischen) Mitglieder des trikameralen Parlaments sowie die schwarzen Polizisten genannt.[64] Im Folgenden berichtet der ANC vom Verhalten dieser sogenannten „sell-outs".

Die Ambivalenz der ANC-Führung gegenüber den zahlreichen Anschlägen auf tatsächliche oder vermeintliche Kollaborateure kommt in folgender Aussage zum Ausdruck: „Während die Führung von ANC und UDF solche Angriffe nicht anordnete und keinen Gefallen am Verlust von Leben auf Grund von solchen Attacken hatte, verurteilte sie diese mit Sicherheit nicht prinzipiell."[65] Diese Angriffe müssten im Kontext der explosiven Wut verstanden werden, die als Reaktion auf das Verhalten der Stadträte oder die Brutalitäten der Sicherheitskräfte entstanden seien. Weiter unten greift der ANC zu folgender Rhetorik: „Es wäre sehr angebracht zu sagen, dass der ANC solche Stadträte nicht als Ziel bezeichnete - sie selber konnten wählen, ob sie sich als spezielle Feinde

61 ANC-Eingabe II, S. 3.
62 ANC-Eingabe II, S. 5 ff.
63 Vgl. ANC-Questions (Anm. 59), S. 1.
64 ANC-Eingabe II, S. 7.
65 ANC-Eingabe II, S. 8 (Übersetzung des Verfassers).

ihrer Gemeinden definieren wollten, und es waren regelmässig die Mitglieder ihrer Gemeinden, die gegen sie handelten."[66]

b. Des Weiteren enthält das Dokument nähere Ausführungen zur Aufstellung von sogenannten „Selbstverteidigungsgruppen" durch die Regierung, die in Tat und Wahrheit im Namen des ANC die Bevölkerung terrorisiert hätten, um die Befreiungsorganisation in Verruf zu bringen.[67]

c. Der ANC nimmt zum „necklacing" eine ähnlich ambivalente Position ein wie zu den Angriffen auf die „sell-outs" generell. Die ANC-Führung werde sich, so die Eingabe sinngemäss, immer weigern, diejenigen zu verurteilen, die im guten Glauben zur Abwehr gegenüber Informanten und Kollaborateuren solche Taten begangen haben.[68] Die Apartheid-Regierungen hätten sich zudem in zahlreichen Fällen dieser Methode bedient, um den ANC zu diskreditieren.[69]

d. Betreffend dem Verhältnis zwischen dem ANC und der Inkatha legt der ANC der Feststellung besondere Bedeutung bei, dass der ANC gegenüber der Inkatha zu keinem Zeitpunkt eine „Militärpolitik" verfolgt habe, weil weder Mitglieder noch Funktionäre der Zulu-Bewegung als Ziele von Angriffen betrachtet worden seien.[70] Die Gewalt zwischen den Anhängern beider Parteien sei von der Regierung in verdeckten Operationen geschürt worden, um eine Annäherung zwischen den beiden Organisationen zu verhindern. Die Angriffe auf Inkatha-Anhänger seien Teil der Stratkom-Operationen gewesen, die auch nach 1990 fortgesetzt worden seien. Die Inkatha-Führung sei von Elementen der Sicherheitskräfte infiltriert gewesen, um alle Bemühungen zu einer Verständigung zwischen den Parteien wirksam hintertreiben zu können.[71]

e. Hinsichtlich der zivilen Opfer von MK-Operationen erklärt der ANC in der Eingabe, dass Angriffe mit vorwiegend zivilen Opfern einen sehr geringen Anteil an der Gesamtheit der bewaffneten Handlungen des MK ausgemacht hätten. Die MK-Angehörigen hätten sich auch angesichts der extremen Provokation sehr diszipliniert verhalten.[72] Abweichungen von der offiziellen Parteipolitik seien vor allem dann vorgekommen, wenn lokale MK-Kommandanten die Politik falsch interpretiert oder in Extremsituationen aus besonderem Zorn ge-

66 ANC-Eingabe II, S. 9 (Übersetzung des Verfassers).

67 ANC-Eingabe II, S. 10 f.

68 ANC-Eingabe II, S. 11.

69 A.a.O. Der ANC wiederholt die Behauptung, die Regierung habe diese Methode sogar eingeführt. Bei der ersten Aktion hätten Kameraleute Nahaufnahmen gefilmt, um diese dann rund um die Welt senden und den ANC so verleumden zu können.

70 ANC-Eingabe II, S. 12.

71 A.a.O.

72 ANC-Eingabe II, S. 14.

handelt hätten.[73] Zudem habe es zahlreiche false flag-Operationen der Sicherheitskräfte gegeben.

f. Abschliessend weist die ANC-Eingabe darauf hin, dass es angesichts der in den achtziger Jahren herrschenden Bedingungen zu bemerkenswert wenigen bewaffneten Handlungen gekommen sei, bei denen der Anteil der zivilen Opfer hoch gewesen sei. Der MK hätte die Kapazität gehabt, tausende von Zivilisten zu töten; in diesem Sinne sei die selbstauferlegte Beschränkung des ANC und des MK ausserordentlich gewesen.[74] Der ANC übernimmt, wie schon in der ersten Submission betont wurde, die kollektive Verantwortung für alle Handlungen, die MK-Mitglieder im guten Glauben ausgeführt hätten. Die Fälle, in denen Zivilisten durch MK-Handlungen getötet oder verletzt wurden, werden vom ANC bedauert. Er entschuldigt sich hierfür bei den Angehörigen der Opfer.

B. Die Begehung von Menschenrechtsverletzungen in den ANC-Lagern

a. Einleitend hält der ANC an den Ergebnissen diverser ANC-internen und unabhängigen Untersuchungskommissionen fest, dass es zwar zu Exzessen in Militär- und Gefangenenlagern gekommen sei, diese allerdings keineswegs systematisch verübt worden seien.[75] Zu keinem Zeitpunkt sei es zu summarischen oder unautorisierten Hinrichtungen gekommen.[76]

Der ANC gibt allerdings zu, dass erst nach der Kabwe-Konferenz von 1985 angemessene Massnahmen zur Reform der Strukturen von Lagerleitungen, des Sicherheitsdepartements und des internen Justizsystems ergriffen worden seien. Es ist unter anderem die Rede davon, dass entschiedenere Massnahmen hätten ergriffen werden müssen, um den Exzessen Einhalt zu gebieten. In dieser Hinsicht äussert der ANC sein Bedauern über die Geschehnisse respektive Unterlassungen.[77] Nach 1985 sei ein Nationaler Volksgerichtshof (National People's Tribunal) geschaffen worden, der von allen anderen ANC- oder MK-Strukturen völlig unabhängig gewesen sei.[78] Für die Revision von Entscheidungen sei zudem ein Appellationsgericht etabliert worden. Vor allem aber sei das Sicherheitsdepartement reorganisiert worden, um bisherige Fehlentwicklungen korrigieren zu können.[79] Einmal mehr anerkennt der ANC explizit die Verfehlungen und Unterlassungen und entschuldigt sich für Menschenrechtsverletzungen, die

73 ANC-Eingabe II, S. 15 ff.
74 ANC-Eingabe II, S. 18.
75 ANC-Eingabe II, S. 19 ff.
76 ANC-Eingabe II, S. 21.
77 ANC-Eingabe II, S. 26.
78 ANC-Eingabe II, S. 26 f.
79 Im Einzelnen vgl. ANC-Eingabe II, S. 28 ff.

gegenüber Gefangenen und Verdächtigen begangen worden waren. Er entschuldigt sich darüber hinaus bei allen unrechtmässig Angeschuldigten.[80]

b. Im Folgenden nimmt der ANC zu diversen spezifischen Einzelfragen Stellung.[81] Bezüglich der gewalttätigen Auseinandersetzungen nach 1990 führt er nochmals detailliert aus, worauf er die Annahme stützt, wonach die meisten Gewalttaten auf die Tätigkeit der „third force“, also auf die verdeckten Operationen der Sicherheitskräfte zurückzuführen seien.[82] Ingesamt fällt auf, dass der ANC gegenüber der Inkatha selbst kaum Vorwürfe erhebt. Diese sei von der Regierung in zynischer Weise benutzt worden. Die Gewalt sei in erster Linie durch die Sicherheitskräfte und von der Regierung angestifteten Schlägertrupps ausgeübt oder geschürt worden.[83] Der ANC und der MK habe auch angesichts dieser massiven Gewalt stets eine defensive Haltung eingenommen.[84]

3. *Der Auftritt der ANC-Delegation vor der Wahrheitskommission*

Eine hochrangige ANC-Delegation unter der Führung des damaligen Vizepräsidenten Mbeki trat am 12. und 13. Mai 1997 anlässlich der Übergabe der zweiten Submission vor der Wahrheitskommission auf.[85] Das unter der Leitung von Erzbischof Tutu tagende Gremium hatte dabei die Gelegenheit, die Mitglieder der ANC-Delegation zu einzelnen Punkten zu befragen.

a. Einleitend gab Vizepräsident Mbeki eine längere Erklärung zu den Kernpunkten der zweiten Submission ab. Er hob besonders hervor, dass der ANC einen gerechten Krieg geführt habe. Gerecht sei aber nicht nur der Grund des Krieges gewesen; der ANC habe auch in der Art und Weise, wie die bewaffneten Auseinandersetzungen geführt worden seien, der Gerechtigkeit genüge getan.[86] Die Inkatha habe dabei zu keinem Zeitpunkt zu den Angriffszielen

80 ANC-Eingabe II, S. 30.

81 ANC-Eingabe II, S. 31-39.

82 ANC-Eingabe II, S. 33 ff.

83 ANC-Eingabe II, S. 35. Interessant ist in diesem Zusammenhang der Hinweis auf eine Aussage des ehemaligen Polizeioffiziers de Kock, wonach die verdeckten Operateure AK 47-Waffen benutzt hätten, um den ANC zu diffamieren: Es war allgemein bekannt, dass der ANC vor allem mit diesen Waffen ausgerüstet war.

84 Von besonderer Bedeutung ist in diesem Zusammenhang der Anhang 9 der Eingabe, nämlich die Richtlinien zur Erstellung von Selbstverteidigungseinheiten („For the Sake of Our Lives“). Eine eingehende Darstellung der Low Intensity Warfare und ihre Anwendung im Falle Südafrikas erfolgt in Anhang 8.

85 Vgl. das Transkript dieses Anlasses: ANC-Transcript. Im Folgenden sollen nur diejenigen Punkte Erwähnung finden, die in Ergänzung zu den beiden Eingaben von besonderer Bedeutung sind.

86 ANC-Transcript, S. 7.

der ANC-Strategie gehört.[87] Die angebliche „black-on-black-violence" sei vielmehr auf die fortgesetzten verdeckten Operationen der Sicherheitskräfte zurückzuführen.

b. Nach dieser Erklärung stellten die Mitglieder der Wahrheitskommission Fragen zu verschiedenen Themenbereichen.

aa. Den ersten Gegenstand der Befragung bildeten die in den ANC-Camps begangenen Menschenrechtsverletzungen. Die befragten Mitglieder der ANC-Delegation liessen duchblicken, dass die Strukturen des Sicherheitsdepartements in den Camps sowie die Organisation der ANC-Justiz ungenügend gewesen seien. Insbesondere habe vor 1985 den Angeschuldigten kein Rechtsbeistand zur Seite gestanden.[88] Als Rechtsprechungsorgane hätten entweder Parteiausschüsse, ad hoc eingerichtete Gerichte oder Militärgerichte fungiert. Dass diese Art von Rechtsprechung sehr problematisch war, zeigte sich am Beispiel der Behandlung von Meuterern: Nachdem sieben Personen wegen der Teilnahme an einer Meuterei zum Tode verurteilt und hingerichtet worden seien, habe die ANC-Führung interveniert und befohlen, weitere Exekutionen wegen dieser Meuterei zu stoppen.[89]

Im weiteren Verlauf der Befragung erläuterten diverse ANC-Funktionäre die Strukturen und das tägliche Leben in den Militär- und Gefangenenlagern des ANC. Vizepräsident Mbeki wies darauf hin, dass angesichts der Konzentration auf dieses Thema der Eindruck entstehen könnte, die Menschenrechtsverletzungen seien nicht die Ausnahme, sondern Routine gewesen.[90] Angesichts der Tatsache, dass tausende von MK-Soldaten diese Camps durchlaufen hätten und die Lagerleitungen in einem extrem schwierigen Umfeld hätten operieren müssen, sei es aber zu sehr wenigen Exzessen gekommen. Das Führungsmitglied Maharaj machte geltend, selbst bei der Behandlung von feindlichen Spionen habe man eine Politik der Rehabilitierung verfolgt.[91]

bb. Ein weiteres zentrales Thema der Anhörung war die Frage der Militäroperationen und der zulässigen Ziele. Maharaj erklärte in diesem Zusammenhang, dass die Gründe für die Abweichung von der offiziellen Politik in der Kommandostruktur und im schwierigen Umfeld der jeweiligen Operationen gesehen werden müssten.[92] Die Änderung der Politik, wonach die Vermeidung von zivilen Opfern nicht mehr in allen Fällen als conditio sine qua non betrachtet worden sei, sei von einigen lokalen Kommandanten falsch verstanden wor-

87 ANC-Transcript, S. 8.
88 ANC-Transcript, S. 15 f.
89 ANC-Transcript, S. 20.
90 ANC-Transcript, S. 26 f.
91 ANC-Transcript, S. 31.
92 ANC-Transcript, S. 33 ff.

den. Der ANC entschuldige sich aber auf jeden Fall, so Maharaj, bei den zivilen Opfern des Konfliktes respektive bei ihren Angehörigen.[93] Die ANC-Delegation wies im Folgenden auf die Durchführung zahlreicher false flag-Operationen seitens der Sicherheitskräfte hin. Als Beispiele wurden unter anderem „necklacings", der Bombenanschlag auf Räumlichkeiten des Südafrikanischen Kirchenrates und die Explosion einer Autobombe in Durban genannt.[94]

cc. Weitere Diskussionsgegenstände waren die Verwendung von Landminen durch den ANC[95] sowie die Angriffe auf angebliche Kollaborateure des Regimes und das „necklacing"[96]. Maharaj gestand ein, dass der ANC womöglich zu lange gezögert habe, um diese Methode zu verurteilen.[97] Ausserdem hätten viele Leute solche Methoden angewandt, die gar nicht zum ANC gehörten.

Betreffend dem Konflikt zwischen Anhängern des ANC einerseits, des PAC und der Azapo andererseits nahm die ANC-Delegation den Standpunkt ein, auch hier hätten die Sicherheitskräfte alles daran gesetzt, um die schwarzen Bewegungen zu spalten.[98]

dd. Ein besonders schwieriges Thema bildete am zweiten Tag der Anhörungen die Frage, inwiefern der ANC bei der Bewaffnung von Selbstverteidigungseinheiten in den Town-ships mehr Vorsicht hätte an den Tag legen müssen. Dies deshalb, weil zahlreiche Einheiten eine gewisse Eigendynamik entwickelt hätten und in den Bereich der Kriminalität abgedriftet seien. ANC-Führungsmitglied Kasrils erklärte, die Parteiführung habe nach bestem Wissen und Gewissen gehandelt und auf dringende Ersuchen in der Bevölkerung reagiert.[99] Mbeki wies darauf hin, dass keine massenhafte und unkontrollierte Verteilung von Waffen stattgefunden habe.[100] Die damalige Situation sei extrem schwierig gewesen, und man habe angesichts der Angriffe auf die Zivilbevölkerung durch Schlägertrupps handeln müssen.

ee. Alsdann wurde die Problematik der gewalttätigen Auseinandersetzungen zwischen Anhängern des ANC und der Inkatha behandelt. Mbeki meinte, weder die überwältigende Mehrheit der Inkatha noch des ANC habe diesen Konflikt überhaupt gewollt. Ursache und Motor der Auseinandersetzungen sei

93 ANC-Transcript, S. 38.
94 ANC-Transcript, S. 39 f.
95 ANC-Transcript, S. 41-44.
96 ANC-Transcript, S. 45 ff.
97 ANC-Transcript, S. 47.
98 ANC-Transcript, S. 51 f.
99 ANC-Transcript, S. 56 f.
100 ANC-Transcript, S. 59.

die „third force“ gewesen.[101] Es handle sich nicht um Gewalttaten zwischen Schwarzen, sondern um Gewalttaten von Spezialeinheiten der Sicherheitskräfte gegen Schwarze.[102] Mbeki erklärte, er sei absolut überzeugt davon, dass Elemente des ehemaligen Netzwerks noch immer aktiv seien. Dies müsse vollumfänglich aufgeklärt werden.[103]

ff. Erzbischof Tutu erklärte abschliessend, die Mitglieder der Kommission hätten den Eindruck gehabt, dass sich die ANC-Delegation bei ihrer Eingabe um Offenheit bemüht habe.[104] Die Art und Weise, wie die Delegationsmitglieder die Fragen beantwortet hätten, könne den Versöhnungsprozess voranbringen. Es gehe, so der Erzbischof, darum, in diesem Land eine Atmosphäre zu schaffen, in der die Leute Fehler eingestehen und dafür um Verzeihung bitten können, denn dies eröffne Chancen für die Zukunft.[105] Ohne Vergebung gebe es keine Zukunft. Der Zweck einer solchen Submission und Interaktion zwischen der Kommission und den Parteien sei die Schaffung einer solchen Atmosphäre, die Vergebung ermöglicht.

II. Die Eingaben der Nationalen Partei an die Wahrheitskommission

Die Nationale Partei (NP) reichte im August 1996 ihre erste Eingabe an die Wahrheitskommission ein.[106] Analog dem Vorgehen im Falle des ANC erhielt auch die NP daraufhin von der Kommission eine umfangreiche Liste mit Fragen.[107] Schliesslich reichte die NP eine zweite Submission ein, zu der sie im Mai 1997 in einer Anhörung der Wahrheitskommission Rede und Antwort stand.[108]

101 ANC-Transcript, S. 72 f.
102 ANC-Transcript, S. 80.
103 A.a.O.
104 ANC-Transcript, S. 85.
105 A.a.O.
106 Vgl. auch Frank Räther, Der ANC vor Südafrikas Wahrheitskommission - Schwieriger Umgang mit Menschenrechtsverletzungen, in: NZZ vom 23.8.1997, S. 2 (zit. Wahrheitskommission).
107 Truth and Reconciliation Commission: Questions put to the NP (zit. NP-Questions). Quelle: http:/www.truth.org.za/submit/q-np.htm.
108 Siehe hierzu Werner Vogt, De Klerk weiss von nichts - Erneut Aussagen vor Südafrikas Wahrheitskommission, in: NZZ vom 15.5.1997, S. 5 (zit. de Klerk).

a. Es fällt auf, dass im Unterschied zum ANC-Dokument sehr viele der Aussagen in der NP-Eingabe relativ allgemein und pauschal ausgefallen sind. Im Folgenden sollen einige Kernaussagen der Submission aufgegriffen werden.

b. De Klerk, der Autor dieses Dokuments, hält fest, dass er diese Eingabe im Namen der NP eingereicht habe, als deren Führer und als ehemaliger Staatspräsident.[109] Die Submission orientiere sich in erster Linie an der Präsidentschaft De Klerks sowie an denjenigen Ereignissen, von denen er persönliche Kenntnis habe. Er habe den früheren Präsidenten Botha vergeblich um die Kooperation bei der Erarbeitung des Dokuments ersucht. Immerhin sei die Submission aber nach der Konsultation der früheren Führungen von Polizei und Streitkräften sowie von ehemaligen Regierungsmitgliedern erstellt worden.

c. Es sei elementar, so de Klerk, dass man sowohl zwischen der heutigen und der früheren NP als auch zwischen den Regierungen der frühen Apartheidzeit und den Reformregierungen der siebziger und achtziger Jahre unterscheide.[110] Die Administrationen unter Botha und unter ihm könne man nicht mehr als „Apartheid-Regierungen" bezeichnen, da diese Regierungen mit der Demontage der Apartheid beschäftigt gewesen seien.[111] Im Folgenden erweist der NP-Vorsitzende den früheren südafrikanischen Führungen eine Respektsbezeugung: Sie seien im Kontext ihrer Zeit und Überzeugungen „gute und ehrenhafte Männer" gewesen, obwohl die Geschichte gezeigt habe, dass sie bezüglich der Apartheidpolitik einen „fehlerhaften Kurs" eingeschlagen hätten.[112]

d. Einleitend erklärt de Klerk, man unterstütze den in Südafrika eingeleiteten Wahrheitsfindungs- und Versöhnungsprozess trotz gewisser Vorbehalte.[113] Der ehemalige Präsident betont die Notwendigkeit, dass sich die Kommission durch Unvoreingenommenheit, Ausgewogenheit und Unparteilichkeit auszeichnet.[114] Die Kommission müsse auch die schwer fassbare Eigenart von „Wahrheit" in Erwägung ziehen; Wahrnehmungen von dessen, was wahr sei, seien von Zeit zu Zeit, Ort zu Ort und von Partei zu Partei verschieden.[115]

109 NP-Eingabe, S. 2.

110 A.a.O. Die Geschichte der NP teilt er in vier Perioden ein: 1948-1960; 1960-1978; 1978-1990; post 1990.

111 Meiner Meinung nach ist diese Aussage bezüglich Botha unzutreffend, denn Botha versuchte das System zu reformieren, um die Kerngehalte der Apartheid langfristig sichern zu können. Er wollte das System nicht *ab*bauen, sondern bloss *um*bauen.

112 NP-Eingabe, S. 3.

113 NP-Eingabe, S. 1.

114 NP-Eingabe, S. 2.

115 A.a.O.

A. Der historische Kontext

De Klerk versucht, die Geschehnisse der vergangen Jahrzehnte in einen breiteren historischen Kontext zu stellen.[116] Dabei rückt er vor allem den Freiheitskampf der Afrikaaner in den Mittelpunkt. Diese hätten in ihrer schwierigen Geschichte sehr viel Unterdrückung und Armut erfahren müssen.[117] In der ersten Hälfte dieses Jahrhunderts sei die Auseinandersetzung zwischen Nationalisten und Unionisten im Vordergrund gestanden; erst später sei das komplexe Verhältnis zwischen schwarzen und weissen Südafrikanern ein dominierendes Thema geworden. Analog dem Hinweis auf die schwer fassbare Eigenschaft der Wahrheit, meint de Klerk, dass „wir alle die Kinder unserer Zeit und das Produkt der kulturellen und politischen Umstände sind, in die wir hineingeboren wurden und in denen wir aufwuchsen“[118]. De Klerk räumt zwar ein, dass das Verhalten der Weissen gegenüber den Schwarzen bestenfalls paternalistisch gewesen sei, beklagt aber nur wenig weiter unten, gemäss der zunehmenden internationalen Meinung sei das Selbstbestimmungsrecht nur den Schwarzen Südafrikas zugestanden worden.[119] Darin sieht er auch die Rechtfertigung für die Einführung der sogenannten „getrennten Entwicklung“ nach 1960, das heisst die Einrichtung von Homelands.[120] Er sieht die 13% der Landes, die den Schwarzen eingeräumt wurden, als „Kerngebiete, in denen sie traditionellerweise angesiedelt waren“.[121] Während er zusätzliche Argumente zur Rechtfertigung der Grossen Apartheid anführt, lässt er die Zwangsumsiedlungen, von denen Millionen von Menschen betroffen waren, unerwähnt. De Klerk gesteht zwar ein, die Bantustans seien „zu klein, zu arm und ökonomisch zu unattraktiv“[122] gewesen, um ihren Bürgern einen anständigen Lebensraum zu bieten; das Scheitern der Doktrin der „getrennten Entwicklung“ sieht er aber nur unter ihrem Aspekt der Impraktikabilität. Dieses Scheitern habe zu Auseinandersetzungen geführt, bei denen von „allen Seiten unakzeptable Handlungen“ begangen worden seien.[123]

116 NP-Eingabe, S. 3-7.
117 NP-Eingabe, S. 4.
118 A.a.O.
119 NP-Eingabe, S. 5.
120 A.a.O.
121 A.a.O.
122 NP-Eingabe, S. 6.
123 NP-Eingabe, S. 7.

aa. Die erste Dimension: Der Konflikt zwischen dem Nationalismus der Afrikaaner und dem Nationalismus der Schwarzen[124]

Viele der Leute, die auf der Seite der Regierung gekämpft haben, hätten dies gemäss De Klerk getan, weil sie das Selbstbestimmungsrecht ihres Volkes in einem eigenen Staat innerhalb eines territorial getrennten Südafrikas verteidigen wollten. Dieses Ideal habe zwar in den achtziger Jahren an Motivationskraft verloren, sei aber für zahlreiche rechtsgerichtete Organisationen immer noch bestimmend.

Die Schwarzen hätten dagegen eine diametral andere Einstellung gehabt, nämlich dass die Weissen keine separate Nation seien, sondern eine Minorität in einer breiteren südafrikanischen Nation.

bb. Die zweite Dimension: Die Auseinandersetzungen zwischen schwarzen Bewegungen[125]

Diejenigen Gruppierungen, die in Opposition zur Apartheid standen, seien uneins darüber gewesen, wie sie gegenüber diesem System opponieren sollten. Während die einen Gruppierungen gewalttätige und revolutionäre Strategien verfolgt hätten, hätten andere Gruppierungen, so de Klerk, die Arbeit für einen Wandel im Rahmen des Systems bevorzugt. Dies habe zu gewaltsamen Auseinandersetzungen vor allem zwischen Anhängern des ANC und der Inkatha geführt. De Klerk liess die Kontroversen über die Tätigkeit einer „third force“ an dieser Stelle unerwähnt.

cc. Die dritte Dimension: Die Involvierung Südafrikas in den globalen Kampf zwischen dem Westen und dem Sowjetkommunismus[126]

Die Verteidiger der Apartheid seien, so de Klerk, im Glauben gewesen, dass sie mit ihrem Kampf gegen den ANC eine wichtige Rolle beim Widerstand des Westens gegen die Expansion des Sowjetkommunismus gespielt hätten. Die Begründung liege darin, dass der ANC mit der Südafrikanischen Kommunistischen Partei fest verbunden gewesen sei und darüber hinaus von der Sowjetunion und den Ostblockstaaten substanzielle Hilfe erhalten habe.

Auf der anderen Seite seien die Oppositionellen häufig davon überzeugt gewesen, dass sie gegen eine Bastion des Kapitalismus und Imperialismus kämpfen würden.

124 NP-Eingabe, S. 7.
125 NP-Eingabe, S. 7 f.
126 NP-Eingabe, S. 8.

dd. Die vierte Dimension: Die Verteidigung des Staates und die Aufrechterhaltung von Ruhe und Ordnung[127]

Viele Personen, die auf der Seite des Staates kämpften, hätten, so der frühere Präsident, keine spezifische ideologische oder parteipolitische Motivation gehabt; sie hätten vielmehr geglaubt, es sei ihre Pflicht, die Instruktionen einer legal konstituierten und international anerkannten Regierung auszuführen. In diesem Zusammenhang erweist de Klerk den Angehörigen der Sicherheitskräfte eine Respektsbezeugung: Die „grosse Mehrheit" von ihnen seien „ehrenhafte, professionelle und hingebungsvolle Männer und Frauen" gewesen. Sie seien überzeugt gewesen, dass ihre Sache „gerecht, notwendig und legitim" sei.[128]

Nach 1960 sei der Konflikt eskaliert, weil der ANC sich für die Aufnahme des bewaffneten Kampfs entschieden habe.[129] Die Regierung habe sich gegenüber einer revolutionären, unkonstitutionellen Machtübernahme durch den ANC und seine Verbündeten wehren müssen. Die NP-Eingabe führt eine Statistik von Todesopfern und Sachbeschädigungen an öffentlichen und privaten Einrichtungen an, die allesamt Resultate der revolutionären Strategie des ANC seien.[130]

Die damalige Regierung habe geglaubt, sie sei einem „totalen Ansturm" ausgesetzt und habe deshalb mit einer „totalen Strategie" reagiert. Im Folgenden werden die Strukturen zur Bekämpfung dieser „revolutionären Bedrohung" kurz dargestellt.[131] Ein Verfassungswandel habe in diesem Klima der Gewalt nicht stattfinden können, deshalb sei ein Ausnahmezustand verhängt worden, um Recht und Ordnung wiederherzustellen.

De Klerk räumt ein, dass die weitreichende Sicherheitsgesetzgebung und der Ausnahmezustand eine Atmosphäre geschaffen hätten, die vielen Missbräuchen und Menschenrechtsverletzungen förderlich gewesen sei.

127 NP-Eingabe, S. 9-11.

128 NP-Eingabe, S. 9.

129 In den diesbezüglichen Ausführungen de Klerks kommt eine gewisse Einseitigkeit dieses Geschichtsbildes recht gut zum Ausdruck: De Klerk geht mit keinem Wort darauf ein, weshalb der ANC sich für die Aufnahme von begrenzten bewaffneten Handlungen entschieden hatte. Die Ursache für die Eskalation des Konfliktes erscheint somit in einer sehr einseitigen Sichtweise.

130 NP-Eingabe, S. 9. Darunter etwa die Zahl von 573 Menschen, die zwischen 1984 und 1986 bei Auseinandersetzungen zwischen Schwarzen umgekommen seien. De Klerk geht nicht auf die Opfer ein, welche durch die Gewalt der Sicherheitskräfte umgekommen sind.

131 NP-Eingabe, S. 10.

C. Unkonventionelle Handlungen und Reaktionen

a. Verantwortlich für diese Atmosphäre sei aber auch die unkonventionelle Natur der „revolutionären Bedrohung“ gewesen. Diese habe Umstände bewirkt, in denen „konventionelle Antworten sich als immer weniger effektiv herausstellten“.[132] Die revolutionären Strategien der Opposition hätten traditionelle Unterscheidungen zwischen Kombattanten und Nicht-Kombattanten, legitimen und illegitimen Zielen sowie zwischen akzeptablen und inakzeptablen Methoden verwischt.[133] Während von den Sicherheitskräften erwartet worden sei, dass sie sich an das Gesetz hielten, hätten ihre Gegner alle Mittel anwenden können, die ihnen gefallen hätten.[134] Deshalb habe die Regierung zu unkonventionellen Strategien gegriffen, die notwendigerweise auf einer „need-to-know“-Basis geplant und ausgeführt worden seien.

In diesem Zusammenhang streicht De Klerk in der Eingabe in Fettdruck heraus, dass gemäss seinem Wissen und seiner Erfahrung diese Strategien niemals die Autorisierung zu Mord, Folter, Vergewaltigung, Angriffen oder dergleichen umfasst hätten. Er habe niemals an einer diesbezüglichen Entscheidung des Kabinetts, des Staatsicherheitsrats oder eines anderen Gremiums teilgenommen oder eine solche Entscheidung direkt oder indirekt vorgeschlagen, angeordnet oder gebilligt.[135] Als Staatspräsident sei er indessen in die Billigung von Militärhandlungen jenseits der Staatsgrenzen involviert gewesen. Dies habe aber Angriffe auf Zivilisten ausdrücklich ausgeschlossen. De Klerk führt weiter aus, dass diese Erklärung auch den Standpunkt seiner Kollegen im Kabinett oder Staatsicherheitsrat reflektiere.[136] Die Kommission solle, so der Vorschlag in der Eingabe, die Protokolle dieser Instanzen studieren.[137]

b. Diejenigen Arten von unkonventionellen Aktionen, die vom Kabinett oder Staatssicherheitsrat gebilligt worden seien, hätten bloss Instrumente wie

132 NP-Eingabe, S. 11.

133 A.a.O.

134 Der ANC indessen behauptet, sich eine sehr weitgehende Selbstbeschränkung in der Wahl der Mittel auferlegt zu haben, während es gerade die Sicherheitskräfte gewesen seien, die in einer Kultur der Heimlichkeit ungehindert Menschenrechtsverletzungen begangen hätten.

135 NP-Eingabe, S. 11.

136 A.a.O.

137 In diesem Zusammenhang muss darauf hingewiesen werden, dass gemäss den Ergebnissen der Goldstone-Kommission über 135’000 Akten vernichtet worden waren. Siehe auch die Ausführungen im Schlussbericht zum Thema der Zerstörung von Dokumenten, FR I/8. Zudem dürften „heikle“ Aufträge und Befehle kaum je schriftlich erteilt worden sein. Die auf der Grundlage der „need-to-know“-Basis mitgeteilten Informationen dürften kaum schriftlich fixiert worden sein.

das Sammeln von Aktionen, Desinformation oder Hilfe an Organisationen, die in Opposition zu den revolutionären Kräften standen, umfasst.[138] Immerhin räumt der NP-Führer ein, dass solche unkonventionellen Projekte zur Schaffung einer Atmosphäre beigetragen hätten, die der Begehung von Missbräuchen förderlich gewesen sei.

Es sollten betreffend die Begehung von Menschenrechtsverletzungen folgende Unterscheidungen gemacht werden: Erstens Fälle, in denen die Täter bei der Interpretation von Befehlen und Strategien im guten Glauben gehandelt hätten; zweitens Situationen, in denen der gute Glauben solcher Täter auf Übereifer oder Fahrlässigkeit basierte; drittens Fälle von bösem Glauben (mala fides).[139]

c. Alsdann macht De Klerk seine Einzelgängertheorie geltend: Auf Grund des fundamentalen Wandels habe es in den Sicherheitskräften Elemente gegeben, die den Transformationsprozess hätten torpedieren wollen und deshalb staatliche Gelder missbraucht hätten, um verdeckte Operationen durchzuführen und Menschenrechtsverletzungen zu begehen.[140] Er wolle, so De Klerk, für solche Missbräuche keine Entschuldigungen suchen, sondern den historischen Kontext darstellen, in welchem sie begangen worden seien. Umgehend erklärt er, es sei wichtig, dass die Wahrheitskommission alle schweren Verletzungen von allen Seiten untersuche, und nicht nur diejenigen der Regierungsseite. Zur Illustration wird im Dokument eine weitere Statistik mit Straftaten angeführt, die angeblich von Regierungsgegnern begangen worden waren.[141] Erwähnung finden erwartungsgemäss auch die in den ANC-Lagern verübten Menschenrechtsverletzungen.

D. Das Wesen der Transformation und die Reformen der Nationalen Partei

Der frühere Präsident weist darauf hin, welche Bedeutung die Machtübergabe für die bis anhin herrschenden Afrikaaner gehabt habe. Keine andere Nation in der Welt habe jemals freiwillig eine solche Entscheidung getroffen.[142]

De Klerk erwähnt die Kernpunkte des nach 1978 eingeleiteten Reformprozesses und der Abschaffung der Apartheid unter seiner Regierung nach 1990. Er führt auch andere Faktoren an, die bei der Transformation mitgewirkt hätten: Die Rolle der Oppositionellen, die innerhalb des Systems gearbeitet hätten; der Kollaps des globalen Kommunismus, die Rolle der internationalen Gemein-

138 NP-Eingabe, S. 12.

139 A.a.O.

140 A.a.O.

141 Darunter „necklacings“, Opfer von Landminen, Bombenanschläge, Opfer der Gewalt Schwarzer gegen Schwarze. Vgl. NP-Eingabe, S. 12 f.

142 NP-Eingabe, S. 13.

schaft und sozioökonomische Kräfte. Auch der Beitrag der revolutionären Bewegungen dürfe nicht unterschätzt werden.

E. Abschliessende Bemerkungen in der Eingabe

a. Der ehemalige Staatschef übernimmt die generelle Verantwortung in Bezug auf den Zeitraum seiner Präsidentschaft.[143] Hinsichtlich spezifischer Ereignisse, Taten und Verletzungen sei es allerdings notwendig, spezifische Richtlinien anzuwenden. Für die Beimessung solcher Verantwortlichkeit schlägt er folgende Richtlinien vor: Betreffend das Kabinett für alle getroffenen Entscheidungen und ausgegebenen Instruktionen inklusive aller gebilligten Operationen oder Handlungen, die auf Grund einer vernünftigen Interpretation ausgeführt wurden; analoges gelte für den Staatssicherheitsrat sowie für einzelne Minister und kommandierende Offiziere.[144]

b. De Klerk hält die Frage für berechtigt, ob die Regierung adäquate Kontrolle ausgeübt und angemessene Mittel ergriffen gehabt habe, um Missbräuchen vorzubeugen, insbesondere nachdem „third-force"-Aktivitäten behauptet worden waren. Als Antwort auf diese Frage listet der NP-Führer eine Reihe von Massnahmen auf, welche er nach 1990 ergriffen habe.[145] Die Regierung habe weitreichende Schritte unternommen, um solchen Menschenrechtsverletzungen vorzubeugen.

c. De Klerk macht geltend, dass Versöhnung nur erreicht werden könne, wenn es auf allen Seiten auch Reue gebe. Es sei nicht seine Absicht, die „vielen inakzeptablen Dinge zu entschuldigen oder zu beschönigen", die während der Periode der NP-Herrschaft geschehen seien.[146] Er und auch andere führende NP-Politiker hätten sich bereits für das Leid und die Schmerzen, welche die Apartheid-Politik verursacht habe, entschuldigt. Er wolle dies hiermit bekräftigen.

Versöhnung, Amnestie und Reparation seien, so de Klerk, eng miteinander verbunden. Er ermahnt die Wahrheitskommission einmal mehr zu einer ausgewogenen Behandlung der Amnestie-Gesuche.

d. Ein weiterer Hauptzweck des Wahrheitsfindungs- und Versöhnungsprozesses sei es, aus der Vergangenheit zu lernen, damit nicht dieselben Fehler wiederholt würden.[147] Keine Seite des Konfliktes trage die ganze Verantwortung für das Geschehene. Die Transformation gehöre allen. Eine der Lehren aus der

143 NP-Eingabe, S. 17.

144 NP-Eingabe, S. 17 f.

145 Darunter die Einstellung von verdeckten Operationen, die Beendigung des NSMS und die Bildung von Untersuchungskommissionen. Im Einzelnen siehe NP-Eingabe, S. 18.

146 NP-Eingabe, S. 19.

147 NP-Eingabe, S. 20.

Vergangenheit sieht der ehemalige Staatspräsident darin, dass das Ziel nicht die Mittel heiligen dürfe. Solide Lösungen für komplexe Probleme könnten nur auf dem Weg von Verständigung und Kompromissen gefunden werden. Abschliessend verweist De Klerk auf die Bedeutung von Versöhnung und Vergebung.[148]

F. Reaktionen auf die erste Eingabe der NP und das Auftreten de Klerks vor der Kommission

a. Die Aussage de Klerks vor der Wahrheitskommission, er wisse von keinerlei Menschenrechtsverletzungen und habe solche schon gar nicht angeordnet oder gutgeheissen, führte bei Mitgliedern der Wahrheitskommission und bei Vertretern anderer Parteien zu Kritik.[149] De Klerk stellte sich bei der Anhörung auf den auch in der Eingabe vertretenen Standpunkt, dass einzelne Kräfte innerhalb der Sicherheitskräfte solche Taten ohne sein Wissen begangen hätten. Der NP-Führer meinte auch, ein Präsident könne eben nicht alles wissen, was im Land geschehe.[150]

b. Die Wahrheitskommission übergab der NP eine Liste mit Fragen zur ersten Submission.[151] Diese war ähnlich umfangreich wie die Liste mit Fragen an den ANC. Die Fragen beziehen sich sowohl auf breite Zusammenhänge als auch auf spezifische Belange. Die Wahrheitskommission verlangte von der NP vor allem nähere Informationen über behauptete Menschenrechtsverletzungen, über die Tätigkeiten von verdeckt arbeitenden Einheiten der Sicherheitskräfte und zur Frage der Verantwortlichkeit für die Gewalt zwischen Schwarzen.

c. NP-Führer de Klerk empfand die Fragen an seine Partei offenbar als zu inquisitorisch und erklärte anlässlich der Übergabe der Antworten im März 1997, der Wortlaut der Fragen lege den Schluss nahe, dass die Wahrheitskommission sich bezüglich den in Frage stehenden Themen bereits eine Meinung gebildet habe, mit anderen Worten also voreingenommen sei.[152] Die Wahrheitskommission entgegnete daraufhin, die Tatsache, wonach alle anderen Parteien - einschliesslich ANC und IFP - die Fragen als unangenehm empfunden hätten, lasse vermuten, dass sich die Kommission um Ausgewogenheit und Fairness bemüht habe.[153]

148 A.a.O.

149 Vgl. etwa Räther, Wahrheitskommission (Anm. 106). Der Führer der Demokratischen Partei beispielsweise bezeichnete die Erklärungen de Klerks als nichtssagend.

150 Räther, Wahrheitskommission (Anm. 106).

151 NP-Questions (Anm. 107).

152 Vgl. im Statement der Wahrheitskommission vom 24.3.1997: TRC receives NP Document. Quelle: http://www.truth.org.za/pr/p970324a.htm.

153 A.a.O.

d. Bereits im Januar 1997 war es zu einer heftigen Kontroverse zwischen der Kommission und dem ehemaligen Präsidenten gekommen, als die Wahrheitskommission de Klerk beschuldigte, 1992 eine Untersuchung von Menschenrechtsverletzungen gegen die Streitkräfte behindert zu haben.[154]

2. *Die Eingabe der NP vom März 1997 und der Auftritt de Klerks vor der Wahrheitskommission am 14. Mai 1997*

Gemäss den Reaktionen der Wahrheitskommission und Medienberichten seien sowohl die zweite Eingabe der NP als auch der Auftritt de Klerks enttäuschend gewesen.[155] Die Ursache für diese Kritik und Enttäuschung liegt darin, dass sich der ehemalige Staatschef immer noch auf den Standpunkt stellte, er wisse nichts über die auf der Seite des Apartheid-Regimes begangenen Menschenrechtsverletzungen. Angeordnet oder gebilligt habe er solche Taten ohnehin nicht. Zwar entschuldigte sich de Klerk einmal mehr für die im Namen der Apartheid begangenen Menschenrechtsverletzungen. Er erklärte, die NP übernehme die volle Verantwortung für alle politischen Entscheidungen und Handlungen. In diesem Sinne stehe man auch vor die Sicherheitskräfte. Andererseits meinte der NP-Führer, er könne keine Verantwortung für die von Individuen im Sicherheitsapparat begangenen abscheulichen Handlungen übernehmen.[156] Bezüglich den zahlreichen Vorwürfen und Anschuldigungen gegenüber der ehemaligen NP-Regierung argumentierte der frühere Präsident formaljuristisch, indem er sich auf den Standpunkt stellte, dass es sich hierbei um Beschuldigungen handle, die erst noch bewiesen werden müssten.[157]

154 Werner Vogt, Südafrikas Expräsident de Klerk unter Beschuss - Versäumte Untersuchung gegen Generäle, in: NZZ vom 18./19.1.1997, S. 7. Es ging darum, dass de Klerk gemäss Erkenntnissen der Wahrheitskommission auf die Ergebnisse einer von ihm 1992 einberufenen Untersuchungskommission falsch reagierte. Gemäss diesen Ergebnissen waren zahlreiche Generäle in Menschenrechtsverletzungen wie Folterungen oder Ermordungen von Regimegegnern involviert. Anstatt die Vorwürfe der Untersuchungskommission auf dem strafrechtlichen Weg zu überprüfen, ordnete de Klerk bloss die Zwangspensionierung oder Entlassung von hochrangigen Offizieren an.

Der Vorwurf der Unausgewogenheit und Voreingenommenheit an die Adresse der Wahrheitskommission zieht sich auch wie ein roter Faden durch de Klerks Ausführungen über die Versöhnung in seiner Autobiographie, vgl. de Klerk, Last Trek, 369-385.

155 De Klerks Autobiographie enthält eine ausführliche Schilderung der Anhörung aus seiner Perspektive: siehe de Klerk, Last Trek, S. 378 ff.

156 Vogt, De Klerk (Anm. 108).

157 A.a.O.

Nach de Klerks Auftritt äusserte Erzbischof Tutu seinen Unmut über de Klerks fehlende Bereitschaft, wirkliche Verantwortung für die Vergangenheit des Landes zu übernehmen.[158] Als Reaktion auf diese Kritik kündigte der NP-Führer an, seine Partei verweigere jegliche weitere Zusammenarbeit mit der Wahrheitskommission, da diese unausgewogen sei.[159]

Zudem reichte die Nationale Partei gegen die Wahrheits- und Versöhnungskommission eine Gerichtsklage ein; den Parteien gelang es jedoch, den Rechtsstreit im September 1997 aussergerichtlich durch einen Vergleich beizulegen.[160]

III. Weitere Eingaben an die Wahrheits- und Versöhnungskommission

Neben der NP und dem ANC verfassten weitere Parteien, Organisationen und Einzelpersonen Eingaben zu Handen der Wahrheits- und Versöhnungskommission. Obwohl der Pan-Afrikanistische Kongress (PAC), die Inkatha-Freiheitspartei (IFP) und die Freiheitsfront (FF) der Kommission kritisch bis ablehnend gegenüberstanden, überreichten auch sie der Wahrheitskommission Submissionen.

Der PAC hat in seiner Eingabe zugegeben, dass seine Kampftruppe auch nach 1990 gezielt Attentate auf Weisse verübt habe.[161] Der PAC-Führer Makwetu sagte vor der Wahrheitskommission, er habe damals der Apartheid-Politik den Krieg erklärt und trage damit ebenso wie andere Guerilla-Anführer die Verantwortung für viele Attentate, ohne dass er sich dafür entschuldigen müsse.[162]

Die IFP hat die Wahrheitskommission mit der Begründung abgelehnt, sie sei das Instrument zu einer „Hexenjagd".[163] Der Nationalrat der IFP beschloss nach der Eingabe vom August 1996, eine weitere Zusammenarbeit in Verfahren

158 Werner Vogt, Südafrikas Nationale Partei in einer Krise - Die Reformer um Roelf Meyer treten aus, in: NZZ vom 22.5.1997, S. 5.

159 A.a.O. Kritik schlug dem ehemaligen Präsidenten nicht nur von der Seite der Wahrheitskommission entgegen, sondern auch von ehemaligen Angehörigen von Eliteeinheiten der Sicherheitskräfte, die sogar in Zeitungsartikeln ihre Verärgerung über das Verhalten de Klerks äusserten. Sie drückten ihren Unmut darüber aus, dass sie damals gut genug für die Erledigung der Aufträge gewesen seien, heute aber von den früheren Machthabern wie Aussätzige behandelt würden.

160 Vgl. zu dieser Rechtssache die Ausführungen auf den S. 171 ff.

161 Vgl. den Kurzbericht in der NZZ vom 22.8.1997, S. 5.

162 A.a.O.

163 Vgl. Doerfler, Zwischenbilanz, S. 10.

der Kommission einzustellen. Diese Entscheidung wurde von der Nationalen Konferenz der Partei bestätigt.

Der stellvertretende Vorsitzende der Wahrheitskommission, Boraine, reagierte auf diese Beschlüsse mit der Erklärung, dass die pauschale Kritik der IFP und ihr Abseitsstehen von den Verfahren der Kommission extrem beunruhigend sei.[164] Die Weigerung zu einer künftigen Kooperation mit der Kommission sei im Falle einer grösseren Organisation wie der IFP entmutigend, denn dies würde die Arbeit der Kommission und ihre abschliessenden Empfehlungen betreffen. Noch wichtiger aber sei, so Boraine, dass durch die Kritik der IFP Mitglieder dieser Partei entmutigt würden, von dem Reparations- und Rehabilitationsprogramm der Kommission Gebrauch zu machen. Gemäss dem Gesetz zur Förderung der Nationalen Einheit und Versöhnung haben nur diejenigen Opfer Wiedergutmachungsansprüche, welche entsprechende Anträge bei der Kommission eingereicht haben. In dieser Hinsicht sei die Entscheidung der Partei weder ihren Mitgliedern dienlich noch dem Friedensprozess in KwaZulu/Natal förderlich. Die IFP machte ihre Kritik an der Wahrheitskommission auch durch entsprechende Zeitungsinserate deutlich, wodurch die Kommission zu einer weiteren Stellungnahme herausgefordert wurde.[165] Boraine bedauerte das Vorgehen der IFP und wies darauf hin, dass eine direkte Kommunikation mit der Kommission vorzugswürdig sei.

Aus der Fülle von Eingaben an die Wahrheits- und Versöhnungskommission sollen im Folgenden bloss drei Submissionen ausgewählt werden, die dem Verfasser besonders aufschlussreich erscheinen. Es handelt sich um die Eingabe des früheren Verteidungsministers Malan, um die Submission der Südafrikanischen Streitkräfte sowie um die Eingabe einer Koalition von NGOs.

1. Das Strafverfahren gegen den früheren Verteidigungsminister Malan und seine Eingabe an die Wahrheitskommission

A. Das Strafverfahren gegen Malan

Magnus Malan war in den siebziger Jahren zunächst Chef der Südafrikanischen Armee und dann Kommandant der Streitkräfte. Von 1980 bis 1991 gehörte er der Regierung als Verteidigungsminister an. Malan war also sowohl in der Ära der „totalen Strategie“ und des Ausnahmezustandes als auch in der ersten Phase des Umbruchs einer der wichtigsten Politiker auf der Seite der Regierung. Diese Zeit war vor allem durch die intensivsten Auseinandersetzungen zwischen dem

164 Statement by Dr Alex Boraine on the IFP, 21.7.1997. Quelle: http://www.truth.org.za/pr/p970721a.htm.

165 Statement by Dr Alex Boraine concerning IFP, 14.8.1997. Quelle: http://www.truth.org.za/pr/p970814a.htm.

Regime und der Opposition und zahlreichen Menschenrechtsverletzungen gekennzeichnet. 1995 wurde Malan zusammen mit zehn pensionierten Offizieren der Streitkräfte der Urheberschaft am KwaMakutha-Massaker von 1987 angeklagt.[166] Der ANC bezeichnete in seiner Eingabe von 1996 das KwaMakutha-Massaker als typische Stratkom-Aktion von Spezialeinheiten der Sicherheitskräfte.[167] Bei dieser Untat waren zwölf Frauen und Kinder getötet worden. Konkret warf die Anklage Malan und den übrigen Offizieren vor, an der Bildung der Killerbande gewesen zu sein, welche das Massaker beging. Präsident Mandela lehnte die Gewährung von temporärer Straffreiheit für die Angeklagten ab.

NP-Führer de Klerk kritisierte, die Eröffnung dieser Strafverfahren würde den Geist der Versöhnung verletzen.[168] Der ehemalige Staatschef Botha drohte Präsident Mandela in einem Gespräch, die Anklageerhebung gegen die Offiziere könne zu einem Desaster führen. Er warnte den Präsidenten, er solle nicht „den Tiger im Afrikaaner wecken". Der Forderung Bothas nach einem Moratorium für die strafrechtliche Verfolgung von Apartheid-Führern entgegnete Mandela mit dem Hinweis, man müsse auch Sorge dafür tragen, dass der „Tiger unter den Volksmassen nicht geweckt wird".[169] Das Verfahren gegen Malan und seine Mitangeklagten dauerte schliesslich sieben Monate. Im Oktober 1996 wurden die Angeklagten freigesprochen. Die Anklage scheiterte vor allem aus Beweisgründen.[170] Gemäss dem Vorsitzenden Richter, Jan Hugo, sei es zwar unbestritten, dass die Straftaten von Inkatha-Mitgliedern begangen wurden, welche von Spezialeinheiten der Südafrikanischen Streitkräfte trainiert und ausgerüstet worden waren. Die Staatsanwaltschaft habe es aber versäumt, genügend Beweise vorzulegen, um die Involvierung der Offiziere zu dokumentieren.[171] Die Arbeit der Staatsanwaltschaft bezeichnete der Richter als „schlampig".[172]

166 Vgl. Anton Christen, General Magnus Malan in Südafrika angeklagt - Mandela gegen Strafverfolgungsfreiheit, in: NZZ vom 3.11.1995, S. 2.

167 Siehe auch die Ausführungen oben auf S. 229 unter lit. ee.

168 Keesing's Record of World Events, News Digest for November 1995, Vol 41 (1995), S. 40'809.

169 A.a.O.

170 Keesing's Record of World Events, News Digest for October 1996, Vol 42 (1996), S. 41'304.

171 A.a.O.

172 A.a.O. Der verantwortliche Generalstaatsanwalt von KwaZulu/Natal, McNally, stand gemäss Medienberichten der IFP nahe. Dies veranlasste den ANC zur kritischen Frage, ob McNally den Prozess absichtlich ohne genügende Beweise geführt habe, um einen Freispruch der Angeklagten zu erwirken.

Während Präsident Mandela das Urteil vorbehaltlos akzeptierte, meinte Erzbischof Tutu, das Urteil habe wenig zu tun mit „moralischer Schuld". Dies zeige ein-

Im Folgenden gab Malan bekannt, er werde die Wahrheitskommission nicht um die Gewährung von Straffreiheit ersuchen.[173]

B. Die Eingabe Malans an die Wahrheitskommission

a. Der frühere Verteidigungsminister Malan erklärt, er habe diese Eingabe deshalb erarbeitet, weil er zutiefst erschüttert sei über die haltlose Kampagne zur Diskreditierung der Südafrikanischen Streitkräfte und ihrer früheren Mitglieder. Er sei auch über den Stand der Versöhnung in Südafrika beunruhigt. Die Hauptforderung Malans besteht in der allgemeinen Anerkennung und Akzeptanz, dass die Akteure auf allen Seiten des Konfliktes in gutem Glauben (*bona fide*) gehandelt hätten. Insofern sei es gar nicht nötig, ja sogar schädlich, das Geschehene nochmals aufzugreifen, zu analysieren und so alte Wunden zu öffnen. Man müsse, so Malan, die Geschichte ruhen lassen. Die Frage, ob die eine oder die andere Seite einen gerechten Grund für ihre Handlungen gehabt habe, ist gemäss dem früheren General irrelevant.[174] Es gehe einzig darum, dass diese Handlungen im guten Glauben vorgenommen worden seien, der eigenen Sache zu dienen. Im Übrigen sei die Fähigkeit der Menschen zur Vergebung ohnehin oftmals auf die Anerkennung beschränkt, dass auch andere in gutem Glauben gehandelt hätten.[175]

b. Malan hält fest, dass er ein starker Befürworter von Versöhnung sei. Er findet aber, dass die Beschäftigung mit der Vergangenheit der Versöhnung alles andere als förderlich sei. Auch der heutige südafrikanische Staat könne durch die Enthüllung der Vergangenheit im In- und Ausland nur an Ansehen verlieren.[176] So mag es nicht erstaunen, dass sich der ehemalige Armeechef für eine Generalamnestie ausspricht. Indem dieser Weg nicht eingeschlagen worden sei, habe Südafrika eine goldene Möglichkeit zur Versöhnung verpasst.[177]

mal mehr, dass die Wahrheitskommission bessere Chancen zur Wahrheitsfindung biete. Er könne zudem jede in diesen Prozess involvierte Person vor die Wahrheitskommission vorladen, erklärte der Erzbischof.

173 Boraine meinte dazu, Malan täte gut daran, die Kommission um Amnestie zu ersuchen, nicht nur hinsichtlich der Versöhnung, sondern auch im eigenen Interesse. Vgl. Statement - Alex Boraine on Gen Malan's Decision not to apply for Amnesty, 9.5.1997. Quelle: http://truth.org.za/pr/p970509a.htm.

174 Malan-Eingabe, S. 1.

175 Malan-Eingabe, S. 2. Dabei soll man es gemäss Malan bewenden lassen, denn die Vergebung von Sünden sei das ausschliessliche Recht Gottes.

176 A.a.O.

177 Malan-Eingabe, S. 3.

c. Malan übernimmt die volle „moralische Verantwortung" für die Aktionen der Angehörigen der Streitkräfte während seiner Amtszeit.[178] Für Fälle, in denen die Streitkräfte unrechtmässig gehandelt hätten, möchte er sich entschuldigen. Indessen müsse auch der Kontext solcher Taten verstanden werden.

d. Nach diesen generellen Hinweisen folgt eine ausführliche Darlegung der Aufgaben der Südafrikanischen Streitkräfte zur Verteidigung und Aufrechterhaltung der staatlichen Ordnung. Diese legalistische Argumentationsweise erinnert an die Ausführungen in der Eingabe der Nationalen Partei zur vierten Dimension des Konfliktes.[179] Malan nimmt den Standpunkt ein, dass die Streitkräfte die Aufgabe gehabt hätten, die rechtmässige Regierung und die geltende Verfassungsordnung vor einer nicht verfassungsgemässen Machtübernahme durch die revolutionären Kräfte zu verteidigen. Die Streitkräfte hätten, insbesondere nach 1985, die Polizei vor allem in den Townships unterstützen müssen.[180] Es sei die Pflicht der Regierung und ihrer Sicherheitskräfte gewesen, Recht und Ordnung aufrechtzuerhalten. Ähnlich wie de Klerk verweist auch Malan auf die zeitliche Bedingtheit von Wahrnehmungen: Die Wahrnehmung etwa in Kriegs- und in Friedenszeiten sei enorm unterschiedlich. Die jeweils getroffenen Entscheidungen müssten vor dem konkreten Hintergrund verstanden werden.[181]

e. Besonders die Ausführungen zum Verhalten des ANC sind sehr instruktiv. Der frühere Minister bezeichnet die Akteure des ANC nämlich als Terroristen, wobei er Terrorismus als Gegensatz zu Guerillakrieg versteht: Während die Guerilleros irreguläre Soldaten seien, die gegen reguläre Streitkräfte kämpfen, seien die Terroristen eben keine Guerilleros, weil sie Zivilisten ins Visier ihres Kampfes nehmen würden.[182] Da die Angehörigen der Streitkräfte die ANC-Kämpfer als Terroristen betrachtet hätten, hätten sie die moralische Rechtfertigung ihrer Handlungen auch vor diesem Hintergrund vorgenommen. Die logische Schlussfolgerung, die sich aus diesen Annahmen Malans ziehen lässt, liegt darin, dass Handlungen gegen Terroristen eben viel leichter zu rechtfertigen

178 A.a.O.

179 Diese vierte Dimension wurde als „Die Verteidigung des Staates und die Aufrechterhaltung von Ruhe und Ordnung" bezeichnet. Vgl. oben S. 249.

180 Malan-Eingabe, S. 5.

181 Malan-Eingabe, S. 7. Es folgt eine ausführliche Darstellung dieses Kontextes, den Malan in fünf Teile gliedert: Die globale marxistische Expansion; die Terroranschläge und die Versuche, das Land unregierbar zu machen; öffentliche Statements des ANC über die Ziele seiner Organisation; öffentliche Aussagen von ihm, Malan, und anderer Regierungsmitglieder; öffentliche Dokumente, die dem Parlament vorgelegt wurden. Vgl. a.a.O., S. 8.

182 Malan-Eingabe, S. 9.

seien als Handlungen gegen Guerilleros. Zur Illustration seiner Überlegungen führt Malan eine Statistik an, wonach im Jahre 1986 über 80% aller ANC-Attacken gegen „soft targets" (also Zivilisten) gerichtet gewesen seien.[183] Durch ihr entschlossenes und massives Vorgehen hätten die Streitkräfte versucht, die Zivilbevölkerung zu beschützen. Solche Anti-Terror-Massnahmen seien auch in anderen Ländern üblich.[184] Die Streitkräfte Südafrikas hätten sich, so Malan, als „Schutzschild zwischen unschuldigen Bürgern und Verstümmelung oder Tod" gesehen.[185]

Weiter führt der ehemalige General Auszüge aus Reden von ANC-Führern oder aus Berichten von ANC-Publikationen an, die belegen sollen, dass der ANC seine frühere Unterscheidung zwischen „soft targets" und „hard targets" aufgegeben habe.[186]

f. Anschliessend werden längere Auszüge aus Reden des ehemaligen Verteidigungsministers im südafrikanischen Parlament zitiert, welche den historischen Kontext der Aktivitäten der Streitkräfte aus Regierungsperspektive darlegen sollen.[187] Gemäss Malan sei es das Recht der südafrikanischen Regierung gewesen, zur Verteidigung des Staates ANC-Ziele auch im benachbarten Ausland anzugreifen.[188] Es sei der Regierung unmöglich gewesen, diesem Ansturm mit konventionellen Mitteln standzuhalten. Deshalb seien unkonventionelle Strategien realisiert worden.[189]

g. Bezüglich Einzelfragen, die von gegenwärtigem Interesse seien, macht Malan einige Ausführungen zur „third force"-Diskussion.[190] Es habe zu keinem Zeitpunkt eine solche dritte Kraft gegeben. Als „third force" definiert er Spezialeinheiten, die ausserhalb der Polizei und Streitkräfte gebildet werden. Allerdings räumt er ein, dass es innerhalb der Sicherheitskräfte Spezialeinheiten gegeben habe. Die Operation Marion, gemäss dem ANC eine Stratkom-Operation zur Schürung der Gewalt unter den Schwarzen, sei ein Programm

183 A.a.O. Die statistischen Grundlagen dieser Zahlen werden allerdings nicht näher erläutert.

184 Malan verweist etwa auf die Geheimdienste mehrerer westlicher Länder. Vgl. Malan-Eingabe, S. 11.

185 A.a.O.

186 Malan-Eingabe, S. 11-13.

187 Malan-Eingabe, S. 13-17.

188 Malan-Eingabe, S. 16 f.

189 Darunter zählt Malan folgende Bereiche: Grenzüberschreitende Operationen; Stratkom-Operationen; Desinformations- und andere verdeckte Operationen, wie die Tätigkeit des Civil Cooperation Bureau (CCB) und die Unterstützung antimarxistischer Bewegungen; vgl. Malan-Eingabe, S. 17.

190 Malan-Eingabe, S. 17-19.

zum Training einer paramilitärischen Einheit gewesen, deren Auftrag es gewesen sei, VIPs in KwaZulu zu beschützen.[191] Das Civil Cooperation Bureau (CCB) habe die Aufgabe gehabt, den Feind zu infiltrieren und Informationen zu sammeln.[192]

h. Malan bedauert die unschuldigen Zivilisten, die im Kreuzfeuer umgekommen seien.[193] Er habe allerdings nie einen Befehl oder eine Genehmigung zur Ermordung von irgendeiner Person erteilt. Er sei auch nie in einer solchen Sache angefragt worden. Die Tötung von politischen Gegnern der Regierung sei nie Auftrag der Streitkräfte gewesen.[194]

i. Malan hält fest, dass er die Wahrheitskommission nicht um Amnestie ersuchen will, auch nicht für die bei grenzüberschreitenden Operationen ums Leben gekommenen Zivilisten.[195] Der frühere Verteidigungsminister betrachtet diese Operationen als legale Staatshandlungen. Er habe sich nie als über dem Gesetz stehend betrachtet. Falls er für seine Entscheidungen und Handlungen zur Rechenschaft gezogen werde, sei er bereit, die Konsequenzen zu tragen.[196]

j. Abschliessend fordert Malan die Wahrheitskommission zu Unparteilichkeit und Ausgewogenheit auf. Er gibt seiner Überzeugung Ausdruck, dass dem Land besser gedient sei, die heutigen Probleme anzugehen, als in die Geschichte zu blicken.[197]

2. Die Eingabe der Südafrikanischen Streitkräfte

General Meiring überreichte der Wahrheitskommission im Namen der heutigen Südafrikanischen Streitkräfte eine Submission. Diese fiel zwar knapp aus, sie ist aber als bedeutsam zu erachten, weil sich der Kommandant darin unzweideutig zum Versöhnungsprozess bekennt. Die heutigen Streitkräfte bestehen einerseits aus den früheren Einheiten der Regierung vor dem Umbruch, andererseits aus Einheiten des Umkhonto we Sizwe und der Azanian People's Liberation Army, der Kampftruppe des PAC.

Meiring erklärt einleitend, die Streitkräfte würden den Prozess der Wahrheitsfindung und Versöhnung unterstützen.[198] Die Streitkräfte bedauerten den Verlust von Leben und das Leiden auf allen Seiten. Die früheren Animositäten

191 Malan-Eingabe, S. 18.
192 Malan-Eingabe, S. 19.
193 Malan-Eingabe, S. 20.
194 A.a.O.
195 Malan-Eingabe, S. 21.
196 A.a.O.
197 Malan-Eingabe, S. 22.
198 SANDF-Eingabe, S. 1.

müssten, so Meiring, durch einen Verständigungs- und Versöhnungsprozess überwunden werden. Ein gutes Beispiel für einen solchen Prozess seien die heutigen vereinigten Streitkräfte, in denen die Feinde von gestern Dienst leisten.[199] Es habe eine erstaunliche Annäherung zwischen den Soldaten der früheren Regierungen und der Befreiungsbewegungen gegeben. Dies habe auch in entscheidendem Ausmass zur Schaffung eines stabilen Umfeldes geführt.

Gemäss Meiring sollte die Vergangenheit als Kompass für die Zukunft dienen; die Menschen Südafrikas müssten lernen, einander zu vergeben. Die Streitkräfte, so Meiring, würden sich stark mit den Zielen der Verfassung und des Gesetzes zur Förderung der Nationalen Einheit und Versöhnung identifizieren.[200]

3. Die Eingabe von verschiedenen Nichtregierungsorganisationen

a. Eine Reihe von Nichtregierungsorganisationen (NGOs) übergab der Wahrheitskommission im März 1997 eine „Submission über die Relevanz von ökonomischen, sozialen und kulturellen Grundrechten für das Mandat der Wahrheitskommission“.[201] Mit diesem Dokument sollte die Wahrheitskommission darauf aufmerksam gemacht werden, dass sie gemäss dem Gesetz zur Förderung der Nationalen Einheit und Versöhnung dazu verpflichtet sei, auch die Verletzung von Grundrechten der zweiten Grundrechtsgeneration zu untersuchen.

b. Die NGOs gehen in ihrer Stellungnahme von der Prämisse aus, dass alle Menschenrechte und Grundfreiheiten in einem Verhältnis der Interdependenz zueinander stehen.[202] Dieser Ansatz ist auch in der neuen südafrikanischen Verfassung verankert. Ziel der Submission sei es einerseits, die Wahrheitskommission darauf hinzuweisen, dass das Gesetz zur Förderung der Nationalen Einheit und Versöhnung die Berücksichtigung von Rechten der zweiten Grundrechtsgeneration vorschreibe. Andererseits solle auch verdeutlicht werden, weshalb die Untersuchung von Verletzungen ökonomischer, sozialer und kultureller Rechte so relevant sei.

c. Gemäss Art. 1 Abs. 9 des Gesetzes werde der Hauptgegenstand der Untersuchungen der Wahrheitskommission, nämlich die schweren Menschenrechtsverletzungen, als „Verletzung von Menschenrechten *durch* die Tötung,

199 SANDF-Eingabe, S. 2 f.

200 SANDF-Eingabe, S. 3.

201 Es handelt sich dabei um folgende NGOs: Community Law Centre; Development Action Group; Legal Resources Centre; Black Sash; Centre for Human Rights (University of Pretoria); NGO National Coalition; National Land Committee; National Literacy Cooperative; People's Dialogue; Urban Sector Network.

202 NGO-Eingabe, S. 3.

Entführung, Folter oder schwere Misshandlung einer Person" bezeichnet.[203] Infolgedessen habe also die Kommission *alle* Menschenrechtsverletzungen zu untersuchen, einschliesslich der Verstösse gegen die ökonomischen, sozialen und kulturellen Menschenrechte, die durch die Tötung, Entführung, Folter oder schwere Misshandlung einer Person begangen wurden.[204]

Art. 1 Abs. 19 definiere ein Opfer als Person, der Leid zugefügt worden sei unter anderem in der Form einer substanziellen Beeinträchtigung von Menschenrechten, als Resultat einer gravierenden Menschenrechtsverletzung, oder als Resultat einer amnestierten Straftat. Opfer sei also mit anderen Worten auch eine Person, deren ökonomische, soziale oder kulturelle Rechte substanziell beeinträchtigt worden seien, falls diese Verletzung das Resultat einer schweren Widerhandlung gegen die Menschenrechte oder eines amnestierten Delikts sei.[205]

d. Gemäss der NGO-Eingabe folge die zwingende Berücksichtigung von Rechten der zweiten Grundrechtsgeneration auch aus dem in Art. 3 Abs. 1 lit. a festgelegten Ziel der Wahrheitskommission: Die Kommission hat ein möglichst vollständiges Bild über die Ursachen, das Wesen und das Ausmass der schweren Menschenrechtsverletzungen zu erstellen, einschliesslich ihrer Ursprünge, Umstände, Faktoren und ihres Kontextes. Dies müsse nach Ansicht der NGOs eben auch die Untersuchung der Verletzung von ökonomischen, sozialen und kulturellen Rechten mit einschliessen.

e. In Art. 3 Abs. 1 lit. d des Gesetzes ist ein weiteres, von der Wahrheitskommission zu verfolgendes Ziel fixiert: Die Erstellung eines Schlussberichtes mit Empfehlungen für die Vorbeugung gegenüber künftigen Menschenrechtsverletzungen. Die NGOs weisen darauf hin, dass soziale, ökonomische und kulturelle Rechte zu den Menschenrechten gehören.[206]

f. Die NGO-Eingabe räumt ein, dass sich die Kommission primär auf die Untersuchung von Straftaten wie Mord, Folter, Entführung und schwere Misshandlung konzentrieren müsse. Infolgedessen verlangt sie von der Kommission keineswegs ausgedehnte Untersuchungen über die Verletzung von politischen Rechten, Bürgerrechten, sozialen, ökonomischen oder kulturellen Rechten. Die Kommission dürfe aber keinesfalls die Verletzung solcher Rechte ignorieren oder geringschätzen.[207] Insbesondere obliege es der Kommission, auch die Auswirkungen von Verletzungen der elementarsten Grundrechte wie Recht auf

203 Hervorhebung durch den Verfasser.
204 NGO-Eingabe, S. 4.
205 A.a.O.
206 NGO-Eingabe, S. 4.
207 NGO-Eingabe, S. 5.

Leben, Recht auf körperliche und psychische Integrität und Persönliche Freiheit auf Grundrechte der zweiten Generation aufzuzeigen.

In der Eingabe wird dies mit folgendem Beispiel illustriert: Die Ermordung eines Studentenführers hat durchaus Auswirkungen auf Grundrechte etwa im Bereich von Erziehung und Bildung. Dies deshalb, weil die Regierung den Studentenführer möglicherweise ermorden liess, weil er der Durchsetzung der Erziehungspolitik im Wege stand. Indem nun die betroffenen Menschen einen Advokaten ihrer Sache verloren haben und wohl auch eingeschüchtert sind, werden ihre Grundrechte im Erziehungsbereich verletzt.[208] Dies sei ein Beispiel dafür, wie die Tötung eines Menschen zur Verletzung von Grundrechten anderer Personen führen kann.

g. Gemäss dem NGO-Report gibt es allerdings auch Fälle, in denen die Verletzung von sozialen, ökonomischen oder kulturellen Grundrechten per se eine schwere Misshandlung einer Person darstelle. Ein solcher Fall liege etwa dann vor, wenn eine Familie enteignet und an einen Ort zwangsumgesiedelt werde, an dem es weder fliessendes Wasser noch angemessene sanitäre Einrichtungen oder eine minimale Gesundheitsversorgung gebe.[209] Solche Regierungsmassnahmen, die zu einer krassen Verarmung einer Person oder Familie führten, würden per se eine gravierende Misshandlung darstellen. Gemäss den NGOs sollten zumindest einige Beispiele solcher Fälle untersucht und diskutiert werden.

h. Oftmals seien ökonomische, soziale und kulturelle Rechte durch die Anwendung von Gewalt verletzt worden. Um eine unmenschliche Politik durchzusetzen, hätten die Regierung und ihre Sicherheitskräfte häufig zu Mitteln wie Tötung, Verletzung, Entführung, Folter oder schwerer Misshandlung gegriffen. Insofern sei die Ausübung von solchen Rechten respektive die Verhinderung ihrer Ausübung für die Anwendung obgenannter Mittel ursächlich gewesen.[210]

i. Im Folgenden werden in der Eingabe Beispiele von Verletzungen solcher Grundrechte in verschiedenen Bereichen aufgeführt:

Erziehungsbereich: Die Verletzung des Rechts, eine minimale Erziehung zu geniessen, könne als Ursache für gewalttägige Reaktionen vieler Jugendlicher gesehen werden.[211] Das bekannteste Beispiel in diesem Bereich stellten die Soweto-Unruhen dar, als Schulkinder gegen die Erziehungspolitik protestierten und von den Sicherheitskräften angegriffen wurden.

208 NGO-Eingabe, S. 6.

209 NGO-Eingabe, S. 7. Vgl. a.a.O. auch das illustrative Zitat einer Frau, die von einer solchen Zwangsumsiedlung betroffen war.

210 NGO-Eingabe, S. 8.

211 NGO-Eingabe, S. 9.

Das Recht auf angemessene Unterkunft sowie die Niederlassungs- und Bewegungsfreiheit: Krasse Verletzungen dieser Rechte hätten sich vor allem aus den Zwangsumsiedlungen ergeben, von denen zwischen 1960 und 1983 etwa 3,5 Millionen Menschen betroffen waren.[212] Sowohl in der Durchsetzung dieser Umsiedlungen als auch bei der Niederschlagung von Demonstrationen als Reaktion auf diese Politik seien die Sicherheitskräfte mit massiver Gewalt vorgegangen. Wie bereits erwähnt, stellten viele Fälle im Zusammenhang mit den Zwangsumsiedlungen auch per se schwere Misshandlungen dar. Besonders die Zwangsumsiedlungen von alten, kranken oder behinderten Personen hätten für diese Menschen ohne Zweifel eine krasse Misshandlung bedeutet. Nicht wenige seien bei solchen Aktionen gestorben.[213]

Gesundheitswesen: Die häufigsten Fälle von Verletzungen des Rechts zu einer minimalen Gesundheitsfürsorge seien bei der Inhaftierung von politischen Gegnern vorgekommen.[214] Die Ermordung von Ärzten wie Dr. Ribeiro, welche zahlreiche Townshipbewohner und insbesondere Regimegegner versorgt hätten, liefere ein weiteres Beispiel dafür, dass die Anwendung von Gewalt (hier in Form eines Tötungsdeliktes) auch zur Verletzung von Grundrechten von anderen Personen führen könne.[215]

Im Apartheid-Staat seien auch die Krankenwagen nach Rassen getrennt gewesen: Die Weigerung eines für Weisse reservierten Krankenwagens, ein schwarzes Unfallopfer aufzunehmen, komme einer schweren Misshandlung gleich.

Wohlfahrt und soziale Sicherheit: Die krasse soziale Ungleichheit zwischen den Menschen verschiedener Rassen sei sowohl Ursache als auch Auswirkung von schweren Menschenrechtsverletzungen gewesen.[216] Die Ungleichheit habe zu Gewalttaten geführt, und die Gewalttaten hätten die Ungleichheit verstärkt.

Die Verteilung von Dienstleistungen: Ähnlich ungleich wie die Verteilung von Einkommen und Vermögen nach Rassen sei auch die Allokation von Dienstleistungen wie Wasser- und Elektrizitätsversorgung gewesen.[217] Während die weissen Siedlungsgebiete über eine ausgezeichnete Versorgung mit Wasser und Elektrizität verfügt hätten, seien die Schwarzen auch auf diesem Gebiet gezielt diskriminiert worden. Die staatliche Planung auf allen Ebenen habe für eine nach Rassenzugehörigkeit ungleiche Zuordnung der Ressourcen in allen denkbaren Bereichen gesorgt. Die damit bewirkte Situation, in der die meisten

212 NGO-Eingabe, S. 10.
213 Nähere Ausführungen a.a.O.
214 NGO-Eingabe, S. 11.
215 A.a.O.
216 A.a.O.
217 NGO-Eingabe, S. 11 f.

Schwarzen leben mussten (und teilweise immer noch leben müssen), stelle in vielen Fällen ebenfalls eine schwere Misshandlung dar.

j. Gemäss der NGO-Eingabe führe die Berücksichtigung solcher Zusammenhänge nicht zu einer erheblichen Zusatzbelastung der Kommission, da dieser bereits zahlreiche Informationen und substanzielles Grundlagenmaterial geliefert worden sei. Auch die Zahl der reparationsberechtigten Opfer werde bei einem solchen Ansatz nicht wesentlich zunehmen, da das Gesetz zur Förderung der Nationalen Einheit und Versöhnung in der Opferdefinition ja sowohl eine substanzielle Beeinträchtigung von Menschenrechtsverletzungen als auch die Anwendung von Mitteln wie Tötung, Entführung, Folter und schwerer Misshandlung voraussetze.[218]

k. Abschliessend wird in der Eingabe konstatiert, dass die südafrikanische Gesellschaft eine der weltweit grössten Disparitäten bezüglich der Verteilung von Einkommen, Vermögen und Ressourcen nach Rassenzugehörigkeit aufweise.[219] Gemäss der Überzeugung der NGOs könne eine echte Versöhnung und Einigung nicht stattfinden, wenn die persönlichen und sozialen Konsequenzen dieser Missstände keine Anerkennung finden würden. Die Kommission müsse deshalb einen analytischen Bezugsrahmen erstellen, der die Grundlage für eine langfristige Gewährleistung aller Menschenrechte bieten könne. Die Wahrheitskommission habe unter anderem die Aufgabe, die Interdependenz zwischen Gewaltakten und der Verletzung von Grundrechten der zweiten Generation herauszuarbeiten.[220] Diese Analyse sei deshalb so elementar, damit sachgerechte Empfehlungen für die künftige Verhinderung von Menschenrechtsverletzungen erarbeitet werden können.

l. Betreffend die Opfer von Menschenrechtsverletzungen, welche die Anforderungen des Gesetzes nicht erfüllen und somit nicht reparationsberechtigt sind, sei es wichtig, dass der Staat diese trotzdem anerkenne und ihnen in einer anderen Weise als mit den im Gesetz vorgesehenen Mitteln Hilfe leisten müsse.[221]

Die NGOs weisen darauf hin, dass nicht nur untersucht werden müsse, welche Menschenrechtsverletzungen begangen wurden, sondern vor allem auch, weshalb diese geschehen konnten. Entscheidend sei bei dieser Untersuchung

218 NGO-Eingabe, S. 12.

219 A.a.O.

220 NGO-Eingabe, S. 13. In der Zukunft seien insbesondere auch die staatlichen und parastaatlichen Dienstleistungsanbieter gefordert, um eine gerechtere Verteilung der Ressourcen herbeizuführen.

221 NGO-Eingabe, S. 13 f.

deshalb auch das Einbeziehen von ökonomischen, sozialen und politischen Rechten.[222]

IV. Die Debatte über den gerechten Krieg (Just War-Debate), illustriert durch die Positionen der Teilnehmer eines Kolloquiums

Am 6. Mai 1997 führte die Wahrheitskommission ein bedeutsames Podiumsgespräch unter der Leitung von Pumla Gobodo-Madikizela durch. Bei dieser Debatte ging es um die Frage, inwiefern das Konzept des gerechten Krieges (*Just War*) im Falle Südafrikas Anwendung finden könne. Eine weitere Problemstellung lag darin, ob die allfällige Anwendung des Konzepts auf Südafrika Auswirkungen auf den Versöhnungsprozess haben könnte. Am Kolloquium nahmen der frühere Kommandant der Streitkräfte und heutige Führer der Freiheitsfront (FF), Constand Viljoen, der stellvertretende Verteidigungsminister, Ronnie Kasrils (ANC), der Politologe André du Toit sowie der Schweizer Mitarbeiter der Wahrheitskommission, Alain Sigg[223] , teil.

Denzil Potgieter, Mitglied der Kommission, stellte in seiner Einleitung die Debatte in einen grösseren Rahmen: Es gehe der Wahrheitskommission darum, die Öffentlichkeit in die Diskussion der zahlreichen komplexen Fragen miteinzubeziehen.224 Im Folgenden sollen die Positionen der Teilnehmer des Kolloquiums vorgestellt werden, da sie die verschiedenen Facetten der Diskussionen über diese Problematik gut reflektieren. Die Auseinandersetzung mit diesen Standpunkten dürfte auch förderlich zu sein für ein besseres Verständnis des südafrikanischen Konfliktes überhaupt.

1. Die Position Viljoens

a. Gemäss dem ehemaligen General hat Südafrika die Grösse der Aufgabe, einen Wahrheitsfindungs- und Versöhnungsprozess durchzuführen, unterschätzt.[225] Als Hindernis für die Arbeit der Kommission könnte sich nach der Ansicht Viljoens das menschliche Bedürfnis nach psychologischer Rache erweisen: Der Mensch habe die Tendenz, die Schuld den anderen zuzuweisen und

222 NGO-Eingabe, S. 14.

223 Vgl. das Gespräch von Jean-Philippe Ceppi mit Alain Sigg in: Le Nouveau Quotidien vom 11.4.1997, S. 42 f. Der zweite Schweizer Mitarbeiter der Wahrheitskommission war Daniel Züst: Vgl. Philippe Brachet, Un Suisse traque avec Tutu les acteurs d'un passé douteux, in: L'AGEFI vom 4.7.1997.

224 Just War-Debate, S. 1.

225 Just War-Debate, S. 2.

darzulegen, dass die andere Seite im Unrecht war.[226] Dies komme oftmals gerade in der Verwendung des Konzeptes vom gerechten Krieg zum Ausdruck. Der Führer der Freiheitsfront ist der Meinung, dieses Konzept sei in der Moderne viel schwieriger anzuwenden, da sich das Verhältnis zwischen Soldaten und Politikern und das Wesen der heutigen Konflikte sehr stark gewandelt hätten.[227]

b. Die folgenden Ausführungen gliedert Viljoen in zwei Teile: Einerseits die Gerechtigkeit des Kriegsgrundes, andererseits die Gerechtigkeit in der Art und Weise der Kriegsführung.

aa. Viljoen nennt mehrere Voraussetzungen, die erfüllt sein müssten, damit ein gerechter Krieg vorliege: Die eigentliche Ursache müsse gerecht sein; der Krieg müsse von einer anerkannten Behörde (*authority*) durchgeführt werden; die Absicht müsse gerechtfertigt sein; das Prinzip der verhältnismässigen Gewaltanwendung müsse beachtet werden; das finale Ziel müsse die Etablierung von Frieden sein; schliesslich müsse die Anwendung von Gewalt die ultima ratio sein.[228] Der frühere Chef der Streitkräfte kommt zu seiner Hauptthese: Keine der beiden Seiten des südafrikanischen Konfliktes erfülle seiner Ansicht nach diese Anforderungen vollständig.

Die Begründung sieht er darin, dass die früheren Regierungen die Anforderungen nicht erfüllen würden, weil sie zur Gewalt nicht als ultima ratio gegriffen hätten.[229] Aber auch die Befreiungsbewegungen hätten in diesem Punkt versagt, denn während den drei Jahrzehnten Krieg hätten sie ungenügende Versuche zur friedlichen Konfliktbeilegung unternommen.[230]

bb. In Bezug auf die Gerechtigkeit in der Art und Weise der Kriegsführung meint Viljoen, dass hier das Konzept des gerechten Krieges besondere Schwächen aufzeige, denn die traditionelle Definition von Gewalt (*force*) habe im Konzept nur physische, nicht aber psychische oder ökonomische Gewaltanwendung beinhaltet.[231] Der südafrikanische Konflikt sei aber ganz besonders durch die Ausübung solcher Gewalt gekennzeichnet gewesen. Die südafrikanischen Konfliktparteien würden, so der ehemalige General, auch bei der Anwendung der Kriterien über die Gerechtigkeit oder Rechtfertigung der Kriegsführung durchfallen. Der frühere Staat habe das Proportionalitätskriterium nicht erfüllt und die Nicht-Kombattanten im Konflikt nur ungenügend geschützt. Ausserdem habe die frühere Regierung bei der Bekämpfung von Regimegegnern zu Ter-

226 Just War-Debate, S. 3.
227 Just War-Debate, S. 3 f.
228 Just War-Debate, S. 4.
229 Just War-Debate, S. 5.
230 A.a.O.
231 Just War-Debate, S. 6.

rormethoden gegriffen.[232] Auch die Befreiungsbewegungen hätten hinsichtlich der im Krieg angewandten Methoden versagt. Überhaupt sei das ganze Konzept vom revolutionären Krieg nicht akzeptabel.[233] Der Terror der Befreiungsbewegungen sei völlig verwerflich. Viljoen ist der Ansicht, auch die Regimegegner hätten die Nicht-Kombattanten im Konflikt ungenügend geschützt.[234] Dem Proportionalitätskriterium sei auch von dieser Seite nicht Rechnung getragen worden, worin Viljoen eine wesentliche Ursache für die heutige Kriminalität sieht.[235]

c. Abschliessend erklärt der Führer der Freiheitsfront, es sei nutzlos, über die Gerechtigkeit des Krieges auf der einen oder anderen Seite zu argumentieren. Es gebe keinen Bedarf, Krieg zu rechtfertigen; vielmehr gebe es einen Bedarf, zukünftigen Krieg zu verhindern.[236] Er habe der damaligen Führung mehrmals vorgeschlagen, den Konflikt durch eine politische Lösung zu beenden. Im Hinblick auf die Auswirkungen des Konzepts auf die Versöhnung meint Viljoen, die Theorie vom gerechten Krieg könne die Heilung nicht voranbringen. Durch Auseinandersetzungen in der Frage, welche Seite des Konfliktes Gerechtigkeit für sich beanspruchen könne, würden die Gräben nur noch vertieft und die Versöhnung beeinträchtigt.[237] Um Versöhnung zu erreichen, müsse Südafrika nach vorne blicken und an der Zukunft arbeiten.

2. *Die Stellungnahme Kasrils'*

a. Der stellvertretende Verteidigungsminister und frühere hochrangige MK-Offizier, Ronnie Kasrils, erklärt eingehend, er divergiere mit praktisch sämtlichen von Viljoen geäus-serten Ansichten. Kasrils stellt die Frage, ob Krieg überhaupt jemals gerechtfertigt werden könne. Er belegt seine positive Antwort mit den Hinweisen auf den Zweiten Weltkrieg und die Befreiungskriege gegen die Kolonialmächte.[238] Es gebe durchaus gerechte Kriege, das heisst Kriege zur Verteidigung eines Landes gegen Aggressoren und Kriege einer Befreiungsbewegung gegen Repression, und es gebe sehr wohl ungerechte Kriege, das heisst Kriege der Aggression, Eroberung und Unterwerfung.[239]

232 A.a.O.
233 A.a.O.
234 Just War-Debate, S. 6 f.
235 Just War-Debate, S. 7.
236 a.a.O.
237 Just War-Debate, S. 8.
238 Just War-Debate, S. 8.
239 Just War-Debate, S. 9.

Die Entscheidung zur Aufnahme des bewaffneten Kampfes durch den ANC sei nicht leichtfertig erfolgt, meinte Kasrils. Dieser Beschluss sei erst getroffen worden, nachdem die Regierung sämtliche Bahnen zur friedlichen Konfliktlösung versperrt habe. Der Vizeminister zitiert in diesem Zusammenhang Präsident Kennedy: „Those who make peaceful change impossible, make violent change inevitable."[240] Die Gewaltanwendung zur Bekämpfung der Ungerechtigkeit eines unmoralischen Systems könne nicht mit der Repression des Regimes gleichgesetzt werden.

b. Kasrils macht geltend, der ANC habe nicht nur einen gerechten Grund zur Führung eines Krieges gehabt; die Befreiungsbewegung habe sich auch dementsprechend verhalten. Die Verpflichtung zur Führung eines gerechten Krieges habe für den ANC keineswegs bedeutet, dass der Zweck die Mittel heilige.[241]

Im Folgenden geht das ANC-Führungsmitglied auf die einzelnen Elemente ein, die gemäss den Ausführungen Viljoens einen gerechten Krieg konstituieren. Die Ursache für den Krieg sei gerecht gewesen, und die bewaffneten Handlungen seien durch den ANC - eine auch international anerkannte Befreiungsbewegung - durchgeführt worden.[242] Die Absicht des ANC zeige sich in der heutigen Situation Südafrikas. Das Prinzip der Proportionalität der Gewaltanwendung bezeichnet Kasrils als eher zweifelhaftes Kriterium. Der ANC habe keine Terrormassnahmen ergriffen. Falls von angemessener Gewaltanwendung gesprochen werde, müsse man - so Kasrils - einen Blick auf die Opferzahlen auf beiden Seiten werfen: Während die Apartheid zehntausende von Opfern verursacht habe, betrage die Zahl der durch Handlungen der Befreiungsbewegung geforderten Opfer ein paar hundert.[243] Ausserdem sei eine Differenzierung notwendig, denn der ANC könne nicht für sämtliche Regimegegner, welche gegen die Regierung agiert hätten, die Verantwortung übernehmen. Insofern sei der Proportionalitätsfaktor unzulässig. In Bezug auf den Frieden als finale Zielsetzung und den bewaffneten Kampf als ultima ratio sei nochmals zu sagen, dass die Aufnahme des bewaffneten Kampfes für den ANC die einzig noch verbliebene Möglichkeit gewesen sei.[244]

c. Das Verhältnis zwischen der Anwendung der Theorie vom gerechten Krieg und der Versöhnung sieht der stellvertretende Verteidigungsminister folgendermassen: Um die Geschichte richtig verstehen zu können und damit die entsprechenden Lehren aus der Vergangenheit zu ziehen, sei es elementar zu

240 A.a.O.

241 A.a.O.

242 Just War-Debate, S. 10.

243 A.a.O.

244 A.a.O.

erfahren, weshalb der ANC in den Krieg gezogen sei, was der Kampf des ANC gebracht habe, und was es heute aufzubauen und zu beschützen gelte. Insofern könne die Anwendung der Theorie zum Versöhnungsprozess beitragen.

3. *Die Ausführungen von André du Toit*

a. Der Politologe du Toit geht einleitend auf die mittelalterlichen Ursprünge der Theorie vom gerechten Krieg ein.[245] Obwohl die Konzeption also sehr alt sei, könne ihre Anwendung auch heute noch von Nutzen sein. Du Toit weist darauf hin, dass die Theorie vom gerechten Krieg aus zwei gleichwertigen Teilen bestehe: Einerseits die Gerechtigkeit des Kriegsgrundes (*ius ad bellum*), andererseits die Gerechtigkeit in der Art und Weise der Kriegsführung (*ius in bello*).[246]

aa. Zur Gerechtigkeit des Kriegsgrundes erklärt er, dass die Unterscheidung vor allem zwischen aggressiven und Verteidigungskriegen zu ziehen sei, wobei die von Viljoen erwähnten Kriterien durchaus zutreffen würden. Selbst wenn beide Seiten in einem Krieg ähnliche Methoden anwenden, könne es durchaus sein, so du Toit, dass die eine Seite über einen gerechten Kriegsgrund verfüge, die andere hingegen nicht. Bezüglich dem Kriegs*grund* könne es dann in der Tat keine Gleichsetzung geben.[247]

bb. Das elementare Prinzip bei der Untersuchung über die Gerechtigkeit *im* Krieg sieht der Politologe in der fundamentalen Unterscheidung zwischen Kombattanten und Nicht-Kombattanten. Diese Differenzierung sei allerdings in der Neuzeit mit der Annäherung zwischen Soldaten und Politikern immer schwieriger geworden.

b. Das Hauptargument du Toits besteht nun darin, dass *ius ad bellum* und *ius in bello* als zwei Seiten derselben Münze betrachtet werden müssen. Die Beschränkungen zur Führung eines Krieges seien völlig unabhängig davon, ob die betreffende Konfliktpartei über ein *ius ad bellum* verfügt oder nicht; sie müsse sich stets und ausnahmslos an das *ius in bello* halten.[248]

Du Toit kritisiert, dass in den Diskussionen - und auch in den Reden von Viljoen und Kasrils - diese zweite Seite der Medaille oftmals geringgeschätzt oder gar ignoriert wird. Die Frage, ob die Taten der Befreiungsbewegung mit den Taten des Apartheid-Regimes moralisch gleichgesetzt werden könnten, beantwortet du Toit infolgedessen mit ja und nein. Hinsichtlich des ius ad bel-

245 Just War-Debate, S. 12.
246 Just War-Debate, S. 13.
247 Just War-Debate, S. 14.
248 Just War-Debate, S. 15.

lum könnten die Taten nicht gleichgesetzt werden, in Bezug auf das ius in bello müssten sie gleichgesetzt werden.[249]

4. *Der Standpunkt von Alain Sigg*

a. Alain Sigg, der für das Kriegsverbrechertribunal in Rwanda gearbeitet hat, spricht sich für einen sorgfältigen Umgang mit Begriffen und ihren Konnotationen aus. Für ihn sei das Konzept eines gerechten Krieges grundsätzlich moralisch inakzeptabel: Diese Theorie würde, so Sigg, zu der absurden Vorstellung führen, dass es „zu Recht lebende“ und „zu Recht getötete“ Menschen geben würde (*justly living and justly killed*).[250] Zudem birgt das Konzept vom gerechten Krieg gemäss Sigg die Gefahr der Bildung von Mythen und falschen Sicherheiten in sich, was der Suche nach Wahrheit zuwiderlaufen würde. Sigg ist der Überzeugung, es sei besser, im Zweifel zu leben, als sich falsche Gewissheiten zu schaffen. In diesem Zusammenhang verweist er auf die während Jahrzehnten in der Schweiz herrschenden Vorstellungen über die Rolle der Schweiz im Zweiten Weltkrieg, die erst in den letzten Jahren wirklich in Frage gestellt worden seien.[251]

b. Sigg stellt in seinen Ausführungen die moralische Verantwortung des Individuums in den Mittelpunkt. Er glaubt nicht, dass eine Person ihre Integrität oder Ehre verlieren würde, falls sie zugibt, dass sie an eine Ideologie geglaubt habe, die sich als falsch erwiesen habe.[252] Dies gelte ebenso für jemanden, der seine Rolle eingesteht, die er in einem System der Missbräuche gespielt hat, oder der einräumt, dass sein persönliches Verhalten den Anforderungen von Moral und Internationalem Recht nicht zu genügen vermochte.[253]

c. Im Folgenden analysiert Sigg weitere Begriffe und ihre Konnotationen. Es sei bemerkenswert, so der Schweizer Mitarbeiter der Kommission, dass in der Übergangsverfassung nicht von Krieg, sondern von Konflikten und Uneinigkeit die Rede ist. Der Begriff „Krieg“ soll nach der Ansicht Siggs für Konflikte zwischen Staaten reserviert sein. Im Falle von Südafrika sei der Begriff „Konflikt“ vorzugswürdig.[254] In der Untersuchung dieses Konfliktes sei, so Sigg, die Frage nach der persönlichen Moralität und Verantwortlichkeit elementar. Der Präfix der Begriffe „*Re*conciliation“ und „*Re*habilitation“ führe zur Frage, worauf denn zurückgegriffen werden soll, denn in Südafrika gebe es

249 A.a.O.
250 Just War-Debate, S. 16.
251 A.a.O.
252 Just War-Debate, S. 17.
253 A.a.O.
254 Just War-Debate, S. 18.

keine die verschiedenen Volksgruppen übergreifende demokratische Erfahrung. Das „Zurück" könne nur die Rückbesinnung auf moralische Kodizes und Ideale bedeuten.[255]

5. *Befragung durch das Publikum*

Im Anschluss an die Vorträge hatte das Publikum Gelegenheit, den Podiumsteilnehmern Fragen zu stellen.

Vizeminister Kasrils wurde unter anderem danach gefragt, wie er die zivilen Opfer etwa des Bombenanschlags auf das Luftwaffenhauptquartier von 1983 rechtfertige. Das ANC-Führungsmitglied bedauerte die zivilen Opfer, hielt aber fest, dass es angesichts von dreissig Jahren Krieg zu sehr wenigen Fällen gekommen sei, in denen Zivilisten verletzt oder getötet wurden.[256] Kasrils musste auch zu der Frage Stellung nehmen, ob die Aufnahme des bewaffneten Kampfes durch den ANC wirklich die ultima ratio gewesen sei. Er verdeutlichte auch seine Position über das Verhältnis zwischen der Anwendung der Theorie vom gerechten Krieg und der Versöhnung: 90% der Weissen Südafrikas würden immer noch glauben, es habe sich beim Kampf des ANC um eine kommunistische Verschwörung gehandelt, dass der ANC bei der Kampfführung Schulkinder und die „necklace"-Methode benützt habe. Deshalb sei es für das Verständnis des südafrikanischen Konfliktes wichtig, dass eingesehen werde, weshalb der ANC die Kampfhandlungen aufgenommen habe.[257]

Viljoen bekräftigte seine Ansicht, der ANC habe auch 1961 noch Alternativen zur Aufnahme des bewaffneten Kampfes gehabt.[258]

In einem Schlusswort wies der *Psychologe Don Vorster* darauf hin, dass der Prozess der Aufarbeitung dieser komplexen und schmerzhaften Vergangenheit wohl noch Jahrzehnte andauern werde.[259] Bei der Beurteilung des Konfliktes sei es auch wichtig zu sehen, dass die Menschen sehr fragile Geschöpfe seien. Die Menschen hätten die Tendenz, so Vorster, sich in Illusionen und Selbsttäuschung zu flüchten und vor der Wahrheit zu schweigen. Es habe im Südafrika der Vergangenheit zu viel Schweigen gegeben. Deshalb seien Diskussionen wie diese so essentiell.[260]

255 Just War-Debate, S. 18 f.
256 Just War-Debate, S. 19 f.
257 Just War-Debate, S. 23.
258 Just War-Debate, S. 21 f. u. S. 25.
259 Just War-Debate, S. 27.
260 A.a.O.

6. *Bewertung*

a. Die Anwendung der Theorie vom gerechten Krieg kann für den Wahrheitsfindungs- und Versöhnungsprozess in Südafrika insofern von Nutzen sein, indem gerade die Beschränkungen und Vorbehalte dieses Konzeptes deutlich gemacht werden. Im Sinne der Ausführungen du Toits muss eben darauf hingewiesen werden, dass die Konzeption vom gerechten Krieg aus zwei völlig gleichwertigen Teilen besteht: Zwar kann die Befreiungsbewegung durchaus beanspruchen, für eine gerechte Sache gekämpft zu haben. Es wäre abwegig, die bewaffneten Handlungen der Opposition zur Bekämpfung des Apartheid-Regimes mit den bewaffneten Handlungen der Regierung zur Verteidigung des menschenverachtenden Apartheid-Systems gleichzusetzen - aber eben nur, was das *ius ad bellum* anbelangt. Eine Befreiungsbewegung, welcher gemäss dieser Theorie das Recht zur Aufnahme des bewaffneten Kampfes zukommt, muss sich genauso an das *ius in bello* halten wie die Gegenseite, die ein solches Recht nicht in Anspruch nehmen kann.

b. In diesem Sinn erscheint die Frage als berechtigt, ob das ius in bello nicht gewissermassen das ius ad bellum relativiert und somit die Theorie zur Beurteilung eines Konfliktes nutzlos ist. Meines Erachtens ist dies nicht der Fall. Die beiden Stützpfeiler des Konzepts machen durchaus Sinn. Der stellvertretende Verteidigungsminister Kasrils hat dafür plädiert, man müsse den gerechten Grund für die Aufnahme des bewaffneten Kampfes gegen die Apartheid-Regierung deutlich machen, damit die Geschichte dieses Konfliktes wirklich verstanden werden kann.

Dem ist zuzustimmen. Der ANC versuchte während rund 50 Jahren, die südafrikanische Regierung zu Reformen zu bewegen. Stattdessen begegnete der Staat ihren Anliegen und Bemühungen mit immer stärkerer Repression und Gewalt. Anfang der sechziger Jahre schien der Weg zu friedlichen Veränderungen tatsächlich versperrt. Insofern kann und soll anerkannt werden, dass die Aufnahme von bewaffneten Handlungen durch den ANC gerechtfertigt - und gerecht - war. Gleichzeitig muss aber auch anerkannt werden, dass sowohl die Befreiungsbewegung als auch die Regierung in Bezug auf die Art und Weise der Ausführung von bewaffneten Handlungen völlig gleichzusetzen sind. Infolgedessen darf bei der Beurteilung des Verhaltens der Befreiungsbewegung und der Taten ihrer Mitglieder nicht der Fehler gemacht werden, dass auf Grund des Vorhandenseins eines gerechten Kriegsgrundes andere Richtlinien und Massstäbe angewandt werden als bei der Beurteilung der Taten zur Verteidigung des Apartheid-Staates.

Im Übrigen erscheint die Bewertung der moralischen Motivation des Täters aus der Sicht des Opfers irrelevant. Das Opfer hat ungeachtet der Beschaffenheit der Beweggründe des Täters gelitten. Auch das Gesetz zur Förderung der Nationalen Einheit und Versöhnung anerkennt keine solche Unterscheidung. Die

Beurteilung der Moralität des Handelns ist weder für die Gewährung von Straffreiheit noch für die Anerkennung des Opfers einer Menschenrechtsverletzung von Bedeutung.

c. Der Wahrheitsfindungs- und Versöhnungsprozess kann nur vorangebracht werden, indem das Verhalten von Regierung und Opposition während des bewaffneten Konfliktes an den gleichen Massstäben gemessen wird. Insofern kann die Anwendung der Theorie vom gerechten Krieg von Nutzen sein. Der Wahrheits- und Versöhnungskommission kommt das Verdienst zu, dass sie die Unterscheidung zwischen dem ius ad bellum und dem ius in bello immer wieder betont und die Menschenrechtsverletzungen des Apartheid-Staates und der Befreiungsbewegungen anhand desselben Massstabes bewertet hat.[261]

Zweites Kapitel: Die Tätigkeit des Ausschusses für Menschenrechtsverletzungen

I. Strukturen und Politik des Ausschusses

a. Das Hauptbüro des Ausschusses für Menschenrechtsverletzungen befand sich in Johannesburg. Alle drei Ausschüsse der Wahrheitskommission hatten zudem Regionalvertretungen in Kapstadt, Durban, East London und Johannesburg. Die Mitglieder der Kommission und der Ausschüsse wurden auf die verschiedenen Vertretungen aufgeteilt und arbeiteten somit dezentral. Das Hauptbüro sorgte für eine Koordinierung der Tätigkeit.

Im Rahmen der gesetzlich festgelegten Richtlinien und Bestimmungen konnten die Mitglieder des Ausschusses ihr Vorgehen und ihre Planung im Einzelnen selbst festlegen.[262]

b. Die Aufgabe des Ausschusses bestand einerseits darin, ein möglichst umfassendes Bild über die Ursachen, die Art und das Ausmass der schweren Menschenrechtsverletzungen zu erarbeiten.

261 Vgl. nur etwa FR V/6, Rz. 71.

262 Zum modus operandi vgl. FR I/10, Administrative Reports of the Commission's Statutory Committees: Human Rights Violations Committee, Rz. 5 ff. A.a.O., Rz. 2 f. findet sich auch eine Liste der Mitglieder des Ausschusses.

Andererseits hatte der Ausschuss das Schicksal und den Verbleib von Opfern zu erforschen und bekanntzumachen. Den Opfern sollte zur Wiederherstellung ihrer Würde ermöglicht werden, vor der Öffentlichkeit von ihrem Leid zu berichten. Schliesslich oblag dem Ausschuss die Aufgabe, die Ergebnisse seiner Untersuchungen und Hearings in einem Bericht darzustellen und Empfehlungen zur Prävention künftiger Menschenrechtsverletzungen zu erarbeiten.

c. Die vom Ausschuss gesammelten Informationen und die durchgeführten Nachforschungen und Untersuchungen bildeten dabei die Grundlage zur Erfüllung dieser Funktionen.

d. Ausgangspunkt der Arbeit der Abteilung war jeweils die Suche der statement-takers nach Opfern von schweren Menschenrechtsverletzungen. Diese statement-takers bemühten sich, von den Opfern die für die Arbeit der Wahrheitskommission relevanten Informationen zu erhalten.[263] Um ein möglichst breites Spektrum von Opfern zu erreichen, wurden die Mitarbeiter der Kommission im ganzen Land eingesetzt. Anfang 1997 hatte der Ausschuss für Menschenrechtsverletzungen eine engere Zusammenarbeit mit NGOs begonnen, um auch die NGOs für eine Beteiligung am Sammeln von Informationen zu beteiligen.[264] Zwischen April und Juni 1997 verstärkte der Ausschuss in Zusammenarbeit mit rund 300 statement-takers der NGOs seine Bemühungen, um möglichst viele Opfer in allen neun Provinzen der Republik zu erreichen. Bereits bis März 1997 hatten fast 10'000 Menschen gegenüber Mitarbeitern der Wahrheitskommission Aussagen gemacht.[265] Bis zum Sommer 1998 sollten es schliesslich über 21'000 Personen sein, die dem Gremium über ihre leidvollen Erfahrungen berichteten.

e. Die gesammelten Aussagen wurden anschliessend jeweils ausgewertet und lieferten die Basis für übergreifende Analysen des Forschungsdepartements der Wahrheitskommission. Das Forschungsdepartement arbeitete ebenfalls mit zahlreichen NGOs zusammen, um das Potential dieser Gruppierungen nutzen zu können. Die NGOs hatten, wie bereits erwähnt, der Wahrheitskommission eine Datenbank mit über 10'000 Aufzeichnungen übergeben.

263 Vgl. dazu auch die Ausführungen im FR V/1, Rz. 18 ff. Die statement-takers mussten dem Opfer einerseits mit einem grossen Einfühlungsvermögen entgegentreten; da rund 90% der Opfer nicht an den Hearings aussagen würden, und somit das Statement ihre einzige Mitteilung gegenüber der Kommission war, war eine sorgfältige Arbeit der statement-takers von grosser Bedeutung. Siehe I/10, Administrative Reports of the Commission's Statutory Committees: Human Rights Violations Committee, Rz. 25.

264 Mansoor Jaffer, Nationwide statement-taking drive kicks off, in: Truth Talk, Vol 2, No. 1, March 1997, S. 1.

265 A.a.O.

f. Eine der Aufgaben der Forschungsabteilung bestand darin, die Kommission und die Ausschüsse mit den von ihnen benötigten Unterlagen und Dokumentationen zu versorgen.[266] Einen wichtigen Teil der Arbeit des Forschungsdepartements stellte die Weiterverarbeitung der gesammelten Aussagen und Informationen dar: Es ging vor allem darum, die Mosaiksteine zu einem Ganzen zusammenzufügen und systematische Missbrauchsmuster zu eruieren.[267] Diese Erkenntnisse konnten der Wahrheitskommission wiederum Anlass zu einer allfälligen Modifikation ihres Vorgehens oder zur Durchführung von speziellen Anhörungen geben. Im Vordergrund standen neben der historischen Analyse auch ethische und sozialwissenschaftliche Aspekte.[268]

Die vielfältige Arbeit der Forschungsabteilung umfasste somit einerseits breite und übergreifende Gesamtanalysen, andererseits die Aufbereitung von ganz spezifischen Informationen, welche die Kommission und ihre Ausschüsse zur Erfüllung ihrer Aufgaben benötigten.

g. Um die Informationen effizient verarbeiten zu können, verfügte die Wahrheitskommission über ein umfangreiches und minuziöses Informationsmanagement.[269] Sämtliche Aussagen wurden in ein zentrales Datenverarbeitungssystem eingegeben. Dies erlaubte den sofortigen Zugriff auf benötigte Informationen für die Bearbeitung eines konkreten Falles. Eingaben von Opfern konnten somit mit Amnestie-Anträgen von Tätern relativ schnell verglichen werden.

h. Um Informationen von Opfern oder Tätern zu überprüfen, konnten die Wahrheitskommission und ihre Ausschüsse die Untersuchungseinheit (*investigating unit*) einsetzen.[270] Die Gliederung der Untersuchungseinheit erfolgte analog der Strukturierung der Ausschüsse, nämlich dezentralisiert. Die Untersuchung von schweren Menschenrechtsverletzungen wurde national koordiniert.[271] In Bezug auf die Tätigkeit des Ausschusses für Menschenrechtsverletzungen hatte die Untersuchungseinheit die Aufgabe, die Aussagen der Opfer zu überprüfen und zu beurteilen. Dabei ging es vor allem um die Untersuchung, ob die behaupteten Taten überhaupt stattgefunden haben, wer als Täter in Frage kommt, und wo sich allenfalls verschwundene Opfer befinden.

Neben diesen Einzelfall-Investigationen hatte die Untersuchungseinheit auch sogenannte strategische Untersuchungen durchzuführen: Dabei ging es um

266 Interim Report, S. 29 ff.

267 Vgl. etwa die Kategorisierungen von schweren Menschenrechtsverletzungen im FR V/1, Appendix 1: Coding frame for gross violations of human rights.

268 Interim Report, S. 30.

269 Interim Report, S. 31 ff.

270 Vgl. hierzu die Ausführungen im Interim Report, S. 28 f. und im FR V/1, Rz. 41 ff.

271 Interim Report, S. 29.

die Unterstützung der Wahrheitskommission in ihren Bemühungen, ein möglichst vollständiges Bild über den Konflikt zu erarbeiten.[272]

i. Das Regionalbüro in Kapstadt beispielsweise, das für die Provinzen Northern Cape und Western Cape zuständig war, hatte allein in den ersten Wochen 210 Aussagen von Opfern gesammelt und einer ersten Analyse unterzogen. Eine Analyse von 50 zufällig ausgewählten Aussagen ergab folgendes Bild: Von den 50 Statements bezogen sich 22 auf Tötungsdelikte, 22 auf Folterung und schwere Misshandlung, 4 auf das Verschwinden von Personen und 2 auf Sachbeschädigungen, die ausserhalb des Mandates der Kommission lagen. Von diesen Straftaten sollen 3 in den sechziger Jahren, 15 in den siebziger Jahren, 27 in den achtziger Jahren und 5 in den neunziger Jahren verübt worden sein.[273]

Die für KwaZulu/Natal und den Free State zuständige Regionalvertretung in Durban war auf Grund des nach wie vor andauernden Konfliktes in KwaZulu/Natal mit besonderen Problemen konfrontiert worden.[274] So hatte es vor allem am Anfang grosse logistische und operative Schwierigkeiten gegeben. Viele Eigentümer von Räumlichkeiten, die für die Büros der Wahrheitskommission geeignet gewesen wären, weigerten sich, ihre Immobilien der Wahrheitskommission zu vermieten. Vor allem hatten viele Leute in dieser Region wegen der Ablehnung der Wahrheitskommission durch die IFP immer noch Angst, sich an diese Institution zu wenden.[275] Trotzdem kam die Regionalvertretung gemäss eigenen Angaben recht gut bei ihrer Arbeit voran.[276]

j. Sobald die Aussagen von Opfern überprüft und beurteilt worden waren, entschied der Ausschuss für Menschenrechtsverletzungen, ob die jeweiligen Opfer in einer Anhörung aussagen sollten. Wegen der grossen Zahl der von schweren Menschenrechtsverletzungen betroffenen Menschen konnten selbstverständlich nicht alle Opfer in einem Hearing von ihren Erfahrungen berichten. Es ging dem Ausschuss für Menschenrechtsverletzungen vor allem darum, einem breiten Spektrum von Opfern die Möglichkeit zu geben, vor der Wahrheitskommission aufzutreten.[277]

k. Die Wahrheitskommission hatte sich für einen „opferfreundlichen" Ansatz entschieden.[278] Die Opfer sollten so weit wie möglich geschont und ge-

272 A.a.O.

273 Interim Report, S. 17.

274 Interim Report, S. 18 f.

275 Interim Report, S. 18.

276 Interim Report, S. 19.

277 Vgl. dazu FR V/1, Rz. 23. Die Opfer wurden jeweils gefragt, ob sie dazu bereit wären, in einem Hearing auszusagen; die meisten Opfer waren dazu nicht nur bereit, sondern wünschten dies sogar, siehe a.a.O., Rz. 24.

278 Interim Report, S. 8.

schützt werden. In den Anhörungen durften die Opfer nicht auf eine konfrontative Art und Weise (*non-adversarial*) befragt werden.[279] Die Opfer wurden aufgefordert, ihre Familien und engen Freunde in die Anhörung mitzubringen. Sie wurden vor, während und nach der Anhörung von sogenannten *briefers* und *counsellors* betreut.[280] Zudem stand ihnen ein Zeugenschutzprogramm zur Verfügung.

l. Falls der Ausschuss zum Schluss kam, es liege eine schwere Menschenrechtsverletzung vor und eine bestimmte Person sei das Opfer dieser Straftat, hatte er gemäss Art. 15 des Gesetzes zur Förderung der Nationalen Einheit und Versöhnung die Angelegenheit mit sämtlichen Informationen und Beweisen dem Ausschuss für Wiedergutmachung und Rehabilitierung zu übergeben.

m. Personen, die der Wahrheitskommission nützliche Aussagen machen konnten, wurden dazu eingeladen. Falls sie dieser Einladung nicht folgten, konnten sie, wie erwähnt, von der Kommission oder ihren Ausschüssen gemäss Art. 29 vorgeladen werden (subpoena).

n. Neben der Anhörung von einzelnen Opfern konnte der Ausschuss für Menschenrechts-verletzungen auch sogenannte Event Hearings, Institutional oder Special Hearings und Submission Hearings durchführen.[281]

Event Hearings waren Anhörungen, die sich mit einem bestimmten Ereignis befassten, das ein breiteres Muster von Missbräuchen illustriert. Dabei sollten möglichst die Motive aller beteiligten Parteien sowie der historische Kontext zum Ausdruck kommen. Special Hearings wurden durchgeführt, um Themen von meist nationaler Bedeutung auszuleuchten, beispielsweise die Involvierung des Gesundheitswesens in Widerhandlungen gegen die Menschenrechte. Solche Anhörungen hatten einerseits Einfluss auf die Erarbeitung des Schlussberichts, andererseits konnten sie - wie die Event Hearings - Ausgangspunkt zu Untersuchungen in spezifischen Fällen bilden. Von den Submission Hearings war bereits oben die Rede: Um die Menschenrechtsverletzungen in einen politischen und historischen Kontext zu stellen, wurden Parteien, Organisationen und Einzelpersonen zu Eingaben an die Wahrheitskommission aufgefordert. Solche

279 Die Entscheidung der *Appellate Division* i.S. Du Preez und Van Rensburg hatte allerdings gewisse Implikationen auf diesen Arbeitsansatz: Das Umfeld der Anhörungen wurde legalistischer und formalistischer. Das Gericht hatte in diesem Entscheid auch die Möglichkeit des Kreuzverhörs der Opfer in Betracht gezogen, vgl. dazu FR I/7, Rz. 26 ff. und insb. 44 ff. sowie die Ausführungen hierüber weiter oben, S. 169 ff. Der Amnestie-Ausschuss gewährte das Recht zum Kreuzverhör innerhalb vernünftiger Grenzen, siehe FR V/3, Rz. 28.

280 Interim Report, S. 8 und FR I/10, Administrative Reports of the Commission's Statutory Committees: Human Rights Violations Committee, Rz. 22.

281 Interim Report, S. 67.

Anhörungen konnten aber auch für die Beurteilung von Einzelfällen nützlich sein.

II. Die Anhörungen vor dem Ausschuss für Menschenrechtsverletzungen

a. Der Vorsitzende der Wahrheitskommission und des Ausschusses für Menschenrechts-verletzungen, Erzbischof Desmond Tutu, fand für seine Eindrücke von den Anhörungen der ersten drei Monate folgende bemerkenswerte Worte:

„Wir dachten, wir würden das Ausmass des Bösen kennen, das in den dunklen Tagen der Unterdrückung und Ungerechtigkeit umherging. Wir sind jedoch von der Verwerflichkeit und dem Grauen fast überwältigt worden, als wir den entsetzlichen Geschichten der Opfer und Täter zuhörten. Gleichzeitig erfüllte uns die unglaubliche Vornehmheit und der Grossmut des in den Anhörungen zum Vorschein gekommenen Geistes mit Demut und Rührung. Menschen, die unaussprechliches Leid erfahren mussten, sind bereit zu verzeihen. Sie widersetzen sich der Verbitterung und sind vom Geist des ubuntu erfüllt. Frau Beth Savage, die das Opfer eines Granatenangriffs geworden ist und noch immer an den Splittern leidet, sagt, dass die schreckliche Erfahrung sie bereichert hat. Sie will ihren Täter im Geiste der Vergebung treffen, um ihm zu vergeben, und damit er ihr vergeben kann. Unglaublich. Babalwa Mhlauli, die Tochter eines der Cradock Four, erzählte einer schweigenden East London City Hall: 'Wir wollen vergeben, aber wem sollen wir vergeben?'

Wir waren erstaunt, wie bescheiden die Erwartungen der Leute in Bezug auf Wiedergutmachung oftmals waren - einen Grabstein, die Umbenennung einer Schule, ein Stipendium für die überlebenden Kinder. Unser Land ist einzigartig verletzt. Wir sehnen uns danach, dass der Grossmut derjenigen, die so sehr leiden mussten, und die bereit sind zur Vergebung, die Herzen derjenigen öffnet, die vom ungerechten System der Vergangenheit profitiert haben. Wir hoffen, dass sie sich für ihren Anteil an den Ungerechtigkeiten der Vergangenheit entschuldigen werden. Sie würden, glaube ich, über die Antworten derjenigen, die gelitten haben, erstaunt sein.“[282]

b. Diese Eindrücke können aber auch für die Hearings der darauffolgenden Monate Geltung beanspruchen: Der Ausschuss für Menschenrechtsverletzungen führte an zahlreichen Orten im ganzen Land Anhörungen durch, bei denen sich ein schier endloser Strom von Geschichten und Aussagen über die Republik ergoss. Die Veranstaltungen waren sehr gut besucht, und die Fernsehsendungen über die Anhörungen gehörten zu den meistgesehenen.

282 Interim Report, S. 3.

c. Die Opfer haben immer wieder von der therapeutischen Wirkung dieser Ereignisse gesprochen. Die Möglichkeit, vor einem Forum der Öffentlichkeit endlich die eigene Geschichte und das erfahrene Leid darzulegen, wirkte auf die meisten Opfer wie eine Befreiung. Da es viele Menschen gibt, die unter dem Apartheid-Regime ähnliche Erfahrungen durchmachen mussten, war die kathartische Wirkung nicht auf die Opfer beschränkt, welche selber aussagten. Sie bezog sich vielmehr auch auf manche Opfer unter den beim Hearing Anwesenden sowie unter den Fernsehzuschauerinnen und den Radiohörern.

Graeme Simpson, Direktor des Johannesburger Institute for the Study of Violence and Reconciliation, beurteilt die Wirkung der Anhörungen wie folgt: „*Bilder und Stimmen von Opfern und Überlebenden, die über ihre Erfahrungen unter dem Unterdrückungsapparat der Apartheid berichteten, wurden in den Wohnungen der meisten Südafrikaner gehört und gesehen. Im letzten Jahr hatte das einen dramatischen und läuternden Einfluss auf die Psyche aller Südafrikaner und war ein wichtiger Schritt in die Richtung des Ziels der TRC, das da heisst: Öffentliche Bewusstmachung der Traumata, die von den Opfern aller Seiten des südafrikanischen Konfliktes erlebt wurden. Welche Kritik auch immer es an der Kommission für Wahrheit und Versöhnung geben mag, dieser dauerhafte Erfolg darf nicht unterschätzt werden und wird der Kommission in der weiteren Arbeit zugute kommen.*“[283] Simpson bezeichnet die Auswirkungen dieser öffentlichen Zeugenaussagen als den „grössten Erfolg der TRC im abgelaufenen Jahr“, die „zweifelsohne auch in den nächsten Jahren tiefgreifenden Einfluss auf die südafrikanische Gesellschaft haben (werden)“.[284]

Pumla Gobodo-Madikizela, Mitglied des Ausschusses für Menschenrechtsverletzungen, drückt sich folgendermassen aus: „*Dieser Moment, in dem ein einzigartiges Ereignis das Schweigen von jedem Zeugen brach, war ein bemerkenswertes historisches Ereignis, das uns mit der Unmenschlichkeit des Menschen gegenüber seinen Mitmenschen konfrontierte. Es ist Geschichte pur. Wenn die öffentlichen Anhörungen brutal waren und herzlos oder bizarr schienen, so zwangen sie doch die südafrikanische Öffentlichkeit, über die Vergangenheit nachzudenken, und die Schmerzen, das zutiefst menschliche Leiden und den nackten Überlebenskampf in unserer Mitte ins Auge zu fassen.*“[285]

d. So befreiend die Aussagen für die Opfer auch sein mögen - für die meisten Opfer bedeutet dieses Erlebnis gleichzeitig ein Trauma.[286] Auch der

283 Simpson, Kultur, S. 12.

284 Simpson, Kultur, S. 13.

285 Gobodo-Madikizela, Apartheid.

286 Vgl. etwa das Gespräch von Claude Béda mit dem Mitglied des Ausschusses für Wiedergutmachung und Rehabilitierung, Piet Meiring, in: La Presse Rivreral Chablais, 15.8.1997. Meiring spricht von Befreiung und traumatisierender Erfahrung.

Schweizer Mitarbeiter der Wahrheitskommission, Daniel Züst, weist darauf hin, dass die Kommission einen Prozess verfolgt, der für die Opfer sehr oft schmerzhaft ist.[287] Dies deshalb, weil die Opfer bei der Aussage ein zweites Mal ihr Trauma durchstehen müssen. Züst bezeichnet diese notwendige Etappe als Preis, der zu bezahlen sei, damit das Vergessen verhindert werden könne.[288]

e. In der Flut von Zeugenaussagen über Tötungsdelikte, Verstümmelung, Folter und andere Fälle von schweren Misshandlungen fällt es schwer, einen roten Faden zu finden. Erzbischof Tutu hat erklärt, bemerkenswert sei in all den Geschichten die Herz- und Gefühllosigkeit der Polizei, die verstörten Leuten die Aufklärung über das Schicksal ihrer Angehörigen verweigerte.[289] Diese Menschen waren gezwungen, von Polizeistation zu Polizeistation und in Spitäler zu gehen, bis ihnen schliesslich in vielen Fällen nichts anderes übrig blieb, als Leichenhallen aufzusuchen. Das sei, so der Erzbischof, an sich eine Form der Folter gewesen.[290] Bemerkenswert ist gemäss dem Vorsitzenden der Wahrheitskommission auch eine Form der Kollusion zwischen gewissen Elementen im Justizsystem, im Gesundheitswesen und in der Sicherheitspolizei. Diese Kollusion weise auf Machtmissbrauch und fehlende Verantwortlichkeit hin.[291]

f. Die ersten Hearings vor dem Ausschuss für Menschenrechtsverletzungen fanden im April 1996 statt. In den folgenden Monaten traten ausschliesslich Opfer vor den Ausschuss. Die Begründung liegt einerseits darin, dass den von schweren Menschenrechtsverletzungen betroffenen Menschen nun endlich eine Gelegenheit geboten werden sollte, um die Öffentlichkeit auf ihre leidvollen Erfahrungen aufmerksam zu machen. Dieses Bedürfnis war bei vielen Opfern immens. Andererseits ist die Wahrheitskommission in den ersten Monaten sehr behutsam vorgegangen, um den schwierigen Prozess nicht zu gefährden. Erzbischof Tutu hat geltend gemacht, die Kommission habe absichtlich erst ab November 1996 Personen vorgeladen, die mutmasslich in die Begehung von Menschenrechtsverletzungen involviert waren - dies, obwohl bei zahlreichen

287 Philippe Brachet, Un Suisse traque avec Tutu les acteurs d'un passé douteux, in: L'AGEFI, 4.7.1997.

288 A.a.O. Zu dieser Art einer kollektiven Therapie vgl. auch die folgenden Artikel: Werner Vogt, Südafrika kämpft gegen die Geister der Vergangenheit, in: NZZ vom 22.4.1996, S. 5 und ders., Schwierige Wahrheitsfindung in Südafrika, in: NZZ vom 3.8.1996, S. 5 (zit. Wahrheitsfindung) sowie Egli, Wiedererlangung, S. 10 f.

289 Interim Report, S. 4.

290 A.a.O.

291 A.a.O. Vgl. dazu auch die Ausführungen im Schlussbericht über die Rolle dieser Bereiche im Apartheid-Staat, insb. für die Justiz im FR IV/4 und für das Gesundheitswesen im FR IV/5.

Anhörungen Personen namentlich als Täter beschuldigt worden waren.[292] Durch dieses vorsichtige Vorgehen sollte insbesondere auch den Ängsten vieler Weisser begegnet werden, die Wahrheitskommission führe eine „Hexenjagd" durch.

g. Die Wahrheitskommission sah sich indessen Ende 1996 zu einer Modifikation ihres Vorgehens gezwungen, weil bis anhin nur enttäuschend wenige Täter zu einer Kooperation mit der Kommission bereit waren. Bis im August 1996 waren erst 1'800 Amnestie-Gesuche eingegangen, von denen 1'650 von bereits verurteilten Tätern stammten und die restlichen 150 Anträge der Justiz fast ausnahmslos bekannt waren.[293] Simpson hat die Kommission kritisiert, sie sei in den ersten Monaten zu zögerlich gewesen, um ihre vollen Machtbefugnisse bezüglich Ermittlungen und Vorladungen auszuschöpfen.[294] Die Modifikation des Vorgehens der Wahrheitskommission bestand darin, dass die Kommission nun häufiger Personen zur Aussage einlud respektive vorlud, die der Begehung von Menschenrechtsverletzungen beschuldigt worden waren. In der Tat nahm 1997 die Zahl der Amnestie-Anträge stark zu. Dies ist einerseits auf die eben erwähnte Veränderung des Vorgehens der Kommission zurückzuführen; noch wichtiger war indessen die Durchführung von Strafverfahren gegen ehemalige Verteidiger des Apartheid-Staates, insbesondere die Verurteilung de Kocks.

aa. Von den Vorladungen waren auch hochrangige Offiziere der Streitkräfte und der Polizei betroffen. Im Mai 1997 etwa wurde der Oberbefehlshaber der Streitkräfte in Western Cape, General van Zyl, gemäss Art. 29 Abs. 1 lit. c des Gesetzes vorgeladen.[295] Ihm wurde mitgeteilt, er müsse zu Anschuldigungen wegen schweren Menschenrechtsverletzungen Stellung nehmen, die mutmasslich von Tätern in den Reihen der Streitkräfte im Norden Namibias zwischen 1976 und 1978 begangen worden seien. Einige dieser Straftaten waren damals der SWAPO zugeschrieben worden.

bb. Im August 1997 wurden erstmals ehemalige Mitglieder der Antiterror-Einheit Civil Cooperation Bureau (CCB) gemäss Art. 29 Abs. 1 lit. c des Gesetzes vorgeladen.[296]

292 Statement - Tutu call on Leaders to visit Sites of Atrocities, 8. Mai 1997 (zit. Tutu-Statement), S. 2. Quelle: http://truth.org.za/pr/p970505d.htm. Diese Vorladungen erfolgten auf der Grundlage von Art. 29 Abs. 1 lit. c des Gesetzes zur Förderung der Nationalen Einheit und Versöhnung.

293 Vogt, Wahrheitsfindung (Anm. 288).

294 Simpson, Kultur, S. 12.

295 Statement - TRC subpoenas Officer commanding Western Province, 8. Mai 1997. Quelle: http://www.truth.org.za/pr/p970508c.htm.

296 Statement by the Acting Vice Chairperson of the Truth and Reconciliation Commission and Head of the Investigative Unit, Dumisa Ntsebeza, 19. August 1997.

cc. Im April 1997 wurden die ersten Vorladungen an ehemalige Mitglieder der Befreiungsbewegung gesandt, die Menschenrechtsverletzungen begangen haben sollen.[297] Robert McBride und Greta Appelgren wurden von der Kommission vorgeladen, um zum Bombenanschlag von 1985 auf eine Bar in Durban Stellung zu nehmen, bei dem Zivilisten getötet und verletzt worden waren. Die beiden Personen waren für diese Tat verurteilt worden. Familien der Opfer dieses Attentates beschwerten sich daraufhin bei der Kommission, dass sie von den Einvernahmen ausgeschlossen waren.[298] Der stellvertretende Vorsitzende der Kommission, Boraine, machte in einem Statement darauf aufmerksam, dass die Wahrheitskommission bei der Durchführung einer Befragung gemäss Art. 29 Abs. 5 des Gesetzes verpflichtet ist, die Öffentlichkeit auszuschliessen. Sobald die Untersuchungen vollständig seien, könne die Kommission die entsprechenden Dokumente veröffentlichen.

h. Der Ausschuss für Menschenrechtsverletzungen führte Anhörungen der politischen Parteien[299], Institutional Hearings[300] und Event Hearings[301] durch. Vor allem aber hörte er an verschiedenen Orten des Landes rund 2'500 Opfer an. Bei der Durchführung dieser Hearings war der Ausschuss sehr darum bemüht, ein möglichst breites Spektrum von Opfern anzuhören. Um Ausgewogenheit zu gewährleisten, sollten also keineswegs ausschliesslich Opfer von Ge-

Quelle: http://www.truth.org.za/pr/p970819c.htm.

297 Statement - First Subpoenas to Liberation Movement, 13. April 1997. Quelle: http://www.truth.org.za/pr/p970413a.htm.

298 Statement - Boraine on Criticism of TRC in Magoo Bar Bombing Case, 23. April 1997. Quelle: http://www.truth.org.za/pr/p970423a.htm.

299 Hierzu vgl. die Ausführungen im Kapitel über die Eingaben der Parteien, S. 223 ff.

300 Diese institutionellen Anhörungen sind Gegenstand des vierten Bandes des Schlussberichts (FR IV). Vgl. S. 340 ff.

301 Als Beispiel eines Event Hearing möge die Anhörung zum Bisho-Massaker dienen. Dieses Massaker hatte sich im September 1992 in Bisho, der Hauptstadt der Ciskei, ereignet, als tausende von ANC-Anhängern gegen das Militärregime unter Brigadier Gqozo einen Protestmarsch durchführen wollten. Die Streitkräfte eröffneten das Feuer auf die Demonstranten, wodurch 29 Menschen getötet und über 100 verletzt worden waren. 1996 führte der Ausschuss für Menschenrechtsverletzungen Anhörungen zu diesem Ereignis durch. Die Opfer hatten die Gelegenheit, die Ereignisse aus ihrer Sicht zu schildern. Die Kommission hatte aber auch hochrangige Offiziere gemäss Art. 29 Abs. 1 lit. c des Gesetzes zur Förderung der Nationalen Einheit und Versöhnung vorgeladen, um die Verantwortlichkeit für das Massaker abzuklären. Der damalige Armeechef der Ciskei, Marius Oelschig, gab schliesslich zu, den Schiessbefehl erteilt zu haben. Vgl. auch FR II/7, Rz. 178-185, FR V/9, Rz. 50 f. und Doerfler, Zwischenbilanz, S. 8.

walttaten des Regimes aussagen können, sondern auch Menschen, die durch Gewaltakte der Befreiungsbewegung zu Schaden gekommen sind. Wenn die Opfer der Apartheid zahlenmässig dennoch überwogen haben, so habe der Grund gemäss Erzbischof Tutu in der „Demographie der Apartheid" gelegen.[302] Die Apartheid habe den Weissen gedient und die Schwarzen benachteiligt, erklärte der Erzbischof. Die Demographie der Apartheid habe unerbittlich dafür gesorgt, dass die grosse Mehrheit der Opfer Schwarze und die grosse Mehrheit der Täter Weisse seien.[303] Das sei ein unumgängliches Faktum.

i. Im Folgenden sollen einige wenige Beispiele kurz skizziert werden; dabei geht es nicht um die Entwicklung von Fallstudien, sondern bloss um die *Illustration* der Ausführungen über die Tätigkeit des Ausschusses für Menschenrechtsverletzungen.[304]

a. Die Ermordung der Gugulethu Seven[305]

Mandla Mxinwa, Zanisile Mjobo, Zola Swelani, Godfrey Miya, Christopher Piet, Themba Mlifi und Zabonke Konile, posthum bekannt geworden als die *Gugulethu Seven*, wurden am 3. März 1986 in einen Hinterhalt gelockt und ermordet. Die Gruppe der sechzehn- bis dreiundzwanzigjährigen Männer war zuvor von zwei Spionen (sogenannte askaris) der Sicherheitspolizei unterwandert worden. Diese agents provocateurs schlugen einen Angriff auf einen Polizeibus vor; diese Attacke nahm die Polizei, die von Spezialisten der Vlakplaas-Sondereinheiten instruiert und geleitet wurde, zum Anlass, um die Männer zu ermorden. Diese detailliert vorbereitete Aktion wurde anschliessend als Anti-Terror-Operation dargestellt. Der zuständige Richter sprach die Polizisten, trotz Augenzeugenberichten und forensischen Beweisen, von jeglichen Anklagepunkten frei.[306]

Die wahren Hintergründe der Vorfälle wurden durch Untersuchungen der Investigation Unit der Wahrheitskommission ans Tageslicht gebracht. An einer Anhörung vor dem Ausschuss für Menschenrechtsverletzungen konnten auch die Mütter von vier Männern aussagen. Sie sprachen unter anderem über die

302 Vgl. Tutu-Statement (Anm. 292), S. 2.

303 A.a.O.

304 Besonders instruktiv ist auch die Kategorisierung der verschiedenen Arten von schweren Widerhandlungen gegen die Menschenrechte im Schlussbericht, vgl. FR V/1, Appendix: Coding frame for gross violations of human rights.

305 FR II/3, Rz. 399-405.

306 Der Richter bezeichnete das Verhalten der Polizei als „legitime Anti-Terror-Operation", siehe FR II/3, Rz. 400.

menschenverachtende Art und Weise, in der die Polizei ihnen die Mitteilung über den Tod ihrer Söhne überbrachte.[307]

b. Die Ermordung der Cradock Four[308]

Die UDF-Aktivisten Matthew Goniwe, Sparrow Mkhonto, Fort Calata und Sicelo Mhlawuli wurden am 27. Juni 1985 ausserhalb von Port Elizabeth entführt und ermordet. Sie wurden posthum unter der Bezeichnung *Cradock Four* bekannt.

Die Ortschaft Cradock war in den achtziger Jahren eine Hochburg der UDF in Eastern Cape. Goniwe, Mkhonto, Calata und Mhlawuli waren als Supporter des UDF die regelmässigen Opfer von Sicherungshaft, Folter, Drohungen und Schikanierungen.[309]

Angehörige der Sicherheitskräfte entführten die vier Männer nach dem Besuch einer UDF-Veranstaltung, ermorderten sie und verstümmelten ihre Leichen.[310]

Im Sinne einer typischen Stratkom-Operation zur Diskreditierung des Gegners wurde von den Sicherheitskräften anschliessend behauptet, der Mord sei von Angehörigen der Azapo begangen worden.[311]

Die Wahrheits- und Versöhnungskommission ist zum Ergebnis gelangt, dass die Sicherheitskräfte mit dieser gezielten Desinformation den Konflikt in der Region, der ohnehin schon zahlreiche Opfer gefordert hatte, noch zusätzlich anstacheln wollten.[312]

c. Schwere Körperverletzung an Beth Savage und Robert Stanford[313]

Die von Erzbischof Tutu als beispielhaftes Vorbild für den Versöhnungsprozess zitierte Beth Savage[314] wurde bei einem Angriff der Azanian People's Liberation Army (APLA), der Kampforganisation des PAC, schwer verletzt. Die APLA verübte 28. November 1992 einen Anschlag mit Handgranaten und automatischen Waffen auf den King William's Town Golf Club, bei dem Ian MacDonald, Rhoda MacDonald, Gillian Davies und David Davies getötet wurden.

307 Vgl. im Interim Report, S. 46.
308 FR II/3, Rz. 245-252.
309 FR II/3, Rz. 247.
310 Zu den Amnestie-Anträgen vgl. FR II/3, Rz. 249.
311 Zwischen den Anhängern der Azapo und der UDF gab es zu dieser Zeit einen gewalttätigen Konflikt.
312 Vgl. das *finding* im Anschluss an FR II/3, Rz. 252.
313 FR II/7, Rz. 479-482 und FR V/9, Rz. 39 f. sowie Interim Report, S. 39 f.
314 Vgl. oben S. 280.

Frau Savage leidet auch heute noch an zahlreichen Beschwerden. Ähnlich schwer verletzt wurde Robert Stanford, der nicht weniger als achtmal operiert werden musste. Stanford leidet seit dem Anschlag auch an seelischen Problemen.

Beth Savage und Robert Stanford traten vor der Wahrheitskommission im April 1996 in East London auf. Die Amnestie-Anhörungen fanden zwei Jahre später am selben Ort statt.[315]

Frau Savage äusserte vor der Kommission den Wunsch, die Täter zu treffen, um ihnen zu vergeben.[316] Nach einem Treffen mit dem verantwortlichen APLA-Kommandanten, Thembelani Xundu, erklärte sie, sie habe nun keine Alpträume mehr wegen dem Angriff vom 28. November 1992.

d. *Die Folterung von George Dube*[317]

Im Jahre 1963 ging der 14jährige George Dube mit seiner Mutter ins Exil nach Simbabwe. Acht Jahre später kehrte er nach Südafrika zurück. 1976 wurde Dube vom ANC rekrutiert und später in das ANC-Hauptquartier nach Dar es Salaam beordert. Dube wurde dann durch die angolanische Polizei unter dem Verdacht verhaftet, er sei ein Spion der Widerstandsbewegung Unita. Von 1977 bis 1980 wurde er in einem Gefängnis in Luanda eingesperrt. Nachdem der ANC ihn dort herausgeholt hatte, wurde er in ein Rehabilitation Centre in Angola gebracht, wo er gefoltert und misshandelt wurde. Dube erklärt dies mit dem Hinweis, er sei seit 1982 vom ANC als Spion klassifiziert worden.[318]

e. *Schwere Körperverletzung an Marina Geldenhys*[319]

Marina Geldenhys erklärte vor dem Ausschuss für Menschenrechtsverletzungen in Johannesburg, sie sei eine der durch den ANC-Bombenanschlag auf das Luftwaffenhauptquartier in Pretoria (*Church Street Bombing*) verletzten Personen. Die zivile Angestellte der Luftwaffe war auf dem Weg nach Hause, als die Bombe detonierte. Durch die Explosion erlitt Frau Geldenhys verschiedene schwerwiegende Verletzungen.

315 FR II/7, Rz. 481 f.

316 FR V/9, Rz. 39 f.

317 Interim Report, S. 49.

318 Zu den Menschenrechtsverletzungen des ANC im Exil vgl. die detaillierten Ausführungen im FR II/4, Rz. 98 ff., insb. Rz. 159 ff. zu Fällen der Folter. Auf die Aussage von George Dube wird a.a.O., Rz. 180 durch die Angabe des Aktenzeichens verwiesen.

319 A.a.O.

Beim Bombenanschlag auf die Zentrale der Luftstreitkräfte waren 21 Menschen ums Leben gekommen, wobei - neben zwei MK-Soldaten - nur elf Personen bei der Luftwaffe angestellt waren. Nicht weniger als 217 Menschen wurden verletzt.[320]

f. Die Ermordung von Cornelius Smit, Irma Bencini, Anna Shearer, Willem van Wyk und einer weiteren Person[321]

Beim Bombenanschlag auf ein Einkaufszentrum in der Stadt Amanzimtoti wurden am 23. Dezember 1985 fünf Menschen, darunter zwei Kinder, getötet und mehrere Menschen verletzt. Verantwortlich für diese schwere Menschenrechtsverletzung war das Mitglied des MK, Andrew Zondo. Zondo reagierte im Zorn auf den Raid der Südafrikanischen Streitkräfte auf Maseru, Lesotho, vom selben Monat. Er war sich der zivilen Opfer seiner Tat bewusst, handelte aber absichtlich gegen die Politik des ANC.[322]

An der Anhörung des Ausschusses für Menschenrechtsverletzungen in East London sprach auch Johan Smit, der Vater von Cornelius.[323] Smit erklärte, er sei zur Versöhnung bereit, denn er wisse nicht, wie er sich gefühlt hätte, wenn er zu jener Zeit ein Schwarzer gewesen wäre. Der Vater des Opfers hatte bereits kurze Zeit nach dem Bombenanschlag seinen Wunsch nach einem Ende des Tötens geäussert und die Regierung aufgefordert, mit dem ANC Verhandlungen aufzunehmen. Sein Verhalten stiess in seiner Familie weitgehend auf Unverständnis.[324]

g. Die Hinrichtung von Andrew Zondo[325]

Andrew Zondo war für den Bombenanschlag auf das Einkaufszentrum in Amanzimtoti von 1985 verantwortlich. Nach seiner Verhaftung wurde Zondo zum Tode verurteilt und am 8. September 1987 hingerichtet.

Lephina Zondo trat vor der Wahrheitskommission in Durban auf, um über die Hinrichtung ihres Sohnes auszusagen. Frau Zondo erklärte, die Polizei habe ihr Haus zerstört und die Familie bei der Trauerfeier attackiert. Dabei wurden zwei Menschen getötet. Andrews Bruder wurde bei dem Angriff so schwer

320 Vgl. die Ausführungen im FR II/4, Rz. 14 ff.
321 FR II/4, Rz. 19-22. Das fünfte Todesopfer wird a.a.O. nicht namentlich erwähnt.
322 FR II/4, Rz. 20.
323 Vgl. FR V/9, Rz. 42.
324 Siehe a.a.O.
325 FR II/3, Rz. 28-31 und Interim Report, S. 60.

verletzt, dass er an Epilepsie litt und später starb.[326] Frau Zondo durfte Andrews Grab nicht sehen.[327]

h. *Die Rolle der Feuerwehr in Port Elizabeth*[328]

Der Feuerwehrmann Donald Myles nahm vor dem Ausschuss für Menschenrechtsverletzungen in Port Elizabeth Stellung zur Rolle der Feuerwehr in dieser Stadt. Myles sagte aus, dass die Feuerwehrdienste der Stadt Port Elizabeth in den achtziger Jahren von den Stadtbehörden die Weisung erhalten hatten, auf Feuersbrünste in den Townships nicht oder nur verspätet zu reagieren. Dies führte insbesondere zwischen 1987 und 1991 zu zahlreichen Todesfällen.

i. *Folter und Mord an Gcinisizwe Kondile*[329]

Gcinisizwe Kondile war in Eastern Cape politisch aktiv. Bereits als Student an der Fort Hare University war er von der Sicherheitspolizei inhaftiert worden. Nach seiner Freilassung war er nach Lesotho geflohen. Bei seiner Rückkehr nach Südafrika wurde Kondile verhaftet. Der Oppositionelle wurde während zwei Monaten schwer gefoltert.[330] Um die Spuren zu verwischen, wurde Kondile offiziell freigelassen, jedoch umgehend wieder festgenommen. Kondile wurde schliesslich an einen abgelegenen Ort gebracht, wo er erschossen wurde. Seine Leiche wurde in einem mehrstündigen Feuer verbrannt. Während der Kremation von Kondiles Leiche veranstalteten die beteiligten Polizisten ein Fest.[331]

j. *Schwere Körperverletzung an Philip Mazuza*[332]

Im Juni 1985 wurden acht Mitglieder des Congress of South African Students (COSAS) getötet, als sie den Sicherungsstift ihrer Handgranaten herauszogen.

326 FR II/3, Rz. 31.

327 Zwei weitere Personen, die angeblich in den Bombenanschlag verwickelt waren, jedoch vom Gericht freigesprochen wurden, wurden von Mitgliedern der Sicherheitskräfte trotz des Freispruchs ermordet. Vgl. zu Stanley Bhila FR II/3, Rz. 306-308 und zu Phumezo Nxiweni FR II/3, Rz. 314-316.

328 Interim Report, S. 63. Die Situation in Port Elizabeth dürfte bei weitem kein Einzelfall gewesen sein.

329 FR II/3, Rz. 281-286.

330 FR II/3, Rz. 282.

331 Die Täter, welche Amnestie-Anträge eingereicht haben, sind im FR II/3, Rz. 284 f. namentlich erwähnt. Einige Antragsteller haben der Kommission eine andere Version unterbreitet, vgl. a.a.O., Rz. 285 f.

332 Interim Report, S. 52.

Es handelte sich um präparierte Handgranaten, die den Aktivisten von angeblichen ANC-Mitgliedern überreicht worden waren. Die agents provocateurs empfahlen den COSAS-Aktivisten, die Häuser von Polizisten oder Stadträten anzugreifen. Neben den acht Toten gab es sieben Verletzte, darunter Philip Mazuza. Durch die schwere Verletzung hat Mazuza eine permanente Behinderung erlitten.

k. Schwere Körperverletzung an Abdulhay Jassat[333]

Abdulhay Jassat trat vor der Wahrheitskommission in Johannesburg auf, um über seine leidvollen Erfahrungen zu berichten, die er seit 1963 erleben musste. Damals wurde er als Mitglied von Umkhonto we Sizwe verhaftet. Während der Polizeihaft wurde Jassat gefoltert. Er konnte schliesslich aus der Polizeistation entkommen und flüchtete ins Ausland. Sein zentrales Nervensystem ist durch das Verwenden von Elektro-Schocks permanent geschädigt worden. Seit der Folter leidet Jassat an Epilepsie.[334]

l. Die Folterung und Ermordung von Looksmart Solwandle Ngudle[335]

Looksmart Solwandle Ngudle war einer der ersten Gefangenen, der nach der Einführung der 90-Tage-Haft im Jahre 1963 starb. Er war in Gefängnissen in Kapstadt und in Pretoria gefoltert worden und starb, vermutlich an den Folgen der Folterungen, am 5. September 1963 im Gefängnis von Pretoria. Die Polizei bezeichnete jedoch die Todesursache als Suizid.[336]

Die Witwe und der Sohn von Looksmart Solwandle Ngudle nahmen zu dessen Ermordung in Polizeihaft Stellung. Die Senatoren Christmas Tinto und Govan Mbeki sagten ebenfalls aus.

333 Interim Report, S. 50.

334 Zu Folterungen durch die Sicherheitskräfte vgl. ausführlich FR II/3, Rz. 91 ff., insb. Rz. 120 ff. zu Fällen der Folter bei der Befragung der Inhaftierten.

335 FR II/3, Rz. 167a und Interim Report, S. 46.

336 Die Polizei nannte als Ursache für den Tod von Häftlingen in zahlreichen Fällen entweder Suizid oder Unfall. Vgl. hierzu FR II/3, Rz. 167 ff.

Drittes Kapitel:
Die Arbeit des Amnestie-Ausschusses

Die Form der auszufüllenden Amnestie-Gesuche wurde im Februar 1996 im Regierungsanzeiger publiziert. Das Justizministerium sandte daraufhin an alle Gefängnisse und Gerichte des Landes sowie an die Regionalvertretungen der Wahrheitskommission Antragsformulare.[1] Der Amnestie-Ausschuss richtete ein Datenverarbeitungssystem ein, in das sämtliche Anträge und weitere Dokumente eingegeben wurden.[2] In den ersten Monaten gingen enttäuschend wenige Amnestie-Gesuche bei der Kommission ein. Dies ist einerseits auf das vorsichtige Vorgehen der Wahrheitskommission, andererseits auf eine weit verbreitete Skepsis auf der Seite der Täter zurückzuführen. Bis im August 1996 waren erst 1'800 Gesuche eingegangen, die praktisch ausschliesslich von bereits verurteilten Tätern stammten oder Fälle betrafen, die der Justiz bekannt waren. Die starke Zunahme der Zahl der Anträge ab November 1996 ist in erster Linie mit der Verurteilung des ehemaligen Polizeiobersten de Kock zu erklären. Aus diesem Grund soll im Folgenden kurz auf das Strafverfahren gegen den früheren Chef der Vlakplaas-Einheiten eingegangen werden.

I. Das Strafverfahren gegen de Kock

a. Im August 1996 wurde Eugene de Kock nach monatelangen Verhandlungen vom Obergericht in Pretoria der Begehung von insgesamt 89 Verbrechen, darunter Mord in sechs Fällen, Mordversuch, Waffenschieberei und Betrug in zahlreichen Fällen, schuldig gesprochen. Zwischen diesem Urteilsspruch und der Verkündung des Strafmasses Ende Oktober 1996 enthüllte de Kock Einzelheiten der „dirty tricks"-Kampagne, in die auch höchste Stellen in Regierung und Sicherheitskräfte verwickelt sein sollen.[3]

1 Zur Kommunikation des Ausschusses gegenüber der Öffentlichkeit siehe auch FR V/3, Rz. 13 ff.

2 Vgl. Interim Report, S. 13.

3 Ausführliche Berichte in Keesing's Record of World Events, News Digest for September 1996, Vol 42 (1996), S. 41'254 f. (zit. Keesing's Record) sowie bei Werner Vogt, Ein düsteres Kapitel in Südafrikas Geschichte - P.W. Botha von Polizeioffizier schwer belastet, in: NZZ vom 19.9.1996, S. 5 (zit. Botha) und ders., Südafrika im Bann des Bösen - Pausenlose Enthüllungen vor der Wahrheitskommission, in: NZZ vom 31.10.1996, S. 5 (zit. Enthüllungen).

Der frühere Polizeioffizier hatte von 1985 bis 1994 die Anti-Terror-Spezialeinheiten der Sicherheitspolizei in Vlakplaas kommandiert. Diese Einheiten können durchaus auch als Todesschwadronen bezeichnet werden, waren sie doch unter anderem damit beschäftigt, Regimegegner zu ermorden. De Kock gab einen detaillierten Bericht über seine Kampfeinsätze im damaligen Rhodesien, bei der Niederschlagung der Soweto-Unruhen und in Namibia.[4] Der frühere Oberst gab auch zu, an Bombenattentaten gegen die Londoner ANC-Vertretung im Jahre 1982 sowie gegen das Johannesburger Büro des Gewerkschaftsdachverbandes COSATU 1987 beteiligt gewesen zu sein. Vor allem aber machte de Kock deutlich, dass er keineswegs auf eigene Faust gehandelt habe. Die von Vlakplaas aus operierenden Todesschwadronen sind gemäss ihrem früheren Mitglied und Kommandanten Teil einer systematischen Kampagne gewesen, welche die Polizei, die Streitkräfte und verdeckt operierende Einheiten umfasst habe.[5] Des Weiteren nannte de Kock die Namen von Führungsfiguren in Politik und Sicherheitskräften, die vollumfänglich über die Taten der Vlakplaas-Einheiten informiert gewesen sein sollen. Namentlich erwähnte er unter anderem die früheren Staatspräsidenten P.W. Botha und F.W. de Klerk und die ehemaligen Minister Magnus Malan, Pik Botha, Adriaan Vlok und Louis le Grange. Ex-Präsident Botha sei beispielsweise in die Planung von grenzüberschreitenden Operationen involviert gewesen, bei denen Zivilisten ums Leben gekommen seien. Der Plan zum Angriff der Streitkräfte gegen angebliche ANC-Basen in Maseru im Jahre 1985 sei von einem speziellen Präsidialausschuss angenommen worden.[6] Nach der Devise, wonach der Feind des Feindes ein Freund ist, habe die Polizei die Inkatha-Freiheitspartei mit Waffen und militärischem Training versorgt.[7]

b. De Kock berichtete auch über die Situation und das Verhalten innerhalb der Anti-Terror-Einheit in Vlakplaas, die man sich als eine Art geschlossenes System vorzustellen hat. Die Mitglieder dieser Todesschwadron entwickelten oftmals einen „Gottkomplex“: Die Möglichkeit, über Leben und Tod von Menschen zu entscheiden, vermittelte ihnen einen Allmachtswahn.[8] Um ihre Ziele zu erreichen, waren den Spezialeinheiten alle Mittel recht. Trotz der relativen Eigenständigkeit im operativen Vorgehen fanden jedoch regelmässige Besprechungen mit den Vorgesetzten statt.[9] Wie erwähnt, wussten die meisten Füh-

4 Näheres bei Vogt, Enthüllungen (Anm. 3).
5 Keesing's Record (Anm. 3), S. 41'255.
6 A.a.O.
7 Vogt, Botha (Anm. 3).
8 Vogt, Enthüllungen (Anm. 3).
9 A.a.O.

rungsfiguren in Politik und Sicherheitskräften über die „konterrevolutionäre Kampagne" Bescheid.

c. Im Oktober 1996 wurde de Kock vom Obergericht in Pretoria zu lebenslanger Haft verurteilt, wobei Richter van der Merwe das Strafmass auf 214 Jahre festlegte.[10] De Kock reichte im Mai 1997 bei der Wahrheitskommission einen Antrag zur Gewährung von Straffreiheit ein.

d. Festzuhalten ist meines Erachtens zweierlei: Einerseits ist die Verlässlichkeit der Aussagen de Kocks keineswegs stets über jeden Zweifel erhaben. So wurde etwa die Anschuldigung de Kocks, die südafrikanischen Sicherheitskräfte seien für die Ermordung des schwedischen Premierministers Olof Palme im Jahre 1986 verantwortlich, mit Vorbehalten und Skepsis aufgenommen.[11] Der frühere südafrikanische Agent Craig Williamson, der für das Attentat gemäss de Kock zuständig gewesen sei, hat die Behauptungen de Kocks ebenso wie sein ehemaliger Kollege Anthony White dementiert.[12] Andererseits sind substanzielle Teile von de Kocks Behauptungen durch die Untersuchungen und Anhörungen der Wahrheits- und Versöhnungskommission erhärtet worden.[13]

e. Tatsache ist auch, dass die Enthüllungen de Kocks eine enorme Kettenreaktion ausgelöst haben; zahlreiche durch seine Aussagen explizit oder implizit

10 Werner Vogt, 214 Jahre Haft für de Kock, in: NZZ vom 31.10.1997, S. 3. Am Tage des Urteilsspruchs sagte ein anderer ehemaliger Vlakplaas-Kommandant, Brigadier Jack Cronjé, vor der Wahrheitskommission aus, es gebe keinen Zweifel, dass die Staatsführung über die Existenz von Mordkommandos ausserhalb jeglichen rechtsstaatlichen Rahmens gewusst habe, wobei er konkret Ex-Präsident Botha nannte. Siehe a.a.O.

11 Sergio Aiolfi, Neue Diskussion um den Mord an Olof Palme - Schwedische Skepsis gegenüber Südafrika-Connection, sowie Werner Vogt, Statt Tatsachen nur unbewiesene Behauptungen aus Südafrika, beide Artikel in: NZZ vom 3.10.1996, S. 3. Offenbar gab es keine ausreichenden Indizien, damit die Wahrheits- und Versöhnungskommission diesbezügliche Untersuchungen anstellte. Es finden sich auch keine Ausführungen im einschlägigen Band des Schlussberichts (FR II/2).

12 Craig Williamson hatte im Februar 1995 seine Rolle bei der Bekämpfung von Regimegegnern zugegeben und die Namen der für den Bombenanschlag gegen die ANC-Vertretung in London von 1982 Verantwortlichen genannt. Diese sind gemäss Williamson von der Regierung für die Tat mit den höchsten Auszeichnungen gewürdigt worden. Williamson, der heute in Angola lebt, hat die Verantwortung für den Mord an zwei Anti-Apartheid-Aktivistinnen eingeräumt: Nämlich an Ruth First in Mocambique 1982 und an Jeannette Schoon und ihrer achtjährigen Tochter Katryn in Angola 1984. Vgl. Keesing's Record of World Events, News Digest for February 1995, Vol 41 (1995), S. 40'393. Siehe auch FR II/2, Rz. 245 f.

13 Vgl. nur etwa die *findings* über den Staat und seine Alliierten im FR V/6, Rz. 78-129.

angesprochene Mitglieder der Sicherheitskräfte erfuhren dadurch den wohl entscheidenden Antrieb, Amnestie-Anträge zu stellen. Die Wahrheits- und Versöhnungskommission war sich dieses Umstandes durchaus bewusst und würdigte de Kocks Rolle mit folgenden Worten: „Was auch immer seine Motive gewesen sein mögen, die Kommission anerkennt, dass zum grossen Teil er es war, der den Kodex des Schweigens brach.“[14]

II. Der Eingang und die Behandlung der Amnestie-Anträge

a. Ab Ende 1996 nahm die Zahl der Amnestie-Anträge stark zu: Bis zum Ablauf der Frist am 10. Mai 1997 erhielt die Wahrheits- und Versöhnungskommission insgesamt 7'127 Gesuche zur Gewährung von Straffreiheit.

Zur Bewältigung dieser Flut von Anträgen musste der Ausschuss zweimal erweitert werden: Von fünf auf zunächst elf und schliesslich neunzehn Mitglieder.[15]

b. Die Amnestie-Anträge wurden nach ihrem Eingang jeweils registriert und mit einer Nummer versehen; sie wurden zugleich in einer landesweiten Datenbank gespeichert.[16]

c. Die Aufgabe der Analysten (*analysts*) bestand nun darin, die formaljuristischen Anforderungen an den Antrag zu überprüfen, den Antragsteller zur Lieferung weiterer Informationen aufzufordern, Strafregisterauszüge und weitere Berichte bei diversen Behörden einzuholen und die Investigation Unit mit Untersuchungen zu beauftragen.[17]

d. Ob das Gesuch in einer Anhörung behandelt wurde, wurde nach dem Kriterium entschieden, ob es sich um eine schwere Menschenrechtsverletzung handelt.[18]

14 FR V/6, Rz. 32. Übersetzung des Verfassers.

15 Die diesbezüglichen Gesetzesänderungen erfolgten mit dem Promotion of National Unity and Reconciliation Amendment Act No. 18 of 1997 und dem Promotion of National Unity and Reconciliation Amendment Act No. 84 of 1997. Die Mitglieder des Ausschusses sind im FR I/10, Administrative Reports of the Commission's Statutory Committees: Amnesty Committee, Rz. 4 namentlich aufgeführt. Zur Etablierung der Infrastruktur vgl. FR V/3, Rz. 8 ff.

16 FR I/10, Administrative Reports of the Commission's Statutory Committees: Amnesty Committee, Rz. 18.

17 FR I/10, Administrative Reports of the Commission's Statutory Committees: Amnesty Committee, Rz. 19.

18 Gemäss Art. 19 Abs. 3 lit. b Abschnitt iii war eine Erledigung ohne Durchführung eines Hearings nur zulässig, falls es nicht um eine gravierende Widerhandlung ge-

aa. Im Falle eines Antrages, der ohne Durchführung eines Hearings erledigt wurde, unterbreitete der Analyst dem Ausschuss einen Vorschlag über den zu treffenden Entscheid und über die entsprechende Begründung.[19]

bb. Das Verfahren zur Behandlung eines Gesuchs in einer Anhörung war demgegenüber wesentlich umständlicher. Diesfalls wurde der Antrag einem Beweisführer (*evidence leader*) übergeben. Dieser hatte die betroffenen Parteien mindestens 21 Tage vor dem Hearing zu benachrichtigen. Die logistischen Schwierigkeiten der Organisation der Anhörung selbst dürfen nicht unterschätzt werden.[20]

Der Beweisführer erstellte sodann die Dokumentation und sorgte für die Verteilung von Kopien an die Mitglieder des Ausschusses und die betroffenen Parteien. Er hatte den Ausschuss im Entscheidfindungsprozess zu unterstützen.

e. Die Hauptaufgabe der Analysten und Beweisführer bestand darin, die in den Statements der Antragsteller enthaltenen Behauptungen zu untersuchen. Bei dieser Aufgabe wurden sie von der Investigation Unit und vom Forschungsdepartement unterstützt. Wichtig waren aber auch die Informationen, die aus den anderen Anhörungen von Opfern, Antragstellern, Parteien und Organisationen gewonnen werden konnten. Schliesslich hatte die Kommission gemäss Art. 29 Abs. 1 lit. c des Gesetzes zur Förderung der Nationalen Einheit und Versöhnung Zeugen vorzuladen, um Erkenntnisse zu gewinnen, die gerade bei der Überprüfung von Amnestie-Gesuchen entscheidend sein konnten.[21]

f. Gemäss Art. 18 Abs. 2 des Gesetzes zur Förderung der Nationalen Einheit und Versöhnung musste der Ausschuss der Behandlung von Antragstellern, die sich im Gefängnis befanden, Priorität einräumen.

Der Ausschuss erachtete ebenfalls als wichtig, dass die behandelten Amnestie-Gesuche ein möglichst breites Spektrum der Menschenrechtsverletzungen reflektierten; aus diesem Grunde bemühte sich der Ausschuss um eine Balance

gen die Menschenrechte ging. Ein Gesuch, das in einem Hearing zu behandeln war, wurde von der Kommission als „hearable matter" bezeichnet; die übrigen Anträge wurden „chamber matters" genannt.

19 FR I/10, Administrative Reports of the Commission's Statutory Committees: Amnesty Committee, Rz. 24.

20 Es mussten Dienste zur Unterstützung der Opfer, zur Gewährleistung der Sicherheit des Anlasses, allenfalls zur Übersetzung der Aussagen, zum Transport der Personen und eventuell zum Schutz der Zeugen bereitgestellt werden. Die Anhörung sollte dort stattfinden, wo die Menschenrechtverletzung begangen worden war. Vgl. im Detail FR I/10, Administrative Reports of the Commission's Statutory Committees: Amnesty Committee, Rz. 22.

21 FR I/10, Administrative Reports of the Commission's Statutory Committees: Amnesty Committee, Rz. 12 ff.

zwischen den Gesuchen von inhaftierten Antragstellern und Amnestie-Begehren von übrigen Personen.[22]

g. Was die Herkunft der Amnestie-Anträge anbelangt, ist Folgendes zu sagen: Viele Parteien haben es abgelehnt oder zumindest Mühe bekundet, ihre ehemaligen oder gegenwärtigen Führungsfiguren und Mitglieder zum Einreichen eines Gesuchs um Straffreiheit zu bewegen.

aa. Dies gilt auch für den ANC, denn zahlreiche ANC-Funktionäre hatten verschiedentlich den Standpunkt eingenommen, die Widerstandskämpfer in den eigenen Reihen müssten keine Amnestie-Gesuche einreichen, weil der ANC einen gerechten Krieg geführt habe.[23] Die ANC-Spitze gab ihre Haltung erst nach einer Rücktrittsdrohung von Erzbischof Tutu auf. In den folgenden Monaten reichte die ehemalige Befreiungsbewegung Anträge für ein paar hundert frühere Widerstandskämpfer und für rund 400 hochrangige Regierungsmitglieder ein. Darunter befanden sich etwa Thabo Mbeki, der Verteidigungsminister und sein Stellvertreter, Modise und Kasrils, der Minister für Sicherheit, Mufamadi, sowie die Kabinettsmitglieder Naidoo und Maharaj.

bb. Der PAC reichte Gesuche für etwa 600 Mitglieder ein, einschliesslich der Führung der Kampftruppe APLA.

cc. Wesentlich schwerer tat sich die Inkatha-Freiheitspartei, welche der Arbeit der Wahrheitskommission äusserst skeptisch gegenüber stand: Nur relativ wenige IFP-Mitglieder stellten Amnestie-Anträge.[24]

dd. Besonders enttäuschend war auch das Verhalten der Nationalen Partei, die sich trotz zahlreichen Enthüllungen in Gerichtsverfahren und Anhörungen vor der Wahrheitskommission über die Involvierung höchster Stellen in Partei, Regierung und Sicherheitskräften nicht dazu veranlasst sah, für ihre Führungsspitze Gesuche um Straffreiheit einzureichen. Nur gerade der frühere Minister für Recht und Ordnung, Adriaan Vlok, sowie das ehemals für Zwangsumsiedlungen und die Durchsetzung der Passgesetze zuständige Kabinettsmitglied, Piet Koornhof, reichten Anträge ein. Ex-Präsident de Klerk nimmt, wie bei der Darstellung der NP-Eingaben an die Wahrheitskommission erwähnt wurde, nach wie vor den Standpunkt ein, er habe keinerlei Wissen über Menschenrechtsverletzungen und habe solche weder angeordnet noch toleriert. Sein Vorgänger Botha erklärte am 21. November 1996, er werde sich niemals für die Apartheid

22 Vgl. FR V/3, Rz. 18 ff.

23 Keesing's Record of World Events, News Digest for November 1996, Vol 42 (1996), S. 41'352.

24 Die Wahrheits- und Versöhnungskommission hat dies darauf zurückgeführt, dass die IFP-Führung ihren Mitgliedern und Anhängern von der Zusammenarbeit mit der Kommission abriet; siehe FR V/6, Rz. 119.

entschuldigen.[25] Die neue Regierung unternehme, so Botha, einen heftigen, unnachgiebigen Angriff gegen die Afrikaaner. Botha meinte nach einem Treffen mit Erzbischof Tutu, er habe nie etwas mit Mord zu tun gehabt. Es habe während des Konfliktes der Vergangenheit allenfalls Momente gegeben, in denen Individuen die Grenzen ihrer Autorität überschritten hätten.[26] Mit dieser Linie vertreten Botha und de Klerk die Einzelgängertheorie. Botha meinte abschliessend in seiner Erklärung, Versöhnung könne nur erreicht werden, wenn das Buch über die Vergangenheit geschlossen werde.

ee. Während sich neben den beiden früheren Kabinettsangehörigen der NP nur wenige hochrangige Regierungsmitglieder der NP zum Ausfüllen eines Amnestie-Antrages durchringen konnten, sah die Situation in den Reihen der Polizei anders aus: Zahlreiche Polizisten, darunter auch eine Vielzahl von hochrangigen Offizieren und Generälen, reichten insbesondere als Reaktion auf die Verurteilung von de Kock Amnestie-Gesuche ein. Die Enthüllungen de Kocks und auch anderer Personen vor der Wahrheitskommission oder vor Strafgerichten gaben manchen Angehörigen der Polizei starken Antrieb zur Kooperation mit der Wahrheitskommission.

ff. Im Vergleich zur Polizei waren die ehemaligen oder gegenwärtigen Mitglieder der Streitkräfte eher zurückhaltend, da sie von den Enthüllungen weniger betroffen worden waren als die Polizei.[27]

h. Bis am 30. Juni 1998 konnte der Amnestie-Ausschuss von den insgesamt 7'127 Gesuchen 4'443 Anträge erledigen.[28] Von den 4'443 Gesuchen wurden 122 gutgeheissen.[29]

25 Keesing's Record of World Events, News Digest for November 1996, Vol 42 (1996), S. 41'352.

26 A.a.O.

27 FR V/6, Rz. 33.

28 Die statistischen Angaben sind dem FR I/10, Administrative Reports of the Commission's Statutory Committees: Amnesty Committee, im Anschluss an Rz. 29, entnommen.

Am 30. Juni 1998 waren noch 2'684 Gesuche pendent. Der Grund für diese grosse Anzahl von noch unbearbeiteten Fällen lag darin, dass die Behandlung der Gesuche mehr Zeit in Anspruch nahm, als die Kommission ursprünglich angenommen hatte. Der logistische und investigative Aufwand war in manchen Fällen enorm. Der Ausschuss hatte sich auch stets darum bemüht, die Anträge sorgfältig zu bearbeiten, und den Verfahrensbeteiligten einen *fair trial* zu garantieren. Ausführlich zu diesen Herausforderungen der Kommission FR V/3, Rz. 35 ff. Nach der Erledigung sämtlicher Anträge verfasste die Kommission die Bände sechs und sieben des Schlussberichts, welche dem Präsidenten im März 2003 übergeben wurden.

29 Sämtliche Antragsteller, denen Amnestie gewährt worden ist, sind im FR V/3, Appendix: Amnesties granted at time of reporting, in alphabetischer Reihenfolge

Meines Erachtens ist diese im ersten Moment relativ gering anmutende Zahl ein Beleg dafür, dass der Ausschuss sorgfältig überprüfte, ob die Applikanten die gesetzlichen Anforderungen erfüllen.[30] Auf der anderen Seite impliziert diese Zahl aber dennoch keine unangemessene Strenge des Amnestie-Ausschusses: Man muss sich vor Augen halten, dass zahlreiche Gefängnisinsassen diesen Strohhalm, den sie in der Möglichkeit sahen, ein Amnestie-Gesuch zu stellen, ergriffen, obwohl ihr Delikt nicht politisch motiviert war. Die fehlende politische Motivation ist denn auch bei weitem der häufigste Grund für die Ablehnung eines Amnestie-Antrages.[31] Dagegen sind die Gesuche in erstaunlich wenigen Fällen wegen der fehlenden vollständigen Offenbarung des Delikts abgelehnt worden.[32]

III. Enthüllungen in den Amnestie-Gesuchen

a. Gemäss Art. 19 Abs. 8 lit. a des Gesetzes zur Förderung der Nationalen Einheit und Versöhnung unterlagen zwar die Amnestie-Anträge dem Grundsatz der Vertraulichkeit; gemäss lit. b hatte die Wahrheitskommission allerdings die Kompetenz, solche Informationen zu publizieren. Von dieser Möglichkeit machte die Kommission Gebrauch, soweit dies in der Praxis möglich und für die Arbeit der Kommission sinnvoll war. Vielfach teilte die Kommission mit, es seien Amnestie-Anträge bezüglich Ereignissen eingereicht worden, ohne (vorerst) den Namen der Antragsteller zu nennen. So erklärte die Wahrheitskommission beispielsweise Ende Januar 1997 in einem Statement, sie habe acht Anträge in Bezug auf den Bombenanschlag gegen die Zentrale der Südafrikanischen Katholischen Bischofskonferenz (Khanya House), zehn Gesuche hinsichtlich

namentlich aufgeführt. Da diese Liste offenbar nach dem 30. Juni 1998 erstellt worden ist, enthält sie die Namen von mehr als 122 Applikanten, denen Straffreiheit gewährt worden ist. Der Anhang umfasst rund 170 Personen, die amnestiert worden sind.

30 Der Leiter der Kommission, Erzbischof Tutu, hat dazu erklärt, die Gewährung von Amnestie in 150 Fällen könne wohl kaum als „eine Lawine von leichtsinnigen Entscheidungen“ bezeichnet werden (FR I/1, Rz. 50).

31 Die Gewährung von Straffreiheit wurde in über 2’600 Fällen aus diesem Grund verweigert.

32 Diese Kategorie macht mit rund 140 Fällen weit weniger aus als etwa jene Gesuche, die abgewiesen wurden, weil die Straftat nicht zwischen dem 1. März 1960 und dem 10. Mai 1994 verübt wurde (über 550 Fälle). Zu den übrigen statistischen Angaben vgl. FR I/10, Administrative Reports of the Commission’s Statutory Committees: Amnesty Committee, im Anschluss an Rz. 29.

des Attentats auf das Hauptbüro des Südafrikanischen Kirchenrates (Khotso House) und elf Anträge betreffend die Bombardierung des COSATU-Büros erhalten. Des Weiteren gebe es sieben Amnestie-Anträge im Zusammenhang mit Bombenattentaten gegen Kinos, die seinerzeit den Film „Cry Freedom“ gezeigt hatten.[33]

b. Den grössten Durchbruch erzielte die Wahrheitskommission im Januar 1997, als sieben ehemalige Polizisten Amnestie-Anträge für die Ermordung von insgesamt elf Regimegegnern einreichten. Bei den Tätern handelte es sich vorwiegend um hochrangige Offiziere der Sicherheitspolizei. Die bereits vorher der Begehung von Menschenrechtsverletzungen verdächtigten Personen konnten von Mitgliedern der Wahrheitskommission offenbar zur Kooperation bewegt werden.[34] Das bekannteste Opfer dieser Polizisten ist der im Gefolge der Soweto-Unruhen im September 1977 ermordete Steve Biko.[35] Die weiteren Mordopfer sind Peter Jones, der im selben Monat wie Biko ermordet worden war, Siphiwe Mtimkulu und Topsy Madaka, die im April 1982 umgebracht worden waren[36], sowie die Cradock Four[37] und die Pebco Three[38], die entführt und ermordet worden waren.

c. Einen ähnlich grossen Erfolg konnte die Wahrheitskommission melden, nachdem sechs Sicherheitspolizisten in ihren Amnestie-Anträgen die Ermordung von insgesamt sechs ANC-Angehörigen zugegeben hatten.[39] Während die Antragsteller zwar die Namen der Opfer bekanntgaben, verschwiegen sie anfänglich den Ort, wo sie die ermordeten Regimegegner begraben hatten. Die Täter konnten schliesslich von ihren Anwälten dazu bewegt werden, mit der Kommission zusammenzuarbeiten, um die Leichen exhumieren zu können. Dies

33 Statement by Dumisa Ntsebeza, Head, Investigating Unit, TRC. Quelle: http://www.truth.org.za/pr/p970130b.htm. Im selben Statement gab die Wahrheitskommission die Ergebnisse einer statistischen Analyse bekannt, die aus einer Stichprobe von Amnestie-Gesuchen von Angehörigen der Polizei gewonnen werden konnten: 135 Antragsteller gaben zu, für die Tötung von insgesamt 200 Leuten, für 30 Bombenanschläge, 20 Entführungen und 15 Diebstähle verantwortlich zu sein.

34 Vgl. Werner Vogt, Südafrikas schmerzende Vergangenheit - Die Familien der Mordopfer zwischen Wut und Erleichterung, in: NZZ vom 30.1.1997, S. 5.

35 Vgl. hierzu auch Hans Brandt, Steve Bikos Mörder waren weisse Polizisten, in: Tages-Anzeiger vom 29.1.1997, S. 5 und die Ausführungen im Schlussbericht, FR IV/5, Rz. 12 f.

36 Siehe FR II/3, Rz. 236-239.

37 Dazu FR II/3, Rz. 245-252.

38 Dieser Fall ist im FR II/3, Rz. 240-244, enthalten.

39 Vgl. dazu den Artikel „Truth about past atrocities begins to emerge“, in: Truth Talk, Vol 2, No. 1, March 1997, S. 1 u. 12.

führte zur Entdeckung von Vlakplaas-ähnlichen Farmen in KwaZulu/Natal. Vier der ANC-Angehörigen waren von den Polizisten entführt, gefoltert, erschossen und anschliessend begraben worden, weil sie sich geweigert hatten, ihre Kameraden für die Sicherheitspolizei auszuspionieren. Zwei weitere waren erschossen und in einen nahegelegenen Fluss geworfen worden.

d. Die Amnestie-Anträge sorgten also einerseits für weitere Informationen über den Umgang der Verteidiger des Regimes mit ihren Opponenten. Der Amnestie-Antrag des früheren Ministers für Recht und Ordnung, Adriaan Vlok, enthielt zudem weitere Hinweise auf die Involvierung von höchsten Regierungsstellen. Gemäss dem Gesuch Vloks hatte der frühere Präsident Botha im Jahre 1988 einen Bombenanschlag auf das Hauptbüro des Südafrikanischen Kirchenrates (Khotso House) angeordnet und der Polizei danach zur Tat gratuliert. Die Wahrheits- und Versöhnungskommission bestätigte die Verantwortlichkeit von Botha für diese Tat sowie für weitere Menschenrechtsverletzungen.[40]

IV. Die Anhörungen vor dem Amnestie-Ausschuss

a. Da der Behandlung von Amnestie-Anträgen von bereits Verurteilten gemäss Art. 18 Abs. 2 des Gesetzes zur Förderung der Nationalen Einheit und Versöhnung Priorität einzuräumen war, hielt sich das Ausmass an Enthüllungen und Neuigkeiten, die aus den Anhörungen gewonnen werden konnten, in den ersten Monaten eher in Grenzen. Die erste öffentliche Anhörung fand im Mai 1996 in Phokeng bei Rustenberg statt. Die Arbeit - und damit auch die Anhörungen - waren bis Mitte 1997 durch die Behandlung von mehreren hundert Amnestie-Anträgen von Gefängnisinsassen dominiert. Das Gewicht verschob sich allmählich erst in der zweiten Jahreshälfte 1997, als sich die Wahrheits- und Versöhnungskommission bei der Behandlung der Amnestie-Anträge um eine grössere Repräsentativität der Gesuche bemühte.

b. Die Anhörungen waren wie die Hearings der Opfer vor dem Ausschuss für Menschenrechtsverletzungen stets sehr gut besucht. Viele Opfer machten von ihrem Recht Gebrauch, selber auszusagen und Beweise gegen die allfällige Gewährung von Straffreiheit vorzulegen. Die Anhörungen waren für die anwesenden Opfer in der Regel eine enorme Belastung, insbesondere wenn die Täter weder Reue noch Einsicht zeigen wollten.

c. Polizisten, die vor dem Amnestie-Ausschuss aussagten, verwiesen häufig auf den Kontext, in dem sie die Menschenrechtsverletzungen begangen hätten. Oftmals wurde der Standpunkt eingenommen, man habe sich eben in einem

40 FR V/6, Rz. 102.

faktischen Kriegszustand befunden. Zudem habe man in einem staatlichen Sicherheitssystem operiert, das Mord nicht nur erlaubte, sondern auch mit Orden belohnte.[41] Schuldgefühle und Reue wurden von den Tätern indessen eher selten geäussert.

d. Immerhin hat es aber auch eindrückliche Fälle gegeben, in denen sich die Täter zu ihrem Unrecht bekannt und die Opfer um Entschuldigung gebeten haben.[42] Ein solches Verhalten der Täter hat denn auch nicht wenige Opfer dazu veranlasst, ihren Tätern zu vergeben.[43] In einigen Fällen hat es die von Erzbischof Tutu geleitete Institution sogar geschafft, den komplexen Prozess der Versöhnung zwischen Täter und Opfer in Gang zu bringen.[44]

V. Darstellung von einzelnen Amnestie-Entscheidungen

Im Folgenden sollen einige besonders illustrative Amnestie-Entscheidungen zusammengefasst und dargestellt werden. Die aufgeführten Urteile des Amnestie-Ausschusses sollen in ihrer Auswahl keine statistische Repräsentativität beanspruchen, sondern vor allem ein breites Spektrum von Fällen reflektieren.[45]

1. Amnestieurteil i.S. Boy Diale und Christopher Makgale[46]

Boy Diale und Christopher Makgale waren am 8. Oktober 1991 für die Ermordung von Glad Mokgatle zu zwölf respektive fünfzehn Jahren Gefängnis verurteilt worden. Der Mord war am 29. Dezember 1990 im Distrikt von Bafokeng begangen worden.

Zum Sachverhalt: Die Antragsteller gehörten dem Aktionsausschuss des Bafokeng-Stammes an. Der Ermordete war Vorsitzender des Stammesrates des Bafokeng-Distrikts. Er war vom Machthaber des Homeland Bophuthatswana,

41 Vgl. etwa Egli, Wiedererlangung, S. 11.
42 Vgl. die Beispiele im FR V/9, Rz. 49 ff.
43 Siehe hierzu FR V/9, Rz. 38 ff.
44 Der Schlussbericht enthält dazu einige eindrückliche Beispiele: FR V/9, Rz. 62 ff.
45 Quelle dieser Amnestie-Entscheidungen ist das Internet unter der damaligen Adresse http://www.truth.org.za/amnesty/... Die Amnestie-Entscheidungen können nunmehr unter folgender Adresse gefunden werden: http://www.doj.gov.za/trc/amntrans/index.htm. Zu den Entscheidungen des Amnestie-Ausschusses veröffentlichte die Wahrheitskommission jeweils Presseverlautbarungen unter der Rubrik „Press Releases“ im Internet (http://www.truth.org.za/pr/...). Die Pressestatements sind nun unter der Adresse http://www.doj.gov.za/trc/media/prindex.htm erhältlich.
46 Quelle: http://www.truth.org.za/amnesty/25.htm (zit. Amnestie-Urteil).

Lucas Mangope, in dieses Amt gewählt worden. Die Bevölkerung von Bafokeng betrachtete Mokgatle als Administrator eines Regimes, das sie nicht anerkannten und dem sie sich während Jahren widersetzt hatten. Mokgatle leitete die Stammesangelegenheiten der Bafokeng im Namen Mangopes. Es gab viele Beweise für die Ablehnung des Mangope-Regimes durch den Bafokeng-Stamm, denn die Bafokeng widersetzten sich der Eingliederung des Distrikts in das Homeland. Der rechtmässige Häuptling des Stammes wurde 1988 ins Exil gedrängt und durch einen Statthalter Mangopes ersetzt. Das Anliegen der Ethnie, dass ihr rechtmässiger Chief wieder in sein Amt eingesetzt wurde, war auch der Wunsch der beiden Antragsteller.[47] Das Verwaltungszentrum (*civic centre*), von dem aus er tätig war, gehörte eigentlich den Bafokeng, wurde nun aber vom Mangope-Regime kontrolliert. Die sozialen, politischen und kulturellen Aktivitäten konnten im Verwaltungszentrum nur stattfinden, falls der Statthalter Mangopes dem zustimmte. Infolgedessen war dieses Gebäude ein Symbol für die Aspirationen der Bevölkerung. Der Straftat waren vergebliche Versuche des Stammes vorausgegangen, ein Treffen mit Mangope zu arrangieren. Auf eine entsprechende Petition hin wurden alle Unterzeichner verhaftet. Briefe an Präsident de Klerk und Aussenminister Pik Botha brachten ebenfalls keinen Erfolg.

Am 29. Dezember 1990 machten sich die beiden Antragsteller sowie acht andere Personen auf den Weg zum Haus von Mokgatle, um die Schlüssel für das Verwaltungsgebäude zu holen. Dem war eine diesbezügliche Entscheidung des Aktionsausschusses des Bafokeng-Stammes vorausgegangen, dessen Mitglieder die beiden Antragsteller ja waren. Die ursprüngliche Absicht der Männer bestand darin, die Schlüssel herauszuverlangen, Mokgatle zu entführen und ihn als Geisel zu nehmen. Es kam jedoch anders: Der Vorsitzende des Stammesrates weigerte sich, die Schlüssel herauszugeben. Die zehn Männer überwältigten Mokgatle, luden ihn in das Auto ein, fuhren davon, hielten aber unterwegs plötzlich an. Mokgatle, der immer noch unkooperativ war, wurde zusammengeschlagen. Daran waren auch die beiden Antragsteller beteiligt. In der Hitze der

47 Die Eingliederung des Distrikts in das Homeland war vor allem auch wirtschaftlich motiviert: Der Stamm ist Eigentümer von grossen Reserven an Platin. Für die Ausbeutung dieser Bodenschätze hatte der Stamm ursprünglich Tantiemen erhalten, die nach der „Unabhängigkeit" Bophuthatswanas aber direkt in die Kasse des Homeland flossen. Mangope war offenbar nicht bereit, den Bafokeng entgegenzukommen, und so verschlechterte sich das Verhältnis zusehends. Das Homeland-Regime ernannte nur Personen in öffentliche Ämter des Stammes und des Distrikts, die ihm wohlwollend gesinnt waren. Höhepunkt war die Exilierung des rechtmässigen Häuptlings und dessen Ersetzung durch einen Statthalter. Für Einzelheiten vgl. Amnestie-Urteil (Anm. 46), S. 2 f.

Gewalt beschloss die Mehrheit, darunter die Antragsteller, den Angegriffenen zu töten.

Die Erwägungen und das Urteil: In der Befragung der Antragsteller hat Diale erklärt, der Hauptgrund für die Ermordung Mokgatles habe darin bestanden, dass man eine spätere Identifizierung durch das bereits zusammengeschlagene Opfer verhindern wollte. Makgale hat gesagt, er habe ihn weiter attackiert, um „die Beweise zu beseitigen".[48]

Der Amnestie-Ausschuss ist zum Ergebnis gekommen, dass trotz diesen Aussagen Diales und Makgales die Beweislage gesamthaft keinen Zweifel daran lasse, dass der Angriff auf das Opfer mit einem politischen Ziel verbunden war, nämlich der Wiederherstellung der Kontrolle über die Stammesangelegenheiten.[49] Auch der urteilende Richter habe eine politische Motivation anerkannt.

Die Söhne des Ermordeten haben an der Anhörung ebenfalls teilgenommen und sich für die Gewährung von Amnestie ausgesprochen. Sie haben ihre Hoffnung ausgedrückt, dass die Amnestierung der Antragsteller die Versöhnung im Stamm voranbringen könnte.

Der Amnestie-Ausschuss ist deshalb zum Schluss gekommen, dass die Antragsteller die unter anderem in Art. 20 Abs. 3 festgelegten Kriterien des Gesetzes zur Förderung der Nationalen Einheit und Versöhnung erfüllen. Aus diesem Grund ist ihnen für die besagte Straftat Straffreiheit gewährt worden.

2. *Amnestie-Entscheidung i.S. Molefe Joseph Tshukudu*[50]

Der Antragsteller war für den Mord an Hendrik Grobelaar zu 14 Jahren Gefängnis verurteilt worden. Die Straftat war am 30. Oktober 1992 im Maokeng Township in Kroonstadt begangen worden.

Zum Sachverhalt: Molefe Tshukudu war Mitglied einer Selbstverteidigungseinheit, die zum Schutze der Township-Bevölkerung gegen die Gewalttaten der sogenannten „Three Million Gang" gegründet worden war. Diese Gang wurde von der Gemeindebevölkerung als Bande von Kriminellen betrachtet, die im Rahmen der „third force"-Aktivitäten eine freie politische Tätigkeit von ANC-Mitgliedern unterdrücken wollte.[51] Angeblich war die „Three Million

48 Amnestie-Urteil (Anm. 46), S. 1.

49 Amnestie-Urteil (Anm. 46), S. 3.

50 Quelle: http://www.truth.org.za/amnesty/02.htm.

51 Zur „Three Million Gang" vgl. auch das Amnestie-Urteil i.S. Petrus, Thulo und Mpondo. Bei den gewalttätigen Auseinandersetzungen zwischen Mitgliedern der Selbstverteidigungseinheiten und der Gang sollen 104 Angehörige der Gemeinde und 25 Gang-Mitglieder getötet worden sein. Quelle: http://www.truth.org.za/amnesty/03.htm.

Gang" für die Ermordung und Nötigung von ANC-Leuten verantwortlich. Der Antragsteller war vor der Straftat von der Polizei im Zusammenhang mit der Ermordung eines Gangmitglieds gesucht worden. Deshalb wollte sich Tshukudu zusammen mit zwei weiteren Personen am 30. Oktober 1992 im alten Stadtgebiet von Maokeng verstecken. Als sie dort ankamen, begegneten die drei Personen Hendrik Grobelaar, einem Weissen. Dieser sagte zu Tshukudu: „Es scheint so, als seien Sie der Anführer dieser Leute." Tshukudu erstach Grobelaar daraufhin.

Der Antragsteller hat geltend gemacht, diese Aussage habe ihm gezeigt, dass es sich bei dem Weissen um einen der Polizisten gehandelt habe, die ihn gesucht hätten.

In der Anhörung hat der Antragsteller beteuert, er habe in Grobelaar einen Polizisten gesehen, weil dieser ein Weisser war und er von Weissen gesucht worden sei. Er habe beim Anblick dieser ihm vorher unbekannten weissen Person einen Feind gesehen. Zudem habe er im Township niemals einen Weissen gesehen, mit Ausnahme der weissen Polizisten. Tshukudu hat zugegeben, dass er allein auf das Opfer eingestochen hatte.

Die Erwägungen und das Urteil: Der Amnestie-Ausschuss hat die Ansicht vertreten, dass kein politisches Motiv für die Tat vorlag. Die Äusserungen Grobelaars könnten die Schlussfolgerung nicht rechtfertigen, dass es sich um „einen Feind" Tshukudus, nämlich um einen weissen Polizisten gehandelt habe. Ausserdem sei es, so der Ausschuss, völlig abwegig, dass ein Polizist im Township auf eigene Faust nach Verdächtigen suchen würde.

In Tat und Wahrheit war Grobelaar die einzige weisse Person, die im Township lebte, was demzufolge ein sehr seltenes Phänomen war. Die Einheimischen anerkannten ihn als einen der ihren und gaben ihm den Sotho-Namen Thabo. Tshukudu hat geltend gemacht, er habe Grobelaar nicht gekannt. Andererseits wurden auch seine beiden Begleiter von der Polizei gesucht; diese hatten Tshukudu aber von der Tat abhalten wollen.

Infolgedessen ist der Amnestie-Ausschuss zum Ergebnis gekommen, dass keinerlei Beweise für eine politische Motivation der Tat vorliegen und der Antragsteller somit die unter anderem in Art. 20 Abs. 2 und 3 des Gesetzes zur Förderung der Nationalen Einheit und Versöhnung enthaltenen Voraussetzungen für die Gewährung von Straffreiheit nicht erfüllt. Der Amnestie-Antrag ist deshalb abgelehnt worden.

3. *Amnestie-Urteil i.S. Jean Prieur du Plessis*[52]

Jean Prieur du Plessis war wegen verschiedenen Vergehen, darunter Diebstahl eines Personenwagens, Raub von Waffen und Hausfriedensbruch in je zwei Fällen sowie illegaler Waffenbesitz, von der Transvaal-Abteilung des Obersten Gerichts verurteilt worden.[53]

Die Erwägungen und das Urteil:

a. Der Antragsteller gehörte einer Organisation oder Bewegung mit dem Namen Nasionale Sosialistische-Pattisane (NSP) an, die allerdings aus nur vier Mitgliedern bestand. Die NSP erfüllte die in Art. 20 Abs. 2 lit. a und d des Gesetzes zur Förderung der Nationalen Einheit und Versöhnung festgelegten Voraussetzung an eine „öffentlich bekannte politische Organisation oder Befreiungsbewegung" nicht. Die vom Antragsteller vorgelegten Zeitungsartikel zeichneten vielmehr ein Bild von religiösen Fanatikern unter dem Einfluss einer Kirche, welche die „inferioren" Rassen ausmerzen will.[54]

b. Des Weiteren hat du Plessis geltend gemacht, er habe in Unterstützung der rechtsextremen Bewegung im Allgemeinen gehandelt. Der Amnestie-Ausschuss hat auch dieses Argument nicht gelten lassen können, denn die Tatsache, dass die Ziele der NSP möglicherweise mit denjenigen von anderen rechtsradikalen Organisationen übereinstimmten, bedeutet noch lange nicht, dass die anderen Gruppierungen mit denselben Mitteln vorgehen würden. Ausserdem genügte es gemäss dem Ausschuss nicht, die rechtsextreme Bewegung „gesamthaft" (as a „whole") zu unterstützen. Das Gesetz verlangte die Unterstützung einer zumindest definierbaren politischen Organisation, und nicht eines blossen politischen Trends oder einer Denkschule. Deshalb vermochte der Antragsteller die Anforderungen von Art. 20 Abs. 2 des Gesetzes nicht zu erfüllen. Aus diesem Grunde allein, so das Amnestie-Urteil, musste der Antrag in Bezug auf alle Strafen abgelehnt werden. Trotzdem hat der Ausschuss die verschiedenen Straftaten hinsichtlich der weiteren Anforderungen des Gesetzes gewürdigt.

c. Der Diebstahl eines Autos: Der Antragsteller hatte den Wagen gestohlen, um an verschiedenen Orten Waffen stehlen zu können. Mit diesen Waffen ausgerüstet, wollte er zusammen mit anderen Personen grössere Waffendepots ausrauben, um schliesslich möglichst viele Leute zum „Sturz der Regierung" zu bewaffnen. Damit lag gemäss dem Ausschuss ein Fall vor, in dem das Verhältnis zwischen der betreffenden Straftat (Diebstahl eines PW's) und dem politischen Ziel (Sturz der Regierung) den Anforderungen von Art. 20 Abs. 3 lit. f

52 Quelle: http://www.truth.org.za/amnesty/04.htm (zit. Amnestie-Urteil).

53 Das Strafmass geht aus dem Amnestie-Urteil nicht hervor. Dieser Fall wurde vor allem wegen der differenzierten Urteilsbegründung ausgewählt.

54 Amnestie-Urteil (Anm. 52), S. 1.

des Gesetzes zur Förderung der Nationalen Einheit und Versöhnung nicht entsprach, das heisst zu weit war.

d. Der Diebstahl von Waffen in einer Militärbasis etc.: Der Diebstahl von Waffen, die im Eigentum der Streitkräfte waren, ist vom Ausschuss als politisch motiviert betrachtet worden. Dasselbe gilt für den zu diesem Zwecke begangenen Hausfriedensbruch sowie für den illegalen Besitz von Waffen.

e. Die Gewährung von Amnestie hat trotzdem für sämtliche Delikte abgelehnt werden müssen, weil die Voraussetzungen in Art. 20 Abs. 2 lit. a und d des Gesetzes zur Förderung der Nationalen Einheit und Versöhnung vom Antragsteller nicht erfüllt wurden.

4. Amnestie-Entscheidung i.S. Brian Victor Mitchell[55]

Brian Mitchell war am 30. April 1992 wegen seiner Verantwortlichkeit für das sogenannte „Trust Feed-Massaker" zum Tode verurteilt worden. Mitchell war des Mordes an elf Menschen sowie des versuchten Mordes in zwei Fällen schuldig gesprochen worden. Das Massaker von Trust Feed ereignete sich am 2./3. Dezember 1988. Am 24. April 1994 wurde die Todesstrafe vom Staatspräsidenten in eine 30jährige Freiheitsstrafe umgewandelt. Mitchells Amnestie-Antrag hat nicht weniger als 857 Seiten umfasst.

Zum Sachverhalt: Mitchell war der Polizei 1975 beigetreten und erhielt eine Ausbildung im Kampf gegen Regimegegner. Er arbeitete unter anderem in einem *Joint Management Committee*, das für die Planung und Durchführung von „konterrevolutionären Strategien" im Rahmen der „totalen Strategie" eingesetzt wurde. Während der ANC und die UDF nicht als Gegner, sondern als Feinde betrachtet wurden, unterstützten die Sicherheitskräfte die IFP als Alliierte der Regierung im Kampf gegen den ANC und die UDF.[56] 1988 wurde Mitchell zum Kommandanten der Polizeistation in New Hanover ernannt. Im Oktober 1988 wurden Mitglieder der Inkatha durch UDF-Anhänger angegriffen, wodurch die Gewalt in diesem Gebiet entflammt worden war. Mitchell fand die IFP dieser Gegend zu schwach und besprach die Angelegenheit mit dem für Anti-Terror-Massnahmen zuständigen Offizier: Dieser empfahl die Einsetzung von schwarzen Hilfspolizisten im Kampf gegen ANC/UDF-Anhänger.

Bei einem Treffen mit lokalen IFP-Funktionären einigte man sich auf den Einsatz solcher Special Constables bei einem Angriff auf ANC/UDF-Anhänger. Mitchell fuhr die Hilfspolizisten zu einem Haus, in dem angeblich Aktivisten von ANC und UDF Bomben und andere Waffen lagerten. Der Antragsteller befahl, das Haus anzugreifen und niederzubrennen. Die Hilfspolizisten erschos-

55 Quelle: http://www.truth.org.za/amnesty/07.htm (zit. Amnestie-Urteil).

56 Amnestie-Urteil (Anm. 55), S. 1.

sen elf Menschen und verwundeten zwei. Mitchell selbst nahm an dieser Aktion nicht teil. Bald schon hatte sich indessen herausgestellt, dass das falsche Haus attackiert worden war. Die Vorgesetzten von Mitchell unternahmen Versuche, diesen Lapsus zu verdecken, was ihnen aber nicht gelang. Der Antragsteller und die vier Hilfspolizisten wurden der Justiz übergeben. Im Gerichtsurteil akzeptierte der urteilende Richter, dass Mitchell kein persönliches Motiv zur Begehung der Straftaten hatte.

Die Erwägungen und das Urteil: Die vom Antragsteller begangenen Delikte können als Teil des „konterrevolutionären Kampfes" gegen den ANC und die UDF gesehen werden. Mitchell hat nach Ansicht des Amnestie-Ausschusses im Rahmen seiner Pflichten als Angehöriger der südafrikanischen Polizei gehandelt und alle relevanten Fakten vollständig offengelegt. Seine Tat war gemäss Art. 20 Abs. 2 lit. b des Gesetzes zur Förderung der Nationalen Einheit und Versöhnung mit einem politischen Ziel verbunden.

Aus diesem Grund ist dem Amnestie-Antrag Mitchells vollumfänglich stattgegeben worden.[57]

5. *Amnestie-Entscheidung i.S. Dirk Coetzee, David Tshikalange und Butana Almond Nofomela*[58]

Dirk Coetzee hat die Wahrheitskommission um Amnestie für insgesamt 14 Straftaten, darunter mehrere schwere Menschenrechtsverletzungen, ersucht. Bei vorliegender Entscheidung des Amnestie-Ausschusses geht es ausschliesslich um die Ermordung des Menschenrechtsanwaltes Griffiths Mxenge im Jahre 1981. Coetzee, damals Offizier in der Vlakplaas-Spezialeinheit, ist für die Ermordung von Mxenge verantwortlich. David Tshikalange und Butana Almond Nofomela waren zwei der vier Täter, die Mxenge umbrachten. Alle drei Antragsteller waren des Mordes an Mxenge schuldig gesprochen worden; das Strafmass war aber zum Zeitpunkt des Amnestie-Verfahrens noch nicht festgelegt worden.[59]

57 Die vier Hilfspolizisten, welche dieselben Strafen wie Mitchell erhalten hatten, wurden bereits unter dem Further Indemnity Act von 1992 amnestiert und aus dem Gefängnis entlassen. Mitchell war der erste Gefangene, der auf Grund eines Amnestie-Urteils unter dem Gesetz zur Förderung der Nationalen Einheit und Versöhnung von 1995 aus dem Gefängnis entlassen wurde. Der Wahrheits- und Versöhnungskommission ist es gelungen, zwischen Mitchell und den Menschen von Trust Feed einen Prozess der gegenseitigen Annäherung und Versöhnung einzuleiten. Vgl. dazu ausführlich FR V/9, Rz. 70-82.

58 Quelle: http://www.truth.org.za/amnesty/32.htm (zit. Amnestie-Urteil).

59 Tshikalanges Amnestie-Gesuch bezog sich auf insgesamt sieben Delikte, von denen fünf schwere Menschenrechtsverletzungen waren; Nofomela reichte einen Amne-

Zum Sachverhalt: Alle drei Antragsteller waren zur Zeit der Tat Mitglieder der von Vlakplaas bei Pretoria aus operierenden Todesschwadronen. Coetzee traf sich täglich zweimal mit dem regionalen Sicherheitskommandanten, Brigadier Van der Hoven, zu Besprechungen. Einige Tage vor dem 19. November 1981 wies Van der Hoven Coetzee an, einen „Plan" über Mxenge zu machen. Daraus schloss Coetzee, er müsse die Ermordung Mxenges arrangieren.[60] Van der Hoven unterrichtete Coetzee, dass es sich bei Mxenge um einen in Durban praktizierenden Rechtsanwalt handle, der sich für Mitglieder der Befreiungsbewegung einsetze. Van der Hoven sprach davon, dass grosse Geldbeträge durch die Konten der Anwaltskanzlei fliessen würden. Die Polizei habe aber bisher keine Anklage wegen Veruntreuung von Geldern durch Mxenge zustandegebracht.[61] Durch das Engagement des Anwalts für die Menschenrechte von Regimegegnern und anderen Personen war Mxenge ein Stachel im Fleisch der Polizei geworden.

Van der Hoven sagte Coetzee, er solle die Ermordung Mxenges wie einen Raubmord aussehen lassen. Daraufhin erfuhr Coetzee weitere Einzelheiten von Hauptmann Taylor.[62] Coetzee bat Van der Hoven, er möge ihm zur Ausführung der Tat den erfahrenen Killer Joe Mamasela zur Verfügung stellen. Coetzee machte weitere Vorbereitungen und stellte eine Todesschwadron zur Ermordung des Anwaltes zusammen, die aus den beiden weiteren Antragstellern, Joe Mamasela und einer vierten Person bestand. Diese Vierergruppe ermordete Mxenge am 19. November 1981.

Die Erwägungen und das Urteil: Gestützt auf die vorliegende Beweislage ist gemäss dem Urteil davon auszugehen, dass keiner der Antragsteller den Ermordeten kannte, und dass deshalb keiner vor dem Erhalt des Auftrages ein Interesse an der Tötung Mxenges gehabt hatte. Alle drei Antragsteller betrachteten diese Tat als eine Handlung im Rahmen ihrer Pflichten als Polizisten und nach Massgabe der Instruktionen ihrer Vorgesetzten. Sie dachten auch, die Vor-

stie-Antrag in Bezug auf 22 Straftaten ein, wobei es sich in siebzehn Fällen um schwere Verstösse gegen die Menschenrechte handelte.

60 Solche verklausulierten Aufträge waren typisch für die Art und Weise der Kommunikation innerhalb der Sicherheitskräfte und Verwaltung. Vgl. hierzu die interessanten Ausführungen über die Bedeutung der Sprache und Ideologie im FR V/7, Rz. 124-133.

61 Der Amnestie-Ausschuss hält an dieser Stelle der Darstellung des Sachverhaltes explizit fest, dass keinerlei Beweise oder auch nur Indizien für eine Veruntreuung durch Mxenge vorliegen. Die Sicherheitspolizei hatte solche Gerüchte zum Zwecke der Verleumdung konstruiert.

62 Van der Hoven und Taylor waren ebenfalls angeklagt, wurden aber freigesprochen. Keiner der beiden stellte einen Amnestie-Antrag.

gesetzten hätten sich von der Notwendigkeit der Tat vergewissert. Coetzee bezeichnete die Tat vor dem Ausschuss „aus heutiger Sicht“ als „ungerechtfertigt“.[63]

Hinsichtlich der Quelle der Instruktionen hat der Amnestie-Ausschuss folgende Differenzierung vornehmen müssen: Tshikalange und Nofomela handelten gemäss Art. 20 Abs. 2 lit. b des Gesetzes zur Förderung der Nationalen Einheit und Versöhnung auf Befehl von Coetzee. Andererseits hat nicht bewiesen werden können, dass Coetzee seine Anordnungen von Van der Hoven oder Taylor bezogen hatte; diese waren vom Gericht freigesprochen worden. Der Amnestie-Ausschuss hat eingeräumt, dass es zwar gewisse Zweifel über die Identität von Coetzees Befehlsgeber gebe; andererseits sei der Umstand, dass er auf einen Befehl hin gehandelt habe, durch mehrere Fakten erhärtet.[64]

Auf Grund dieser Erwägungen ist allen drei Antragstellern Amnestie gewährt worden.

6. Amnestie-Urteil i.S. Thamsanqa David Jackson[65]

Thamsanqa David Jackson war für den Mord an einem Polizisten, Oupa Petrus Dithabe, zu einer Gefängnisstrafe von zwölf Jahren verurteilt worden.

Zum Sachverhalt: Am 22. April 1992 verbrannten der Antragsteller und andere Personen den Wagen eines Weissen, der angeblich mit Wasser verdünnte Milch an die Mitglieder der Gemeinde verkauft hatte. Kurz danach erschien die Polizei am Tatort. Einer der Polizisten, Dithabe, beschuldigte Jackson, der Anführer solcher Aktivitäten zu sein. Dithabe drohte Jackson, es würde keine Woche vergehen, bis er ihn getötet haben würde. Einen Tag später traf der Antragsteller Dithabe bei einem Gastlokal. Der Polizist befahl Jackson unter vorgehaltener Waffe anzuhalten. Dithabe beschimpfte Jackson und zwang ihn, zu einem bestimmten Ort mitzukommen. Unterwegs schlug der Polizist plötz-

63 Amnestie-Urteil (Anm. 58), S. 3. Der Amnestie-Ausschuss drückt seine „starke Missbilligung des Verhaltens der Polizei“ aus. Dies deshalb, weil die Ermordung an einem Anwalt erfolgt sei, der nichts anderes als seine Pflicht getan habe. Solche Werturteile sind in den Amnestie-Entscheidungen sehr selten.

64 Der Ausschuss hat folgende Fakten genannt: Dass Coetzee Mxenge nicht kannte und noch nie von ihm gehört hatte; dass er in Vlakplaas bei Pretoria stationiert war und sicher nicht auf eigene Initiative den langen Weg nach Durban zur Ausführung einer solch bedeutenden Operation gegangen wäre; die notwendige logistische Unterstützung; die Freistellung von Joe Mamasela von anderen Aufgaben; das Vertuschen der Tat; die Bezahlung des „Killerlohnes“ durch die Sicherheitspolizei an Tshikalange, Nofomela und Mamasela. Vgl. Amnestie-Urteil (Anm. 58), S. 3 f.

65 Quelle: http://www.truth.org.za/amnesty/05.htm.

lich auf Jackson ein, und ein Kampf brach aus. Schliesslich gelang es Jackson, die Waffe des Polizisten zu ergreifen. Der Antragsteller erschoss Dithabe.

Die Erwägungen und das Urteil: Der Amnestie-Ausschuss hat den Antragsteller unter anderem gefragt, inwiefern die Tötung des Polizisten mit einem politischen Ziel verbunden gewesen sei. Jackson hat geantwortet, es sei gar nicht seine Absicht gewesen, ihn zu töten. Er habe sich nur schützen wollen. Er sei davon ausgegangen, dass der Polizist ihn im Falle einer Flucht verfolgen und töten würde. Aus diesem Grund habe er sich so erregt, dass er ihm die Waffe zu entreissen versuchte.

Der Amnestie-Ausschuss ist zum Schluss gekommen, es sei völlig klar, dass die Tat des Antragstellers nicht mit einem politischen Ziel verbunden gewesen sei. Aus diesem Grund seien die Voraussetzungen des Gesetzes zur Förderung der Nationalen Einheit und Versöhnung, insbesondere Art. 20 Abs. 2 und 3, nicht erfüllt. Der Amnestie-Antrag ist somit abgelehnt worden.

7. *Amnestie-Urteil i.S. P. Maxam, T. Madoda und C.S. Ndinisa*[66]

Madoda und Ndinisa waren 1988 wegen Mord in zwei Fällen je zu fünfzehn Jahren Gefängnis und wegen Hausfriedensbruch je zu acht Jahren Gefängnis verurteilt worden. Maxam wurde wegen denselben Delikten 1990 zum Tode verurteilt; eine Appellationsinstanz hat die Todesstrafe in eine 25jährige Gefängnisstrafe umgewandelt.

Zum Sachverhalt: Die drei Antragsteller begaben sich am 15. April 1996 auf eine Farm, um dort vermutete Waffen zu stehlen. Nachdem sie beim Haus angelangt waren, fragten sie die Hausangestellte, wo es Waffen habe. Als die Hausangestellte schrie, wurde sie von Maxam erschossen. Daraufhin rannten sie zum Gärtner. Ndinisa fesselte den Gärtner und sagte Maxam, er solle ihn nicht erschiessen. Im Haus fanden die Antragsteller zwar Geld und Schmuck, aber keine Waffen. Da jemand die Alarmanlage aktiviert hatte, verliessen die Antragsteller das Haus. Beim Verlassen schoss Maxam nochmals auf die am Boden liegende Hausangestellte. Ausserdem erschoss er in Abwesenheit der beiden Mittäter den gefesselten Gärtner.

Alle drei Antragsteller waren politisch aktive Mitglieder des Paarl Youth Congress (PAYCO), der mit der UDF assoziiert war. In diesem Gebiet war es zu dieser Zeit zu heftigen Auseinandersetzungen zwischen der UDF und der Azapo gekommen, wobei die UDF-Anhänger der Meinung waren, die Azapo werde von der Polizei unterstützt. Aus diesem Grund wollten sich die drei Antragsteller bewaffnen. Sie verwiesen auf den sogenannten „Tambo Text", das heisst

66 Quelle: http://www.truth.org.za/amnesty/27.htm (Amnestie-Urteil).

eines Auszuges aus einer Rede des damaligen ANC-Präsidenten Tambo, in der er die Anhänger des ANC dazu aufrief, Waffen aus weissen Häusern zu stehlen:

„Pretoria hat seine mörderischen Pläne bis zum Äussersten ausgeführt. Wir müssen nun die reaktionäre Gewalt des Feindes mit unserer eigenen revolutionären Gewalt beantworten. Die Waffen liegen in den weissen Häusern. Jedes weisse Haus hat ein oder zwei Waffen zur Verwendung gegen uns versteckt. Unsere Mütter arbeiten in ihren Küchen. Wir arbeiten in ihren Gärten. Wir müssen gezielt nach diesen Waffen suchen. Es ist eine Frage von Leben und Tod, diese Waffen zu finden, um sie gegen den Feind zu verwenden. Der einsame Polizist muss ein Ziel sein. Er muss getötet werden, damit wir seine Waffe kriegen. Wir müssen lernen, den gepanzerten Fahrzeugen und den Polizeiwagen, die in den Ortschaften patrouillieren, Hinterhalte zu legen.“[67]

Die Erwägungen und das Urteil: Der Amnestie-Ausschuss hat akzeptiert, dass es die Antragsteller als notwendig erachteten, diesen Instruktionen Folge zu leisten und zu diesem Zweck in dem besagten Farmhaus nach Waffen zu suchen. Die dort gefundenen Wertsachen wurden noch am selben Tag in Kapstadt gegen Waffen umgetauscht, und das Geld wurde für die Selbstverteidigungseinheiten verwendet. Es lag keine persönliche Gewinnsucht vor. Insofern haben die Antragsteller die Anforderungen des Gesetzes zur Förderung der Nationalen Einheit und Versöhnung in Bezug auf den Tatbestand des Hausfriedensbruchs erfüllt.

Anders verhält es sich mit dem Doppelmord. Einerseits hat Maxam erklärt, er habe die beiden Opfer deshalb erschossen, um eine spätere Identifikation auszuschliessen. Andererseits hat er erkennen lassen, dass er bereits vor der Tat den Vorsatz gehabt habe, die im Haus allenfalls angetroffenen Personen zu töten. Madoda und Ndinisa hingegen haben geltend gemacht, sie hätten zu keinem Zeitpunkt den Vorsatz gehabt, jemanden zu töten. Maxam habe vollständig auf eigene Faust gehandelt. Im Übrigen hätten sie den *Tambo Text* in dem Sinne interpretiert, dass sie zwar zum Diebstahl von Waffen, nicht aber zum Töten autorisiert gewesen seien.

Der Amnestie-Ausschuss ist zur Auffassung gelangt, dass diese beiden Antragsteller zu keinem Zeitpunkt eine Tat begehen wollten, die nicht im Rahmen ihrer Befugnis als Mitglieder des PAYCO und als Verbündete der UDF und somit des ANC lag. Dies traf demgegenüber für Maxam nicht zu. Er erschoss genau die Leute, auf den sich der *Tambo Text* bezog: nämlich die Hausangestellte und den Gärtner, die in einem weissen Haushalt arbeiteten. Die Tötung wurde vom Antragsteller damit gerechtfertigt, dass er eine spätere Identifikation verhindern wollte. Diese Absicht stellt indessen keine politische Motivation im Sinne von Art. 20 Abs. 1 lit. b und Art. 20 Abs. 2 des Gesetzes zur Förderung

67 Amnestie-Urteil (Anm. 66), S. 2.

der Nationalen Einheit und Versöhnung dar. Zudem kommt, dass die Ermordung dieser beiden unschuldigen Leute dermassen unverhältnismässig zum angestrebten Ziel, also der Bewaffnung zur Selbstverteidigung, war, dass schlechterdings nicht von einer Tat gesprochen werden kann, die mit einem politischen Ziel verbunden gewesen war.

Gestützt auf diese Erwägungen hat der Amnestie-Ausschuss folgende Entscheidung getroffen:

1. Allen drei Antragstellern wird in Bezug auf den Tatbestand des Hausfriedensbruchs Straffreiheit gewährt.

2. Der Amnestie-Antrag von Maxam bezüglich dem Doppelmord wird abgelehnt.

3. Die Amnestie-Gesuche von Madoda und Ndinisa hinsichtlich des Doppelmordes werden gutgeheissen.

8. *Amnestie-Entscheidung i.S. Msizi Jethro Hlope*[68]

Der Antragsteller und Samuel Jamile waren in einem Strafverfahren wegen fünffachem Mord, Mordversuch in 7 Fällen und Anstiftung zu Mord in 3 Fällen angeklagt. Verurteilt wurden sie schliesslich wegen dem Mord an Zazi Khuzwayo und Nicholas Mkhize. Hlopes Strafe wurde auf 22 Jahre Gefängnis festgelegt, während Jamile eine lebenslängliche Gefängnisstrafe erhielt. 1993 wurde Jamile jedoch Straffreiheit gewährt, während der Amnestie-Antrag von Hlope abgelehnt wurde.

Hlope hat nun die Wahrheitskommission um Straffreiheit bezüglich dem Mord an Khuzwayo und Mkhize sowie in Bezug auf Mordversuche an drei Personen ersucht. Für diese Mordversuche war Hlope nie angeklagt worden. Zur Zeit der Straftaten war Hlope 16 Jahre alt.

Zum Sachverhalt:

a. Der Mord an Zazi Khuzwayo: Jamile war ein enger Freund von Hlopes Vater sowie dessen Vermieter. Ausserdem war Jamile ein hochrangiger Funktionär in der Provinzregierung von KwaZulu/Natal. Der Antragsteller begleitete 1987 in Befolgung einer entsprechenden Anweisung Jamiles einige Männer, um ihnen Khuzwayos Laden und Wohnung zu zeigen. Später erfuhr Hlope, dass die Gruppe die Ermordung von Khuzwayo plante. Am 9. Mai 1987 fuhr der Antragsteller gemäss einer Instruktion Jamiles die Männer in die Nähe des besagten Ortes, begab sich in den Laden und deutete der Gruppe, dass Khuzwayo im Laden sei. Danach begab sich Hlope zu Jamile. Dort erfuhr er von der Ermordung Khuzwayos.

Das Mordopfer war Mitglied des Clermont Advisory Board. Dieses Gremium widersetzte sich den Bemühungen der Inkatha, den Clermont-Distrikt in das Gebiet von KwaZulu/Natal zu inkorporieren. Dies war das Schlüsselthema der

68 Quelle: http://www.truth.org.za/amnesty/33.htm.

Wahlen von 1985 in den Advisory Board gewesen. Die Inkatha und Jamile hatten die Wahlen verloren. Der Advisory Board erhielt die Unterstützung von der UDF.

b. Die Ermordung von Nicholas Mkhize: Das Gericht stützte sich bei der Verurteilung Hlopes für den Mord an Mkhize auf Zeugenaussagen. Zeugen hatten unter anderem behauptet, Hlope sei bei der Ermordung Mkhizes ebenfalls dabei gewesen. Der Antragsteller hat dies stets dementiert und geltend gemacht, Jamile habe ihn zwar gefragt, ob er zur Tötung von Mkhize bereit sei. Dies habe er bejaht. Daraufhin habe er den Männern einige Auskünfte gegeben, er habe aber an der Ermordung (von der er nach seiner Version erst später erfahren habe) nicht teilgenommen.

Der Amnestie-Ausschuss hat den Standpunkt eingenommen, dass der Antragsteller auf jeden Fall gemäss den Instruktionen Jamiles gehandelt hatte - was er im Einzelnen auch immer gemacht habe.

c. Die versuchten Morde an Msomi, Sikhakhane und Luthuli: Diese Personen haben bezüglich dieser Straftaten eidesstattliche Erklärungen (affidavits) abgegeben, da sie die Delikte der Polizei seinerzeit nicht gemeldet hatten. Die drei Personen schliefen, als der Antragsteller zusammen mit zwei Männern den Raum betrat. Hlope leuchtete mit einer Taschenlampe in das Schlafzimmer, während die beiden anderen auf die Opfer losfeuerten. Glücklicherweise wurden Msomi, Sikhakhane und Luthuli aber nur verletzt.

Dieser Straftat war Folgendes vorausgegangen: Im Verlaufe desselben Tages hatte eine Gruppe von jungen UDF-Anhängern Jamile verhöhnt. Dieser Vorfall hatte Jamile dermas-sen erzürnt, dass er den Antragsteller und die beiden anderen Männer angewiesen hatte, die UDF-Anhänger zu töten.

Die Erwägungen und das Urteil: Der Amnestie-Ausschuss ist davon ausgegangen, dass fast alle Opfer in den Anklagen gegen Hlope und Jamile Opponenten der Inkatha waren. Hlope war zur Zeit der Taten erst 16 Jahre alt und lebte bei seinem Vater. Jamile hatte grossen Einfluss auf den Jungen, und so geriet Hlope in ein gewisses Abhängigkeitsverhältnis zu ihm. Mit der Zeit begann sich Hlope mit den Zielen seines Patrons zu identifizieren.

Der Amnestie-Ausschuss ist gestützt auf diesen Sachverhalt zum Schluss gelangt, dass die betreffenden Straftaten von Hlope auf Grund von entsprechenden Anordnungen Jamiles als Repräsentant der Inkatha ausgeführt wurden. Infolgedessen fallen die Delikte des Antragstellers unter die Bestimmungen von Art. 20 Abs. 2 lit. a des Gesetzes zur Förderung der Nationalen Einheit und Versöhnung. Der Amnestie-Antrag Hlopes ist somit gutgeheissen worden.[69]

69 Die Wiwe Khuzwayos hat den Amnestie-Ausschuss informiert, dass sie die Gewährung von Straffreiheit weder befürworte noch ablehne, während die Witwe von Mkhize den Standpunkt eingenommen hat, der Antragsteller habe kein vollständiges Geständnis abgelegt, weshalb sie die Amnestierung Hlopes ablehne.

Viertes Kapitel: Die Tätigkeit des Ausschusses für Wiedergutmachung und Rehabilitierung

a. Die Hauptfunktion dieses Ausschusses bestand gemäss Art. 4 lit. f des Gesetzes zur Förderung der Nationalen Einheit und Versöhnung darin, zu Handen des Präsidenten der Republik Empfehlungen zu erarbeiten in Bezug auf

- Massnahmen, die den Opfern Wiedergutmachung gewähren sollen, oder die auf eine andere Art und Weise geeignet sind, die Opfer zu rehabilitieren und ihre bürgerliche und menschliche Würde wiederherzustellen;
- Massnahmen, die ergriffen werden sollen, um den Opfern dringende, provisorische Wiedergutmachung zukommen zu lassen.

b. Daneben hatte der Ausschuss für Wiedergutmachung und Rehabilitierung unter anderem die Aufgabe, Informationen und Beweise zu sammeln, um die Identität der Opfer von Menschenrechtsverletzungen, ihr Schicksal und ihren Verbleib sowie die Art und das Ausmass ihres Leidens zu eruieren. Von enormer Bedeutung war zudem auch die Verantwortlichkeit des Ausschusses für die Betreuung der Opfer, die vor der Wahrheitskommission eine Aussage machen wollten.[70] Diese wurden von professionell geschulten *briefers* und *counsellors* auf ihren Auftritt vor der Kommission vorbereitet.

Die briefers und counsellors betreuten die Opfer und ihre Angehörigen auch während und nach den Anhörungen. Im Übrigen gab es bei den Hearings angesichts der emotionalen Belastung regelmässig auch Teams von Ärzten und Psychologen, die Opfern oder Mitarbeitern der Kommission bei Bedarf helfen konnten. Besonders wichtig war auch die Arbeit von Spezialisten und freiwilligen Helferinnen und Helfern, welche Trauma-Opfer unterstützten.

Bei diesen Aufgaben arbeitete der Ausschuss für Wiedergutmachung und Rehabiliterung besonders eng mit NGOs zusammen. Der Ausschuss unternahm Anstrengungen, um ein eigentliches Netzwerk von NGOs und *Community-based Organisations* (*CBOs*), die im Gesundheitswesen und im Fürsorgebereich

70 Ausführliche Informationen dazu im FR I/10, Administrative Reports of the Commission's Statutory Committees: Reparation and Rehabilitation Committee, Rz. 17 ff. Der Ausschuss war auch für die Instruktion der statement-takers verantwortlich: Diese hatten die schwierige Aufgabe, den Opfern mit Mitgefühl entgegenzutreten und zugleich darauf zu achten, dass alle formellen Anforderungen erfüllt werden. Zudem mussten die statement-takers mit den Berichten über schmerzliche und leidvolle Erfahrungen umgehen und diese selbst verarbeiten können. Siehe hierzu ebenfalls a.a.O.

tätig sind, zu etablieren, um die Opfer vor Ort wirksam unterstützen zu können.[71]

c. Der Ausschuss für Wiedergutmachung und Rehabilitierung kooperierte eng mit dem Amnestie-Ausschuss und der Abteilung für Menschenrechtsverletzungen.[72] Die Tätigkeiten der drei Abteilungen wurden koordiniert, um Synergieeffekte zu erzielen und die Effizienz der Arbeit zu optimieren. Zwischen den Komitees kam es zu einem ständigen Fluss an Informationen.[73]

Die Abteilung für Wiedergutmachung und Rehabilitierung leistete auch einen erheblichen Beitrag zur Grundlagenforschung der Wahrheits- und Versöhnungskommission. So basiert etwa das Kapitel des Schlussberichts über die Konsequenzen der schweren Menschenrechtsverletzungen[74] auf den Untersuchungen dieses Komitees.[75]

d. Ein Grossteil der Arbeit des Ausschusses vollzog sich im Unterschied zu den beiden anderen Abteilungen der Wahrheitskommission notwendigerweise eher hinter den Kulissen. Der Ausschuss für Wiedergutmachung und Rehabilitierung führte aber auch zahlreiche Veranstaltungen in Städten und auf dem Land durch, um den Versöhnungsprozess an den jeweiligen Orten voranzubringen und um die dortige Bevölkerung in den Diskurs über die Wahrheitskommission miteinzubeziehen. Gegenstand des folgenden Abschnitts ist die exemplarische Darstellung eines solchen Anlasses.

I. Die Anhörung in Oudtshoorn als Beispiel eines Hearings des Ausschusses für Wiedergutmachung und Rehabilitierung

a. Die Kleinstadt Oudtshoorn, die in einem ausgesprochen ländlichen Gebiet etwa 450 km westlich von Kapstadt liegt, war im Februar 1997 Gastgeberin einer Anhörung des Ausschusses für Wiedergutmachung und Rehabilitierung.[76]

71 Vgl. FR I/10, Administrative Reports of the Commission's Statutory Committees: Reparation and Rehabilitation Committee, Rz. 7 ff.

72 FR I/10, Administrative Reports of the Commission's Statutory Committees: Reparation and Rehabilitation Committee, Rz. 31 ff.

73 Zum Informationsmanagement siehe auch FR I/10, Administrative Reports of the Commission's Statutory Committees: Reparation and Rehabilitation Committee, Rz. 27 f.

74 FR V/4.

75 Zur Forschung vgl. FR I/10, Administrative Reports of the Commission's Statutory Committees: Reparation and Rehabilitation Committee, Rz. 29 f.

76 Die folgenden Ausführungen basieren auf den Informationen im illustrativen Bericht von Christelle Terreblanche, Oudtshoorn bares its soul, in: Truth Talk, Vol 2,

Die Gemeinde wurde nicht zufällig ausgewählt; in Oudtshoorn scheinen die Gräben zwischen den Menschen verschiedener Hautfarben besonders tief. Das Städtchen ist auch bekannt für seinen Konservatismus, der etwa darin zum Ausdruck kommt, dass rechtsgerichtete Afrikaaner die Gemeinde in ihre Planung eines „Volkstaat" miteinbezogen haben.

b. Zweck der Veranstaltung war es, die Auswirkungen der Apartheid auf eine Gemeinde wie Oudtshoorn zu untersuchen und Massnahmen zu diskutieren, um den Opfern in der Bevölkerung Wiedergutmachung und Rehabilitierung zu gewähren.

Der Anlass wurde von rund 500 Personen besucht; darunter befanden sich allerdings nur wenige Weisse. Fünf Gruppen präsentierten Eingaben zu den Themen Frauen, Jugend und Erziehung, Medien, Kirchen und Familien von Opfern. Besonders eindrücklich war der Bericht über die Situation der Medien in den achtziger Jahren, als nur eine Zeitung für Weisse zugelassen war, während eine andere, die sich offenbar an die schwarze Bevölkerung richtete, verboten war. Die Gemeinde drückte ihre Entschlossenheit aus, dass die Medien künftig ein umfassendes und objektives Bild der Gesellschaft vermitteln und nicht die Fehler der Vergangenheit wiederholen sollen. Vorgeschlagen wurde auch, über die Opfer der Apartheid zu berichten, damit die Leserinnen und Leser, die selbst solche oder ähnliche Erfahrungen haben machen müssen, mit ihrer emotionalen Belastung besser zurechtkommen können. Die Bevölkerung von Oudtshoorn möchte auch eine Gemeindezeitung ins Leben rufen.

c. Insgesamt wurde an dem Diskussionsforum deutlich, dass viele Gemeindemitglieder nicht gewillt sind, darauf zu warten, bis die Wahrheitskommission ihre Vorschläge dem Präsidenten unterbreitet hat; vielmehr wollen sie den Versöhnungsprozess *jetzt* starten. Auch die Western Cape Mental Health Association plädierte für die möglichst unverzügliche Umsetzung eines Programms zur Unterstützung von Menschen, die unter einem Trauma leiden. Sie beabsichtigt, Trauma-Zentren einzurichten, um sowohl Opfer als auch Täter zu betreuen.

d. Viele Diskussionsteilnehmer wiesen auf die Notwendigkeit hin, zu den Familien von Opfern zu gehen, um nach ihren Bedürfnissen zu fragen. Diese Familien äusserten am Forum vor allem auch das Bedürfnis, dass die Täter sie um Vergebung ersuchen. Sie schlugen die Einrichtung eines Rehabilitationsforums vor, um zwischen Tätern und Opfern eine Brücke zu bauen.

e. Dass eine solche Verständigung auch zwischen den Kirchen erforderlich ist, zeigte der Ruf nach einer „Religiösen Codesa". Zur Eindämmung der Arbeitslosigkeit sollen in der Gemeinde neue Jobs geschaffen werden. Mit der

No. 1, March 1997, S. 3. Vgl. auch die Auszüge aus Aussagen, die an einer Veranstaltung nach dem Hearing gemacht wurden, im FR V/9, Rz. 127-129.

Einrichtung eines Technikums wird eine Verbesserung der Ausbildungsmöglichkeiten angestrebt. Die Kooperation der bisher rassenmässig getrennten Schulen ist zu verstärken.

Wichtig ist auch, eine Zusammenstellung der existierenden Ressourcen und Dienstleistungen in der Gemeinde auszuarbeiten, vor allem betreffend medizinische und Bildungseinrichtungen. Das Problem lag bisher darin, dass es zwar in verschiedenen Bereichen durchaus genügend Ressourcen gibt, diese aber krass ungleich verteilt sind.

f. Eine Veranstaltung wie diejenige von Oudtshoorn ist meines Erachtens von grossem Wert. Einerseits sollten die Diskussionen zwischen den Teilnehmern zu einer Annäherung und zu einem grösseren gegenseitigen Verständnis gerade auch zwischen Menschen verschiedener Hautfarben und Herkunft führen. Andererseits können die am Forum vorgeschlagenen Massnahmen und Initiativen der Entwicklung der Gemeinde bedeutende Impulse in die richtige Richtung vermitteln, das heisst hin zu einer ausgewogeneren Verteilung der Gemeinderessourcen, einer transparenteren Gemeindepolitik und vor allem einer Verständigung zwischen den bisher tief gespaltenen Gemeindemitgliedern.

Ein solcher Anlass alleine genügt mit Sicherheit nicht; ihm kommt indessen eine wesentliche Katalysatorfunktion zu, wenn es gelingt, solche Vorschläge tatsächlich zu realisieren. Mit Sicherheit muss es auch gelingen, einen möglichst grossen Teil aller Bevölkerungsgruppen in den Prozess einzubinden. Es bleibt zu hoffen, dass die Weissen, die an der Veranstaltung nicht teilgenommen haben, vielleicht von denjenigen Weissen von der Notwendigkeit solcher Diskussionen überzeugt werden können, die durch den Anlass um eine positive Erfahrung reicher geworden sind.[77]

77 Stadtpräsident Sipho Kroma hatte an einer Veranstaltung nach dem Hearing die Bürgerinnen und Bürger von Oudtshoorn dazu aufgefordert, aufeinander im Geiste der Versöhnung zuzugehen: „*Ich denke, was wir nun tun müssen, ist, zu der anderen Seite zu gehen und unsere Brüder und Schwestern, die in der Stadt leben, überzeugen und ihnen die Bedeutung der Wahrheitskommission und die Bedeutung unseres Zusammenkommens als Nation und die Bedeutung unseres Zusammenlebens als Brüder und Schwestern im Geiste der Versöhnung erklären, (und) was dies alles für unsere Stadt bewirken kann.*“ (FR V/9, Rz. 129; Übersetzung des Verfassers.)

II. Die Empfehlungen des Ausschusses für Wiedergutmachung und Rehabilitierung zu Handen des Präsidenten der Republik

1. Der Prozess der Erarbeitung der Empfehlungen

a. Im April 1997 legte der Ausschuss für Wiedergutmachung und Rehabilitierung einen Zwischenbericht mit Empfehlungen zu Handen des Präsidenten der Republik hinsichtlich Massnahmen für dringende, provisorische Wiedergutmachungsleistungen und finale Reparationen vor. Darin wurde unter anderem der Prozess erläutert, der den Ausschuss zu diesen Empfehlungen gebracht hat.[78] Opfer, die Reparation erlangen möchten, mussten demnach ein Antragsformular mit diversen Fragen ausfüllen. Diese Informationen wurden in eine Datenbank zwecks übergreifender Analysen eingegeben. Die Opfer wurden unter anderem nach ihren Wünschen und Bedürfnissen gefragt. Von grosser Bedeutung sind auch Erkenntnisse, die aus Diskussionsveranstaltungen wie derjenigen in Oudtshoorn gewonnen werden können. Workshops wurden zudem mit NGOs und Gemeinden durchgeführt. Vertreter des Ausschusses hatten zudem mit Regierungsvertretern auf regionaler und nationaler Ebene sowie mit Ökonomen, Statistikern und Expertinnen im Gesundheitswesen Gespräche geführt.

b. Durch diesen komplexen Prozess konnten Resultate und Erkenntnisse gewonnen werden, die schliesslich in einer Nationalen Konsultativkonferenz im April 1997 zunächst zu einem Zwischenbericht verarbeitet wurden. In den folgenden Monaten wertete der Ausschuss für Wiedergutmachung und Rehabilitierung das umfangreiche Datenmaterial aus und formulierte seine definitiven Empfehlungen an die Adresse der Exekutiv- und Legislativorgane der Republik zur Wiedergutmachungs- und Rehabilitierungspolitik.[79]

2. Die moralischen und juristischen Grundlagen für Wiedergutmachungsleistungen

a. Die moralische Basis für Reparationen hat die Wahrheitskommission in der Möglichkeit gesehen, Straftätern straf- und zivilrechtliche Immunität auszusprechen.[80] Infolgedessen versuche die Regierung eine moralische Ausgewogenheit herzustellen, indem den Opfern von schweren Menschenrechtsverletzungen Wiedergutmachung gewährt werde.[81] Gemäss der Wahrheitskommission kann

78 Zwischenbericht, S. 8 f.

79 Diese sind im FR V/5 enthalten.

80 FR V/5, Rz. 3.

81 Die Wahrheitskommission hat auf die Diskrepanz zwischen der Situation von Tätern und Opfern hingewiesen: Während die Täter relativ schnell in den Genuss von Immunität kommen können, haben die Opfer bisher noch keine ähnlich greifbaren

es ohne adäquate Massnahmen zur Reparation und Rehabilitierung keine Heilung und Versöhnung geben, weder auf einer individuellen noch auf einer gemeinschaftlichen Ebene.[82]

b. Neben den moralischen Erwägungen gibt es aber auch handfeste juristische Gründe, die sogar zwingend für die Gewährung von Wiedergutmachung an die Opfer von schweren Menschenrechtsverletzungen sprechen. Zunächst erteilt ja das Gesetz zur Förderung der Nationalen Einheit und Versöhnung den Auftrag, die Opfer zu rehabilitieren und sie in den Genuss von Reparationen kommen zu lassen.[83] Zur rechtlichen Basis von Wiedergutmachungsleistungen ist aber auch das Azapo-Urteil des südafrikanischen Verfassungsgerichtes zu zählen, mit dem das Gesetz zur Förderung der Nationalen Einheit und Versöhnung als verfassungskonform bestätigt worden ist.[84]

Die Wahrheitskommission ist zudem zum Schluss gekommen, dass es im Internationalen Recht einen gut verankerten Anspruch der Opfer von Menschenrechtsverletzungen auf die Leistung von Kompensation für ihre Verluste und Leiden gebe, wobei diese Reparationen signifikant und substanziell sein müssen.[85]

3. *Prinzipien der Reparation*

a. Besonders wichtig ist gemäss der Kommission ein entwicklungsorientierter Ansatz.[86] Das primäre Ziel jeder Reparation muss darin liegen, die Lebensqualität des Opfers zu verbessern. Zu diesem Zweck sollen die Opfer nicht zu Objekten der Fürsorge degradiert werden, sondern als mündige Staatsbürgerinnen und Staatsbürger ernst genommen werden.

Resultate gesehen. Deshalb sei die Notwendigkeit, die Opfer mit Wiedergutmachungsleistungen zu versorgen, ein moralischer Imperativ (Zwischenbericht, S. 5).

82 FR V/5, Rz. 21.

83 Präambel des Gesetzes, erster Abschnitt („*the taking of measures aimed at the granting of reparation to, and the rehabilitation and the restoration of the human and civil dignity of victims of violations of human rights*"); Art. 4 lit. f und Art. 25 Abs. 1 lit. b Abschnitt i des Gesetzes.

84 Vgl. FR V/5, Rz. 5 f. mit Bezugnahme auf die Paragraphen 62 und 65 des Azapo-Urteils. Zum Azapo-Urteil siehe auch die Ausführungen auf den S. 159 ff.

85 Hierzu FR V/5, Rz. 11 ff. mit Verweis auf einschlägige Stellen in der Universellen Erklärung der Menschenrechte, den UNO-Pakt über die Bürgerlichen und Politischen Rechte, die Konvention gegen die Folter und andere grausame, unmenschliche oder erniedrigende Behandlung und Bestrafung sowie die Inter-Amerikanische Menschenrechtskonvention.

86 Vgl. FR V/5, Rz. 46 f. und Zwischenbericht, S. 10 f.

Dies bedeutet, dass die Opfer einerseits mit dem Wissen ausgestattet werden sollen, um adäquaten Gebrauch und Nutzen von den Reparationsleistungen machen zu können. Andererseits müssen die Opfer in den Prozess der Definition der Leistungen, die ihnen zukommen sollen, einbezogen werden. Die Opfer sollen mitbestimmen können, welche Ressourcen ihnen den grössten Nutzen bringen. Reparationsleistungen sollen in diesem Sinne vor allem auch Hilfe zur Selbsthilfe sein.

b. Die Wahrheitskommission hat sich dafür ausgesprochen, die Basis für die Unterstützungsleistungen in den lokalen Gemeinschaften zu suchen.[87] Eine Kooperation mit den lokalen und regionalen Behörden sowie mit den lokalen NGOs und Community-based Organisations bietet die Chance einer effizienten und bürgernahen Vorgehensweise zur Befriedigung der Bedürfnisse der Opfer. Zugleich kann durch die Anstrengungen innerhalb der Gemeinden auch der Versöhnungsprozess in den lokalen Gemeinschaften vorangebracht werden.

In Oudtshoorn beispielsweise hat die Gesundheitsabteilung der Regionalverwaltung die Anstrengungen intensiviert, um aus den vorhandenen Einrichtungen und Ressourcen ein Optimum an Wirkung zu gewinnen.[88] Bei der Behandlung der Trauma-Opfer in der Gemeinde setzt man einerseits auf die vorhandenen Dienste im Bereich der mentalen Gesundheit. Andererseits bilden Spezialisten Teams von Freiwilligen aus, welche die Opfer unterstützen wollen. Auf diese Weise gelingt es zugleich, die Hilfe für Trauma-Opfer zu verbessern und den Zusammenhalt in der Gemeinde zu fördern. Mitglieder der Gemeinde helfen also anderen Angehörigen der lokalen Gemeinschaft. Die Gemeinschaft erarbeitet ein unterstützendes Netz[89], das die Hilfsbedürftigen in ihrer Mitte auffangen soll.

c. Als weitere massgebende Prinzipien hat die Wahrheitskommission die Einfachheit und Effektivität, die kulturelle Angemessenheit, die Nachhaltigkeit von Programmen und die Förderung von Heilung und Versöhnung genannt.[90]

4. *Die Problematik der Reparationshöhe*

a. Der Ausschuss für Wiedergutmachung und Rehabilitierung hat vorgeschlagen, jedem Opfer grundsätzlich Reparationen in derselben Höhe zukommen zu

87 FR V/5, Rz. 50.

88 Siehe FR V/9, Rz. 128.

89 Der Koordinator dieser Bemühungen, Charles Narkin, spricht von einem *supportive web*, das in der Nachbarschaft und in der Gemeinde durch Leute der Gemeinschaft aufgebaut werde, und das hoffentlich an Stärke gewinnen werde; vgl. FR V/9, Rz. 128, letzter Abschnitt.

90 Die Prinzipien werden im FR V/5, Rz. 48-53, kurz beschrieben.

lassen. Mit anderen Worten wird weder in Bezug auf das Vermögen und Einkommen der Opfer noch hinsichtlich ihres Leidens differenziert.

aa. Gemäss Berechnungen des Ausschusses würden die administrativen Kosten einer Unterscheidung nach Vermögen und Einkommen der Opfer die allfälligen Einsparungen überwiegen, da es nur sehr wenige reiche Opfer gibt, die ihre Anspruchsberechtigung verlieren würden.[91]

bb. Der Ausschuss hat seinen Vorschlag, auch in Bezug auf das Leiden der Opfer auf eine Differenzierung zu verzichten, wie folgt begründet: Es sei unmöglich, ein Set von Kriterien zu entwickeln, das je nach Ausmass des Leidens verschiedene Reparationsleistungen festlegt. Vor allem würden verschiedene Opfer völlig unterschiedlich auf dasselbe Ereignis reagieren. Während einige Opfer schwerwiegende Menschenrechtsverletzungen relativ gut überstehen, haben vergleichsweise geringfügige Straftaten auf andere Opfer gravierende Folgen.[92]

b. Eine Differenzierung der Höhe der Reparationsleistung erfolgt aber nach dem Kriterium der Zahl der vom Opfer finanziell abhängigen Personen (*dependants*). Bei der dringenden, provisorischen Hilfe werden fünf Stufen gebildet,[93] bei den finalen Wiedergutmachungsleistungen gibt es neun Kategorien.[94] Bei den finalen Reparationen wird überdies die Unterscheidung getroffen, ob sich der Wohnort auf dem Land oder in einer Stadt befindet.[95]

c. Die Wahrheitskommission hat sich bei den dringenden, provisorischen Wiedergutmachungsleistungen und den finalen Reparationen für Leistungen in der Form von Geldzahlungen entschieden. Die Alternative, ein „Dienstleistungspaket" (*„service package"*), wurde zwar in Betracht gezogen, jedoch aus verschiedenen Gründen abgelehnt.[96]

91 Zwischenbericht, S. 12.

92 A.a.O.

93 Der Antragsteller allein; der Antragsteller plus eine Person; der Antragsteller plus zwei Personen; plus drei Personen; plus vier Personen; plus fünf oder mehr Personen. Vgl. FR V/5, Rz. 55.

94 Stufe eins bis neun bezeichnet die Anzahl Personen, die in den Genuss der Leistung kommen werden. Kategorie neun bedeutet dabei: neun oder mehr Personen. Siehe FR V/5, Rz. 76.

95 Vgl. a.a.O.

96 Gegen die Alternative sprechen nach der Ansicht der Kommission unter anderem folgende Gründe: der administrative Aufwand; die Bedürfnisse der Opfer ändern sich mit der Zeit, wodurch das massgeschneiderte Dienstleistungspaket änderungsbedürftig wird; dasselbe gilt für die Bedürfnisse der finanziell vom Opfer abhängigen Personen; ein privilegierter Zugang zu den Dienstleistungen könnte in den Gemeinden zu Spannungen führen. Auf der anderen Seite gibt eine Geldzahlung dem Empfänger die Möglichkeit, frei zu wählen, wofür er das Geld ausgeben will; auch

5. *Empfehlungen in Bezug auf dringende, provisorische Wiedergutmachungsleistungen*

a. Bei dringenden, provisorischen Reparationen (*urgent interim reparation*) geht es um kurzfristige Massnahmen zugunsten von Opfern, die sich in einer dringenden Notlage befinden. Solche Massnahmen sind so lange zu ergreifen, bis die finalen Wiedergutmachungsleistungen implementiert werden. Es ist darauf hinzuweisen, dass auch dringende, provisorische Reparationsleistungen vom Ausschuss nicht selber verfügt werden konnten, da er selbst nicht über Ressourcen verfügte, die er den Opfern zukommen lassen konnte. Der Ausschuss hatte nur die Möglichkeit, Massnahmen zu empfehlen. In concreto hat die Abteilung dem Präsidialfonds in Pretoria jeweils vorgeschlagen, einem Opfer, das sich in einer dringenden Notlage befindet, eine Geldleistung zukommen zu lassen. Der Präsidialfonds kann die Opfer auch an bereits bestehende Institutionen verweisen.[97]

b. Dem Ausschuss kam vor allem auch die Aufgabe zu, Opfer an schon existierende Einrichtungen von Staat, NGOs oder Privaten zu verweisen und ihnen den Zugang zu solchen Dienstleistungen zu erleichtern, beispielsweise durch Hilfeleistungen wie die Erledigung der entsprechenden Korrespondenz. In diesem Sinne sind die Empfehlungen für dringende, provisorische Reparationen subsidiär, denn sie kommen erst in Frage, wenn benötigte Ressourcen vom Staat oder anderen Institutionen nicht kostenlos zur Verfügung gestellt werden.[98]

c. Anspruch auf dringende, provisorische Leistungen haben diejenigen Opfer, die gewisse, vom Ausschuss entwickelte Dringlichkeitskriterien erfüllen.[99] Wer dringende Wiedergutmachungsleistungen erhält, ist automatisch anspruchsberechtigt für finale Reparationen.

6. *Die finalen Wiedergutmachungsleistungen*

a. Jedes Opfer soll grundsätzlich Reparationsleistungen in demselben Umfang erhalten. Eine Differenzierung erfolgt nach der Anzahl der finanziell vom Opfer abhängigen Personen und nach der ländlichen oder städtischen Wohngegend.

ist die finanzielle Planung des Staates bei Geldzahlungen einfacher; im Übrigen haben die meisten Opfer erklärt, sie würden Geldzahlungen bevorzugen. Vgl. zum Ganzen FR V/5, Rz. 41 ff.

97 Zur Implementierung der dringenden, provisorischen Reparationen siehe FR V/5, Rz. 58 ff.

98 Zwischenbericht, S. 14. Der Grundgedanke liegt darin, dass angesichts der knappen finanziellen Mittel der Republik Südafrika die bestehenden Einrichtungen und Ressourcen optimiert werden sollen.

99 FR V/5, Rz. 57.

b. Die Wiedergutmachungsleistung gliedert sich nach der Vorstellung der Wahrheitskommission in drei Komponenten: erstens eine Anerkennung des durch die Menschenrechtsverletzung verursachten Leidens; zweitens eine Geldzahlung zur Ermöglichung des Zugangs zu Dienstleistungen; drittens einen Beitrag an die täglichen Lebenshaltungskosten.[100]

c. Die Reparation soll nach Empfehlung der Wahrheitskommission halbjährlich während einer Periode von fünf Jahren ausbezahlt werden. Die Wiedergutmachungsleistung soll sich am Einkommen eines durchschnittlichen Haushaltes in Südafrika im Jahre 1997 orientieren;[101] die Armutsgrenze[102] wurde von der Kommission als Bezugsgrösse abgelehnt, weil eine solche Annahme keine wirklich substanziellen Zuwendungen an die Opfer erlaubt hätte.

7. *Symbolische Wiedergutmachung sowie rechtliche und administrative Interventionen*

a. Bei dieser Kategorie von Reparationen geht es darum, die Würde der Opfer anzuerkennen und den Prozess des Gedenkens an die Leiden und Schmerzen der Opfer zu erleichtern. Die Eingaben an die Kommission haben gezeigt, dass diese Arten von Wiedergutmachung von den Opfern selbst als wichtig eingestuft werden, um mit der Vergangenheit umgehen zu können.[103]

b. Die Kommission hat unter anderem folgende Massnahmen vorgeschlagen: die Ausgabe von Todeszertifikaten und Todeserklärungen; Exhumationen und Bestattungszeremonien; die Errichtung von Grabsteinen; die Korrektur von Strafregistereinträgen; die Bereinigung von pendenten gerichtlichen Angelegenheiten; die Umbenennung von Strassen und Einrichtungen; die Errichtung von Denkmälern und Monumenten; die Durchführung von kulturell angemessenen Zeremonien; die Einführung eines nationalen Gedenktages.[104]

8. *Community Rehabilitation*

a. Die Community Rehabilitation bedeutet einerseits, dass die Unterstützung der Opfer von den Gemeinden, und nicht etwa von einem zentralstaatlichen Organ ausgehen soll. Andererseits will die Kommission mit diesem Begriff darauf hinweisen, dass *ganze Gemeinden* der Rehabilitierung bedürfen.[105] Beide Ele-

100 FR V/5, Rz. 70. Die Formel zur Berechnung der jeweiligen konkreten Anspruchsberechtigung ist a.a.O., Rz. 76 enthalten.

101 Gemäss FR V/5, Rz. 69 betrug dieses 21'700 Rand.

102 Diese ist auf 15'600 Rand festgesetzt (a.a.O.).

103 FR V/5, Rz. 78.

104 FR V/5, Rz. 79-93.

105 FR V/5, Rz. 94.

mente können sich aber ergänzen: Die Leistung von Hilfe für die Opfer aus der Mitte der Gemeinschaft fördert auch den Zusammenhalt in der Gemeinde.

b. Die Wahrheitskommission hat die Bildung von Gruppen aus Freiwilligen vorgeschlagen, die von Spezialisten ausgebildet werden, damit sie die Opfer unterstützen können.[106] Zugleich sollen die Gesundheitsbehörden lokale Behandlungszentren mit multidisziplinären Teams errichten, damit die vielfältigen physischen und emotionalen Bedürfnisse der Opfer befriedigt werden können.[107]

c. Besonders bedeutsam sind auch Massnahmen zur Entmilitarisierung der Jugendlichen.[108] Die jungen Menschen sind der Gewalt so ausgesetzt gewesen, dass sie allmählich die Gewalt als Mittel zur „Lösung" von Konflikten akzeptiert haben. Dieses Problem ist nach Ansicht der Kommission dringend anzugehen.

Es braucht eine Kombination von sozialen, therapeutischen und politischen Prozessen und Interventionen, die je nach Gegend, in der sie implementiert werden, zu differenzieren sind.[109] Wichtig sind in diesem Zusammenhang auch Anstrengungen im Bildungssektor und im Sportbereich. Um die Jugend in die Gesellschaft zu reintegrieren, hat die Kommission die Errichtung von Colleges und Jugendzentren in den Gemeinden empfohlen.[110]

d. Die Zwangsumsiedlungspolitik des Apartheid-Regimes hat tausende von Menschen zu „internen" Flüchtlingen im eigenen Land gemacht; eine Zwangsumsiedlung kann zu psychischem Stress, Arbeitslosigkeit und Trauma führen.[111] Die Wahrheitskommission hat die Erarbeitung eines multidisziplinären Programms durch die betroffenen Ministerien (Gesundheit, Wohlfahrt, Wohnungsbau) vorgeschlagen, um die Rückkehr der zwangsweise umgesiedelten Menschen in ihre Heimat zu ermöglichen und dieses enorme Problem anzugehen.[112]

e. Die Wahrheitskommission hat sich für Reformen im Ausbildungsbereich ausgesprochen, um die während Jahrzehnten vernachlässigte Ausbildung der

106 Gemäss der Kommission ist diese Methode ein kostengünstiger und auch für die Opfer vorzugswürdiger Weg der Hilfe. Siehe FR V/5, Rz. 103 f. Das Gremium weist auch auf den engen Zusammenhang zwischen der mentalen Gesundheit und der sozioökonomischen Entwicklung hin; vgl. a.a.O., Rz. 102.

107 FR V/5, Rz. 100. Der Rehabilitierung bedürfen aber auch die Täter und deren Familien, damit sie mit ihrer gewaltsamen Vergangenheit leben können, siehe a.a.O., Rz. 101.

108 Dazu FR V/5, Rz. 96 f.

109 FR V/5, Rz. 97.

110 FR V/5, Rz. 108.

111 FR V/5, Rz. 98.

112 FR V/5, Rz. 99.

Schwarzen zu verbessern, ohne allerdings auf Einzelheiten einzugehen.[113] Dem Wiederaufbau von beschädigten oder gar zerstörten Schulen ist Priorität einzuräumen.[114] In den Erziehungsprogrammen sollten nach Ansicht der Kommission auch Anstrengungen zur emotionalen Unterstützung der Schülerinnen und Schüler enthalten sein.[115] Die Massnahmen im Bereich der Ausbildung und Weiterbildung der Erwachsenen sind gemäss der Kommission ebenfalls zu fördern, da es zahlreiche erwachsene Menschen gibt, die infolge von Menschenrechtsverletzungen einen enormen Nachholbedarf im Bildungsbereich haben.[116]

f. Die Wahrheitskommission hat die Durchführung von Projekten zur Förderung des Wohnungsbaus vor allem in jenen Gebieten empfohlen, in denen Menschenrechtsverletzungen zur massenhaften Zerstörung von Eigentum und Zwangsumsiedlungen geführt haben.[117]

9. *Die Implementierung der Wiedergutmachungs- und Rehabilitierungspolitik*

Die Wahrheitskommission hat vorgeschlagen, die Massnahmen zur Wiedergutmachung und Rehabilitierung auf der nationalen, provinziellen und kommunalen Ebene zu implementieren.

Auf nationaler Ebene wäre gemäss der Kommission die Bildung einer Vollzugsbehörde im Präsidialamt oder im Vizepräsidialamt sachgerecht, weil eine Koordinierung von Ressourcen und Dienstleistungen verschiedener Ministerien erforderlich sei.[118] Der Nationale Direktor für Wiedergutmachung und Rehabilitierung soll von einem Gremium beraten werden.[119]

Gemäss der Kommission hat die Vollzugsbehörde die Bildung von Partnerschaften mit NGOs zu erleichtern, damit die Bedürfnisse der Opfer befriedigt werden können.[120]

Die nationale Behörde ist auch für die Errichtung der Reparationsbehörden in den Provinzen zuständig. Die Provinzbüros sind unter anderem für die Durch-

113 FR V/5, Rz. 107.
114 FR V/5, Rz. 110.
115 FR V/5, Rz. 111. Wichtig sind auch Bemühungen zur Unterstützung der Absolventinnen und Absolventen der Schulen bei der Jobsuche, siehe a.a.O., Rz. 112.
116 FR V/5, Rz. 109.
117 FR V/5, Rz. 113.
118 FR V/5, Rz. 116 b.
119 Die Kommission hat von einem *panel* oder *board of trustees* aus qualifizierten Angehörigen der relevanten Ministerien und Mitgliedern von Menschenrechtsorganisationen gesprochen, siehe FR V/5, Rz. 116 c.
120 FR V/5, Rz. 117 d.

führung der Community Reparation und der symbolischen Wiedergutmachung auf lokaler Ebene verantwortlich.[121]

Fünftes Kapitel: Der Schlussbericht der Wahrheits- und Versöhnungskommission

Die Wahrheits- und Versöhnungskommission hat ihren fünfbändigen Schlussbericht am 29. Oktober 1998 dem Präsidenten der Republik übergeben.[122] Die Kommission hat zudem nach Erledigung und Auswertung sämtlicher Amnestie-Anträge einen ergänzenden Bericht (bestehend aus zwei Bänden) verfasst, welcher dem Schlussbericht beigefügt worden ist. Diese Ergänzung ist dem Präsidenten am 21. März 2003 überreicht worden.

Das am 29. Oktober 1998 übergebene Dokument umfasst 3'500 Seiten und ist in fünf Bände (volumes) mit insgesamt 45 Kapiteln (chapters) gegliedert. Im Folgenden soll zunächst eine relativ kurze Übersicht über den Aufbau und den Inhalt des Schlussberichts gegeben werden. Dabei wird das Hauptgewicht der Ausführungen auf dem fünften Band liegen; die Begründung für diese unterschiedliche Gewichtung liegt darin, dass der fünfte Teil des Schlussberichtes die Ergebnisse (*findings*) der Kommission sowie ihre Empfehlungen zu Handen des Präsidenten der Republik enthält und somit besonders bedeutsam ist. Alsdann wird in einem zweiten Teil eine summarische Würdigung des Schlussberichtes erfolgen.

121 FR V/5, Rz. 119 c. Zu den übrigen Zuständigkeiten vgl. a.a.O., Rz. 119 a, b, d und e.

122 Vgl. hierzu etwa folgende Presseberichte: Suzanne Daley, Truth Panel's Report Stirs More Bitterness, in: International Herald Tribune (Zürich), 30. Oktober 1998, S. 1 und 7; David Beresford und Alex Duval Smith, Tutu savages apartheid - South African truth commission finally reports, condemning atrocities by whites and blacks, in: The Guardian (London), 30. Oktober 1998, S. 1 f. sowie die weiteren Berichte derselben Autoren a.a.O., S. 18 f.; Werner Vogt, Einblick in Südafrikas blutige Vergangenheit - Kontroverser Bericht der Wahrheitskommission, in: NZZ vom 30. Oktober 1998, S. 1 f.; Anton Christen, Südafrikas Blick zurück - ein Kompromiss, in: NZZ vom 30. Oktober 1998, S. 3.

I. *Übersicht über den Aufbau und den Inhalt des Schlussberichts*

1. *Der erste Band*

Dieser erste Teil des Berichts beschäftigt sich vor allem mit den konzeptionellen Grundlagen der Tätigkeit der Kommission.

Der Band wird in einem *ersten Kapitel* eingeleitet durch ein Vorwort des Kommissionsvorsitzenden, Erzbischof Tutu. Der Nobelpreisträger des Jahres 1984 weist an dieser Stelle nochmals auf die verschiedenen Optionen hin, welche den Kontrahenten des Transitionsprozesses für die Regelung der Amnestie-Frage zur Verfügung standen.[123] Der Erzbischof begründet, weshalb der Mittelweg der Individualamnestie vorzugswürdig ist. Er legt dar, dass die Straftäter, welche die Kommission um Amnestie ersuchen, tatsächlich einen Preis zu bezahlen haben: nämlich die vollständige Offenlegung ihrer Delikte vor dem Forum der Öffentlichkeit.[124] Der Leiter der Kommission begründet eingehend, weshalb der an sein Gremium gerichtete Vorwurf der Parteilichkeit und Unausgewogenheit unbegründet sei.[125]

Schliesslich verdeutlicht er einmal mehr sein Credo, dass es Versöhnung nur durch Wahrheit geben könne.[126] Erzbischof Tutu ruft seine Landsleute dazu auf, das Kapitel der Vergangenheit nunmehr zu schliessen und sich gemeinsam um die Zukunft Südafrikas zu bemühen.[127]

Das *zweite Kapitel* beschäftigt sich mit dem historischen Kontext, in dem die Arbeit der Kommission zu situieren ist. Dabei werden zwei Beschränkungen angesprochen, die das Mandat der Kommission eingrenzen: Einerseits ist der zeitliche Rahmen auf die Periode von 1960-1994 limitiert[128]; andererseits hat die von Erzbischof Tutu geleitete Institution ausschliesslich Menschenrechtsverletzungen zu untersuchen, die in der Verursachung von physischem oder mentalem Leiden resultierten[129]. Die Wahrheitskommission weist darauf hin, dass es neben der physischen Gewaltanwendung auch eine sehr beträchtliche strukturelle

123 FR I/1, Rz. 20-32.
124 FR I/1, Rz. 35.
125 FR I/1, Rz. 33 ff.
126 Eindrücklich in FR I/1, Rz. 69: „*Versöhnung, die auf Falschheit basiert, indem der Realität nicht ins Gesicht geblickt wird, ist keine wahre Versöhnung, und sie wird nicht anhalten.*" (Übersetzung des Verfassers.)
127 FR I/1, Rz. 93.
128 FR I/2, Rz. 5-18.
129 FR I/2, Rz. 19 ff.

Gewalt gegeben habe, welche die Apartheid-Strategen durch den Schleier der Legalität zu verhüllen versucht hatten.[130]

Das kurze *dritte Kapitel* handelt von den Formalitäten zur Errichtung der Kommission, ihrer Abteilungen und Regionalbüros.

Im *vierten Kapitel* wird der Auftrag der Wahrheits- und Versöhnungskommission umschrieben. Nach der Analyse der historischen und legislativen Wurzeln der Kommission[131] wird der Frage nachgegangen, wodurch sich die südafrikanische Institution von anderen Kommissionen unterscheide[132]. Die im Gesetz zur Förderung der Nationalen Einheit und Versöhnung festgelegten Ziele und Funktionen des Gremiums werden ebenso thematisiert[133] wie die Frage, wer die Opfer von schweren Menschenrechtsverletzungen sind.[134] Die Kommission weist auch auf die wichtige Differenzierung zwischen gerechtem Zweck (*just ends*) und gerechten Mitteln (*just means*) hin.[135] In einem Appendix werden Rechtsquellen und Gerichtsentscheidungen angeführt, in denen die Apartheid als Verbrechen gegen die Menschlichkeit bezeichnet wurde.[136]

Das *fünfte Kapitel* setzt sich mit den Prinzipien des südafrikanischen Wahrheitsfindungs- und Versöhnungsprozesses auseinander. Die Konzepte der Wahrheit und der Versöhnung werden eingehend analysiert und miteinander in Beziehung gesetzt.

Im *sechsten Kapitel* wird die Methodologie und der Prozess der Wahrheits- und Versöhnungskommission erläutert. Einer Darstellung des *Information Management System*[137] folgt eine Typisierung der verschiedenen Arten von Anhörungen[138]. Ein Anhang enthält aufschlussreiche Statistiken zur Frage, wer sich an die Kommission gewandt hat.[139]

130 Eingehend dazu FR I/2, Rz. 68. Einen kurzen Überblick über die wichtigsten Apartheid-Gesetze geben die Rz. 25 ff.
131 FR I/4, Rz. 6-23.
132 FR I/4, Rz. 24-30.
133 Vgl. FR I/4, Rz. 31 f.
134 Siehe FR I/4, Rz. 42 ff. Zur Definition von schweren Menschenrechtsverletzungen vgl. FR I/4, Rz. 82 ff.
135 FR I/4, Rz. 64 ff.
136 FR I/4, Appendix: A Crime against Humanity, Rz. 1-35.
137 FR I/6, Rz. 14 ff.
138 Es wird unterschieden zwischen Opfer-Anhörungen, Ereignis-Anhörungen, Spezial-Hearings, Institutionellen Anhörungen und Hearings der politischen Parteien, vgl. FR I/6, Rz. 32 ff.
139 FR I/6, Appendix 2: Who came to the Commission?, Rz. 1-29.

Das *siebte Kapitel* thematisiert die Gerichtsurteile, welche die Kommission betrafen.[140]

Im *achten Kapitel* geht es um die Problematik der Zerstörung von Dokumenten und Aufzeichnungen vor und nach dem demokratischen Umbruch in der Kaprepublik. Die Kommission legt ausführlich dar, wie systematisch und umfangreich die Vernichtung von belastenden Dossiers durch die Staatsbehörden und Sicherheitskräfte war.

Das *neunte Kapitel* enthält einen Rechenschaftsbericht des Geschäftsführers (*Chief Executive Officer*) und des Finanzchefs (*Chief Accounting Officer*).

Die Administrativreporte der Abteilungen der Kommission befinden sich im *zehnten Kapitel.*

Das *elfte Kapitel* enthält weitere Rechenschafts- und Administrativberichte (*Management and Operational Reports*) der verschiedenen Departemente der Kommission.[141]

Die Berichte der Regionalbüros in Kapstadt, Durban, East London und Johannesburg befinden sich im *zwölften Kapitel.*

Im *dreizehnten Kapitel* wird eine Chronologie der Apartheid-Gesetzgebung des südafrikanischen Parlaments und der Homelands aufgeführt.

Der erste Band wird mit dem *vierzehnten Kapitel* abgeschlossen; darin werden alle Untersuchungskommissionen in chronologischer Reihenfolge aufgeführt, die es in Südafrika von 1960 bis 1995 gegeben hat.

2. Der zweite Band

Der zweite Band ist einer eingehenden Analyse der Menschenrechtsverletzungen gewidmet, die es in Südafrika zwischen 1960 und 1994 gegeben hat. Dieser Teil des Schlussberichts geht der Frage nach, wer unter welchen Umständen und auf Grund welcher Motive schwere Menschenrechtsverletzungen begangen hat.[142] Die Optik richtet sich schwergewichtig auf die Täter. Wichtig ist auch, wer solche Vorgehensweisen letztlich autorisiert hat und somit eine Mitverant-

140 Es handelt sich dabei um Entscheidungen des Verfassungsgerichts, von anderen Gerichten und des *Public Protector*. Die Wahrheits- und Versöhnungskommission wurde also nicht nur mit politischen, sondern auch mit juristischen Instrumenten attackiert.

141 Die Kommission hatte ein Finanzdepartement, ein Personaldepartement, eine Informationsmanagement-Abteilung, eine Untersuchungseinheit, eine Rechtsabteilung, ein Medien- und Kommunikationsdepartement, ein Departement für mentale Gesundheit, ein Archiv, eine Forschungsabteilung, eine Sicherheitsabteilung und ein Zeugenschutzprogramm.

142 Eine eingehende Analyse der Motive und Perspektiven der Täter enthält dann auch FR V/7.

wortung trägt. Es geht ebenfalls darum, verschiedene Formen sowie Grundmuster von Verstössen gegen die Menschenrechte zu eruieren und zu analysieren.

A. Der Kontext der Menschenrechtsverletzungen

Im *ersten Kapitel* wird eine Übersicht über den Kontext gegeben, in welchem sich der südafrikanische Konflikt entwickelt hat und in dem sich schwere Menschenrechtsverletzungen ereignet haben. Die Kommission kann sich dabei auf eine äusserst reichhaltige Quelle an Aussagen von Opfern und Tätern stützen.[143] Es ist wichtig zu wissen, dass es auch ausserhalb Südafrikas sehr viele Verstösse gegen die Menschenrechte gegeben hat.[144] Nach einem Hinweis auf den sozialen und politischen Hintergrund des südafrikanischen Konfliktes[145] widmet sich die Kommission sehr ausführlich der Entwicklung der Auseinandersetzungen zwischen dem Apartheid-Regime und den Befreiungsbewegungen, vom Beginn des bewaffneten Kampfs bis zur Übergangsphase[146].

B. Die durch den Staat im Ausland begangenen Verstösse gegen die Menschenrechte

Im *zweiten Kapitel* geht es um jene Menschenrechtsverletzungen, welche die südafrikanischen Sicherheitskräfte jenseits der Landesgrenzen verübt haben. Dabei wird zunächst die konventionelle Kriegsführung vor allem in Angola näher untersucht.[147] Zahlreiche Widerhandlungen gegen die Menschenrechte wurden auch im Rahmen von Polizei- und Militäroperationen gegen Aufständische der SWAPO in Namibia begangen.[148] Einheiten der Streitkräfte und Polizei haben oftmals grenzüberschreitende Operationen durchgeführt, bei denen es zu Morden, Entführungen und anderen Menschenrechtsverletzungen gekommen ist.[149] Besonders heikle Aufträge wurden jeweils durch die Spezialeinheiten des

143 FR II/1, Rz. 2 ruft in Erinnerung, dass Aussagen von nicht weniger als 21'000 Opfern gesammelt werden konnten; zudem haben über 7'000 Täter Amnestie-Anträge eingereicht.

144 Die Kommission weist gleich zu Beginn auf diese wichtige Differenzierung hin, vgl. FR II/1, Rz. 10 ff. zu den *external violations* sowie Rz. 14 ff. zu den *internal violations*.

145 FR II/1, Rz. 18 ff.

146 FR II/1, Rz. 28-167.

147 FR II/2, Rz. 10 ff.

148 Vgl. eingehend FR II/2, Rz. 73 ff. Solche Aktionen hat es auch in anderen Ländern gegeben, so in Sambia (Rz. 158 ff.), im damaligen Rhodesien respektive im späteren Simbabwe (Rz. 163 ff.), in Mocambique (Rz. 189 ff.), in Lesotho (Rz. 200 ff.).

149 Ausführlich FR II/2, Rz. 207 ff.

Civil Co-operation Bureau (CCB) ausgeführt.[150] Die Streitkräfte haben auch einige *Raids*, wie etwa die Schläge gegen ANC-Einrichtungen in Botswana, Simbabwe und Sambia im Mai 1986, unternommen.[151] Die Kommission hatte sich ebenfalls mit Akten der Sabotage und Brandstiftung auseinanderzusetzen.[152] Im Rahmen unkonventioneller Kriegsführung versuchten Angehörige der südafrikanischen Streitkräfte im November 1981, die Regierung der Seychellen zu stürzen.[153]

C. Die durch den Staat im Inland begangenen Widerhandlungen gegen die Menschenrechte

Das *dritte Kapitel* ist denjenigen Menschenrechtsverletzungen gewidmet, die der Staat innerhalb der Grenzen der Republik begangen hat.

Zunächst werden die Verbannungen von Personen an einen bestimmten Ort thematisiert.[154] Die Behörden wurden durch den *Native Administration Act* dazu ermächtigt, eine Person schwarzer Hautfarbe ohne Angabe von Gründen und ohne Rekursmöglichkeit des Betroffenen an irgendeinen Ort der Republik zu verbannen.

Die Bewegungsfreiheit der Bürgerinnen und Bürger konnte auch etwa dadurch beschränkt werden, dass es ihnen untersagt wurde, ihren Wohnort zu verlassen.[155] Der Zweck lag primär darin, die betreffenden Personen von der politischen Arena fernzuhalten.

95% der in Südafrika vollstreckten Todesurteile betrafen Schwarze. Zwischen 1960 und 1994 wurden über 2'500 Menschen hingerichtet.[156] Die Kommission hat dargelegt, dass sich darunter auch Personen befunden haben, die wegen politischer Delikte verurteilt worden waren.[157]

Besonders zahlreiche Menschenrechtsverletzungen hat es bei der Niederschlagung von Streiks, Protestkundgebungen und Unruhen gegeben.[158]

Viele Menschenrechtsverletzungen fanden hinter Gefängnismauern statt, wo die Inhaftierten und Gefangenen ihren Peinigern schutzlos ausgeliefert waren.[159] Eine der häufigsten Menschenrechtsverletzungen bestand in der Inhaftie-

150 FR II/2, Rz. 377 ff.
151 Vgl. FR II/2, Rz. 419 ff.
152 Siehe hierzu FR II/2, Rz. 464 ff.
153 Ausführlich dazu FR II/2, Rz. 493 ff.
154 Sog. *banishments*, im Unterschied zu *bannings*, vgl. sogleich. Siehe FR II/3, Rz. 4 ff.
155 Sog. *bannings*. Vgl. FR II/3, Rz. 13 ff.
156 FR II/3, Rz. 21 ff.
157 Vgl. a.a.O.
158 FR II/3, Rz. 38 ff.
159 FR II/3, Rz. 91 ff.

rung ohne Gerichtsverhandlung. Viele Gefängnisinsassen wurden brutal gefoltert, um aus ihnen Geständnisse herauszupressen.[160] Die Kommission hat auch die Todesfälle in den Gefängnissen eingehend untersucht.[161]

Mit der Intensivierung der gewalttätigen Auseinandersetzungen in den achtziger Jahren schritten die Sicherheitskräfte zu immer drastischeren Massnahmen. Schliesslich kam die Führung zum Schluss, dass Regimegegner am besten zu ermorden seien, anstatt sie „bloss" zu inhaftieren.[162] So wurde etwa ein prominenter Menschenrechts-Anwalt von Durban, Griffiths Mxenge, am 19. November 1981 von Mitgliedern der Sicherheitskräfte ermordet.[163] Seine Frau, Victoria Mxenge, die sich als Anwältin ebenfalls für die Menschenrechte einsetzte, wurde vier Jahre später ermordet.[164] Die Kommission zeigt im Bericht dutzende von Fällen auf, in denen Menschen den Mordanschlägen der Sicherheitskräfte zum Opfer fielen.[165]

Besonders aufsehenerregend waren auch die Fälle, in denen der Staat Akte der Sabotage oder der Brandstiftung verübte - sei es gegen das Hauptquartier des Gewerkschaftsdachverbands COSATU, des Südafrikanischen Kirchenrates (*Khotso House*) oder andere Objekte.[166]

Im Rahmen der STRATCOM-Operationen unternahm das Apartheid-Regime unter anderem Anstrengungen, um die Befreiungsbewegungen durch sogenannte *vigilante groups* zu bekämpfen.[167]

Dieses Kapitel wird abgeschlossen durch einen Appendix, der die Organisationsstrukturen der Sicherheitskräfte aufzeigt.[168]

D. Die durch die Befreiungsbewegungen verübten Menschenrechtsverletzungen

Im *vierten Kapitel* werden die Menschenrechtsverletzungen behandelt, die durch die Befreiungsbewegungen begangen worden waren.

160 Zu den Foltermethoden vgl. FR II/3, Rz. 102 ff.; a.a.O. sind auch Ausschnitte aus beklemmenden Zeugenaussagen abgedruckt.

161 Siehe FR II/3, Rz. 166 ff. Die Ermordung von Regimegegnern wurde meist als „Selbstmord", „Unfall" oder „Natürliche Todesursache" verschleiert.

162 Vgl. FR II/3, Rz. 221 ff.

163 Dazu FR II/3, Rz. 234 f. mit weiteren Hinweisen.

164 Siehe FR II/3, Rz. 253 ff.

165 Vgl. FR II/3, Rz. 231-509.

166 Dazu FR II/3, Rz. 513 ff.

167 Dies nach dem Motto: „Der Feind meines Feindes ist mein Freund." Vgl. FR II/3, Rz. 551 ff.

168 FR II/3, Appendix: State Security Forces: Directory of Organisations and Structures.

Gleich zu Beginn der Erörterungen wird klargestellt, dass die Befreiungsbewegungen zwar international anerkannt waren, und dass die Apartheid ein Verbrechen gegen die Menschlichkeit war, dass man aber zwischen dem gerechten Zweck und den gerechten Mitteln unterscheiden müsse (*just ends - just means*). Deshalb seien die Befreiungsbewegungen für die von ihren Mitgliedern begangenen Menschenrechtsverletzungen sowohl moralisch als auch politisch verantwortlich. Die Kommission kommt auch zum Schluss, dass es in den Reihen der Befreiungsbewegungen tatsächlich zu Menschenrechtsverletzungen gekommen sei.[169]

Der grösste Teil der Ausführungen ist dem ANC gewidmet. Dabei legt die Kommission dar, dass bei militärischen Operationen der Militärorganisation des ANC, des MK, auch Zivilisten getötet oder verletzt worden waren.[170] Als besonders problematisch erscheint nicht zuletzt die Landminen-Kampagne des ANC, da bei der Explosion von Landminen ja nicht zwischen militärischen und nicht-militärischen Zielen unterschieden werden kann.[171] Schwere Menschenrechtsverletzungen wurden in den Reihen des ANC auch durch die Morde an - tatsächlichen oder bloss vermeintlichen - Kollaborateuren mit dem Regime begangen.[172]

Schwierigkeiten hatte die Kommission bei der Untersuchung von Verstössen gegen die Menschenrechte, die vor dem Hintergrund des sogenannten „Volkskrieges" (*people's war*) stattfanden. Die meisten Täter standen nicht unter dem formellen Kommando des ANC und waren nicht einmal Mitglieder des ANC; trotzdem trägt die Befreiungsbewegung für diese Gewaltakte die politische und moralische Verantwortung, weil sie es war, welche die Menschen zum „Volkskrieg" aufgerufen hatte. Sie hatte ein Klima geschaffen, in dem die Leute sich dazu legitimiert fühlen konnten, solche Menschenrechtsverletzungen im Namen des ANC und im Kontext des „Volkskrieges" zu verüben.[173]

Ein weiteres schwieriges Kapitel der ANC-Geschichte handelt von den nicht wenigen Menschenrechtsverletzungen in den *ANC-Camps*. In den Lagern des ANC wurden manche Personen, die als Agenten verdächtigt wurden, gefoltert. Einige wurden auch von ANC-Militärgerichten zum Tode verurteilt und

169 FR II/3, Rz. 2.

170 Vgl. FR II/4, Rz. 9 ff.

171 Immerhin stellte der ANC seine Landminenkampagne relativ rasch ein, als der Führung bekannt wurde, dass unter den Opfern auch manche Zivilisten waren. Vgl. FR II/4, Rz. 38 ff.

172 Dazu FR II/4, Rz. 46 ff. Die Etikettierung einer Person als „Kollaborateurin" machte diese aus der Sicht des ANC praktisch zu einem legitimen Ziel eines Mordanschlages.

173 FR II/4, Rz. 67 ff.

hingerichtet. Es gab ebenfalls Fälle, in denen der Meuterei beschuldigte MK-Soldaten exekutiert wurden. Die Wahrheits- und Versöhnungskommission hat sich bei der Untersuchung der in den ANC-Lagern begangenen Widerhandlungen gegen die Menschenrechte auf die Vorarbeiten von ANC-internen Untersuchungskommissionen abstützen können, wie etwa die Skweyiya-Kommission und die Motsuenyane-Kommission.[174]

Auch in den Reihen des Pan-Afrikanistischen Kongresses (PAC) ist es zu schweren Menschenrechtsverletzungen gekommen. Als besonders gravierend erscheinen dabei jene Fälle, in denen der PAC respektive dessen bewaffneter Arm, die APLA, absichtlich Zivilisten attackierten. Diese Gewaltakte stellen nicht nur schwere Menschenrechtsverletzungen dar, sondern auch Verstösse gegen das Internationale Humanitäre Recht. Solche Delikte betrafen vor allem weisse Farmer. Daneben hat es auch Menschenrechtsverletzungen gegeben, denen angebliche Kollaborateure und Informanten in den Reihen des PAC zum Opfer fielen.[175]

Das *Mass Democratic Movement (MDM)* war eine Bewegung, die zu verschiedenen Zeiten aus unterschiedlichen Organisationen bestand. Diese Massenbewegung hatte keine eigentlichen organisatorischen Strukturen; vielmehr gliederten sich die meisten Organisationen an die *United Democratic Front (UDF).* Die Schlussfolgerungen der Wahrheits- und Versöhnungskommission beziehen sich aus diesem Grund primär auf die UDF. Die Kommission kommt zum Ergebnis, dass in den Reihen der UDF zahlreiche und gravierende Menschenrechtsverletzungen begangen worden sind, und dass die Führung der UDF hierfür politisch und moralisch verantwortlich ist.[176]

In einem Appendix zum vierten Kapitel wird eine Liste der Funktionäre des ANC und des PAC abgedruckt.[177]

E. Die durch die Sicherheitskräfte der Homelands begangenen Verstösse gegen die Menschenrechte

Das *fünfte Kapitel* beschäftigt sich ausführlich mit der Entwicklung in den Homelands. Dabei geht es um die zahlreichen und gravierenden Menschenrechtsverletzungen, die von den Sicherheitskräften dieser - teilweise nominell unabhängigen[178] - Regierungen begangen worden sind. Die Polizei- und Mili-

174 Die in den ANC-Camps begangenen Menschenrechtsverletzungen werden in FR II/4, Rz. 98 ff. behandelt.

175 Zu den Menschenrechtsverletzungen des PAC vgl. FR II/4, Rz. 181 ff.

176 FR II/4, Rz. 229 ff.

177 FR II/4, Appendix: Organisational structures and names of people holding office.

178 Die Homelands Transkei, Bophuthatswana, Venda und Ciskei wurden nach 1976 in die staatliche Unabhängigkeit verstossen.

täreinheiten der Homeland-Administrationen operierten nicht gänzlich autonom, sondern unter der Ägide Pretorias. Oftmals wurden solche Einheiten auch von Angehörigen oder Formationen der südafrikanischen Sicherheitskräfte bei Einsätzen begleitet. Teilweise operierten Einheiten der südafrikanischen Streitkräfte und Polizeitruppen auch auf eigene Faust.

Eine Analyse der verschiedenen Arten von schweren Menschenrechtsverletzungen zeigt, dass sich die Homelands vom übrigen Gebiet Südafrikas diesbezüglich nicht signifikant unterscheiden.[179]

Die Kommission thematisiert zunächst die generelle historische und politische Entwicklung zwischen 1960 und 1975[180], um dann die Sicherheitsstrukturen und die Verantwortlichkeiten für die schweren Menschenrechtsverletzungen während dieser Phase zu analysieren.[181]

Die Zeitspanne zwischen 1976 und 1982 stand im Zeichen von formaler staatlicher Unabhängigkeit, Konsolidierung und Zwangsumsiedlungen. Auch hier geht es der Kommission vor allem um die Frage, wer für die zahlreichen Verstösse gegen die Menschenrechte verantwortlich war.[182]

Die Zeit zwischen 1983 und 1989 war von einer Eskalation der Gewalt und Repression gekennzeichnet. Die Kommission untersucht die Entwicklung der Polizei- und Militäreinheiten in den Homelands und geht auch hier der Frage nach, wer die Verantwortung für die Widerhandlungen gegen die Menschenrechte trägt.[183]

Die Wahrheits- und Versöhnungskommission widmet der Entwicklung in der Transkei und in der Ciskei eine eingehende Untersuchung, weil die dortigen Regierungen die Opposition besonders brutal unterdrückten.[184] Zu zahlreichen schweren Verletzungen der Menschenrechte ist es auch in KwaZulu sowie in Kwandebele gekommen.[185]

F. Spezialuntersuchungen

Das *sechste Kapitel* umfasst einige Spezialuntersuchungen: die Untersuchung des Absturzes der Maschine des damaligen Präsidenten von Mocambique, Sa-

179 Die Kategorien sind: Entführung, Tötung, schwere Misshandlung, Folter. Vgl. FR II/5, Rz. 11.

180 Siehe FR II/5, Rz. 19 ff.

181 FR II/5, Rz. 25 ff.

182 Ausführlich dazu FR II/5, Rz. 33 ff., insb. 67 ff.

183 Vgl. FR II/5, Rz. 70 ff.

184 FR II/5, Rz. 93 ff.

185 Siehe FR II/5, Rz. 195 ff. für KwaZulu und a.a.O., Rz. 289 ff. für Kwandebele.

mora Machel, im Jahre 1986[186]; die Investigation des Absturzes der Maschine „Helderberg" der *South African Airways* im Jahre 1987[187]; die Aufarbeitung des südafrikanischen Programms zur Herstellung von chemischen und biologischen Waffen[188]; die Untersuchung der geheimen Finanzierung von staatlichen Aktivitäten zur Bekämpfung der Opposition[189]; den Bericht über geheime Bestattungen der Leichen von Aktivisten und über deren Exhumationen[190] und schliesslich die Untersuchung der Aktivitäten des *Mandela United Football Club*[191].

G. Die politisch motivierte Gewalt zur Zeit des Übergangs von 1990 bis 1994

Das *siebte Kapitel* ist der politischen Gewalt zur Zeit der Transition von 1990 bis 1994 gewidmet. Paradoxerweise gab es während dieser Phase der Verhandlungen eine bis anhin selbst in Südafrika nie gesehene Eskalation der Gewalt: Zwischen 1990 und den ersten demokratischen Wahlen im April 1994 forderten die politischen Gewaltakte rund 14'000 Todesopfer.[192] Von den rund 9'000 Aussagen von Opfern, die das Delikt der Tötung betreffen, beziehen sich über die Hälfte der Statements auf die Zeit nach 1990.[193]

Zwischen Juli 1990 und Juni 1993 gab es pro Monat allein in der Provinz KwaZulu/Natal durchschnittlich rund 100 Todesopfer politischer Gewalt; diese Zahl nahm bis zu den Wahlen noch zu.[194] Noch mehr Todesopfer waren in der Region Pretoria-Witwatersrand-Vereeniging zu verzeichnen.[195]

Die Wahrheits- und Versöhnungskommission untersucht zunächst die durch die Sicherheitskräfte begangenen Menschenrechtsverletzungen. Sie kommt unter anderem zum Schluss, dass die Sicherheitskräfte auch nach 1990 Angehörige der Befreiungsbewegungen ermordet haben.[196] Auch bei der Niederschlagung von Protestkundgebungen sei es durch die Anwendung von völlig

186 Bei diesem Flugzeugabsturz kamen der Präsident sowie 24 weitere Menschen ums Leben; vgl. FR II/6a.

187 Sämtliche der 159 Passagiere und Besatzungsmitglieder starben. Siehe FR II/6b.

188 Vgl. FR II/6c.

189 Siehe FR II/6d.

190 FR II/6e.

191 Dabei handelte es sich um eine Art privater Schlägertruppe von Winnie Madikizela-Mandela; vgl. FR II/6 f.

192 FR II/7, Rz. 7.

193 Vgl. a.a.O.

194 FR II/7, Rz. 8.

195 Siehe FR II/7, Rz. 9. Zu den Untersuchungen der Goldstone-Kommission und der Steyn-Kommission vgl. FR II/7, Rz. 17 ff.

196 Vgl. FR II/7, Rz. 44 ff.

unverhältnismässiger Gewalt zu zahlreichen Todesfällen gekommen.[197] Durch ihre Voreingenommenheit zugunsten der Inkatha-Freiheitspartei (IFP) habe es die Polizei zudem versäumt, Menschenrechtsverletzungen von IFP-Anhängern aufzuklären.[198] Die Sicherheitskräfte haben grosse Mengen von Waffen an die IFP geliefert[199].

Die Wahrheits- und Versöhnungskommission widmet sich auch eingehend der Entwicklung in den Homelands in der Transitionsphase.[200]

Ein erheblicher Teil der politischen Gewalttaten wurde von Angehörigen der rechtskonservativen und rechtsextremen Bewegungen und Gruppierungen verübt. Diese Menschenrechtsverletzungen richteten sich primär gegen Mitglieder des ANC. Dabei kam es teilweise auch zu einem Zusammenwirken mit Einheiten der Sicherheitskräfte und der IFP.[201]

Gemäss der Wahrheitskommission trägt die ANC-Führung die politische und moralische Verantwortung für hunderte von Morden an politischen Gegnern durch Mitglieder oder Sympathisanten des ANC. Diese Verantwortlichkeit wurzelt vor allem darin, dass der ANC sogenannte Selbstverteidigungseinheiten (*Self Defense Units, SDUs*) bewaffnet hatte, welche sich aber nicht nur gegen Gewaltakte anderer Gruppierungen zur Wehr setzten, sondern auch Vergeltungsschläge und Racheakte durchführten.[202]

Besonders schwer wiegen die Verstösse gegen die Menschenrechte, die der PAC begangen hat, indem er absichtlich Zivilisten, zumeist weisse Farmer, ermordet hat. Solche Gewaltakte stellen nicht nur gravierende Menschenrechtsverletzungen, sondern auch grobe Verstösse gegen das Internationale Humanitäre Recht dar.[203]

Das siebte Kapitel wird mit einer Untersuchung der sogenannten *„third force"-Aktivitäten* abgeschlossen. Dabei ist die Kommission zum Schluss gekommen, dass Einheiten der Sicherheitskräfte zusammen mit rechtskonservativen und rechtsextremen Aktivisten und Kämpfern der Inkatha-Freiheitspartei schwere Menschenrechtsverletzungen begangen haben. Die Wurzeln für ein solches Netzwerk von Formationen zur Bekämpfung vor allem des ANC sei bereits in den achtziger Jahren angelegt worden. Den früheren Regierungen sei

197 Dazu FR II/7, Rz. 36 ff.
198 FR II/7, Rz. 87 ff.
199 FR II/7, Rz. 100 ff.
200 Vgl. FR II/7, Rz. 138 ff.
201 Ausführlich dazu FR II/7, Rz. 260 ff.
202 Zum ANC vgl. FR II/7, Rz. 376 ff.
203 Siehe FR II/7, Rz. 461 ff.

vorzuwerfen, dass sie keine genügenden Massnahmen ergriffen hätten, um solche Aktivitäten zu beenden.[204]

3. *Der dritte Band*

Der dritte Band beschäftigt sich - wie der zweite Band - mit den schweren Menschenrechtsverletzungen, die zwischen 1960 und 1994 begangen wurden. Während im zweiten Band die Täter sowie deren Umfeld im Mittelpunkt des Interesses stehen, wird im dritten Band das Schwergewicht auf die Perspektiven der Opfer gelegt. Zweifelsohne ergänzen sich aber die Bände zwei und drei; die Erörterung der Menschenrechtsverletzungen wurde wohl nur aus Platzgründen in mehr als einem Band publiziert. Die opfer-zentrierte Untersuchung der Menschenrechtsverletzungen wird nach den Regionen Eastern Cape, KwaZulu/Natal, Orange Free State, Western Cape und Transvaal differenziert.

Das *erste Kapitel* des dritten Teils enthält eine Einführung in diese verschiedenen Regionalprofile. Verständlicherweise werden nicht sämtliche Fälle von Menschenrechts-verletzungen im Schlussbericht dargestellt; die Kommission hat sich aber bemüht, immerhin repräsentative Fälle auszuwählen. Die Quellen bilden vor allem die gesammelten Opfer-Aussagen, aber auch die Statements der Täter vor dem Amnestie-Ausschuss. Dazu hat die Kommission auch die zahlreichen Eingaben an die Kommission sowie Berichte anderer Untersuchungskommissionen, Protokolle von Gerichtsverhandlungen und weitere Primärquellen verarbeitet. Die von Erzbischof Tutu geleitete Institution hat sich auch dem Studium von Sekundärliteratur gewidmet.

Jedes der Regionalprofile ist in vier verschiedene Zeitperioden gegliedert.[205] Innerhalb jeder Periode erfolgt eine weitere Differenzierung nach den zwei Konfliktparteien, also dem Staat und den Befreiungsbewegungen.

In einem Appendix zum ersten Kapitel wird eine Chronologie der wichtigsten Ereignisse in der Geschichte des südafrikanischen Konfliktes zwischen 1899 und 1994 aufgeführt.[206]

Das *zweite Kapitel* ist den schweren Menschenrechtsverletzungen in der Region Eastern Cape gewidmet. Die Provinz Eastern Cape ist geographisch die zweitgrösste und bezüglich der Anzahl Einwohnerinnen und Einwohner die drittgrösste der neun südafrikanischen Provinzen. Es handelt sich um eine auch für südafrikanische Verhältnisse überdurchschnittlich arme Region: Arbeitslosigkeit und Armut sind weit verbreitet. Das Eastern Cape umfasst die beiden

204 Eingehend hierzu FR II/7, Rz. 497 ff.
205 1960-1975; 1976-1982: 1983-1989 und 1990-1994.
206 FR III/1, Appendix: National Chronology.

früheren Homelands Transkei und Ciskei. In politischer Hinsicht kann diese Provinz als Hochburg des ANC bezeichnet werden.

Im *dritten Kapitel* werden die Verstösse gegen die Menschenrechte in der Provinz KwaZulu/Natal untersucht. Es hat in dieser Provinz besonders in der Transitionsphase infolge der Auseinandersetzungen zwischen Anhängern des ANC und der Inkatha-Freiheitspartei (IFP) besonders zahlreiche und schwere Verstösse gegen die Menschenrechte gegeben.

Etwa 90% der Bevölkerung dieser Region gehören dem Volk der Zulu an. KwaZulu/Natal ist mit rund acht Millionen Einwohnerinnen und Einwohnern die zweitgrösste Provinz des Landes.

Seit 1970 wird das frühere Homeland von Chief Mangosuthu Buthelezi und seiner Inkatha-Bewegung dominiert. Die Apartheid-Strategen konnten in diesem Gebiet auf ein System traditioneller Stammesstrukturen aufbauen.

Die Menschenrechtsverletzungen in der Provinz Orange Free State[207] bilden den Gegenstand des *vierten Kapitels*. Beim Orange Free State handelt es sich um eine sehr ländliche, dünn besiedelte Gegend: Auf einer Fläche von rund 130'000 Quadratkilometern leben nur etwa drei Millionen Einwohnerinnen und Einwohner. Diese Region umfasst das frühere Homeland QwaQwa und einen kleinen Teil des ehemaligen Homelands Bophuthatswana.

Orange Free State galt in der Apartheid-Ära als konservatives Herzland der Nationalen Partei.

Das *fünfte Kapitel* befasst sich mit den Menschenrechtsverletzungen in der Region Western Cape. Diese Region umfasst einerseits die gleichnamige Provinz, andererseits die Provinz Northern Cape.

Die Besonderheit dieser beiden südwestlichen Provinzen liegt darin, dass es hier eine Mehrheit der Farbigen (*Coloureds*) und eine Minorität der Schwarzen gibt. Im Western Cape sind die Schwarzen sogar an dritter Stelle, noch hinter der weissen Bevölkerungsgruppe.

Das Western Cape umfasst etwa vier Millionen Einwohnerinnen und Einwohner. Dieses Gebiet ist relativ stark urbanisiert. Es ist zugleich von enormen Ungleichheiten geprägt.

Das Northern Cape ist flächenmässig die grösste Provinz des Landes. Da hier nur rund 2% der Bevölkerung der Republik leben, ist es zugleich die am dünnsten besiedelte Gegend des Landes. Diese ländliche Region lebt vor allem von der Landwirtschaft und vom Bergbau.

Das *sechste Kapitel* schliesslich behandelt die Verstösse gegen die Menschenrechte in der Region Transvaal. Diese Region umfasst auch das Gebiet von

207 Nach 1994 wurde die Provinz in Free Staate umbenannt. Im Bericht wird der bisherige Name deshalb beibehalten, weil dies die Bezeichnung war, die während der Periode von 1960 bis 1994 gebräuchlich war.

Johannesburg und des Witwatersrandes. Hier sind besonders zahlreiche Widerhandlungen gegen die Menschenrechte begangen worden. Die Townships rund um Johannesburg waren stets die Kristallisationspunkte des Widerstandes gegen das Apartheid-Regime.[208]

4. Der vierte Band

A. Der Zweck der institutionellen und speziellen Anhörungen

Im vierten Band werden Zusammenfassungen der speziellen Anhörungen der Kommission publiziert. Bei diesen *Institutional Hearings* und *Special Hearings* ging es darum, das gesellschaftliche Umfeld, in dem die Menschenrechtsverletzungen begangen worden waren, auszuleuchten, um so ein besseres Verständnis für die Ursachen und Umstände der Verstösse gegen die Menschenrechte zu gewinnen.

Das *erste Kapitel* umschreibt den soeben dargelegten Zweck der institutionellen und speziellen Anhörungen.[209] Jedes Kapitel wird mit einer zusammenfassenden Schlussbetrachtung der Kommission abgerundet.[210] In einem Anhang werden zudem die der Kommission eingereichten Submissionen aufgelistet.[211]

B. Die Rolle der Wirtschaft im Apartheid-System

Das *zweite Kapitel* ist den Anhörungen über die Rolle der Wirtschaft im Apartheid-System gewidmet. Dabei ist in den Hearings unter anderem deutlich geworden, dass die Prämisse, wonach die Wirtschaft als eine homogene Entität aufzufassen sei, in Frage zu stellen ist.[212] Dies deshalb, weil die verschiedenen Sektoren der Wirtschaft in einem unterschiedlichen Ausmass vom Apartheid-System profitiert haben. Die Wahrheitskommission kommt aber zum Schluss, dass die Wirtschaft insgesamt aus dem Apartheid-System mehr Nutzen als Nachteile hat ziehen können.

Die von Erzbischof Tutu geleitete Institution schenkt auch der Verletzung der Menschenrechte der Arbeitnehmerinnen und Arbeitnehmer grosse Beach-

208 Vgl. nur etwa die Ausführungen zu den Aufständen von Soweto, FR III/6, Rz. 119 ff.

209 Siehe FR IV/1, Rz. 1 ff. Demnach beschäftigen sich die Institutional Hearings mit dem gesellschaftlichen Kontext der Menschenrechtsverletzungen, während sich die Special Hearings auf die besonderen Themenbereiche Militärdienstpflicht, Kinder und Jugendliche sowie Frauen fokussieren.

210 Sogenannte *findings*.

211 FR IV/1, Appendix: Submissions to the Commission.

212 FR IV/2, Rz. 2.

tung: Die Weigerung, der Arbeiterschaft gewerkschaftliche Rechte einzuräumen, sowie die oftmals brutalen Niederschlagungen von Streiks und Protestkundgebungen stellten Verletzungen der Menschenrechte dar. Insbesondere die Bergbauindustrie und die Landwirtschaft profitierten auch vom System der Migrationskontrolle und Niedriglöhne. Die weisse Arbeiterschaft wiederum genoss die Privilegien der *job reservation* und erhielt vergleichsweise hohe Löhne.

Grosse Teile der Wirtschaft müssen sich zudem den Vorwurf gefallen lassen, im Verlauf der achtziger Jahre zunehmend in die Sicherheitsstrukturen des Apartheid-Regime eingebunden worden zu sein respektive an der zunehmenden Militarisierung des Apartheid-Staates aus eigenem Willen und aktiv teilgenommen zu haben.[213]

C. Die Stellung der Glaubensgemeinschaften im Apartheid-Staat

Im *dritten Kapitel* geht es um die Rolle der Glaubensgemeinschaften im Apartheid-Staat. Die Wahrheits- und Versöhnungskommission ist nach der Auswertung der Resultate der Anhörungen zum Schluss gekommen, dass die afrikaanischen reformierten Kirchen eine elementare Stütze des Apartheid-Systems gewesen waren.[214] Die Apartheid-Doktrin wurde von den Kanzeln der Kirchen als eigentliche Staatsreligion verlesen. Zahlreiche Kirchen haben die Apartheid-Ideologie also offen unterstützt und theologisch untermauert. Andere Glaubensgemeinschaften haben das Unrecht des Apartheid-Staates zumindest stillschweigend toleriert und hingenommen. Die meisten religiösen Gemeinschaften haben auch innerhalb ihrer organisatorischen Strukturen Rassismus praktiziert, indem Würdenträger auf Grund des Kriteriums der Hautfarbe ernannt worden waren. Immerhin hatte es in manchen Kirchen auch Individuen gegeben, welche sich dem Apartheid-Regime widersetzt hatten.

Eine direkte Unterstützung erfuhr der Apartheid-Staat auch durch die Tätigkeit von Kaplanen in den Sicherheitskräften. Diese Geistlichen trugen die Uniformen der Polizei und des Militärs und begleiteten oftmals die Einheiten

213 Vgl. auch Donald G. McNeil Jr., Amid Apartheid Apologies, Not Everyone Says 'Sorry' - Rights Panel Hears Business Leaders Talk of Past, in: International Herald Tribune (Zürich) vom 15./16.11.1997, S. 1 und 6 sowie Werner Vogt, Zu wenig gegen die Apartheid getan - Wirtschaftsvertreter vor der Wahrheitskommission in Südafrika, in: NZZ vom 14.11.1997, S. 5 und derselbe, Südafrikas Wirtschaft am Pranger - Ruf nach Kompensation der Profite des Apartheidsystems, in: NZZ vom 10.2.1998, S. 21.

214 FR IV/3, Rz. 119.

bei ihren Operationen sowohl in den Townships als auch jenseits der Staatsgrenzen.[215]

Die Kommission ruft gerade die christlichen Kirchen dazu auf, sich um mehr Verständnis für die Kultur und die Traditionen der Schwarzen zu bemühen.[216]

D. Die Rolle der Justiz in der Apartheid

Gegenstand des vierten Kapitels bilden die Anhörungen über die Rolle der Justiz im Apartheid-Staat. Die Wahrheits- und Versöhnungskommission ist sehr enttäuscht, dass die Richter eine Teilnahme an den Anhörungen verweigert haben. Sie weist deren Argument, mit einer Teilnahme würde die richterliche Unabhängigkeit beeinträchtigt, vehement zurück.[217]

Nach einer Zusammenfassung der wesentlichsten Elemente der Submissionen[218] begründet die Kommission ihre Ansicht, dass die Richter auch im Apartheid-Staat eine Wahl hatten[219]. Das von Erzbischof Tutu geleitete Gremium kommt zum Schluss, dass die meisten Juristen in der Anwaltschaft und in den Gerichten mit dem Regime zusammengewirkt hatten. Diese Kollusion erlaubte es den damaligen Regierungen, den Unrechtscharakter des Apartheid-Staates hinter einem Schleier der Legalität zu verbergen. Diese Fassade einer vordergründigen „Rechtsstaatlichkeit" trug gemäss der Kommission zur Verlängerung der Apartheid bei.[220] Ein starker Kern von kritischen Juristen hätte hingegen dazu geführt, dass die Bausubstanz der Apartheid, nämlich Diskriminierung, Repression, strukturelle Gewalt und Ungerechtigkeit, sehr viel rascher und viel stärker deutlich geworden wäre.[221]

E. Das Gesundheitswesen im Apartheid-System

a. Das *fünfte Kapitel* ist den Anhörungen über das Gesundheitswesen gewidmet. Zunächst geht die Kommission der Frage nach, welche ethischen Kodizes für die Medizinalpersonen in der Periode von 1960 bis 1994 gegolten hatten.[222] Besonders problematisch war die Rolle von jenen Ärzten, Krankenschwestern und Krankenpflegern, die eine duale Verpflichtung hatten: Einerseits gegenüber

215 FR IV/3, Rz. 120.
216 FR IV/3, Rz. 123.
217 Vgl. FR IV/4, Rz. 2 und 44 ff.
218 Siehe FR IV/4, Rz. 5 ff.
219 FR IV/4, Rz. 22 ff.
220 Vgl. FR IV/4, Rz. 32 ff.
221 Siehe FR IV/4, Rz. 37 f.
222 Dazu FR IV/5, Rz. 1-9. In einem Anhang werden der hippokratische Eid, die Genfer Deklaration und die Erklärung von Tokio abgedruckt.

ihren Patientinnen und Patienten; andererseits - etwa als Gefängnisärztin - auch gegenüber dem Staat.[223] Nicht wenige Ärzte verletzten ihre ethischen Verpflichtungen, indem sie Menschenrechtsverletzungen, die an ihren Patienten begangen worden waren, verschwiegen.[224] Damit kolludierten die Ärzte und anderen Medizinalpersonen mit dem Regime.

b. Im Folgenden gibt die Kommission einen Überblick über das Gesundheitswesen[225] und über die Gesundheitsbehörden[226]. Im Schlussbericht wird auch der Missbrauch von medizinischen Informationen, sei es medizinischer Expertisen oder forensischer Informationen, aufgezeigt.[227]

c. Der Apartheid-Staat versuchte die Ausbildung von Schwarzen zu Ärzten zu verhindern; wo ein solches Studium zugelassen wurde, war es im Vergleich zur Ausbildung für weisse Studierende von schlechterer Qualität.[228] Die Lehrgänge in den Fächern Ethik und Menschenrechte wurden, wenn es sie überhaupt gab, sehr stark vernachlässigt.[229]

d. Auch die Berufsorganisationen der Medizinalpersonen haben mit den damaligen Regierungen zusammengewirkt, indem sie es unterlassen haben, sich gegen die rassistische Gesundheitspolitik des Apartheid-Staates auszusprechen.[230] Ähnlich wie im Bereich der Justiz hat es auch im Gesundheitswesen couragierte Menschen gegeben, die gegen die Ungerechtigkeiten gekämpft haben. Aber auch hier waren es letztlich zu wenige.[231]

e. Die Wahrheits- und Versöhnungskommission kommt unter anderem zum Schluss, dass der Apartheid-Staat eine rassistische Gesundheitspolitik betrieben hatte, indem den Angehörigen der schwarzen Bevölkerungsmehrheit eine völlig unzureichende Versorgung mit medizinischen Dienstleistungen zur Verfügung gestellt worden war, während die weisse Minorität zur selben Zeit in den Genuss von vergleichsweise guten Gesundheitsdiensten gekommen war. Die meisten Medizinalpersonen haben mit dem Regime zusammengewirkt, indem sie sich nicht oder zumindest nicht deutlich genug gegen die Diskriminierung der Schwarzen ausgesprochen haben. Zudem wurden Menschenrechtsverletzungen, die in der Polizeihaft oder in Gefängnissen begangen worden waren, von den

223 FR IV/5, Rz. 10 ff.
224 Vgl. etwa die Ausführungen zur Tötung von Steve Biko im FR IV/5, Rz. 12 f.
225 FR IV/5, Rz. 22 ff.
226 FR IV/5, Rz. 28 ff.
227 FR IV/5, Rz. 46 ff.
228 Vgl. FR IV/5, Rz. 58 ff.
229 FR IV/5, Rz. 67.
230 Ausführlich dazu FR IV/5, Rz. 97 ff.
231 Vgl. FR IV/5, Rz. 132 ff.

Ärzten häufig verschwiegen. Insgesamt sind die Medizinalpersonen ihren ethischen Verpflichtungen nur unzureichend nachgekommen.[232]

F. Das Verhalten der Medien gegenüber dem Apartheid-Regime

a. Thema des *sechsten Kapitels* sind die Medien im Apartheid-Staat. Die Medienlandschaft war zur Zeit der Apartheid geprägt durch eine sehr dichte Regulierung. Zwischen 1950 und 1990 wurden über 100 Gesetze eingeführt, um den Strom von Ideen und Meinungen in mannigfacher Weise zu beschränken.[233] Die Südafrikanische Fernsehgesellschaft (*South African Broadcasting Corporation, SABC*) war ein enorm bedeutsames Propagandainstrument der Regierung.[234] Der staatliche Sender nahm eine Monopolstellung ein. Er war das eigentliche Sprachrohr der Exekutive.

b. Eine offene Unterstützung erfuhr das Regime von der afrikaanssprachigen Presse.[235] Der grösste Teil der englischsprachigen Printmedien auferlegte sich eine Art Selbst-Zensur: Die *mainstream newspapers* betrieben gegenüber dem Staat eine Politik des *appeasement.*[236] Die Journalisten vermieden es, heikle Themen anzusprechen oder die Sicherheitskräfte zu exponieren.

c. Insgesamt führte diese Kombination von staatlichen Beschränkungen der Meinungsäusserungsfreiheit, Selbstzensur der Medien und Vereinbarungen zwischen den Medien und dem Staat zu einem Kontext, in dem die Begehung von Menschenrechtsverletzungen erleichtert wurde. Die Medien haben somit ebenfalls zur Verlängerung der Apartheid beigetragen.

d. Journalistinnen und Journalisten, welche Menschenrechtsverletzungen untersuchen wollten, hatten nicht nur gegen Repressionen des Staates anzukämpfen, sondern sie wurden in der Regel auch von ihren Chefredaktionen und den Geschäftsführungen der Medienunternehmen im Stich gelassen.[237]

e. Rassismus und Diskriminierung waren auch innerhalb der Medien allgegenwärtig: Schwarze Mitarbeiterinnen und Mitarbeiter beispielsweise der SABC waren Angestellte „zweiten Ranges".[238]

232 Siehe zu den Schlussfolgerungen FR IV/5, Rz. 138 ff.
233 FR IV/5, Rz. 9.
234 Eingehend dazu FR IV/6, Rz. 15 ff.
235 Siehe FR IV/6, Rz. 55 ff.
236 Vgl. FR IV/6, Rz. 39 ff.
237 FR IV/6, Rz. 114.
238 FR IV/6, Rz. 27 ff. Schwarze Angestellte konnten grundlos entlassen werden.

G. Die Gefängnisse im Apartheid-Staat

a. Im *siebten Kapitel* geht es um die Anhörungen zum Thema der Gefängnisse im Apartheid-Staat. Die Haftanstalten waren - zusammen mit der Polizei, der Justiz und dem Sicherheitsapparat - ein integraler Bestandteil der Kette der Repression gegen diejenigen, die sich der Apartheid widersetzten.[1] Die Kommission konzentrierte sich auf das Los der politischen Gefangenen.[2]

b. Zwischen den Themenkomplexen Gefängnisse und Gesundheitswesen besteht insofern eine Verbindung, als die Leistung von medizinischen Diensten für die politischen Gefangenen besonders schlecht war.[3]

c. Die Wahrheits- und Versöhnungskommission kommt zum Schluss, dass es in den Gefängnissen wegen der spezifischen Abgeschirmtheit der Täter zu besonders vielen und gravierenden Verstössen gegen die Menschenrechte gekommen war. Insbesondere die politischen Gefangenen waren einer systematischen Erniedrigung und Entmenschlichung ausgesetzt.[4] Dabei erhielten die schwarzen Gefangenen eine im Vergleich zu den übrigen Insassen schlechtere Behandlung hinsichtlich der Essensrationen, der medizinischen Versorgung, der Kleidung und überhaupt der Lebensumstände. Weibliche Gefangene wurden oftmals eingeschüchtert und schikaniert, indem frauenspezifische Belange ignoriert wurden.[5]

d. Die Todesstrafe wurde als Instrument zur Eliminierung politischer Gegner des Staates angewandt.[6]

H. Der obligatorische Militärdienst im Apartheid-System

Die Anhörungen über den obligatorischen Militärdienst bilden den Gegenstand des *achten Kapitels*. Bei diesen Hearings ging es unter anderem darum, den Dienstpflichtigen die Gelegenheit zu bieten, über ihre Erfahrungen im Dienste der Sicherheitskräfte zu berichten.[7] Manche Angehörige der Armee erlitten bei ihrem Einsatz physische Verletzungen, die zu Behinderungen führten. Andere leiden etwa unter posttraumatischen Stresssymptomen.[8]

1 FR IV/7, Rz. 1. Zu den Erfahrungen Nelson Mandelas in den Gefängnissen vgl. besonders eindrücklich Mandela, Long Walk to Freedom, S. 451-531.

2 Zu den übrigen Gefangenen siehe FR IV/7, Rz. 64 f.

3 Vgl. dazu FR IV/7, Rz. 31 ff.

4 FR IV/7, Rz. 27 ff.; vgl. a.a.O., Rz. 42 ff. zur Isolationshaft.

5 FR IV/7, Rz. 35 ff.

6 FR IV/7, Rz. 47 ff.

7 FR IV/8, Rz. 2a.

8 Dazu eingehend FR IV/8, Rz. 47 ff.

Es gab auch Männer, die sich aus Gewissensgründen dem obligatorischen Dienst in den Streitkräften widersetzten.[9]

Die Kommission widmet sich in ihren Untersuchungen ebenfalls eingehend dem sozialen, politischen und religiösen Kontext der obligatorischen Militärdienstpflicht und der Dienstverweigerungen.[10]

I. Die Erfahrungen der Kinder und Jugendlichen in der Apartheid-Ära

a. Das *neunte Kapitel* enthält eine Zusammenfassung und Würdigung der Anhörungen über die Kinder und Jugendlichen in der Apartheid. Junge Leute waren den Menschenrechtsverletzungen des Apartheid-Regimes in besonderem Masse ausgesetzt, weil sie von der Staatsführung als erhebliche Bedrohung für die Sicherheit eingeschätzt worden waren.[11] Kinder und Jugendliche wurden verschleppt, ohne Haftbefehl und richterliche Vorladung inhaftiert, ermordet und jeder nur erdenklichen Schikanierung ausgesetzt. Die brutale Repression gegenüber den jungen Menschen hat dazu geführt, dass viele Opfer von Menschenrechtsverletzungen noch heute physische oder seelische Narben aufweisen. Die Militarisierung und Brutalisierung des Apartheid-Staates hat ebenfalls bewirkt, dass Gewalt von vielen Jugendlichen allmählich wohl als etwas „Normales", „Alltägliches" eingestuft worden ist. Zusammen mit den miserablen Bildungsmöglichkeiten, der weit verbreiteten Armut und der Massenarbeitslosigkeit hat dieser Weg zu der heutigen, enormen Kriminalität geführt, unter der Südafrika so leidet.

b. Die Kommission hat die während der Apartheid-Ära stetig zunehmende Gewalt gegen Kinder und Jugendliche eingehend untersucht und dabei - neben der strukturellen Gewalt - vor allem drei Arten von physischer Gewalt identifiziert: Repression durch den Staat, Gegenmassnahmen der Sicherheitskräfte gegen jugendliche Oppositionelle (*counter mobilisation*) und inter- sowie intragemeinschaftliche Gewalt (*inter- and intra-community violence*).[12]

c. Die Involvierung Jugendlicher in die Gewaltspirale des Apartheid-Staates hat zur Unterbrechung von Ausbildungen, physischen Schädigungen und sehr viel seelischem Leid geführt.[13] Die Wahrheits- und Versöhnungskommission würdigt das mutige Verhalten der vielen Kinder und Jugendlichen, die sich

9 Vgl. hierzu FR IV/8, Rz. 27 ff.; zum *Committee on South African War Resistance* und zur *End Conscription Campaign* siehe a.a.O., Rz. 20 ff.

10 FR IV/8, Rz. 6 ff.

11 FR IV/9, Rz. 16.

12 Vgl. FR IV/9, Rz. 19 ff. Eingehend zu einzelnen Kategorien von Menschenrechtsverletzungen die Ausführungen im FR IV/9, Rz. 47 ff.

13 Ausführlich dazu FR IV/9, Rz. 84 ff.

gegen das Apartheid-Regime gewehrt haben, als Beitrag zur Demontage der Apartheid.[14]

J. Die Erfahrungen der Frauen im Apartheid-Staat

a. Das *zehnte Kapitel* ist den Anhörungen über die Erfahrungen der Frauen in der Apartheid-Ära gewidmet. Die Durchführung von speziellen Hearings zu diesem Thema hatte sich aufgedrängt, weil in den Anhörungen vor dem Ausschuss für Menschenrechtsverletzungen zunehmend deutlich geworden war, dass zahlreiche Frauen, die vor diesem Gremium aussagten, gar nicht für sich, sondern für Angehörige oder Freunde sprachen. Von sämtlichen Aussagen über schwere Menschenrechtsverletzungen stammten zwar rund 55% von Frauen.[15] Interessanterweise sprachen aber sehr viele dieser Frauen nicht über ihre eigenen Erfahrungen, sondern sie berichteten über das Schicksal ihrer Ehemänner, Söhne, Brüder, Väter und Freunde. Von den Personen, die vor der Kommission aussagten, und die selbst Opfer von schweren Verstössen gegen die Menschenrechte waren, waren signifikanterweise nur 43.9% weiblichen Geschlechts.[16]

b. Die Kommission führte aus diesem Grund in Kapstadt, Durban und Johannesburg Anhörungen durch, um mehr Erkenntnisse über die schweren Menschenrechtsverletzungen zu gewinnen, unter denen Frauen zu leiden hatten. Das Centre for Applied Legal Studies (CALS) der Universität des Witwatersrandes hatte in diesem Zusammenhang vorgeschlagen, dass die Definition der schweren Menschenrechtsverletzung[17] in dem Sinne auszulegen ist, dass unter eine „schwere Misshandlung" auch etwa Zwangsumsiedlungen, Verhaftungen wegen Verstössen gegen die Passgesetze (*pass law arrests*), Landenteignungen und damit verbundene Vertreibungen sowie die Spaltung von Familien zu subsumieren seien.[18] Ein solcher Ansatz erscheint deshalb als angebracht, weil die Frauen insbesondere auch unter solchen Widerhandlungen gegen die Menschenrechte stark zu leiden hatten. Die Kommission ist zum Schluss gelangt, dass es die Frauen sind, welche letztlich die Hauptlast der Armut in Südafrika zu tragen hatten respektive immer noch zu tragen haben.[19]

14 FR IV/9, Rz. 15.

15 FR IV/10, Rz. 12.

16 FR IV/10, Rz. 13.

17 Gemäss Art. 1 Abs. 9 des Gesetzes zur Förderung der Nationalen Einheit und Versöhnung wird unter einer schweren Menschenrechtsverletzung die Tötung, Entführung, Folterung oder schwere Misshandlung eines Menschen verstanden.

18 Hierzu FR IV/10, Rz. 15 ff.

19 FR IV/10, Rz. 144.

c. Die Anhörungen haben auch deutlich gemacht, dass zahlreiche Frauen schweren Sexualverbrechen zum Opfer gefallen sind.[20] Die Hearings zu diesem Thema waren auch deshalb so wichtig und schwierig, weil Frauen über solche traumatischen Erfahrungen oftmals geschwiegen hatten.[21] Viele Frauen erlitten auch andere Formen von schweren Menschenrechtsverletzungen.[22]

5. *Der fünfte Band*

A. Die Analyse der schweren Menschenrechtsverletzungen

a. Im *ersten Kapitel* dieses fünften Teils wird das Vorgehen des Ausschusses für Menschenrechtsverletzungen in der Praxis aufgezeigt. Diese Darstellung der Methodologie umfasst Erläuterungen über das Sammeln von Statements, die Vorbereitung der Anhörungen, die Auswahl von Zeugen für die öffentlichen Hearings, die Durchführung der Anhörungen, die rechtlichen Herausforderungen und die Wirkung der Hearings.[23]

b. Neben den Auftritten einzelner Opfer hat es auch öffentliche Veranstaltungen gegeben, zu denen Personen offiziell vorgeladen wurden, um Zeugnis abzulegen (*subpoenaed*). Hierbei handelte es sich vor allem um Anhörungen, bei denen es um den Gewinn von Erkenntnissen über die vom Staat und den Befreiungsbewegungen begangenen Menschenrechtsverletzungen ging.[24] Wo immer es möglich war, wurden solche Anhörungen öffentlich durchgeführt; nur ganz ausnahmsweise erfolgte eine Befragung *in camera.*[25]

c. Anlass zu häufigen Diskussionen gab die Frage, wie eine *schwere* Menschenrechtsverletzung zu definieren sei. Gemäss Art. 1 Abs. 9 des Gesetzes zur Förderung der Nationalen Einheit und Versöhnung ist darunter die Tötung, Entführung, Folterung und schwere Misshandlung einer Person zu verstehen.

Die Wahrheits- und Versöhnungskommission nimmt den Standpunkt ein, dass die Frage, ob ein *schwerer* Verstoss gegen die Menschenrechte vorliegt, grundsätzlich im Einzelfall zu entscheiden sei.[26] Bezüglich den Beschränkungen

20 Vgl. die beklemmenden Aussagen der Opfer im FR IV/10, Rz. 52 ff.

21 Dazu FR IV/10, Rz. 44.

22 Eingehend FR IV/10, Rz. 70 ff. zu physischem und FR IV/10, Rz. 86 zu psychischem Missbrauch der Opfer.

23 Ausführlich hierzu FR V/1, Rz. 6 ff.

24 Vgl. FR V/1, Rz. 33 ff.

25 FR V/1, Rz. 36.

26 Die Bedeutung dieser Unterscheidung liegt darin, dass gemäss Art. 1 Abs. 19 des Gesetzes zur Förderung der Nationalen Einheit und der Versöhnung ein Opfer nur dann Anspruch auf staatliche Wiedergutmachungsleistungen hat, wenn seine Men-

der Bewegungsfreiheit durch die Passgesetze, Zwangsumsiedlungen, die Verweigerung des Wahlrechts, die Behandlung der Farmarbeiter und die Diskriminierung im Arbeits- und Ausbildungsbereich geht die Kommission davon aus, dass diese Verstösse gegen die Menschenrechtsverletzungen primär Gegenstand der Untersuchungen über den Kontext, in welchem es zu schweren Verstössen gegen die Menschenrechte gekommen ist, bilden.[27]

Allerdings können auch solche Verletzungen der Menschenrechte je nach den Umständen im Einzelfall von gravierender Natur sein. Die Kommission exemplifiziert dies am Beispiel eines Tränengaseinsatzes durch die Polizei: Sie ist der Ansicht, dass ein solcher Tränengaseinsatz zur legitimen Kontrolle einer ungebärdigen Menschenmenge per se keine schwere Menschenrechtsverletzung darstelle; eine solche liege allerdings dann vor, wenn Tränengas in einem geschlossenen Raum verbreitet werde, denn dies könne insbesondere bei Kindern und älteren Leuten zu einer schwerwiegenden Beeinträchtigung der Gesundheit führen.[28]

Ein solcher schwerer Verstoss gegen die Menschenrechte wäre dann unter die Kategorie „schwere Misshandlung" zu subsumieren.[29] In einem Anhang listet die Kommission die detaillierten Kategorisierungen der schweren Menschenrechtsverletzungen auf.[30]

B. Die Opfer der schweren Menschenrechtsverletzungen

Das *zweite Kapitel* enthält eine Liste der Opfer der schweren Menschenrechtsverletzungen. Diese Liste ist deshalb unvollständig, weil am Stichtag, dem 30. August 1998, noch längst nicht alle Statements der Opfer ausgewertet worden waren. Zudem waren zu diesem Zeitpunkt ja auch die Anhörungen vor dem Amnestie-Ausschuss noch nicht beendet.

C. Der vorläufige Bericht des Amnestie-Ausschusses

a. Im *dritten Kapitel* befindet sich der vorläufige Bericht (*Interim Report*) des Amnestie-Ausschusses. Darin erklärt der Ausschuss die Grundzüge seines *modus operandi* in der Praxis. Die Bildung und Zusammensetzung dieses Gremi-

schenrechte *schwer* verletzt worden sind, respektive wenn der Täter des betreffenden Delikts Straffreiheit erhalten hat.

27 FR V/1, Rz. 49.

28 FR V/1, Rz. 51.

29 Zur „schweren Misshandlung" vgl. auch FR V/1, Rz. 50 ff.

30 FR V/1, Appendix 1: Coding frame for gross violations of human rights.

ums werden ebenso dargelegt wie die Errichtung der Infrastruktur und die Kommunikationsstrategie des Ausschusses.[31]

b. Die Amnestie-Abteilung bemühte sich bei der Planung der Anhörungen um eine repräsentative Auswahl der Fälle, um ein möglichst breites Bild des Konfliktes darstellen zu können.[32]

Die Anhörungen über diejenigen Amnestie-Anträge, bei denen es um schwere Menschenrechtsverletzungen ging, mussten von Gesetzes wegen öffentlich abgehalten werden.[33] Alle anderen Anhörungen wurden aus Gründen der Effizienz und Praktikabilität hinter verschlossenen Türen (*in chambers*) behandelt.[34]

c. Da es bei den Hearings über die Gewährung von Straffreiheit um Entscheidungen von erheblicher praktischer und juristischer Bedeutung ging, wiesen diese Verfahren von ihrem Charakter her zumindest teilweise Ähnlichkeiten mit Gerichtsverhandlungen auf.[35]

d. Infolge der Flut von Amnestie-Anträgen war es dem Ausschuss nicht möglich, sämtliche Gesuche innerhalb der dafür vorgesehenen Zeit zu behandeln. Die Kommission unterschätzte aber offensichtlich auch die erforderliche Zeit, die ein einzelnes Verfahren in Anspruch nimmt. Insbesondere jene Anhörungen, an denen sich Opfer respektive Angehörige der Opfer beteiligten, etwa um sich der Gewährung von Straffreiheit zu widersetzen, nahmen zum Teil relativ viel Zeit in Anspruch.[36]

e. In einem Anhang publiziert die Kommission die Namen jener Antragsteller, denen Amnestie gewährt worden ist.[37]

D. Die Konsequenzen der schweren Menschenrechtsverletzungen

a. Das *vierte Kapitel* handelt von den Konsequenzen der schweren Menschenrechtsverletzungen auf das Leben der Menschen. Die Apartheid verursachte bei zahlreichen Menschen physische Schäden und sehr viel seelisches Leid. Die

31 Siehe FR V/3, Rz. 4 ff.

32 FR V/3, Rz. 19 ff.

33 Gemäss Art. 19 Abs. 3 lit. b Abschnitt iii des Gesetzes zur Förderung der Nationalen Einheit und Versöhnung konnte der Amnestie-Ausschuss Straffreiheit nur dann hinter verschlossenen Türen gewähren, wenn es nicht um eine schwere Menschenrechtsverletzung ging.

34 FR V/3, Rz. 25.

35 Auch das Recht zum Kreuzverhör wurde innerhalb vernünftiger Grenzen gewährt. Vgl. FR V/3, Rz. 28.

36 Siehe hierzu FR V/3, Rz. 35 ff. Der Ausschuss wurde auch personell verstärkt, vgl. a.a.O., Rz. 30 ff.

37 FR V/3, Appendix: Amnesties granted at time of reporting.

Wahrheits- und Versöhnungskommission versucht in diesem Kapitel, die verschiedenartigen Konsequenzen, welche Individuen, Gemeinden und letztlich die ganze Nation betreffen, in einer zusammenfassenden Übersicht aufzuzeigen. Die Erörterungen werden immer wieder durch Auszüge aus eindrücklichen Opfer-Aussagen illustriert.

Die Menschenrechtsverletzungen haben bei zahlreichen Opfern auch zu seelischen Narben geführt.[38] Besonders viele von ihnen leiden unter posttraumatischen Stresssymptomen.[39] Bei der Überwindung von solchen traumatischen Erfahrungen ist es gemäss der Kommission wichtig, dass die Opfer ausdrücken können, was sie erleben mussten und was sie bewegt.[40]

b. Die Apartheid hat unsägliches physisches Leid verursacht[41] und ganze Familien in Mitleidenschaft gezogen: Meist wurde die gesamte Familie eines Freiheitskämpfers vom Regime schikaniert, oder die Kinder liefen von zuhause weg, weil ihre Mutter zu deprimiert war, um sich um sie zu kümmern[42]. Es kam zu unzähligen Hausdurchsuchungen, die mit Belästigungen verbunden waren[43], zur Verhaftung von Familienmitgliedern[44], zur Trennung von Familien[45]. Das Regime säte in den Gemeinschaften Misstrauen[46]; in einigen Familien führten die Spannungen gar zum Ausbruch von Gewalt[47].

In nicht wenigen Familien forderte der Konflikt mehr als ein Todesopfer.[48] Neben dem seelischen Leid verursachte der Tod eines Familienangehörigen bei den Familien vielfach auch enorme finanzielle Belastungen.[49] Familien verloren ihre Ernährer. durch Menschenrechtsverletzungen behindert gewordene Menschen konnten keiner Erwerbstätigkeit mehr nachgehen.[50]

c. Die Apartheid hatte auch auf manche Gemeinden verheerende Auswirkungen. Die Zwangsumsiedlungen waren oftmals von enormer Repression begleitet, weil sich die Betroffenen den staatlichen Anordnungen nicht freiwillig

38 FR V/4, Rz. 10 ff.

39 Vgl. hierzu FR V/4, Rz. 20 ff. Andere leiden unter Depressionen, Angst und psychotischen Zuständen, siehe a.a.O.

40 FR V/4, Rz. 54.

41 Eingehend dazu FR V/4, Rz. 56 ff.

42 FR V/4, Rz. 73 ff.

43 FR V/4, Rz. 80 ff.

44 FR V/4, Rz. 86 ff.

45 FR V/4, Rz. 92 f.

46 FR V/4, Rz. 94 f.

47 FR V/4, Rz. 96 ff.

48 FR V/4, Rz. 108 ff.

49 FR V/4, Rz. 112 ff.

50 FR V/4, Rz. 122 ff.

fügen wollten. Die Versorgung mit Wasser und Strom sowie die allgemeine Infrastruktur waren an den neuen Orten teilweise noch schlechter als an den bisherigen. Das Regime betrachtete schwarze Gemeinden pauschal als Feinde; infolgedessen fielen auch zahlreiche Personen der Gewalt der Sicherheitskräfte zum Opfer, die mit dem Widerstand gegen das Regime nicht das Geringste zu tun hatten.[51]

d. In den achtziger Jahren kam es innerhalb der schwarzen Gemeinden zu einer Eskalation der Gewalt zwischen Schwarzen. Die Regierung unterstützte im Rahmen ihrer *total strategy* Schwarze, die vom status quo profitierten. Dabei handelte es sich vor allem um schwarze Stadträte (*town councillors*), die mit dem Regime kolludierten und deshalb von den Befreiungsbewegungen als illegitim abgelehnt wurden. Die Sicherheitskräfte protegierten und förderten aber auch schwarze Schlägerbanden (sogenannte *vigilantes*), die sich mit ANC- und UDF-Anhängern gewalttätige Auseinandersetzungen lieferten.

e. Die vom Apartheid-Regime geförderte Spaltung schwarzer Gemeinden wirkt bis in die heutige Zeit nach. Leute, die tatsächlich oder angeblich mit dem Apartheid-Staat kollaboriert hatten, wagen sich bis heute zum Teil kaum in ihre einstigen Wohngebiete zurück. Sie stossen in der Bevölkerung noch immer auf grosses Misstrauen oder gar offene Feindschaft.[52]

f. Am Ende des vierten Kapitels widmet sich die Wahrheits- und Versöhnungskommission der Betrachtung der Rolle der Weissen im Apartheid-System.[53] Sie weist bemerkenswerterweise auf das Mitläufertum der Mehrheit der Weissen hin.[54] Die Kommission äussert zudem die Meinung, dass die Weissen, die vom Apartheid-System profitiert haben, ihre Rolle anerkennen und hierfür die Verantwortung übernehmen müssen, damit der Versöhnungsprozess gelingen kann.[55]

E. Reparations- und Wiedergutmachungspolitik

a. Das *fünfte Kapitel* enthält die Empfehlungen zur Wiedergutmachungs- und Reparationspolitik. Zunächst begründet die Wahrheits- und Versöhnungskom-

51 Wie beispielsweise die fünfzehnjährige, schwangere Beulin Isaacs, die erschossen wurde, als sie für ihre Grossmutter Milch einkaufen wollte. Vgl. FR V/4, Rz. 144. Die Sicherheitskräfte schikanierten die schwarzen Gemeinden sogar bei Beerdigungen, siehe a.a.O., Rz. 144 f.

52 Vgl. zum Ganzen FR V/4, Rz. 148 ff. Zu der Gewalt in ländlichen Gebieten siehe a.a.O., Rz. 165 ff.

53 FR V/4, Rz. 181 ff.

54 FR V/4, Rz. 188. A.a.O. auch das Statement einer Frau, die sich zu dieser Komplizität bekennt.

55 FR V/4, Rz. 190.

mission die Notwendigkeit von staatlichen Wiedergutmachungsleistungen mit dem Hinweis auf die moralische Verpflichtung des Staates, den Opfern Reparationen zukommen zu lassen. Diese bestehe deshalb, weil auf der anderen Seite die Täter in den Genuss von Straffreiheit kommen können.[56] Zudem ist gemäss der Kommission die Republik Südafrika auch juristisch zu Leistungen an die Opfer verpflichtet.[57]

b. Das von Erzbischof Tutu geleitete Gremium empfiehlt einen entwicklungsorientierten Ansatz: Die Unterstützung müsse im Wesentlichen auch Hilfe zur Selbsthilfe sein.[58] Wichtig ist der Kommission auch die Zusammenarbeit mit den lokalen Gemeinschaften und den NGOs.[59]

c. Die Wahrheits- und Versöhnungskommission differenziert die Wiedergutmachungs- und Reparationspolitik nach fünf Bereichen:

- Die dringende, provisorische Wiedergutmachung soll jenen Opfern zukommen, welche nicht auf die Gewährung der finalen Reparationsleistungen warten können.[60]

- Die individuellen Wiedergutmachungsleistungen sollen einerseits eine Anerkennung des durch die schwere Menschenrechtsverletzung verursachten Leidens darstellen; andererseits sollen sie dem Opfer auch den Zugang zu Dienstleistungen und Einrichtungen ermöglichen und einen Beitrag an die täglichen Lebenskosten sein.[61]

- Die symbolische Wiedergutmachung sowie rechtliche und administrative Interventionen zielen darauf ab, die Würde der Opfer wiederherzustellen.[62]

- Die Gemeinde-Wiedergutmachungsmassnahmen berücksichtigen den Umstand, dass ganze Gemeinden - und nicht nur Einzelpersonen - unter den Folgen der Apartheid-Herrschaft zu leiden haben. Die Kommission zeigt in ihren Empfehlungen verschiedene Teilbereiche auf, in denen es ihrer Ansicht nach zur Durchführung von Massnahmen kommen soll.[63]

56 FR V/5, Rz. 3 und 19-21.

57 Diese rechtliche Obligation hat ihren Ursprung einerseits im Azapo-Urteil, andererseits auch in diversen völkerrechtlichen Rechtsquellen, vgl. FR V/5, Rz. 4 ff. und 11 ff.

58 FR V/5, Rz. 46 f.

59 FR V/5, Rz. 36, 50, 103 und 117d.

60 FR V/5, Rz. 54-66.

61 FR V/5, Rz. 67-76.

62 Es geht hier beispielsweise um die Durchführung von Beerdigungszeremonien, die Errichtung von Grabsteinen, die Umbenennung von Strassen und um die Errichtung von Denkmälern; für weitere Beispiele siehe FR V/5, Rz. 78 ff.

63 Die Kommission empfiehlt zum Beispiel vermehrte Anstrengungen zur Gewaltprävention im Jugendbereich und die Errichtung lokaler Zentren zur Behandlung von

- Im Bereich der institutionellen Reform schliesslich verweist die Kommission auf die allgemeinen Empfehlungen, die sie im achten Kapitel des fünften Bandes des Schlussberichts gemacht hat.

F. Die Ergebnisse und Schlussfolgerungen der Wahrheits- und Versöhnungskommission

a. Die Ergebnisse und Schlussfolgerungen (*findings and conclusions*) der Wahrheits- und Versöhnungskommission befinden sich im *sechsten Kapitel.*

Es gilt zunächst festzuhalten, dass es sich bei dieser Institution nicht um ein Gericht, sondern um eine Untersuchungskommission handelt. Deshalb stellen die Schlussfolgerungen des Gremiums auch eher Ergebnisse oder Befunde (*findings*) dar, als Judikate oder Urteile.[64] Die Kommission arbeitete zwar auf der Grundlage von Standardkriterien, wie sie etwa im Zivilprozess angewandt werden; dennoch war sie nicht an genau dieselben Beweisregeln gebunden, die für ein Gericht gelten.[65]

b. Die Ergebnisse in diesem Kapitel beziehen sich vor allem auf Strukturen und Institutionen, wie etwa auf verschiedene Staatsorgane, sowie auf die Befreiungsbewegungen.[66] Nur ausnahmsweise gibt es Schlussfolgerungen auch betreffend Personen. Weitere Ergebnisse, die spezielle Ereignisse oder einzelne Täter betreffen, befinden sich in den anderen Bänden.

c. Zunächst widmet sich die Wahrheits- und Versöhnungskommission einer abschliessenden Bewertung der Eingaben von verschiedenen Parteien und Organisationen. Dabei bezeichnet die Kommission die Eingaben von staatlichen Institutionen und die Auftritte früherer Regierungsmitglieder als „generell enttäuschend".[67]

d. Dagegen waren die Eingaben des ANC und die Auftritte der ANC-Führung wesentlich hilfreicher. Die Parteispitze übernahm die Verantwortung für die Menschenrechtsverletzungen, die durch ANC-Mitglieder begangen wor-

physischen und mentalen Gesundheitsproblemen. Vgl. ausführlich FR V/5, Rz. 94 ff.

64 FR V/6, Rz. 64.

65 A.a.O.

66 FR V/6, Rz. 63.

67 FR V/6, Rz. 7 ff. Ausnahmen stellten die früheren Minister Pik Botha, Leon Wessels und Roelf Meyer dar. Besonders enttäuscht zeigt sich die Kommission vom Verhalten des früheren Präsidenten Botha (a.a.O., Rz. 10 ff.) und von den Eingaben der Polizei und der Streitkräfte (a.a.O., Rz. 13 ff.).

den waren; sie zeigte sich gegenüber der Kommission auch aufgeschlossener als andere Parteien.[68]

e. Manche Enttäuschung erlebte die von Erzbischof Tutu geleitete Institution auch angesichts der wenig hilfreichen Haltung der Inkatha-Freiheitspartei (IFP). Die Eingabe der IFP vermochte die Wahrheitskommission in ihrer Arbeit kaum weiterzubringen.[69] Die ablehnende Haltung der IFP gegenüber der Kommission hatte aber vor allem auch die Wirkung, dass tausende von IFP-Anhängern von der Einreichung von Amnestie-Anträgen abgehalten wurden.[70] Dadurch hat sich die IFP vor allem selbst geschadet, denn die Kommission war bei der Untersuchung der an IFP-Mitgliedern begangenen Menschenrechtsverletzungen auf sekundäre Quellen angewiesen; im Übrigen haben manche Opfer in den Reihen der IFP die Chance verpasst, Wiedergutmachungsleistungen zu erhalten, denn die Anspruchsberechtigung ist von einer Aussage bei der Kommission abhängig.[71]

Auch der Pan-Afrikanistische Kongress (PAC) zeigte sich gegenüber der Wahrheitskommission wenig kooperativ.[72]

f. Die Richterinnen und Richter hielten sich - mit wenigen Ausnahmen - von der Kommission mit dem Argument fern, dass durch einen solchen Auftritt die Unabhängigkeit der Judikative beeinträchtigt würde.[73]

g. Vor dem Hintergrund obgenannter Ausführungen vermag es wenig zu erstaunen, dass die mit Abstand wichtigste Quelle der Untersuchungen über die Verantwortlichkeiten für die Menschenrechtsverletzungen die Aussagen der Täter in den Anhörungen vor dem Amnestie-Ausschuss waren.[74] Die Wahrheits- und Versöhnungskommission konnte sich dabei in besonderem Masse auf die Statements von Angehörigen der Polizei stützen. Dies deshalb, weil die Enthüllungen des früheren Polizeioffiziers Eugene de Kock eine eigentliche Kettenreaktion auslösten.[75]

68 FR V/6, Rz. 17. Andererseits bemängelt die Kommission, dass es nur wenige Aussagen von ANC-Führern, die im Exil tätig waren, gegeben habe; im Übrigen habe die Kommission zu wenig Kenntnis über die Personen erhalten, die während des bewaffneten Kampfs für den ANC tätig gewesen waren. Vgl. FR V/6, Rz. 18 f.

69 FR V/6, Rz. 22.

70 FR V/6, Rz. 23.

71 FR V/6, Rz. 24.

72 FR V/6, Rz. 27.

73 Die Wahrheitskommission weist dieses Argument einmal mehr zurück, vgl. FR V/6, Rz. 29.

74 FR V/6, Rz. 31.

75 FR V/6, Rz. 32.

Auch die Mitglieder der Führung des ANC und des MK reichten Amnestie-Anträge ein und übernahmen die kollektive Verantwortung für die Menschenrechtsverletzungen; darin könnte der Grund liegen, weshalb relativ wenige MK-Soldaten für die Zeit vor 1990 Gesuche zur Gewährung von Straffreiheit stellten.[76]

h. Die Wahrheits- und Versöhnungskommission kommt zum Schluss, dass der frühere Staat hunderttausende von Akten systematisch vernichtet hat, damit die demokratisch gewählten Regierungen die betreffenden Informationen nicht erhalten konnten.[77] Damit ist die Kommission einer äusserst reichhaltigen Quelle über die Arbeitsweise des Apartheid-Staates beraubt worden.

Das von Erzbischof Tutu geleitete Gremium zeigt sich enttäuscht über das wenig kooperative Verhalten der Streitkräfte bei der Herausgabe von Militärakten. Die Kommission hatte grosse Mühe, um an die gewünschten Akten zu gelangen.[78] Aber auch die Verantwortlichen des ANC zeigten sich gegenüber der Kommission nicht immer hilfsbereit.[79]

i. Die Wahrheits- und Versöhnungskommission bekennt sich auch zu eigenen Fehlern, Versäumnissen und Unzulänglichkeiten.[80]

j. Bezüglich der Verantwortung für die zwischen 1960 und 1994 begangenen Menschenrechtsverletzungen kommt die Wahrheits- und Versöhnungskommission zum Schluss, dass alle wesentlichen Akteure (*major role-players*) Verantwortung zu tragen haben.[81] Zugleich ist die Kommission der Ansicht, dass der Staat und seine Alliierten die grösste Verantwortung tragen müssen.[82] Dies deshalb, weil die Apartheid ein Verbrechen gegen die Menschlichkeit darstellte und die Befreiungsbewegungen in einem legitimen Befreiungskampf engagiert waren.[83] Wie an zahlreichen anderen Stellen des Schlussberichts

76 FR V/6, Rz. 35. Der Grossteil der Amnestie-Anträge von ANC-Mitgliedern bezog sich auf Delikte, die nach 1990 vor allem in *Self-Defence Units* begangen worden waren.

77 FR V/6, Rz. 39.

78 FR V/6, Rz. 40 ff.

79 FR V/6, Rz. 43.

80 Die Kommission ist im Nachhinein etwa der Ansicht, sie hätte Chief Buthelezi vorladen sollen, vgl. hierzu FR V/6, Rz. 55. Zu anderen Fehlern siehe a.a.O., Rz. 52 ff.

81 Die wesentlichen Akteure sind: der Staat; Gruppen und Institutionen, die mit dem Staat in irgendeiner Weise verbunden waren, wie etwa die Homelands oder auch die IFP; rechtskonservative und rechtsextreme Parteien; die Befreiungsbewegungen; weitere Organisationen, wie etwa die UDF; nicht-staatliche paramilitärische Formationen, wie beispielsweise die *Self-Defence Units*. Vgl. FR V/6, Rz. 66.

82 FR V/6, Rz. 68.

83 FR V/6, Rz. 71.

macht die Kommission indessen auch in diesem Zusammenhang deutlich, dass der gerechte Zweck niemals unangemessene Mittel rechtfertigt.[84]

Verantwortung haben auch diverse Sektoren der Gesellschaft zu übernehmen, denn sie haben zum grössten Teil im Angesicht des Unrechtscharakters des Apartheid-Staates versagt. Angesprochen sind einmal mehr die religiösen Gemeinschaften, die Medien, die Anwaltschaft und die Richter, die Medizinalpersonen, der Ausbildungsbereich und die Wirtschaft.[85] Die Angehörigen dieser Bereiche haben sich in zahlreichen Fällen der Unterlassung schuldig gemacht, indem sie den ethischen Anforderungen ihres Berufsstandes nicht gerecht geworden sind.

k. In einem sogenannten primären Ergebnis (*primary finding*) hält die Wahrheitskommission fest, dass der grösste Teil der schweren Menschenrechtsverletzungen von den Sicherheitskräften begangen worden ist; darüber hinaus war der südafrikanische Staat in der Phase von Ende der siebziger Jahre bis zu den frühen neunziger Jahren in eigentliche kriminelle Aktivitäten involviert, indem er Oppositionelle wissentlich ermorden liess und andere Straftaten verüben liess.[86]

l. Die Wahrheits- und Versöhnungskommission beschäftigt sich in der Folge eingehend mit dem Staat und seinen Alliierten.[87] Besonders intensiv widmet sich das Gremium der Phase nach 1978, als das Apartheid-Regime zu immer drastischeren Massnahmen griff.[88] Der *State Security Council*, der Kern der Exekutive und de facto das wichtigste Organ, betrieb eine eigentliche Politik der Elimination von Oppositionellen. Die Kommission fasst am Ende dieses Abschnittes die Ergebnisse der Untersuchungen über die Rolle des Staates und seiner Alliierten in einer Liste von *findings* zusammen.[89]

Die Schlussfolgerungen zur Rolle der Homelands, der Inkatha-Freiheitspartei und der „third force" erfolgen in separaten Abschnitten.[90]

m. Auch der ANC trägt die Verantwortung für schwere Verstösse gegen die Menschenrechte. Solche hat es sowohl im Rahmen des bewaffneten Kamp-

84 A.a.O.

85 FR V/6, Rz. 74.

86 Bei der Ausübung dieser Delikte hat der Staat mit politischen Gruppierungen, allen voran der IFP, kolludiert. Das *primary finding* befindet sich im FR V/6, Rz. 77.

87 FR V/6, Rz. 78 ff.

88 FR V/6, Rz. 84 ff.

89 FR V/6, Rz. 100 lit. a bis r und 101. Zur Zerstörung von Dokumenten durch die Regierungen vor 1994 vgl. a.a.O., Rz. 105.

90 Zu den Homelands siehe FR V/6, Rz. 106 ff.; sehr ausführlich zur IFP FR V/6, Rz. 110 ff.; zur „third force" vgl. FR V/6, Rz. 126 ff.

fes[91] als auch in den ANC-Camps im Exil gegeben[92]. Der ANC ist aber auch verantwortlich für zahlreiche gravierende Widerhandlungen gegen die Menschenrechte, die von ANC-Mitgliedern oder ANC-Sympathisanten noch nach 1990 begangen wurden.[93] Immerhin konzediert die Wahrheitskommission dem ANC, er habe als einzige Konfliktpartei die Genfer Konventionen von 1949 *und* die dazugehörenden Protokolle von 1977 unterzeichnet und auch ernsthafte Anstrengungen unternommen, um innerhalb des Rahmens des Internationalen Humanitären Rechts zu operieren.[94]

n. Während es gemäss der Kommission im Allgemeinen nicht die Politik des ANC gewesen war, Zivilisten anzugreifen,[95] attackierte der PAC bewusst auch gewisse Kategorien von Nicht-Kombattanten[96]. Diese Verhaltensweisen stellen nicht nur schwere Verstösse gegen die Menschenrechte dar, sondern auch krasse Verletzungen des Internationalen Humanitären Rechts.[97] Schwere Menschenrechtsverletzungen beging der PAC auch gegen eigene Mitglieder, vor allem in den Camps in Tansania.[98]

o. Die UDF muss sich ebenfalls den Vorwurf gefallen lassen, für schwere Verstösse gegen die Menschenrechte verantwortlich zu sein. Zwar war es nicht Teil der Politik der UDF, politische Gegner zu attackieren oder gar zu ermorden; die Kommission kommt aber zum Schluss, dass die UDF zur Schaffung eines Klimas beigetragen hat, das der Begehung von krassen Verstössen gegen die Menschenrechte förderlich war.[99] Die Führung der UDF hat auch zu wenig getan, um schwere Menschenrechtsverletzungen durch ihre Anhänger zu verhindern.[100]

p. In einer zusammenfassenden Betrachtung zur Rolle der Zivilgesellschaft im Apartheid-Staat kommt die Wahrheits- und Versöhnungskommission einmal mehr zum Schluss, dass weite Teile der Glaubensgemeinschaften, der Medien,

91 Dazu FR V/6, Rz. 136.

92 Vgl. FR V/6, Rz. 137.

93 FR V/6, Rz. 138. A.a.O. wird in Bezug auf die Rolle von Winnie Madikizela-Mandela festgehalten, sie trage die politische und moralische Verantwortung für die vielen schweren Menschenrechtsverletzungen, die der Mandela United Football Club begangen hat.

94 FR V/6, Rz. 134.

95 A.a.O. Die ANC-Führung befahl die Einstellung der Landminen-Kampagne, als klar wurde, dass auch Zivilisten den Minen zum Opfer fielen, vgl. a.a.O., Rz. 135.

96 FR V/6, Rz. 134.

97 FR V/6, Rz. 140 zweiter Abschnitt.

98 FR V/6, Rz. 140 dritter Abschnitt.

99 FR V/6, Rz. 144.

100 A.a.O. Zur Ermordung von IFP-Anhängern durch ANC- und UDF-Anhänger vgl. insb. FR V/6, Rz. 145 ff.

der Anwaltschaft, der Gerichtspersonen, der Wirtschaft und der Medizinalpersonen mit dem Regime kolludiert und somit zur Stabilisierung und Verlängerung der Apartheid beigetragen haben.[101] Wäre die Zahl derjenigen Individuen grösser gewesen, die ihrem Gewissen gefolgt sind, so wäre die moralische Degenerierung dieses Unrechtssystems schneller deutlich geworden.[102]

q. Ganz am Ende dieses sechsten Kapitels ruft die Wahrheits- und Versöhnungskommission „*alle diejenigen, die* von der Apartheid *profitierten*", zur Unterstützung des Versöhnungsprozesses auf, „nicht nur jene, die durch das Gesetz als Täter definiert werden".[103]

G. Gründe, Motive und Perspektiven der Täter

a. Gegenstand des *siebten Kapitels* sind die Untersuchungen der Wahrheits- und Versöhnungskommission über die Gründe, die Motive und die Perspektiven der Täter (*Causes, Motives and Perspectives of Perpetrators*).

Es geht hier um die Fragen, unter welchen Umständen es zu gravierenden Verstössen gegen die Menschenrechte kommen kann und weshalb Menschen anderen Menschen so viel Leid antun.

b. Zunächst untersucht die Wahrheits- und Versöhnungskommission verschiedene Muster der Gewalt.

aa. Die Konfliktparteien verübten im Rahmen ihrer militärischen Operationen Gewaltakte, denen auch Zivilisten zum Opfer fielen.[104] Der ANC bemühte sich darum, zivile Opfer von Kriegshandlungen zu vermeiden, was aber nicht immer gelang. Der Leiter einer Einheit des MK für Spezialoperationen, Mohammed Shaik, erklärte in einer Anhörung, dass es letzten Endes immer eine gewisse Wahrscheinlichkeit gegeben hatte, dass auch Zivilisten zu den Opfern gehören würden. Zivilisten seien aber niemals das Ziel von bewaffneten Handlungen gewesen.[105]

bb. Ein weiteres Muster der Gewalt ortet die Wahrheitskommission im Umstand, dass die Soldaten in den Reihen beider Konfliktparteien oftmals In-

101 FR V/6, Rz. 151 ff.

102 FR V/6, Rz. 153. Vgl. die Schlussfolgerungen zu den Medizinalpersonen im FR V/6, Rz. 155; zu den religiösen Gemeinschaften a.a.O., am Ende derselben Randziffer; zur Wirtschaft a.a.O., Rz. 156; zu den Medien a.a.O., Rz. 157; und zur Justiz a.a.O., Rz. 158. In den Randziffern 159 ff. werden im Übrigen nochmals die Schlussfolgerungen aus den Hearings zu den Kindern und Jugendlichen, den Frauen und der obligatorischen Militärdienstpflicht zusammengefasst.

103 Dieser bemerkenswerte Satz befindet sich im FR V/6, Rz. 165. Übersetzung durch den Verfasser; die Kursivschrift befindet sich im Original.

104 Vgl. hierzu FR V/7, Rz. 9 ff.

105 FR V/7, Rz. 12.

struktionen ihrer Vorgesetzten falsch interpretierten und Handlungen begingen, die an sich nicht der Linie der jeweiligen Organisation entsprachen.[106] Es gab vor allem innerhalb der Militärorganisationen der Befreiungsbewegungen erhebliche Schwierigkeiten mit der Logistik und der Kommunikation zwischen den militärischen Einheiten und den Kommandozentralen.[107]

cc. Auf allen Seiten wurden auch immer wieder Fehler begangen.[108] Solche Fehler waren auf Fahrlässigkeit, technisches Versagen oder Übereifer zurückzuführen.[109]

dd. Ein weiteres Gewaltmuster hat seine Wurzeln in der fehlenden Disziplin von Soldaten in allen Konfliktparteien.[110] Die Konfliktparteien unternahmen gemäss der Wahrheitskommission zu wenige Anstrengungen, um Gewaltexzessen ihrer Mitglieder und Anhänger nachzugehen und diese dafür zu disziplinieren. Teilweise wurde ein rigides Vorgehen auf eigene Faust sogar belohnt.[111]

c. Die Wahrheitskommission zeigt im Folgenden auf, dass die Perspektiven des Täters und des Opfers hinsichtlich derselben Tat erheblich divergieren; die betreffende Tat ist für das Opfer von ungleich grösserer Bedeutung als für den Täter.[112]

d. Die von Erzbischof Tutu geleitete Institution hält fest, dass es auf allen Seiten Täter von schweren Menschenrechtsverletzungen gegeben hat, dass man aber andererseits zwischen den verschiedenen politischen Perspektiven differenzieren müsse, welche die Täter zu ihren Verhaltensweisen bewegt hatten.[113]

e. Die zweite Hauptfrage dieses Kapitels liegt darin, weshalb Menschen solch schwere Verstösse gegen die Menschenrechte begehen. Was bewegt sie dazu? In welchem Kontext handeln sie?

106 FR V/7, Rz. 18 ff.

107 FR V/7, Rz. 26. Eine Einsatzplanung fand angesichts der erschwerten Kommunikation oft auf der untersten militärischen Stufe statt.

108 Siehe FR V/7, Rz. 28 ff.

109 Beispielsweise explodierten Bomben zu einem ungeplanten Zeitpunkt und töteten oder verletzten deshalb auch zivile Opfer, oder *self-defence units* der UDF in den Townships stützten sich fahrlässigerweise auf Informationen von Kriminellen, die nur ihre eigenen Interessen verfolgten.

110 FR V/7, Rz. 40 ff.

111 FR V/7, Rz. 43 f.

112 Vgl. FR V/7, Rz. 45 ff. Während die Opfer oftmals sehr emotional über ihre Erlebnisse gesprochen haben, berichteten manche Täter sehr sachlich und kühl von ihren Straftaten. Siehe a.a.O., Rz. 47b den Auszug aus einer Aussage de Kocks.

113 FR V/7, Rz. 60.

aa. Ein zentraler Erklärungsansatz liegt gemäss der Wahrheits- und Versöhnungskommission in einem politischen Verständnis der Gründe.[114] Der politische Kontext der schweren Widerhandlungen gegen die Menschenrechte war durch folgende drei Faktoren geprägt: Durch den Kalten Krieg[115]; durch das anti-kolonialistische Umfeld[116] und durch die Apartheid sowie durch den mit ihr verbundenen Rassismus[117]. Dazu kamen ein christlich geprägter Nationalismus und ein zunehmender Militarismus.[118]

bb. Neben diesen politischen Motiven und Perspektiven gibt es auch noch weitere Erklärungsansätze, deren Erklärungskraft gemäss der Wahrheitskommission jedoch erheblich variiert. So stuft die Kommission die individualpsychologischen Ansätze[119] als weniger bedeutsam ein im Vergleich zu soziologischen und sozialpsychologischen Erklärungs-versuchen[120].

Am wichtigsten ist gemäss der Wahrheitskommission die Einbindung des Individuums in eine soziale Gruppe, deren Abgrenzung von anderen Gruppen und die dadurch ausgelöste psychologische Dynamik der Beziehungen zwischen Gruppen (*inter-group relations*). Zu diesen gruppenspezifischen Aspekten kommt der Faktor der Maskulinität: Die Identität bezieht sich einerseits sehr stark auf die jeweilige soziale Gruppe, aber auch auf das Geschlecht.[121] Es ist wichtig zu wissen, dass die schweren Menschenrechtsverletzungen praktisch ausschliesslich von Männern begangen wurden. Die gruppen- und die geschlechtsspezifischen Bezüge der Identität können sich zudem mit einer Identität überlappen, die sich im Umfeld eines Militarismus herausgebildet hat.[122]

Die multiplen sozialen Identitäten, die sich aus den Faktoren soziale Gruppe, Rassismus, Maskulinität, Militarismus und nationalem Patriotismus ergeben,

114 FR V/7, Rz. 61 ff. Die Wahrheitskommission stuft die politischen Motive als primär ein, vgl. a.a.O., Rz. 64 f.

115 Hierzu FR V/7, Rz. 67 f.

116 Siehe FR V/7, Rz. 69 ff.

117 Dazu FR V/7, Rz. 75 ff.

118 FR V/7, Rz. 84.

119 Zur menschlichen Natur vgl. FR V/7, Rz. 87, zu psychologischen Abnormalitäten siehe a.a.O., Rz. 88 ff. Als relativ hilfreich wertet die Wahrheitskommission die Erkenntnisse über die autoritäre Persönlichkeit, dazu ausführlich a.a.O., Rz. 94 ff. Die Kommission macht aber a.a.O., Rz. 100, deutlich, dass Gewalt nicht durch Individualpsychologie alleine erklärt werden kann, sondern nur durch eine Kombination von persönlicher Biographie und ihrer Einbindung in soziale und institutionelle Strukturen.

120 Eingehend hierzu FR V/7, Rz. 101 ff.

121 Dazu FR V/7, Rz. 110 f.

122 Siehe FR V/7, Rz. 112 f.

bilden so zusammen mit religiösen, ethnischen und politischen Identitäten die Vorbedingungen für die Begehung von Gewalttaten.[123]

Der eigentliche Auslöser von gewaltsamen Handlungen ist dann situationsbezogen, wobei in der jeweiligen Situation wiederum die Einbindung in eine Gruppe eine erhebliche Rolle spielt.[124]

cc. Eine bedeutsame Rolle bei der Begehung von Gewalttaten kommt auch der Sprache zu.[125] So haben etwa die politischen Vorgesetzten der Sicherheitskräfte in aller Regel Euphemismen verwendet, um Einsatzbefehle zu Menschenrechtsverletzungen harmloser erscheinen zu lassen, als sie es in Wirklichkeit waren.[126]

dd. Einen weiteren Faktor, der die Begehung von schweren Menschenrechtsverletzungen erleichtern kann, ortet die Wahrheitskommission im Umstand, dass solche häufig durch Personen verübt wurden, die in speziellen Organisationen zusammengefasst waren.[127] Neben den regulären Einheiten der Sicherheitskräfte und der Befreiungsbewegungen gab es stets auch spezielle operative Einheiten, in denen ein besonderes Zusammengehörigkeitsgefühl herrschte. Die Polizei- und Streitkräfte des Apartheid-Staates enthielten eine ganze Reihe von Abteilungen, die mit Sonderaufgaben betraut waren.[128]

ee. Damit verbunden ist ein ebenfalls bedeutsamer Faktor, nämlich die im Apartheid-Staat praktizierte Kultur der Heimlichkeit und der Intransparenz.[129]

ff. Im Anschluss an diese Erörterungen folgen zwei kurze Fallbeispiele über die Perspektiven von Folterern[130] und die Begehung von Gewalttaten durch Gruppen (*crowd violence*)[131].

123 FR V/7, Rz. 114.

124 FR V/7, Rz. 115. In diesem Zusammenhang verweist die Kommission auch auf die Erkenntnisse aus Stanley Milgrams Experimenten, die in diesem Kontext vor allem darin bestehen, dass ein Aufbegehren gegenüber Autoritäten erheblich erleichtert wird, wenn zwei oder mehrere Personen zusammen gegenüber einer Anweisung protestieren können, während es einer einzelnen Person schwerer fallen mag, sich einer Anordnung zu widersetzen. Siehe a.a.O., Rz. 117 f.

125 Ausführlich dazu FR V/7, Rz. 124 ff.

126 "Neutralisieren" bedeutete zum Beispiel ermorden; ein Gebäude „ein wenig erschüttern" meinte, es zu sprengen. Vgl. FR V/7, Rz. 129.

127 FR V/7, Rz. 135 ff.

128 Zum Beispiel das *Bureau of State Security*, das *Civil Co-operation Bureau* und vor allem auch das *National Security Management System* sowie die *Vlakplaas-Spezialeinheiten* unter der Leitung von de Kock. Die eigentliche Exekutivgewalt Südafrikas lag in den achtziger Jahren de facto in den Händen des *State Security Council*, nicht mehr des Kabinetts.

129 FR V/7, Rz. 138 f.

130 FR V/7, Rz. 141 ff.

f. Den Schlüssel zur Prävention künftiger Menschenrechtsverletzungen sieht die Wahrheits- und Versöhnungskommission in der Errichtung einer Demokratie und der Garantie der Grundrechte, wobei diese politische Demokratisierung auch von einem Abbau der ökonomischen Ungleichheiten begleitet werden müsse.[132] Die Kommission weist darauf hin, dass mit Art. 199 Abs. 5 und 6 der südafrikanischen Verfassung die Sicherheitskräfte nunmehr verpflichtet werden, im Einklang mit der Verfassung und mit den Gesetzen zu handeln, und dass kein Angehöriger der Sicherheitskräfte einem offensichtlich illegalen Befehl gehorchen dürfe.[133]

Die Wahrheitskommission verlangt auch die Bildung und Pflege einer politischen Kultur der Offenheit und der Transparenz, die Freiheit der Massenmedien, die akademische Freiheit und eine wachsame Zivilgesellschaft.[134]

H. Die Empfehlungen der Wahrheits- und Versöhnungskommission

a. Das *achte Kapitel* enthält die Empfehlungen der Wahrheits- und Versöhnungskommission für Massnahmen, welche ergriffen werden sollen, um den Prozess der Versöhnung und der Förderung der nationalen Einheit voranzubringen.

Die Wahrheitskommission ruft der Leserin und dem Leser nochmals in Erinnerung, dass es ihr angesichts ihrer begrenzten Lebenszeit und Ressourcen nicht möglich ist, *selbst* Versöhnung herbeizuführen.[135] Die Kommission habe nur einige Steine des Fundaments gelegt; um das Gebäude zu vervollständigen, brauche es die Kraft und die Anstrengungen des ganzen Volkes und sämtlicher Institutionen und Organisationen.[136]

b. Um künftigen schweren Menschenrechtsverletzungen vorzubeugen muss gemäss der Wahrheitskommission vor allem eine starke Menschenrechtskultur entwickelt werden. Nur auf diesem Weg kann auch der Versöhnungsprozess gelingen.[137] Erforderlich sind ein Abbau der sozioökonomischen Unterschiede, eine Bekämpfung des Rassismus, ein entschlossenes Vorgehen gegen Kriminalität und Korruption und die Wiederherstellung des Respekts vor der Rechtsstaat-

131 FR V/7, Rz. 144 ff.

132 FR V/7, Rz. 147.

133 FR V/7, Rz. 148.

134 FR V/7, Rz. 149. Elementar ist gemäss der Kommission auch die Förderung einer Menschenrechtskultur in allen Bereichen der Gesellschaft sowie die Ermutigung zum Dissens; der Einfluss von Minderheiten und die Bereitschaft zum Dialog und zu Verhandlungen seien zu stärken. Vgl. a.a.O., Rz. 150 f.

135 FR V/8, Rz. 5.

136 FR V/8, Rz. 6.

137 FR V/8, Rz. 14.

lichkeit.[138] Die Exekutive muss sich nach Ansicht der Kommission zu einem „offenen, sauberen und transparenten Regieren" (*open, clean and transparent governance*) bekennen.[139]

c. In denjenigen Fällen, in denen die Täter keinen Amnestie-Antrag gestellt haben respektive ein solcher abgelehnt worden ist, es zugleich aber Beweise für schwere Verstösse gegen die Menschenrechte gibt, müssen die Generalstaatsanwaltschaften nach der Ansicht der Kommission die Einleitung von Strafverfahren in Erwägung ziehen.[140]

d. Die Wahrheits- und Versöhnungskommission bekennt sich zu den Prinzipien der *affirmative action* und der *employment equity*; daneben sind aber nach Ansicht der Kommission verstärkte Anstrengungen im Bereich der Ausbildung notwendig, damit diese Grundsätze in der Praxis realisiert werden können.[141]

e. Angesichts der zahlreichen gravierenden Menschenrechtsverletzungen, die in den *Gefängnissen* des Apartheid-Staates begangen worden waren, sind in diesem Bereich besondere Anstrengungen nötig, um aus der Vergangenheit die nötigen Lehren zu ziehen. Die Wahrheitskommission verlangt, dass das Gefängnispersonal stärker für die Menschenrechtsbelange der Häftlinge sensibilisiert wird und eine bessere Ausbildung erhält.[142] Wichtig ist gemäss der Kommission auch, dass eine gesellschaftliche Rehabilitierung der Strafgefangenen angestrebt wird; zu diesem Zweck sollen sich die Insassen der Gefängnisse weiterbilden können.[143]

f. Eine bedeutsame Rolle im Versöhnungsprozess weist die Wahrheitskommission den *Glaubensgemeinschaften* zu.[144] Die Kommission empfiehlt, dass religiöse Gemeinschaften ökumenische Zeremonien durchführen sollen, an denen Menschen die Möglichkeit erhalten, ihre verschiedenartigen Involvierungen in die Menschenrechtsverletzungen der Vergangenheit anzuerkennen.[145]

Die Glaubensgemeinschaften können angesichts der Fähigkeiten ihrer Mitglieder und ihrer Ressourcen nach der Ansicht der Wahrheitskommission viel zum Versöhnungsprozess beitragen: Sie können benachteiligten Menschen in

138 A.a.O.

139 FR V/8, Rz. 21. Die Regierung sollte auch die Einrichtung von Menschenrechtsbüros in den Ministerien in Erwägung ziehen. Siehe a.a.O.

140 FR V/8, Rz. 14, Stichwort „Accountability".

141 FR V/8, Rz. 24.

142 FR V/8, Rz. 26.

143 FR V/8, Rz. 27. Für weitere Ausführungen zu diesem Bereich vgl. a.a.O., Rz. 28 ff.

144 FR V/8, Rz. 32 ff.

145 FR V/8, Rz. 33. Die religiösen Gemeinschaften sollen sich mit anderen Gruppierungen der Zivilgesellschaft zusammen tun, um Trauma-Zentren zu errichten, siehe a.a.O.

verschiedener Hinsicht helfen; sie können mit anderen religiösen Gemeinschaften kooperieren, armen Menschen Land zur Verfügung stellen, einen Fonds für die Opfer von Menschenrechtsverletzungen einrichten; Land, das von Glaubensgemeinschaften auf Grund der Apartheid-Gesetzgebung erlangt worden war, ist gemäss der Kommission den rechtmässigen Besitzerinnen und Besitzern zurückzugeben.[146]

Die religiösen Gemeinschaften sollten miteinander zusammenarbeiten, um die interreligiöse Verständigung zu verbessern.[147] Die Glaubensgemeinschaften könnten einen wichtigen Beitrag zur Konfliktlösung leisten, indem sie mit anderen NGOs institutionelle Foren zur Förderung der Versöhnung etablieren.[148]

g. Für die Überwindung der nach wie vor enormen *sozioökonomischen Gräben* zwischen Schwarzen und Weissen verfügt auch die Wahrheits- und Versöhnungskommission über keine Patentrezepte. Einig ist man sich, dass die Lebensumstände der Angehörigen der Bevölkerungsmehrheit substanziell verbessert werden müssen.

Die von Erzbischof Tutu geleitete Institution legt sich auf keine spezifischen wirtschafts- und sozialpolitischen Instrumente fest, sondern schlägt in relativ unverbindlicher Weise vor, die praktische Realisierbarkeit von zahlreichen Ideen zu überprüfen, die vor allem im Rahmen der Anhörungen über die Rolle der Wirtschaft im Apartheid-Staat geäussert worden waren.[149]

h. Alsdann widmet sich die Wahrheitskommission dem Bereich der *Justiz*.[150] Das Gremium bewertet den Zugang der Opfer zur Justiz als ungenügend; es schlägt deshalb verschiedene Massnahmen vor, um die Effizienz der Strafverfolgung und den Bereich der Opferhilfe zu verbessern.[151]

Die Kommission empfiehlt auch Schritte zu einer besseren praktischen Realisierung des verfassungsmässigen Rechts der Angeschuldigten auf Rechtsvertretung.[152]

146 FR V/8, Rz. 34.

147 FR V/8, Rz. 35. Wichtig ist gemäss der Kommission auch, dass die Kirchen Randgruppen in ihre Gemeinschaften aufnehmen und sie integrieren.

148 A.a.O. In diesem Zusammenhang empfiehlt die Wahrheitskommission auch die Bildung eines *Peace Corps*. Zu der künftigen Stellung der Militärkaplane vgl. a.a.O., Rz. 36.

149 Siehe hierzu FR V/8, Rz. 39 ff. Zu den sozioökonomischen Problemen vgl. auch Charles Simkins, The New South Africa: Problems of Reconstruction, in: Journal of Democracy, Vol. 7, No. 1, Januar 1996, S. 83 sowie Behrens und von Rimscha, Hoffnung, S. 180 ff.

150 Vgl. FR V/8, Rz. 47 ff.

151 Siehe dazu FR V/8, Rz. 49 f.

152 FR V/8, Rz. 51 f.

Die Juristinnen und Juristen sämtlicher Berufe haben sich gemäss der Wahrheitskommission weiterzubilden, damit sie die Werte der neuen südafrikanischen Verfassung und die Anforderungen des Internationalen Rechts kennen.[153]

Neben Empfehlungen über eine Verbesserung von Zeugenschutzprogrammen[154] fordert die Wahrheitskommission eine repräsentativere Zusammensetzung der Gerichte[155].

i. Es vermag nicht zu erstaunen, dass die Empfehlungen zum Bereich der *Sicherheitskräfte* breiten Raum einnehmen.[156] Angesichts der wenig kooperativen Haltung der Sicherheitskräfte bei der Herausgabe von Archivmaterial schlägt die Wahrheitskommission vor, dass unabhängige Forscher die restlichen Dokumente auswerten.[157] Vor dem Hintergrund der bisherigen Kultur der Heimlichkeit und Intransparenz verlangt die Kommission, dass verdeckte Operationen der Streitkräfte nur noch mit ausdrücklicher Genehmigung zweier Minister erlaubt sind.[158]

Die Polizeikräfte müssen in Anbetracht der anhaltenden Berichte über Menschenrechtsverletzungen, die von Polizeiangehörigen begangen werden, besser überwacht werden.[159] Da es bei der Kontrolle von ungebärdigen Mengen im Rahmen des *public order policing* zu besonders vielen Verstössen gegen die Menschenrechte kommt, müssen die Mitglieder des Polizeikorps besser ausgebildet und auf solche Einsätze professioneller vorbereitet werden.[160]

Die Kommission empfiehlt, gegen Polizeibeamte, die schwere Menschenrechtsverletzungen begangen haben, die Strafverfolgung einzuleiten.[161]

Insgesamt sei die Ausbildung der Polizei gerade im Hinblick auf eine stärkere Beachtung der Menschenrechte zu verbessern.[162]

153 FR V/8, Rz. 53. In den Lehrplänen der juristischen Fakultäten ist nach Ansicht der Wahrheitskommission ein stärkeres Gewicht auf die Menschenrechte und die Ethik zu legen, siehe a.a.O., Rz. 54.

154 FR V/8, Rz. 55 f.

155 Schwarze und weibliche Mitglieder der Anwaltschaft sollen ermutigt werden, sich um ein Richteramt zu bewerben, siehe FR V/8, Rz. 58.

156 Vgl. FR V/8, Rz. 62 zu den Geheimdiensten, Rz. 63-67 zu den Streitkräften und Rz. 68-76 zur Polizei.

157 FR V/8, Rz. 62 und 67.

158 FR V/8, Rz. 63.

159 FR V/8, Rz. 68.

160 FR V/8, Rz. 71.

161 FR V/8, Rz. 72. Ein solcher Entscheid obliegt jeweils der zuständigen Generalstaatsanwaltschaft.

162 FR V/8, Rz. 73.

j. Die Wahrheits- und Versöhnungskommission fordert umfangreiche Reformen im Bereich des *Gesundheitswesens.*[163] Diese erscheinen angesichts der im Apartheid-Staat völlig ungenügenden Versorgung der Bevölkerungsmehrheit mit medizinischen Diensten als sehr wichtig und dringend.

Die Kommission verlangt die Schaffung eines für alle Medizinalpersonen geltenden Verhaltenskodexes und eine stärkere Berücksichtigung der Menschenrechte in den Lehrplänen der medizinischen Fakultäten.[164]

Medizinalpersonen, die für den Staat arbeiten und deshalb zu einer dualen Loyalität verpflichtet sind, sollten nach Ansicht der Kommission dem Gesundheitsministerium unterstehen, auch wenn sie etwa in Gefängnissen, in Gerichten oder in den Sicherheitskräften tätig sind.[165] Gerade die medizinische Versorgung in den Gefängnissen, die bisher unzureichend war, ist substanziell zu verbessern.[166]

Wichtig ist auch eine Verbesserung des Dienstleistungsangebots im Bereich der mentalen Gesundheit.[167] Die Kommission schlägt für die Gesundheitsversorgung in diesem Bereich eine gemeinschaftsorientierte Basis vor.[168]

Die Kommission empfiehlt zudem eine repräsentativere Zusammensetzung der medizinischen Berufsorganisationen.[169]

Ein zu schaffendes Organ für Gesundheit und Menschenrechte, das sich aus Medizinalpersonen und Menschenrechtsexperten zusammensetzt, soll die Implementierung von Massnahmen, welche das Parlament gestützt auf die Empfehlungen der Kommission beschliesst, überwachen.[170]

Elementar erscheint ein Abbau der Disparitäten in der Versorgung verschiedener Gebiete mit ärztlichen Leistungen, so beispielsweise zwischen Städten und Townships oder zwischen städtischen und ländlichen Gebieten.[171]

k. Im Bereich der *Medien* fordert die Wahrheits- und Versöhnungskommission eine weniger dichte Regulierung, um den freien Fluss von Ideen, Meinun-

163 Vgl. hierzu FR V/8, Rz. 79 ff.
164 FR V/8, Rz. 81 f.
165 FR V/8, Rz. 83.
166 FR V/8, Rz. 84.
167 FR V/8, Rz. 86.
168 A.a.O. Besonders dringend erscheinen die Bedürfnisse der Trauma-Opfer und der Patientinnen und Patienten, die unter posttraumatischen Stresssymptomen leiden.
169 FR V/8, Rz. 87.
170 FR V/8, Rz. 88. Dieses Gremium hätte auch die Aufgabe, berichteten Menschenrechtsverletzungen im Gesundheitsbereich nachzugehen. Die Kommission schlägt auch die Schaffung des Amtes einer Ombudsperson für das Gesundheitswesen vor, welches dem Organ für Gesundheit und Menschenrechte unterstellt wäre.
171 FR V/8, Rz. 90.

gen und Informationen zu gewährleisten.[172] Ausserdem sei Art. 205 der Südafrikanischen Strafprozessordnung (*Criminal Procedure* Act) aufzuheben; diese Gesetzesbestimmung zwang die Journalistinnen und Journalisten bis anhin, ihre Quellen offenzulegen.[173] Die Wahrheitskommission empfiehlt der Regierung und dem Parlament, ein legislatives Umfeld zu schaffen, das einer Vielzahl von Presseerzeugnissen und Rundfunkstationen förderlich ist; ausserdem seien solche Medien durch Subventionen zu fördern.[174] Die Kommission erachtet auch einen grösseren Anteil von Schwarzen und Frauen in den Medien als wünschenswert und ruft deshalb die Arbeitgeber unter dem Stichwort der affirmative action zu diesbezüglichen Anstrengungen auf.[175]

l. Die von Erzbischof Tutu geleitete Institution empfiehlt, dass sämtliche Dokumente der Wahrheits- und Versöhnungskommission nach Beendigung ihrer Arbeit dem Nationalarchiv übergeben werden.[176] Das Material der Kommission ist der Öffentlichkeit zugänglich zu machen, es sei denn, dass zwingende Gründe im Einzelfall für eine Geheimhaltung sprechen würden.[177]

Die Wahrheitskommission fordert zugleich die Sicherheitskräfte dazu auf, die restlichen Bestände an Dokumenten und Unterlagen dem Nationalarchiv zu übergeben.[178] Das Gremium geht davon aus, dass das Südafrikanische Archivgesetz (*Archives Act*) den zuständigen Archivbehörden an sich die notwendigen Mittel zur Verhinderung von noch mehr Zerstörungen von Dokumenten geben würde; erforderlich sei vor allem eine rigorose Implementierung der gesetzlichen Grundlagen.[179]

m. Die Wahrheits- und Versöhnungskommission ruft die *Befreiungsbewegungen* dazu auf, sich bei den Opfern von Menschenrechtsverletzungen zu entschuldigen.[180] Die Kommission fordert die Befreiungsbewegungen auch dazu auf, sich mit den Opfern von Menschenrechtsverletzungen zu versöhnen.[181]

172 FR V/8, Rz. 94.
173 Vgl. a.a.O.
174 FR V/8, Rz. 96.
175 FR V/8, Rz. 98.
176 FR V/8, Rz. 103.
177 A.a.O.
178 FR V/8, Rz. 107.
179 FR V/8, Rz. 105.
180 FR V/8, Rz. 111. Die Kommission verweist insbesondere auch auf jene Personen, die ohne Prozess inhaftiert worden waren, sowie auf diejenigen, die inhaftiert worden waren, und bei denen ein Verfahren anschliessend ergeben hatte, dass sie unschuldig sind.
181 A.a.O. Zudem sei das Schicksal der im Exil vermissten Personen zu untersuchen.

n. Hinsichtlich dem *Internationalen Menschenrechtsschutz* empfiehlt die Wahrheits- und Versöhnungskommission der Regierung, den UNO-Pakt über die Bürgerlichen und Politischen Rechte und den Pakt der Vereinten Nationen über Wirtschaftliche, Soziale und Kulturelle Rechte zu ratifizieren; sie fordert auch die Ratifizierung des UNO-Paktes gegen Folter und andere grausame, unmenschliche und erniedrigende Behandlung oder Bestrafung.[182] Zudem sei eine interne Untersuchung durchzuführen, ob die südafrikanische Gesetzgebung und Praxis konform sei mit den internationalen Verpflichtungen.[183]

o. Die Kommission empfiehlt der Regierung, sich bei den Bevölkerungen der Nachbarstaaten für die in der Vergangenheit erfolgten Menschenrechtsverletzungen zu entschuldigen.[184] Die Frage von Wiedergutmachungsleistungen an Opfer von Verstössen gegen die Menschenrechte ist gemäss der Wahrheitskommission in Verhandlungen mit den betreffenden Regierungen zu klären.[185]

p. Die Wahrheits- und Versöhnungskommission äussert sich am Schluss ihrer Empfehlungen zur Frage, ob die für die Verfolgung der Apartheid-Politik Verantwortlichen angesichts der Definition der Apartheid als Verbrechen gegen die Menschlichkeit einer internationalen Strafverfolgung unterliegen sollten. Sie ist der Ansicht, dass die internationale Gemeinschaft dem Umstand Beachtung schenken sollte, dass der Prozess der Wahrheits- und Versöhnungskommission darauf angelegt ist, auf angemessene Art und Weise mit der Verantwortung für eine solche Politik umzugehen.[186]

I. Versöhnung

a. Das *neunte Kapitel* enthält Auszüge aus zahlreichen Anhörungen vor der Wahrheits- und Versöhnungskommission; diese sollen die relativ abstrakte Vorstellung von Versöhnung illustrieren. Diese ausgewählten Momente aus dem Leben der Kommission „geben signifikanten Schritten im Versöhnungsprozess Ausdruck“[187].

b. Zunächst zeigt die Wahrheitskommission Beispiele auf, welche die heilende Kraft des *story-telling* dokumentieren.[188]

182 FR V/8, Rz. 112.

183 A.a.O.

184 FR V/8, Rz. 113.

185 A.a.O. Hingegen schlägt das Gremium vor, unverzüglich symbolische Reparationen, wie etwa die Vergabe von Stipendien oder die Errichtung von Denkmälern, in Erwägung zu ziehen, um dem Mitgefühl der südafrikanischen Bürgerinnen und Bürgern mit den Opfer in den Nachbarstaaten Ausdruck zu geben.

186 FR V/8, Rz. 114.

187 So die Kommission im FR V/9, Rz. 2.

188 Vgl. FR V/9, Rz. 5 ff.

Der Anglikanische Bischof David Beetge meinte dazu, es habe sich gezeigt, dass jene, die Zeugnis abgelegt haben, indem sie ihre Geschichte erzählt haben, eine Last teilen konnten und so Frieden gefunden haben.[189]

Lukas Baba Sikwepere sagte nach einer Anhörung vor dem Ausschuss für Menschenrechtsverletzungen: „Ich empfinde, dass das, was mich die ganze Zeit krank gemacht hat, der Umstand war, dass ich meine Geschichte nicht erzählen konnte. Aber nun fühle ich mich, als hätte ich mein Augenlicht zurückerhalten, indem ich hierher gekommen bin und Ihnen die Geschichte erzählt habe."[190]

Oftmals enthüllten die Opfer in mündlichen Anhörungen vor der Kommission weit mehr als in ihren schriftlichen Zeugnissen.[191]

c. Von enormer Bedeutung war für viele Angehörige von Opfern die Erkenntnis aus Anhörungen vor der Wahrheitskommission, dass ihre Verwandten nicht Kriminelle gewesen waren, sondern im Kampf gegen das Apartheid-Regime getötet worden waren.[192]

So sagte die Mutter von einem der „Gugulethu Seven", sie fühle sich nun viel ruhiger und sei viel versöhnlicher, weil „die Leute jetzt wissen, dass unsere Söhne nicht Kriminelle waren, sondern Freiheitskämpfer"[193].

Richard Steele, der den Militärdienst im Apartheid-Staat aus Gewissensgründen verweigert hatte, sagte nach seiner Anhörung, dies sei einer der kraftvollsten Tage in seinem Leben, weil er die Gelegenheit habe, das Überleben seines Gefängnisjahres öffentlich zu zelebrieren und ja zu sagen zu einer Gesellschaft, die auf Wahrheit und Versöhnung basiert.[194]

d. Eines der grössten Probleme, mit denen die Wahrheits- und Versöhnungskommission konfrontiert worden ist, liegt darin, dass vor und nach 1990 zahlreiche Schwarze von anderen Schwarzen verdächtigt wurden, mit den Sicherheitskräften kollaboriert zu haben. Der Vorwurf lautete jeweils, eine bestimmte Person sei eine Spionin oder Informantin der Polizei. Meist genügten blosse Gerüchte, um einen Menschen der sozialen Ächtung oder gar schweren Menschenrechtsverletzungen auszusetzen. Der Grund liegt darin, dass solche Anschuldigungen kaum zu entkräften waren. Auch heute noch ist es sehr schwierig, Verdächtigungen dieser Art zu falsifizieren, da die Sicherheitskräfte über ihre informellen Mitarbeiter und Informanten kaum Dossiers erstellt hatten.

189 FR V/9, Rz. 5.

190 Lukas Baba Sikwepere erblindete auf Grund einer schweren Menschenrechtsverletzung. Das Zitat entstammt dem FR V/9, Rz. 9. Übersetzung des Verfassers.

191 Vgl. dazu den Fall von Yvonne Khutwane im FR V/9, Rz. 10 f.

192 Zu dieser sogenannten „Entkriminalisierung" siehe FR V/9, Rz. 20 ff.

193 FR V/9, Rz. 21.

194 Richard Steele war wegen seiner Militärdienstverweigerung zu einem Jahr Gefängnis verurteilt waren. Vgl. FR V/9, Rz. 23.

Es gibt innerhalb der schwarzen Gemeinschaften nach wie vor ein enormes Misstrauen gegenüber - angeblichen oder tatsächlichen - einstigen Kollaborateuren.

Einer dieser tragischen Fälle stellt der Mord an Maki Skosana dar, die ermordet wurde, nachdem Gerüchte aufgetaucht waren, dass sie mit schwarzen Spionen der Sicherheitskräfte zusammen gearbeitet hatte.[195] In casu ist es sogar gelungen, durch Aussagen von früheren Mitarbeitern der Polizei die gegen Maki Skosana erhobenen Anschuldigungen zu entkräften.

e. Der Wahrheits- und Versöhnungskommission war es durch intensive Investigationen auch möglich, in mehr als fünfzig Fällen die sterblichen Überreste von Opfern schwerer Menschenrechtsverletzungen zu lokalisieren.[196] Die Kommission unterstützte die Angehörigen der Opfer logistisch und finanziell, um die sterblichen Überreste zu exhumieren, und um anschliessend würdige Bestattungszeremonien durchführen zu können.[197]

f. Elementar für den Versöhnungsprozess in Südafrika ist auch eine Wiedereingliederung der Täter. Die Täter müssen „die Möglichkeit erhalten, wieder menschlich zu werden“[198].

Die Mutter eines der „Gugulethu Seven“ antwortete auf die Frage, was sie unter Versöhnung verstehe, wie folgt: „Was wir uns erhoffen, wenn wir uns der Vorstellung von Versöhnung zuwenden, ist, dass wir die Menschlichkeit derjenigen wiederherstellen, welche die Täter waren. Wir wollen Böses nicht mit Bösem vergelten. Wir wollen nur sicherstellen, dass die Täter zur Menschlichkeit zurückgeführt werden.“[199]

g. Es gibt erstaunlicherweise immer wieder Opfer, die trotz ihres schweren Leidens bereit sind, ihren Tätern zu vergeben. Die Wahrheits- und Versöhnungskommission hat manche solcher bewegender Fälle erleben können.[200]

aa. Nundlal Rabilall etwa, dessen Bruder Krish bei einem *cross-border raid* in Mocambique ums Leben gekommen war, konnte seinen Hass gegenüber den Tätern in einem langwierigen Prozess, vor allem auch dank der Lektüre von Werken Martin Luther Kings und Mahatma Gandhis, in eine Haltung der Versöhnlichkeit und der Bereitschaft zum Vergeben umwandeln.[201]

195 FR V/9, Rz. 29.

196 FR V/9, Rz. 30.

197 FR V/9, Rz. 31.

198 So die Wahrheitskommission im FR V/9, Rz. 33.

199 Zitiert a.a.O. (Übersetzung des Verfassers). Weitere eindrückliche Aussagen sind a.a.O., Rz. 33 ff. abgedruckt.

200 FR V/9, Rz. 38 ff.

201 Siehe FR V/9, Rz. 41.

bb. Manche Aussagen machten deutlich, dass es für die Opfer respektive für die Angehörigen von Opfern von grundlegender Bedeutung ist, die Person des Täters zu kennen, um ihr überhaupt vergeben zu können.[202] Frau Msweli beispielsweise, deren Sohn Simon ermordet worden war, erklärte an einer Anhörung vor dem Menschenrechts-Ausschuss, sie wolle zuerst mit den Tätern sprechen, bevor sie ihnen vergeben könne.[203] Häufig wurde auch offensichtlich, wie schwierig der Prozess der Vergebung ist.[204]

cc. Den Opfern fällt eine Vergebung mit Sicherheit leichter, wenn sich die Täter zu ihrem Unrecht bekennen und sich bei ihren Opfern entschuldigen. Manche Täter haben dies denn auch tatsächlich getan.[205]

Oberst Schobesberger, der frühere Stabschef der Streitkräfte der Ciskei, etwa erklärte, dass „die Last des 'Bisho-Massakers' für den Rest unseres Lebens auf unseren Schultern sein wird."[206] Schobesberger bat die Opfer um Vergebung, und er bat sie auch, die Soldaten zurück in die Gemeinschaft aufzunehmen.[207]

dd. Ein Sprecher der Niederländischen Reformierten Kirche (NGK) in Stellenbosch bekannte sich zu den Verfehlungen dieser religiösen Gemeinschaft mit folgenden Worten: „Die nationalistische Ideologie beeinflusste die Art, in der lokale Christen dachten und die Bibel lasen, stark. Dies machte uns gefühllos gegenüber der Ungerechtigkeit und dem Leiden, das die Politik der Apartheid bei jenen bewirkt hatte, die um uns lebten. Andere Faktoren, welche die Situation noch verschlimmerten, waren die privilegierte Stellung der meisten Mitglieder unserer Kirche und der Umstand, dass die Apartheid zunehmend Leute vom Leben und den Erfahrungen anderer Menschen isolierte."[208]

ee. Zu ihren Versäumnissen im Apartheid-Staat haben sich, mehr oder weniger deutlich, auch andere Angehörige oder Organisationen verschiedener Sektoren der Zivilgesellschaft bekannt.[209]

Verfassungsrichter Ackermann etwa entschuldigte sich auf eine beeindruckend offene Art und Weise; er sagte, er habe sowohl beruflich - als Anwalt und später als Richter - als auch privat Fehler begangen, indem er sich nicht früh und

202 FR V/9, Rz. 43.
203 FR V/9, Rz. 44 f.
204 Vgl. das eindrückliche Beispiel im FR V/9, Rz. 48.
205 Siehe FR V/9, Rz. 49 ff.
206 FR V/9, Rz. 50. Übersetzung des Verfassers.
207 A.a.O.
208 FR V/9, Rz. 55, fünfter Abschnitt. Übersetzung des Verfassers.
209 Zur Church of the Province of South Africa vgl. FR V/9, Rz. 56, zur Medical Association of South Africa siehe a.a.O., Rz. 57.

nicht deutlich genug gegen das Unrecht, das Schwarzen angetan worden ist, ausgesprochen habe.[210]

Der Vorsitzende des Anwaltsverbandes von Pretoria, Grobler, entschuldigte sich für die Diskriminierung gegenüber den schwarzen Anwältinnen und Anwälten durch die Standesorganisation.[211]

Vertreter der Afrikaanischen Handelskammer (AHI) erklärten an einem Hearing über die Rolle der Wirtschaft in der Apartheid, die Schwarzen seien wirtschaftlich in mannigfaltiger Weise diskriminiert worden.[212] Die Handelskammer akzeptiert ihre moralische Verantwortung für ihre diesbezüglichen Handlungen und Unterlassungen und bittet all jene Personen, die als Konsequenz dieses Verhaltens Beeinträchtigungen erfahren mussten, um Entschuldigung.[213]

h. In einigen Fällen ist es der Wahrheits- und Versöhnungskommission sogar gelungen, den komplexen Prozess der Annäherung zwischen Täter und Opfer in Gang zu bringen.[214] Solche Prozesse der Aussöhnung gibt es einerseits zwischen Tätern und einzelnen Opfern[215], andererseits auch zwischen Tätern und ganzen Gemeinden. So vermochte die Wahrheitskommission das äusserst schwierige Verfahren der Versöhnung zwischen Brian Mitchell und der Gemeinde von Trust Feed zumindest zu starten.[216]

Eindrücklich war auch ein von der Wahrheitskommission organisiertes Treffen zwischen der Gemeinde von Esikhawini und Mitgliedern einer Bande von IFP-Sympathisanten, welche die Einwohnerinnen und Einwohner durch

210 FR V/9, Rz. 58.

211 A.a.O., am Ende.

212 FR V/9, Rz. 59.

213 A.a.O., zweitletzter Abschnitt.

214 FR V/9, Rz. 62 ff.

215 Eindrücklich etwa die zunehmende Verständigung zwischen Neville Clarence und Aboobaker Ismail. Clarence war Luftwaffenoffizier und erblindete wegen einem Anschlag des ANC auf das Hauptquartier der Luftwaffe in Pretoria, der unter der Leitung von Ismail durchgeführt worden war. Ismail erklärte Clarence vor einer Anhörung, es tue ihm leid, was Clarence passiert sei. Clarence erwiderte, er sei Ismail nicht böse. Beide vereinbarten, künftig weitere Gespräche zu führen. Vgl. FR V/9, Rz. 63 ff.

216 Mitchell ist als früherer Polizeihauptmann verantwortlich für die Ermordung von elf Gemeindemitgliedern. An einem von der Wahrheitskommission organisierten Treffen zwischen der Gemeinde und Mitchell bat dieser die Einwohnerinnen und Einwohner von Trust Feed um Vergebung und erklärte sich bereit, am Wiederaufbau der Ortschaft mitzuarbeiten. Damit konnte ein langwieriger und mühevoller Prozess der Aussöhnung zwischen Mitchell und den Menschen von Trust Feed gestartet werden. Siehe FR V/9, Rz. 70 ff.

random attacks sechs Jahre zuvor terrorisiert hatten, um die Unterstützung für den ANC auszumerzen.[217] Am Ende dieser emotionalen Veranstaltung stimmten die anwesenden Mitglieder der Gemeinde einstimmig dafür, den Tätern zu vergeben.

Auch zwischen Nicholas Links einerseits und der Jonga-Familie sowie der Gemeinde von Upington andererseits konnte ein Prozess der zunehmenden Verständigung in Gang gesetzt werden.[218] Links war ein Polizeibeamter in Upington, der den 22jährigen Matan Jonga anlässlich einer Attacke von Jonga und anderen jungen Männern auf sein Haus erschossen hatte. Danach verliess er Upington, weil er mit seiner Schuld nicht mehr in dieser Stadt leben konnte. Bei einer Anhörung vor der Wahrheitskommission bat er die Jonga-Familie um Vergebung. Die Kommission konnte einen Prozess der Aussöhnung zwischen Links und der Jonga-Familie sowie der Gemeinde von Upington starten; die Verantwortlichen der Kirche schlugen einen Versöhnungs-Gottesdienst vor.[219]

i. Die Wahrheits- und Versöhnungskommission wies immer wieder darauf hin, dass solche Prozesse der Versöhnung zwischen Täter und Opfer sehr schwierig sind. Man darf nicht erwarten, dass sich alle Täter zu ihrer Schuld bekennen und die Opfer um Vergebung bitten oder dass es gar stets zu einem Ausgleich zwischen Tätern und Opfern kommen kann.

Aus diesem Grunde liegt gemäss der Wahrheitskommission das machbarste und realistischste Ziel zumindest in der Anfangsphase oftmals darin, dass Täter und Opfer friedlich und gewaltlos nebeneinander koexistieren können.[220] Auf dieser Basis können dann Anstrengungen unternommen werden, um die Täter und Opfer einander näher zu bringen.

j. Elementar für das Gelingen des Versöhnungsprozesses ist, dass sich möglichst viele Täter zu ihrer Schuld bekennen und ihre Opfer um Vergebung bitten; wichtig ist aber auch, dass die Bekenntnisse zur Aussöhnung mit den Opfern von konkreten Taten der Wiedergutmachung begleitet werden.[221]

Laurie Nathan vom Centre for Conflict Resolution schlug zum Beispiel vor, Denkmäler zu errichten, Stipendien für schwarze Studierende auszuschreiben, Einrichtungen für Schülerinnen und Schüler bereitzustellen, Spitälern in Mocambique und Angola medizinische Güter zu liefern, und zwar nicht im

217 FR V/9, Rz. 83.
218 FR V/9, Rz. 84 ff.
219 FR V/9, Rz. 89.
220 FR V/9, Rz. 94. Siehe a.a.O., Rz. 95 ff. für Beispiele solcher Koexistenz zwischen Tätern und Opfern.
221 Vgl. hierzu ausführlich FR V/9, Rz. 98 ff.

Sinne einer Wohltätigkeit, sondern in der Form von Partnerschaften mit schwarzen Gemeinschaften.[222]

Craig Botha sprach an einer Anhörung über die obligatorische Militärdienstpflicht auch von seinen Erfahrungen bei der Unterstützung des Versöhnungsprozesses durch eine religiöse Gemeinschaft, der er angehört.[223] Der Pastor ist der Meinung, dass manche Leute den Versöhnungsprozess zwar unterstützen möchten, aber nicht genau wissen, wie sie dies angehen sollen.[224] Die Anstrengungen und Projekte seiner Kirche sieht er als Beispiel für eine Arena, in die jedermann gehen kann, um die Versöhnung praktisch zu erfahren und um zusammen mit Menschen verschiedener Herkunft einen aufregenden Prozess zu starten.[225]

Studierende der Rechtswissenschaften von Natal haben zum Beispiel vorgeschlagen, dass Anwältinnen und Anwälte, vor allem jene, die vom Apartheid-System profitiert haben, mehr gemeinnützige Arbeit (*pro bono work*) leisten sollen.[226]

k. Auf dem Weg zur Versöhnung ist es wichtig, dass sich die an diesem komplexen Prozess Beteiligten stets vor Augen halten, dass von allen Seiten Anstrengungen nötig sind. Versöhnung bedeutet Verständigung, und Verständigung bedeutet, auf andere Menschen zuzugehen. Erzbischof Tutu hat dies auf eindrückliche Weise dargelegt, als er eine zornige Menge um Ruhe bitten musste, damit ein Offizier der Sicherheitskräfte das Wort ergreifen konnte: „Es ist eine Demokratie, die wir zu errichten versuchen, und viele von uns sind Gläubige, und Gläubige sagen, dass es für alle Arten von Leuten, für alle von uns, möglich ist, sich zu ändern und anders zu sein. Deshalb sprechen wir von Versöhnung. Man versöhnt sich nicht mit jemandem, mit dem man einer Meinung ist. Man versöhnt sich mit jemandem, mit dem man unterschiedlicher Ansicht ist; sonst würde eine Versöhnung ja keinen Sinn machen. (...). Wir würden keine Kommission haben, wenn es bereits Versöhnung gäbe.“[227]

l. Die Wahrheits- und Versöhnungskommission betont an dieser Stelle nochmals, wie wichtig es ist, dass die Bedürfnisse der Kinder und Jugendlicher als prioritär eingestuft werden.[228] Die Hearings haben gezeigt, dass gerade die

222 FR V/9, Rz. 102, letzter Abschnitt.
223 FR V/9, Rz. 103 ff.
224 FR V/9, Rz. 105, letzter Abschnitt.
225 A.a.O.
226 Vgl. FR V/9, Rz. 107.
227 FR V/9, Rz. 112. Übersetzung des Verfassers.
228 Siehe die Auszüge aus mehreren Aussagen zu diesem Thema im FR V/9, Rz. 114 ff.

Kinder und Jugendlichen zu denjenigen Personen gehören, die durch die Menschenrechtsverletzungen am meisten betroffen wurden.[229]

m. Der Versöhnungsprozess findet im Wesentlichen auch innerhalb von Gemeinschaften statt. Die Wahrheitskommission publiziert im folgenden Auszüge aus Statements, welche das Verfahren der Konfliktlösung und der Annäherung zwischen den Einwohnerinnen und Einwohnern von Oudtshoorn illustrieren sollen.[230] Besonders interessant sind etwa die Bemühungen, neben der Bereitstellung von traditionellen medizinischen Dienstleistungen für Trauma-Opfer auch Gruppen zu organisieren, in denen unter der Leitung von Fachleuten Freiwillige mitwirken, um Trauma-Opfern zu helfen.[231] Auf diese Weise bilden Einwohnerinnen und Einwohner von Oudtshoorn ein Netzwerk, um Opfern in der Gemeinde zu helfen und sie zu unterstützen.

n. In einer relativ ausführlichen Fallstudie versucht die Wahrheits- und Versöhnungskommission einige Erkenntnisse aus dem Versöhnungsprozess zu gewinnen, der sich in Duduza im Gang befindet.[232]

Auch in Duduza gibt es, wie an vielen Orten Südafrikas, nach wie vor ein nicht unerhebliches Misstrauen in der Bevölkerung gegenüber angeblichen oder tatsächlichen früheren Informanten der Polizei.[233] Immerhin konnte das Verhältnis zwischen der Bevölkerung und der Gemeindepolizei verbessert werden, vor allem auch dank einem seit mehreren Jahren bestehenden Polizei-Gemeinde-Forum.[234]

Die Schwarzen und Weissen leben in dieser Stadt nach wie vor grösstenteils separate Leben.[235] Am meisten Interaktion zwischen Schwarzen und Weissen scheint im Stadtrat stattzufinden.[236]

Die Opfer von Menschenrechtsverletzungen, die in Duduza leben, sind nach Einschätzung der Wahrheitskommission zum grössten Teil versöhnlich

229 Im FR V/9, Rz. 121 ff. werden zwei Fälle genannt, in denen ein dreizehnjähriges Mädchen und ein achtjähriges Kind ihre Väter verloren haben und darunter enorm leiden.

230 FR V/9, Rz. 127 ff. Zu Oudtshoorn vgl. auch die Ausführungen weiter oben, S. 315 ff.

231 FR V/9, Rz. 128.

232 FR V/9, Rz. 130. Duduza ist ein Township, das Teil der Greater Nigel Area ist. Die Stadt Nigel befindet sich am East Rand in der Provinz Gauteng und hat etwa 150'000 bis 200'000 Einwohner. Über die Hälfte dieser Bevölkerung lebt in Duduza.

233 FR V/9, Rz. 130, siebter und achter Abschnitt.

234 FR V/9, Rz. 130, fünfter Abschnitt.

235 Dies kommt vor allem in der bevölkerungsmässigen Zusammensetzung der Wohngebiete zum Ausdruck. Siehe FR V/9, Rz. 130, neunter Abschnitt.

236 A.a.O.

gestimmt.[237] Verständlicherweise sind sie aber nicht einfach bereit, so zu tun, als sei nichts geschehen; vielmehr verlangen sie, die Wahrheit zu hören. Oftmals sind die Opfer zur Vergebung erst bereit, wenn die Täter Reue zeigen.[238]

Der Ausschuss für Menschenrechtsverletzungen hat in Duduza eine Anhörung durchgeführt. Die Wahrheits- und Versöhnungskommission hat in Duduza Versöhnung nicht selbst herbeiführen können. Immerhin hat sie es aber geschafft, das schwierige Verfahren zur Aussöhnung zwischen den Menschen in Gang zu setzen. Die Anhörung bewirkte ein *momentum*, welches die Einwohnerinnen und Einwohner von Duduza nunmehr aufrechtzuerhalten und zu fördern haben.[239] Die Gemeinden müssen ihre eigenen Agenden für ihre jeweils spezifischen Versöhnungsprozesse entwickeln und durchführen.[240] Die Aufgabe der Wahrheitskommission liegt darin, Grundmuster aufzuzeigen, an denen sich die Gemeinden orientieren können, um mit den Menschenrechtsverletzungen der Vergangenheit umzugehen.[241]

o. Die Wahrheits- und Versöhnungskommission hat im Dezember 1997 in ihren vier Regionalbüros „Register für Versöhnung" eingerichtet, damit die Bürgerinnen und Bürger ihren Gedanken über den Versöhnungsprozess öffentlich Ausdruck geben können.[242]

p. Die Wahrheits- und Versöhnungskommission skizziert zudem Beispiele von Initiativen aus verschiedenen Sektoren der Gesellschaft zur Unterstützung des Versöhnungsprozesses.[243]

6. Die dissenting opinion von Kommissionsmitglied Wynand Malan und eine Replik der Wahrheits- und Versöhnungskommission

Am Schluss des fünften Bandes publiziert die Wahrheits- und Versöhnungskommission die Minderheitsposition (*Minority Position*) von Kommissionsmitglied Wynand Malan sowie eine Replik der Kommission hierzu.[244]

237 FR V/9, Rz. 130, neunter Abschnitt, am Ende.

238 A.a.O.

239 FR V/9, Rz. 130, elfter Abschnitt.

240 FR V/9, Rz. 130, siebzehnter Abschnitt.

241 A.a.O.

242 FR V/9, Rz. 131 ff. Eine besonders bemerkenswerte Eingabe ist a.a.O., Rz. 135 abgedruckt. Die Internet-Quelle lautet: http://www.doj.gov.za/trc/ror/index.htm.

243 Zu den Bemühungen der Church of the Province of South Africa vgl. FR V/9, Rz. 135, letzter Abschnitt; zur Bildung einer Versöhnungskommission an der medizinischen Fakultät der Universität des Witwatersrandes siehe a.a.O., Rz. 136 ff.; über Anstrengungen der Unternehmung Dorbyl zur Förderung der firmeninternen Vergangenheitsaufarbeitung und Versöhnung berichten die Rz. 141 f.

A. Die dissenting opinion von Kommissionsmitglied Wynand Malan

a. Malan weist in einer kurzen Einführung darauf hin, dass die Angehörigen des von Erzbischof Tutu geleiteten Gremiums aus verschiedenen gesellschaftlichen Gruppierungen kommen und unterschiedliche Werthaltungen sowie Perspektiven hinsichtlich der südafrikanischen Geschichte und der jüngsten Vergangenheit einnehmen.[245] Um seinen persönlichen Hintergrund zu erläutern, legt Malan dar, dass er bis 1987 Mitglied der Nationalen Partei gewesen sei. Dann sei er im Januar 1987 aus der NP ausgetreten, als ihm klar wurde, dass unter dem Deckmantel der Reformpolitik auch Mittel eingesetzt worden sind, die mit seinem Verständnis von Reform divergierten.[246]

b. Im Folgenden erklärt das Kommissionsmitglied, weshalb er beschlossen hat, eine Minderheitsposition zu verfassen.[247] Einerseits ist Malan mit der Vorgehensweise zur Erarbeitung des Schlussberichts nicht einverstanden.[248] Andererseits kann er dem Schlussbericht auch inhaltlich nicht zustimmen.[249] Malan versteht seine dissenting opinion als Beitrag zu weiteren Diskussionen; er sieht auch den Schlussbericht, gerade vor dem Hintergrund der Zeitnot anlässlich seiner Erarbeitung, nicht als finales Dokument, sondern eher als Basis für weitere Gespräche.

c. Alsdann widmet sich Malan einzelnen Themenbereichen, wie „Die Rolle der Religion“, „Wahrheit“ oder „Versöhnung“ zu, um eigene Vorstellungen darzulegen. Allerdings äus-sert sich das Kommissionsmitglied in teilweise relativ genereller und abstrakter Weise, ohne auf konkrete Erörterungen im

244 Diese Stellungnahme Malans bildet wohl deshalb kein eigenes Kapitel, weil sie eben nicht nur Teil des fünften Bandes ist; vielmehr ist sie im Sinne einer dissenting opinion zum *gesamten* Schlussbericht der Wahrheits- und Versöhnungskommission zu verstehen.

245 FR V/Minority Position Wynand Malan (zit.: FR V/MP), Rz. 1 ff.

246 FR V/MP, Rz. 4 f.

247 FR V/MP, Rz. 6 ff.

248 Vgl. a.a.O. Malan kritisiert vor allem, dass man sich für die Erarbeitung dieses umfangreichen Dokuments zu wenig Zeit genommen habe. Zudem sei es ein Fehler gewesen, dass man nicht zuerst zu einer gemeinsamen Verständigung über den Inhalt gelangt sei, und dieses dann im Sinne eines Entwurfs zu Papier gebracht habe; stattdessen habe das Forschungsdepartement Entwürfe ausgearbeitet, die dann wegen der Zeitnot nur kurz diskutiert werden konnten, wobei diese Entwürfe schliesslich de facto zu finalen Dokumenten geworden seien.

249 Siehe vor allem FR V/MP, Rz. 8: „(...) *(V)erschiedene Ergebnisse scheinen mir wenn nicht einen Mangel an Verständnis, so doch einen Mangel an Einfühlungsvermögen für gewisse Gruppen, die in traditionellen oder nationalistischen Wertesystemen leben und die Parteien des Konfliktes waren, an den Tag zu legen.*“ Übersetzung des Verfassers.

Schlussbericht Bezug zu nehmen, so dass es nicht immer einfach ist, tatsächliche Divergenzen mit dem Plenum zu orten. Dennoch sei versucht, einige Punkte, in denen er seine dissenting opinion vergleichsweise deutlich aufzeigt, herauszugreifen.

d. Nach meiner Einschätzung bemängelt Malan in erster Linie, dass die Wahrheits- und Versöhnungskommission einen „moralisch-ethischen Arbeitsansatz" (*moral-ethical approach*) gewählt habe, anstatt sich auf die Eruierung der schweren Menschenrechtsverletzungen zu konzentrieren.[250]

aa. Malan sagt, das Gesetz zur Förderung der Nationalen Einheit und Versöhnung habe nicht die Apartheid unter Anklage gestellt, sondern die Kommission ausschliesslich dazu beauftragt, gravierende Verstösse gegen die Menschenrechte unter die Lupe zu nehmen.[251] Das Mitglied des von Erzbischof Tutu geleiteten Gremiums findet es vor allem auch nicht hilfreich, nochmals darauf hinzuweisen, dass die Apartheid ein Verbrechen gegen die Menschlichkeit war.[252] Dies deshalb, weil eine solche Prämisse es der Kommission nach der Ansicht Malans nicht erlaube, von der Ebene der Dogmen zu einer Ebene der Politik zu gelangen.[253]

bb. Die Position Malans kann folgendermassen zusammengefasst werden: Malan spricht sich für einen gewissermassen „wertfreien Arbeitsansatz" aus. Es geht nach seiner Vorstellung einzig darum, schwere Menschenrechtsverletzungen zu untersuchen, wobei moralische und ethische Wertvorstellungen und Massstäbe von dieser Arbeit möglichst fernzuhalten seien. Malan scheint auch der Auffassung zu sein, dass es nicht die Aufgabe der Wahrheits- und Versöhnungskommission ist, die Apartheid-Politik nach ethischen Gesichtspunkten zu bewerten, sondern dass diese als historisches Faktum hinzunehmen ist.

cc. Meines Erachtens ist ein solcher „wertfreier Arbeitsansatz", wie ihn Malan offenbar bevorzugen würde, nicht nur nicht wünschenswert, sondern gar nicht möglich. Er ist gar nicht möglich, weil menschliches Handeln stets auch eine moralische und ethische Dimension hat. Menschliches Verhalten ist immer auch, allerdings in unterschiedlichem Ausmass, mit moralischen und ethischen Implikationen verbunden. Dies ist umso eher der Fall, wenn es um gravierende Verstösse gegen die Menschenrechte geht. Es ist durchaus sachgerecht und angemessen, die Apartheid bei ihrem Namen zu nennen, bei dem, was sie wirklich ist - nämlich ein Verbrechen gegen die Menschlichkeit. Die Wahrheits- und Versöhnungskommission hat im Übrigen stets gesagt, diese Prämisse führe

250 Vgl. FR V/MP, Rz. 19.

251 FR V/MP, Rz. 18.

252 Siehe FR V/MP, Rz. 20: „*Apartheid had again to be found a crime against humanity.*"

253 Vgl. a.a.O.

keineswegs dazu, dass die Befreiungsbewegungen bei der Wahl ihrer Mittel zur Bekämpfung der Apartheid frei gewesen seien. Der Zweck heiligt nicht die Mittel. Es braucht neben dem gerechten Zweck (*just ends*) immer auch gerechte, das heisst zulässige und verhältnismässige Mittel (*just means*).

e. In seinen Erörterungen im Kapitel „Wahrheit" stellt Malan den Wert der Aussagen der Opfer vor der Wahrheits- und Versöhnungskommission in Frage. Dies mit folgenden Argumenten: Die Statements der Opfer würden (bloss) mündliche Geschichte (*oral history*) darstellen; Übertreibung sei eine natürliche Konsequenz von menschlichem Leiden; oftmals seien die Deponenten von Aussagen gar nicht dabei gewesen, als die Menschenrechtsverletzungen sich ereignet hätten; die Aussagen seien nicht einem Test unterzogen worden; und die meisten Deponenten hätten anlässlich der Vereidigung klargemacht, dass sie die Wahrheit so erzählen würden, „wie sie sie sehen".[254]

Malan erklärt, dass eine Verständigung über die Geschichte eine Verständigung über verschiedene Perspektiven erfordere, nicht die Bildung eines neuen nationalen Mythos.[255] Er wirft der Kommission zumindest indirekt vor, sie arbeite an einer „eindimensionalen" Wahrheit, indem sie den Rassismus als treibende Kraft überschätze, den Perspektiven des Kalten Krieges, des internationalen Kommunismus und des Nationalismus aber nur ungenügend Beachtung schenke.[256]

f. In den Kapiteln „Versöhnung"[257], „Amnestie"[258], „Opfer"[259], „Apartheid aus noch einem anderen Blickwinkel"[260], „Der Wandel der Apartheid zu einer Sicherheits-Herrschaft"[261] und „Die Periode von 1990 bis 1994"[262] bleibt Malan relativ allgemein.

254 FR V/MP, Rz. 23. Diese Äusserungen resultieren a.a.O., Rz. 24 in den indirekten Vorwurf, die Kommission habe Statements als Fakten akzeptiert, ohne diese angemessen zu überprüfen.

255 Vgl. FR V/MP, Rz. 27.

256 FR V/MP, Rz. 27 und insb. 28.

257 FR V/MP, Rz. 29 ff.

258 FR V/MP, Rz. 35.

259 FR V/MP, Rz. 36 ff.

260 FR V/MP, Rz. 40.

261 FR V/MP, Rz. 41 ff.

262 FR V/MP, Rz. 55 f.

Im Abschnitt über die „Apartheid als Verbrechen gegen die Menschlichkeit" weist er einmal mehr darauf hin, dass diese Etikettierung die Wahrheitskommission nicht weitergebracht habe.[263]

In seinen Ausführungen über die Menschenrechtskultur lehnt das Kommissionsmitglied den Einbezug von moralischen Vorstellungen ab, indem er erklärt, dass die Förderung einer Menschenrechtskultur nicht die moralische Beurteilung anderer bedeute.[264]

g. Malan macht auch Vorbehalte gegenüber den Empfehlungen der Wahrheits- und Versöhnungskommission zur Wiedergutmachungs- und Reparationspolitik geltend. Er fordert in erster Linie eine stärkere Differenzierung der Bedürfnisse der Opfer.[265]

h. Am Schluss seiner dissenting opinion spricht sich Wynand Malan gegen die Bildung von Spezialeinheiten aus, welche unbeendete Arbeiten der Investigation Unit zur Untersuchung von schweren Menschenrechtsverletzungen fortsetzen sollen.[266] Das Mitglied der Kommission ist auch dagegen, dass gegen die Täter von gravierenden Menschenrechtsverletzungen, welche die Einreichung von Amnestie-Anträgen versäumt haben, die Strafverfolgung eröffnet wird.[267]

B. Die Replik der Wahrheits- und Versöhnungskommission

a. In ihrer Replik zur Minderheitsposition von Wynand Malan gibt die Wahrheits- und Versöhnungskommission zunächst ihrem Bedauern darüber

263 FR V/MP, Rz. 59. Malan bezeichnet a.a.O. die betreffenden Völkerrechtsquellen als „nunmehr nichtssagend" („what is now trite international law"), weil die Apartheid als System tot und für immer beerdigt sei (a.a.O., Rz. 64).

264 Vgl. FR V/MP, Rz. 71.

265 Gemäss Malan ist den Opfern zunächst eine vergleichsweise geringere Summe zur Anerkennung ihrer Leiden zu gewähren; in einem zweiten Schritt seien Anstrengungen zu unternehmen, um den tatsächlichen Bedürfnissen der Opfer besser und sachgerechter begegnen zu können. Laut Malan kann die Leistung von Reparationen nicht dazu dienen, das grössere Phänomen der Armut zu bekämpfen; vielmehr müsse es darum gehen, auf die jeweiligen spezifischen Bedürfnisse der Opfer einzugehen. Vgl. im Einzelnen FR V/MP, Rz. 78 f.

266 Malan ist der Ansicht, eine solche Fortsetzung von Untersuchungen würde gegen den Geist der Verständigung verstossen. Dieses Kapitel in der Geschichte sei nun abzuschliessen. Vgl. FR V/MP, Rz. 85.

267 Malan ist aber mit der strafrechtlichen Verfolgung jener Täter einverstanden, deren Amnestie-Gesuche abgelehnt worden sind, weil sie die Anforderung der politischen Motivation nicht erfüllt haben. Siehe a.a.O.

Ausdruck, dass Malan das Angebot abgelehnt habe, seine dissenting opinion innerhalb des Schlussberichtes darzustellen.[268]

b. Die Wahrheitskommission bekundet einige Mühe, auf die dissenting opinion Malans zu antworten, weil sich diese grösstenteils nicht auf konkrete Passagen des Schlussberichts bezieht, sondern relativ abstrakt und generell ist.[269] Das von Erzbischof Tutu geleitete Gremium lehnt es zudem ab, auf die persönlichen Meinungen Malans einzugehen, da die subjektiven Ansichten der Kommissionsmitglieder gerade im Hinblick auf Art. 4 lit. e des Gesetzes zur Förderung der Nationalen Einheit und Versöhnung für den Schlussbericht irrelevant seien.[270] Im Folgenden will die Wahrheits- und Versöhnungskommission deshalb nur Korrekturen bezüglich faktischen Unrichtigkeiten (*factual inaccuracies*) vornehmen.[271]

c. Auf Malans Kritik am Prozess der Erarbeitung des Schlussberichts entgegnet die Wahrheitskommission, dass im Plenum noch vor dem Beginn der Arbeit am Report ein Konsens über den modus operandi erzielt worden sei.[272] Die Entwürfe seien für die Angehörigen des Gremiums keineswegs bindend gewesen; in der Praxis sei die Mehrzahl dieser Entwürfe infolge der Debatten in der Kommission substanziell überarbeitet worden.[273] Der Report liefert nach der Ansicht der Wahrheitskommission in Übereinstimmung mit dem Gesetz einen vollständigen und verständlichen Bericht von der Arbeit und den Aktivitäten dieser Institution bis zum Zeitpunkt seiner Publikation.[274]

d. Die Wahrheits- und Versöhnungskommission bezeichnet Malans Charakterisierung der Aussagen der Opfer, wonach die Statements weitgehend von

268 FR V/Response of the Commission to the Minority Position of Commissioner Wynand Malan (zit.: FR V/Resp), Rz. 1. Die Replik der Kommission ist im Anschluss an die Minderheitsposition Malans abgedruckt.

269 FR V/Resp, Rz. 4.

270 FR V/Resp, Rz. 6. Die Kommission ist der Ansicht, das Gesetz habe die einzelnen Mitglieder dazu verpflichtet, über ihre subjektive Diversität hinauszugelangen und ihre Pflichten professionell und im Einklang mit dem Auftrag zu erfüllen. Wo es einen unvereinbaren Konflikt zwischen diesem gesetzlichen Auftrag und dem Diktat des Gewissens gebe, bleibe als Ausweg nur der Rücktritt als Mitglied der Kommission. Siehe a.a.O., Rz. 5.

271 FR V/Resp, Rz. 6.

272 FR V/Resp, Rz. 8. Man habe für die Erarbeitung des Schlussberichts soviel Zeit eingeräumt, wie die Umstände erlaubt hätten; ausserdem habe es für alle Mitglieder der Kommission genügend Gelegenheit gegeben, in dem Ausmass an der Arbeit am Bericht teilzunehmen, wie sie es wünschten.

273 FR V/Resp, Rz. 9.

274 FR V/Resp, Rz. 10. Die Kommission erachtet den Bericht deswegen auch nicht als „präliminär" oder überarbeitungsbedürftig.

Übertreibungen beeinflusst seien, als „impertinent und überraschend unangemessen".[275] Eine solche Sicht verstösst nach Ansicht der Kommission gegen Art. 11 des Gesetzes zur Förderung der Nationalen Einheit und Versöhnung.[276] Malans Äusserung, wonach die Deponenten bei ihrer Vereidigung deutlich gemacht hätten, dass sie die Wahrheit so wiedergeben würden, „wie sie sie verstehen", ist gemäss der Wahrheitskommission eine unbegründete und pauschale Meinung, die durch keine Beispiele belegt worden sei.[277]

e. Bei der Erarbeitung von Ergebnissen (*findings*) seien alle Parteien, die dadurch einen Nachteil erleiden könnten, zur Stellungnahme aufgefordert worden; sämtliche Eingaben seien angemessen berücksichtigt worden, und Konklusionen seien nur gestützt auf erhärtete Beweise gezogen worden.[278] Insofern seien auch die diesbezüglichen Vorwürfe des Kommissionsmitglieds zurückzuweisen.

f. Die Wahrheits- und Versöhnungskommission ist der Ansicht, dass die Weigerung Malans, an der Erarbeitung des Schlussberichts teilzunehmen, auch zu manchen Missverständnissen geführt habe, die leicht zu vermeiden gewesen wären.[279] Auf der anderen Seite seien einige der von Malan angeführten Gesichtspunkte hilfreich und konstruktiv und hätten deshalb in den Schlussbericht integriert werden sollen.[280]

II. Summarische Bewertung des Schlussberichtes

1. Die an die Adresse der Kommission gerichteten Vorwürfe der Unausgewogenheit und Voreingenommenheit

Der Wahrheits- und Versöhnungskommission ist immer wieder vorgeworfen worden, sie sei voreingenommen und es fehle ihr an Ausgewogenheit.

275 FR V/Resp, Rz. 11.

276 Diese Gesetzesbestimmung verpflichtet die Kommission unter anderem, die Opfer mit Mitgefühl und Respekt vor deren Würde zu behandeln.

277 FR V/Resp, Rz. 11.

278 FR V/Resp, Rz. 12.

279 FR V/Resp, Rz. 14. Ausserdem beziehen sich nach Ansicht der Kommission einige Erörterungen Malans eher auf Entwürfe von Berichten, als auf den finalen Report.

280 Die Kommission verweist namentlich auf Malans Ausführungen im Kapitel „Apartheid aus noch einem anderen Blickwinkel" und die Empfehlungen bezüglich der Auswertung von Dateien und hinsichtlich der Forschung, vgl. FR V/Resp, Rz. 15.

a. Meines Erachtens ist diese Kritik vorwiegend politisch motiviert und sachlich unzutreffend. Der Schlussbericht der Kommission bietet meiner Ansicht nach einen genügenden Beweis, um solche Anschuldigungen zu entkräften.

b. Bei der Gleichbehandlung der Konfliktparteien kann es nicht darum gehen, dass beide Seiten gleich beurteilt werden; eine faire, gerechte und eben gleiche Betrachtungsweise des Staates und der Befreiungsbewegungen ist vielmehr dann erreicht, wenn alle Beteiligten *nach dem gleichen Massstab* beurteilt werden. Es geht darum, dass Differenzierungen dort vorgenommen werden, wo diese sachlich gerechtfertigt sind, und dass Unterscheidungen dort unterlassen werden, wo diese einer sachlichen Grundlage entbehren. Die Betrachtungs*weise* muss dieselbe sein; die daraus resultierende Sicht der Dinge wird notwendigerweise unterschiedlich sein.

c. Dem unvoreingenommenen Betrachter der südafrikanischen Geschichte muss ins Auge springen, dass die Konfliktparteien nicht von moralisch gleichwertigen Motiven geleitet waren. Auf der einen Seite kämpfte ein Minderheitsregime darum, seine Macht gegen den Willen der Bevölkerungsmehrheit aufrechtzuerhalten. Auf der anderen Seite kämpften international anerkannte Befreiungsbewegungen in einem legitimen nationalen Befreiungskrieg.

d. Die Wahrheits- und Versöhnungskommission hat gut daran getan, an verschiedenen Stellen des Schlussberichts und auch in anderen Publikationen festzuhalten, dass die Motive der Konfliktparteien moralisch nicht gleichwertig waren. Eine solche unterschiedliche Bewertung bedeutet deshalb *keine* Ungleichbehandlung der beiden Seiten, weil sie sachlich zutreffend ist und nach demselben Massstab erfolgt. Im Gegenteil: Gerade das Unterlassen einer solchen differenzierten Betrachtungsweise würde Ungleichbehandlung und Voreingenommenheit *par excéllence* bedeuten. Eine gleiche Bewertung der beiden Konfliktparteien würde die Anwendung von unterschiedlichen Massstäben notwendig machen.

e. Die Wahrheits- und Versöhnungskommission hat anlässlich jeder Feststellung, wonach die Befreiungsbewegungen in einem gerechten Krieg (*just war*) kämpften, zugleich deutlich gemacht, dass die Führung eines gerechten Krieges nicht vom Gebrauch gerechter Mittel (*just means*) dispensiere.[281] Der Zweck kann niemals die Mittel heiligen.

Die Wahrheitskommission hat denn auch diejenigen Fälle, in denen der ANC unangemessene Mittel eingesetzt hatte, ebenso eingehend untersucht wie etwa Verfehlungen in den Reihen der Sicherheitskräfte. Die Kommission ist zum Schluss gekommen und hat dies auch deutlich gemacht, dass der ANC für

281 Vgl. zum Beispiel FR V/6, Rz. 71.

zahlreiche schwere Menschenrechtsverletzungen verantwortlich ist, die im Rahmen von Kampfhandlungen, im Exil oder durch Angehörige und Sympathisanten auch nach 1990 erfolgt sind.[282] Dies vermag aber nichts an der Tatsache zu ändern, dass der ANC die einzige Konfliktpartei gewesen ist, welche die Genfer Konventionen von 1949 *und* die Protokolle von 1977 unterzeichnet und auch ernsthafte Anstrengungen unternommen hatte, um sich innerhalb dieses völkerrechtlichen Rahmens zu bewegen.

f. Das Ergebnis der Wahrheits- und Versöhnungskommission, dass der Grossteil der schweren Menschenrechtsverletzungen durch die Sicherheitskräfte des Apartheid-Staates begangen worden ist, stellt ebenfalls keine voreingenommene Meinungsäusserung dar, sondern ist ein statistisch erhärtetes Faktum.[283]

g. Es ist auch kein Grund ersichtlich, weshalb die Wahrheits- und Versöhnungskommission die völkerrechtliche Betrachtung der Apartheid als Verbrechen gegen die Menschlichkeit[284] hätte verschweigen sollen. Eine solche Ignoranz des geltenden Internationalen Rechts hätte nur jenen Seiten geholfen, welche das Scheitern der Apartheid nach wie vor unter dem Aspekt ihrer „Impraktikabilität" betrachten, während sie die Menschenverachtung und Ungerechtigkeit, die dieser Ideologie inhärent sind, nicht sehen oder zumindest nicht sehen wollen. Die Wahrheits- und Versöhnungskommission war sogar gesetzlich dazu verpflichtet, diese völkerrechtliche Qualifikation der Apartheid zu berücksichtigen, denn sie hatte von Gesetzes wegen die Ursprünge und Um-

282 Siehe FR V/6, Rz. 136 ff. Signifikanterweise hatte der ANC beim Obergericht von Kapstadt kurz vor der Publikation des Reports den Antrag gestellt, die Veröffentlichung des Schlussberichts sei aufzuschieben, bis die vom ANC beantragten Änderungen vorgenommen seien. Das Obergericht wies dieses Begehren jedoch - wenige Stunden vor der Durchführung der Übergabe-Zeremonie - ab und räumte damit die letzten juristischen Hindernisse auf dem Weg zur Bekanntgabe des Dokuments aus dem Weg. Vgl. dazu David Beresford und Alex Duval Smith, Tutu savages Apartheid - South African truth commission finally reports, condemning atrocities by whites and blacks, in: The Guardian (London), 30. Oktober 1998, S. 1 f. und Victor Mallet, Scourge of apartheid turns on the ANC, in: Financial Times (London), 31. Oktober/1. November 1998, S. 4. Diese Episode dürfte als Indiz für die Annahme zu werten sein, dass die Wahrheits- und Versöhnungskommission gegenüber dem ANC nicht voreingenommen war und sich nicht scheute, auch die Verfehlungen des ANC beim Namen zu nennen.

283 Dieses primary finding ist im FR V/6, Rz. 77 abgedruckt.

284 Zu den einschlägigen Rechtsquellen des Völkerrechts vgl. FR I/4, Appendix: A crime against humanity. Siehe auch die eingehende Studie von Ronald C. Slye, Apartheid as a Crime against Humanity: A Submission to the South African Truth and Reconciliation Commission, in: Michigan Journal of International Law, Vol. 20, No. 2, Winter 1999, S. 267-300 (zit.: Apartheid).

stände der Menschenrechtsverletzungen zu untersuchen und den Fragen nachzugehen, ob diese aus einer absichtlichen Planung resultierten und wer hierfür verantwortlich ist.[285] Zu diesen Ursachen und Umständen der Verstösse gegen die Menschenrechte gehört mit Sicherheit auch das System der Apartheid, und es wäre kaum sachgerecht, die Meinung der internationalen Rechtsgemeinschaft zu diesem System ausser Acht zu lassen.[286]

h. Die fast pausenlosen Auftritte von Angehörigen der Sicherheitskräfte vor dem Amnestie-Ausschuss und die Statements von Opfern schwarzer Hautfarbe vor dem Ausschuss für Menschenrechtsverletzungen mögen die Kritik der Unausgewogenheit genährt haben; bei näherer Betrachtung muss aber klar werden, dass die Hautfarbe derjenigen Personen, die als Opfer oder als Täter vor der Kommission aussagen, nichts mit einer angeblichen Unausgewogenheit derselben zu tun hat, sondern auf der Tatsache beruht, dass die Täter mehrheitlich den Sicherheitskräften angehören, und dass der weitaus grösste Teil der Opfer Menschen schwarzer Hautfarbe sind.

Es kann nicht die Aufgabe der Wahrheits- und Versöhnungskommission sein, diese statistisch bewiesenen Tatsachen zu kaschieren, indem sie verhältnismässig weniger schwarze Opfer und weisse Täter vor das Gremium beruft. Von der Kommission kann ebenso wenig verlangt werden, dass sie solche Erkenntnisse im Schlussbericht in den Hintergrund rückt oder gar verschweigt.

i. Es ist ebenfalls unzutreffend, dass sich die Wahrheits- und Versöhnungskommission nicht mit den unterschiedlichen Perspektiven und Werthaltungen der verschiedenen Bevölkerungsgruppen auseinandergesetzt hat;[287] sie hat dies sogar eingehend getan.[288]

j. Es ist das bleibende Verdienst der von Erzbischof Tutu geleiteten Institution, dass sie einen Schlussbericht verfasst hat, der sachlich und zurückhaltend im Ton ist, der aber zugleich die Dinge beim Namen nennt, Fakten darlegt, Erkenntnisse ausbreitet und Zusammenhänge aufzeigt. Der Schlussbericht ist durch Ausgewogenheit und Unvoreingenommenheit gekennzeichnet, weil die Konfliktparteien anhand desselben Massstabes gemessen worden sind.

285 Art. 4 lit. a zweiter, vierter und fünfter Abschnitt des Gesetzes zur Förderung der Nationalen Einheit und Versöhnung.

286 Vgl. FR I/4, Appendix: A crime against humanity, Rz. 4 f. und Slye, Apartheid (Anm. 284), insb. S. 288 ff.

287 Malan ist der Ansicht, es fehle der Wahrheitskommission an Verständnis oder zumindest an Einfühlungsvermögen gegenüber gewissen Gruppen, die innerhalb traditioneller oder nationalistischer Wertesysteme leben und die Konfliktpartei gewesen sind, siehe FR V/MP, Rz. 8.

288 Siehe nur etwa die Ausführungen im Kapitel über die Perspektiven der Täter, FR V/7.

2. *Die Frage des „wertfreien“ oder „moralisch-ethischen“ Arbeitsansatzes*

a. Der Verfasser dieser Arbeit ist auch der Überzeugung, dass die Wahrheits- und Versöhnungskommission keinen „wertfreien Arbeitsansatz“ wählen konnte, weil es einen solchen letztlich gar nicht geben kann. Menschliches Handeln hat stets auch eine moralisch-ethische Dimension.[289] Dieser Dimension kommt eine umso stärkere Bedeutung zu, wenn es um Verstösse gegen die Menschenrechte geht.

b. Die Wahrheits- und Versöhnungskommission war gesetzlich unter anderem dazu verpflichtet, das Wesen, die Gründe und das Ausmass der schweren Verstösse gegen die Menschenrechte zu untersuchen, einschliesslich der Wurzeln, der Umstände, der Faktoren, des Kontextes, der Motive und Perspektiven, die zu solchen Verletzungen führten.[290] Sie hatte auch der Frage nachzugehen, ob solche Widerhandlungen vom Staat oder den Befreiungsbewegungen absichtlich geplant worden waren, und wer die politische und andersgeartete Verantwortung für diese Verstösse trägt.[291] Die von Erzbischof Tutu geleitete Institution musste infolgedessen Handlungen und Unterlassungen untersuchen, die im höchsten Masse von moralisch-ethischen Implikationen geprägt sind. Die Betrachtung einer Verhaltensweise, der eine moralisch-ethische Dimension inhärent ist, kann nicht ausserhalb von entsprechenden Gesichtspunkten erfolgen.

Eine Verleugnung der moralisch-ethischen Dimension des Vorganges der Analyse und Bewertung von Menschenrechtsverletzungen würde deshalb bedeuten, dass auch die moralisch-ethische Dimension der Menschenrechtsverletzungen selbst ignoriert würde. Der Vorwurf von Kommissionsmitglied Malan, die Wahrheits- und Versöhnungskommission habe einen moralisch-ethischen Arbeitsansatz gewählt,[292] geht deswegen fehl, weil ein solcher Ansatz der Kommission gar nicht zum Vorwurf gemacht werden kann, denn es ist der einzig mögliche Approach.

289 Beim menschlichen Verhalten, sei es durch Tun oder durch Unterlassen, stellt sich immer auch die moralisch-ethische Frage nach der Verantwortung des Individuums. Havel sieht im Problem der menschlichen Verantwortung den Schlüssel zum Problem der menschlichen Identität. Vgl. dazu eindrücklich Havel, Briefe an Olga, S. 92 ff. An anderer Stelle schreibt Havel, dass es die Verantwortung ist, die „de facto den Menschen zum Menschen macht und Grund seiner Identität ist“ (a.a.O., S. 72 f.).

290 Art. 4 lit. a, zweiter Abschnitt des Gesetzes zur Förderung der Nationalen Einheit und Versöhnung.

291 Art. 4 lit. a, vierter und fünfter Abschnitt des Gesetzes zur Förderung der Nationalen Einheit und Versöhnung.

292 FR V/MP, Rz. 19.

3. *Beurteilung des Berichts in gestalterischer und stilistischer Hinsicht sowie in Bezug auf seine inhaltliche Konzeptionierung*

a. Der Schlussbericht der Wahrheits- und Versöhnungskommission ist auch in gestalterischer Hinsicht als ausgewogen und gut gelungen zu betrachten. Der Report ist leicht leserlich und in flüssigem Stil geschrieben. Ausführungen werden häufig durch Beispiele illustriert. Der Verzicht auf eine wissenschaftliche Stilistik und lange theoretische Abhandlungen dürfte sich wohl auf eine breite Rezeption in der Bevölkerung positiv auswirken.

b. Auch der erste Band, den man als „theoretischen und konzeptionellen Teil" bezeichnen könnte, zeichnet sich durch praxisorientierte und prägnante Erörterungen aus. Kern dieses Bandes bilden die Ausführungen über den Auftrag (*The Mandate*) der Kommission[293] sowie die Diskussion von verschiedenen Konzepten und Prinzipien (*Concepts and Principles*)[294]. Informativ ist auch die Übersicht über die Methodologie und den praktischen Prozess der Wahrheitskommission.[295] Daran anschliessend können sich die Leserinnen und Leser des Berichtes anhand der Erläuterungen in Kapitel sieben in kurzer Zeit einen guten Überblick über die gerichtlichen Herausforderungen, mit denen das Gremium konfrontiert gewesen ist, verschaffen.[296] Mit diversen Rechenschaftsberichten dokumentiert die Wahrheitskommission sodann ihre Verpflichtung gegenüber einer Kultur der Transparenz und der Verantwortlichkeit.[297] Hilfreich ist auch eine chronologische Auflistung der Apartheid-Gesetzgebung.[298]

c. Die beiden Bände über die Menschenrechtsverletzungen in der Zeit von 1960 bis 1994 enthalten eine solche Fülle von Informationen und Erkenntnissen über Ereignisse, Zusammenhänge und Entwicklungen, dass dieses Dokument wohl zahlreichen Forscherinnen und Forschern verschiedener Disziplinen als Grundlagenmaterial zur weiteren wissenschaftlichen Bearbeitung dienen wird.

aa. Die Wahrheitskommission hat die beiden Bände so gestaltet, dass sich der zweite Teil des Schlussberichts schwergewichtig mit der Perspektive der Täter befasst, während im dritten Teil die Opfer ins Zentrum der Optik gerückt werden. Dieser Arbeitsansatz hat sich als sehr fruchtbar erwiesen, denn damit kann eines der gesetzlich verankerten Ziele des Gremiums, ein möglichst breites

293 FR I/4.
294 FR I/5.
295 FR I/6.
296 FR I/7.
297 Für den Bericht des Geschäftsführers und des Finanzchefs vgl. FR I/9; die Rechenschaftsberichte der drei Ausschüsse befinden sich im FR I/10; die Management and Operational Reports sind im FR I/11 publiziert und die Berichte der Regionalbüros im FR I/12.
298 Vgl. FR I/13.

Bild von den Menschenrechtsverletzungen darzulegen[299], am besten realisiert werden.

bb. Die Kommission versucht, schwere Menschenrechtsverletzungen zu kategorisieren; zugleich illustriert sie diese Einteilungen durch Fälle aus der Praxis. Beispielsweise werden die schweren Menschenrechtsverletzungen des Staates innerhalb Südafrikas unter folgende Kategorien subsumiert: Verbannungen, Haft ohne Prozess, Exekutionen, Niederschlagung von Unruhen, Folter, Tötungen und Unterstützung von paramilitärischen Kräften.[300]

Die Kategorie Tötung wird zum Beispiel durch über fünfzig Einzelfälle illustriert, welche für das praktische Spektrum dieses Tatbestandes als repräsentativ gelten können.[301] Die Kommission macht sowohl in Bezug auf zahlreiche Einzelfälle als auch betreffend die gesamte Kategorie Tötung im Anschluss an die jeweiligen Ausführungen ein *finding*, das heisst sie hält die Ergebnisse ihrer Untersuchungen in einer Schlussfolgerung fest.[302]

Diese Vorgehensweise wendet die Wahrheits- und Versöhnungskommission sowohl bei ihren Erörterungen über die vom Staat innerhalb und ausserhalb Südafrikas begangenen Menschenrechtsverletzungen[303] als auch bei ihren Ausführungen über die von den Befreiungsbewegungen verursachten Widerhandlungen gegen die Menschenrechte[304] sowie bei ihren Untersuchungen der politischen Gewalt zur Zeit der Transition von 1990 bis 1994[305] an.

cc. Ein solcher Arbeitsansatz erweist sich als sachgerecht und hilfreich: Die Wahrheitskommission kann so Grundmuster von Verstössen gegen die Menschenrechte eruieren; die Illustration durch konkrete Einzelfälle verhindert, dass die Erörterungen zu abstrakt und zu generell werden. Auf der anderen Seite ist der Schlussbericht auch nicht bloss eine Anhäufung von Einzelfall-Abhandlungen, die den Blick auf das dahinterstehende Ganze verhindert. Diese Kombination von generalisierenden Ausführungen und praktischen Beispielen erlaubt eine übersichtliche Darstellung von Ereignissen, Zusammenhängen, Entwicklungen und Verantwortlichkeiten.

299 Siehe Art. 3 Abs. 1 lit. a des Gesetzes zur Förderung der Nationalen Einheit und Versöhnung.

300 Vgl. FR II/3.

301 Siehe hierzu FR II/3, Rz. 230-509.

302 Ein solches *finding* zu einem einzelnen Fall liegt beispielsweise im Anschluss an die Erörterungen zum Mord an der Menschenrechtsanwältin Victoria Mxenge vor, vgl. FR II/3, Rz. 258 zweiter Teil. Zu den *findings* in Bezug auf die gesamte Kategorie Tötungen siehe FR II/3, Rz. 509, Abschnitte 3 ff.

303 FR II/2 und 3.

304 FR II/4.

305 FR II/7.

dd. Der dritte Band ist ebenfalls den 1960 bis 1994 begangenen schweren Verstössen gegen die Menschenrechte gewidmet, wobei hier die Perspektive der Opfer in das Zentrum des Blickfeldes gerückt wird. Infolgedessen erfolgt die weitere Gliederung dieses Bandes nicht, wie beim zweiten Teil, nach den Hauptakteuren des Konfliktes, sondern nach den Regionen Eastern Cape, Kwa-Zulu/Natal, Orange Free State, Western Cape und Transvaal.

Angesichts der Aussagen von über 21'000 Opfern war es nicht möglich, die Leidensgeschichten sämtlicher Opfer darzustellen. Die Wahrheits- und Versöhnungskommission hat sich aber darum bemüht, möglichst repräsentative Fälle auszuwählen.

Die Gliederung der Regionalprofile erfolgt nach Zeitabschnitten[306], Hauptakteuren[307] und Formen von schweren Menschenrechtsverletzungen. Jede Form von Verstössen gegen die Menschenrechte, zum Beispiel Folter, wird durch mehrere Fälle illustriert. Um die Opfer in den Mittelpunkt der Betrachtung zu rücken, werden oftmals Auszüge aus ihren Aussagen vor der Wahrheitskommission zitiert. Im Anschluss an die Erörterung eines Musters von Menschenrechtsverletzungen werden die diesbezüglichen Schlussfolgerungen der Wahrheitskommission zitiert.

ee. Auch durch die Betrachtung der schweren Widerhandlungen gegen die Menschenrechte aus der Opferperspektive gelingt es der Wahrheits- und Versöhnungskommission recht gut, Grundformen von Menschenrechtsverletzungen zu eruieren, ohne dabei allzu abstrakt zu werden. Durch die übersichtliche Strukturierung dieses Bandes vermeidet das Gremium auf der anderen Seite ein blosses Konglomerat von unzusammenhängenden Opferaussagen. Mit dieser Kombination von Hintergrundinformationen und Zitaten aus Statements von Opfern wird die Wahrheits- und Versöhnungskommission einem ihrer gesetzlichen Aufträge, ein möglichst umfassendes Bild von den gravierenden Menschenrechtsverletzungen von 1960 bis 1994 darzulegen, durchaus gerecht.

d. Begrüssenswert ist, dass die von Erzbischof Tutu geleitete Institution den Ergebnissen aus den Anhörungen über die Rolle von verschiedenen Sektoren der Gesellschaft im Apartheid-Staat einen eigenen Band gewidmet hat.

aa. Die Erkenntnisse, welche die Wahrheitskommission aus diesen Untersuchungen gewonnen hat, sind höchst bedeutsam. Das Gremium hat deutlich aufgezeigt, dass grosse Teile der Wirtschaft, der Medizinalpersonen, der Anwaltschaft, der Richter, der Medien und der Glaubensgemeinschaften mit dem System kolludiert und somit zur Verlängerung der Apartheid beigetragen haben. Das System der Apartheid hat durch das Schweigen, die Konformität und die

306 1960-1975; 1976-1982; 1983-1989 und 1989-1994.

307 *Staat und alliierte Gruppierungen* einerseits; *Widerstand und revolutionäre Gruppierungen* andererseits.

zumindest teilweise Unterstützung durch Angehörige dieser gesellschaftlichen Bereiche eine Konsolidierung erfahren, die nicht unterschätzt werden darf: Hätten sich mehr Personen bereit gefunden, den Intentionen des Systems die Intentionen des Lebens entgegenzustellen, wäre der Unrechtscharakter des Apartheid-Staates schneller deutlich geworden. Insbesondere die Justiz hat durch ihre Kollusion mit dem Regime dazu beigetragen, dass die Regierungen die eigentliche Bausubstanz des Apartheid-Gemäuers, die aus Repression, Ungerechtigkeit, Diskriminierung und Entrechtung bestand, hinter einer Fassade aus einer umfangreichen Gesetzgebung und grösstenteils unkritischen Anwaltschaft und Richterschaft wenn nicht verbergen, so doch immerhin weniger offensichtlich machen konnten.

bb. Der Wahrheits- und Versöhnungskommission kommt deshalb das Verdienst zu, die vitale Bedeutung einer wachsamen Zivilgesellschaft deutlich gemacht zu haben. Die verschiedenen Bereiche der Gesellschaft haben die staatliche Macht einerseits zu kontrollieren und zu hemmen; andererseits muss eine staatliche und rechtliche Ordnung ihre lebensnotwendigen Impulse und auch ihre Legitimität immer wieder aus den Intentionen des Lebens beziehen, welche ihrerseits in der Zivilgesellschaft wurzeln und durch Einzelpersonen oder Gruppierungen, seien es Leserbriefschreiber, Demonstranten, Vereine, Parteien, Theaterschaffende, Gewerkschaften, Medien, Anwälte, Richterinnen, Ärzte, Kirchenleute, Strassenmusikanten oder Unternehmerinnen zum Ausdruck gebracht werden.

cc. Die Wahrheits- und Versöhnungskommission hat das Verhalten der Weissen vorwiegend durch eine Optik betrachtet, in der die Rolle verschiedener Sektoren der Zivilgesellschaft im Zentrum stand.

Auch die Frage der Mitläuferschaft im Apartheid-Staat durch das Individuum, das heisst unabhängig von seiner allfälligen Einbindung in bestimmte soziale Bereiche, hat das Gremium an einigen Stellen des Schlussberichtes explizit angesprochen.[308]

Die durch die Kommission vorgenommenen Wertungen sind sachlich fundiert, differenziert und ausgewogen.

e. Der fünfte Band dürfte wohl der praktisch bedeutsamste Teil des Schlussberichts sein, da er sowohl die Ergebnisse und Schlussfolgerungen als auch die Empfehlungen der Kommission zu Handen der Exekutiv- und Legislativorgane und weitere wichtige Kapitel, etwa über die Perspektiven der Täter oder über die Konsequenzen von schweren Menschenrechtsverletzungen, enthält.

308 So etwa im FR IV/1, Rz. 2 und im FR V/4, Rz. 188 und 190.

Die Ergebnisse und Schlussfolgerungen der Wahrheits- und Versöhnungskommission reflektieren die Charakteristika der übrigen Kapitel des Berichts: Der Ton ist sachbezogen und unpolemisch. Einerseits werden Verurteilungen und moralisierende Vorwürfe vermieden; andererseits versäumt die Kommission es nicht, die Dinge beim Namen zu nennen und Verantwortlichkeiten deutlich aufzuzeigen. Das von Erzbischof Tutu geleitete Gremium hat mit dieser unzweideutigen Darlegung der schweren Menschenrechtsverletzungen *sämtlicher* Konfliktparteien einmal mehr den Beweis für seine Unvoreingenommenheit erbracht. Mit einer fairen und angemessenen Beurteilung nach demselben Massstab hat die Kommission die Ausgewogenheit des Schlussberichts bewiesen.

Die Empfehlungen der Wahrheits- und Versöhnungskommission an die Adresse der Exekutiv- und Legislativorgane der Republik können dem politischen System Südafrikas äusserst wertvolle Impulse liefern. Die Unabhängigkeit der Kommission von Lobbyisten verschafft den Vorschlägen eine Qualität, die durch Sachbezogenheit und das Fehlen von Eigeninteressen gekennzeichnet ist.

ANHANG

1. Die Postambel der Interimsverfassung von 1993

Die Postambel (*final clause* oder *postamble*) der Interimsverfassung von 1993[1] enthält den Auftrag an den Gesetzgeber zur Schaffung des Gesetzes zur Förderung der Nationalen Einheit und Versöhnung. Die Schlussklausel ist gemäss Art. 232 Abs. 4 der Interimsverfassung von 1993 integraler Bestandteil derselben. Zugleich ist die Postambel nach Massgabe von Art. 22 des sechsten Anhanges zur Verfassung von 1996[2] Teil des geltenden Verfassungsrechts, obwohl ja die Interimsverfassung durch die finale Konstitution abgelöst worden ist.

This Constitution provides a historic bridge
between the past of a deeply divided society
characterised by strife, conflict, untold suffering
and injustice, and a future founded on the
recognition of human rights, democracy and
peaceful co-existence and development
opportunities for all South Africans, irrespective of
colour, race, class, belief or sex.

The pursuit of national unity, the well-being of all
South African citizens and peace require
reconciliation between the people of South Africa
and the reconstruction of society.

1 Die juristische Terminologie für die Interimsverfassung von 1993 lautet: Constitution of the Republic of South Africa, 1993; Act No. 200 of 1993. Quelle der Übergangsverfassung: *http://www.gov.za/constitution/1993/1993cons.htm.*

2 Clause 22 of Schedule 6 to the Constitution of the Republic of South Africa, Act No. 108 of 1996. Quelle der Verfassung von 1996: *http://www.gov.za/constitution/1996/96cons.htm.*

The adoption of this Constitution lays the secure foundation for the people of South Africa to transcend the divisions and strife of the past, which generated gross violations of human rights, the transgression of humanitarian principles in violent conflicts and a legacy of hatred, fear, guilt and revenge.

These can now be addressed on the basis that there is a need for understanding but not for vengeance, a need for reparation but not for retaliation, a need for ubuntu[3] *but not for victimisation.*

In order to advance such reconciliation and reconstruction, amnesty shall be granted in respect of acts, omissions and offences associated with political objectives and committed in the course of the conflicts of the past. To this end, Parliament under this Constitution shall adopt a law determining a firm cut-off date which shall be a date after 8 October 1990 and before 6 December 1993, and providing for the mechanisms, criteria and procedures, including tribunals, if any, through which such amnesty

3 Der afrikanische Begriff *ubuntu* lässt sich wohl am besten mit dem Wort „Mitmenschlichkeit" übersetzen. Ubuntu bedeutet, dass der Mensch als geselliges Wesen Teil der menschlichen Gemeinschaft ist; die Verbindung des Menschen mit anderen Menschen macht nach der Vorstellung des ubuntu letztlich das Menschsein überhaupt aus.

shall be dealt with at any time after the law has been passed.

With this Constitution and these commitments
we, the people of South Africa,
open a new chapter in the history of our country.

2. Das Gesetz zur Förderung der Nationalen Einheit und Versöhnung von 1995

PROMOTION OF NATIONAL UNITY AND RECONCILIATION ACT[4]
NO. 34 OF 1995

(Assented to 19 July, 1995)
(Date of Commencement 1 December, 1995, unless otherwise indicated)

(English text signed by the President)

as amended by
Promotion of National Unity and Reconciliation Amendment Act, No. 87 of 1995

ACT

To provide for the investigation and the establishment of as complete a picture as possible of the nature, causes and extent of gross violations of human rights committed during the period from 1 March 1960 to the cut-off date5 contem-

4 Quelle: Government Gazette of the Republic of South Africa, Vol. 364, No. 16'774, Cape Town, 16 October 1995. Die Veröffentlichung im Amtsblatt erfolgte unter der Rubrik „Office of the President" mit folgender Einleitung: „No. 1616. 16 October 1995. It is hereby notified that the President has assented to the following Act which is hereby published for general information: - No. 87 of 1995: Promotion of National Unity and Reconciliation Amendment Act, 1995." Die vorliegende Wiedergabe des Gesetzes erfolgt analog der Publikation in der Government Gazette. Internet-Quelle des Gesetzes: *http://www.gov.za/gazette/acts/1995/a34-95.htm.*

5 Als *cut-off date* legte Präsident Mandela zunächst den 6. Dezember 1993 fest, den Tag vor der ersten Sitzung des Übergangsexekutivrates (*Transitional Executive Council, TEC*). Im Dezember 1996 verlängerte der Präsident dann die Zeitspanne bis zum 10. Mai 1994, dem Tag seiner Amtsübernahme. Damit kam er vor allem

plated in the Constitution, within or outside the Republic, emanating from the conflicts of the past, and the fate or whereabouts of the victims of such violations; the granting of amnesty to persons who make full disclosure of all the relevant facts relating to acts associated with a political objective committed in the course of the conflicts of the past during the said period; affording victims an opportunity to relate the violations they suffered; the taking of measures aimed at the granting of reparation to, and the rehabilitation and the restoration of the human and civil dignity of, victims of violations of human rights; reporting to the Nation about such violations and victims; the making of recommendations aimed at the prevention of the commission of gross violations of human rights; and for the said purposes to provide for the establishment of a Truth and Reconciliation Commission, comprising a Committee on Human Rights Violations, a Committee on Amnesty and a Committee on Reparation and Rehabilitation; and to confer certain powers on, assign certain functions to and impose certain duties upon that Commission and those Committees; and to provide for matters connected therewith.

(Long title substituted by s. 19 of Act No. 87 of 1995.)

SINCE the Constitution of the Republic of South Africa, 1993 (Act No. 200 of 1993), provides a historic bridge between the past of a deeply divided society characterized by strife, conflict, untold suffering and injustice, and a future founded on the recognition of human rights, democracy and a peaceful co-existence for all South Africans, irrespective of colour, race, class, belief or sex;

AND SINCE it is deemed necessary to establish the truth in relation to past events as well as the motives for and circumstances in which gross violations of human rights have occurred, and to make the findings known in order to prevent a repetition of such acts in future;

AND SINCE the Constitution states that the pursuit of national unity, the well-being of all South African citizens and peace require reconciliation between the people of South Africa and the reconstruction of society;

AND SINCE the Constitution states that there is a need for understanding but not for vengeance, a need for reparation but not for retaliation, a need for ubuntu[6] but not for victimization;

AND SINCE the Constitution states that in order to advance such reconciliation and reconstruction amnesty shall be granted in respect of acts, omis-

jenen rechtsextremistischen Afrikaanern entgegen, welche die ersten demokratischen Wahlen durch eine Reihe von Bombenanschlägen zu sabotieren versuchten. Vgl. auch Werner Vogt, Grosszügige Geste Präsident Mandelas - Ausdehnung der Amnestiefrist für politische Täter, in: NZZ vom 14./15.12.1996, S. 5.

6 Vgl. Anm. 3.

sions and offences associated with political objectives committed in the course of the conflicts of the past;

AND SINCE the Constitution provides that Parliament shall under the Constitution adopt a law which determines a firm cut-off date, which shall be a date after 8 October 1990 and before the cut-off date envisaged in the Constitution, and providing for the mechanism, criteria and procedures, including tribunals, if any, through which such amnesty shall be dealt with;

BE IT THEREFORE ENACTED by the Parliament of the Republic of South Africa, as follows:-

CHAPTER 1

Interpretation and application

Section 1. Definitions.

In this Act, unless the context otherwise indicates-

„act associated with a political objective“ has the meaning ascribed thereto in section 20 (2) and (3);

„article“ includes any evidence, book, document, file, object, writing, recording or transcribed computer printout produced by any mechanical or electronic device or any device by means of which information is recorded, stored or transcribed;

„Commission“ means the Truth and Reconciliation Commission established by section 2;

„commissioner“ means a member of the Commission appointed in terms of section 7 (2)(a);

„committee“ means the Committee on Human Rights Violations, the Committee on Amnesty or the Committee on Reparation and Rehabilitation, as the case may be;

„Constitution“ means the Constitution of the Republic of South Africa, 1993 (Act No. 200 of 1993);

„cut-off date“ means the latest date allowed as the cut-off date in terms of the Constitution as set out under the heading „National Unity and Reconciliation“;

„former state“ means any state or territory which was established by an Act of Parliament or by proclamation in terms of such an Act prior to the commencement of the Constitution and the territory of which now forms part of the Republic;[7]

„gross violation of human rights“ means the violation of human rights through

(a) the killing, abduction, torture or severe ill-treatment of any person; or

(b) any attempt, conspiracy, incitement, instigation, command or procurement to commit an act referred to in paragraph (a),

which emanated from conflicts of the past and which was committed during the period 1 March 1960 to the cut-off date within or outside the Republic, and the commission of which was advised, planned, directed, commanded or ordered, by any person acting with a political motive;

„joint committee“ means a joint committee of the Houses of Parliament appointed in accordance with the Standing Orders of Parliament for the purpose of considering matters referred to it in terms of this Act;

„Minister“ means the Minister of Justice;

„prescribed“ means prescribed by regulation made under section 40;
(Definition of „prescribed“, formerly „prescribe“, substituted by s. 1(a) of Act No. 87 of 1995.)

„President“ means President of the Republic;

„reparation“ includes any form of compensation, *ex gratia* payment, restitution, rehabilitation or recognition;

„Republic“ means the Republic of South Africa referred to in section 1 (2) of the Constitution;

7 Damit sind die vier Homelands Transkei, Bophuthatswana, Venda und Ciskei gemeint, die nach 1976 in die nominelle staatliche Unabhängigkeit verstossen worden waren. Kein Staat ausser Südafrika hatte indessen diese Gebiete als unabhängige Staaten anerkannt.

„security forces“ includes any full-time or part-time-

(a) member or agent of the South African Defence Force, the South African Police, the National Intelligence Service, the Bureau of State Security, the Department of Correctional Services, or any of their organs:
(b) member or agent of a defence force, police force, intelligence agency or prison service of any former state, or any of their organs;

„State“ means the State of the Republic;

„subcommittee“ means any subcommittee established by the Commission in terms of section 5 (c);

„victims“ includes-

(a) persons who, individually or together with one or more persons, suffered harm in the form of physical or mental injury, emotional suffering, pecuniary loss or a substantial impairment of human rights-
    (i) as a result of a gross violation of human rights; or
    (ii) as a result of an act associated with a political objective for which amnesty has been granted;

(b) persons who, individually or together with one or more persons, suffered harm in the form of physical or mental injury, emotional suffering, pecuniary loss or a substantial impairment of human rights, as a result of such person intervening to assist persons contemplated in paragraph (a) who were in distress or to prevent victimization of such persons; and

(c) such relatives or dependants of victims as may be prescribed.

(2) For the purposes of sections 10 (1), (2) and (3) and 11 and Chapters 6 and 7 „Commission“ shall be construed as including a reference to „committee“ or „subcommittee“, as the case may be, and „Chairperson“, „Vice-Chairperson“ or „commissioner“ shall be construed as including a reference to the chairperson, vice-chairperson or a member of a committee or subcommittee, as the case may be.

CHAPTER 2

Truth and Reconciliation Commission

Section 2. Establishment and seat of the Truth and Reconciliation Commission.

(1) There is hereby established a juristic person to be known as the Truth and Reconciliation Commission.

(2) The seat of the Commission shall be determined by the President.

Section 3. Objectives of the Commission.

(1) The objectives of the Commission shall be to promote national unity and reconciliation in a spirit of understanding which transcends the conflicts and divisions of the past by-

(a) establishing as complete a picture as possible of the causes, nature and extent of the gross violations of human rights which were committed during the period from 1 March 1960 to the cut-off date, including the antecedents, circumstances, factors and context of such violations, as well as the perspectives of the victims and the motives and perspectives of the persons responsible for the commission of the violations, by conducting investigations and holding hearings;

(b) facilitating the granting of amnesty to persons who make full disclosure of all the relevant facts relating to acts associated with a political objective and comply with the requirements of the Act;

(c) establishing and making known the fate or whereabouts of victims and by restoring the human and civil dignity of such victims by granting them an opportunity to relate their own accounts of the violations of which they are the victims, and by recommending reparation measures in respect of them;

(d) compiling a report providing as comprehensive an account as possible of the activities and findings of the Commission contemplated in paragraphs (a), (b) and (c), and which contains recommendations of measures to prevent the future violations of human rights.

(2) The provisions of subsection (1) shall not be interpreted as limiting the power of the Commission to investigate or make recommendations concerning any matter with a view to promoting or achieving national unity and reconciliation within the context of this Act.

(3) In order to achieve the objectives of the Commission-

(a) the Committee on Human Rights Violations, as contemplated in Chapter 3, shall deal, among other things, with matters pertaining to investigations of gross violations of human rights;

(b) the Committee on Amnesty, as contemplated in Chapter 4, shall deal with matters relating to amnesty;

(c) the Committee on Reparation and Rehabilitation, as contemplated in Chapter 5, shall deal with matters referred to it relating to reparations;

(d) the investigating unit referred to in section 5 (d) shall perform the investigations contemplated in section 28 (4) (a); and

(e) the subcommittees, referred to in section 5 (c), shall exercise, perform and carry out the powers, functions and duties conferred upon, assigned to or imposed upon them by the Commission.

(Para. e substituted by s. 2 b of Act No. 87 of 1995.)

(Date of commencement of s. 3 to be proclaimed.)

Section 4. Functions of the Commission.

The functions of the Commission shall be to achieve its objectives, and to that end the Commission shall-

(a) facilitate, and where necessary initiate or co-ordinate, inquiries into-

  (i) gross violations of human rights, including violations which were part of a systematic pattern of abuse;
  (ii) the nature, causes and extent of gross violations of human rights, including the antecedents, circumstances, factors, context, motives and perspectives which led to such violations;

(iii) the identity of all persons, authorities, institutions and organisations involved in such violations;

(iv) the question, whether such violations were the result of deliberate planning on the part of the State or a former state or any of their organs, or of any political organisation, liberation movement or other group or individual;

and

(v) accountability, political or otherwise, for any such violation;

(Date of commencement of para. a to be proclaimed.)

(b) facilitate, and initiate or co-ordinate, the gathering of information and the receiving of evidence from any person, including persons claiming to be victims of such violations or the representatives of such victims, which establish the identity of victims of such violations, their fate or present whereabouts and the nature and extent of the harm suffered by such victims;

(Date of commencement of para. b to be proclaimed.)

(c) facilitate and promote the granting of amnesty in respect of acts associated with political objectives, by receiving from persons desiring to make a full disclosure of all the relevant facts relating to such acts, applications for the granting of amnesty in respect of such acts, and transmitting such applications to the Committee on Amnesty for its decision, and by publishing decisions granting amnesty, in the *Gazette*;

(Date of commencement of para. c to be proclaimed.)

(d) determine what articles have been destroyed by any person in order to conceal violations of human rights or acts associated with a political objective;

(Date of commencement of para. d to be proclaimed.)

(e) prepare a comprehensive report which sets out its activities and findings, based on factual and objective information and evidence collected or received by it or placed at its disposal;

(Date of commencement of para. e to be proclaimed.)

(f) make recommendations to the President with regard to-

(i) the policy which should be followed or measures which should be taken with regard to the granting of reparation to victims or the taking of other measures aimed at rehabilitating and restoring the human and civil dignity of victims;

(ii) measures which should be taken to grant urgent interim reparation to victims;

(Date of commencement of para. f to be proclaimed.)

(g) make recommendations to the Minister with regard to the development of a limited witness protection programme for the purposes of this Act;

(h) make recommendations to the President with regard to the creation of institutions conducive to a stable and fair society and the institutional, administrative and legislative measures which should be taken or introduced in order to prevent the commission of violation of human rights.

(Date of commencement of para. h to be proclaimed.)

Section 5. Powers of the Commission.

In order to achieve its objectives and to perform its functions the Commission shall have the power to-

(a) determine the seat, if any, of every committee;

(b) establish such offices as it may deem necessary for the performance of its functions;

(c) establish subcommittees to exercise, carry out or perform any of the powers, duties and functions assigned to them by the Commission:

(d) conduct any investigation or hold any hearing it may deem necessary and establish the investigating unit referred to in section 28;

(e) refer specific or general matters to, give guidance and instructions to, or review the decisions of, any committee, subcommittee or the investigating unit with regard to the exercise of its powers, the performance of its functions and the carrying out of its duties, the working procedures which should be followed and the divisions which should be set up by any committee in order to deal effectively with the work of the committee: Provided that no decision, or the process of arriving at such a decision, of the Committee on Amnesty regarding any application for amnesty shall be reviewed by the Commission;

(Para. e substituted by s. 4 a of Act No. 87 of 1995)

(Date of commencement of para. e to be proclaimed.)

(f) direct any committee or subcommittee to make information which it has in its possession available to any other committee or subcommittee;

(Date of commencement of para. f to be proclaimed.)

(g) direct the submission of and receive reports or interim reports from any committee, subcommittee or investigating unit;

(Para. g substituted by s. 4 b of Act No. 87 of 1995.)
(Date of commencement of para. g to be proclaimed.)

(h) have the administrative and incidental work connected with the exercise of its powers, the execution of its duties or the performance of its functions carried out by persons-

(i) employed or appointed by it;

(ii) seconded to its service by any department of State at the request of the Commission and after consultation with the Public Service Commission;

(iii) appointed by it for the performance of specified tasks;

(i) in consultation with the Minister and through diplomatic channels, obtain permission from the relevant authority of a foreign country to receive evidence or gather information in or from that country;

(Para. i substituted by s. 4 c of the Act No. 87 of 1995.)
(Date of commencement of para. i to be proclaimed.)

(j) enter into an agreement with any person, including any department of State, in terms of which the Commission will be authorized to make use of any of the facilities, equipment or personnel belonging to or under the control or in the employment of such person or department;

(k) recommend to the President that steps be taken to obtain an order declaring a person to be dead;

(Date of commencement of para. k to be proclaimed.)

(l) hold meetings at any place within or outside the Republic;

(m) on its own initiative or at the request of any interested person inquire or investigate into any matter in terms of this Act, including the disappearance of any person or group of persons.

(Para. m substituted by s. 4 e of Act No. 87 of 1995.)
(Date of commencement of para. m to be proclaimed.)

Section 6. Certain powers shall be exercised in consultation with the Minister.

Subject to the provisions of section 45, any power referred to in section a, b and c, and if it is to be exercised outside the Republic, any power referred to in sections 5 d and l, 10 (1) and 29 (1), shall be exercised in consultation with the Minister.

Section 7. Constitution of the Commission.

(1) The Commission shall consist of not fewer than 11 and not more than 17 commissioners, as may be determined by the President in consultation with the Cabinet.

(2)
(a) The President shall appoint the commissioners in consultation with the Cabinet.
(b) The commissioners shall be fit and proper persons who are impartial and who do not have a high political profile: Provided that not more than two persons who are not South African citizens may be appointed as commissioners.

(3) The President shall make the appointment of the commissioners known by proclamation in the *Gazette.*

(4) The President shall designate one of the commissioners as the Chairperson, and another as the Vice-Chairperson, of the Commission.

(5) A commissioner appointed in terms of subsection (2) (a) shall, subject to the provisions of subsections (6) and (7), hold office for the duration of the Commission.

(6) A commissioner may at any time resign as commissioner by tendering his or her resignation in writing to the President.

(7) The President may remove a commissioner from office on the grounds of misbehaviour, incapacity or incompetence, as determined by the joint committee and upon receipt of an address from the National Assembly and an address from the Senate.

(8) If any commissioner tenders his or her resignation under subsection (6), or is removed from office under subsection (7), or dies, the President in consultation with the Cabinet, may fill the vacancy by appointing a person for the unexpired portion of the term of office of his or her predecessor or may allow the seat vacated as a result of a resignation, removal from office or death to remain vacant.

Section 8. Acting Chairperson of Commission.

If both the Chairperson and the Vice-Chairperson are absent or unable to perform their duties, the other commissioners shall from among their number nominate an Acting Chairperson for the duration of such absence or incapacity.

Section 9. Conditions of service, remuneration, allowances and other benefits of staff of Commission.

(1) The persons appointed or employed by the Commission who are not officials of the State, shall receive such remuneration, allowances and other employment benefits and shall be appointed or employed on such terms and conditions and for such periods as the Commission with the approval of the Minister, granted in concurrence with the Minister of Finance, may determine.

(2)

(a) A document setting out the remuneration, allowances and other conditions of employment determined by the Commission in terms of subsection (1), shall be tabled in Parliament within 14 days after each such determination.

(b) If Parliament disapproves of any determination, such determination shall cease to be of force to the extent to which it is so disapproved.

(c) If a determination ceases to be of force as contemplated in paragraph (b)-

(i) anything done in terms of such determination up to the date on which such determination ceases to be of force shall be deemed to have been validly done; and

(ii) any right, privilege, obligation or liability acquired, accrued or incurred up to the said date under and by virtue of such determination, shal lapse upon the said date.

Section 10. Meetings, procedures at and quorum for meetings of Commission and recording of proceedings.

(1) A meeting of the Commission shall be held at a time and place determined by the Chair-person of the Commission or, in the absence or inability of such Chairperson, by the Vice-Chairperson of the Commission or, in the absence or inability of both such Chairperson and Vice-Chairperson, by the Acting Chairperson of the Commission.

(2) Subject to section 40, the Commission shall have the power to determine the procedure for its meetings, including the manner in which decisions shall be taken.

(3) The Commission shall cause a record to be kept of its proceedings.

(4) The quorum for the first meeting of the Commission shall be two less than the total number of the Commission.

Section 11. Principles to govern actions of Commission when dealing with victims.

When dealing with victims the actions of the Commission shall be guided by the following principles:

(a) Victims shall be treated with compassion and respect for their dignity;

(b) victims shall be treated equally and without discrimination of any kind, including race, colour, gender, sex, sexual orientation, age, language, religion, nationality, political or other opinion, cultural beliefs or practices, property, birth or family status, ethnic or social origin or disability;

(c) procedures for dealing with applications by victims shall be expeditious, fair, inexpensive and accessible:

(d) victims shall be informed through the press and any other medium of their rights in
seeking redress through the Commission, including information of-
  (i) the role of the Commission and the scope of its activities;
  (ii) the right of victims to have their views and submissions presented and considered at appropriate stages of inquiry;

(e) appropriate measures shall be taken in order to minimize inconvenience to victims and, when necessary, to protect their privacy, to ensure their safety as well as that of their families and of witnesses testifying on their behalf, and to protect them from intimidation;

(f) appropriate measures shall be taken to allow victims to communicate in the language of their choice;

(g) informal mechanisms for the resolution of disputes, including mediation, arbitration and any procedure provided for by customary law and practice shall be applied, where appropriate, to facilitate reconciliation and redress for victims.

(Date of commencement of s. 11 to be proclaimed.)

CHAPTER 3

Investigation of Human Rights Violations

Section 12. Committee on Human Rights Violations.

There is hereby established a committee to be known as the Committee on Human Rights Violations, which shall in this Chapter be referred to as the Committee.

Section 13. Constitution of the Committee.

(1) The Committee shall consist of

(a) (i) a Chairperson; and
(ii) two Vice-Chairpersons,
who shall be commissioners designated by the Commission;

(b) such other commissioners as may be appointed by the Commission; and

(c) not more than ten other members.

(Para. c substituted by s. 5 a of Act No. 87 of 1995.)

(2) The Commission shall appoint, as the members referred to in subsection (1) (c), South African citizens who are fit and proper persons and broadly representative of the South African community and shall, when making such appointments, give preference to persons possessing knowledge of the content and application of human rights or of investigative or fact-finding procedures.

(3) Any vacancies in the Commission shall be filled in accordance with this section.

(Sub.-s. 3 added by s. 5 b of Act No. 87 of 1995.)

Section 14. Powers, duties and functions of Committee.

(1) In addition to the powers, duties and functions conferred on, imposed upon and assigned to it in this Act, and for the purpose of achieving the objectives of the Commission, referred to in section 3 (1) (a), (c) and (d)-

(a) the Committee shall-
- (i) institute the enquiries referred to in section 4 (a);
- (ii) gather the information and receive the evidence referred to in section 4 (b);
- (iii) determine the facts contemplated in section 4 (d);
- (iv) take into account the gross violations of human rights for which indemnity has been granted during the period between 1 March 1960 and the date of commencement of this Act or for which prisoners were released or had their sentences remitted for the sake of reconciliation and for the finding of peaceful solutions during that period;
- (v) record allegations and complaints of gross violations of human rights;

(b) the Committee may-
- (i) collect or receive from any organisation, commission or person, articles relating to gross violations of human rights;
- (ii) make recommendations to the Commission with regard to the matters referred to in section 4 (f), (g) or (h);
- (iii) make information which is in its possession available to a committee referred to in Chapter 4 or 5, a subcommittee or the investigating unit.
- (iv) submit to the Commission interim reports indicating the progress made by the Committee with its activities or with regard to any other particular matter in terms of this Act.

  (Sub-para. iv substituted by s. 6 b of Act No. 87 of 1995.)
- (v) exercise the powers referred to in Chapters 6 and 7.

(2) The Committee shall at the conclusion of its functions submit to the Commission a comprehensive report of all its activities and findings in connection with the performance of its functions and the carrying out of its duties in terms of this Act.

(Date of commencement of s. 14 to be proclaimed.)

Section 15. Referrals to Committee on Reparation and Rehabilitation.

(1) When the Committee finds that a gross violation of human rights has been committed and if the Committee is of the opinion that a person is a victim of such a violation, it shall refer the matter to the Committee on Reparation and Rehabilitation for its consideration in terms of section 26.

(2) After a referral to the Committee on Reparation and Rehabilitation has been made by the Committee in terms of subsection (1), it shall, at the request of the Committee on Reparation and Rehabilitation, furnish that Committee with all the evidence and other information relating to the victim concerned or conduct such further investigation or hearing as the said Committee may require.

(Date of commencement of s. 15 to be proclaimed.)

CHAPTER 4

Amnesty mechanisms and procedures

Section 16. Committee on Amnesty.

There is hereby established a committee to be known as the Committee on Amnesty, which shall in this Chapter be referred to as the Committee.

Section 17. Constitution of the Committee.

(1) The Committee shall consist of a Chairperson, a Vice-Chairperson and three other members who are fit and proper persons, appropriately qualified, South African citizens and broadly representative of the South African community.[8]

8 Mit dem Promotion of National Unity and Reconciliation Amendment Act, No. 18 of 1997, und dem Promotion of National Unity and Reconciliation Amendment Act, No. 84 of 1997, wurde der Amnestie-Ausschuss auf 19 Mitglieder erweitert.

(2) The President shall appoint the Chairperson, the Vice-Chairperson, one other person and, after consultation with the Commission, two commissioners as members of the Committee.

(3) The Chairperson of the Committee shall be-

(a) a judge as defined in section 1 (1) of the Judges Remuneration and Conditions of Employment Act, 1989 (Act No. 88 of 1989); or
(b) a judge who has been discharged from active service in terms of section 3 of the said Act.

(4) Any vacancies in the Committee shall be filled in accordance with this section.

Section 18. Applications for granting of amnesty.

(1) Any person who wishes to apply for amnesty in respect of any act, omission or offence on the grounds that it is an act associated with a political objective, shall within 12 months from the date of the proclamation referred to in section 7 (3), or such extended period as may be prescribed, submit such an application to the Commission in the prescribed form.

(2) The Committee shall give priority to applications of persons in custody and shall prescribe measures in respect of such applications after consultation with the Minister and the Minister of Correctional Services.

(Date of commencement of s. 18 to be proclaimed.)

Section 19. Committee shall consider applications for amnesty.

(1) Upon receipt of any application for amnesty, the Committee may return the application to the applicant and give such directions in respect of the completion and submission of the application as may be necessary or request the applicant to provide such further particulars as it may deem necessary.

(2) The Committee shall investigate the application and make such enquiries as it may deem necessary.

(Sub-s. 2 amended by s. 8 a of Act No. 87 of 1995.)

(3) After such investigation-

(a) the Committee may-
    (i) inform the applicant that the application, judged on the particulars or further particulars contained in the application or provided by the applicant or revealed as a result of enquiries made by the Committee, if any, does not relate to an act associated with a political objective;
    (ii) afford the applicant the opportunity to make a further submission; and
    (iii) decide whether the application, judged on the particulars referred to in subparagraph (i), and in such further submission, relates to such an act associated with a political objective, and if it is satisfied that the application does not relate to such an act, in the absence of the applicant and without holding a hearing refuse the application and inform the applicant accordingly; or

(Para. a amended by s. 8 b of Act No. 87 of 1995.)

(b) the Committee may, if it is satisfied that-
    (i) the requirements mentioned in section 20 (1) have been complied with;
    (ii) there is no need for a hearing; and
    (iii) the act, omission or offence to which the application relates, does not constitute a gross violation of human rights, in the absence of the applicant and without holding a hearing, grant amnesty and inform the applicant accordingly.

(Sub-s. 3 amended by s. 5 b of Act No. 87 of 1995. Para. b amended by s. 5 e of Act No. 87 of 1995.)

(4) If any application has not been dealt with in terms of subsection (3), the Committee shall conduct a hearing as contemplated in Chapter 6 and shall, subject to the provisions of section 33-

(a) in the prescribed manner, notify the applicant and any victim or person implicated, or having an interest in the application, of the place where and the time when the application will be heard and considered;

(b) inform the persons referred to in paragraph (a) of their right to be present at the hearing and to testify, adduce evidence and submit any article to be taken into consideration;

(c) deal with the application in terms of section 20 or 21 by granting or refusing amnesty.

(5)

(a) The Committee shall, for the purpose of considering and deciding upon an application referred to in subsection (1), have the same powers as those conferred upon the Commission in section 5 (l) and (m) and Chapters 6 and 7.

(b) Notwithstanding the provisions of section 18 (1), the Committee may consider jointly the individual applications in respect of any particular act, omission or offence to which such applications relate.

(6) If the act, omission or offence which is the subject of an application under section 18 constitutes the ground of any claim in civil proceedings instituted against the person who submitted that application, the court hearing that claim may at the request of such person, if it is satisfied that the other parties to such proceedings have been informed of the request and afforded the opportunity to address the court or to make further submissions in this regard, suspend those proceedings pending the consideration and disposal of the application.

(Sub-s. 6 substituted by s. 8 g of Act No. 87 of 1995.)

(7) If the person who submitted an application under section 18 is charged with any offence constituted by the act or omission to which the application relates, or is standing trial upon a charge of having committed such an offence, the Committee in consultation with the attorney-general concerned, may request the appropriate authority to postpone the proceedings pending the consideration and disposal of the application for amnesty.

(Sub-s. 7 substituted by s. 8 h of Act No. 87 of 1995.)

(8)

(a) Subject to the provisions of section 33, the applications, documentation in connection therewith, further information and evidence obtained before and during an investigation by the Commission, the deliberations conducted in order to come to a decision or to conduct a hearing contemplated in section 33, shall be confidential.

(b) Subject to the provisions of section 33, the confidentiality referred to in paragraph (a) shall lapse when the Commission decides to release such information or when the hearing commences.

(Date of commencement of s. 19 to be proclaimed.)

Section 20. Granting of amnesty and effect thereof.

(1) If the Committee, after considering an application for amnesty, is satisfied that-

(a) the application complies with the requirements of the Act;

(b) the act, omission or offence to which the application relates is an act associated with a political objective committed in the course of the conflicts of the past in accordance with the provisions of subsections (2) and (3); and

(c) the applicant has made a full disclosure of all relevant facts,

it shall grant amnesty in respect of that act, omission or offence.

(2) In this Act, unless the context otherwise indicates, „act associated with a political objective" means any act or omission which constitutes an offence or delict which, according to the criteria in subsection (3), is associated with a political objective, and which was advised, planned, directed, commanded, ordered or committed within or outside the Republic during the period 1 March 1960 to the cut-off date, by-

(a) any member or supporter of a publicly known political organisation or liberation move-ment on behalf of or in support of such organisation or movement, *bona fide* in furtherance of a political struggle waged by such organisation or movement against the State or any former state or another publicly known political organisation or liberation movement;

(b) any employee of the State or any former state or any member of the security forces of the State or any former state in the course and scope of his or her duties and within the scope of his or her express or implied authority directed against a publicly known political organisation or liberation movement engaged in a political struggle against the State or a former state or against any members or supporters of such organisation or movement, and which was committed *bona fide* with the object of countering or otherwise resisting the said struggle;

(c) any employee of the State or any former state or any member of the security forces of the State or any former state in the course and scope of his or her duties and within the scope of his or her express or implied authority directed-

(i) in the case of the State, against any former state; or

(ii) in the case of a former state, against the State or any other former state,

whilst engaged in a political struggle against each other or against any employee of the State or such former state, as the case may be, and which was committed *bona fide* with the object of countering or otherwise resisting the said struggle;

(d) any employee or member of a publicly known political organisation or liberation movement in the course and scope of his or her duties and within the scope of his or her express or implied authority directed against the State or any former state or any publicly known political organisation or liberation movement engaged in a political struggle against that political organisation or liberation movement or against members of the security forces of the State or any former state or members or supporters of such publicly known political organisation or liberation movement, and which was committed *bona fide* in furtherance of the said struggle;

(e) any person in the performance of a *coup d'état* to take over the government of any former state, or in any attempt thereto;

(f) any person referred to in paragraphs (b), (c) and (d), who on reasonable grounds believed that he or she was acting in the course and scope of his or her duties and within the scope of his or her express or implied authority;

(Para. f substituted by s. 9 of Act No. 87 of 1995.)

(g) any person who associated himself or herself with any act or omission committed for the purposes referred to in paragraphs (a), (b), (c), (d), (e) and (f).

(3) Whether a particular act, omission or offence contemplated in subsection (2) is an act associated with a political objective, shall be decided with reference to the following criteria:

(a) The motive of the person who committed the act, omission or offence;

(b) the context in which the act, omission or offence took place, and in particular whether the act, omission or offence was committed in the course of or as part of a political uprising, disturbance or event, or in reaction thereto;

(c) the legal and factual nature of the act, omission or offence, including the gravity of the act, omission of offence;

(d) the object or objective of the act, omission or offence, and in particular whether the act, omission or offence was primarily directed at a political opponent or State property or personnel or against private property or individuals;

(e) whether the act, omission or offence was committed in the execution of an order of, or on behalf of, or with the approval of, the organisation, institution, liberation movement or body of which the person who committed the act was a member, an agent or a supporter; and

(f) the relationship between the act, omission or offence and the political objective pursued, and in particular the directness and proximity of the relationship and the proportionality of the act, omission or offence to the objective pursued,

but does not include any act, omission or offence committed by any person referred to in subsection (2) who acted-

(i) for personal gain: Provided that an act, omission or offence by any person who acted or received money or anything of value as an informer of the State or a former state, political organisation or liberation movement, shall not be excluded only on the grounds of that person having received money or anything of value for his or her information; or

(ii) out of personal malice, ill-will or spite, directed against the victim of the acts committed.

(4) In applying the criteria contemplated in subsection (3), the Commission shall take into account the criteria applied in the Acts repealed by section 48.

(5) The Commission shall inform the person concerned and, if possible, any victim, of the decision of the Committee to grant amnesty to such person in respect of a specified act, omission or offence and the Committee shall submit to the Commission a record of the proceedings, which may, subject to the provisions of this Act, be used by the Commission.

(6) The Committee shall forthwith by proclamation in the *Gazette* make known the full names of any person to whom amnesty has been granted, together with sufficient information to identify the act, omission or offence in respect of which amnesty has been granted.

(7)

(a) No person who has been granted amnesty in respect of an act, omission or offence shall be criminally or civilly liable in respect of such act, omission or offence and no body or organisation or the State shall be liable, and no person shall be vicariously liable, for any such act, omission or offence.

(b) Where amnesty is granted to any person in respect of any act, omission or offence, such amnesty shall have no influence upon the criminal liability of any other person contingent upon the liability of the first-mentioned person.

(c) No person, organisation or state shall be civilly or vicariously liable for an act, omission or offence committed between 1 March 1960 and the cut-off date by a person who is deceased, unless amnesty could not have been granted in terms of this Act in respect of such an act, omission or offence.

(8) If any person-

(a) has been charged with and is standing trial in respect of an offence constituted by the act or omission in respect of which amnesty is granted in terms of this section; or

(b) has been convicted of, and is awaiting the passing of sentence in respect of, or is in custody for the purpose of serving a sentence imposed in respect of, an offence constituted by the act or omission in respect of which amnesty is so granted,

the criminal proceedings shall forthwith upon publication of the proclamation referred to in subsection (6) become void or the sentence so imposed shall upon such publication lapse and the person so in custody shall forthwith be released.

(9) If any person has been granted amnesty in respect of any act or omission which formed the ground of a civil judgment which was delivered at any time before the granting of the amnesty, the publication of the proclamation in

terms of subsection (6) shall not affect the operation of the judgment in so far as it applies to that person.

(10) Where any person has been convicted of any offence constituted by an act or omission associated with a political objective in respect of which amnesty has been granted in terms of this Act, any entry or record of the conviction shall be deemed to be expunged from all official documents or records and the conviction shall for purposes, including the application of any Act of Parliament or any other law, be deemed not to have taken place: Provided that the Committee may recommend to the authority concerned the taking of such measures as it may deem necessary for the protection of the safety of the public.

(Date of commencement of s. 20 to be proclaimed.)

Section 21. Refusal of amnesty and effect thereof.

(1) If the Committee has refused any application for amnesty, it shall as soon as practicable notify-

(a) the person who applied for amnesty;

(b) any person who is in relation to the act, omission or offence concerned, a victim; and

(c) the Commission,

in writing of its decision and the reason for its refusal.

(2)

(a) If any criminal or civil proceedings were suspended pending a decision on an application for amnesty, and such application is refused, the court concerned shall be notified accordingly.

(b) No adverse inference shall be drawn by the court concerned from the fact that the proceedings which were suspended pending a decision on an application for amnesty, are subsequently resumed.

(Date of commencement of s. 21 to be proclaimed.)

Section 22. Referrals to Committee on Reparation and Rehabilitation.

(1) Where amnesty is granted to any person in respect of any act, omission or offence and the Committee is of the opinion that a person is a victim in relation to that act, omission or offence, it shall refer the matter to the Committee on Reparation and Rehabilitation for its consideration in terms of section 26.

(2) Where amnesty is refused by the Committee and if it is of the opinion that-

(a) the act, omission or offence concerned constitutes a gross violation of human rights; and

(b) a person is a victim in the matter,

it shall refer the matter to the Committee on Reparation and Rehabilitation for consideration in terms of section 26.

(Date of commencement of s. 22 to be proclaimed.)

CHAPTER 5

Reparation and rehabilitation of victims

Section 23. Committee on Reparation and Rehabilitation.

There is hereby established a committee to be known as the Committee on Reparation and Rehabilitation, which shall in this Chapter be referred to as the Committee.

Section 24. Constitution of the Committee.

(1) The Committee shall consist of-

(a) a Chairperson;

(b) a Vice-Chairperson;

(c) not more than five other members; and

(d) in addition to the commissioners referred to in subsection (2), such other commissioners as may be appointed to the Committee by the Commission.

(2) Commissioners designated by the Commission shall be the Chairperson and Vice-Chairperson of the Committee.

(3) The Commission shall for the purpose of subsection (1) (c) appoint as members of the Committee fit and proper persons who are appropriately qualified, South African citizens and broadly representative of the South African community.

(Sub-s. 3 substituted by s. 11 a of Act No. 87 of 1995.)

(4) Any vacancies in the committee shall be filled in accordance with this section.

(Sub-s. 4 added by s. 11 b of Act No. 87 of 1995.)

Section 25. Powers, duties and functions of Committee.

(1) In addition to the powers, duties and functions in this Act and for the purpose of achieving the Commission's objectives referred to in section 3 (1) (c) and (d)-

(a) the Committee shall-
  (i) consider matters referred to it by-
    (aa) the Commission in terms of section 5 (e);
    (bb) the Committee on Human Rights Violations in terms of section 15 (1); and
    (cc) the Committee on Amnesty in terms of section 22 (1);
  (ii) gather the evidence referred to in section 4 (b);

(b) the Committee may-
  (i) make recommendations which may include urgent interim measures as contem-plated in section 4 (f) (ii), as to appropriate measures of reparation to victims;
  (ii) make recommendations referred to in section 4 (h);

(iii) prepare and submit to the Commission interim reports in connection with its activities;

(iv) may exercise the powers referred to in section 5 (l) and (m) and Chapters 6 and 7.

(2) The Committee shall submit to the Commission a final comprehensive report on its activities, findings and recommendations.

(Date of commencement of s. 25 to be proclaimed.)

Section 26. Applications for reparation.

(1) Any person referred to the Committee in terms of section 25 (1) (a) (i) may apply to the Committee for reparation in the prescribed form.

(Sub-s. 1 substituted by s. 13 of Act No. 87 of 1995.)

(2)

(a) The Committee shall consider an application contemplated in subsection (1) and may exercise any of the powers conferred upon it by section 25.

(b) In any matter referred to the Committee, and in respect of which a finding as to whether an act, omission or offence constitutes a gross violation of human rights is required, the Committee shall refer the matter to the Committee on Human Rights Violations to deal with the matter in terms of section 14.

(3) If upon consideration of any matter or application submitted to it under subsection (1) and any evidence received or obtained by it concerning such matter or application, the Committee is of the opinion that the applicant is a victim, it shall, having regard to criteria as prescribed, make recommendations as contemplated in section 25 (1) (b) (i) in an endeavour to restore the human and civil dignity to such victim.

(Date of commencement of s. 26 to be proclaimed.)

Section 27. Parliament to consider recommendations with regard to reparation of victims.

(1) The recommendations referred to in section 4 (f) (i) shall be considered by the President with a view to making recommendations to Parliament and making regulations.

(2) The recommendations referred to in subsection (1) shall be considered by the joint committee and the decisions of the said joint committee shall, when approved by Parliament, be implemented by the President by making regulations.

(3) The regulations referred to in subsection (2)-

(a) shall-
- (i) determine the basis and conditions upon which reparation shall be granted;
- (ii) determine the authority responsible for the application of the regulations; and

(b) may-
- (i) provide for the revision and, in appropriate cases, the discontinuance or reduction of any reparation;
- (ii) prohibit the cession, assignment or attachment of any reparation in terms of the regulations, or the right to any such reparation;
- (iii) determine that any reparation received in terms of the regulations shall not form part of the estate of the recipient should such estate be sequestrated;and
- (iv) provide for any other matter which the President may deem fit to prescribe in order to ensure an efficient application of the regulations.

(4) The joint committee may also advise the President in respect of measures that should be taken to grant urgent interim reparation to victims.

(Date of commencement of s. 27 to be proclaimed.)

CHAPTER 6

Investigations and hearings by Commission

Section 28. Commission may establish investigating unit.

(1) The Commission may establish an investigating unit which shall consist of such persons, including one or more commissioners, as may be determined by the Commission.

(2) The period of appointment of such members shall be determined by the Commission at the time of appointment, but such period may be extended or curtailed by the Commission.

(3) The Commission shall appoint a commissioner as the head of the investigating unit.

(4)

(a) The investigating unit shall investigate any matter falling within the scope of the Commission's powers, functions and duties, subject to the directions of the Commission, and shall at the request of a committee investigate any matter falling within the scope of the powers, functions and duties of that committee, subject to the directions of the committee.

(b) The investigating unit shall in the performance of its functions follow such procedure as may be determined by the Commission or the committee concerned, as the case may be.

(5) Subject to section 33, no article or information obtained by the investigating unit shall be made public, and no person except a member of the investigating unit, the Commission, the committee concerned or a member of the staff of the Commission shall have access to such article or information until such time as the Commission or the committee determines that it may be made public or until the commencement of any hearing in terms of this Act which is not held behind closed doors.

Section 29. Powers of Commission with regard to investigations and hearings.

(1) The Commission may for the purposes of or in connection with the conduct of an investigation or the holding of a hearing, as the case may be-

(a) at any time before the commencement or in the course of such investigation or hearing conduct an inspection *in loco*;

(b) by notice in writing call upon any person who is in possession of or has the custody of or control over any article or other thing which in the opinion of the Commission is relevant to the subject matter of the investigation or hearing to produce such article or thing to the Commission, and the Commission may inspect and, subject to subsection (3), retain any article or other thing so produced for a reasonable time;

(c) by notice in writing call upon any person to appear before the Commission and to give evidence or to answer questions relevant to the subject matter of the hearing;

(d) in accordance with section 32 seize any article or thing referred to in paragraph (b) which is relevant to the subject matter of the investigation or hearing.

(2) A notice referred to in subsection (1) shall specify the time when and the place where the person to whom it is directed shall appear, shall be signed by a commissioner, shall be served by a member of the staff of the Commission or by a sheriff, by delivering a copy thereof to the person concerned or by leaving it at such person's last known place of residence or business, and shall specify the reason why the article is to be produced or the evidence is to be given.

(3) If the Commission is of the opinion that the production of any article in the possession or custody or under the control of the State, any department of State, the Auditor-General or any Attorney-General may adversely affect any intended or pending judicial proceedings or the conduct of any investigation carried out with a view to the institution of judicial proceedings, the Commission shall take steps aimed at the prevention of any undue delay in or the disruption of such investigation or proceedings.

(4) The Commission may require any person who in compliance with a requirement in terms of this section appears before it, to take the oath or to make an affirmation and may through the Chairperson or any member of the staff of the Commission administer the oath to or accept an affirmation from such person.

(5) No person other than a member of the staff of the Commission or any person required to produce any article or to give evidence shall be entitled or be

permitted to attend any investigation conducted in terms of this section, and the Commission may, having due regard to the principles of openness and transparency, declare that any article produced or information submitted at such investigation shall not be made public until the Commission determines otherwise or, in the absence of such a determination, until the article is produced at a hearing in terms of this Act, or at any proceedings in any court of law.

(Date of commencement of s. 29 to be proclaimed.)

Section 30. Procedure to be followed at investigations and hearings of Commission, committees and subcommittees.

(1) The Commission and any committee or subcommittee shall in any investigation or hearing follow the prescribed procedure or, if no procedure has been prescribed, the procedure determined by the Commission, or, in the absence of such a determination, in the case of a committee or subcommittee, the procedure determined by the committee or subcommittee, as the case may be.

(2) If during any investigation by or any hearing before the Commission-

(a) any person is implicated in a manner which may be to his or her detriment;
(Para. a substituted by s. 15 a of Act No. 87 of 1995.)

(b) the Commission contemplates making a decision which may be to the detriment of a
person who has been so implicated;

(c) it appears that any person may be a victim,
(Para. b substituted by s. 15 b of Act No. 87 of 1995.)

the Commission shall, if such person is available, afford him or her an opportunity to submit representations to the Commission within a specified time with regard to the matter under consideration or to give evidence at a hearing of the Commission.

(Date of commencement of s. 30 to be proclaimed.)

Section 31. Compellability of witnesses and inadmissability of incriminating evidence.

(1) Any person who is questioned by the Commission in the exercise of its powers in terms of this Act, or who has been subpoenaed to give evidence or to produce any article at a hearing of the Commission shall, subject to the provisions of subsection (2), (3) and (5), be compelled to produce any article or to answer any question put to him or her with regard to the subject-matter of the hearing notwithstanding the fact that the article or his or her answer may incriminate him or her.

(2) A person referred to in subsection (1) shall only be compelled to answer a question or to produce an article which may incriminate him or her if the Commission has issued an order to that effect, after the Commission-

(a) has consulted with the attorney-general who has jurisdiction;

(b) has satisfied itself that to require such information from such a person is reasonable, necessary and justifiable in an open and democratic society based on freedom and equality; and

(c) has satisfied itself that such a person has refused or is likely to refuse to answer a question or produce an article on the grounds that such an answer or article might incriminate him or her.

(3) Any incriminating answer or information obtained or incriminating evidence directly or indirectly derived from a questioning in terms of subsection (1) shall not be admissible as evidence against the person concerned in criminal proceedings in a court of law or before any body or institution established by or under any law: Provided that incriminating evidence arising from such a questioning shall be admissible in criminal proceedings where the person is arraigned on a charge of perjury or a charge contemplated in section 39 (d) (ii) of this Act or in section 319 (3) of the Criminal Procedure Act, 1955 (Act No. 56 of 1955).

(4) Subject to the provisions of this section, the law regarding privilege as applicable to a witness summoned to give evidence in a criminal case in a court of law shall apply in relation to the questioning of a person in terms of subsection (1).

(5) Any person appearing before the Commission by virtue of the provisions of subsection (1) shall be entitled to peruse any article referred to in that subsection, which was produced by him or her, as may be reasonably necessary to refresh his or her memory.

(Date of commencement of s. 31 to be proclaimed.)

Section 32. Entry upon premises, search for and seizure and removal of certain articles or other things.

(1) Any commissioner, member of the staff of the Commission or police officer authorized thereto by a commissioner may on the authority of an entry warrant, issued in terms of subsection (2), enter upon any premises in or upon which any article or thing-

(a) which is concerned with or is upon reasonable grounds suspected to be concerned with any matter which is the subject of any investigation in terms of this Act;

(b) which contains, or is upon reasonable grounds suspected to contain, information with regard to any such matter, is or is upon reasonable grounds suspected to be,

and may on the authority of a search warrant, issued in terms of subsection (2)-

(i) inspect and search such premises and there make such inquiries as he or she may deem necessary;
(ii) examine any article or thing found in or upon such premises;
(iii) request from the person who is in control of such premises or in whose possession or under whose control any article or thing is when it is found or who is upon reasonable grounds believed to have information with regard to any article or thing, an explanation or information;
(iv) make copies of or extracts from any such article found upon or in such premises;
(v) seize any article or thing found upon or in such premises which he or she upon reasonable grounds suspects to be an article or thing mentioned in paragraph a or b;
(vi) after having issued a receipt in respect thereof remove any article or thing found on such premises and suspected upon reasonable grounds

to be an article or thing mentioned in paragraph a or b and retain such article or thing for a reasonable period for the purpose of further examination or, in the case of such article, the making of copies thereof or extracts therefrom: Provided that any article or thing that has been so removed, shall be returned as soon as possible after the purpose of such removal has been accomplished.

(2) An entry or search warrant referred to in subsection (1) shall be issued by a judge of the Supreme Court or by a magistrate who has jurisdiction in the area where the premises in question are situated, and shall only be issued if it appears to the judge or magistrate from information on oath that there are reasonable grounds for believing that an article or thing mentioned in paragraph (a) or (b) of subsection (1) is upon or in such premises, and shall specify which of the acts mentioned in paragraph (b) (i) to (vi) of that subsection may be performed thereunder by the person to whom it is issued.

(3) A warrant issued in terms of this section shall be executed by day unless the person who issues the warrant authorizes the execution thereof by night at times which shall be reasonable and any entry upon or search of any premises in terms of this section shall be conducted with strict regard to decency and order, including-

(a) a person's right to, respect for and the protection of his or her dignity;

(b) the right of a person to freedom and security; and

(c) the right of a person to his or her personal privacy.
(Sub-s. 3 amended by s. 16 c of Act No. 87 of 1995.)

(4) Any person executing a warrant in terms of this section shall immediately before commencing with the execution-

(a) identify himself or herself to the person in control of the premises, if such person is present, and hand to such person a copy of the warrant or, if such person is not present, affix such copy to a prominent place on the premises;

(b) supply such person at his or her request with particulars regarding his or her authority to execute such a warrant.

(5)

(a) Any commissioner, or any member of the staff of the Commission or police officer at the request of a commissioner, may without a warrant enter upon any premises, other than a private dwelling, and exercise the powers referred to in subsection (1) (b) (i) up to and including (vi)-

(i) if the person who is competent to do so consents to such entry, search, seizure and removal; or

(ii) if he or she upon reasonable grounds believes that-

(aa) the required warrant will be issued to him or her in terms of subsection (2) if he or she were to apply for such warrant; and

(bb) the delay caused by the obtaining of any such warrant would defeat the object of the entry, search, seizure and removal.

(Para. a amended by s. 16 d of Act No. 87 of 1995.)

(b) Any entry and search in terms of paragraph (a) shall be executed by day, unless the execution thereof by night is justifiable and necessary.

(6)

(a) Any person who may on the authority of a warrant issued in terms of subsection (2), or under the provisions of subsection (5), enter upon and search any premises, may use such force as may be reasonably necessary to overcome resistance to such entry or search.

(b) No person may enter upon or search any premises unless he or she has audibly demanded admission to the premises and has notified the purpose of his or her entry, unless such person is upon reasonable grounds of the opinion that any article or thing may be destroyed if such admission is first demanded and such purpose is first notified.

(7) If during the execution of a warrant or the conducting of a search in terms of this section, a person claims that an article found on or in the premises concerned contains privileged information and refuses the inspection or removal of such article, the person executing the warrant or conducting the search shall, if he or she is of the opinion that the article contains information which is relevant to the investigation and that such information is necessary for the investigation or hearing, request the registrar of the Supreme Court which has jurisdiction or his or her delegate, to seize and remove that article for safe custody until a court of law has made a ruling on the question whether the information concerned is privileged or not.

(8) A warrant issued in terms of this section may be issued on any day and shall be of force until-

(a) it is executed; or

(b) it is cancelled by the person who issued it or, if such person is not available, by any person with like authority; or

(c) the expiry of one month from the day of its issue; or

(d) the purpose for the issuing of the warrant has lapsed,

whichever may occur first.

(Date of commencement of s. 32 to be proclaimed.)

Section 33. Hearings of Commission to be open to public.

(1)

(a) Subject to the provisions of this section, the hearings of the Commission shall be open to the public.

(b) If the Commission, in any proceedings before it, is satisfied that-

(i) it would be in the interest of justice; or
(ii) there is a likelihood that harm may ensue to any person as a result of the proceedings being open,

it may direct that such proceedings be held behind closed doors and that the public or any category thereof shall not be present at such proceedings or any part thereof: Provided that the Commission shall permit any victim who has an interest in the proceedings concerned, to be present.

(c) An application for proceedings to be held behind closed doors may be brought by a person referred to in paragraph (b) and such application shall be heard behind closed doors.

(d) The Commission may at any time review its decision with regard to the question whether or not the proceedings shall be held behind closed doors.

(2) Where the Commission under subsection (1) (b) on any grounds referred to in that subsection directs that the public or any category thereof shall not be present at any proceedings or part thereof, the Commission may, subject to the provisions of section 20 (6)-

(a) direct that no information relating to the proceedings, or any part thereof held behind closed doors, shall be made public in any manner;

(b) direct that no person may, in any manner, make public any information which may reveal the identity of any witness in the proceedings;

(c) give such directions in respect of the record of proceedings as may be necessary to protect the identity of any witness: Provided that the Commission may authorize the publication of so much information as it considers would be just and equitable.

(Date of commencement of s. 33 to be proclaimed.)

Section 34. Legal representation.

(1) Any person questioned by an investigation unit and any person who has been supoenaed or called upon to appear before the Commission is entitled to appoint a legal representative.

(2) The Commission may, in order to expedite proceedings, place reasonable limitations with regard to the time allowed in respect of the cross-examination of witnesses or any address to the Commission.

(3) The Commission may appoint a legal representative, at a tariff to be prescribed, to appear on behalf of the person concerned if it is satisfied that the person is not financially capable of appointing a legal representative himself or herself, and if it is of the opinion that it is in the interests of justice that the person be represented by a legal representative.

(Sub-s. 3 substituted by s. 17 of Act No. 87 of 1995.)

(4) A person referred to in subsection (1) shall be informed timeously of his or her right to be represented by a legal representative.

(Date of commencement of s. 34 to be proclaimed.)

Section 35. Limited witness protection programme.

(1) The Minister shall, in consultation with the Commission, promote the establishment of a witness protection programme in order to provide for the protection and safety of witnesses in any manner when necessary.

(2) The witness protection programme contemplated in subsection (1) shall be prescribed by the President as soon as possible after the date referred to in section 7 (3).

(3) The regulations providing for a witness protection programme shall-

(a) provide for, among others, the appointment of a private person or the secondment of an official or employee of any department of State in terms of the Public Service Act, 1994 (Proclamation No. 103 of 1994), to act as the witness protector; and

(b) be Tabled in Parliament for approval.

(4)

(a) Until such time as the witness protection programme has been established the President may, in consultation with the Minister and the Commission, prescribe interim measures to be followed in order to provide for the protection and the safety of a witness: Provided that the provisions of section 185A of the Criminal Procedure Act, 1977 (Act No. 51 of 1977), shall, with the necessary changes, apply in the absence of such interim measures.

(b) The interim measures contemplated in paragraph (a) shall be Tabled in Parliament for approval.

(5) In this section-

„witness" means a person who wishes to give evidence, gives evidence or gave evidence for the purposes of this Act and includes any member of his or her family or household whose safety is being threatened by any person or group of persons, whether known to him or her or not, as a result thereof.

CHAPTER 7
General Provisions

Section 36. Independence of Commission.

(1) The Commission, its commissioners and every member of its staff shall function without political or other bias or interference and shall, unless this Act expressly otherwise provides, be independent and separate from any party, government, administration, or any other functionary or body directly or indirectly representing the interests of any such entity.

(2) To the extent that any of the personnel of the entities referred to in subsection (1) may be involved in the activities of the Commission, such personnel will be accountable solely to the Commission.

(3)

(a) If at any stage during the course of proceedings at any meeting of the Commission it appears that a commissioner has or may have a financial or personal interest which may cause a substantial conflict of interests in the performance of his or her functions as such a commissioner, such a commissioner shall forthwith and fully disclose the nature of his or her interest and absent himself or herself from that meeting so as to enable the remaining commissioners to decide whether the commissioner should be precluded from participating in the meeting by reason of that interest.

(b) Such a disclosure and the decision taken by the remaining commissioners shall be entered on the record of the proceedings.

(4) If a commissioner fails to disclose any conflict of interest as required by subsection (3) and is present at a meeting of the Commission or in any manner participates in the proceedings, such proceedings in relation to the relevant matters shall, as soon as such non-disclosure is discovered, be reviewed and be varied or set aside by the Commission without the participation of the commissioner concerned.

(5) Every commissioner and member of a committee shall-

(a) notwithstanding any personal opinion, preference or party affiliation, serve impartially and independently and perform his or her duties in good faith and without fear, favour, bias or prejudice;

(b) serve in a full-time capacity to the exclusion of any other duty or obligation arising out of any other employment or occupation or the holding of another office: Provided that the Commission may exempt a commissioner from the provisions of this paragraph.

(6) No commissioner or member of a committee shall-

(a) by his or her membership of the Commission, association, statement, conduct or in any other manner jeopardize his or her independence or in any other manner harm the credibility, impartiality or integrity of the Commission;

(b) make private use of or profit from any confidential information gained as a result of his or her membership of the Commission or a committee: or

(c) divulge any such information to any other person except in the course of the performance of his or her functions as such a commissioner or member of a committee.

Section 37. Commission to decide on disclosure of identity of applicants and witnesses.

Subject to the provisions of sections 20 (6), 33 and 35 the Commission shall, with due regard to the purposes of this Act and the objectives and functions of the Commission, decide to what extent, if at all, the identity of any person who made an application under this Act or gave evidence at the hearing of such application or at any other inquiry or investigation under this Act may be disclosed in any report of the Commission.

Section 38. Confidentiality of matters and information.

(1) Every commissioner and every member of the staff of the Commission shall, with regard to any matter dealt with by him or her, or information which comes to his or her knowledge in the exercise, performance or carrying out of his or her powers, functions or duties as such a commissioner or member, preserve and assist in the preservation of those matters which are confidential in

terms of the provisions of this Act or which have been declared confidential by the Commission.

(2)

(a) Every commissioner and every member of the staff of the Commission shall, upon ta-king office, take an oath or make an affirmation in the form specified in subsection (6).

(b) A commissioner shall take the oath or make the affirmation referred to in paragraph (a) before the Chairperson of the Commission or, in the case of the Chairperson, before the Vice-Chairperson.

(c) A member of the staff of the Commission shall take the oath or make the affirmation referred to in paragraph (a) before a commissioner.

(3) No commissioner shall, except for the purpose of the exercise of his or her powers, the performance of his or her functions or the carrying out of his or her duties or when required by a court of law to do so, or under any law, disclose to any person any information acquired by him or her as such a commissioner or while attending any meeting of the Commission.

(4) Subject to the provisions of subsection (3) and sections 20 (6) and 33, no person shall disclose or make known any information which is confidential by virtue of any provision of this Act.

(5) No person who is not authorized thereto by the Commission shall have access to any information which is confidential by virtue of any provision of this Act.

(6) For the purposes of this section the oath or affirmation shall be in the following form:

„I, A B, hereby declare under oath/solemnly affirm that I understand and shall honour the obligation of confidentiality imposed upon me by any provision of the Promotion of National Unity and Reconciliation Act, 1995, and shall not act in contravention thereof."

Section 39. Offences and penalties.

Any person who-

(a) anticipates any finding of the Commission regarding an investigation in a manner calculated to influence its proceedings or such finding;

(b) does anything calculated improperly to influence the Commission in respect of any matter being or to be considered by the Commission in connection with an investigation;

(c) does anything in relation to the Commission which, if done in relation to a court of law, would constitute contempt of court;

(d)
   (i) hinders the Commission, any commissioner or member of the staff of the Commission in the exercise, performance or carrying out of its, his or her powers, functions or duties under this Act;
   (ii) wilfully furnishes the Commission, any such commissioner or member with any information which is false or misleading;

(e)
   (i) having been subpoenaed in terms of this Act, without sufficient cause fails to attend at the time and place specified in the subpoena, or fails to remain in attendance until the conclusion of the meeting in question or until excused from further attendance by the person presiding at that meeting, or fails to produce any article in his or her possession or custody or under his or her control;
   (ii) having been subpoenaed in terms of this Act, without sufficient cause refuses to be sworn or to make an affirmation as a witness or fails or refuses to answer fully and satisfactorily to the best of his or her knowledge and belief any question lawfully put to him or her;

(f) fails to perform any act as required in terms of sections 36 (6) und 38;

(g) discloses any confidential information in contravention of any provision of this Act;

(h) destroys any article relating to or in anticipation of any investigation or proceedings in terms of this Act,

shall be guilty of an offence and liable on conviction to a fine, or to imprisonment for a period not exceeding two years or to both such a fine and such imprisonment.

Section 40. Regulations.

(1) The President may make regulations-

(a) prescribing anything required to be prescribed for the proper application of this Act;

(b) prescribing the remuneration and allowances and other benefits, if any, of commissioners: Provided that such remuneration shall not be less than that of a judge of the Supreme Court of South Africa;

(c) determining the persons who shall for the purposes of this Act be regarded as the dependants or relatives of victims;

(d) providing, in the case of interim measures for urgent reparation payable over a period of time, for the revision, and, in appropriate cases, for the discontinuance or reduction of any reparation so paid;

(e) prohibiting the cession, attachment or assignment of any such reparation so granted;

(f) determining that any such reparation received in terms of a recommendation shall not form part of the estate of the recipient, should such estate be sequestrated;

(g) providing for the payment or reimbursement of expenses incurred in respect of travel and accomodation by persons attending any hearing of the Commission in compliance with a subpoena issued in terms of this Act;

(h) with regard to any matter relating to the affairs of the Fund, established in terms of section 42;

(i) with regard to any matter which the President deems necessary or expedient to pres-cribe in order to achieve the objects of the Act.

(2) Any regulation made in terms of subsection (1) which may result in the expenditure of State money shall be made in consultation with the Minister and the Minister of Finance.

Section 41. Liability of Commission, commissioners and members of staff.

(1) Subject to the provisions of subsection (2), the State Liability Act, 1957 (Act No. 20 of 1957), shall apply, with the necessary changes, in respect of the Commission, a member of its staff and a commissioner, and in such application a reference in that Act to „the State“ shall be construed as a reference to „the Commission“, and a reference to „the Mi-nister of the department concerned“ shall be construed as a reference to the Chairperson of the Commission.

(2) No-

(a) commissioner;

(b) member of the staff of the Commission; or

(c) person who performs any task on behalf of the Commission,

shall be liable in respect of anything reflected in any report, finding, point of view or re-commendation made or expressed in good faith and submitted or made known in terms of this Act.

Section 42. President's Fund.

(1) The President may, in such manner as he or she may deem fit, in consultation with the Minister and the Minister of Finance, establish a Fund into which shall be paid-

(a) all money appropriated by Parliament for the purposes of the Fund; and

(b) all money donated or contributed to the Fund or accruing to the Fund from any source.

(2) There shall be paid from the Fund all amounts payable to victims by way of reparation in terms of regulations made by the President.

(3) Any money of the Fund which is not required for immediate use may be invested with a financial institution approved by the Minister of Finance and may be withdrawn when required.

(4) Any unexpended balance of the money of the Fund at the end of a financial year, shall be carried forward as a credit to the Fund for the next financial year.

(5) The administrative work, including the receipt of money appropriated by Parliament for, or donated for the purposes of, the Fund or accruing to the Fund from any source, and the making of payments from the Fund in compliance with a recommendation in terms of this Act, shall be performed by officers in the Public Service designated by the Minister.

(6) The Minister shall appoint an officer designated under subsection (5) as accounting officer in respect of the Fund.

(7) The Auditor-General shall audit the Fund and all financial statements relating thereto, and the provisions of section 6 of the Auditor-General Act, 1989 (Act No. 52 of 1989), shall apply in respect of any such audit.

Section 43. Completion of report by Commission and dissolution of Commission.

(1) Subject to the provisions of subsection (2), the Commission shall within a period of 18 months from its constitution or the further period, not exceeding six months, as the President may determine, complete its work.

(2) The Commission shall within three months, from the date contemplated in subsection (1), complete its final report.

(3) The Commission shall be dissolved on a date determined by the President by proclamation in the *Gazette*.

(Date of commencement of s. 43 to be proclaimed.)

Section 44. Publication of final report of Commission.

The President shall, in such manner as he or she may deem fit, bring the final report of the Commission to the notice of the Nation, among others, by laying such report, within two months after having received it, upon the Table in Parliament.

(Date of commencement of s. 44 to be proclaimed.)

Section 45. Approach to and review by joint committee of, and reports to, Parliament.

(1)

(a) The Commission may, at any time, approach the joint committee with regard to any matter pertaining to the functions and powers of the Commission.

(b) The Minister may at any time approach the joint committee with regard to any matter pertaining to functions and powers which may be performed or exercised by him or her in terms of this Act.

(c) The joint committee may at any time review any regulation made under section 40 and request the President to amend certain regulations or to make further regulations in terms of that section.

(2) The Commission shall submit to Parliament half-yearly financial reports: Provided that the Commission may, at any time, submit a financial report to Parliament on specific or general matters if-

(a) it deems it necessary;

(b) it deems it in the public interest;

(c) it requires the urgent attention of, or an intervention by, Parliament;

(d) it is requested to do so by the Speaker of the National Assembly or the President of the Senate.

Section 46. Chief executive officer, secretaries, expenditure and estimates of Commission.

(1) The Commission shall appoint in its service a person as the chief executive officer of the Commission and four other persons as secretaries to the Commission, the Committee on Human Rights Violations, the Committee on Amnesty and the Committee on Reparation and Rehabilitation, respectively.

(2) The chief executive officer-

(a) shall for the purposes of section 15 of the Exchequer Act, 1975 (Act No. 66 of 1975), be the accounting officer in respect of all State moneys received in respect of and paid out of the account of the Commission referred to in subsection (4), and shall keep proper accounting records of all financial transactions of the Commission;

(b) shall carry out such duties and perform such functions as the Commission may from time to time impose upon or assign to him or her in order to achieve the objectives of the Commission.

(3) The expenses in connection with the exercise of the powers, the performance of the functions and the carrying out of the duties of the Commission shall be defrayed out of money appropriated by Parliament for that purpose.

(4) The Commission shall, in consultation with the Minister of Finance, open an account with a banking institution, into which shall be deposited all moneys appropriated as mentioned in subsection (3) and from which all money required to pay for the expenses so mentioned shall be paid.

(5)

(a) The Commission shall within three months from the date referred to in section 7 (3), for the first financial year, and thereafter in each financial year for the following financial year, in a format determined by the Audit Commission established by section 2 of the Audit Arrangements Act, 1992 (Act No. 122 of 1992), prepare the necessary estimate of revenue and expenditure of the Commission, which shall, after consultation with the said Audit Commission, be submitted to the Minister for his or her approval, granted in concurrence with the Minister of Finance, for furtherance in terms of subsection (3).

(b) The Commission shall not incur any expenditure which exceeds the total amount approved in terms of paragraph (a).

(6) As from the date on which the Commission is dissolved in terms of section 43 (3) and after all the expenses referred to in subsection (3) have been paid, the account opened in terms of subsection (4) shall be closed and the balance of the moneys deposited into that account, if any, shall be transferred to the *fiscus*.

Section 47. Consequences of dissolution.

(1) As from the date on which the Commission is dissolved in terms of section 43 (3), all the funds and property which vested in the President's Fund immediately prior to that date shall be transferred to the Disaster Relief Fund referred to in Chapter 11 of the Fund-raising Act, 1978 (Act No. 107 of 1978), and shall vest in the Disaster Relief Fund.

(2) After the date referred to in subsection (1), all the funds and property which would have accrued to the President's Fund, if the Commission had not been dissolved, shall vest in the Disaster Relief Fund.

(3) Any funds or property which, by trust, donation or bequest were vested in, or would have accrued to, the President's Fund, and which vest in the Disaster Relief Fund in terms of subsection (1), shall be dealt with by the board of the Disaster Relief Fund in accordance with the conditions of such trust, donation or bequest.

(4) As from the date referred to in subsection (1) the liabilities incurred by the Commission or the President's Fund in terms of this Act, shall pass to the Disaster Relief Fund: Provided that such a liability shall be defrayed only from funds or property which vest in the Disaster Relief Fund in terms of this section.

(5) No transfer duty, stamp duty or registration fees shall be payable in respect of the acquisition of any funds or property in terms of this section.

(Date of commencement of s. 47 to be proclaimed.)

Section 48. Acts repealed.

(1) The Indemnity Act, 1990 (Act No. 35 of 1990), the Indemnity Amendment Act, 1992 (Act No. 124 of 1992) and the Further Indemnity Act, 1992 (Act No. 151 of 1992), are hereby repealed.

(2) Any indemnity granted under the provisions of the Indemnity Act, 1990, the Indemnity Amendment Act, 1992, or the Further Indemnity Act, 1992, shall remain in force notwithstanding the repeal of those Acts.

(3) Any temporary immunity or indemnity granted under an Act repealed in terms of subsection (1) shall remain in force for a period of 12 months after the date referred to in section 7 (3) notwithstanding the repeal of that Act.

(Date of commencement of s. 48 to be proclaimed.)

Section 49. Short title and commencement

This Act shall be called the Promotion of National Unity and Reconciliation Act, 1995, and shall come into operation on a date fixed by the President by proclamation in the *Gazette*.

---

3. Die bindenden Verfassungsprinzipien *(binding constitutional principles)*

Die bindenden Verfassungsprinzipien, welche im Anhang 4 zur Interimskonstitution[9] aufgeführt sind, bilden den Kern des südafrikanischen Verfassungsrechts. Die finale Verfassung von 1996 musste sich an diesen Verfassungsmaximen orientieren, und das Verfassungsgericht hatte die Aufgabe, die Konformität der Verfassung mit den 34 Prinzipien zu überprüfen. Die Verfassungsgrundsätze stellen somit gleichsam eine materiale Schranke jeder künftigen Verfassungsrevision dar. Auf Grund ihrer herausragenden Bedeutung werden sie im Folgenden abgedruckt.

Principle I.

The Constitution of South Africa shall provide for the establishment of one sovereign state, a common South African citizenship and a democratic system of government committed to achieving equality between men and women and people of all races.

Principle II.

Everyone shall enjoy all universally accepted fundamental rights, freedoms and civil liberties, which shall be provided for and protected by entrenched and justiciable provisions in the Constitution, which shall be drafted after having given due consideration to, *inter alia*, the fundamental rights contained in Chapter 3 of this Constitution.

9 Schedule 4 to the Constitution of the Republic of South Africa, Act No. 200 of 1993.
Internet-Quelle: http://www.polity.org.za/govdocs/legislation/1993/sched.4.html

Principle III.

The Constitution shall prohibit racial, gender and all other forms of discrimination and shall promote racial and gender equality and national unity.

Principle IV.

The Constitution shall be the supreme law of the land. It shall be binding on all organs of state at all levels of government.

Principle V.

The legal system shall ensure the equality of all before the law and an equitable legal process. Equality before the law includes laws, programmes or activities that have as their object the amelioration of the conditions of the disadvantaged, including those disadvantaged on the grounds of race, colour or gender.

Principle VI.

There shall be a separation of powers between the legislature, executive and judiciary, with appropriate checks and balances to ensure accountability, responsiveness and openness.

Principle VII.

The judiciary shall be appropriately qualified, independent and impartial and shall have the power and jurisdiction to safeguard and enforce the Constitution and all fundamental rights.

Principle VIII.

There shall be representative government embracing multi-party democracy, regular elections, universal adult suffrage, a common voters roll and, in general, proportional representation.

Principle IX.

Provisions shall be made for freedom of information so that there can be open and accountable administration at all levels of government.

Principle X.

Formal legislative procedures shall be adhered to by legislative organs at all levels of government.

Principle XI.

The diversity of language and culture shall be acknowledged and protected, and conditions for their promotion shall be encouraged.

Principle XII.

Collective rights of self-determination in forming, joining and maintaining organs of civil society, including linguistic, cultural and religious associations, shall, on the basis of non-discrimination and free association, be recognised and protected.

Principle XIII.

The institutions, status and role of traditional leadership, according to indigenous law, shall be recognised and protected in the Constitution. Indigenous law, like common law, shall be recognised and applied by the courts subject to the fundamental rights contained in the Constitution and to legislation dealing specifically therewith.

Principle XIV.

Provision shall be made for participation of minority political parties in the legislative process in a manner consistent with democracy.

Principle XV.

Amendments to the Constitution shall require special procedures involving specified majorities.

Principle XVI.

Government shall be structured at national, provincial and local levels.

Principle XVII.

At each level of government there shall be democratic representation. This principle shall not derogate from the provisions of Principle XIII.

Principle XVIII.

1. The powers and functions of the national and provincial governments and the boundaries of the provinces shall be defined in the Constitution.

2. The powers and functions of the provinces defined in the Constitution, including the competence of a provincial legislature to adopt a constitution for its province, shall not be substantially less than or substantially inferior to those provided for in this Constitution.

3. The boundaries of the provinces shall be the same as those established in terms of this Constitution.

4. Amendments to the Constitution which alter the powers, boundaries, functions or institutions of provinces shall, in addition to any other procedures specified in the Constitution for constitutional amendments, require the approval of a special majority of the legislatures of the provinces, alternatively, if there is such a chamber, a two-thirds majority of a chamber of Parliament composed of provincial representatives and, if the amendment concerns specific provinces only, the approval of the legislatures of such provinces will also be needed.

5. Provisions shall be made for obtaining the views of a provincial legislature concerning all constitutional amendments regardings its powers, boundaries and functions.

Principle XIX.

The powers and functions of the national and provincial levels of government shall include exclusive and concurrent powers as well as the power to perform functions for other levels of government on an agency or delegation basis.

Principle XX.

Each level of government shall have appropriate and adequate legislative and executive powers and functions that will enable each level to function effectively. The allocation of powers between different levels of government shall be made on a basis which is conducive to financial viability at each level of government and to effective public administration, and which recognises the need for and promotes national unity and legitimate provincial autonomy and acknowledges cultural diversity.

Principle XXI.

The following criteria shall be applied in the allocation of powers to the national government and the provincial government:

1. The level at which decisions can be taken most effectively in respect of the quality and rendering of services shall be the level responsible and accountable for the quality and the rendering of services, and such level shall accordingly be empowered by the Constitution to do so.

2. Where it is necessary for the maintenance of essential national standards, for the establishment of minimum standards required for the rendering of services, the maintenance of economic unity, the maintenance of national security or the prevention of unreasonable action taken by one province which is prejudicial to the interests of another province or the country as a whole, the Constitution shall empower the national government to intervene through legislation or such other steps as may be defined in the Constitution.

3. Where there is necessity for South Africa to speak with one voice, or to act as a single entity - in particular in relation to other states - powers should be allocated to the national government.

4. Where uniformity across the nation is required for a particular function, the legislative power over that function should be allocated predominantly, if not wholly, to the national government.

5. The determination of national economic policies, and the power to promote interprovincial commerce and to protect the common market in respect of the mobility of goods, services, capital and labour, should be allocated to the national government.

6. Provincial governments shall have powers, either exclusively or concurrently with the national government, *inter alia*:

(a) for the purposes of provincial planning and development and the rendering of services;

and

(b) in respect of aspects of government dealing with specific socio-economic and cultural needs and the general well-being of the inhabitants of the province.

7. Where mutual co-operation is essential or desirable or where it is required to guarantee equality of opportunity or access to a government service, the powers should be allocated concurrently to the national government and the provincial governments.

8. The Constitution shall specify how powers which are not specifically allocated in the Constitution to the national government or to a provincial government shall be dealt with as necessary ancillary powers pertaining to the powers and functions allocated either to the national government or provincial governments.

Principle XXII.

The national government shall not exercise its powers (exclusive or concurrent) so as to encroach upon the geographical, functional or institutional integrity of the provinces.

Principle XXIII.

In the event of a dispute concerning the legislative powers allocated by the Constitution concurrently to the national government and provincial governments which cannot be resolved by a court on a construction of the Constitution, precedence shall be given to the legislative powers of the national government.

Principle XXIV.

A framework for local government powers, functions and structures shall be set out in the Constitution. The comprehensive powers, functions and other features of local government shall be set out in parliamentary statutes or in provincial legislation or in both.

Principle XXV.

The national government and provincial governments shall have fiscal powers and functions which will be defined in the Constitution. The framework for local government referred to in Principle XXIV shall make provision for appropriate fiscal powers and functions for different categories of local government.

Principle XXVI.

Each level of government shall have a constitutional right to an equitable share of revenue collected nationally so as to ensure that provinces and local governments are able to provide basic services and execute the functions allocated to them.

Principle XXVII.

A Financial and Fiscal Commission, in which each province shall be represented, shall recommend equitable fiscal and financial allocations to the provincial and local governments from revenue collected nationally, after taking into account the national interest, economic disparities between the provinces as well as the population and developmental needs, administrative responsibilities and other legitimate interests of each of the provinces.

Principle XXVIII.

Notwithstanding the provision of Principle XII, the right of employers and employees to join and form employer organisations and trade unions and to engage in collective bargaining shall be recognised and protected. Provision shall be made that every person shall have the right to fair labour practices.

Principle XXIX.

The independence and impartiality of a Public Service Commission, a Reserve Bank, an Auditor-General and a Public Protector shall be provided for and safeguarded by the Constitution in the interests of the maintenance of effective public finance and administration and a high standard of professional ethics in the public service.

Principle XXX.

1. There shall be an efficient, non-partisan, career-orientated public service broadly representative of the South African community, functioning on a basis of fairness and which shall serve all members of the public in an unbiased and impartial manner, and shall, in the exercise of its powers and in compliance with its duties, loyally execute the lawful policies of the government of the day in the performance of its administrative functions. The structures and functioning of the public service, as well as the terms and conditions of service of its members, shall be regulated by law.

2. Every member of the public service shall be entitled to a fair pension.

Principle XXXI.

Every member of the sercurity forces (police, military, intelligence), and the security forces as a whole, shall be required to perform their functions and exercise their powers in the national interest and shall be prohibited from furthering or prejudicing party political interest.

Principle XXXII.

The Constitution shall provide that until 30 April 1999 the national executive shall be composed and shall function substantially in the manner provided for in Chapter 6 of this Constitution.

Principle XXXIII.

The Constitution shall provide that, unless Parliament is dissolved on account of its passing a vote of non-confidence in the Cabinet, no national election shall be held before 30 April 1999.

Principle XXXIV.

1. This Schedule and the recognition therein of the right of the South African people as a whole to self-determination shall not be construed as precluding, within the framework of the said right, constitutional provision for a notion of the right to self-determination by any community sharing a common cultural and language heritage, whether in a territorial entity within the Republic or in any other recognised way.

2. The Constitution may give expression to any particular form of self-determination provided there is substantial proven support within the community concerned for such a form of self-determination.

FSC
www.fsc.org
MIX
Papier | Fördert
gute Waldnutzung
FSC® C083411

Kolibri 360 GmbH
Ferdinand-Jühlke-Straße 7
99095 Erfurt, Deutschland
produktsicherheit@kolibri360.de

Druck:
CPI Druckdienstleistungen GmbH
im Auftrag der
Kolibri 360 GmbH
Ferdinand-Jühlke-Str. 7
99095 Erfurt